»Wir schaffen das.«
Wir haben es geschafft.

Für meine Ehefrau Karin

Inhalt

Augenzeuge beim Mauerfall

Am Abend des 9. November 1989 saß ich im Wohnzimmer des Künstlers Trak Wendisch in der Florastraße in Berlin-Pankow. Ich war gekommen, um ein Bild auszusuchen, das ich meiner Frau Karin zu ihrem bevorstehenden Geburtstag schenken wollte. Ein Stillleben gefiel mir besonders gut. Ein Fliederstrauß in kräftig rot-violetten Farben. »Das nehme ich«, sagte ich. Über die Konditionen wurden wir uns schnell einig. Trakia, so der korrekte Vorname des Malers, sprach von einer bevorstehenden Reise in den Westen. Er besaß ein Mehrfach-Visum und plante, in den nächsten Tagen zur Kunstmesse nach Köln zu fahren. Seine Frau wollte ihn gern begleiten, glaubte aber nicht, dass die Behörden ihrem Antrag stattgeben würden. Demnächst gebe es ja ein neues Reisegesetz, sagte ich. Danach dürfe praktisch jeder DDR-Bürger in den Westen.

Zwei Stunden zuvor hatte ich an der Pressekonferenz teilgenommen, bei der Politbüromitglied Günter Schabowski im Internationalen Pressezentrum in der Mohrenstraße über die Beratungen des Zentralkomitees der SED informierte. Der Saal war überfüllt. Journalisten aus Ost und West drängten sich erwartungsvoll auf den Plätzen. Das DDR-Fernsehen übertrug das Frage- und Antwortspiel live. Aber was der SED-Funktionär in den ersten 50 Minuten von sich gab, war nicht sonderlich aufregend. Erst als ein italienischer Kollege gegen 19 Uhr nach dem Reisegesetz fragte, horchten die Medienvertreter auf.

»Wir haben uns dazu entschlossen, heute eine Regelung zu treffen, die es jedem Bürger der DDR möglich macht, über Grenzübergangspunkte der DDR auszureisen«, erklärte Schabowski. Der Mann war eigentlich eloquent. Was er hier von sich gab, war etwas umständlich formuliert. Er schaute auf einen Zettel und las stockend ab, was da aufgeschrieben war. »Privatreisen nach dem Ausland können ohne Vorliegen von Voraussetzungen – Reiseanlässe und Verwandtschaftsverhältnisse – beantragt werden. Die Genehmigungen werden kurzfristig erteilt.« Plötzlich war Spannung im Saal. Vorher hatte ich mich ein bisschen gelangweilt, nun war ich wie elektrisiert. Alle Augen richteten sich auf den Funktionär auf dem Podium. Er sah abgespannt aus. Zwischenfragen wurden gerufen. Wann die Regelung in Kraft trete, wollte ein Kollege wissen. Unsicher schaute der Mediensekretär auf die Notizen. »Nach meiner Kenntnis ... sofort, unverzüglich.« Zwei missverständliche, unbedacht gesprochene Worte, mit denen er eine Entwicklung von historischer Dimension auslöste.

Neben mir sprang ein Kollege auf und eilte zum Telefon. »Das ist eine Sensation«, rief er. Andere Journalisten stürzten hinterher. Reporter aus aller Welt hatten ihre Top-Meldung. »Jetzt«, murmelte jemand, »ist die Mauer überflüssig.« Ich dachte an den nächsten Tag und an den Redaktionsschluss. »Da werden wir wohl sehr früh aufstehen müssen«, sagte ich beim Hinausgehen zu einem befreundeten Korrespondenten. So wie wir die Menschen in der DDR kannten, würden sie schon lange vor Öffnung der Volkspolizeiämter anstehen, um sich die Genehmigung für einen Besuch im Westen zu holen. Ich überlegte, zu welcher VP-Stelle ich gehen sollte, um die Leute zu fragen, wie sie sich fühlten. Nun, da das Reisen über die Grenze kein Gnadenakt der Behörden mehr sein sollte. Der Gedanke, dass Ost-Berliner noch am selben Abend freien Ausgang aus dem Mauerstaat fordern würden, kam mir nicht in den Sinn.

Als ich bei meinen Freunden in Pankow eintraf, war die *Tagesschau* der ARD schon vorbei. »DDR öffnet Grenze«, lautete die Spitzenmeldung. Da machten sich die ersten DDR-Bürger auf den Weg zum Grenzübergang Bornholmer Straße. Im Fernsehen lief ein Spielfilm. Noch spürten wir nichts von den bevorstehenden Ereignissen. Plötzlich wurde die Handlung unterbrochen. Eine neue Meldung über die Reisefreiheit. Kurz darauf läutete das Telefon. Die Ehefrau nahm den Hörer ab. Ihre Schwester habe sich erkundigt, ob wir mehr wüssten, sagte sie. Es gingen da merkwürdige Gerüchte um. Da hielt mich nichts mehr. Als Reporter wusste ich, was ich zu tun hatte. »Tschüss«, sagte ich, »ich muss sehen, was los ist.«

Ich setzte mich in mein Auto und fuhr in Richtung Grenzübergang. Als ich von der Schönhauser Allee in die Bornholmer Straße einbog, blickte ich auf eine Blechkarawane. Die Kolonne der Wagen war bereits mehrere Hundert Meter lang. Mit jeder Minute wurde sie länger. Hinten anstellen, wäre zwecklos, dachte ich. Mein Auto trug eine blaue DDR-Nummer, ein Sonderkennzeichen, das mich als Korrespondent auswies. Ich fuhr an den Trabis, Wartburgs und Ladas vorbei und kam bis kurz vor den Vorposten. Weiter ging es nicht. »Was ist denn hier los«, fragte ich einen Grenzoffizier. »Sehen Sie doch«, antwortete der Uniformierte und zuckte mit den Schultern. »Oder haben Sie keine Nachrichten gehört?«

Ich schaute mich um. Das Bild, das sich mir bot, war ungewohnt. Sonst warteten hier Besucher aus der Bundesrepublik auf die Kontrolle zur Ausreise. Jetzt war ich umgeben von DDR-Autos. Hinter den Scheiben sah ich überwiegend junge Leute mit fröhlichen Gesichtern. Manche hupten, scherzten und lachten, wie Teilnehmer eines Happenings. »Wir fahren gleich in den Westen«, rief einer durchs geöffnete Fenster. Hinter mir sah ich auf den Gehsteigen Trauben von Menschen, die zur Grenze liefen. An der Endhaltestelle stauten sich die Straßenbahnen. Die Abfertigungsspuren vor mir waren verstopft. Ich hätte mit meinen Papieren passieren dürfen, aber ich war eingekeilt. Die Schlagbäume waren geschlossen. Einige Grenzposten liefen nervös und ratlos hin und her, andere blieben freundlich und locker. Ich holte meinen Schreibblock aus der Tasche, machte mir Notizen und wartete.

Was ich sah, war spektakulär. Nie zuvor in meinen elf Jahren als akkreditierter Korrespondent für die *Süddeutsche Zeitung* und den *Stern* hatte ich einen solchen Ansturm von DDR-Bürgern auf die Grenze erlebt. Die wirkliche Dramatik aber spielte sich für mich unsichtbar hinter der Tür des Dienstzimmers von Oberstleutnant Harald Jäger in einer der Baracken ab. Der stellvertretende Leiter der Passkontrolleinheit, den ich erst viele Jahre später persönlich kennenlernte, war an diesem Abend als verantwortlicher Chef ein einsamer Mann. Ein linientreuer, an Befehl und Gehorsam gewöhnter Stasi-Offizier, der sich von seinen Vorgesetzten im Stich gelassen fühlte und in einer äußerst prekären Situation auf sich allein gestellt war. Er war verpflichtet, den Grenzübergang »zuverlässig zu schützen«, also niemanden ohne Befugnis passieren zu lassen. Aber er wusste auch, dass er mit seinen wenigen uniformierten Leuten die Menschenmassen nicht würde aufhalten können, falls diese gewaltsam den Grenzdurchbruch erzwingen wollten. Jäger stand vor einem Gewissenskonflikt und wusste nicht, was er tun sollte. Erst waren es Hunderte, dann Tausende, die sich – angelockt von den Rundfunk- und Fernsehmeldungen über die angeblich offene Grenze – vor den Absperrgittern drängten. Als die Rufe »Tor auf« immer lauter wurden, hatte er seinen Vorgesetzten in der Leitzentrale geradezu angefleht: »Es muss jetzt irgendeine Entscheidung fallen.« Aber der dortige Oberst hatte auch keine Weisung aus Erich Mielkes Staatssicherheits-Ministerium. In einer Stimmung, bei der sich Enttäuschung mit Resignation mischte, rang sich Jäger zu einem eigenmächtigen und folgenreichen Entschluss durch. »Macht den Schlagbaum auf«, befahl er.

Von dem Führungschaos in den Zentralen der DDR-Machthaber ahnte ich nichts, als ich in meinem Auto wartete. Einzelheiten erfuhr ich erst viel später. Grenzoffiziere hatten mir inzwischen einen Weg bis unmittelbar an die Abfertigungsbaracke gebahnt. Da ging plötzlich die Barriere auf. Anfangs versuchten einzelne Grenzer noch, einen Stempel in die ihnen hingehaltenen DDR-Personalausweise einzutragen. Doch schon bald gaben sie es auf. Zöllner standen tatenlos da und verfolgten irritiert das für sie wohl gespenstische Schauspiel. Ich fuhr über die Brücke, passierte den weißen Strich, der die Grenze markierte, und hielt hinter der gelben Telefonzelle auf der rechten Seite der Straße, schräg gegenüber der West-Berliner Zollstation. Mobiltelefone gab es damals noch nicht. Ich nahm einige Münzen aus meiner Geldbörse und rief die *Stern*-Redaktion in Hamburg an. »Schickt bitte die Fotografen hierher, die Grenze ist offen.« Das könne nicht sein, meinten die Kollegen. Sie schauten gerade im Fernsehen einen Live-Bericht vom Grenzübergang Invalidenstraße. Dort sei alles ruhig. »Ich rede von der Bornholmer Straße«, beharrte ich.

Dann ging ich zu Fuß zurück zur Brücke. Dem Strom von Autos und Fußgängern entgegen, die in immer dichteren Pulks Richtung Westen strebten. West-Berliner Passanten bildeten ein Spalier und applaudierten. Fremde Menschen umarmten sich. »Ich kann es nicht fassen. Das ist Wahnsinn«, schrie einer aus dem Osten. Ein Satz, den ich noch Dutzende Male hörte. Jemand öffnete eine Sektflasche. Viele der Ost-Berliner waren spontan gekommen, von zu Hause, von der Arbeit, aus der Kneipe. Sie wollten testen, ob es wirklich stimmt, was sich in Windeseile herumgesprochen hat: Die Mauer ist offen. »Los, steig ein, ich fahr euch durch die Stadt«, bot jemand einem Paar aus Ost-Berlin an. West-Berliner Polizisten erklärten Pkw-Fahrern, wie sie am schnellsten zum Kurfürstendamm kommen. Zum Ku'damm zog es viele Ostler. »Bloß mal gucken, wie es hier ist.« Ein Passant ließ sich von der ausgelassenen Stimmung nicht anstecken: »Mir ist das unheimlich. Hoffentlich gehen die auch alle wieder nach Hause.«

Als ich genug gesehen und gehört hatte, fuhr ich nach Charlottenburg, in unser Zuhause. Neben der Dienstwohnung in der Leipziger Straße in Berlin-Mitte hatte ich – anders als in meinen ersten fünf Korrespondenten-Jahren – ab 1984 für meine Familie eine zweite Wohnung gemietet. Meine Frau saß vor dem Fernseher und verfolgte eine Sondersendung. »Die Grenze ist auf«, rief ich. Eben habe der Reporter am Kontrollpunkt Invalidenstraße noch was anderes gesagt, erwiderte sie. »Ruf doch mal den SFB an.« Beim Sender Freies Berlin wussten sie schon Bescheid. Soeben, sagte man mir, sei die Meldung von der Bornholmer Straße gekommen. Kurz nach Mitternacht klingelte es an unserer Haustür. »Hier sind wir.« Ein befreundetes Ehepaar aus Pankow nebst schulpflichtiger Tochter wollte die neue Freiheit ausprobieren. Ihr Sohn war drüben geblieben. Er hatte so fest geschlafen, dass ihn die Eltern nicht wecken mochten. »Wo ist denn Katharina?«, fragte das Mädchen. Unsere Tochter schlief im ersten Stock. Als Rike vor ihrem Bett stand, wurde sie wach. »Was machst du denn hier?«, sagte Katharina schlaftrunken. Dass ein Mädchen aus Ost-Berlin mitten in der Nacht in West-Berlin auftauchte, konnte sie im ersten Moment nicht begreifen. Es war eines dieser kleinen Wunder, die am 9. November und in den Tagen danach viele Deutsche in Berlin und anderswo erlebten.

Für mich begann eine Zeit, die noch hektischer war als die Wochen und Monate zuvor. Menschen tanzten auf der Mauer. Souvenir-»Spechte« klopften Stücke aus dem Beton. Der Westteil der Stadt war voller Ostdeutscher. Vor den Banken standen DDR-Bürger Schlange, um ihre 100 D-Mark Begrüßungsgeld abzuholen. Und in Ost-Berlin, meinem eigentlichen Arbeitsplatz, jagte ein dienstlicher Termin den anderen. Turbulente Zeiten für Journalisten. Bald begann eine Diskussion darüber, wer sich welchen Anteil am Mauerfall zugute halten durfte. Waren es die Blätter eines großen Zeitungskonzerns, die in der Zeit des Kalten Krieges unbeirrt »Macht das Tor auf« gefordert hatten? Vielleicht. Waren es die bundesdeutschen Politiker und Beamten, die seit Beginn der neuen Ost- und Deutschlandpolitik Anfang der siebziger Jahre in mühsamen Verhandlungen mit der DDR die Härten der Teilung zu mildern versuchten? Schon eher. Waren es die Mitarbeiter der Ständigen Vertretung der Bundesrepublik in Ost-Berlin, die mit großem persönlichem Engagement gesamtdeutsches Bewusstsein unter DDR-Bürgern wachhielten und förderten? Ganz gewiss. Und dann gab es ja auch noch uns, die Korrespondenten und ihre Familien. Auch wir haben in unserem jeweiligen Freundes- und Bekanntenkreis dazu beigetragen, den Menschen Mut zu machen und selbstbewusst gegenüber der sozialistischen Obrigkeit aufzutreten.

Wenn man den 9. November 1989 nicht als Einzelereignis, sondern als Schlusspunkt eines längeren Prozesses versteht, dann haben viele dazu beigetragen: Bürgerrechtler und Oppositionelle, Demonstranten und Botschaftsflüchtlinge. Allesamt Menschen aus der DDR. Auch Ungarn, das den Eisernen Vorhang öffnete, und Michail Gorbatschow, der Reformer aus dem Moskauer Kreml. Und nicht zuletzt der Oberstleutnant von der Bornholmer Straße, der in einer brisanten Situation Mut und gesunden Menschenverstand bewiesen und das schwer bewachte Loch in der Mauer ohne ausdrückliche Weisung als Erster freigegeben hat.

Jedem Kopf, der politisch denken konnte, war zu diesem Zeitpunkt klar, dass es mit der DDR zu Ende gehen würde. Jedenfalls mit der DDR als Staat unter kommunistischer Parteidiktatur. Auch wenn viele der Bürgerrechtler und SED-Gegner von einem eigenständigen, demokratischen deutschen Ost-Staat träumten – früher oder später würden die Deutschen wieder in einem Gemeinwesen ohne Grenze leben. Damit, so überlegte ich, liefe auch meine Zeit als Korrespondent auf einem auswärtigen Posten ab. Ich fing an, Bilanz zu ziehen. Elf Jahre in Ost-Berlin, unterbrochen von unserer Zeit in Bonn – das war für meine Frau und mich die aufregendste und spannendste Etappe unseres bisherigen Lebens, beruflich und privat. Voller Neugier und Enthusiasmus waren wir in dieses für uns weitgehend unbekannte Land gekommen. Offen und lernbegierig. Bereit, Mühsal in Kauf zu nehmen, und willens, menschliche Gräben einzuebnen statt sie aufzureißen. Mit unseren Freunden haben wir gehofft, dass es ihnen besser gehen möge. Materiell und geistig. Und wir haben mit ihnen gelitten, wenn ihre Erwartungen enttäuscht und Ansätze von Reformen und Freizügigkeit von der Funktionärsherrschaft erstickt wurden.

Als ich 1974 nach Ost-Berlin zog, begannen die zarten Pflanzen der Hoffnung gerade zu sprießen. Erich Honecker, erst seit 1971 im Spitzenamt der SED, erweckte den Eindruck, als wollte er die verkrustete Partei auf einen vorsichtigen Reformkurs führen und seine politischen Ziele vor allem am Wohl der Bürger und ihren Bedürfnissen ausrichten. Das Konsumangebot wurde verbessert, ein Wohnungsbauprogramm verabschiedet, ein Bündel sozialer Verbesserungen beschlossen. Künstlern und Intellektuellen versprach der Parteichef mehr Freiheit, vorausgesetzt, sie stellten den Sozialismus nicht in Frage. Wenige Jahre später war der kulturpolitische Frühling schon wieder vorbei. Als im Herbst 1976 zahlreiche Schriftsteller und andere Vertreter der Kulturszene gegen die Zwangsausbürgerung des rebellischen Sängers Wolf Biermann protestierten, griff die in einem starren Freund-Feind-Denken gefangene

Parteiführung wieder nach den Instrumenten der Repression.

Vollbeschäftigung, stabile Preise, soziale Sicherheit – damit meinte die SED-Führung sich die Zustimmung des Volkes sichern zu können. Auf Dauer. Aber das war ein Irrtum. Denn die viel gepriesenen Wohltaten waren auf Pump finanziert. Die DDR lebte über ihre Verhältnisse. Schulden wurden mit neuen Schulden bezahlt, Industrie und Wirtschaft, belastet durch eine starre, zentrale Planung, auf Verschleiß gefahren. Mit Hilfe der Bundesrepublik wurde der langsame Niedergang verschleiert. Die DDR ließ sich Bonner Wünsche nach mehr Durchlässigkeit der Grenze und den Ausbau der Verbindungen zu West-Berlin teuer honorieren. »Geld gegen Menschlichkeit« wurde zur dauerhaften Geschäftsgrundlage der deutsch-deutschen Zusammenarbeit, egal ob in der Bundeshauptstadt Sozial- oder Christdemokraten regierten.

Um möglichst viel harte Währung in die Staatskasse zu bekommen, lockerte die DDR-Führung die Devisenbestimmungen und baute ihr Intershop-Netz aus. Läden, in denen West-Waren gegen West-Geld verkauft wurden. Die Folgen wirkten sich für Honecker und Genossen verheerend aus. Nicht mehr der reale Sozialismus, sondern der kapitalistische Westen setzte die Maßstäbe für den Lebensstandard der DDR-Bürger. Sich ideologisch von der insgeheim bewunderten Bundesrepublik abzugrenzen, wurde immer schwieriger. Wer sollte unter diesen Umständen der Parteipropaganda glauben, der Sozialismus werde siegen, wenn jeden Tag die Überlegenheit westlicher Erzeugnisse vor Augen geführt wurde?

Stur behaupteten die roten Staatslenker, die DDR habe sich kontinuierlich und gradlinig entwickelt. In Wirklichkeit gab es zahlreiche Wendemanöver und abrupte Kurswechsel. Erst ließ man die Zügel der Unterdrückung etwas lockerer, dann zog man sie wieder straff an. Mal versprach die SED mehr Rechtssicherheit, dann ließ sie der Willkür freien Lauf. Zeitweise führten sich die Spitzenfunktionäre als Friedensfürsten auf und trieben zugleich die Militarisierung der Schulen und der Gesellschaft voran. Widersprüche über Widersprüche, und ein Zick-Zack-Kurs gegenüber dem eigenen Volk wie gegenüber der Bundesrepublik. Je länger die Ära Honecker währte, desto stärker zeigten sich die Spuren des Obrigkeitsstaates, der seine Bürger entmündigte. Staatsverdrossenheit und Verantwortungsscheu, Arbeitsschlamperei und politische Apathie breiteten sich rasant aus. »Privat geht vor Katastrophe«, lautete der Volksspruch. Selbst viele SED-Mitglieder verfielen der Resignation. »Die Genossen werden sich schon etwas dabei gedacht haben«, sagten sie mit bitterer Ironie, wenn sie wieder einmal eine Entscheidung von oben nicht verstanden hatten.

Ihre letzte Chance, den Untergang aufzuhalten, vergaben die Herrscher im Zentralkomitee und im Politbüro, als sie sich gegen die Moskauer Reformpolitik stellten. Eigensüchtig, halsstarrig und realitätsblind. Seit seiner Gründung lebte der SED-Staat vom Wohlwollen und vom Schutz der Sowjetunion. Ohne den

Rückhalt aus Moskau war die DDR nicht lebensfähig. Als Honecker dann auch noch den Massen von Flüchtlingen, die über Ungarn der DDR den Rücken kehrten, den zynischen Satz nachrief, niemand weine ihnen eine Träne nach, verloren auch treue Anhänger den Glauben an die Führungskunst ihrer selbst ernannten Herrscher. Viele SED-Mitglieder deckten die Parteibüros mit kritischen Briefen ein oder gaben desillusioniert ihre Mitgliedsbücher zurück. Honecker und seine Mitregenten, so stellte sich mir und vielen anderen Menschen nach der Grenzöffnung die Lage dar, haben ihren mit Zwang zusammengehaltenen Staat in den Bankrott geführt. Politisch, ökonomisch und moralisch. Aber wer hat das, als ich meine Arbeit als Korrespondent begann, vorausgesehen? Ich jedenfalls nicht.

Mit West-Pass nach Ost-Berlin

Unser Start in das Abenteuer DDR begann mit einem Versprechen, einer Abmachung unter Eheleuten. »Was immer künftig passiert«, sagte meine Frau, »wir dürfen niemals erpressbar werden.« Wir fuhren auf der Autobahn. München, wo wir seit Jahren zu Hause waren, lag hinter uns. Gerade hatten wir die Donau überquert. Ich wusste sofort, was sie meinte. Unsere Reise nach Berlin an einem Februartag des Jahres 1974 war kein Ausflug oder ein Wochenendtrip. Vor uns lag eine Bewährungsprobe. Wir waren dabei, unseren Wohnsitz in einen Staat zu verlegen, dessen Geheimdienst uns als »Klassenfeinde« betrachten würde. Und wenig Skrupel kannte, menschliche Schwächen auszunutzen. Bei uns, da waren wir uns einig, würden sie keine Chance haben, Vertrauen und Verlässlichkeit zu untergraben.

Vier Wochen zuvor, am 10. Januar 1974, hatte ich im DDR-Außenministerium in Ost-Berlin meinen Presseausweis als akkreditierter Korrespondent der *Süddeutschen Zeitung* erhalten. Das Visum und die Aufenthaltsgenehmigung »für das gesamte Gebiet der DDR«, befristet zunächst auf ein halbes Jahr, wurden in meinen bundesdeutschen Reisepass gestempelt. Fast ein Jahr hatte ich auf diesen Augenblick gewartet. Zwar hatte sich die DDR in der Folge des Grundlagenvertrages von 1972 verpflichtet, bundesdeutsche Journalisten als ständige Korrespondenten ins Land zu lassen. Die schriftliche Zusage hatte ich seit März 1973. Aber mit der Umsetzung ließ sie sich Zeit.

Als ich das Ministeriums-Gebäude am Spreeufer verließ, war mein Frust über die Schwerfälligkeit kommunistischer Bürokratie verflogen. Beschwingt ging ich die Straße Unter den Linden in Richtung Brandenburger Tor. Vorbei an der Staatsoper und der Humboldt-Universität. Nicht mehr als Tourist und Tagesbesucher, sondern als künftiger Bewohner Ost-Berlins. Einer mit einer Adresse in der »Hauptstadt der DDR«. Endlich konnte ich tun, was ich mir gewünscht und weshalb mich meine Redaktion hierher geschickt hatte: das Leben der Menschen im sozialistischen deutschen Staat beschreiben. Ihren Alltag in Beruf und Freizeit.

(Unterschrift des Inhabers)

Der Presseausweis ist nur gültig in Verbindung mit der Aufenthaltsberechtigung für Bürger anderer Staaten. Gültigkeitsdauer des Presseausweises Seite 3–5

Berlin, den 18. 1. 19 74

Siegel

Leiter des Bereichs   Leiter der Abteilung
Presse und Information Journalistische Beziehungen

PRESSEAUSWEIS/Nr. *133/74*

Herr/~~Frau~~ *Peter Pragal*

wohnhaft *Berlin*

Weißenseer Weg 2/0406

Der Inhaber dieses Ausweises ist beim Bereich Presse und Information des Ministeriums für Auswärtige Angelegenheiten der Deutschen Demokratischen Republik als Korrespondent

der/~~des~~

Süddeutschen Zeitung

aus *der BRD*

akkreditiert.

Alle Dienststellen und Organisationen werden gebeten, dem Inhaber dieses Presseausweises bei seiner journalistischen Tätigkeit, entsprechend den in der Deutschen Demokratischen Republik geltenden Rechtsvorschriften, Unterstützung zuteil werden zu lassen.

Ihre Sorgen und ihre Freuden. Und wie sie sich eingerichtet haben in der SED-Diktatur.

Ich war nicht der erste westdeutsche Journalist, den die DDR akkreditierte. Ein paar Kollegen, unter ihnen die Vertreter der *Deutschen Presse-Agentur* und des Nachrichtenmagazins *Der Spiegel*, hatten ihre Ausweise vor mir bekommen. Aber ich war der erste, der freiwillig seinen Wohnsitz in der Bundesrepublik aufgab und ganz nach Ost-Berlin verlegte. Mit Ehefrau und zwei kleinen Kindern. Da für die ständigen Korrespondenten ebenso wie für ausländische Diplomaten Residenzpflicht bestand, hatten auch meine Kollegen eine Büro- und Wohnadresse im Ostteil der Stadt. Ihren Hauptwohnsitz behielten die meisten jedoch in West-Berlin. Und mit ihm oft auch ihren privaten Lebensmittelpunkt.

Unser neues Domizil war in einem Plattenhochhaus im Stadtteil Lichtenberg. Weißenseer Weg 2, vierte Etage, Wohnung 06. Später erhielt die Straße den Namen Ho Chi Minh. Vier Zimmer, Küche, WC, Bad, auch »Nasszelle« genannt. Kein Balkon und kein Keller. Auch Garagen gab es nicht. Dafür wurde der Parkplatz neben dem Gebäude von der Volkspolizei bewacht. Insgesamt 96 Quadratmeter Wohnfläche. Zugewiesen vom Dienstleistungsamt für Ausländische Vertretungen, einer Behörde, die eng mit dem Außenministerium und der Stasi zusammenarbeitete. Die ursprünglich bunten Tapeten – jedes Zimmer in einem anderen unruhigen Muster – hatten wir einheitlich weiß überstreichen lassen. Zum Entsetzen der Mitarbeiter, die kein Verständnis für unseren Geschmack hatten. Weiße Wände – das war nach Ansicht von SED-Funktionären typisch für Arme-Leute-Behausungen. »Die Wohnung wurde in renoviertem Zustand übernommen«, heißt es im Übergabeprotokoll. Das Haus war erst seit einigen Wochen bewohnbar. Bei der Miete zeigte das Amt einen durchaus kapitalistischen Erwerbssinn. 1200 D-Mark pro Monat kassierte der staatliche Vermieter, einzuzahlen vierteljährlich im Voraus auf ein Devisenkonto der DDR-Außenhandelsbank. Das seien eben Marktpreise, sagte man mir im Außenministerium. In Tokio seien die Mieten höher.

Die Vorbereitung auf den Umzug war mühevoll. Wochenlang waren wir in München damit beschäftigt, unseren Hausstand für den DDR-Zoll aufzulisten. Allein die Aufstellung der Bücher, die wir nach Ost-Berlin mitnehmen wollten, füllte zwölf eng beschriebene DIN-A4-Seiten. Alles musste vermerkt sein, Autor, Titel, Verlag, Erscheinungsjahr. Einige Bücher waren darunter, die der Zoll unter normalen Umständen an der Grenze beschlagnahmt hätte. Etwa Robert Havemanns »Fragen – Antworten – Fragen«. Oder die Streitschrift »Monopol-Sozialismus« des polnischen Dissidenten Jacek Kuroń. Bei uns setzte der Zoll auf jeden Einfuhr-Antrag ohne Beanstandung den Genehmigungsstempel. Versehen mit dem Zusatz: »Ohne Handelswert.«

In der leeren Wohnung warteten wir auf unsere Möbel. Unsere Kinder Markus und Katharina waren in der Obhut der Großeltern. Meine Frau und ich schauten aus dem Fenster. Unten knatterten die Trabis vorbei.

Die Abgaswolken waren deutlich erkennbar. Die äußeren Rahmen der Fenster waren mit Graphitstaub überzogen, der aus den Schloten des »VEB Elektrokohle« herüberwehte. Rund ums Haus war Baustelle. Ein Plattenbau nach dem anderen wurde hochgezogen. Der Boden war aufgeweicht und von Gräben durchzogen. »Wie soll ich da mit dem Kinderwagen durchkommen«, sagte meine Frau. Die Tochter war erst ein paar Monate jung. Die Beschwernisse des Alltags – das war uns in diesem Moment klar – würde vor allem die Ehefrau zu tragen haben.

Der Wechsel aus dem wohlgeordneten Leben in München in die schroffe Welt des realen Sozialismus war ein Kulturschock. In Ost-Berlin waren wir Fremde. Keine Freunde, keine Bekannten, die man um Rat und Unterstützung fragen könnte. Aber wie im Ausland fühlten wir uns auch nicht. Wir waren nicht in Warschau oder Moskau, sondern in einer deutschen Stadt. Wir fühlten uns wie Pioniere. Offen und bereit, diese Hälfte einer durch die Mauer geteilten Metropole Schritt für Schritt zu erforschen. Unsere Neugier war stärker als unsere Bedenken. »Wir schaffen das«, sagte meine Frau.

Gegen Mittag fuhr die Spedition vor. Ein gelber Lastwagen samt Hänger. Mit Münchner Kennzeichen. Die Bauarbeiter unterbrachen ihre Arbeit. Zuzug aus dem Westen war für sie neu. Als die Türen des Anhängers geöffnet wurden, steigerte sich ihre Verwunderung. Da stand, fest verzurrt, eine »Ente«, der 2CV meiner Frau. Weil Möbel und Kartons nicht den gesamten Platz einnahmen, hatten wir das Auto in München über eine Rampe in den Hänger gefahren. Aber hier gab es keine Rampe, um den Wagen wieder auf den Boden zu bekommen. Der Fahrer aus Bayern sah sich um. Er winkte einem Kranführer. Der kam aus seiner Kabine heruntergeklettert. Der Möbelpacker erklärte ihm, worum es ging. Der Kranführer legt zwei Gurte um das Auto, stieg auf seinen Hochsitz und beförderte die »Ente« sanft auf den Boden.

Unsere Spediteure blockierten mit ihrem Laster den Hauseingang. Möbelpacker aus Ost-Berlin, die den Hausrat einer DDR-Familie abladen wollten, mussten deshalb warten. »Können wir euch solange helfen?«, fragten sie ihre West-Kollegen. Die hatten nichts dagegen. Es entspann sich ein Erfahrungsaustausch unter deutschen Werktätigen. »Ihr seid wohl von der alten Schule«, meinten die Berliner und schauten auf die beiden Kästen Bier, die ihre Münchner Kollegen ausgeladen hatten. Alkoholgenuss während der Arbeit war in der DDR verboten – eine Bestimmung, die in der Praxis freilich oft missachtet wurde.

Noch mehr staunten die Ostler, als sie drei flache Rollwagen erblickten, auf denen die Spediteure aus Bayern Schränke, Waschmaschine und Kisten zum Fahrstuhl fuhren, anstatt sie mit eigener Kraft zu schleppen. Als die Malocher aus dem Arbeiter- und Bauernstaat auch noch erfuhren, dass die Münchner nach festen Stundenlöhnen bezahlt wurden, während sich ihr wesentlich geringerer Verdienst nach der Kubikmeterzahl der transportierten Möbel berechnete, war klar, wer im Ost-West-Vergleich das schwerere Los hatte. »Bei uns«, sagte einer der Berliner, »wird viel mehr geschuftet.«

Die Möbel waren an ihrem Platz, die Teppiche verlegt, die Kisten ausgeräumt und die Spediteure auf dem Heimweg, da fiel unser Blick auf die kahlen Wände. Die Bilder fehlten noch. Wir überlegten, welcher Stich und welches Gemälde an welcher Stelle hängen sollten. Im Werkzeugkasten fand ich Hammer und Bilderhaken. Aber so sehr ich mich auch anstrengte, der Nagel ging nicht in die Wand. Auch nicht an einer anderen Stelle. Schon beim ersten festen Schlag krümmte sich der Metallstift. Gegen den Beton der Fertigteile hatte ich keine Chance. Am Schwarzen Brett im Hauseingang hatte ich den Satz gelesen: »Der Bohrmann kommt.« Darunter der Name des Hausmeisters. Den bat ich um Hilfe. Mit seiner starken Bohrmaschine »schoss« er Löcher zur Befestigung der Dübel in die Betonwände. Für jedes Loch nahm er, vermutlich auf Anweisung des Vermieters, zwei Ost-Mark.

Paul H. war ein waschechter Berliner. Ein freundlicher, hilfsbereiter Mann, der viel von preußischen Tugenden hielt. Mitte fünfzig, von untersetzter Statur, die Haare sorgfältig gescheitelt. Der blaue Arbeitsanzug, den er trug, wirkte wie frisch gebügelt. Ohne »Paule« hätten wir uns am Anfang schwer getan. Er gab uns Hinweise, wo wir gut essen konnten. Er besorgte uns einen Kumpel, der die Waschmaschine anschloss. Und er sagte uns, wo es einen Privatbäcker gab, dessen Schrippen besser schmeckten als die Fabrikware aus der Kaufhalle. Während sein Hausmeister-Kollege im Ruf stand, für die »Firma Horch und Guck« die Augen offen zu halten, hatte »Paule« mit seiner sozialistischen Obrigkeit wenig im Sinn.

Ich merkte es an seinen Reaktionen zum Thema Fußball. Im Sommer 1974 war Weltmeisterschaft. »Paule« drückte der westdeutschen Mannschaft die Daumen. Als sie in Hamburg vom DDR-Kollektiv eins zu null geschlagen wurde, brach für ihn eine Welt zusammen. Diesen Triumph hat er dem Regime nicht gegönnt. Als er am Tag nach dem Sparwasser-Tor, wie jeden Morgen, im Hausflur stand, hatte er ein trauriges Gesicht. Wortlos ließ er mich passieren. Diese Schmach wollte er nicht kommentieren. In den nächsten Tagen ging es ihm besser. Mit jedem Sieg der Westdeutschen hellte sich seine Miene auf. Erst hat er mir anerkennend zugenickt, dann die Hand zur Gratulation entgegengestreckt. Und schließlich, als Beckenbauer, Müller und Co. den Titel gewonnen hatten, schlug er mir mit seiner Arbeiterhand auf die Schulter. »Na also«, sagte er, sichtlich stolz darauf, dass »die Jungs« seine Erwartungen doch noch erfüllt hatten.

Einige Monate vor meinem Arbeitsbeginn am 1. März 1974 hatte ich im Außenministerium darum gebeten, mich bei der Suche nach einem Büroraum im Stadtzentrum zu unterstützen. Ein geeignetes Mietobjekt zu finden, sei schwierig, bekam ich zur Antwort. Die DDR erlebte zu dieser Zeit eine diplomatische Anerkennungswelle. Immer mehr westliche Staaten nahmen offizielle Beziehungen zum zweiten deutschen

Staat auf und benötigten für ihre Missionen Räume. Und die waren knapp. Ich musste also warten und vorübergehend in der Wohnung arbeiten. Das war für ein harmonisches Familienleben nicht gerade förderlich. Die Wohnung war extrem hellhörig. Auch durch geschlossene Türen drang jeder Laut. Wenn die Kinder lärmten, wurden sie ermahnt: »Seid ruhig, Papa muss schreiben.«

Ohne Telefon ist ein Journalist hilflos. Ich hatte frühzeitig einen Anschluss beantragt, aber als wir einzogen, war kein Apparat da. Wie sollte ich meine Texte, die ich damals auf der mechanischen Maschine schrieb, nach München übermitteln? Ich fuhr nach West-Berlin. Mal ins Büro der *Süddeutschen Zeitung*, mal in ein Postamt, das gleich hinter dem Grenzübergang lag. Von dort aus habe ich meine Artikel der Nachrichtenaufnahme der Zeitung aufs Band gesprochen. Eine Sekretärin hat dann den Text abgeschrieben. So ging das etliche Wochen. Eine Praxis, die viel Zeit kostete. Und eine Mühsal, die man sich im Zeitalter von Handy und E-Mails kaum noch vorstellen kann.

Nach einem Vierteljahr wurde endlich ein Telefon in unserer Wohnung installiert. Ein graues Gehäuse mit einer Wählscheibe. Unsere Freude war nur kurz. Oft gab es kein Amtszeichen. Das lag daran, dass ein anderer Teilnehmer sprach. Die DDR-Post hatte uns fürs Erste einen sogenannten Doppelanschluss zugeteilt. Wenn es stark regnete, tat sich auch nichts. Und als ein Bagger das provisorische Kabel zerriss, war die Leitung für längere Zeit tot. Dann blieb mir nichts anderes übrig, als wieder zum Telefonieren nach West-Berlin zu fahren.

Im Lauf der Zeit besserte sich die Lage. Aus dem Doppel- wurde ein Einzelanschluss. Ortsgespräche kamen in der Regel problemlos zustande. Nach West-Berlin gab es eine Durchwahlnummer. Doch die war meistens besetzt. Man konnte sich die Finger wund wählen, bis man endlich »durch war«. Gespräche in die Bundesrepublik mussten beim Fernamt angemeldet werden. Das dauerte. Als die DDR ihre Ständige Vertretung in Bonn einrichtete, waren Gespräche dorthin im Selbstwählverkehr möglich. Aus der Bundesrepublik konnte man sich direkt ins Ost-Berliner Netz einwählen. Das nutzte vor allem meine in Nordrhein-Westfalen wohnende Schwiegermutter, um sich nach unserem Befinden zu erkundigen. Für sie war die DDR unverändert »die Zone«. Auch meine Frau nahm bei den Gesprächen mit ihr kein Blatt vor den Mund. Sie wusste oder ahnte zwar, dass die Stasi mithört. Aber das kümmerte sie nicht. Sie schimpfte auf alles, was ihr an diesem autoritären Staat missfiel. Die Gängelung der Menschen, die Sonderrechte für die Bonzen und die Unzulänglichkeiten des täglichen Lebens. Als sie einmal sagte: »So ähnlich muss es bei den Nazis gewesen sein«, wurde das Gespräch unterbrochen. So als hätte jemand bewusst die Leitung gekappt. Das passierte immer wieder. SED-Kommunisten konnte man mit nichts mehr provozieren, als ihr Regime mit der NS-Diktatur zu vergleichen.

Im Haus mit seinen 18 Etagen gab es zwei Fahrstühle. Hergestellt in einem Volkseigenen Betrieb. Die wurden von den vielen Mietern und ihren Gästen stark beansprucht. Zeitweise versagten sie den Dienst. Wenn man Pech hatte, blieb der Aufzug zwischen zwei Stockwerken stecken. Tagsüber war das nicht schlimm. Ein Hausmeister war immer in der Nähe. Am späten Abend oder in der Nacht musste man Geduld haben, bis man aus der engen Kabine befreit wurde. Als die Fahrstühle mal wieder nicht fuhren und meine Frau nicht wusste, wie sie den Kinderwagen ins Erdgeschoss bringen sollte, war es mit ihrer Geduld zu Ende. Bei ihr hatte sich viel Unmut gestaut: Weil der Strom ausfiel und sie die Kindermahlzeit auf einem Spirituskocher warm machen musste. Weil ein offener Kabelschacht direkt vor dem Hauseingang verlief, den man nur auf einer schmalen Bohle überqueren konnte. Erst im Herbst, als am 7. Oktober der 25. Jahrestag der DDR-Gründung mit großem Propaganda-Aufwand gefeiert wurde, waren die Mängel rund ums Haus behoben. Die Machthaber waren um ihr Prestige besorgt.

Meine Frau packte also unsere Kinder ins Auto und fuhr zum staatlichen Dienstleistungsamt. Sie war es gewohnt, ungelöste Probleme selbst anzugehen und nicht zu warten, bis ihr Mann dafür Zeit hat. Bei der Pförtnerloge verlangte sie nach dem Leiter, um sich zu beschweren. Das war etwas blauäugig. Sie wurde weder zum Chef vorgelassen noch zu einem anderen Mitarbeiter. Stattdessen erschien eine Sekretärin und teilte ihr förmlich mit: »Frau Pragal, Sie sind für uns kein Gesprächspartner. Der Funktionsträger ist Ihr Mann.« Meine Frau war sprachlos. Eine solche Auskunft hatte sie nicht erwartet. Schon gar nicht in einem Staat, der sich mit der Emanzipation der Frauen brüstete. Wütend fuhr sie zur Ständigen Bonner Vertretung, um dort ihren Frust abzuladen. Deren Leiter Günter Gaus nahm sich tatsächlich Zeit für sie. Er hörte sich ihre Beschwerden geduldig an. Aber er war wohl der falsche Adressat. Auf das hierarchische Gehabe in realsozialistischen Behörden hatte die Ständige Vertretung keinen Einfluss. Für mich hat das Erlebnis im Dienstleistungsamt nachhaltige Folgen. Immer wenn ich mich vor einer unangenehmen häuslichen Aufgabe drücken will, sagt meine Frau süffisant: »Funktionsträger, mach du das mal.«

Erkundung des Alltags

Am Morgen nach unserer ersten Nacht im neuen Heim wollte ich frische Brötchen zum Frühstück besorgen. Der Hausmeister hatte mir einen Tipp gegeben. Ich machte mich zu Fuß auf den Weg. Ich ging die Jacques Duclos- (heute Möllendorff-)Straße Richtung Lichtenberger Rathaus, vorbei an der kleinen Pfarrkirche, und entdeckte auf der rechten Straßenseite einen Bäckerladen. Er war eines von den Geschäften, die privat geführt wurden. Der Geruch aus der Backstube steigerte meinen Appetit. Ich verlangte vier Schrippen, die kosteten zusammen 20 Pfennige Ost. Die Verkäuferin legte mir die Brötchen auf die Ladentheke. Ich schaute sie verdutzt an. In München bekam ich die Semmeln in einer Tüte. Die gab es hier nicht. Eine Tasche hatte ich nicht mitgenommen. Wohin mit den Brötchen? Schließlich steckte ich sie in meine Jackentasche. Es war meine erste Lektion über den Alltag in Ost-Berlin. Fortan ging ich – wie es DDR-Bürger zu tun pflegten – nicht mehr ohne Netz oder Beutel aus dem Haus.

Wir haben schnell begriffen, dass das Leben östlich der Mauer nach anderen Regeln verlief, als wir im Westen gewohnt waren. Und auch nach einem anderen Rhythmus. Ost-Berliner waren notorische Frühaufsteher. Nicht aus Lust oder Leidenschaft. Der Arbeitsprozess zwang sie dazu. Männer ebenso wie Frauen, die – anders als in der Bundesrepublik – in der DDR zu über 90 Prozent einer bezahlten Beschäftigung nachgingen.

Schon um 4.30 Uhr morgens gingen die ersten Lichter in den Wohnungen an. Ab fünf Uhr drängelten sich vor den Straßenbahnhaltestellen Werktätige auf dem Weg zur Frühschicht. Sicher, auch in Fabriken und auf Baustellen in Westdeutschland war um sechs Uhr Arbeitsbeginn. Aber hier in unserem Neubaugebiet schienen in den ersten Morgenstunden nahezu alle Bewohner auf den Beinen zu sein. Arbeiter, Büromenschen, Verkäuferinnen, Friseusen. Und viele Kinder, die – oft noch halb im Schlaf – von ihren Vätern oder Müttern zur Krippe und in den Frühhort gebracht wurden. Spätestens um halb neun waren die neuen Betonburgen, sofern keine Ausländer darin wohnten, entvölkert. Das Volk war – wie man in Berlin sagt – »auf Arbeit«.

Nicht weit von unserem Haus gab es eine Konsum-Kaufhalle. Dorthin gingen wir in der ersten Zeit einkaufen. Wir schoben den Gitterkorbwagen über den Betonboden und verglichen beim Blick in die Regale die Preise. Etliche Waren kosteten – setzte man nach dem offiziellen Umtauschkurs eine Mark Ost gegen eine Mark West – weniger als jenseits der Grenze. Das galt vor allem für die Grundnahrungsmittel, die von den Planwirtschaftlern der SED subventioniert wurden. Auch dann noch, als das Regime ökonomisch schon bankrott war. Dafür war die Auswahl der Waren wesentlich geringer und die Qualität schlechter.

Griff man ein Netz mit Kartoffeln, konnte es passieren, dass die Hälfte des Inhalts verdorben war und weggeworfen werden musste. Vor der Fleischtheke standen die Kunden in der Regel Schlange. »Könnten Sie mir bitte das Fett abschneiden«, bat meine Frau eine Verkäuferin, die dabei war, das Fleisch auszuwiegen. Die Frau sah uns an, als kämen wir vom Mond. »Das müssen Sie aber mitbezahlen«, blaffte sie uns an. »Was glauben Sie denn, wie ich der nächsten Kundin das Fett berechnen soll.« Wieder eine Lektion: Verkäuferinnen, die wie alle Werktätigen im »sozialistischen Wettbewerb« standen, konnten auf Sonderwünsche keine Rücksicht nehmen.

Unsere Annäherung an das Alltagsleben im realen Sozialismus war eine Entdeckungstour, an der ich meine Leser im Westen von Anfang an teilhaben ließ. Die meisten Bundesbürger interessierte damals nicht, was östlich von Mauer und Metallgitterzäunen bei den »Brüdern und Schwestern« passierte. Urlaubsländer wie Griechenland, Italien und Spanien waren ihnen

Symbolischer Standort: Familie Pragal im Jahr 1976 vor dem
abgeriegelten Brandenburger Tor

vertraut. Über das Leben der Menschen zwischen
Oder und Werra wusste der gewöhnliche Westdeutsche jedoch wenig. Es sei denn, er war von dort vor
dem Mauerbau geflohen oder er hatte Verwandte.
Nicht etwa, dass es keine politische Berichterstattung
gab. Was Walter Ulbricht, Erich Honecker und Genossen erklärten und anordneten, wurde sehr wohl registriert. Aber wie es in den Köpfen und Herzen ihrer Untertanen aussah, blieb dem durchschnittlichen
Bundesbürger verborgen. Es war ihm, glaube ich, auch
ziemlich egal.

Ich schrieb auf, was ich hörte und beobachtete. In der
Straßenbahn und in der Kneipe, in Geschäften und auf

dem Rummelplatz, auf der Poststelle und im Theater. Aus den Tagebuch-Eintragungen wurde eine Kolumne, die unter dem Titel »In der DDR notiert« in der Wochenendausgabe der *Süddeutschen Zeitung* erschien und große Resonanz fand. Sie wurde von mehr Menschen gelesen als meine sonstigen Kommentare, Analysen und Reportagen, auf die ich so stolz war. Zunächst habe ich in vielen kleinen Szenen die Außenseite der Gesellschaft beschrieben. Aber je länger wir in Ost-Berlin lebten, desto mehr verwandelte sich mein Blick von dem eines Fremden in den eines Insiders, der seine Umwelt mit den Augen und den Empfindungen von Einheimischen wahrnahm.

Wenn wir schon hier in Ost-Berlin sind, so sagten wir uns, dann mit allen Konsequenzen. Meine Frau und ich nahmen uns vor, so wenig wie möglich auf die Fluchtinsel West-Berlin auszuweichen. Das hielten wir zwar nicht lange durch, aber in der Anfangszeit haben wir diesen freiwilligen Vorsatz erfüllt. Unsere Kinder waren oft krank. Auch eine Folge der verschmutzten Luft, mit der wir täglich konfrontiert wurden. Wir beschlossen, sie und uns vor Ort ärztlich betreuen zu lassen. Dazu mussten wir einen Berechtigungs-Ausweis zum Besuch medizinischer Einrichtungen der DDR beantragen. Die Jahrespauschale betrug 720 Mark pro erwachsene Person. Die Summe entsprach dem Höchstbetrag, den ein DDR-Bürger für die Sozialversicherung zahlen musste. Für die Behandlung unserer Kinder wurde keine zusätzliche Prämie erhoben. Im Haus der Gesundheit, einer Poliklinik am Alexanderplatz, war

In der Humboldt-Universität veranstaltete die FDJ das jährliche »Festival des politischen Liedes«

meine Frau mit den Kindern Stammgast. Lange warten musste sie selten. Ihr grüner Versicherungsausweis berechtigte sie »zur bevorzugten« ambulanten Betreuung. Klassenlos, wie es der Ideologie im sozialistischen Deutschland entsprochen hätte, war das staatliche Gesundheitswesen ohnehin nicht. Es gab ein Regierungskrankenhaus für die DDR-Prominenz. Diese Klinik stand auch den auswärtigen Missionschefs und ihren Familien sowie dem Botschaftspersonal im Diplomatenrang offen. Korrespondenten zählten nicht zu diesem erlauchten Kreis.

Es war eine Zeit, in der unsere Kinder in manchen Nächten ins Elternbett krochen. Meistens war es der

Sohn. Eines Tages entdeckten wir an seinem Körper rote Flecken, die wie Einstichstellen von Insekten aussahen. Die Ärztin im Haus der Gesundheit tippte auf Allergie. Als immer wieder neue Flecken auftraten, schilderten wir unsere Beobachtungen meiner Schwiegermutter. Die war Kinderärztin. Es könnten Wanzenbisse sein, sagte sie. »Wie alt ist eure Ärztin?« So Mitte dreißig, schätzten wir. Dann habe sie wohl mit Wanzenbissen keine praktische Erfahrung, sagte meine Schwiegermutter. Vielleicht hat uns die DDR-Medizinerin die in ihren Augen peinliche Diagnose auch nur ersparen wollen.

Wir nahmen unser Bett auseinander und fanden tatsächlich vier der kleinen, flachen Blutsauger. Wir verglichen ihre Körper mit Abbildungen in einem Tier-Lexikon, das uns DDR-Freunde geschenkt hatten. Kein Zweifel, es waren Wanzen, echte Wanzen. Sie hatten nicht meine Frau und mich, sondern nur unseren Sohn gepeinigt. Wir informierten die Hygiene-Inspektion. Als die Kammerjäger in unsere Wohnung kamen, glaubten sie, an der falschen Tür geklingelt zu haben. »Sind wir hier richtig?«, fragten sie. Bei uns sah es nicht nach Verwahrlosung aus. Sie sprühten dem Raum aus. Drei Wochen lang konnten wir unser Schlafzimmer nicht benutzen und mussten in einem anderen Raum die Nächte verbringen. Ich überlegte, wie ich das Ungeziefer eingeschleppt haben könnte. Bei meinen Dienstreisen übernachtete ich zuweilen in einem der Interhotels. Wenn ich nach Hause kam, legte ich meinen Koffer zum Ausräumen aufs Bett. Von Zeit zu Zeit, so hatte ich gehört, wurden Hotels in der DDR für ein paar Tage geschlossen. Kammerjäger reinigten Gästezimmer und sonstige Räume von allerlei Ungeziefer. Gut möglich, dass sie nicht nur Schaben jagten, sondern auch Bett-Wanzen.

Eines Tages beschloss meine Frau, sich im Städtischen Krankenhaus Friedrichshain operieren zu lassen. Die Klinik, an der in den zwanziger Jahren der Schriftsteller und Arzt Peter Bamm gewirkt hatte, genoss auch zu DDR-Zeiten einen guten medizinischen Ruf. Außerdem war sie nur ein paar Kilometer von unserer Wohnung entfernt. So konnte ich sie öfter besuchen. Gleich nach der Ankunft in einem Vierbettzimmer der Station 11 rief sie mich an und bat mich, ein paar Kleinigkeiten von zu Hause mitzubringen, darunter Messer, Löffel, Gabel und Tee. Den gab es ebenso wenig wie Bohnenkaffee. Nachthemd und Toilettenartikel hatte sie mitgenommen, aber kein Essbesteck. »Die anderen Frauen haben auch ihr eigenes dabei«, sagte sie. »Das ist hier so üblich.«

An den Betten gab es keine Nachttischlampe. Eine Glühbirne an der Decke beleuchtete den Raum. Es fehlten auch schwenkbare Tabletttische. Das Essen wurde nicht ans Bett gebracht. Die Patienten mussten aufstehen und die Mahlzeit auf dem Flur in Empfang nehmen. Wer das nicht konnte, weil er frisch operiert war, wurde von den gehfähigen Patienten versorgt. Mit dem Teller balancierte man auf der Bettdecke. Manche der Patienten halfen in der Küche. So also sah das von den Parteifunktionären hoch gepriesene Gesundheitswesen von innen aus. Wie in vielen Bereichen klafften auch hier Propaganda und Wirklichkeit auseinander.

Als es ein Jahr später darum ging, ihre Mandeln herausnehmen zu lassen, entschied sich meine Frau trotzdem erneut für das Krankenhaus Friedrichshain. Diesmal lag sie in einem Zweibettzimmer. Einer der Chefärzte der Klinik war ein gebürtiger Bayer. Ein renommierter Chirurg, der etliche DDR-Prominente unter dem Messer gehabt hatte. Nach dem Krieg war er im Osten geblieben und hatte dort beruflich Karriere gemacht. Wir hatten ihn über seine Tochter kennengelernt. Er verleugnete seine bajuwarische Herkunft nicht. Meiner Frau brachte ich täglich die *Süddeutsche Zeitung* ins Krankenhaus. Sie hatte mit ihm verabredet, dass er sich seine »Lieblingszeitung«, wie er sich ausdrückte, abholen durfte. Beim ersten Besuch kam er ins Zimmer und blieb wie angewurzelt stehen. Die Patientin im Nachbarbett war seine OP-Schwester aus der chirurgischen Abteilung. Er schien zu überlegen, ob er sich vor einer Mitarbeiterin die Blöße geben sollte, sich von einer Patientin aus der Bundesrepublik eine West-Zeitung aushändigen zu lassen.

»Ich hätte in diesem Moment heulen mögen«, hat mir später meine Frau gesagt. Da stand ein hoch angesehener Chefarzt und musste sich nach dem ersten Schrecken entscheiden, ob er wieder gehen oder den wahren Grund seines Besuches zugeben sollte. Was ist das für ein Staat, der seine Bürger in eine solche demütigende Lage brachte, fragte sie. Der Arzt entschied sich dafür, Farbe zu bekennen. Er begrüßte meine Frau, machte die Patientinnen miteinander bekannt und nahm später auch die Zeitung mit. Von da an kam er täglich. Und wenn er ging, hatte er eine Lektüre in der Tasche, die ihm sonst nicht zugänglich war.

Der grün uniformierte Volkspolizist, der auf einer Ost-Berliner Straßenkreuzung den Verkehr regelte, bemühte sich gar nicht erst um Höflichkeit. »Steig ab, fahr rechts ran und warte, bis ich komme«, herrschte er einen Jugendlichen an, der in den Augen des Ordnungshüters mit seinem Mofa ein wenig zu flott um die Kurve gefahren war. Doch der junge Mann, der mit vielen Gleichaltrigen das Schicksal teilte, von der Polizei besonders schikaniert zu werden, verhielt sich anders als erwartet. »Erstens haben Sie nicht du zu mir zu sagen, zweitens bleibe ich sitzen, und drittens werde ich gleich weiterfahren«, sagte der Mofa-Fahrer. Dem Volkspolizisten verschlug es die Sprache. Bevor er darüber nachdenken konnte, wie er diesem Angriff auf seine Autorität begegnen sollte, zeigte der junge Mann, Sohn eines befreundeten Mitarbeiters der Ständigen Bonner Vertretung, seine rote Diplomatenkarte. »Entschuldigung, konnte ich ja nicht wissen«, murmelte der Uniformierte und ging schnell auf die andere Straßenseite.

Die Konfrontation mit Menschen, die ihnen selbstbewusst begegneten, muss für die Vertreter der Staatsmacht ein Schock gewesen sein. Bisher waren sie gewohnt, dass sich Bürger ihres Staates bei geringsten Verstößen gegen die Regeln von Disziplin und Ordnung devot verhielten. Jetzt hatten sie es ab und zu mit

Leuten zu tun, die sich ihren barschen Ton verbaten und sich nicht einfach abkanzeln ließen. Oder sich so benahmen, wie es in ihren westlichen Heimatländern üblich war. Im Bewusstsein, dass ein Polizist für die Bürger da ist. Oder zumindest da sein sollte. Zum Beispiel, indem man mitten auf der Kreuzung neben einem Verkehrspolizisten anhielt, die Scheibe der »Ente« hochklappte und sich höflich erkundigte, wie man am schnellsten an einen bestimmten Ort kommen würde. »Was habt ihr gemacht?«, haben uns ungläubig DDR-Freunde gefragt, als wir ihnen diese Episode erzählten. Unser Verhalten war nach DDR-Regeln ungebührlich. Sie selbst hatten eine andere Praxis verinnerlicht: Auto am Straßenrand abstellen, zu Fuß zum Polizisten gehen und in Demutshaltung um Auskunft bitten oder – falls man etwas falsch gemacht hat – sich einen mündlichen Verweis abholen. Dieses Verhalten war für uns schwer verständlich, weil die »Grünen«, wie man in der DDR Volkspolizisten nannte, in der Gesellschaft eher gering geschätzt wurden. Man machte sich, wie zahlreiche Witze belegen, gern über sie lustig. Frage: Warum treten Volkspolizisten häufig als Paar auf? Antwort: Weil sie nur zu zweien ihre zehn Klassen Oberschule zusammenkriegen. Oder: Was ist, wenn es keine Ökonomen mehr gibt? Dann sind die Volkspolizisten wieder die Dümmsten.

Dass wir in einen Obrigkeitsstaat geraten waren, bei dem sich preußisch-wilhelminische Traditionen mit sozialistischer Bevormundung mischten, haben wir vom ersten Tage an gemerkt. In Gaststätten, wo Gäste am

Eingang stehen gelassen wurden, bis ein Kellner nach längerer Wartezeit sie gnädig an einem der vielen freien Tische platzierte. In Kulturhäusern, wo Besucher auf Hinweistafeln ermahnt wurden, in »einwandfreier Kleidung« zu erscheinen. In Rathäusern, wo man vom Pförtner barsch angefahren wurde, wenn man nicht unaufgefordert seinen Ausweis zeigte. Wer ständig nach oben buckeln muss, neigt dazu, andere seine kleine Macht spüren zu lassen. Vielleicht war es ja Zufall, aber Rentner sind uns besonders häufig als Besserwisser und Rechthaber aufgefallen. Irgendwann haben wir mit unseren Kindern in einer Grünanlage gespielt. »Gehen Sie runter, das ist verboten«, herrschten uns Veteranen an, die auf einer Bank saßen. Wir waren in keinem Park mit einem gepflegten Rasen, wo man Einschränkungen akzeptieren konnte, sondern auf einer gewöhnlichen Wiese am Rande des Weißen Sees, nicht weit von unserer Wohnung entfernt. Meine Frau und ich sahen uns an. Als Studenten hatten wir in München erlebt, wie uns berittene Polizisten von den Wiesen des Englischen Gartens vertreiben wollten. Immer wieder hatten wir ihre Aufforderungen ignoriert, bis die kommunale Obrigkeit irgendwann aufgab und uns gewähren ließ. Und jetzt sollten wir uns diesen zänkischen Alten beugen? Wir überhörten ihr Gezeter und spielten weiter mit unseren Kindern.

Am Wochenende fuhren wir hinaus aus dem Häusermeer ins Brandenburgische. Unser Auto war inzwischen in der DDR zugelassen. Die Buchstaben QA auf dem Kennzeichen symbolisierten den Status als akkreditierter Korrespondent. Die Ziffer 57 stand für Bundesrepublik Deutschland. Jeder Staat, der in Ost-Berlin eine diplomatische Mission unterhielt, hatte eine spezielle Kennziffer. Geordnet nach der zeitlichen Reihenfolge, in der die Beziehungen aufgenommen worden waren. Jeder Volkspolizist wusste sofort, mit wem er es zu tun hatte. Immerhin wurden wir an der Stadtgrenze zwischen der »Hauptstadt« und der DDR nicht angehalten und kontrolliert, wie das in unserer Anfangszeit mit Personen in Autos aus West-Berlin oder der Bundesrepublik geschah.

Wir fuhren über Straßen, die von mächtigen Laubbäumen dicht gesäumt waren. Ihre Kronen berührten sich und bildeten ein Dach, unter dem wir uns bewegten. Wir freuten uns an dem ungewohnten Anblick. Wenn wir in Westdeutschland unterwegs waren, konnte man oft nicht erkennen, wo eine Gemeinde aufhörte und wo eine andere begann. Die Landschaft war zersiedelt. Hier, in der DDR, war ein Dorf noch ein Dorf. Und dazwischen Felder, Wälder und Wiesen. Manchmal holperten wir über Kopfsteinpflaster. Wir dachten an unsere begradigten, zu Schnellpisten ausgebauten Straßen in der Bundesrepublik, an denen man Bäume gefällt hatte, weil sie ein Sicherheitsrisiko darstellten. Hier sah es noch so aus wie in der Zeit vor dem Krieg. Vermutlich hätten die SED-Regenten die Verbindungswege auf ihrem Territorium gern nach westdeutschem Muster modernisiert. Dass dies nicht geschah, war weniger ihrer Liebe zur Natur geschuldet als dem Mangel an Arbeitskräften und Material.

Was wir bei unseren Ausflügen wahrnahmen, erinnerte uns häufig an die eigene Kindheit in den Nachkriegsjahren. In den Gärten von Freunden kam das Wasser nicht aus der Leitung, sondern aus einer Pumpe. Für unsere Kinder, die nackt umhersprangen, war das ein Erlebnis. Auch die Erwachsenen waren in ihrem Verhalten ungezwungen. Viele badeten in den Seen ohne Badehose und Badeanzug. FKK war weit verbreitet. Als nach dem Ende der DDR unter dem Einfluss westdeutscher Kurdirektoren die Freizügigkeit des Nacktbadens an der Ostsee wieder eingeschränkt wurde, liefen viele Einheimische gegen die neue Bevormundung Sturm.

Und noch etwas fiel uns bei unseren Erkundungstouren auf. An Halteplätzen der Landstraßen standen mitunter Dörfler und boten Früchte aus ihrem Garten zum Kauf an. Äpfel, Birnen und Beeren. Frisch geerntet und in der Regel ungespritzt. Wir genossen den ursprünglichen Geschmack. Auch Pilze wurden offeriert. In den Kaufhallen hätte man wohl vergeblich danach gesucht. Wir gewöhnten uns daran, dass in der sozialistischen Mangelgesellschaft das Warenangebot der jeweiligen Jahreszeit entsprach. Kohl im Winter, Kirschen im Sommer, Pflaumen im Herbst. Apfelsinen, die für Devisen importiert werden mussten, spendierte die Obrigkeit ihren Untertanen meistens nur zu Weihnachten.

DDR-Bürger beneideten die Westdeutschen um ihren kulinarischen Überfluss. Wir dagegen fanden, dass sich die Ostdeutschen – wenn auch nicht freiwillig –

ein Gefühl für den natürlichen Rhythmus des Jahres und der Natur bewahrt hatten. Weil nicht alles, wie in den westlichen Ländern, zu jeder Zeit verfügbar war. Etwa frische Erdbeeren im Winter – eingeflogen aus dem Süden. Werden Freude und Genuss nicht gedämpft, wenn sie immer zu haben sind? Waren die Menschen in der DDR, ohne dass ihnen dies bewusst war, wegen des allgegenwärtigen Mangels vor Übersättigung geschützt? Wir behielten solche Überlegungen für uns, aus Sorge, wir könnten für zynisch oder elitär gehalten werden. Im Dezember brachte meine Frau aus West-Berlin frische Blumen mit, die es in Ost-Berlin nicht gab. Eine DDR-Nachbarin kam zu Besuch. Sie sah den Strauß und sagte: »Rote Tulpen unter dem Adventskranz. Das ist ja pervers.«

Immer unter Kontrolle

Am 6. Juli 1993 sitze ich in einem Raum der Stasi-Unterlagenbehörde und lese in meinen Akten. Stunde um Stunde arbeite ich mich durch die Berge von Papier. Wie schon am Tag zuvor. Viele Opfer der SED-Diktatur haben sich vor diesen Stunden der Wahrheit gefürchtet. Die Vorstellung, jemand aus ihrem Verwandten- und Freundeskreis könnte sie bespitzelt haben, hat ihnen schon vor der Konfrontation mit den Aufzeichnungen schlaflose Nächte bereitet. Mir nicht. Ich bin vorbereitet und ohne Illusionen. Neugierig bin ich, das ja. Neugierig auf das Material, das Erich Mielkes

Leute über mich gesammelt haben. Doch im Gegensatz zu DDR-Bürgern fühle ich mich nicht als Opfer, eher als publizistischer Gegenspieler der untergegangenen Staatsmacht.

Was ich über Inoffizielle Mitarbeiter bei der Lektüre erfahre, regt mich nicht sonderlich auf. Echte Freunde sind es nicht gewesen, die auf mich angesetzt waren. Es waren überwiegend Leute, die ich etwas geringschätzig als »Laufkundschaft« betrachtete. Bekannte, die ich ausgefragt, »abgeschöpft«, wie es im Stasi-Jargon heißt, aber nicht ins Vertrauen gezogen habe. Was andere schmerzhaft erlebten, bleibt mir anscheinend erspart. Niemand, zu dem ich eine enge Beziehung habe, hat mich hintergangen. Ich lese weiter. Ohne Beunruhigung und ohne besondere Emotionen. Sachstandsberichte mit Bewertungen meiner journalistischen Arbeit, Protokolle über Observierungen, IM-Berichte, Operativpläne, Vermerke und Auswertungen. Verfasst in einem gleichbleibend hölzernen Bürokraten-Deutsch.

Plötzlich wird mir heiß. Ich blicke auf eine Kopie mit Aufzeichnungen in meiner Handschrift. Ich fühle, wie mir Blut in den Kopf schießt. Hastig blättere ich, schaue mir die nächsten Seiten an. Vor mir liegen die Ablichtungen eines sehr privaten Tagebuchs. In einem Stenoblock habe ich meine Empfindungen während einer kritischen Phase unseres Ehelebens aufgeschrieben. Er lag ganz unten in meiner Schreibtischschublade. Begraben unter dienstlichen Papieren. Und nur für mich bestimmt. Verdammt noch mal, denke ich. Was geht den Staatssicherheitsdienst unser Intimleben an? Das war naiv. Dass der Stasi-Apparat keine Tabus kennt, war mir eigentlich klar. In der Theorie. Jetzt bin ich mit der Praxis konfrontiert. Der Gedanke an die heimlichen Mitleser wühlt mich auf. Wut mischt sich mit Hilflosigkeit, Erschrecken mit Scham.

Es dauert, bis sich an diesem Tag meine Erregung legt und ich meine Fassung zurückgewinne. Ich begreife, dass ich es mit den Ergebnissen einer konspirativen Durchsuchung meines Büros in der Clara-Zetkin-Straße zu tun habe. Am 26. März 1978 sind die Experten der Hauptabteilung VIII in mein Dienstzimmer eingedrungen. In einer sorgfältig vorbereiteten Aktion, die von der Führungsspitze des Staatssicherheits-Ministeriums genehmigt worden war. Der Einbruch war ja nicht ohne Risiko. »Stellen Sie sich vor, unsere Leute wären dabei erwischt worden«, hat mir lange nach dem Ende der DDR ein ehemaliger Stasi-Offizier gesagt. »Was das für ein Aufschrei im Westen gewesen wäre.«

Das Öffnen eines gewöhnlichen DDR-Schlosses war für die Spezialisten des MfS kein Problem. Es war ein Sonntag, Ostersonntag. Vermutlich kamen sie, als es dunkel war. Wo ich war, wussten sie. Ich stand unter Beobachtung. Sie müssen sicher gewesen sein, dass sie niemand überraschen würde. Kein Büromieter der Etage, kein zufälliger Passant. Die Fahnder durchstöberten Schubladen, Schränke und Regale. Was ihnen wichtig erschien, haben sie fotografiert. Adressbücher, Kalender, Briefe, Abrechnungen. Auch Notizen für meine journalistische Arbeit. Auf manchen Seiten sind noch die in dünnen Handschuhen steckenden Finger des Menschen zu sehen, der die Dokumente unter die Kamera gehalten hat. Nichts habe ich in der Zeit danach von dem heimlichen Besuch gemerkt. Alles, was die Profis angefasst und erschnüffelt hatten, lag auf dem gewohnten Platz. Spuren haben sie nicht hinterlassen.

Drei Tage nach dem Einbruch, der auch nach DDR-Recht illegal war, hat die für die Korrespondenten zuständige Hauptabteilung II/13 die Ergebnisse der »konspirativen Durchsuchung« in einem mehrseitigen Bericht ausgewertet und zusammengefasst. Aus den Materialien in meinem Büro gehe hervor, so lese ich, dass ich die mir als Korrespondent zustehenden Befugnisse überschreite, Kontakt zu »feindlichen und politisch-negativen Kräften« sowie »sogenannten Kritikern des realen Sozialismus« suche und über »die angebliche Entwicklung einer inneren Opposition in der DDR« recherchiere. Die im Büro dokumentierten Unterlagen bestätigten ferner »die vielfältigen Verbindungen des Pragal zu solchen Bürgern der DDR, die mit rechtswidrigen Anträgen zur Entlassung aus der Staatsbürgerschaft der DDR und Übersiedlung in die BRD in Erscheinung getreten sind«.

Es folgt eine Aufzählung von Personen, die ich nach Ansicht der Stasi zu ihrem Begehren der freien Ausreise »inspiriert« oder sie dabei beraten habe. Als besonders wichtigen Fund der Durchsuchung werteten die Fahnder die »Riesaer Petition«. Ein Originalschriftstück mit rund 30 Namen und Adressen von Bürgern,

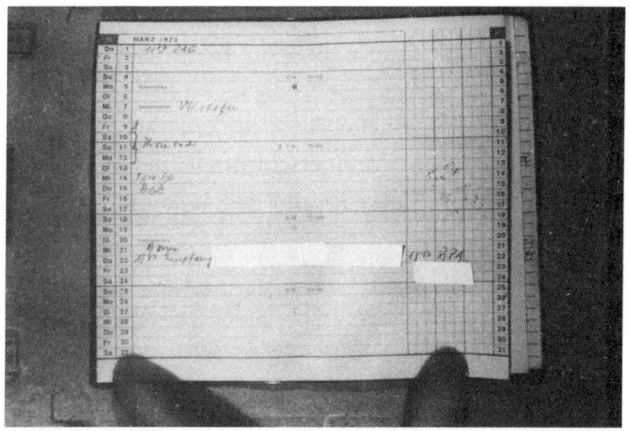

Objekt der Begierde: Ein Stasi-Offizier fotografiert heimlich
Pragals Terminkalender

die auf Initiative des sächsischen Arztes Karl-Heinz
Nitschke unter Berufung auf die UN-Konvention über
Menschenrechte die Übersiedlung in die Bundesrepublik gefordert hatten. Über mich heißt es in dem Stasi-
Protokoll: »Er unterhielt persönliche Kontakte zu Mitgliedern dieser Gruppe, ließ sich umfassend über deren
feindliche und negative Aktivitäten informieren und
wertete diese Kenntnisse publizistisch ... in verleum-
derischer und diffamierender Weise gegen die DDR
aus.«

Wer als West-Korrespondent im Machtbereich der
DDR lebte, stand unter totaler Kontrolle des kommunistischen Geheimdienstes. Die Zimmer waren »verwanzt«, Telefongespräche wurden abgehört, Briefe

geöffnet und mitgelesen, Hauspostkästen und Wechsel-
sprechanlage kontrolliert, Kontaktpersonen registriert,
Fahrten und Spaziergänge beobachtet und protokolliert.
Wo immer wir waren, was immer wir machten – die
Stasi hatte fast immer ein wachsames Auge auf uns.
Was ich früher nur geahnt oder angenommen habe, ist
in meinen Akten als »Operativer Vorgang Starnberg«,
später »OV Kumpan, Teil Starnberg« auf etlichen Tausend Blatt dokumentiert.

Der Aufwand, den das MfS gegen uns »Klassenfeinde« betrieb, wirkt im Rückblick grotesk. Dass ich
bei dienstlichen Fahrten in die DDR beobachtet wurde,
war noch verständlich. Aber dass sich die »Firma« auch
im Ost-Berliner Alltag über längere Zeitabschnitte von
früh bis spät an unsere Fersen heftete, lässt sich wohl
nur aus einem maßlos übersteigerten Sicherheitsden-
ken erklären. Sobald meine Frau und ich das Haus verließen, wurden mit akribischer Gründlichkeit über uns
»Beobachtungsberichte« angefertigt.

Das liest sich so: »19.18 Uhr begab sich ›Starnberg‹
in Begleitung seiner Ehefrau Karin Pragal, welche den
Decknamen ›Kobra‹ erhält, zum abgeparkten Pkw.
Beide Personen fuhren auf direktem Weg zur Staatsoper. 19.37 Uhr betraten ›Starnberg‹ und ›Kobra‹ die
Staatsoper. Im Kassenraum begrüßte ›Starnberg‹ eine
unbekannte männliche Person mit Handschlag. Diese
Person erhält im weiteren Bericht den Decknamen
›Boa‹. ›Starnberg‹ und ›Kobra‹ begaben sich zur Garde-
robe. Während der Vorstellung standen sie nicht unter
operativer Beobachtung.« Aber danach. Denn im Bericht

Hauptabteilung II
Abteilung 13

Fortsetzung zum Beobachtungsbericht "S t a r n b e r g"

Für den 22. 4. 1978 von 07.00 Uhr bis 23. 4. 1978, 01.00 Uhr

07.00 Uhr wurde die operative Beobachtung von "Starnberg" fortgesetzt. Der Pkw Volvo stand im Wohngebiet abgeparkt.

09.50 Uhr verließen "Starnberg", "Kobra" und ihre beiden Kinder
das Wohnhaus und begaben sich zum Pkw, in dessen Kofferraum sie einen Kinderroller verpackten.

09.55 Uhr fuhren alle Personen mit dem Pkw auf direktem Weg zur
GÜSt Heinrich-Heine-Straße, wo sie
10.10 Uhr nach Berlin-West ausreisten.

Zu diesem Zeitpunkt wurde die operative Beobachtung
unterbrochen.

Durch die Hauptabteilung VI erfolgte keine Einreise-
meldung von "Starnberg".

Bei einer Kontrolle
18.45 Uhr an seiner Wohnung wurden beide Pkw festgestellt.

Die operative Beobachtung wurde fortgesetzt.

20.00 Uhr verließen "Starnberg" und "Kobra" das Wohnhaus und begaben sich zu dem Pkw Volvo.

"Starnberg" trug einen Kasten (50 x 50 x 30 cm). "Kobra"
trug zwei gefüllte Plastetüten.

heißt es weiter: »22.16 Uhr verließen ›Starnberg‹ und ›Kobra‹ die Oper, begaben sich zu ihrem Pkw und fuhren auf direktem Weg zu ihrer Wohnung, wo sie den Pkw auf dem Parkplatz abstellten und das Haus um 22.31 betraten. In der Wohnung wurde kein Licht festgestellt. Bis 24.00 Uhr trat ›Starnberg‹ nicht wieder in Erscheinung. Zu diesem Zeitpunkt wurde die operative Beobachtung unterbrochen.«

In der Regel habe ich von der Oberservierung nichts gemerkt. Wenn ich doch mitbekam, dass ich verfolgt wurde, dann war dies von Stasi-Leuten beabsichtigt. Es gab westliche Diplomaten und Berufskollegen, die versucht haben, potenzielle Verfolger abzuhängen. Ich habe von solchen Spielereien nichts gehalten. Aber aus den Akten weiß ich, dass ich es meinen Beschattern auch ohne Absicht nicht leicht gemacht habe. Am 4. März 1978 waren die Beobachter wieder einmal in Ost-Berlin hinter mir her. Laut Protokoll passierte um 11.25 Uhr Folgendes: »In der Ho-Chi-Minh-Straße wendete ›Starnberg‹ verkehrswidrig und fuhr in Richtung Frankfurter Allee. Dabei geriet er aus verkehrstechnischen Gründen außer Kontrolle.« Sie hatten mich aus den Augen verloren.

Eines Tages hatte es meine Frau satt, dass Kollegen aus der Münchner Redaktion tagsüber bei uns zu Hause anriefen und wissen wollten, wo ich gerade sei. »Das weiß ich doch nicht«, sagte sie. »Wenn er nicht im Büro ist, dann hat er einen Termin.« Manchmal fügte sie noch provozierend hinzu: »Vielleicht ist er auf der Toilette oder bei seiner Freundin.« Als ich abends in

19.44 Uhr
PRAGAL, P. kurz vor dem
Betreten des "Haus der
Freundschaft"in der
Puschkinstraße.
Bild 11

unsere Wohnung kam, meinte sie, der Verlag müsse mir endlich einen Anrufbeantworter für mein Büro besorgen. Dann würden die lästigen Anrufe in der Privatwohnung wohl aufhören. Ich war schon drei Jahre in Ost-Berlin und hatte mehrfach in München auf die Notwendigkeit einer technischen Neuanschaffung zur Verbesserung der Kommunikation hingewiesen.

Beim Besuch eines Verlagsmanagers trug ich erneut mein Anliegen vor und fand bei ihm Verständnis. Dann erkundigte ich mich beim Dienstleistungsamt, was außer einer Zolleinfuhr-Genehmigung für die Installation nötig sei. »Da stellen Sie mal einen Antrag«, sagte ein Sachbearbeiter, »und dann geht die Sache schon klar.« Das Verfahren sei ähnlich wie beim Telefon. Außerdem müsse ich mit ein paar Mark Gebühren rechnen. Obwohl ich die verlangte Formalität rasch erledigte, zog

55

sich die Angelegenheit hin. Das Gerät sei in der DDR unbekannt, erklärte der Sachbearbeiter. »Wir brauchen noch die technischen Unterlagen.« Neben der Bedienungsanleitung benötige die Post auch die Schaltpläne. Ich lieferte die gewünschten Unterlagen. Aber auch dann rührte sich nichts. Schließlich wurde ich aufgefordert, das Gerät zu einer technischen Prüfung zur Verfügung zu stellen. »Nur für ein paar Tage.«

Nach etwa zwei Wochen bekam ich den Anrufbeantworter zurück. Verbunden mit dem Hinweis, dass ich die Kosten für die technische Untersuchung zu tragen habe. Mit rund 1000 Mark werde ich wohl rechnen müssen. Ich protestierte. Die DDR, so argumentierte ich, habe sich auf diesem Wege neues technisches Wissen aus dem Westen verschafft. Dafür auch noch Geld zu verlangen, sei eine Zumutung. Auf den Anschluss des Gerätes musste ich weiter warten. Fast hatte ich die Hoffnung aufgegeben, den Anrufbeantworter in meinem Büro nutzen zu können, da bekam ich einen Anruf, die Sache gehe in Ordnung. Am nächsten Tag kam ein Techniker und schloss das Gerät an. Von einer Rechnung war nicht mehr die Rede. Den wahren Grund für die Verzögerung habe ich später erfahren. Vor mir hatte ein Korrespondenten-Kollege in seinem Ost-Berliner Büro einen Anrufbeantworter installieren lassen, der es ermöglichte, die gespeicherten Gespräche auch von auswärts abzuhören, etwa aus Hamburg oder Berlin (West). Das rief die Stasi auf den Plan. »Die haben hier rotiert«, sagte mir ein Eingeweihter. Man vermutete wohl bei meinem Gerät eine ähnliche Funktion und inspizierte sein technologisches Innenleben. Die Enttäuschung hätten sich die DDR-Experten sparen können. Mit einer Fernabfrage konnte ich nicht dienen.

Immer unter Kontrolle zu sein – das war für manche der in Ost-Berlin lebenden Westler auf Dauer schwer zu ertragen. Wenigstens im Urlaub wollten sie das Gefühl der Freiheit genießen. Möglichst weit weg von der DDR, der Stasi und ihren Spitzeln. Verständlich, dass der eine oder andere sich an die Stirn tippte, als wir ihnen erzählten, wir blieben auch in unseren Ferien im Lande. Mal an der Ostsee, mal in märkischen Gefilden. Etwa in Menz am Roofensee, wo das Dienstleistungsamt für Diplomaten und »bevorrechtigte Personen« ein »Ferienobjekt« unterhielt und gegen Valuta Häuser vermietete. Auch dort hatte die »Firma« ein sorgsames Auge auf uns.

Kaum hatten wir das Haus 3 an einem Tag Ende Juni 1988 für zwei Wochen bezogen, da begannen die Mitarbeiter der Potsdamer Bezirksverwaltung ihre Aktion »Blitz«. Die Wände im »Objekt Wüste« waren mit Abhöranlagen präpariert. Der Genosse von der Auswertung war informiert. Und ein IM schickte sich an, unseren Tagesablauf zu kontrollieren und in einem »Zeitfilm« festzuhalten. »Im Verlaufe der Nacht keine Bewegungen«, notierte er handschriftlich morgens um 8 Uhr. Um 9.45 war immer noch »Ruhe im Haus. Pkw und Fahrräder stehen vor der Tür«. Der IM blieb wachsam: »11.35 Waldlauf von ihm allein. Zu 19.30 wurde die Sauna bestellt.«

Tag für Tag schrieb er auf, was er beobachtete. Seite

um Seite. Mit genauer Zeitangabe. Ein Sammelsurium von Banalitäten. Als DDR-Freunde telefonisch für das Wochenende ihren Besuch ankündigten, war IM »Peter« rechtzeitig auf Posten. »Um 10.38 Uhr begab sich der Pragal zu Fuß in Richtung Toreinfahrt des Geländes«, schrieb er ins Protokoll. »Hier zeigte er Warteverhalten.« Die Besucher kamen eine Stunde später. »Die männliche Person trug eine Kollegmappe, die weibliche Person einen Blumenstrauß.« Als gewissenhafter Spitzel notierte er sich auch Farbe und polizeiliches Kennzeichen des Autos vom Typ »Trabant«, mit dem unsere Freunde gekommen waren.

Um auf dem Laufenden zu bleiben, ließ ich mir die Tageszeitungen zustellen, die ich sonst in mein Büro bekam. Blätter aus dem Westen und aus der DDR. Ein Kurier brachte sie jeden Morgen nach Menz. Nach dem Frühstück lasen wir ausgiebig in den Gazetten. Ohne dabei viel zu reden. Manchmal, wenn mir bei der Lektüre etwas Interessantes auffiel, las ich es meiner Frau vor. »Hör mal, was sich Leipziger Schüler gegen das Rauchen haben einfallen lassen. Das wird dir gefallen.« So steht es wörtlich in einem Protokoll, in dem unsere Unterhaltung auf Tonband aufgezeichnet und später abgeschrieben worden ist. Der nächste Satz in der Abschrift lautet: »Papierknistern. Etwas später sagt sie: ja.«

Bei seinem Drang, mich auszukundschaften, beschränkte sich das Staatssicherheits-Ministerium nicht auf das eigene Territorium. Es dehnte seine Observierung auf das »Operationsgebiet« Berlin-West aus. Im

Falterweg in Charlottenburg hatten wir – anders als in den siebziger Jahren, in denen wir ausschließlich in Ost-Berlin lebten – nach meiner Rückkehr aus Bonn neben meiner Ost-Berliner Dienstwohnung in der Leipziger Straße einen zusätzlichen Wohnsitz genommen. Wir dachten dabei vor allem an unsere Kinder, die inzwischen in einem Alter waren, das schulische Experimente im realen Sozialismus verbot.

Im Frühjahr 1985 setzte das MfS einen Agenten in Marsch, um die Örtlichkeiten »aufzuklären«. Zwar stand unser Name nicht im West-Berliner Telefonbuch, aber der Stasi war die neue Adresse bekannt. Die Ausbeute des Kundschafters war mager. Und einer der Hellsten schien er auch nicht gewesen zu sein. Er konnte sich während seiner halbstündigen Beobachtung nicht einmal die richtige Zahl merken und übermittelte eine falsche Hausnummer. Ein Studentenwohnheim in unserer Nachbarschaft hielt er für ein »Aufnahmelager für polnische Bürger«. In seinem Bericht an die Hauptabteilung II/13 kam er zu dem Schluss, dass Pragals ein für die Zwecke der Stasi-Observierung ungeeignetes Haus gemietet hatten. Der Falterweg sei eine Sackgasse. »Da es sich um eine reine Wohngegend ohne jede Geschäfte handelt, ist eine direkte, längere Beobachtung des Hauses nicht möglich.« Ferner sei zu beachten, »dass es in dieser Gegend kaum Fußgänger gibt«.

Diese Auskunft hinderte die Hauptabteilung II/13 nicht daran, Stasi-Kollegen bei einem späteren Anlass um Amtshilfe zu bitten. Durch »inoffizielle Hinweise«

hatten meine Aufpasser mitbekommen, dass ich den Leiter der Ständigen Bonner Vertretung, Hans-Otto Bräutigam, meinen damaligen Chefredakteur Rolf Winter und den Ost-Berliner Anwalt Wolfgang Vogel zu einem Abendessen in unsere Charlottenburger Wohnung eingeladen hatte. Zur Adresse im Falterweg, so heißt es in einem Schreiben an die zuständige Diensteinheit, seien bereits Ermittlungen geführt worden. »Es wird um die Einleitung von operativen Kontrollmaßnahmen zur Feststellung weiterer Teilnehmer (genutzte Pkw) gebeten.«

Im Sommer 1984 habe ich meine Familie mit einem Urlaubsplan überrascht. Ich wollte an die polnische Ostseeküste. Nach Kolberg, das heute Kolobrzeg heißt. Ich war dort während des Krieges mit meiner Mutter zu einem kurzen Urlaub. Ich meinte, mich an den warmen, gepflegten Sandstrand der hinterpommerschen Küste erinnern zu können. Aber vielleicht habe ich mir das nur eingebildet. Jedenfalls zog es mich in nostalgischer Verklärung dahin. Meine Frau und meine Kinder willigten ein, skeptisch und ohne Begeisterung. Über ein West-Berliner Reisebüro buchte ich einen 14-tägigen Aufenthalt im Orbis-Hotel »Solny«. Meine Reiseabsicht blieb der Stasi nicht verborgen. Sie vermutete, der Urlaub sei nur Tarnung. In Wahrheit wolle ich in der damaligen Volksrepublik Polen über die aktuelle politische Lage Informationen einholen. Jedenfalls wurde der polnische Geheimdienst vor mir gewarnt. Pragals Aufgabenstellung, so lese ich in einer Aktennotiz des MfS, bestehe in der »Eigenerkundung zum

Stand des Einflusses von Solidarnošč und der Stabilität der inneren Lagebedingungen in der VRP«. Um Übermittlung und Einleitung geeigneter Kontrollhandlungen werde gebeten.

Unser Urlaub war ein Reinfall. Das Wetter war schlecht, die Ostsee kalt, der Hotelservice mies, und die Kinder langweilten sich. Drei Wochen nach unserer Abreise beantwortete die Geheimdienst-Zentrale in Warschau das Auskunftsersuchen des ostdeutschen Bruderdienstes. Der polnische Offizier Z. Wasilewski berichtete, dass wir Kontakt zu einem polnischen Ehepaar aufgenommen hätten, das uns ein Bekannter aus Ost-Berlin empfohlen hatte. Der überaus gastfreundliche Mann war kein Solidarnošč-Anhänger, sondern Kommunist und ehemaliger Offizier. Was dann in dem Schreiben folgt, dürfte die Stasi enttäuscht und ernüchtert haben: »Der Aufenthalt von Pragal in Kolobrzeg hatte typischen Erholungscharakter. Eine Kontaktaufnahme mit Personen, die uns interessieren, wurde nicht festgestellt.«

Nachbarn, Freunde und Bekannte

»Wir gehen ins Kino, wollt ihr mit?« Was denn gezeigt werde, wollten wir von unseren Ost-Berliner Freunden wissen. »1900«, von Bernardo Bertolucci. Den Film hatten wir noch nicht gesehen. Wir baten die Frau des Hausmeisters, auf unsere Kinder aufzupassen, setzten uns ins Auto und fuhren zum »Toni« am Antonplatz im Stadtbezirk Weißensee. Das Epos über die Auseinandersetzung zwischen Faschisten und Kommunisten in Italien wühlte uns auf. Wir fuhren gemeinsam nach Hause, um darüber zu diskutieren. Sie wundere sich, dass dieser Film überhaupt in der DDR gezeigt werde, sagte meine Frau. Unsere Freunde schauten sie erstaunt an. Wieso, fragten sie. Der Regisseur sei bekennender Marxist und zeige die Brutalität und Menschenverachtung der Faschisten. »Eben darum«, beharrte meine Frau. »Das ist doch wie hier.« Auch die DDR sei ein Polizeistaat, in dem die Menschenrechte verletzt würden. Unsere Freunde protestierten heftig.

Sie waren nicht in der SED und standen dem Regime kritisch gegenüber. Aber diesen Vergleich wollten sie nicht zulassen. Er provozierte sie. Sie waren »im antifaschistischen Geist« erzogen. Und danach waren Kommunisten – historisch betrachtet – nicht Täter, sondern Opfer. Im Film hatten Faschisten ihre Gegner auf einen mit hohen Drahtzäunen umgebenen Sportplatz getrieben. »Ihr seid doch auch eingesperrt«, sagten wir. Wir fetzten uns verbal, bis es draußen hell wurde. Streckenweise sehr emotional. Schließlich haben wir den Disput abgebrochen, weil wir müde waren und wenigstens noch eine Stunde bis zum Aufwachen der Kinder schlafen wollten. Nie zuvor haben wir so intensiv diskutiert und gestritten wie in unseren ersten Jahren in Ost-Berlin. Unsere Gegenwart löste immer neue Kontroversen aus. Über die Ost-Politik der sozial-liberalen Bundesregierung, über Umweltschutz und Marktwirtschaft, über die Arroganz von Bundesbürgern und Erfahrungen mit West-Besuchern. Auch über Kindererziehung, Umgangsformen, Esskultur und die Stellung der Frau in der Gesellschaft.

Ostler haben oft auf ihren Staat geschimpft, auf die Mängel und Unzulänglichkeiten und die Borniertheit seiner Diener. Aber wehe, Westdeutsche oder West-Berliner maßten sich an mitzumosern, die Wertungen der Ostler durch eigene Urteile zu ergänzen. Und dies womöglich noch in überheblicher Pose. Plötzlich verteidigten DDR-Bürger Zustände, die sie noch kurz zuvor kritisiert hatten. Gespräche im Osten waren anstrengend. Auch für uns. Die Fragen waren unbequem. Phrasen ließ man uns nicht durchgehen. Man musste seine Sätze kontrollieren und wägen, musste lernen, Empfindsamkeiten rechtzeitig zu erkennen. Erst als wir uns besser verstanden, als aus Bekannten Freunde geworden waren, brauchten wir nicht mehr jedes Wort auf die Goldwaage zu legen. Konnten auch schon mal ironisch von den »Zonis« sprechen, ohne befürchten zu müssen, für reaktionär gehalten zu werden.

Als wir nach Ost-Berlin zogen, kannten wir lediglich eine DDR-Bürgerin, der wir bei einem Urlaub am Goldstrand in Bulgarien begegnet waren. Über sie lernten wir andere Ost-Berliner kennen. Das setzte sich fort wie bei einem Schneeballsystem. Schon nach wenigen Wochen zählte der Kreis der Bekannten ein Dutzend und mehr. Mit jeder Party, zu der man uns einlud, wurde die Zahl der Menschen, die dann auch bei uns ein- und ausgingen, größer. Kaum jemand, dem wir unsere Adresse gegeben hatten, meldete sich an. In vielen Haushalten gab es kein Telefon. Außerdem wollte man vermeiden, dass die Stasi schon vorab Bescheid wusste. In der Regel standen die Besucher vor der Tür und klingelten. Unser Domizil im Plattenbau wurde zur Wohnung der offenen Tür.

Für unsere Besucher waren wir Exoten, Menschen aus einer anderen, für sie nicht zugänglichen Welt. »Es war so, als würde ein Fenster aufgemacht«, hat die 2006 verstorbene Schauspielerin Jenny Gröllmann gesagt. Bei uns sahen sie Bücher, die es in der DDR nicht gab. Sie schauten in Zeitungen und Zeitschriften, die ein gewöhnlicher Bürger des Arbeiter- und Bauernstaates nie zu Gesicht bekam. Vor allem aber konnten sie mit uns reden, uns fragen, uns beim Wort nehmen. Manche unserer Gäste ließ ich meine gedruckten und noch nicht veröffentlichten Artikel lesen. »Wie seht ihr das?«, wollte ich wissen. »Wenn ihr Einwände habt, sagt es.« Wechselseitig haben wir voneinander gelernt, haben Verständnis füreinander entwickelt.

Wenn Bundesbürger bei Verwandten in der DDR zu Besuch waren, haben sich beide Seiten oft etwas vorgemacht. Ostler haben die Tische üppig gedeckt und dabei verschwiegen, dass sie tagelang in Delikat- und sonstigen Läden herumgelaufen sind, um die Lebensmittel zu besorgen. Und Westler haben stolz ihre Autos vorgeführt, die sie nicht selten gebraucht oder auf Kredit gekauft hatten. Hinter die Fassaden hat man die anderen möglichst nicht schauen lassen. Und über Sorgen und Probleme sprach man ungern. Unser Leben dagegen war für die neuen Freunde transparent. Sie konnten überprüfen, ob bei uns Worte und Taten übereinstimmten, ob wir in Gesprächen Werte vertraten, nach denen wir auch im Familienalltag handelten. Unsere Glaubwürdigkeit stand täglich auf dem Prüfstand.

Unter den Menschen, die wir kennenlernten, waren Neugierige und Ängstliche, Sorglose und Misstrauische. Manche standen loyal zu ihrem Staat, andere machten aus ihrer Abneigung gegen den totalen Machtanspruch der regierenden Partei keinen Hehl. Oft hing die Bereitschaft, sich auf uns einzulassen, vom Beruf ab. Schauspieler, Musiker und Filmleute gehörten zu den Kontaktfreudigen, die sich über Abgrenzungsregeln der Machthaber am ehesten hinwegsetzten. Auch Ärzte und Naturwissenschaftler zeigten im Umgang wenig Scheu. Der Stasi blieb nicht verborgen, wer uns besuchte. »Pragal hat sich in einem Jahr einen DDR-Bekanntenkreis von 60 Personen aufgebaut«, lese ich in meiner Akte. »Der größte Teil gehört zur Intelligenz und ist prowestlich eingestellt.« Viele unserer neuen Bekannten sorgten sich, die Kontakte mit den West-Menschen könnten ihnen beruflich schaden. In etlichen Fällen war dies berechtigt. Aber meistens war die Neugier größer als die Angst. Und wenn aus dem gewachsenen Vertrauen erst einmal Freundschaft geworden war, hatten die Abgrenzungs-Ideologen der SED keine Chance. Mehr noch: Der Umgang mit den Westlern machte DDR-Bürger mutiger. »Durch euch«, sagt Henning Schaller, damals Bühnenbildner am Maxim-Gorki-Theater Berlin, »habe ich meine Anti-Haltung mit größerer Sicherheit gelebt.« Unsere Freundschaft war für ihn und seine Familie ein Schutz. Weder hat die Stasi versucht, ihn als Inoffiziellen Mitarbeiter anzuwerben, noch hat sie ihn offen schikaniert. Nach der Vereinigung wurde er Professor an der Kunsthochschule in Dresden.

»Ihr habt es aber sehr nett hier.« Den Satz aus dem Munde von DDR-Bürgern haben wir oft gehört. Die Einrichtung unserer Wohnung unterschied sich von der Standard-Möblierung in den Plattenneubauten. Bei uns stand nicht die übliche dunkle Schrankwand, sondern ein aus Nussbaumholz gefertigter Biedermeierschrank. Statt einer wuchtigen Sitzgruppe, die das halbe Zimmer vollstellte, gab es ein englisches Sofa und entsprechende Sessel. Und auch die beiden Empiretische, auf denen Lampen mit Porzellanfüßen standen, entsprachen nicht dem Muster der propagierten sozialistischen Wohnkultur.

Im Laufe der Zeit haben wir Menschen getroffen, die ebenfalls Antiquitäten schätzten und besaßen. Menschen, die einem bürgerlichen Milieu entstammten und sich in ihrem Wohn- und Lebensstil bewusst von den Geschmacksvorgaben der herrschenden Funktionärsschicht abhoben. Aber im sozialistischen deutschen Staat, in dem kollektive Behaglichkeit mehr zählte als die Ästhetik von Individualisten, bildeten sie eine Minderheit. In den siebziger Jahren, als Hunderttausende DDR-Bürger aus heruntergekommenen Vorkriegshäusern, oft mit Außentoilette auf der halben Treppe, in neue Plattenbauten mit Fernheizung umzogen, verhielten sich Ostdeutsche so wie Millionen Westdeutsche etliche Jahre zuvor. Man wollte moderne Möbel und entledigte sich des vermeintlichen Plunders ihrer alten Einrichtungen, die von den Eltern und Großeltern stammten.

Mit den elektronischen Geräten, die sie in unserer Wohnung sahen, haben wir bei Besuchern Unverständnis, ja sogar Enttäuschung hervorgerufen. Wer aus dem Westen kommt, so dachten sie, der müsste technisch auf dem neuesten Stand sein. Aber das waren wir nicht. Unser tragbarer Fernsehapparat war schon ein paar Jahre alt, der Plattenspieler auch. Das Radio im Wohnzimmer war zwar ein neueres Modell, aber weit davon entfernt, HiFi-Qualität zu bieten. Und dann stand im Schlafzimmer noch ein alter Röhrenempfänger in einem Holzgehäuse. Geräte dieser Art waren selbst in der DDR längst aus der Mode und konnten bestenfalls als Liebhaberstück durchgehen. »Das ist ja unfassbar«, sagte ein befreundeter Physiker. Er war ein Elektronik-Freak und konnte nicht begreifen, warum wir uns mit einem derartigen Fossil von Radio begnügten. Ein Nachbar, der sich später als Stasi-Spitzel entpuppte, vermutete indes, das Uralt-Radio sei nur Tarnung. Es diene in Wahrheit dazu, von einem westlichen Geheimdienst verschlüsselte Nachrichten zu empfangen. In einem auf Tonband gesprochenen Bericht an seinen Führungsoffizier über Beobachtungen in unserer Wohnung hat er speziell die Wellenbereiche des Radios angegeben. Die Langwelle hielt er für so wichtig, dass er sich sogar die Kilohertz-Zahlen einprägte.

Versandhauskataloge übten auf DDR-Bürger einen besonderen Reiz aus. Sie blätterten fasziniert in den bunten Angebotsbüchern und staunten über die Fülle der offerierten Waren. Manche fragten zaghaft, ob sie sich die Kataloge für ein paar Tage ausleihen dürften. Andere sagten, sie hätten gern ein eigenes Exemplar. Beim Anschauen blieb es nicht. Etliche hatten West-Verwandte und besaßen D-Mark. Meine Frau notierte sich ihre Wünsche, ließ die Artikel auf ihren Namen an unsere West-Berliner Postfachadresse kommen und brachte die Pakete im Auto in unsere Wohnung. Die Ost-Freunde mussten nun nicht mehr ihre bundesdeutschen Verwandten oder die DDR-Oma, die als Rentnerin in den Westen reisen durfte, um einen Gefallen bitten. Leute, die uns noch nicht lange kannten, fragten uns manchmal, was wir für die Sachen bekämen. Sie meinten, wir verlangten einen Aufschlag. »Das, was sie kosten«, sagten wir. Wir betrachteten den Warentransport als Freundschaftsdienst.

In den West-Katalogen entdeckten Freunde mitunter Waren, die ihnen bekannt vorkamen. Etwa Möbel, die in der DDR hergestellt worden waren und die es dort nur in seltenen Glücksfällen zu kaufen gab. In der Regel waren es Produkte der zweiten Wahl, die irgendeinen Fehler hatten und von westdeutschen Einkäufern nicht genommen wurden. Der Vergleich der Preise hat unsere DDR-Freunde schockiert. Das Versandhaus bot eine komplette Sitzgarnitur zu einem D-Mark-Preis an, für den sie in Ost-Mark gerade mal einen Sessel hätten erstehen können. Schlagartig wurde unseren Freunden klar, wie billig volkseigene Produkte, die auf dem Binnenmarkt fehlten, ins »kapitalistische Ausland« verhökert wurden. Und wie tief ihnen der sozialistische Staat mit den überhöht festgesetzten Preisen selbst in die Tasche griff. Hätten sie geahnt, in welch gigantischem Umfang heimische Erzeugnisse zu Dumping-Preisen verschleudert wurden, ihre Empörung über die Machthaber wäre schon damals so groß gewesen wie gegen Ende der DDR, als sich selbst SED-Genossen von ihren vergreisten Regenten abwandten.

Je mehr Leute wir kennenlernten, desto umfangreicher und spezieller wurden die Aufträge. Meine Frau, die sich weitaus mehr als ich um die Erfüllung der Warenwünsche kümmerte, lernte viele Fachgeschäfte in den westlichen Stadtbezirken kennen. Einer unserer Freunde, ein leidenschaftlicher Bastler, benötigte bestimmte Elektronikteile. Ein Arztehepaar, das sich am östlichen Stadtrand ein Haus baute, wollte eine Duschtrennwand fürs Badezimmer. Und ein Handwerker überraschte uns mit der Bitte, für seinen Nachwuchs die Kinderbücher von Erich Kästner zu besorgen. Von »Emil und die Detektive« bis zu »Pünktchen und Anton«. Die Bände gab es in den Buchhandlungen der DDR nicht.

Zu den Vorzügen unseres Korrespondenten-Lebens gehörte die Möglichkeit, im Versina einzukaufen. So hieß das von der DDR-Regierung betriebene Unternehmen zur Versorgung von Diplomaten mit zollfreien Waren und Dienstleistungen. Der Valuta-Shop in der Otto-Grotewohl-Straße (heute Wilhelmstraße) bot Zigaretten, Spirituosen und Kaffee zu konkurrenzlos niedrigen Preisen. Eine Stange Camel oder Kent kostete in den siebziger Jahren 5,50 DM, eine Flasche Weinbrand 2,80 DM. Das war deutlich weniger, als man im DDR-Intershop zahlen musste. Das Sortiment bei Versina wurde ständig erweitert. Es reichte von Parfum über Haushaltsgeräte bis zu Lebensmitteln. Als es in der Grotewohl-Straße zu eng wurde, zog der Diplomaten-Laden in einen von Schweden errichteten Neubau im Stadtteil Marzahn. Natürlich wussten die Mitarbeiter, dass die Kunden mit den Sonderausweisen nicht nur ihren eigenen Bedarf deckten. Doch verkauft wurde ohne Mengenbeschränkung. Es gab Abnehmer, die orderten bei einem einzigen Besuch hundert Stangen Zigaretten. Die Billig-Ware wurde häufig per Auto nach West-Berlin geschmuggelt und an Händler und Hehlerringe abgesetzt. Angehörige und Bedienstete von Botschaften besserten durch solche illegalen Geschäfte ihr Gehalt auf. Ganz ohne Risiko war das nicht. In der DDR akkreditierte Diplomaten genossen im Westteil der Stadt keine Immunität. Am Checkpoint Charlie und anderen Grenzübergängen ließ der Westzoll schon mal stichprobenartig die Kofferräume öffnen. In krassen Fällen wurde nicht nur die Ware beschlagnahmt, sondern mitunter das Auto gleich mit.

Auch wir haben mehr gekauft als wir selbst verbrauchten. Wenn wir irgendwo eingeladen waren, nahmen wir oft eine Flasche Whisky oder Cognac mit und erfreuten damit unsere DDR-Gastgeber. Ein befreundetes Ehepaar hatte in einem Dorf an der Ostseeküste

ein kleines Bauernhaus erworben, das es zum Ferien-
domizil umbauen wollte. Örtliche Handwerker waren
schwer zu bekommen. Neben Geld musste man mehr
zu bieten haben. Etwa Schnaps einer westlichen Marke.
Wir halfen mit Dutzenden Flaschen eines Weinbrands
aus, der einen französischen Fantasienamen trug. Im
Grunde war der Inhalt »ein Rachenputzer«. Die Bau-
leute aus Vorpommern aber ließen sich damit locken
und halfen mit, das Gebäude zu renovieren. Über Bekannte lernten wir einen privaten Fleischer kennen.
Der verwendete für seine von den Kunden hochge-
schätzten Würste Naturdarm, der in der DDR schwer
zu beschaffen war. Er bekam ihn von seinem Lieferan-
ten nur gegen Whisky, den er mit Valuta im Intershop
kaufte. Für den »Johnnie Walker«, den wir ihm besorgten, musste er viel weniger zahlen. Er revanchierte sich,
indem er uns Filets gab, die – weil sie rar und begehrt
waren – zumeist gar nicht erst auf die Fleischtheke kamen. Die Menge war so üppig, dass wir die Filets zum
größten Teil an unsere Freunde weitergaben.

Indem wir mitmachten in diesem System des Gebens
und Nehmens, haben wir bald begriffen, wie die DDR-
Gesellschaft wirklich funktionierte. Jeder, der etwas zu
bieten hatte – sei es eine Ware oder eine Dienstleis-
tung – war bestrebt, etwas anderes zu bekommen, das
ihm fehlte. Die starre Planwirtschaft wurde von den
Bürgern durch Tauschgeschäfte aller Art unterlaufen.
Wer Beziehungen hatte, spielte diesen Vorteil ungeniert
aus. Jemanden zu kennen, der an Autoersatzteile he-
rankam, war Gold wert. Manch einer entwickelte dabei

herausragende Fähigkeiten, die es ihm ermöglichten, auch in einer Mangelgesellschaft ganz gut über die Runden zu kommen.

Wer als Westler im Osten wohnte, konnte sich den vielfältigen Bitten, mit denen er konfrontiert wurde, nur schwer entziehen. Gewiss gab es unter den bundesdeutschen Diplomaten extrem vorsichtige Naturen, die sich überaus korrekt an alle Gesetze und Verordnungen der DDR hielten. Korrespondenten litten weniger unter solchen Skrupeln. Briefe zu befördern, die nicht von der Stasi gelesen werden sollten, waren für mich und die meisten meiner Kollegen selbstverständlich. Manuskripte von ostdeutschen Autoren habe ich ebenso »nach drüben« geschafft wie Filme von Ost-Berliner Fotografen. Was uns bevorzugt in Ost-Berlin lebende Westler dazu trieb, gegen DDR-Bestimmungen zu verstoßen, war nicht Abenteurertum oder Lust an der Provokation, sondern das Bewusstsein, die Härten der deutschen Spaltung lindern zu können. Wie konnte man jemanden abweisen, der aus der DDR herauswollte und sich mit seinem Begehren schriftlich an bundesdeutsche Behörden oder an die Menschenrechtskommission der UNO wandte? Wir Korrespondenten wussten, wie die »stille Diplomatie« funktionierte. Wir hatten mitbekommen, dass sich hinter den Kulissen oftmals mehr zugunsten bedrängter Menschen regeln ließ, als wenn man den Fall an die große Glocke hängte.

Einige der humanitären Dienste waren politisch heikel. Da war zum Beispiel ein Ost-Berliner Krankenhausarzt, der bei einer Dienstreise im Westen geblieben war. Er hoffte, dass seine Frau und seine beiden Kinder bald in die Bundesrepublik nachkommen dürften. Aber die DDR-Behörden, die an ihm ein Exempel statuieren wollten, verweigerten die Ausreise. Mehr als drei Jahre lang. Um im Westen arbeiten zu können, benötigte der geflüchtete Arzt Dokumente, darunter seine Promotionsurkunde. Die hatte er, um bei der Ausreise-Kontrolle nicht aufzufallen, zu Hause gelassen. Wir sorgten dafür, dass er die Papiere bekam. Und wenn wir seiner Frau außer schriftlichen Nachrichten den von ihm in West-Berlin besorgten Wochenendeinkauf einschließlich Katzenstreu brachten, nahmen wir auf dem Rückweg Briefe an ihn mit. So blieben die getrennten Eheleute in unkontrolliertem Kontakt.

Die Stasi hat den Kurierdienst mitbekommen, ohne freilich im Detail zu wissen, was alles hin- und hertransportiert wurde. Sie schaute mir nicht nur in meiner beruflichen Tätigkeit auf die Finger. Sie sammelte auch eifrig Informationen, die dazu dienten, Korrespondenten zu kriminalisieren. Das Augenmerk der Stasi-Offiziere richtete sich besonders auf meine Frau. Wie über mich so hatten sie auch über sie eine Akte angelegt, in der die Paragrafen des Strafgesetzbuches aufgelistet waren, gegen die sie laut Stasi-Verdächtigungen verstoßen habe. »Die P. steht im Verdacht«, so heißt es dort, »ihren Ehemann bei der Begehung von Straftaten zu unterstützen bzw. arbeitsteilig mit ihm vorzugehen.« In einem weiteren Satz musste die Stasi allerdings einräumen, dass sie konkret wenig in der Hand

hatte, was sie offiziell verwerten konnte. »Die bisher er-
arbeiteten, den Verdacht begründenden Hinweise tragen inoffiziellen Charakter.« Und das bedeutete: Gegenüber der Justiz waren die Erkenntnisse nicht zu
verwerten.

»Da wird mir ja jetzt noch ganz komisch.« Frau Freitag schaut auf ein Blatt Papier mit der Überschrift:
»Auskunftsbericht zum operativen Material Freitag.«
Sie liest und sagt verblüfft: »Was die alles gewusst
haben.« Freitag ist nicht ihr wirklicher Name. Wir
haben sie nur so genannt. Weil sie aus Furcht, bei der
Stasi aufzufallen, es so wollte. Frau Freitag war in
Ost-Berlin unsere Putzfrau. Eine »illegale Reinigungs-
kraft«, wie sie jetzt in dem Aktenvermerk des MfS liest.
Wir haben uns lange nicht gesehen. Sie hat noch einmal geheiratet. Ihr neuer Name war meiner Frau und
mir unbekannt. Erst durch gemeinsame Bekannte aus
DDR-Zeiten haben wir ihre neue Adresse herausge-
funden.

Im Frühjahr 1974 stand sie zum ersten Mal in unserer
Wohnung in der Ho-Chi-Minh-Straße. Eine kleine,
schmächtige Frau, der man ihre Unsicherheit ansah.
Begleitet wurde sie von ihrem damaligen Ehemann,
einem gelernten Schlosser, der unseren Hausmeister
kannte. Den hatte meine Frau gefragt, ob er nicht jemanden wüsste, der bei der Reinigung der Wohnung
helfen könnte. Frau Freitag sah sich um, ging durch die
Wohnung und willigte ein. Sie kündigte ihre Arbeitsstelle beim Staatlichen Außenhandel und kam fortan
zweimal in der Woche für jeweils fünf Stunden. Dafür

bekam sie 50 D-Mark. »Das war viel Geld«, sagt sie. Ihr Wochenverdienst entsprach nach dem Schwarzmarkt-Kurs etwa 200 Mark Ost. Der neue Job war lukrativ: In zehn Stunden Arbeit bei uns verdiente sie ungefähr so viel wie in $43\,^3/_4$ Stunden regulärer Wochenarbeitszeit vorher. Der Gewinn an freier Zeit kam ihrem Sohn zugute.

»Ich habe mich bei Ihnen wohlgefühlt«, sagt Frau Freitag. »Und ich habe mir viel abgeguckt.« Etwa, wie wir Gäste bewirtet haben. »Ich komme aus einfachen Verhältnissen«, erzählt sie. Wie sollte sie wissen, wie man den Tisch für ein Essen mit mehreren Gängen deckt. Die Erfahrungen kamen ihr später zugute. Nach dem Ende der DDR hat sie eine Pension eröffnet, die sie noch heute erfolgreich führt. Zwölf Jahre, während meiner gesamten Korrespondenten-Zeit, hat Frau Freitag bei uns geholfen. Umsichtig, fleißig, zuverlässig. Eine »Perle«, die wir an andere West-Haushalte in Ost-Berlin vermittelt haben. »Zwischendurch habe ich schon mal Angst bekommen«, sagt Frau Freitag. Aber die hat sie erfolgreich verdrängt.

Die Stasi hat sie beobachtet, aber gewähren lassen. Frau Freitag besitze einen Schlüssel zur Wohnung des Pragal, steht in einem Aktenvermerk, den ich ihr bei unserem Besuch mitgebracht habe. »Somit ist sie in der Lage, diese auch in der Abwesenheit von Pragal aufzusuchen.« Nie, sagt Frau Freitag, sei sie von der Stasi angesprochen worden. Warum habe man nicht versucht, sie zu erpressen. Die Frage lässt ihr keine Ruhe. »Sie waren zu nahe an uns«, mutmaße ich. »Sie hätten uns davon erzählen, und ich hätte darüber berichten können. Das wollte man vermeiden.« Stattdessen hat das MfS sie ausgeforscht. Ihre Familien- und Verwandtschaftsverhältnisse ebenso wie die Arbeitsstelle ihres Lebensgefährten. »Anlage: Kontaktübersicht zum Material Freitag«, steht am Schluss des Vermerks von Leutnant R. Das Papier fehlt. Schade, wir hätten gern gewusst, was der Offizier noch alles aufgeschrieben hat.

Abgesehen von Einkaufs- und Besorgungsfahrten führte uns in den siebziger Jahren selten der Weg nach Berlin (West). In Ost-Berlin kannten wir uns aus. Hier lebten die Menschen, mit denen wir Umgang hatten. Ich lernte, mich zu bewegen, ohne als Westler aufzufallen. »Pragal war bemüht, wie ein DDR-Bürger zu leben und zu denken«, stellte ein Stasi-Offizier fest. Das stimmte. Mehr und mehr nahm ich die Umwelt im realen Sozialismus mit den Augen meiner Freunde wahr. Ich lernte zwischen den Zeilen zu lesen, Vorgänge wahrzunehmen, die sich nicht einfach in ein Schwarz-Weiß-Klischee einfügen ließen. Ich legte auch ihre Maßstäbe an, verglich ideologischen Anspruch mit der sozialen Realität. Und da ich darüber schrieb, die wachsende Diskrepanz an Beispielen aus dem Alltag darstellte, hielten manche Staatsdiener mich, den erklärten Anhänger einer selbstbewussten, offensiven Entspannungspolitik, für gefährlicher als einen kalten Krieger aus dem erzkonservativen Lager.

In Ost-Berlin bekamen wir auch Besuch von westdeutschen Freunden und Bekannten. Sie waren neugierig und wollten wissen, wie wir leben. Sie reisten mit

Tagesvisum ein und mussten »die Hauptstadt« um Mitternacht verlassen. Eines Tages war unser Wohnzimmer mal wieder voll von Menschen. Bürger Ost und Bürger West. Ab 22 Uhr wurden die Wessis unruhig. Sie blickten auf die Uhr und meinten, sie müssten uns bald verlassen, um rechtzeitig zum Grenzübergang zu kommen. Ab 23 Uhr bestand die verbliebene Runde nur noch aus Ostlern, meiner Frau und mir. »So, jetzt sind wir unter uns«, sagte eine Nachbarin, als der letzte Bundesbürger gegangen war. Da wussten wir: Jetzt sind wir wirklich angekommen und gehören dazu.

Als West-Kind in der Ost-Schule

Eines Tages kam Markus aus der Schule und wollte, kaum dass er die Wohnungstür geschlossen hatte, von meiner Frau wissen: »Mama, was ist ein Grenzverletzer?« Ein Mitschüler aus der zweiten Klasse hatte den Begriff erwähnt, als er bei der morgendlichen Zeitungsschau Überschriften aus Ost-Berliner Blättern vorlas, die ihm seine Mutter ins Mitteilungsheft geschrieben hatte. Grenzverletzer, so erklärte meine Frau, würden in DDR-Medien Menschen genannt, die sich von Westen her an der Mauer zu schaffen machten. Manche versuchten hinauf- oder gar hinüberzuklettern. Aus Übermut oder weil sie betrunken waren.

Markus, der zu dieser Zeit als einziges Kind bürgerlicher Eltern mit bundesdeutschem Pass in eine DDR-Schule ging, machte das Wort Grenzverletzer zu schaffen. Mitschüler, von denen nicht wenige aus politisch-linientreuen Familien kamen, wollten ihm einreden, dass böse, bewaffnete West-Menschen die friedliche DDR überfallen wollten. Vergeblich versuchte unser Sohn ihnen klarzumachen, dass auf der Westseite der Mauer keine Soldaten mit Gewehren stünden. Dass jeder, der Lust habe, an die Mauer treten und sie berühren, ja selbst besprühen und bemalen könne. Das hielten seine Klassenkameraden für ein Märchen. »Sie glauben mir einfach nicht«, sagte Markus. Er war unglücklich und den Tränen nahe. »Aber ich sehe das doch, ich fahre doch hin und her.« Wenn er bewaffnete Uniformträger erblickte, dann auf der Ostseite der Mauer. Die bewachten mit ihren Maschinenpistolen sogar die Gärtner, die wenige Meter vom Mauerdurchlass entfernt die Blumenkübel innerhalb des Grenzübergangs pflegten. Eine absurde Situation, die Kindern mitunter deutlicher auffiel als Erwachsenen.

Dass wir Markus solchen und ähnlichen Konflikten aussetzen würden, war uns bewusst, als wir uns entschieden, ihn in Ost-Berlin zur Schule gehen zu lassen. Manche meiner Kollegen, die fest in West-Berlin verwurzelt waren, haben uns nicht verstanden und ungläubig den Kopf geschüttelt, als sie von unserem Entschluss hörten. So ein Leichtsinn, meinte ein befreundeter Korrespondent. Ihr könnt mit eurem Kind doch nicht solche Experimente machen. Wir verstanden ihn. Wir hatten ja selbst Zweifel. Viele Wochen hatten wir immer wieder darüber diskutiert, was wir tun würden, wenn Markus schulpflichtig würde. Wir haben Freunde gefragt und Argumente abgewogen. Wohl wissend, dass wir nur noch höchstens zwei, drei Jahre in Ost-Berlin bleiben würden.

Erster Gedanke: Wir geben unseren Sohn in eine West-Berliner Schule. Wäre ja normal gewesen. Eine Schule in der Nähe einer der Grenzübergänge, die wir benutzen durften. Dorthin hätten wir ihn mit dem Auto bringen müssen. Und mittags wieder abholen. Unsere Tochter Katharina ging in den Kindergarten der evangelischen Galiläa-Gemeinde in Berlin-Friedrichshain, also im Osten. Wie auch schon Markus. Was wäre, wenn sie krank würde und zu Hause bleiben müsste? Wer würde dann Markus fahren? Kollidierte das mit meinen beruflichen Terminen? Fragen über Fragen. Und jede Menge Ungewissheiten.

Zweiter Gedanke: Der Schulbus der Ständigen Vertretung. Der fuhr jeden Tag zur Waldschule nach Berlin-Charlottenburg. Aber die Ho-Chi-Minh-Straße lag nicht auf seiner Route. Die Kinder wurden in der Leipziger Straße in Mitte und in Pankow eingesammelt, dort wo die meisten Mitarbeiter der Bonner Mission wohnten. Also hätten wir Markus wiederum mit dem Auto zur Sammelstelle bringen müssen. Und mittags dort wieder abholen. Eine komplizierte Situation. Was hätte das, so fragten wir uns, für Markus bedeutet. Ein Leben auf beiden Seiten der geteilten Stadt. Ohne Mitschüler und Spielgefährten im Osten. Und mit Klassenkameraden, die er nur in der Schule, aber nie in seiner Ost-Berliner Freizeit sehen würde. Das wollten wir Markus nicht zumuten. Er sollte kein isoliertes Kind werden.

Dritter Gedanke: Eine Ost-Schule. Anfangs schreckte uns die Vorstellung. Als DDR-Korrespondent kannte ich die Aufgaben der Bildungseinrichtungen. Erziehung zu sozialistischen Persönlichkeiten. Darum ging es. Wollten wir das? Natürlich nicht. Andererseits fühlten wir uns durchaus in der Lage, politische Indoktrination zu Hause zu korrigieren. Wir mussten unser Kind ja nicht zur Doppelzüngigkeit erziehen wie so viele Eltern in der DDR. Wir mussten ihm nicht sagen, dies oder jenes darfst du nicht in der Schule sagen. Das Risiko, Markus könnte ideologisch auf die schiefe Bahn geraten, erschien uns kalkulierbar. Er sollte seinen normalen Schulweg haben und dort lesen und schreiben lernen, wo er vorübergehend zu Hause war.

Nachdem wir uns entschieden hatten, unseren Sohn in unserem sozialen Umfeld einschulen zu lassen und ihn nicht dem Leben in einer geteilten Welt auszusetzen, schickte ich im Januar 1977 dem Dienstleistungsamt für Ausländische Vertretungen unseren Antrag. Meine Frau und ich wussten, in welches Dilemma wir die DDR-Behörden damit brachten. Ein bisschen hat es uns auch Spaß gemacht. Schließlich war ich Journalist und neugierig auf das Innenleben des DDR-Schulsystems. Und einbringen wollten wir uns auch.

Wahrscheinlich hätten die Behörden unser Begehren am liebsten abgelehnt. Aber das ging nicht. Es bestand Schulpflicht. Und wir hatten nur unseren Wohnsitz in Ost-Berlin. Im Westen waren wir nicht mehr polizeilich gemeldet. Überdies konnten wir darauf verweisen, dass Markus einen DDR-Kindergarten besucht und dort einen Vorschul-Unterricht genossen hat. Für die Volksbildungs-Funktionäre der SED war das ein ebenso neuer wie politisch verzwickter Fall. Warum, so fragten sie sich, überlässt ein westdeutscher Korrespondent, den man als Vertreter des »Klassenfeindes« einstufte, seinen Sohn dem sozialistischen Schulwesen? Es gab, wie ich später erfuhr, zwei unterschiedliche Erklärungen. Damit werde die Überlegenheit des DDR-Bildungssystems anerkannt, mutmaßten die einen. Vorsicht, der Vater ist Journalist und will nur Einblicke gewinnen, warnten die anderen. Unsere wahren Gründe blieben ihnen offenbar verborgen. Oder man hat sie, weil sie nicht ins ideologische Schema passten, einfach nicht zur Kenntnis genommen.

Am 23. Mai 1977 teilte uns der Direktor mit, dass Markus ab September die 34. Oberschule an der Bernhard-Bästlein-Straße besuchen werde. Das erst wenige Jahre zuvor errichtete Gebäude konnten wir vom Küchenfenster aus sehen. Zugleich lud er uns zu einem Elternabend ein. Auf einem Merkblatt wurden die »lieben Eltern« darüber informiert, welche Arbeitsmaterialien unser Kind benötigt. Die Aufzählung reichte von der Federtasche über gespitzte Bleistifte, Lineal und Schere bis zum Mitteilungsheft. Auch Heft- und Buchumschläge waren mitzubringen. In verschiedenen Farben. Je nach Unterrichtsfach. Sowie Buntpapier nebst Klebstoff für den Werkunterricht. Und ein Beutel mit Turnkleidung. »In unserer Schule«, so hieß es am Schluss der Mitteilung, »werden Hausschuhe getragen. Es können auch Sandalen sein.« Das hatte einen triftigen Grund. Anders als in West-Schulen wurden die Böden nicht täglich von bezahlten Reinigungskräften sauber gemacht.

Ende Mai, rund drei Monate vor der Einschulung, wurde den Eltern bei einer Zusammenkunft die Lehrerin vorgestellt. Der Direktor, ein strammer Genosse, nannte Bärbel B. eine erfahrene Kollegin, die schon mehrere erste Klassen geführt habe. SED-Mitglied war sie nicht. Aber, wie wir bald merkten, eine gute Pädagogin. Vielleicht war dies der Grund, warum man ihr die Anfänger-Klasse mit dem West-Kind anvertraute. Natürlich hatte sie ihre ideologischen Vorgaben und musste die zentralen Lehrpläne einhalten. Aber schon an der Art, wie sie an diesem Abend auf Mängel in der Versorgung mit Schulmaterialien aufmerksam machte (»Blaue und rote Umschläge sind schon alle«) erkannten wir, dass sie durchaus eigene Vorstellungen von ihrer Erziehungsaufgabe hatte.

Unser Eindruck bestätigte sich, als sie zum ersten Mal zu uns in die Wohnung kam. Hausbesuche des Klassenlehrers oder der Klassenlehrerin nach Anmeldung waren in der DDR übliche Praxis. Sie dienten einerseits der sozialen Kontrolle. Andererseits trugen sie dazu bei, dass Eltern und Lehrer enger zusammenwirkten. Bärbel B. kam nicht allein. Sie brachte – vermutlich auf Anweisung des Direktors – die Horterzieherin mit. Gedacht war die Visite bei der West-Familie als kurzer, nicht zu umgehender Höflichkeitsbesuch. Wir kamen ins Plaudern, und die Stunden vergingen. Irgendwann stand die Lehrerin auf und trat vor unser Bücherregal. Die meisten Bände waren West-Literatur, in der DDR nicht zu bekommen. Oder Bücher von ostdeutschen Autoren, die nur im Westen verlegt wurden.

Bärbel B.s Blick richtete sich auf ein schmales Bändchen mit blauem Umschlag. »Die wunderbaren Jahre« von Reiner Kunze. Erschienen im S. Fischer Verlag Frankfurt am Main. Sie hatte vom jüngsten Buch des Thüringer Autors gehört. Sie wusste, dass es von Jugendlichen in der DDR handelte und von den staatlichen Repressionen, denen sie ausgesetzt waren. Sie schlug den Band auf, fing an zu lesen. »Wir leihen Ihnen das Buch gerne aus«, sagte meine Frau. Frau B. zögerte für einen Moment. »Nehmen Sie es mit«, ermunterte ich sie. Da steckte sie das Prosa-Bändchen in ihre Tasche. Als sich die beiden Frauen verabschiedeten, war es spät in der Nacht.

»Lieber Schulanfänger, ich gratuliere Dir sehr herzlich zum Schulanfang. Ich wünsche Dir viel Freude und immer gute Erfolge beim Lernen. Sicher möchtest Du bald das blaue Halstuch der Pioniere tragen. Bereite Dich darauf vor, ein guter Jungpionier zu werden.« Der Aufruf von Helga Labs, der Vorsitzenden der Pionierorganisation »Ernst Thälmann«, galt allen Erstklässlern, also auch Markus. Meine Frau und ich betrachteten das beigefügte Formblatt mit dem Aufnahmeantrag. Wir wussten nicht so recht, wie wir uns verhalten sollten. Ein westlich-bürgerliches Kind bei den DDR-Pionieren? Zu deren Geboten es gehörte, »unsere Deutsche Demokratische Republik zu lieben«.

Skeptischer Blick in die Zukunft. Markus an seinem
ersten Schultag.

Das ging nun wirklich nicht. Aber wir wollten auch nicht, dass unser Sohn zum Außenseiter in seiner Klasse würde. Zum Glück wurde uns die Entscheidung abgenommen. Als »Ausländer-Kind«, so teilte man uns mit, könne Markus nicht formell Jungpionier werden. Er bekomme keinen Ausweis und kein Halstuch. Aber ausgrenzen wolle man unseren Sohn nicht. An den Pionier-Veranstaltungen könne er natürlich teilnehmen. Das hat er in der Regel auch getan.

In der Schule – der Unterricht begann morgens um 7.30 Uhr – ging es militärisch straff zu. Appelle gehörten zum Ritual. »Achtung, stillgestanden«, tönte der Sprecher der Pioniergruppe. »Ich melde: Klasse 1b zum Unterricht bereit.« Zu Beginn der Woche trat die Schülerschaft auf dem Schulhof zum Fahnenappell an. Regelmäßig gab es »Fleißappelle«, bei denen die jeweils besten Schüler ausgezeichnet wurden. Mir kam das Melden der Klasse durchaus bekannt vor. In der Sexta des Gymnasiums, in dem ich Anfang der fünfziger Jahre im nordrhein-westfälischen Siegerland meine Pennälerzeit begann, oblag diese Aufgabe unserem Klassensprecher. Einer der Studienräte, ein ehemaliger Wehrmachtsoffizier, bestand darauf. Ich habe mich damals darüber lustig gemacht. Und Markus machte es nicht anders. Wenn er außerhalb der Schule den Freundschaftsgruß »Seid bereit, immer bereit« vorführte, legte er nicht – wie es korrekt gewesen wäre – die rechte Hand mit den Fingern über den Kopf, sondern seine Linke quer über die Stirn. Wie die rheinischen Karnevalisten, deren närrische Vorfahren die

Geste erdacht hatten, um ihre preußische Obrigkeit zu verspotten.

»A, B, C, aus China kommt der Tee. Das weiß bei uns schon jedes Kind, weil fleißig wir beim Lernen sind.« Ob das Blatt mit den holperigen Reimen zum Alphabet Unterrichtsstoff war, weiß ich nicht. Markus hat es irgendwann mal mitgebracht. »D, E, F, wenn ich den Peter treff', dann nehm' ich ihn mal tüchtig ran, weil er das Einmaleins nicht kann.« Die Verse vermitteln einen Eindruck vom Selbstverständnis der DDR-Schule. Sekundärtugenden wie Fleiß, Disziplin, Pünktlichkeit, Ordnung und Sauberkeit standen oben an. Und man ließ im Normalfall niemanden zurück. »V, W, X, vom Faulsein lernt man nix. Was du nicht kannst, das lernst du noch. Hab keine Angst, wir helfen doch.«

Beim nächsten Elternabend sollte das »Klassenelternaktiv« gewählt werden. Die Lehrerin las die Namen der Personen vor, die bereit waren, für einen Posten in der Elternvertretung zu kandidieren. Für einen Moment überlegte meine Frau, ob sie sich zusätzlich melden sollte. Aber das wäre dann doch zu provokant gewesen. Dann stellten sich die Bewerber vor. Eine Pädagogin war dabei und ein Arzt. Wir kannten niemanden. Aber die Leute wirkten engagiert und nicht unsympathisch. Vorschlag der Lehrerin: Zustimmung durch Handheben. Sie sah uns Westler an. Ich ahnte, was ihr durch den Kopf ging. Würden wir Einwände erheben? Oder Nachfragen stellen? Wir hatten nicht vor, ihr Schwierigkeiten zu machen. Fast gleichzeitig streckten wir den Arm hoch.

Noch einmal waren die Eltern an diesem Abend gefordert. Es ging darum, dass sie freiwillig »gesellschaftliche Aufgaben« übernehmen. In den meisten Klassen
war es üblich, dass die Kinder leere Flaschen und Alt-
papier in die Schule brachten. Bärbel B. aber wollte
nicht, dass sich die Erstklässler damit abschleppten. Sie
schlug vor, dass Eltern die Aufgabe des Einsammelns
übernehmen. »Es gibt doch bestimmt einen Vater, der
einen Hänger hat«, sagte sie. Niemand meldete sich.
Meine Frau und ich sahen uns stumm an. Hier greifen wir ein, dachten wir und meldeten uns. Wir hatten
zwar keinen Autoanhänger, aber einen Volvo-Kombi.
Mit viel Platz für die abzuholenden »Sekundärroh-
stoffe«, wie man in der DDR sagte. Die Lehrerin gab
die Termine für die Sammelaktion im Mitteilungsheft
bekannt. Fortan fuhren wir etwa einmal im Monat in
unserem Kiez von Haus zu Haus und luden die gebün-
delten Zeitungen ein.

Für die Kinder, deren Eltern Trabant, Lada oder
Wartburg fuhren, war das ein großer Spaß. Aus einer
Pflichtaktion, an der man sich sonst lustlos beteiligte,
wurde eine Art Happening. Einige Kinder setzten sich
auf die Rückbank und in den Laderaum und machten
beim nächsten Halt anderen Platz. Auch Sprösslinge
von Stasi-Eltern fuhren mit. Als das ZDF 1979 die Szene
für einen Film des Magazins »Kennzeichen D« drehte,
saß einer dieser Knaben auf der Rückbank. Damit er
keinen Ärger bekam, sagten wir ihm, er möge sich du-
cken, um beim Filmen nicht gesehen zu werden. Der
Erlös der Aktion, bei der die Schulklassen miteinan-

der wetteiferten, ging an die »Solidarität«. Was immer man darunter verstand. Genauere Auskünfte über die Verwendung wurden nicht erteilt. Wir sahen darüber hinweg.

Markus wollte mit seiner Klasse im Wettbewerb vorne liegen. Deshalb schmuggelten wir unter die Ost-Blätter auch West-Zeitungen, die wir mit unserem Korrespondenten-Status gegen Bezahlung in Valuta beziehen durften. Den jeweiligen politischen Teil in unser Bündel zu packen, haben wir uns nicht getraut. West-Gazetten waren, wie wir belehrt wurden, nur zum persönlichen Gebrauch bestimmt. Aber die dicken Anzeigenbeilagen der Wochenendausgaben erfüllten auch ihren Zweck. Damit brachten wir meistens mehr Kilo auf die Waage als mit allen Ost-Blättern zusammen. Mit der Folge, dass die Klasse von Markus Dauersieger im Wettbewerb wurde. Die Lehrerin sagte uns, sie habe nicht den vollen Betrag auf das Solidaritätskonto überwiesen. Sie behielt einen Teil des Geldes zurück, um ihre Klasse zum Eisessen einladen zu können. Als Anerkennung dafür, dass sie so fleißig Rohstoffe sammelte.

An das Gebot der Nicht-Weitergabe westlicher Druckschriften haben wir uns nicht gehalten. Freunde und Bekannte, zu denen wir Vertrauen hatten, durften bei uns selbstverständlich West-Zeitungen lesen. Und wer wollte, konnte die älteren Exemplare auch mit nach Hause nehmen. Besonders begehrt waren Zeitungen und Zeitschriften mit dem westlichen Fernseh-Programm. Die kaufte meine Frau zumeist im Dutzend ein. Ein Exemplar war jeweils für die Lehrerin bestimmt. Einmal in der Woche steckten wir die TV-Zeitung in die Schulmappe unseres Sohnes. Eingewickelt in das SED-Zentralorgan *Neues Deutschland*. Bärbel B. holte das Heft verabredungsgemäß aus dem Ranzen.

»Mama, was ist das, was Frau B. immer aus meiner Mappe holt«, wollte Markus eines Tages wissen. »Das erzähle ich dir, wenn wir nicht mehr hier wohnen«, erwiderte meine Frau. Die Lehrerin könnte sonst in Schwierigkeiten geraten. Für Markus, der Bärbel B. sehr mochte, war das Thema damit fürs Erste erledigt. Solange wir in Ost-Berlin lebten, hat er nicht wieder nach dem geheimnisvollen Griff in den Ranzen gefragt. Erst als wir zwei Jahre später in Sankt Augustin bei Bonn wohnten, kam er darauf zurück. »Mama, jetzt kannst du mir doch sagen, was Frau B. jeden Montag aus meiner Mappe geholt hat.« Als er die Wahrheit erfuhr, war er neun Jahre. Noch heute wundern wir uns darüber, wie verständnisvoll Kinder in diesem Alter sein können.

Markus war sich zwar seiner besonderen Situation bewusst, aber er wollte in seiner Schule nicht durch West-Insignien auffallen. Er besaß einen Pelikan-Füllfederhalter. Doch den hatten einige Mitschüler auch. Selbst DDR-Lehrer meinten, der West-Füller sei besser als die Erzeugnisse aus volkseigener Produktion. »Den kaufen Sie doch sicher bei sich«, hatte uns der Direktor beim ersten Gespräch in seinem Büro gesagt. Meine Frau und ich schauten uns erstaunt an. Diese Bemerkung hatten wir von einem linientreuen Bildungsfunktionär nicht erwartet. Gleichwohl passte sie in das gespaltene Bewusstsein einer regierenden Kaste, die Intershops mit West-Waren duldete und damit dazu beitrug, die D-Mark des Klassenfeindes zur Leitwährung für die eigenen Bürger zu machen.

Westliche Snacks, wie sie heute Schüler in den Pausen konsumieren, gaben wir Markus nicht mit. Er sollte kein »Kaugummiprinz« werden, der sich durch das Verteilen von Süßigkeiten aus dem Westen beliebt macht. Das galt auch für die Kleidung. In Marken-Klamotten, womöglich mit auffälligen Symbolen, ließen wir Markus nicht in die Schule gehen. Als die Lehrerin einer Parallelklasse ihrer Kollegin erzählte, bei ihr sei der Sohn eines Volksarmee-Offiziers in einem US-Hemd mit der aufgedruckten amerikanischen Nationalflagge zum Unterricht erschienen, konnte Bärbel B. auftrumpfen. Unter Anspielung auf ihr West-Kind Markus sagte sie: »Diese Sorge habe ich nicht.«

Nach dem Unterricht gingen die Schüler in eine benachbarte Kantine zum gemeinsamen Mittagessen. Dafür zahlten wir rund zehn Ost-Mark im Monat. Anschließend legten sie sich im Schulgebäude zum Schlafen. Dann schloss sich der Hort an. Die Kinder spielten und erledigten ihre Hausaufgaben. Manchmal brachte Markus anschließend den einen oder anderen Mitschüler nach Hause. Anfangs war es nur Susi, ein Mädchen aus Ghana, dessen Vater Diplomat war. Sie war das andere »Ausländerkind« der Klasse und wohnte im selben Haus wie wir. Nach und nach trauten sich andere Kinder in unsere West-Wohnung, manche mit, manche ohne Erlaubnis ihrer Eltern. Markus hatte – ebenso wie seine kleine Schwester – eines unserer vier Zimmer für sich allein. Seine Spielsachen waren für DDR-Kinder höchst attraktiv. Es gab Lego-Steine, Playmobil-Spielzeug, Matchbox-Autos, Asterix-Hefte und viele andere Dinge, die man im Arbeiter- und Bauernstaat nur bekam, wenn man West-Geld oder West-Beziehungen hatte.

Markus hatten wir erlaubt, die Wände in seinem Zimmer mit Kreide oder Fingerfarben zu bemalen. Freilich nur dort. Er machte davon reichlich Gebrauch. Auch zwangen wir ihn nicht, sein Spielzeug jeden Abend aufzuräumen. Es lag kunterbunt auf dem Teppichboden herum. Das irritierte seine Schulfreunde. Bei ihnen zu Hause, wo es meist eng war, herrschte strenge Zucht. Spielzeugautos aus dem Westen wurden von den Eltern wie Ikonen behandelt. Sie hatten einen besonderen Platz. Das Tohuwabohu im Zimmer unseres Sohnes deuteten einige der DDR-Kinder falsch. Sie meinten, sie könnten Gegenstände zerstören. Es dauerte eine Weile, bis wir ihnen klarmachen konnten, dass Freiheiten im Kinderzimmer auch Grenzen haben. Und dass man mit Gegenständen trotz des vermeintlichen Chaos pfleglich umgehen sollte.

An einem Samstagnachmittag wurde im West-Fernsehen »Das fliegende Klassenzimmer« gezeigt. Markus und einige seiner Schulfreunde wollten sich den Film nach dem Buch von Erich Kästner anschauen. Vor Beginn stand der Mitschüler Alex auf und sagte, er müsse jetzt nach Hause. Sein Vater, so wussten wir von der Lehrerin, arbeitete bei der Staatssicherheit. Für solche Familien war West-Fernsehen untersagt. »Tschüss, Alex«, sagten die anderen Kinder. Sie erkannten sein Problem. Niemand versuchte ihn aufzuhalten. Niemand sagte, deine Eltern merken es doch nicht, wenn du mit uns den Film siehst. Und auf die Idee, Alex einen Feigling zu nennen, kam schon gar keiner.

Wenn Markus aus der Schule kam, hatte er meistens Fragen. »Mama, kann man im Westen Frauen kaufen«, wollte er eines Tages wissen. Ohne die Antwort abzuwarten, fügte er hinzu: »Das geht doch nicht. Man kann doch keine Frauen kaufen.«

Vorsichtig versuchte meine Frau herauszufinden, wie er darauf komme. »Wenn ich im Westen bin, dann kaufe ich mir als Erstes eine Frau.« Das habe ihm ein Junge aus seiner Klasse gesagt, erklärte Markus. Dessen Eltern hatten einen Ausreiseantrag gestellt, und der Sohn lebte in Gedanken bereits jenseits der Grenze. Wahrscheinlich hatte er den Satz von Erwachsenen aufgeschnappt. Wie erklärt man einem Kind, was Prostitution ist? In der DDR gab es die nicht. Jedenfalls nicht offiziell. Tatsächlich blühte auch dort das Geschäft mit dem käuflichen Sex. Geduldet sogar von der Staatssicherheit. Meine Frau erläuterte unserem Sohn, dass es Männer gebe, die Frauen dafür bezahlten, wenn sie ihnen Gesellschaft leisteten. Aber Frauen kaufen, so wie man früher Sklaven gekauft habe, das gebe es in der Bundesrepublik nicht. Markus fühlte sich bestätigt.

Je länger unser Sohn in Ost-Berlin zur Schule ging, desto größer wurde seine Abneigung gegen sozialistische Agitation. Der Rummel, den man besonders um das sowjetische »Brudervolk« machte, ging ihm zunehmend auf die Nerven. Einmal hatten die Schüler im Werkunterricht Kosmonauten gemalt. Mit dem roten Stern als Symbol. Markus passte das nicht. Er zeichnete einen Astronauten, wie man im Westen die Raumfahrer nennt. Und statt des roten Sterns malte er eine amerikanische Flagge.

Seine Distanz gegenüber dem realen Sozialismus war langsam gewachsen. Am ersten Maifeiertag, den wir in Ost-Berlin erlebten, hatten ihn die vielen Fahnen an den Häusern beeindruckt. Auch er wollte so eine Flagge haben. Das sei nicht die unseres Staates, sagten wir ihm. Wir seien hier nur Gäste. Das überzeugte ihn nicht. Er befestigte ein rotes Taschentuch an einem Stock und schwenkte es aus dem Fenster. Im Jahr darauf fragte uns ein Ost-Berliner Freund, der eine gleichaltrige Tochter hatte, ob er unseren Sohn mit zur Parade anlässlich des Feiertages der Werktätigen mitnehmen solle. Wir hatten nichts dagegen. Als Markus zurückkam, hatte er glänzende Augen. Sogar an Erich Honecker seien sie vorbeigelaufen, sagte er voller Begeisterung.

Wieder ein Jahr später – inzwischen ging er zur Schule – fragten wir ihn, ob er erneut Lust auf den Aufmarsch habe. »Lasst mich bloß in Ruhe«, wehrte er ab. Missmutig erzählte er, wie sie im Unterricht mit Geschichten rund um den ersten Mai überhäuft worden seien. »Erster Mai, wir sind dabei, rote Nelken tragen wir, frohe Lieder singen wir.« So steht es in seiner damaligen Fibel. Ein anderer Text handelt von Männern, Frauen und Kindern, die auf der Straße marschieren. »Sie winken mit Blumen, Zweigen, Tüchern und Fahnen. Sie grüßen die Genossen und die Freunde aus den anderen Ländern auf den Tribünen. Groß ist die Freude, wenn diese auch winken und lachen.«

Für meine Frau und mich war seine Reaktion ein Beleg dafür, dass dogmatische Kommunisten mit ihrer ideologischen Maßlosigkeit ursprüngliches Interesse und Engagement von Kindern nicht förderten, sondern zerstörten. Spätestens von da an brauchten wir uns keine Sorgen mehr zu machen, Markus könnte mit einem uns unliebsamen Weltbild in die Bundesrepublik zurückkehren. Jahre später, als er in West-Berlin aufs Gymnasium ging, hat er mal geäußert, wie sehr es ihn reize, noch einmal in seine alte Klasse zu gehen. Dann würde er den Laden »so richtig aufmischen«.

Vorerst jedoch galt es Abschied zu nehmen von seinen Mitschülern und seiner Lehrerin. Am 2. Februar 1979 war sein letzter Schultag in Ost-Berlin. Es gab Zeugnisse. Markus erhielt nur eine Abschrift, von seinem letzten Zeugnis. Und was ist mit den anderen Zeugnissen, wollten wir wissen. Das Original-Zeugnisheft, so teilte uns die Lehrerin mit, sei ein amtliches Dokument, das nicht aus der DDR ausgeführt werden dürfe. So hatte es ihr der Direktor aufgetragen. Er selbst drückte sich. Über diese Auskunft der Schulbehörde haben wir uns mächtig aufgeregt. Die Entscheidung, die uns absurd erschien, wollten wir nicht hinnehmen. Wir wandten uns an die Ständige Vertretung der Bundesrepublik mit der Bitte, bei der DDR auf Herausgabe des kompletten Zeugnisheftes zu dringen. Doch Ost-Berlin, wo die Geheimniskrämerei oft über den gesunden Menschenverstand siegte, blieb stur. Es dauerte etwa ein Jahr, bis wir wenigstens die Abschriften aller Zeugnisse von Markus auf dem amtlichen Weg über die Bonner Vertretung erhielten. Als uns viele Jahre später die Diplomatentochter Susi aus Ghana besuchte, fragten wir sie, ob sie ihr Zeugnisheft beim Verlassen der DDR ausgehändigt bekommen habe. Sie sah uns verständnislos an. »Aber natürlich«, sagte sie.

»Ich sehe da einen«, sagte Bärbel B. in der letzten Schulstunde, »der rutscht schon unruhig auf seinem Platz herum.« Markus wurde nach vorne gerufen. Sie wolle nicht viele Worte machen, sagte die Lehrerin. Die Klasse wisse ja, dass er sie verlasse. Die Lehrerin war sichtlich gerührt. Als sie ihn in den Arm nahm, applaudierten alle Mitschüler. Markus und Susi, die beiden Ausländer-Kinder, hätten mit ihrer offenen Art und ihrem sozialen Verhalten die Klasse nachhaltig geprägt, hat uns die Lehrerin später berichtet. Und dieser Einfluss sei noch Jahre spürbar gewesen.

Der Wechsel in die Grundschule in unserem neuen Wohnort Sankt Augustin bei Bonn klappte reibungslos. Lesen und Schreiben hat Markus in Ost-Berlin nicht schlechter gelernt als in westlichen Schulen. In einigen Fächern, etwa Mathematik, war er mit dem Unterrichtsstoff seinen Mitschülern voraus. Und dass er in seinen ersten beiden Schuljahren an Ordnung gewöhnt wurde, hat ihm auch nicht geschadet. Die Umstellung von streng auf locker verkraften Kinder mühelos. Umgekehrt wäre es gewiss schwerer gewesen.

Nachts wurde die Republik abgeschlossen

Ich kam mit meinem Auto aus Leipzig und wollte nach Hause. Das Zuhause lag in Ost-Berlin, Stadtbezirk Lichtenberg. Als ich nach der Autobahn-Abfahrt Beelitz auf den Berliner Ring fuhr, hatte ich die Wahl: Ich konnte weiter Richtung Osten fahren bis zum Schönefelder Kreuz und dann den Abzweig nach »Berlin, Hauptstadt der DDR« nehmen. Eine Strecke, auf der ich keine Grenze hätte passieren müssen. Doch es wäre ein großer Umweg gewesen. Halb um West-Berlin herum. Ich konnte aber auch durch West-Berlin fahren. Das wäre erheblich kürzer gewesen. Ich war erst seit ein paar Monaten Korrespondent. Ich entschied mich für die kurze Route, zum ersten Mal. Und mit einem Gefühl, bei dem sich Neugier mit Unsicherheit mischte.

Als ich Potsdam-Babelsberg passierte, wurde mir bewusst, in welcher außergewöhnlichen Situation ich war. Für meine neuen Bekannten in Ost-Berlin war das, was ich gerade vorhatte, schwer vorstellbar. Sie hätten spätestens hier die Autobahn verlassen müssen. Letzte Ausfahrt vor der Staatsgrenze, hieß das in der Amtssprache. Weiterfahrt nur im Transit. Solche Schilder, unübersehbar groß, standen auch vor den Grenzübergängen zur Bundesrepublik. Was hätten gewöhnliche

DDR-Bürger dafür gegeben, jetzt Beifahrer mit West-Pass zu sein. Einmal über den Kurfürstendamm zu fahren, den sie nur aus dem West-Fernsehen kannten. Einmal auf dieser Insel der Freiheit zu sein, an die sich nur die Älteren erinnerten, die Berlin vor dem Mauerbau erlebt hatten. Wenn jetzt jemand von Potsdam nach Ost-Berlin wollte, ging das nur um das eingemauerte West-Berlin herum. Egal ob mit dem Auto oder mit dem Zug.

Es war schon spätabends. Am hell erleuchteten Grenzkontrollpunkt Drewitz war wenig Betrieb. Ich gab meinen Pass mit der ausgefüllten Zählkarte ab, in der neben den Personalien auch das Reiseziel und der Zweck der Reise anzugeben waren. Zu meinen »Reise-Dokumenten« gehörte eine »Grenzempfehlung«. Sie wurde in den ersten Jahren nur den »Funktionsträgern«, also den Korrespondenten, gegeben. Die Ehefrauen mussten zunächst ohne Extradokument auskommen und die Erschwernisse gewöhnlicher Besucher hinnehmen. Eine strapaziöse Zeit für die Angehörigen, die oft schikaniert wurden. Erst nach hartnäckigem Insistieren der Bundesregierung bequemte sich die DDR-Führung, die Ehepartner gleichzustellen.

In der mit dem Hammer- und Zirkel-Emblem verzierten Empfehlung, ausgestellt vom Ministerrat der DDR, wurden die zuständigen Grenz- und Zollbehörden ersucht, den Inhaber »bevorzugt abzufertigen«. In der Praxis hieß das schneller und ohne Zollkontrolle. Nach dem Ende der DDR ist den Korrespondenten von Kritikern vorgehalten worden, sie hätten Privilegien

MINISTERRAT DER
DEUTSCHEN DEMOKRATISCHEN REPUBLIK
Ministerium für Auswärtige Angelegenheiten

Nr. 212/76

GRENZEMPFEHLUNG

Das Ministerium für Auswärtige Angelegenheiten der Deutschen Demokratischen Republik ersucht die zuständigen Grenz- und Zollbehörden

Herrn Peter PRAGAL

an der Grenzübergangsstelle Bhf. Friedrichstraße
Heinrich-Heine-Straße
Bornholmerstraße

bevorzugt abzufertigen.

Herr Peter PRAGAL

ist im Besitz des Passes Nr.   D 4349961

ausgestellt   15. Januar 1974

und des Visums der DDR Nr.   M-2/2754

vom   17. Dezember 1976 / ab 11.01.7

Diese Grenzempfehlung ist gültig bis

31. Dezember 1977

Berlin, den 17.Dezember 1976

Eichel

genossen und sich durch eine geschönte Darstellung der Realität im Arbeiter- und Bauernstaat dafür gefällig erwiesen. Eine absurde Unterstellung. Tatsächlich war das der DDR politisch abgerungene Papier eine Grundvoraussetzung, um nach westlichen Maßstäben journalistisch arbeiten zu können. Als ich damals über Drewitz fuhr, gingen mir freilich andere Gedanken durch den Kopf. Die Empfehlung galt streng genommen nur für die innerstädtischen Übergänge. Ich war erleichtert, als ich feststellte, dass man sie auch hier respektierte. Nach wenigen Minuten hatte ich meinen grünen Pass zurück und durfte »ausreisen«.

Ich fuhr über die Avus und durch die westliche City zur Heinrich-Heine-Straße. Vorbei an Leuchtreklamen und unzähligen Kneipen und Restaurants, durch deren Scheiben ich Gäste sah. Pulsierendes Leben einer Großstadt, die keine Schließzeit kannte. Vertrautes Terrain und doch nicht mein Zuhause. Jedenfalls nicht in den ersten fünf Jahren. Auf dem Weg in eine Stadthälfte, die wir anfangs als grau, düster und trostlos empfunden haben. Aber da wohnten wir. Dort war meine Familie, dort standen unsere Möbel. Und dahin wollte ich jetzt. »Sie verlassen den amerikanischen Sektor«, las ich auf einem Schild. Für viele West-Bürger klang das wie eine Warnung. Sie war ja auch so gemeint. Auch wir hatten anfangs Herzklopfen, wenn wir in den Kontrollpunkt einfuhren.

Mitternacht war schon vorbei. Bundesbürger mit Tagesvisum mussten bis 24 Uhr Ost-Berlin verlassen haben. Ich dagegen, als akkreditierter Korrespondent mit

Wohnsitz in der »Hauptstadt«, durfte – wann immer ich wollte – die Grenze passieren. Rund um die Uhr. Mein Auto trug ein DDR-Kennzeichen. Mit einem weißen QA auf blauem Grund. Ein Schlagbaum versperrte die Einfahrt. Der DDR-Grenzer im Wachturm musste mich wohl gesehen haben. Aber er reagierte nicht sofort. Vielleicht war er kurz eingenickt. Jetzt, da der Grenzbetrieb eigentlich ruhte. Ich tippte auf die Lichthupe. Der Sperrbalken zwischen dem Mauerdurchlass öffnete sich. Die Ampel sprang auf Grün.

Ich kurvte mit meinem Wagen um die betonierten Hindernisse, die illegale »Grenzdurchbrüche« verhindern sollten. Bei westlichen Besuchern lösten sie eher Beklemmung aus. Daran änderten auch die Blumenkästen nichts, die man zur Verschönerung aufgestellt hatte. An der Seite standen in Doppelreihen »Spanische Reiter.« Dann ein Schild: »Weiterfahrt nach Aufforderung.« Ich beachtete es nicht. Da war niemand, der mich auffordern konnte. Der Abfertigungsschalter, an dem die Besucher tagsüber auf die Rückgabe ihres Passes warteten, war geschlossen. Um diese Zeit wurde am letzten Kontrollhäuschen abgefertigt. »Guten Morgen«, sagte der Offizier von der Passkontrolle. Der Koppelgürtel saß ein wenig schief, so als habe er ihn in Hast angelegt. Ich hatte ihn in seiner Ruhe gestört. Aber er ließ sich nichts anmerken. Er nahm Pass und Zählkarte entgegen. Nachdem er mir die Dokumente zurückgegeben hatte, schritt er zum Gittertor. Das war geschlossen und mit einer Kette nebst Vorhängeschloss gesichert. Mit geübten Griffen drehte er den

Schlüssel herum und gab mir den Weg in die eben noch verrammelte Republik frei.

Heinrich-Heine-Straße – das war unser bevorzugter Grenzübergang. Über viele Jahre sind meine Frau und ich hier regelmäßig hin- und hergefahren. Anfangs mit bangen Gefühlen. Wie Pioniere auf Erkundungsfahrt. Später, besonders während meiner zweiten Akkreditierungszeit in den achtziger Jahren, mit dem Bewusstsein, die Befugnisse der Grenzer und Zöllner richtig einschätzen zu können. Eine Sicherheit, die es uns erlaubte, die Uniformierten auch schon mal auszutricksen und Dinge zu transportieren, die nach DDR-Recht nicht zulässig waren. Innerlich haben wir die Anomalität der Grenze, die das Land und die Stadt durchschnitt, nie akzeptiert. Selbst dann nicht, als sie für uns mühelos zu überwinden war. Dafür haben wir zu viel mitbekommen von den Sehnsüchten und den Ängsten, die unsere Freunde mit dem Wort Grenze verbanden. Drohung und Verheißung zugleich. Wie groß war ihr Erstaunen, als sie nach der »Wende« durch westliche Länder reisten. »Sind wir jetzt schon in Holland?«, fragte eine Freundin aus Ost-Berlin. Den Übergang von Deutschland in die Niederlande hatte sie nicht bemerkt.

Manchmal fuhren wir mehrmals pro Tag über die Grenze. Oft nur für kurze Zeit, um irgendeine Besorgung zu erledigen. »Ich fahre mal eben rüber.« Zur Bank, zum Arzt, zur Post, zum Blumenladen. Ein provozierender Satz. »Na, schon wieder zurück«, sagte manchmal einer der Kontrolleure. Es klang etwas spitz. Aus- und Einreise waren für die Machthaber der SED und die Offiziere an der Grenze staatliche Hoheitsakte. Ihr Pochen auf die Souveränität hatte etwas Zwanghaftes. Westlern gewährte man Einlass, vorausgesetzt, es lag nichts gegen sie vor. Und DDR-Bürger kamen nur dann in den Genuss der Ausreise, wenn sie Rentner oder auf Linientreue geprüfte Reisekader waren. Mal eben rüber auf die andere Seite – das klang in den Ohren staatstreuer Funktionäre und Uniformträger unangemessen und überheblich.

Aber auch Freunde und Bekannte taten sich mit der leichthin gesprochenen Bemerkung schwer. Eines Tages wurde meine Frau von einer Ost-Berliner Freundin gebeten, für sie in West-Berlin ein paar Stiefel zu besorgen. »Wenn du derweil auf die Kinder aufpasst, fahre ich mal eben rüber«, sagte meine Frau. »Mache ich«, sagte die Freundin. Aber man sah ihr an, dass sie irgendetwas bewegte. Später hat sie erzählt, dass sie der Satz »Ich fahr mal eben rüber« fast verrückt gemacht habe. Sie, damals Mitte 30, hatte als gewöhnliche DDR-Bürgerin keine Chance zu einer West-Reise. Wer es illegal probierte, so wusste sie, riskierte sein Leben. Ihre Reaktion hat mit dazu beigetragen, dass wir unsere Worte künftig sorgfältiger wählten und stärker auf die Empfindlichkeiten unserer Freunde achteten.

Kaum ein anderer Ort war besser geeignet, menschliches Verhalten zu studieren, als ein DDR-Grenzübergang. Westdeutsche, die zu Hause gegenüber Behörden durchaus selbstbewusst auftraten, klappten beflissen die Rückbänke ihrer Autos hoch und eilten um den Wagen herum, um die Kofferraumhaube zu öffnen.

Manchmal schon, bevor der DDR-Zöllner sie dazu aufgefordert hatte. Anderen Besuchern aus der Bundesrepublik sah man die Angst und Unsicherheit an, sie könnten gegenüber den Autoritäten in Uniform irgendetwas falsch machen. Und wenn ein Auto in eine Garage zur Sonder-Inspektion dirigiert wurde, erkannte man in den Gesichtern der Zuschauenden Erleichterung darüber, dass sie nicht selbst Opfer der Schikane geworden waren. Zivilcourage habe ich bei Besuchern aus dem Westen selten beobachtet. Man musste schon sehr mutig sein oder viel Zeit haben, um nach dem Grund einer Anweisung zu fragen oder sich einer Aufforderung der Kontrolleure zu widersetzen.

Selbst wir Korrespondenten haben uns mitunter auf Verfahren eingelassen, die wir eigentlich für unsinnig hielten. Bei der Vorkontrolle stand der jeweilige Uniformierte in der Regel auf der Beifahrerseite, nahe seinem Postenhäuschen. Auch dann, wenn nur eine Person im Auto war. Der Kontrolleur hätte auch auf die Fahrerseite kommen können. Eine genaue Anweisung dazu gab es nicht. Was dann folgte, war eine groteske Gymnastik. Der Fahrer beugte sich nach rechts, um die Scheibe herunterzukurbeln und mit ausgestrecktem Arm den Pass hinzuhalten. Der Uniformierte wiederum ging in gerader Haltung in die Knie, um das Gesicht mit dem Foto im Pass zu vergleichen.

»Warum lässt du dir das gefallen?«, fragte mich meine Frau. »Der kann doch auch zu dir kommen.« Sie hatte Recht. Und sie handelte danach. Das rechte Fenster in ihrem Auto blieb zu. Widerwillig schlurfte der

Kontrolleur auf die linke Fahrerseite. Als einer seiner Kollegen stur blieb und an der rechten, verschlossenen Tür rüttelte, stieg sie aus ging um das Auto herum und reichte dem Offizier ihren Pass mit der Bemerkung: »Ich wusste schon immer, dass die sozialistische Höflichkeit eine besondere ist.« Der Mann bekam einen roten Kopf. Die Lektion wirkte. Fortan gingen die Offiziere, wenn sie das Auto meiner Frau sahen, ein paar Schritte auf die Straßenmitte, um auf der richtigen, der gewünschten Seite zu stehen. Damit war das Spiel noch nicht zu Ende. Meine Frau hatte einen französischen 2CV. Bei diesem Auto klappte man die Seitenscheibe nach oben. Wenn der Kontrolleur zu dicht am Wagen stand, musste er seinen Kopf, um nicht von der Scheibe getroffen zu werden, zurücknehmen. Damit war die richtige Distanz wieder hergestellt.

Merkwürdig auch, wie unterschiedlich die DDR-Grenzwächter Bundesbürger behandelten. Wenn Geschäftsleute in großen Limousinen anreisten, überboten sich die Grenzer und Zöllner an Höflichkeit. »Kapitalist« und »Ausbeuter« waren Begriffe aus marxistisch-leninistischen Lehrbüchern. Kampfbegriffe für die ideologische Auseinandersetzung. Im wirklichen Leben spielten sie kaum eine Rolle. Jedenfalls waren »Klassenfeinde«, mit denen der sozialistische Staat handelte, vor Schikanen verhältnismäßig sicher. Wenn aber junge, lässig gekleidete Leute in einem alten, klapprigen VW kamen, dann wurden sie in der Regel gründlich gefilzt.

»Wir hatten bestimmte Bilder im Kopf«, hat mir mal

ein früherer Oberstleutnant erklärt. Eingetrichterte Klischees, die Reflexe auslösten. Lange Haare und Gammel-Klamotten – das erweckte bei den auf Ordnung und Sauberkeit fixierten Kontrolleuren Misstrauen. Die jungen Leute könnten Rauschgift dabei haben. Also schaute man sie und ihr Gepäck genauer an, auch mit der Erwartung, fündig zu werden. Dann gab es von den Vorgesetzten Lob und Anerkennung. Dass die jungen Leute häufig politisch links waren und mehr Sympathien für den Sozialismus hatten als die hofierten Manager in ihren teuren Anzügen, spielte keine Rolle.

Die regelmäßigen Grenzpassagen haben mir den Blick auf die Menschen geschärft, die als »Angehörige der bewaffneten Organe« an der Heinrich-Heine-Straße Dienst hatten. Ich merkte bald, dass in den Uniformen keine emotionslosen Staatsdiener steckten, sondern sehr unterschiedliche Individuen – abgestumpfte und neugierige, launische und fröhliche, verbiesterte und freundliche. Menschen, die strenge Dienstvorschriften hatten und ideologisch geschult worden waren und dennoch – wie andere Werktätige auch – mal mit mehr, mal mit weniger Lust zur Arbeit gingen. Manchen, die wir regelmäßig sahen, haben wir Spitznamen gegeben. Da gab es den »Perückenträger«, einen jungen Offizier mit strohblondem Kunsthaar, und den »Nasenbohrer«, einen Zöllner, den wir beobachtet hatten, wie er mit dem Finger popelte.

Private Gespräche mit Reisenden aus dem Westen zu führen, war den Kontrolleuren untersagt. Wenn sie sich trotzdem jovial-freundlich gaben und Bundesbürger dazu verleiteten, über persönliche Dinge zu plaudern, dann hatte das oft einen konkreten Grund. Die Besucher, die in die DDR kamen, sollten »abgeschöpft« werden. Am Grenzübergang Bornholmer Straße wurden – wie der Vizechef der Passkontrolleinheit später berichtete – Informationen von Reisenden in einer »Operativkartei« gesammelt, der sich auch andere Abteilungen des MfS bedienten. In ihrer Naivität haben Westdeutsche mitunter den Grenzern erzählt, wen sie in der DDR besuchen wollten. Dass sie damit ihre östlichen Bekannten ins Visier der Stasi brachten, kam ihnen nicht in den Sinn.

Bei uns Korrespondenten machte eine solche Abschöpfung wenig Sinn. Wir waren ohnehin unter ständiger Kontrolle der Stasi und von deren Inoffiziellen Mitarbeitern umgeben. Das heißt nicht, dass wir mit Grenzwächtern nicht geredet hätten. Übers Wetter und ähnlich banale Dinge. Es kam sogar vor, dass Offiziere unvorsichtig wurden und Bemerkungen machten, die nach deren Staatsdoktrin keineswegs politisch korrekt waren. Als mein kleiner Sohn einmal die Pflichtinspektion eines Zöllners beobachtete und von mir wissen wollte, warum Autofahrer die Motorhaube öffnen sollen, unterbrach ein Uniformierter meinen Erklärungsversuch mit der Bemerkung: »Wie sollen Kinder verstehen, was selbst Erwachsene nicht begreifen.«

Noch erstaunlicher war die Reaktion eines Zöllners, als ich mit einem neuen Auto aus West-Berlin kam. Meine Frau liebte die französische »Ente«. Sie war unser Zweitwagen. Ich hatte ihn gerade vom Händler geholt. Als Ersatz für »Ente« Nummer eins, die altersschwach geworden war. DDR-Bürger schwärmten für westdeutsche Autos. Grenzwächter eingeschlossen. Sie sahen täglich alle möglichen Typen und Fabrikate. Oft kannten sie sich besser im Innenleben der Karossen aus als ihre Besitzer, wussten genau, welcher Hebel zu bedienen war, um die Rückbank herunterzuklappen. »Jetzt kommen Sie schon wieder mit so einem Schaukelding«, sagte der Mann in der blauen Uniform.

Es klang nach Enttäuschung. Gemischt mit einem bisschen Verachtung. Die hätte ich vermutlich nur noch dann steigern können, wenn ich in einem sowjetischen Lada gekommen wäre. »Bewahr uns Gott vor bösen Frauen und Autos, die die Russen bauen«, reimte der ostdeutsche Volksmund. Die »Ente« passte jedenfalls nicht ins Bild, das er sich von einem Medien-Vertreter der kapitalistischen Bundesrepublik machte. Vorwurfsvoll fragte er mich: »Können Sie Ihrer Frau nicht ein anständiges deutsches Auto kaufen?« Einen Trabi oder Wartburg aus DDR-Produktion hat er damit gewiss nicht gemeint.

DDR-Kontrolleure hatten eine penetrante Art, Besucher aus dem Westen zu belehren. Bei Staatsangehörigkeit müsse »BRD« eingetragen werden, ermahnten sie Reisende, die in das Feld der Zählkarte »deutsch« schrieben. Ich habe immer »deutsch« eingetragen. Aus Prinzip. Aber andere, die Ärger befürchteten, taten, wie ihnen geheißen. Umso schöner war es, wenn sich mal die »Organe« ins Unrecht setzten. Meiner Frau ist das an einem 24. Dezember passiert. In den achtziger Jah-

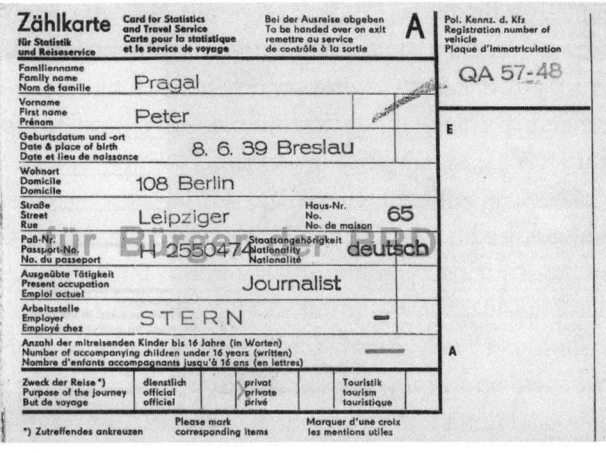

Zählkarte
für Statistik und Reiseservice

Card for Statistics and Travel Service
Carte pour la statistique et le service de voyage

Bei der Ausreise abgeben
To be handed over on exit
remettre au service
de contrôle à la sortie

A

Pol. Kennz. d. Kfz
Registration number of vehicle
Plaque d'immatriculation

QA 57-48

E

Familienname Family name Nom de famille	Pragal
Vorname First name Prénom	Peter
Geburtsdatum und -ort Date & place of birth Date et lieu de naissance	8. 6. 39 Breslau
Wohnort Domicile Domicile	108 Berlin
Straße Street Rue	Leipziger	Haus-Nr. No. No. de maison	65
Paß-Nr. Passport-No. No. du passeport	H 2550474	Staatsangehörigkeit Nationality Nationalité	deutsch
Ausgeübte Tätigkeit Present occupation Emploi actuel	Journalist
Arbeitsstelle Employer Employé chez	S T E R N	—

Anzahl der mitreisenden Kinder bis 16 Jahre (in Worten)
Number of accompanying children under 16 years (written)
Nombre d'enfants accompagnants jusqu'à 16 ans (en lettres) ——— A

| Zweck der Reise *)
Purpose of the journey
But de voyage | dienstlich
official
officiel | privat
private
privé | Touristik
tourism
touristique |

*) Zutreffendes ankreuzen
Please mark corresponding items
Marquer d'une croix les mentions utiles

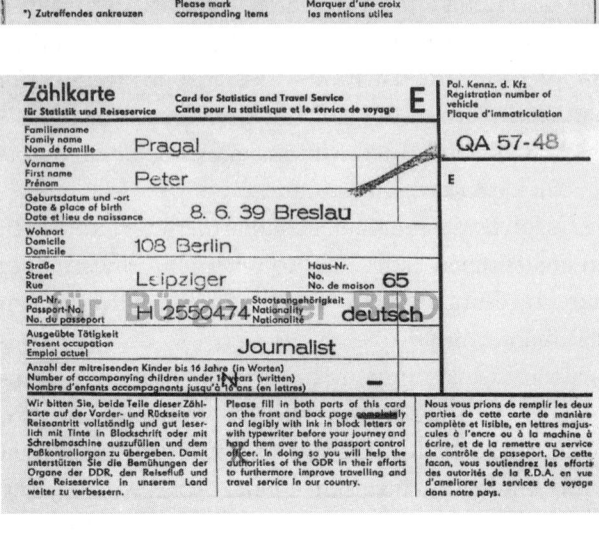

Zählkarte
für Statistik und Reiseservice

Card for Statistics and Travel Service
Carte pour la statistique et le service de voyage

E

Pol. Kennz. d. Kfz
Registration number of vehicle
Plaque d'immatriculation

QA 57-48

E

Familienname Family name Nom de famille	Pragal
Vorname First name Prénom	Peter
Geburtsdatum und -ort Date & place of birth Date et lieu de naissance	8. 6. 39 Breslau
Wohnort Domicile Domicile	108 Berlin
Straße Street Rue	Leipziger	Haus-Nr. No. No. de maison	65
Paß-Nr. Passport-No. No. du passeport	H 2550474	Staatsangehörigkeit Nationality Nationalité	deutsch
Ausgeübte Tätigkeit Present occupation Emploi actuel	Journalist

Anzahl der mitreisenden Kinder bis 16 Jahre (in Worten)
Number of accompanying children under 16 years (written)
Nombre d'enfants accompagnants jusqu'à 16 ans (en lettres) ———

Wir bitten Sie, beide Teile dieser Zählkarte auf der Vorder- und Rückseite vor Reiseantritt vollständig und gut leserlich mit Tinte in Blockschrift oder mit Schreibmaschine auszufüllen und dem Paßkontrollorgan zu übergeben. Damit unterstützen Sie die Bemühungen der Organe der DDR, den Reisefluß und den Reiseservice in unserem Land weiter zu verbessern.

Please fill in both parts of this card on the front and back page completely and legibly with ink in block letters or with typewriter before your journey and hand them over to the passport control officer. In doing so you will help the authorities of the GDR in their efforts to furthermore improve travelling and travel service in our country.

Nous vous prions de remplir les deux parties de cette carte de manière complète et lisible, en lettres majuscules à l'encre ou à la machine à écrire, et de la remettre au service de contrôle de passeport. De cette façon, vous soutiendrez les efforts des autorités de la R.D.A. en vue d'améliorer les services de voyage dans notre pays.

ren, als wir sowohl im Osten wie im Westen wohnten. Ich war krank, konnte nicht Auto fahren und bat meine Frau, aus der Büro-Wohnung im Ostteil die West-Zeitungen zu holen, die ich dorthin von einem Post-Kurier der DDR zugestellt bekam.

Am Grenzübergang war am Mittag des Heiligen Abends nichts los. Der Zöllner machte die Schranke auf, ließ meine Frau ein Stück vorfahren und knallte dann das Eisengestänge mit Schwung zu. Die Schranke rastete aber nicht ein, sondern schnellte nach der anderen Seite und prallte an die Rückseite meines Dienstwagens. Meine Frau verzichtete darauf, auszusteigen und nachzuschauen. Stattdessen sah sie den Zöllner nur prüfend an. »Ist nichts passiert«, sagte der. Auf dem Parkplatz in der Leipziger Straße entdeckte sie den Schaden. Im Blech war eine dicke Beule, und eine der Rückleuchten war kaputt.

Das ist die Gelegenheit, ging ihr durch den Kopf. Seit einigen Wochen lag bei DDR-Freunden ein wertvolles Musikinstrument, das wir auf Bitten eines bekannten Ost-Berliner Schauspielers zu einer Adresse in West-Berlin bringen sollten. Meine Frau holte den Gegenstand ab, fuhr zur Grenze und »machte ein Fass auf«. Es kam nicht oft vor, dass man DDR-Kontrolleuren Fehlverhalten nachweisen konnte. Jetzt war so eine Situation da. Und meine Frau war entschlossen, sie auszunutzen. Sie war sicher, dass kein Zöllner es wagen würde, an diesem Tag ihren Wagen zu kontrollieren. Selbst wenn er gewusst hätte, was sie im Kofferraum mitführt. Wenn ein »Organ« erkläre, es sei nichts passiert, dann glaube sie das, sagte sie dem herbeigerufenen ranghohen Offizier. Der war längst im Bilde. Der Schaden wurde protokolliert. Die Reparaturkosten mussten von der DDR-Versicherung in Valuta beglichen werden.

Vor »Raketen«, wie DDR-Offiziere die Besitzer von Grenzempfehlungen nannten, hatten die »Organe« Respekt. Eine Beschwerde konnte für sie unangenehm sein. Besonders wenn man nach dem diensthabenden Offizier verlangte. Der Vorfall musste sofort »nach oben« gemeldet werden. In heiklen Fällen sogar bis zum Ministerbüro. Damit die Vorgesetzten informiert waren, bevor ein Schreiben mit Beanstandungen offiziell vorlag. Wir Korrespondenten waren zwar nicht den Diplomaten gleichgestellt. Die fuhren auf einer besonderen Spur, ohne dass die Wageninsassen aussteigen mussten, durch die Mauerdurchlässe. Aber schneller als bei gewöhnlichen Reisenden ging es bei uns allemal. Stichproben des Zolls seien bei uns nicht ausgeschlossen, hatten mir Mitarbeiter des DDR-Außenministeriums erklärt. Wahrscheinlich wollte man mit diesem Hinweis unseren Hang bremsen, die »großzügig gewährten Ein- und Ausreisemöglichkeiten« zu missbrauchen.

Die Frage »Führen Sie anmeldepflichtige Gegenstände mit?«, haben meine Kollegen und ich als Phrase empfunden, die wir nicht ernst nahmen. Nein, lautete die Standard-Antwort. Tatsächlich war der Kofferraum oft mit Gegenständen gefüllt. Nicht nur für unseren persönlichen Gebrauch. Je länger wir in Ost-Berlin lebten, desto umfangreicher war der Zettel mit Waren, die wir im Westen für unsere Ost-Freunde besorgen sollten. Viele hatten Verwandte in der Bundesrepublik und verfügten über D-Mark. Damit bezahlten sie, was wir für sie gekauft hatten.

Wir schmuggelten aber auch Dinge in den Osten, die gratis waren. Zum Beispiel Bücher. Das Innerdeutsche Ministerium und die Bundeszentrale für politische Bildung hatten ein breites Sortiment von politischer Literatur. Stapelweise habe ich mich mit Büchern versorgt, um sie Freunden zu schenken oder die Bibliothek eines kirchlichen Friedens- oder Umweltkreises damit auszustatten. Regime-Kritikern, die in der DDR-Provinz lebten und nur spärliche Kontakte in den Westen hatten, konnte man auf diese Weise eine riesengroße Freude machen.

Als einige unserer Freunde in den achtziger Jahren beruflich und in dringenden Familienangelegenheiten in den Westen fahren durften, machten sie auf der Rückfahrt mit der Eisenbahn in West-Berlin Station. Sie hatten Gepäck dabei. Mit Einkäufen, die der DDR-Zoll beanstandet hätte. Am Bahnhof Zoo haben wir ihre Utensilien in Empfang genommen und in unserem Wagen nach Ost-Berlin gebracht. Derweil fuhren unsere Freunde zum Bahnhof Friedrichstraße in Ost-Berlin. Ohne Koffer und Taschen. Die händigten wir ihnen später aus.

Ein einziges Mal in meiner Korrespondentenzeit hat die »Grenzempfehlung« nicht funktioniert. Meine Frau und ich waren in Berlin-Pankow bei britischen Diplomaten zum Abendessen eingeladen. Es war in den achtziger Jahren, als wir neben der Dienstwohnung in Ost-Berlin noch eine Privatwohnung in West-Berlin hatten. Vor allem der Kinder wegen, die inzwischen in Charlottenburg zur Schule gingen. Der kürzeste Weg nach Hause führte über die Bornholmer Straße. Am Grenzübergang wurde ich aufgefordert, den Kofferraum unseres Wagens zu öffnen. Das war mir bis dahin noch nie passiert. Ich war wütend und wollte mich zunächst der Anweisung widersetzen. Aber dann dachte ich daran, dass wir bei einer Weigerung ziemlich lange warten müssten. Und ich wollte nach Hause. Widerwillig stieg ich aus und öffnete die Haube. Der Kofferraum war leer. Ich kündigte an, dass ich mich beim Außenministerium beschweren würde und fuhr davon.

Viele Jahre später habe ich einen ranghohen Offizier, der damals an der Bornholmer Straße stationiert war, nach dem Grund der Kontrolle gefragt. Entweder, so sagte er mir, habe ein Idiot die Vorschrift nicht gekannt. »Oder die VIII ist hinter Ihnen her gewesen.« VIII – das war die für Beobachtung und Ermittlung zuständige Hauptabteilung der Stasi. Was wäre passiert, wenn ich mich geweigert hätte, den Kofferraum zu öffnen? Der Ex-Offizier überlegte nicht lange. »Dann hätte man mich gerufen. Ich wäre gekommen, hätte militärisch gegrüßt und mich für den Vorfall entschuldigt.« Schade, dass wir das nicht früher gewusst haben.

Willkür habe ich auch an anderen Grenzen kommunistischer Staaten erlebt. In den achtziger Jahren war ich zusätzlich zur DDR in einigen Ostblock-Ländern als

Korrespondent akkreditiert: In der Tschechoslowakei und in Ungarn, in Rumänien und Bulgarien. Alle paar Wochen setzte ich mich in Schönefeld ins Flugzeug und reiste »in meine Länder«. Ich benötigte dafür zwei grüne Bundespässe. In einem war mein DDR-Dauervisum eingestempelt, das ich für die tägliche Ein- und Ausreise brauchte. Der andere enthielt die Einreiseerlaubnis für die jeweiligen Länder. Die Visa holte ich mir in der zuständigen Botschaft in Ost-Berlin oder – wie im Fall Rumänien – im Generalkonsulat in West-Berlin. Dort lag mein Pass ein paar Tage. Jemand, der mit zwei Pässen reiste, war für die DDR verdächtig. Er könnte womöglich bei einer illegalen Fluchthilfe behilflich sein. Es dauerte eine Weile, bis die Grenzer begriffen, warum ich jeweils zwei Pässe in meiner Tasche hatte.

Nach Budapest fuhr ich gern. Die Stadt wirkte im Vergleich zu anderen Ostblock-Ländern fast westlich. Ungarn galt nicht zu Unrecht als »fröhlichste Baracke« im östlichen Lager. Wenn ich dagegen mit der rumänischen Fluggesellschaft Tarom nach Bukarest flog, hatte ich meistens gemischte Gefühle. Man spürte dort auf Schritt und Tritt, dass man im Reiche Ceauşescus in einer stalinistischen Diktatur war. Und so dreist wie die Securitate, der rumänische Geheimdienst, gegenüber Journalisten auftrat, agierte kein anderer Geheimdienst der Länder, mit denen ich zu tun hatte.

Irgendwann Mitte der achtziger Jahre wollte ich eine Parteikonferenz in Bukarest beobachten, zu der sich der sowjetische Generalsekretär Michail Gorbatschow angesagt hatte. Am Flughafen wurde mir die Einreise verweigert. Ohne Begründung. Ich verwies auf meinen Akkreditierungsausweis und mein gültiges Visum. Ohne Erfolg. Ich hatte Glück, dass ich mit der Interflug-Maschine, mit der ich gekommen war, zurück nach Schönefeld fliegen konnte. Andere Kollegen, die von Wien und Belgrad mit der rumänischen Staatslinie angereist waren, verbrachten eine ungemütliche Nacht auf den harten Bänken des Transitraumes, bis am Morgen die ersten Flugzeuge nach Österreich und Jugoslawien starteten. Als ich nach Rückkehr am Abend von meiner Ost-Berliner Wohnung meinen schon früher eingereisten Fotografen-Kollegen in seinem Hotel in der rumänischen Hauptstadt anrief, fragte er aufgeregt: »Wo bleibst du denn?« Ich sagte ihm, dass ich vor ein paar Stunden schon mal in Bukarest war. »Aber jetzt bin ich wieder in Berlin.«

Mit der ČSSR ist es mir einmal ähnlich ergangen. Ich wollte mit dem Zug nach Prag fahren. Um mich dort, wie bei früheren Besuchen, unter anderem mit Dissidenten zu treffen. An der Grenzstation Děčín, die in sudetendeutscher Zeit Tetschen hieß, wurde ich von tschechischen Grenzoffizieren aus dem Waggon geholt. Wieder keine Begründung. Mitreisende schauten mich mitleidig an. Ratlos und ein wenig beschämt stand ich allein auf dem Bahnsteig und wartete auf den Gegenzug in Richtung Dresden. Als mich kurz darauf die DDR-Grenzkontrolleure sahen, taten sie überrascht. »Na, schon wieder zurück«, sagte einer von ihnen. In meinen Ohren klang die Bemerkung wie eine Mischung aus Spott und Mitgefühl. Wahrscheinlich waren sie bereits informiert, dass mich ihre Genossen auf der anderen Seite der Grenze an der Einreise gehindert hatten.

In Berlin nahm ich Ende der achtziger Jahre die Grenze immer weniger wahr. Die Fahrten zwischen den beiden Teilen der Stadt waren uns derart zur Routine geworden, dass wir die Kontrollen eigentlich für überflüssig hielten. Auch wenn wir natürlich sahen, wie viele Menschen nicht zueinander kommen konnten – in unserem Lebensgefühl war Berlin eine Einheit. Wenn wir gefragt wurden, wo wir wohnen, pflegte meine Frau zu sagen. »Wir haben eine Stadtwohnung in Berlin-Mitte und ein Haus am Grunewald.« Das war ironisch, zumindest nicht ganz ernst gemeint. Aber bei vielen Berlinern – egal ob aus Ost oder West – kam der Satz nicht gut an. Er klang arrogant. Dabei wohnten wir an beiden Wohnsitzen zur Miete. Angeberei lag uns fern. Die Wahrheit war: Mit unserem Gefühl der berufsbedingten Freizügigkeit waren wir den Menschen, die unter der Trennung durch Mauer und Todesstreifen litten, um einen historischen Moment voraus.

Unserem Sohn ging es ähnlich. Der besuchte ein Gymnasium in Charlottenburg. Aber Klavierstunde hatte er im Osten, bei einer befreundeten Musikerin. Vom S-Bahnhof Grunewald fuhr er bis Friedrichstraße. Dort ging er eine Treppe hinunter zur Passkontrolle. Weil er als Sohn eines Korrespondenten ein Schulvisum in seinem Ausweis hatte, musste er nie lange warten. Dann ging er auf den Ost-Bahnsteig und fuhr bis Ostkreuz. Einmal in der Woche. Eines Tages kam er viel früher als gewohnt nach Hause. Zwei Stationen vor dem Bahnhof Zoo war ihm eingefallen, dass er seinen Pass vergessen hatte. Die Fahrt in den Stadtteil Friedrichshain war ihm so selbstverständlich geworden, dass er die Einreise-Prozedur unbewusst für nicht mehr notwendig hielt. Es schien so, als habe er – weit vor dem Mauerfall – in seinem Kopf die Wiedervereinigung vorweggenommen.

Heute kann man an der Station Grunewald in die S-Bahnlinie 7 einsteigen und bis Ostkreuz durchfahren. Kein jüngerer Tourist käme auf die Idee, dass diese Fahrt einmal durch eine »Staatsgrenze« unterbrochen war. Und der »Tränenpalast«, vor dem einst die Ostler ihre West-Besucher wehmütig und schluchzend verabschiedeten, ist heute ein denkmalgeschützes Gebäude, dem von außen niemand mehr ansieht, dass hier einmal Reisende vor den Kontrollen der Grenzer und Zöllner zitterten.

An der kurzen Leine

Am 11. Mai 1978, einem Donnerstag, wurde ich ins Außenministerium der DDR zitiert. Es war keiner der üblichen Anrufe, wie ich ihn aus dem Arbeitsalltag kannte. Telefonate, bei denen man mir mitteilte, ob ein von mir beantragtes »journalistisches Vorhaben« genehmigt oder abgelehnt worden sei. Diesmal wurde ich offiziell einbestellt. Ich ahnte, was mich erwartete.

Zwei Tage zuvor waren drei meiner Korrespondenten-Kollegen, ein Fernseh-, ein Hörfunk- und ein Agentur-Journalist, vorgeladen und mit der Begründung, sie hätten eine Falschmeldung verbreitet, verwarnt worden.

Ich fuhr also zum DDR-Außenministerium, einem zehngeschossigen, 1967 bezogenen Gebäude an der Südwest-Seite des Schlossplatzes, der damals die Namen von Marx und Engels trug. Ich wurde in einen Besprechungsraum im Erdgeschoss geführt. Dort wartete ein ranghoher Beamter aus der Presseabteilung. Siegfried H. erklärte in frostigem Ton, ich hätte die Verpflichtung, wahrheitsgetreu, sachbezogen und korrekt zu berichten, missachtet. Deshalb müsse er mir eine nachdrückliche Verwarnung aussprechen. Was mit dem Vorwurf konkret gemeint war, sagte er nicht.

Während er sprach, überlegte ich, wie sich ein Berufsdiplomat in einer solchen Situation verhalten würde. Auf keinen Fall schweigen, dachte ich. Also wies ich, genauso ernst wie der Genosse Abteilungsleiter, seine Anschuldigung mit gesetzten Worten zurück. Dann ging ich zum Gegenangriff über. Die DDR behindere mit der versuchten Einschüchterung die freie Ausübung der journalistischen Tätigkeit, erklärte ich. Das stehe im Widerspruch zu Vereinbarungen zwischen den beiden deutschen Staaten. Nach wenigen Minuten war die Begegnung beendet. Der Beamte gab mir die Hand, dann war ich entlassen.

Der Grund für die Maßregelung war mein Bericht über Zusammenstöße zwischen Bevölkerung und

Volkspolizei am 1. Mai in Wittenberge an der Elbe. Auf dem »Platz der Freiheit« vor dem Rathaus, so schrieb ich, hätten Teilnehmer eines Volksfestes ihrem Ärger über die überhöhten DDR-Mark-Preise in den staatlichen *Delikat*- und *Exquisit-Läden* lautstark Luft gemacht. Als der Bürgermeister versucht habe, die Protestierer zu beruhigen, hätten Leute aus der Menge »Parteibonzen raus aus dem Rathaus« und andere Parolen gerufen. Schließlich seien Polizisten mit Schlagstöcken, Hunden und Wasserwerfern gegen die aufgebrachten Bürger vorgegangen. Mehr als ein Dutzend Personen, überwiegend Jugendliche, seien festgenommen worden.

Ich war am Mai-Feiertag nicht selbst in Wittenberge, sondern habe mir den Zusammenstoß zwischen protestierenden Bürgern und der Staatsmacht von Augenzeugen schildern lassen. Die waren, voller Wut und Ärger darüber, dass die örtlichen Medien den Vorgang totgeschwiegen hatten, einige Tage nach dem Krawall nach Ost-Berlin gefahren. Dort hatten sie außer mir noch einige andere West-Korrespondenten aufgesucht und ihre Erlebnisse erzählt. Durfte ich darüber berichten? Ich beriet mich mit Kollegen. Der Versuch, uns den Tumult amtlich bestätigen zu lassen, wäre aussichtslos gewesen. Darin waren wir uns einig. Andererseits: Was uns die Leute aus Wittenberge erzählten, klang glaubwürdig. Wir entschieden uns, ihren Berichten zu vertrauen. Offenbar zu Recht. Denn kurz darauf fuhr ein *ARD*-Fernsehteam in die Elbestadt, um Einwohner zu befragen. Dabei bestätigten mehrere Bürger, dass die

Polizei Gewalt angewandt habe, um eine Menschenmenge zu zerstreuen.

West-Korrespondenten waren bei ihrer Arbeit stets in Gefahr, bei der SED-Führung anzuecken und dafür gerüffelt zu werden. Noch bevor sie ihre Arbeit aufnahmen, hat die DDR versucht, die lästigen Beobachter durch Auflagen und Sanktionen an die kurze Leine zu nehmen. In einer im Februar 1973 erlassenen Verordnung wurden meine Kollegen und ich unter anderem verpflichtet, »Verleumdungen und Diffamierungen der Deutschen Demokratischen Republik, ihrer staatlichen Organe und ihrer führenden Persönlichkeiten« zu unterlassen sowie »keine böswillige Verfälschung von Tatsachen zuzulassen«. Da kommunistische Potentaten dazu neigten, kritische Wertungen ihrer Tätigkeit als Verunglimpfung und Herabwürdigung aufzufassen, waren mit den verfügten Bestimmungen Konflikte vorgezeichnet.

Der Entschluss der Ost-Berliner Machthaber, den westdeutschen »Klassenfeinden« vor Ort Informationsmöglichkeiten einzuräumen, war innerhalb der SED umstritten. Die Befürworter argumentierten, dieses Zugeständnis sei der Preis für die internationale Anerkennung. Bis zum deutsch-deutschen Grundlagenvertrag im Jahr 1972 war die DDR nur von kommunistischen, sozialistischen und ein paar neutralen Staaten völkerrechtlich anerkannt worden. Nun bot sich die Chance, auch mit westlichen Ländern diplomatische Beziehungen aufzunehmen. Dafür war man bereit, Kröten zu schlucken. Den SED-Oberen war klar: Ohne ein Mindestmaß an Offenheit, ohne die Zulassung bürgerlicher Korrespondenten, war die staatliche Anerkennung durch die Bundesrepublik Deutschland nicht zu haben.

Manche Funktionäre, durchdrungen vom blinden Glauben an die historische Überlegenheit des Sozialismus, meinten sogar, die offiziell zugelassenen Beobachter würden sich mit der Zeit von den »Errungenschaften« im sozialistischen Deutschland beeindrucken lassen und zu einem besseren Image der DDR beitragen. Diese Hoffnung mag sich bei dem einen oder anderen Reise-Korrespondenten aus der Bundesrepublik erfüllt haben. Was ihnen als heile sozialistische Welt vorgespielt wurde, haben nicht alle durchschaut. Die ständig Akkreditierten lernten hingegen schnell, hinter die Potemkin'schen Fassaden zu schauen und propagandistische Trugbilder von der Wirklichkeit zu unterscheiden.

Andere SED-Kader sprachen den Journalisten aus der Bundesrepublik von vornherein jeglichen Willen zu sachlicher Information ab. Vor allem die Hüter über die Staatssicherheit hielten die West-Korrespondenten grundsätzlich für »Agenten des Klassenfeindes«, die den realen Sozialismus verleumden, die Gesellschaft unterwandern und die Bevölkerung gegen die Obrigkeit aufwiegeln wollten. Um uns, die angeblichen »Speerspitzen des Imperialismus«, in Schach zu halten, machte die SED ihren Repressionsapparat mobil. Im Befehl 21/74, einer »geheimen Verschlusssache«, wies Stasi-Minister Erich Mielke seine Mitarbeiter an, die

West-Korrespondenten mit allen Mitteln zu überwachen, zu »bearbeiten« sowie deren »feindliche Aktivitäten« aufzudecken und zu verhindern. Das war die Ermächtigung zur totalen Kontrolle.

In ihrer Furcht vor »politisch-ideologischer Diversion« legten die DDR-Führer den West-Korrespondenten eine Reihe von bürokratischen Fesseln an. So mussten etwa Reisen außerhalb von Ost-Berlin in die DDR 24 Stunden vor Antritt »unter genauer Angabe des Reiseziels und des Reisegrunds« beim Außenministerium gemeldet werden. Meine Kollegen und ich versuchten, diese Bestimmung dadurch zu umgehen, dass wir sie zwar für dienstliche, nicht aber für private Fahrten akzeptierten. Wenn ich am Wochenende an einen Brandenburgischen See zum Baden fuhr oder in Dresden Freunde besuchte, habe ich die Pflicht zur Abmeldung ignoriert. Meine Erfahrungen und Beobachtungen, die ich dabei machte, gingen gleichwohl in die Berichterstattung ein.

Als schärfste Waffe im Kampf gegen die bürgerlichen Medien hatten sich die Ost-Berliner Machthaber eine generelle Genehmigungspflicht für journalistische Vorhaben ausgedacht. Danach musste jeder Besuch bei einer Regierungsstelle, einer staatlichen Einrichtung, einem volkseigenen Betrieb oder einer Genossenschaft beim Außenministerium schriftlich beantragt werden. Das galt auch für Interviews mit führenden Persönlichkeiten, ab 1979 für Befragungen »jeder Art«. Das war besonders für die Kollegen von Hörfunk und Fernsehen eine massive Behinderung und Einschränkung ihrer Tätigkeit. Als schreibender Journalist hatte ich es einfacher. Ich brauchte niemanden vors Mikrofon oder vor die Kamera zu holen. Ich konnte die Äußerungen von DDR-Bürgern auch als anonyme Stimmen in meine Berichte und Stimmungsbilder einfließen lassen.

Auf Anträge habe ich gleichwohl nicht verzichtet. Mit meiner Themenliste ging ich zur Poststelle des Außenministeriums. Die erreichte ich über einen Seiteneingang an der zur Straße Unter den Linden gelegenen schmalen Seite des Bürokolosses. Wenn ich den engen Raum betrat, blickte ich auf eine verspiegelte Scheibe. Ich drückte auf einen Klingelknopf und sagte gegen die undurchsichtige Trennwand: »Guten Tag.« Keine menschliche Stimme antwortete. Aber von der anderen Seite, so nahm ich an, konnte man mich sehen. Eine Szene, wie man sie aus Kriminalfilmen kennt. Dann wurde, ähnlich einem Fahrkartenschalter, ein Schubfach vorgeschoben, in das ich meinen Presseausweis und den Umschlag mit den Anträgen legte. Wie von Geisterhand bewegt, fuhr der offene Behälter nach innen. Nach einiger Zeit bekam ich meinen Ausweis zurück. Ich empfand diese anonyme Praxis als symbolhaft für den SED-Staat. Misstrauen rangierte vor Offenheit. Der Zwang, sich nicht in die Karten schauen zu lassen, war stärker als der Wunsch, sich mit einer freundlichen Visitenkarte zu schmücken.

Die Erfolgsaussichten meiner Anträge blieben meistens ungewiss. Heikle Themen, die etwa das Militär, die Grenze oder das Privatleben der Spitzenfunktionäre betrafen, habe ich von vornherein ausgespart. Da war die Ablehnung sicher. Bei anderen Vorhaben hing die Genehmigung vom politischen Klima ab. Stand es um das deutsch-deutsche Verhältnis mal gerade günstig, konnte man leichter grünes Licht bekommen. Trübten sich die Beziehungen zwischen Bonn und Ost-Berlin wieder ein, häuften sich die Ablehnungen. Zustimmende Bescheide waren am ehesten bei Themen zu erwarten, von denen sich die DDR einen politischen Werbeeffekt erhoffte. Manchmal kam die Freigabe schon nach wenigen Tagen. Die meisten Gesuche liefen über mehrere Wochen. Am Ende stand häufig ein mündlicher Standardsatz: »An diesem Thema haben wir kein Interesse.«

Auf dieses Votum hatten die Mitarbeiter der Außenamts-Abteilung nur einen geringen Einfluss. Sie durften zwar Vorschläge machen, aber die Entscheidung trafen andere. Alle Anträge mussten der Agitations-Abteilung im Zentralkomitee vorgelegt werden. Dort, im »Großen Haus« am Werder'schen Markt, wo heute das Auswärtige Amt residiert, saßen die ideologischen »Betonköpfe«, deren Misstrauen fast schon krankhafte Züge hatte. Sie entschieden im Zweifel restriktiv, selbst bei vermeintlich harmlosen Themenvorschlägen wie der Besuch bei einer Jagdgenossenschaft, das Porträt einer Fernsehansagerin oder ein Informationsgespräch mit Vertretern des staatlichen Lotto- und Totowesens.

Warum die SED-Regenten unsere Arbeit mit wachsendem Argwohn verfolgten, ist leicht zu erklären. Da prallten auf ihrem Territorium zwei völlig unterschiedliche Vorstellungen von der Rolle der Medien aufeinander. Im kommunistischen Osten war der Journalist als Agitator und Propagandist ein Werkzeug der Partei. Ihr diente er, ihr half er beim Indoktrinieren, von ihr bekam er seine Aufträge und Weisungen. Mehr als fachliche Leistung und Wahrheitsliebe zählte die politische Linientreue. Deshalb durfte die SED-Republik auch nicht so beschrieben werden, wie sie war, sondern nur so, wie sie im Propagandabild aussehen sollte.

Man kann sich das Erschrecken der kleinen und großen SED-Regenten vorstellen, als sich in dieser verlogenen Polit-Idylle plötzlich neugierige, bürgerliche Journalisten tummelten, die eine ganz andere Berufsauffassung hatten. Leute, die mit Mikrofon und Kamera von DDR-Bürgern auf der Straße freimütige Meinungsäußerungen einholten, die selbstherrliche Funktionäre mit kritischen Fragen traktierten, sich nicht mit amtlichen Auskünften zufrieden gaben, auf eigene Faust recherchierten und die Diskrepanz zwischen der geschönten Eigendarstellung und kommunistischer Wirklichkeit bloßlegten.

Mehr noch schmerzte die SED-Genossen der schleichende Verlust ihres Informations- und Meinungsmonopols. Zwar konnten sie ihren Bürgern westliche Druckerzeugnisse vorenthalten. Aber der Äther über der Grenze war offen. Was westliche Journalisten in Dörfern und Städten zwischen Werra und Neiße erfuhren, aufspürten und nach Westen berichteten, kam über Hörfunk und Fernsehen in den größten Teil der SED-Republik zurück und prägte das Bewusstsein ihrer Bürger. Bundesdeutsche Korrespondenten berichteten nicht nur für ihre Leser, Hörer und Zuschauer daheim. Sie informierten auch aus der DDR für die DDR, und dies ohne jegliche Sprachbarriere.

Ohnmächtig mussten die regierenden Kommunisten erleben, dass die meisten Bewohner ihres Herrschaftsgebietes die West-Kanäle den Programmen der eigenen Staatssender vorzogen. Auf jeden Fall dann, wenn es um politische Information ging. Die Dominanz der »Tagesschau« und anderer westlicher Nachrichtensendungen und Polit-Magazine gegenüber der »Aktuellen Kamera« aus Berlin-Adlershof drückte sich in dem populären Satz aus: »Abends kommt der Klassenfeind«. Dass dies stimmte, konnte ich aus meiner Wohnung beobachten. Der Abstand zum Nachbarhaus in unserem Neubaugebiet war gering. Ich sah in die zahlreichen erleuchteten Wohnzimmer, verglich mein eigenes TV-Bild mit dem der DDR-Nachbarn und stellte fest, dass sie fast durchweg politisch fremdgingen. Zur Einschüchterung der lästigen West-Journalisten beschlossen die Machthaber einen Strafkatalog. Die Sanktionen reichten von der Verwarnung über den Entzug der Arbeitserlaubnis bis zur Schließung des Korrespondenten-Büros. Schon bald zeigte sich, dass die vorgesehenen Maßregelungen keine leeren Drohungen waren. Nachdem der *Spiegel* über Zwangsadoptionen in der DDR berichtet hatte, wurde dessen Korrespondent Jörg Mettke im Dezember 1975 ausgewiesen. Es half ihm nichts, dass er nachweisen konnte, den beanstandeten Artikel nicht selbst geschrieben zu haben. Aus Sicht der DDR-Führung bestand sein Vergehen darin, dass er – wie im Dekret formuliert – eine »böswillige Verfälschung« von Fakten zugelassen habe. Ein klarer Fall von publizistischer Sippenhaftung.

Ein Jahr später traf es den ARD-Korrespondenten Lothar Loewe. Er wurde mit der Begründung hinausgeworfen, er habe Volk und Regierung der DDR in gröbster Weise diffamiert und sich mit »lügnerischen Behauptungen« in die inneren Angelegenheiten der DDR eingemischt. Die angebliche Verleumdung bestand darin, dass er in einem Fernseh-Kommentar gesagt hatte, die Grenztruppen der DDR hätten »den strikten Befehl, auf Menschen wie auf Hasen zu schießen«. Später verloren mit Peter van Loyen (ZDF) und Dieter Bub (Stern) zwei weitere Korrespondenten aus der Bundesrepublik ihre Arbeitserlaubnis. Als der *Spiegel* das »Manifest« einer oppositionellen Gruppe ostdeutscher Kommunisten veröffentlichte, reagierten die Machthaber mit der härtesten Sanktion. Im Januar 1978 machten sie das Ost-Berliner Büro des Nachrichtenmagazins für mehrere Jahre dicht. Alle *Spiegel*-Redakteure erhielten ein Einreiseverbot. Erst 1985 wurde die Sperre aufgehoben.

Was wie eine Demonstration von Stärke und Souveränität wirken sollte, war in Wahrheit ein Zeichen von Schwäche. Das Eingeständnis, journalistische Unbotmäßigkeit im eigenen Machtbereich nicht ertragen zu können. Deshalb glaubte die SED-Führung, hin und wieder ein Exempel statuieren zu müssen. Geplagt von der Angst, im ideologischen Wettstreit um die Köpfe der eigenen Bürger den Kürzeren zu ziehen, verschärften die kommunistisch gelenkten Medien ihre Attacken auf die West-Korrespondenten. Als Lügner und Verleumder wurden wir tituliert, als Initiatoren »zügelloser Hetzkampagnen« und als Lohnschreiber im Solde von Geheimdiensten. Mit solchen Vorwürfen, so glaubte man im Zentralkomitee, könnte man uns in der Bevölkerung isolieren und DDR-Bürger davon abhalten, sich mit uns einzulassen.

Dass diese publizistischen Aktionen ihren Zweck weitgehend verfehlten, wusste niemand besser als die Stasi. In den »Sachstandsberichten« zum OV »Starnberg« hat sie als Anlage eine Übersicht meiner DDR-Kontakte dokumentiert. Die Namensliste umfasste mehrere Seiten. Die Personen wurden mit Wohnadresse, Geburtsdatum und Beruf aufgeführt. Dabei unterschied das MfS zwischen persönlichen Verbindungen und solchen »familiären Charakters«. DDR-Bürger mit Ost-Berliner Wohnsitz und Personen, die in einem der Bezirke wohnten, wurden getrennt aufgelistet. Hinter manchen Namen war das Kennzeichen ihres Autos verzeichnet. Bei meinen besten Freunden kam noch der Vermerk »Sicherungsvorgang« hinzu.

In ihrer Analyse vermerkten die Stasi-Offiziere die Zahl meiner Kontakte (366) und deren Häufigkeit. Außerdem erfassten sie die verschiedenen »Zielgruppen« wie Kunst/Kultur, medizinische Intelligenz, technische Intelligenz, Arbeiter/Angestellte sowie Kirche/ »unabhängige Friedensbewegung«. Selbst die Altersstruktur der Kontaktpersonen hielten die Auswerter der Stasi fest. Danach waren die meisten Leute, mit denen ich Umgang hatte, zwischen 40 und 65 Jahren alt. Das MfS hat sie gezählt. Es waren exakt 208 Personen. Bei den jungen Leuten unter 30 Jahren kamen sie nur auf 15. Das Zahlenwerk enthielt auch das Eingeständnis, in einzelnen Fällen versagt zu haben. Hinter der Rubrik »nicht identifizierte Kontakte« stand die Zahl 6.

Bei meiner Arbeit hat mir das MfS genau zugehört und auf die Finger geschaut. »Pragal«, so lese ich in meinen Akten, »nimmt in der Regel alle DDR-Bürger, die ihn um ein Gespräch bitten, als Gesprächspartner an und realisiert die gewünschten Gespräche.« Und weiter: »Er hört sich jeweils seine Partner an und schätzt dabei die Effektivität einer Fortsetzung des Kontaktes ein.« Den Lauschern ist aufgefallen, dass ich durch »die Verabreichung von Getränken« eine lockere Atmosphäre schuf, die es mir erleichterte, die Leute »abzuschöpfen«. Auch gehöre es zu meiner Methodik, während der Unterhaltung vorwiegend zuzuhören, um dann das Gespräch »durch gezielte Fragestellungen« in die von mir gewünschte Richtung zu lenken. Und noch etwas hat die Stasi bemerkt: »Beim zufälligen Zusammentreffen von DDR-Kontaktpartnern unterlässt P. eine gegenseitige Vorstellung, was im Widerspruch zu den von ihm sonst an den Tag gelegten Umgangsformen steht.«

Das Bild, das die Offiziere der HA II/13 von meiner Tätigkeit zeichneten, war nicht frei von Widersprüchen. Einerseits wurde mir ein »höfliches, bescheidenes, zielgerichtetes Auftreten« bescheinigt, »das auf gute Regimekenntnisse und gründliche Recherchiertätigkeit zurückzuführen ist.« Auch meinte man bemerkt zu haben, dass ich die DDR mit weniger Vorurteilen betrachtet habe als andere West-Journalisten. Andererseits stufte mich das MfS als unverbesserlichen »Antikommunisten« und »Feind unseres Staates« ein, der die Verhältnisse in der DDR nur aus westlich-bürgerlicher Sicht beurteilte. Zugleich konstatierten die Offiziere eine »ständige Zunahme und Verschärfung DDR-feindlicher Beiträge«. Mein Ton sei mit der Zeit immer rüder geworden, und es häuften sich Ausfälle gegen die Partei- und Staatsführung.

Was immer sich die regierenden Kommunisten einfallen ließen, um die West-Korrespondenten an einer kritischen Berichterstattung zu hindern – genützt hat es ihnen wenig. Anfangs hatten manche Funktionäre noch angenommen, sie könnten Korrespondenten durch Anschwärzen bei vermeintlichen Vorgesetzten in ihre Schranken weisen. So beklagte sich ein wichtiger Mann über mich und einen bestimmten Artikel beim Ständigen Bonner Vertreter. Da müsse er sich an den Autor oder an die Chefredaktion wenden, beschied ihn Günter Gaus. Das verstand der gekränkte Würdenträger nicht. Nach seinem Verständnis war der »Botschafter« eine Art Oberaufseher über seine jeweiligen Landsleute. Dass Gaus keine disziplinarische Gewalt über »seine Journalisten« haben sollte, wollte ihm einfach nicht in den Kopf.

Die »ernsthaften Aussprachen«, bei denen Mitarbeiter des Außenministeriums auf Weisung ihrer Vorgesetzten den West-Korrespondenten angebliche journa-

listische Verfehlungen und Verstöße gegen Rechtsvorschriften vorhielten, beeindruckte das Gros von ihnen
wenig. Auch die Anwendung von Sanktionen machte
aus den akkreditierten bundesdeutschen Medienver-
tretern keine Leisetreter. Manch einer von ihnen empfand eine offizielle Verwarnung eher als eine Art publizistischer Ritterschlag. Und wenn jemand des Landes
verwiesen wurde, bekam er in der Regel Nachfolger, an
denen die SED-Führung ebenfalls keine Freude hatte.
Trotz aller Behinderungen und Einschränkungen, denen sie unter dem SED-Regime ausgesetzt waren, empfanden viele West-Korrespondenten die Jahre in der
DDR als außergewöhnlich spannend und ertragreich.
Unter den erschwerten Ost-Berliner Bedingungen ein
facettenreiches und wirklichkeitsgetreues Bild der Gesellschaft zu zeichnen, nicht in einem Schwarz-Weiß-
Raster, sondern mit vielen bunten Tupfern, war weitaus schwieriger als aus Hauptstädten zu berichten, wo
man publizistisch aus dem Vollen schöpfen konnte. Gerade darin bestand der Reiz.

Als Zeitungs-Korrespondent war ich besser dran als
meine Kollegen vom Fernsehen. Die fielen mit ihrer
Kamera und der Tontechnik überall auf. Ich dagegen
stand zwar unter der Kontrolle der Stasi. Aber wenn
ich eine Straßenbahn bestieg oder mich in eine Kneipe
setzte, brauchte ich nur zu beobachten und zuzuhören, um Stoff für meine Geschichten zu bekommen.
Es machte mir Spaß, in die Rolle eines DDR-Bürgers
zu schlüpfen. Deshalb achtete ich darauf, nicht sofort
als Westler erkannt zu werden. Das ging so weit, dass

ich in Gesprächen bewusst DDR-Jargon sprach, also Begriffe und Abkürzungen verwendete, die nur dort üblich waren. Wäre mir zum Beispiel das Wort Führerschein über die Lippen gekommen, hätte ich meine Identität als Bundesbürger verraten. Deshalb sagte ich, wie im Osten üblich, Fahrerlaubnis.

In unserem Neubaugebiet gab es eine Schwimmhalle. In dem Gebäude war auch eine Sauna. Einmal in der Woche, an einem bestimmten Tag zu einer festgesetzten Uhrzeit, ging ich mit einem DDR-Freund aus der Nachbarschaft zum Schwitzen. Der Termin musste langfristig angemeldet werden. Diese Regelung führte dazu, dass immer dieselben Leute auf den Holzbänken saßen. Wir kannten uns vom Sehen, wussten aber sonst nichts voneinander. Mit meinem Freund redete ich wenig und achtete darauf, nicht durch unbedachte Äußerungen als Westler aufzufallen. Unsere Mitschwitzer unterhielten sich lebhaft. Und was sie sagten, ließ mich aufhorchen. Es waren neben Alltagsproblemen Interna aus ihrer Arbeit und aus dem Parteileben, die in keiner DDR-Zeitung standen. Ich sah mir die Männer genauer an. Sie hatten fast alle einen einheitlichen Haarschnitt, so wie es unter Angehörigen der »bewaffneten Organe« üblich war. Aus den Sauna-Gesprächen der Genossen bezog ich manche interessante Information. Sie ahnten offenbar nicht, dass der Klassenfeind nackt unter ihnen saß.

Als Räuber- und Gendarmenspiel habe ich die Jahre in Ost-Berlin gleichwohl nicht verstanden. Dafür war die Situation zu ernst. Der Gedanke, ich könnte durch meine Tätigkeit DDR-Bürger in Gefahr bringen, hat mich nie losgelassen. Korrespondenten, die ihre Aufgabe ernst nahmen, haben immer gegen irgendwelche staatlichen Bestimmungen verstoßen. Was die Stasi gegen mich an Beweisen für Straftaten sammelte, habe ich erst nach der Öffnung der Archive erfahren. Die Aufzählung reicht vom Sammeln von »Nachrichten geheimzuhaltenden Charakters« über die unerlaubte Beschaffung geheimer Dokumente und Gegenstände bis zur Erschleichung und Offenbarung von nicht öffentlichen Tatsachen, wodurch Interessen der DDR vorsätzlich gefährdet worden seien. Wenn ich mir den Strafrahmen der genannten Paragrafen anschaue, dann hätten im Ernstfall schon etliche Jahre Freiheitsstrafe zusammenkommen können.

Der Ernstfall ist nie eingetreten. Ost-Berlin hat keinen West-Korrespondenten eingesperrt. Einen Eklat, der die Reputation der DDR weltweit schwer beschädigt hätte, konnte sie sich politisch nicht leisten. Was aber würde passieren, wenn die SED-Herrscher ihre Macht schwinden sahen? Im Herbst 1989 verschärfte sich der Ton gegenüber den Vertretern der West-Medien. Wir spürten, dass die Machthaber unter dem Eindruck der wachsenden Oppositionsbewegung und der Massenflucht ihrer Bürger über Ungarn nervös wurden. Das übertrug sich auch auf das Verhalten der Kontrolleure an der Grenze. Meine Frau und ich bekamen ein ungutes Gefühl. Wir achteten darauf, dass immer einer von uns bei den Kindern in West-Berlin war. Mit gutem Grund, wie wir später erfuhren. Denn die DDR-

Führung hat in Gedanken eine Inhaftierung sehr wohl durchgespielt. »Internierung« steht auf einem Dokument, das zu meinen Stasi-Akten gehört. Auf dem Formblatt sind neben Angaben zu meiner Person die »inoffiziellen Beweise« meiner angeblichen Straftaten verzeichnet. Auf einem anderen Bogen sind die Orte aufgeführt, wo man mich und meine Frau finden konnte. Einschließlich unserer Wohnung in West-Berlin. Bei der Beschreibung des Büros in der Leipziger Straße ist vermerkt, dass es auch einen Hinterausgang gebe. Unsere Befürchtungen aus der Zeit des revolutionären Herbstes waren also nicht ganz aus der Luft gegriffen. Wäre aus den Planspielen der Stasi Wirklichkeit geworden, hätten wir in einem Internierungslager landen können.

Geschichtsbild mit Lücken

Als uns meine Mutter im Herbst 1974 zum ersten Mal in Ost-Berlin besuchte, habe ich sie in die Komische Oper in der Behrenstraße eingeladen. Gespielt wurde »Ein Maskenball« von Giuseppe Verdi. Ich war gern in dem Musiktheater, das unter der Leitung seines langjährigen Intendanten Walter Felsenstein einen künstlerischen Ruf von europäischem Rang erworben hatte. In der Pause standen wir im oberen Foyer, und ich erklärte ihr die Geschichte des Hauses, das bis Herbst 1944 Spielstätte des Metropoltheaters gewesen war. Während ich sprach, schaute sie interessiert auf eine

Gruppe junger Offiziere der Nationalen Volksarmee. Ihr Blick kam nicht los von den steingrauen, eng ansitzenden Uniformen der Soldaten. Plötzlich sagte sie mit ihrem schlesischen Tonfall: »Sohndl, das ist ja wie früher in Breslau.«

Ich verstand sofort, was sie meinte. Und ich spürte, was in ihr vorging. Zu Hause in dem südwestfälischen Ort, der meinen Eltern zur neuen Heimat geworden war, stand ein Bilderrahmen mit dem Foto meines Vaters als Wehrmacht-Offizier. Meine Mutter hatte es bei der Vertreibung aus Schlesien im Fluchtgepäck gerettet. Der Anblick der Volksarmee-Offiziere erinnerte sie an ihn, an seine Urlaube von der Front und die Kriegsjahre in Breslau, als Angehörige der Hitler-Armee in ähnlichen »Ehrenkleidern« das öffentliche Bild bestimmten. Ich merkte, wie ihre Gedanken um Jahrzehnte zurückschweiften. »So eine Ähnlichkeit«, sagte sie. »Das hätte ich hier nicht erwartet.«

Auch andere westdeutsche Besucher wunderten sich, wenn sie vor der Schinkel'schen Neuen Wache, die der DDR als »Mahnmal für die Opfer des Faschismus und Militarismus« diente, die Ehrenwache sahen: NVA-Soldaten, die rein äußerlich den Uniformträgern der Wehrmacht und der Reichswehr ähnelten. Stiefel, Farbe und Schnitt der Uniform, Koppel und Achselstücke – alles so wie einst. Nur die flachen Stahlhelme wirkten fremd. Das Erstaunen steigerte sich, wenn jemand Zeuge der »Großen Wachablösung« wurde. Da knallten Stiefel auf den Asphalt, da wurde im Stechschritt marschiert, da ertönten zackige Kommandos, und eine Militärkapelle intonierte deutsche Märsche. Ich rieb mir die Augen: Preußens Gloria im Zentrum einer halbierten Hauptstadt, die eine sozialistische Metropole sein wollte.

Der Rückgriff der roten Machthaber auf Traditionen eines Staatswesens, das die alliierten Sieger 1947 aufgelöst hatten, wirkte auf den ersten Blick widersinnig. Galt den deutschen Kommunisten Preußen nicht als Hort des deutschen Imperialismus, als Wiege des Militarismus? Wurden die preußischen Junker nicht als reaktionäre Bösewichte, als Feinde gesellschaftlichen Fortschritts und Steigbügelhalter der Nazis diffamiert? War es nicht der Sachse und Preußenhasser Walter Ulbricht, der die Sprengung und den Abriss des im Kriege beschädigten Berliner Stadtschlosses der Hohenzollern verfügte? Und doch lag in der Wiederbelebung preußischer Formen und Rituale eine politische Logik. Immerhin war es Lenin, der »die eiserne Disziplin, die Schlichtheit und den stählernen Volkscharakter« der Preußen bewundert hatte. Ohne diese Eigenschaften, ohne preußische Tugenden, das wussten Ulbricht und Genossen, würde kein Staat, auch kein sozialistischer zu machen sein.

An einem Juni-Tag 1975 bin ich nach Fehrbellin gefahren. Ich wollte mir den Ort ansehen, in dessen Nähe Friedrich Wilhelm von Brandenburg, der Große Kurfürst, 300 Jahre zuvor die in die Mark eingedrungenen Schweden geschlagen hatte. In einer Hochschulbibliothek hatte ich zuvor vergeblich nach jüngerer Literatur geforscht. Seit einem Vierteljahrhundert, so wurde mir gesagt, sei in der DDR zu diesem Thema kein einziger Beitrag erschienen. Einem älteren Bibliothekar war das ein bisschen peinlich. »Wenn es nicht die Bauernkriege gegeben hätte, hätten wir überhaupt nichts über diese Zeit.« Er meinte das 16. und 17. Jahrhundert. Vom Dorf führt eine Allee zum Gedenkturm. Seit 1879 steht das 35 Meter hohe Monument. An der Eingangstür hing ein Zettel: »Schlüssel am Kiosk.« Ich ging zu der Imbissbude, erwarb für 20 Pfennige eine Eintrittskarte und stieg die ausgetretenen Stufen hinauf zur Plattform. Ich war fast allein. Mein Blick streifte über Kartoffeläcker und Kornfelder. Hier auf dem Hügel haben die brandenburgischen Kanonen gestanden. Das eigentliche Gefecht, sagen Historiker, habe ein paar Kilometer entfernt, beim Dorf Hakenberg, stattgefunden. Ob der Schlacht im Jubiläumsjahr offiziell gedacht werde, fragte ich die Bedienung am Imbissstand. Nein, sagte sie. »Eine Gedenkfeier findet nicht statt.«

Eine Erklärung dafür, warum die DDR den 300. Jahrestag mit Schweigen überging, habe ich im Potsdamer Armeemuseum entdeckt. Dort, im Marmorpalais am Heiligen See, wo vor allem NVA-Rekruten und Angehörige der Kampfgruppen über deutsche Militärgeschichte aus SED-Sicht belehrt wurden, hing ein Bild des siegreichen Kurfürsten. In dem erläuternden Text wurde Friedrich Wilhelm als Mitbegründer jenes brandenburgisch-preußischen Militarismus ausgewiesen, der immer wieder nach Eroberungen trachtete »und die brutale Unterdrückung des eigenen Volkes in extremer Weise betrieb«.

Von Anfang an hatte die SED Probleme mit dem historischen Erbe. Den deutschen Kommunisten fiel es schwer, Figuren der preußischen Vergangenheit in ihr marxistisch-leninistisches Geschichtsbild einzuordnen. Nach der ersten Phase der Bilderstürmerei, als sie am liebsten alle Relikte der Hohenzollern-Herrschaft ausgelöscht hätte, begann die Partei-Führung, Könige, Adelige, Staatsmänner und Militärs nach guten und schlechten Preußen zu sortieren. Die Monarchen gehörten zur zweiten Kategorie und wurden als den Fortschritt hemmende Despoten abgestempelt. Generäle wie Blücher, Gneisenau, Scharnhorst und York von Wartenburg zählte man als Heerführer der Befreiungskriege zu den Patrioten. Für sie sprach, dass sie im Kampf gegen die Fremdherrschaft Napoleons Verbündete der Russen waren. Die Standbilder der Generäle erhielten einen Platz in der Grünanlage neben der Deutschen Staatsoper. Als höchste militärische Auszeichnung der NVA wurde in den sechziger Jahren der Scharnhorst-Orden gestiftet.

Die selektive Traditionspflege hatte freilich ihre Tücken. Es wimmelte von Ungereimtheiten und Widersprüchen. Dem Reichsfreiherrn vom und zum Stein gewährte die DDR ein ehrendes Gedenken. Das Bronzestandbild des Staatsmannes, der den verkrusteten preußischen Staat reformierte und unter anderem die Selbstverwaltung der Städte einführte, erhob sich zwischen der Schlossbrücke, damals Marx-Engels-Brücke, und der Nordfront des Außenministeriums. In Stein erkannte die SED-Führung einen Wegbereiter der »bürgerlichen Revolution« und einen »Pionier deutsch-russischer Waffenbrüderschaft«. Fürst von Hardenberg hingegen, der als preußischer Staatskanzler die Stein'-schen Reformen fortführte, wurde in der Öffentlichkeit nahezu totgeschwiegen. Den seinen Namen tragenden Ort im Oderbruch tauften die Kommunisten demonstrativ in Marxwalde um.

»Geschlagen ziehen wir nach Haus, die Enkel fechten's besser aus.« So hatten einst trotzig die aufständischen Bauern gerufen, die dem Ansturm der fürstlichen Söldnerheere lebend entkommen waren. Als ich im März 1975 als Beobachter auf dem Wilhelm-Pieck-Platz der thüringischen Kreisstadt Mühlhausen stand, las ich den Spruch auf Transparenten. Einige Tausend Thälmann-Pioniere waren vor der Kulisse restaurierter Bürgerhäuser zu einer Kundgebung angetreten. Die jungen Leute sollten sich nach der Order der Staatsführung in der Rolle der historischen Enkel zum »Vermächtnis der revolutionären Kämpfer« bekennen. Über einer mit Ehrenbannern flankierten Tribüne stand in großen Lettern der Satz: »Wir sind die Sieger der Geschichte.«

Die effektvoll inszenierte Propaganda-Schau bildete den Höhepunkt einer Serie von Veranstaltungen, mit der die DDR der »heldenhaften Taten« der Unterdrückten während des deutschen Bauernkrieges gedachte. Es galt, ein für das eigene Selbstverständnis fundamental wichtiges Jubiläum zu zelebrieren. Fast auf den Tag genau, an dem 450 Jahre zuvor in Mühlhausen rebellierende Bauern und Plebejer unter der Führung des radikalen Predigers Thomas Müntzer den amtierenden

Stadtrat entmachtet und den »ewigen Rat«, eine Art Revolutionskomitee, eingesetzt hatten, bemühten sich die SED-Genossen um den Nachweis historischer Kontinuität. Der militante, von Martin Luther als »Mordprophet« geschmähte Kirchenmann, der von einer utopisch-sozialistischen Gesellschaft träumte, wurde zur Kultfigur des Staates der Arbeiter und Bauern stilisiert. »Heute«, so verkündete ZK-Sekretär Kurt Hager beim zentralen Festakt in Mühlhausen, »ist in unserer DDR die Forderung Thomas Müntzers, dass die Macht dem Volke gehören muss, Wirklichkeit.«

Nach seiner Machtübernahme in der SED-Führung verkündete Erich Honecker 1973 vollmundig, die DDR verkörpere »die besten Traditionen der deutschen Geschichte«. Die Epochen und Ereignisse, die sich als historische Meilensteine auf dem Weg zum sozialistischen deutschen Staat von Moskaus Gnaden ausgeben ließen, waren allerdings so zahlreich nicht. Bauernkrieg, der Kampf der bürgerlichen Demokraten von 1848, die Arbeiterbewegung und der antifaschistische Widerstandskampf – viel mehr bot sich zur geschichtlichen Legitimation nicht an. Was sich nicht eignete, um in die revolutionäre Ahnengalerie aufgenommen zu werden, ließ man einfach weg oder schob es dem Erbe der »imperialistischen« Bundesrepublik zu. In der Zeit, als ich in Ost-Berlin meine Arbeit aufnahm, klafften im Geschichtsbild der DDR viele Lücken.

Bevor sich die Volkskammer 1976 im Palast der Republik etablierte, kam das Parlament der DDR in einem Gebäude in der Hermann-Matern-Straße (heute Lui-

senstraße) nahe der Charité zusammen. Viel zu entscheiden hatten die Abgeordneten bei ihren seltenen
Plenumssitzungen nicht. Sie nickten ab, was die SED-
Führung zuvor beschlossen hatte. Als ich mich am
27. September 1974 auf den Weg zum ehemaligen Ver-
einshaus der Deutschen Gesellschaft für Chirurgie
machte, ahnte ich noch nicht, dass ich für die nächste
Ausgabe der *Süddeutschen Zeitung* den Aufmacher-Ar-
tikel auf Seite eins schreiben würde. Erst auf meinem
Presseplatz wurde mir klar, dass dieses Datum einmal
in den Geschichtsbüchern vermerkt würde. Einmütig
billigte das Akklamationsgremium ein Änderungsge-
setz, mit dem die seit 1968 gültige DDR-Verfassung
fundamental korrigiert wurde. Am folgenden Tag erschien mein Bericht mit der Überschrift: »DDR-Volks-
kammer tilgt den Begriff der deutschen Nation aus der
Verfassung.«

Was die Volkskammer ohne Gegenstimmen abseg-
nete, war die Konsequenz aus der von Honecker betriebenen Abgrenzungspolitik gegenüber der Bundesrepublik. Walter Ulbricht, einer der Gründerväter der
DDR, trat noch für die Wiedervereinigung ein, freilich
nur auf der Grundlage einer sozialistischen Ordnung.
Für seinen aus dem Saarland stammenden Nachfolger,
der einen kommunistischen Umsturz in Westdeutschland für unwahrscheinlich hielt, war die nationale
Frage nicht mehr offen. Er vertrat die These von zwei
sich auseinander entwickelnden Nationen auf deut-
schem Boden, einer sozialistischen in der DDR, einer
kapitalistischen in der Bundesrepublik.

Diese Umdeutung der nationalen Frage provozierte bei der Bevölkerung Unverständnis und Widerspruch. Selbst bei Mitgliedern der SED. Nicht zuletzt deshalb, weil die SED-Spitze auch noch die Begriffe »Deutschland« und »deutsch« aus dem öffentlichen Sprachgebrauch zu drängen versuchte. Aus dem »Deutschlandsender« wurde zum Beispiel die »Stimme der DDR«. Aus dem »Deutschen Fernsehfunk« das »Fernsehen der DDR«. Wo immer möglich, wurde deutsch durch DDR ersetzt. Dumm nur, dass sich aus der Abkürzung des Staatsnamens kein neues Adjektiv ableiten ließ. »Sind wir denn keine Deutschen mehr, sind wir etwa Russen?«, fragten Menschen aus meinem Bekanntenkreis. Honecker sah sich zu einer Klarstellung gezwungen. »Unser sozialistischer Staat heißt Deutsche Demokratische Republik, weil ihre Staatsbürger der Nationalität nach in der übergroßen Mehrheit Deutsche sind.« Und: »Staatsbürgerschaft DDR. Nationalität: deutsch. So liegen die Dinge.«

Wenn ich vor meiner Akkreditierung von München durch den südlichen alliierten Luftkorridor nach Berlin-Tempelhof flog, dachte ich manchmal, dass da unten irgendwo der Kyffhäuser sein müsste. Ich hatte Bilder des Denkmals gesehen, kannte die Sage vom schlafenden Kaiser Barbarossa. Aber mein Wunsch, das Monument aus der Nähe zu sehen, erfüllte sich erst im Sommer 1975. Ich stieg die terrassenartig ansteigende Denkmalsanlage hinauf, blickte auf die gekrönte Kuppel, die den Hohenzollern-Staat verkörpert, und betrat die Ehrenhalle. An der Wand ein Reliefzyklus.

Die Bronzetafeln zeigten geschundene Bauern, Arbeiter, die ihre Fäuste recken, marschierende Soldaten und mordende KZ-Schergen. Auf der größten Bronzeplatte las ich die Verse: »Auferstanden aus Ruinen und der Zukunft zugewandt, lass uns dir zum Guten dienen, Deutschland, einig Vaterland.« Es war die erste Strophe der DDR-Hymne, verfasst vom bayerischen Dichter und späteren DDR-Kulturminister Johannes R. Becher, vertont von Hanns Eisler. Neben mir flüsterte ein Mann seiner Gefährtin zu: »Singen dürfen wir die nicht mehr.« Die DDR-Hymne, deren Verse ein Vierteljahrhundert lang Generationen von Schülern eingetrichtert wurden, passte seit der Verfassungsänderung vom Herbst 1974 nicht mehr in die politische Linie. Der Text war der herrschenden Klasse zum Ärgernis geworden. Gespielt wurde nur noch die Instrumentalversion.

An keinem anderen Ort wurde das Problem der DDR-Führung, aktuelle Politik mit ihrer Geschichtsbetrachtung in Übereinstimmung zu bringen, so deutlich wie hier am Kyffhäuserdenkmal. Wie sollten Kommunisten umgehen mit der Legende vom Staufer-Kaiser Friedrich I., der nicht tot sei, sondern nur schlafe, um eines Tages aufzuwachen und dem zersplitterten Volk Einheit und Frieden zu bringen? Die SED deutete die Mär vom guten Herrscher Barbarossa in ihrem Sinne um. Dies sei »eine der wenigen deutschen Sagen sozialen Inhalts«, in denen sich Sehnsüchte und Hoffnungen des einfachen Volkes auf eine bessere Zukunft, nach einer gerechten sozialen Ordnung widerspiegelten.

Kaiser Rotbart als sozialistischer Ahnherr – eine eigenwillige These, die das Dilemma der SED-Regenten nur noch deutlicher machte. Nirgendwo sonst gab es so viele Symbole nationalstaatlicher Einheit wie an diesem Ende des 19. Jahrhunderts errichteten Steinkoloss. Alle Territorien des hohenzollernschen Kaiserreiches, einschließlich Elsaß-Lothringen, waren namentlich in Stein gemeißelt. Kein anderer Platz weckte bei ostdeutschen Besuchern so viele Emotionen und Sentimentalitäten. Selbst junge Leute stimmten beim Anblick des Reiterstandbildes von Wilhelm I. zuweilen in den Refrain ein: »Wir wollen unseren alten Kaiser Wilhelm wiederhaben …«

»Wir sind eben eine unfertige Nation«, erklärte mir ein DDR-Funktionär, mit dem ich häufig über die deutsche Frage diskutierte. Ich schätzte ihn als klugen, differenziert urteilenden Gesprächspartner. Die DDR sei überhaupt keine Nation, hielt ich dagegen. Nicht im Bewusstsein der Mehrheit ihrer Bürger. Und erst recht nicht im Verständnis aller Deutschen. Der Versuch, nationale Identität nur aus der Ideologie abzuleiten, sei zum Scheitern verurteilt. Polen bleibe Polen, sagte ich ihm. Und Ungarn immer Ungarn, mit und ohne Sozialismus. Was von der DDR ohne Sozialismus bliebe, fragte ich ihn. Er überlegte eine Weile. Dann verliere der Staat seine Existenzberechtigung, antwortete er. »Genau das«, sagte ich, wohl wissend, dass ich damit in einer Wunde bohrte. Diesmal verzichtete er auf eine Entgegnung.

Zweifel an ihrem einseitigen, lückenhaften Geschichtsbild bekamen offenbar auch die SED-Genossen im Zentralkomitee. Ende der siebziger Jahre begannen sie, die dogmatische Darstellung der deutschen Historie vorsichtig zu ergänzen und zu korrigieren. Am »Eisernen Kanzler« Otto von Bismarck, zuvor als reaktionärer Junker tituliert, entdeckten DDR-Historiker auch positive Seiten. Widerstand gegen die Nazi-Herrschaft – den hatten nach gängiger Lesart der SED nur Kommunisten geleistet. 1978 erschien ein Buch von Kurt Finker mit dem Titel: »Graf Moltke und der Kreisauer Kreis.« Darin erfuhren die Leser in der DDR, dass es auch bürgerliche und adelige Hitler-Gegner gab, die – ihrem Gewissen folgend – im Kampf gegen die NS-Barbarei ihr Leben einsetzten und verloren. Ein Jahr später erregte die Biografie »Friedrich II. von Preußen«, verfasst von der Historikerin Ingrid Mittenzwei, Aufsehen. Mit ihrer sachlichen Würdigung des Königs, den sie mit seinen Licht- und seinen Schattenseiten porträtierte, gab sie den Anstoß für eine Neubewertung der preußischen Vergangenheit. Sichtbares Zeichen des Sinneswandels in der SED-Spitze war die Rückkehr des »Alten Fritz« ins Berliner Stadtzentrum. Im November 1980 wurde das vom Bildhauer Christian Daniel Rauch geschaffene und über viele Jahre im Park von Sanssouci versteckte Reiterdenkmal Friedrichs des Großen an historischer Stelle, auf dem Mittelstreifen der Straße Unter den Linden, wieder aufgestellt. »Ganz ohne Preußen geht die Chose nicht, ganz ohne Tugend blüht das Große nicht«, witzelte der Kabarettist Rainer Otto nach einem bekannten Operettentext.

»Ganz ohne Redlichkeit und Pflichtgefühl schafft auch die Avantgarde nicht allzu viel.«

Es blieb nicht bei der Preußen-Renaissance. 1983 folgte anlässlich des 500. Geburtstages des Reformators das Lutherjahr. Der früher von Kommunisten als Fürstenknecht und Bauernverräter geschmähte Kirchenmann wurde zur progressiven Persönlichkeit erhoben und als »einer der größten Söhne des deutschen Volkes« (Honecker) vom sozialistischen Staat vereinnahmt. Eisleben, Eisenach und Wittenberg, Orte, an denen Martin Luther wirkte, wurden herausgeputzt und als Touristen-Attraktionen beworben. Die Wartburg, wo Luther das Neue Testament übersetzte, wurde mit staatlichen Mitteln restauriert. Der SED-Generalsekretär, zugleich Vorsitzender des staatlichen Luther-Komitees, ließ es sich nicht nehmen, an der Seite von Kirchenrepräsentanten an der Wiedereröffnung teilzunehmen. Auch mit den wenigen Juden in der DDR wollte sich Honecker gut stellen. Der Staat förderte in den achtziger Jahren jüdische Traditionen, engagierte sich beim Wiederaufbau eines Teils der Neuen Synagoge in der Ost-Berliner Oranienburger Straße und ließ jüdische Gräber, die zuvor vernachlässigt worden waren, durch FDJ-Angehörige pflegen.

Genutzt haben die Korrekturen am Geschichtsbild den SED-Oberen wenig. Das erhoffte eigenständige Nationalbewusstsein blieb eine Fiktion. Je öfter die Träger des Systems vom »sozialistischen Vaterland« redeten und ihren »Sozialismus in den Farben der DDR« als gesellschaftliches Modell anpriesen, desto mehr schaute das Gros der Bürger nach Westen. Dem eigenen Gemeinwesen mit seinen starrsinnigen Politbürokraten an der Spitze gaben immer weniger Ostdeutsche eine Chance zu überleben. Die Zweifel wucherten bis weit hinein in die den Staat tragende Partei. Zyniker und Spötter hatten Konjunktur. Kaum war das Denkmal von Friedrich II. auf seinem alten Platz, machte folgender Reim die Runde: »Alter Fritz, steig du hernieder und regier die Preußen wieder. Lass in diesen schweren Zeiten lieber unseren Erich reiten.«

Das vorzeitige Ende einer Sportler-Karriere

Der Besucher kam ungelegen. Ich war noch nicht mit meiner Tagesarbeit fertig, da stand an einem Julitag 1976 ein großer, schlanker Mann unangemeldet in meinem Einraum-Büro in der Clara-Zetkin-Straße. Er stellte sich als Wolfgang Lötzsch aus Karl-Marx-Stadt vor und erklärte, er habe meine Adresse vom Ost-Berliner Korrespondenten-Büro der ARD bekommen. Dort, »gleich um die Ecke«, sei er gerade gewesen. Man habe ihm gesagt, ich sei für sein Problem der richtige Mann. »Immer schicken sie die Leute zu mir«, stöhnte ich mürrisch und bat ihn, Platz zu nehmen.

Er habe ein paar Unterlagen mitgebracht, sagte der Besucher. Ob ich mir die wenigstens mal anschauen wolle. Er reichte mir einige Papiere, und ich begann zu lesen. Nach wenigen Minuten Lektüre wusste ich, dass ich Material für eine spannende, journalistische Geschichte in meinen Händen hatte. Vor mir saß einer der besten und erfolgreichsten Radrennfahrer der DDR. Ein Spitzensportler, der politisch in Ungnade gefallen und aus dem Kader der staatlich geförderten Elitefahrer »ausdelegiert« worden war. Einer, der in der DDR keine sportliche Zukunft mehr sah und deshalb einen Ausreiseantrag in die Bundesrepublik Deutschland gestellt hatte. »Ich will doch nur eines«, sagte er, »und das ist Radrennfahren.«

Wolfgang Lötzsch, damals 23 Jahre alt, drängte darauf, dass sein Schicksal im Westen bekannt würde. Durch öffentlichen Druck, so hoffte er, würde sich seine Lage bessern. Ob er sich der möglichen Konsequenzen bewusst sei, fragte ich ihn. Angst habe er nicht, erwiderte er. Er habe mit der DDR abgeschlossen. »Es gibt kein Zurück mehr.« Ich kopierte die Unterlagen, erkundigte mich nach Einzelheiten und ließ mir bestätigen, dass er mit einer Veröffentlichung seines Falles einverstanden war. Am 20. Juli 1976 erschien mein Artikel auf Seite drei der *Süddeutschen Zeitung*: »Wenn nichts mehr zu gewinnen ist. Das vorzeitige Ende einer Sportlerkarriere.« Der Beitrag wurde über mehrere bundesdeutsche Rundfunksender im Wortlaut ausgestrahlt und damit auch in seiner Heimatstadt, dem heutigen Chemnitz, und in weiten Teilen der DDR bekannt.

Viele Jahre hatte es so ausgesehen, als sei Lötzsch auf dem Weg zu einer musterhaften Karriere. Unter den Trainern galt er als eines der größten Talente, »die je in der DDR auf einem Rennrad gesessen haben«. Für seinen sozialistischen Staat sollte er internationale

Meisterschaften und olympische Medaillen gewinnen. Seine außergewöhnlichen Anlagen wurden früh entdeckt. Mit zwölf Jahren kam er mit Billigung seiner Eltern auf eine Kinder- und Jugendsportschule. Mit 14 wurde er in den Sportclub Karl-Marx-Stadt aufgenommen. Mit 18 stand er erstmals ganz oben auf dem Siegerpodest. Bei der DDR-Spartakiade gewann er drei Goldmedaillen. Lötzsch, besessen vom Radsport, ließ kaum ein Rennen aus. Er reihte Sieg an Sieg. Aus dem hoffnungsvollen Nachwuchsfahrer wurde ein Kandidat für die Olympischen Spiele 1972 in München.

Um zu Wettkämpfen ins westliche Ausland geschickt zu werden, mussten DDR-Sportler nicht nur in ihrer jeweiligen Disziplin zur Weltspitze zählen. Sie waren auch zur politischen Linientreue verpflichtet. Vertrat Wolfgang Lötzsch einen klaren Klassenstandpunkt? Funktionäre des Sportclubs, die für ihn bürgen sollten, hatten Zweifel. Mehrfach hatten sie ihren Vorzeige-Athleten aufgefordert, in die SED einzutreten. Ohne Erfolg. Bei einem Gespräch, zu dem auch Vater Alfred hinzugezogen wurde, wollten sie dem jungen Lötzsch auf den Zahn fühlen, wollten wissen, wie er zu seinem »sozialistischen Vaterland« stand. Sie sollten Wolfgang mit der Politik in Ruhe lassen, hat der Senior den Funktionären brüsk erklärt. Und der Sohn hat gesagt, er sei mit »einigen Sachen« in der DDR nicht einverstanden. Deshalb wolle er auch nicht Kandidat der SED werden. Er habe nur ein Ziel: Ein großer Fahrer werden und Rennen gewinnen.

Die Staatssicherheit nimmt den jungen Mann unter

die Lupe. Was sie herausfindet, bestärkt die Zweifel der Sport-Funktionäre. In der Familie Lötzsch gebe es »kleinbürgerliche Tendenzen«. Die Eltern duldeten, dass der einzige Sohn negativen Einflüssen durch westliche Medien wie Hörfunk und Fernsehen ausgesetzt sei. Gegenüber den gesellschaftlichen Problemen im Wohnbezirk zeige er sich desinteressiert. Als der Karl-Marx-Städter Eiskunstläufer Günter Zöller von einem Start im Westen nicht zurückkehrt, schrillen im Sportclub die Alarmglocken. Könnte Lötzsch nicht auch zum Republikflüchtling werden, fragen sich die Funktionäre. Immerhin hat es in seiner Verwandtschaft schon mal solch einen Fall gegeben. Sein Vetter Dieter Wiedemann, ebenfalls erfolgreicher Radrennfahrer, ist 1964 nach einem Wettkampf in Westdeutschland geblieben.

Ein solches Risiko mögen die Genossen in der Führung des Sportclubs nicht eingehen. Sie kommen überein, Wolfgang Lötzsch wegen politischer Unzuverlässigkeit auszuschließen. Nur einer ist dagegen, sein Trainer Werner Marschner. Er, ebenfalls Mitglied der SED, kämpft für seinen Schützling. Der Radsport sei Wolfgangs Leben. Wenn man ihm den wegnehme, »dann geht der kaputt«, beschwört er die Funktionäre. Vergebens. Die Clubleitung beantragt beim Deutschen Turn- und Sportbund (DTSB) in Ost-Berlin die »Ausdelegierung« als Leistungssportler. Am 24. März 1972 wird der Rausschmiss gebilligt. Der Vorstand lädt den Verfemten vor. »Sportfreund Lötzsch«, so wird ihm eröffnet, »wir haben kein Vertrauen mehr zu dir.«

Was das bedeutet, wird ihm erst nach und nach klar. Aus der Traum von der Teilnahme an den Olympischen Spielen. Vorbei die Hoffnung auf internationale Starts und auf Medaillengewinne. Ade die Förderung als Leistungssportler. »Wenn du ausdelegiert worden bist«, sagt Wolfgang Lötzsch, »dann warst du ein Nichts, dann war's vorbei.« Ausgestoßene werden von staatlich gelenkten Medien ignoriert. Ihre Namen werden in den Gewinner-Listen nicht genannt. Sein Vater schickt eine Bittschrift an den Vorsitzenden des Staatsrates. »Einen Neunzehnjährigen kann man doch nicht aus der Gesellschaft ausschließen, für die er bisher sein Bestes gab.« Die Eingabe bleibt ohne Antwort.

Doch Wolfgang Lötzsch, den seine Freunde den »Langen« nennen, gibt nicht auf. Er schließt sich der »Betriebssportgemeinschaft Wismut« in seiner Heimatstadt an und strampelt weiter. Jede freie Minute nutzt er zum Training. Durch unermüdlichen Fleiß und eiserne Willenskraft gelingt es ihm, seine Form zu halten. Die Technische Hochschule, an der er ein Grundstudium absolviert, kommt ihm entgegen und stellt ihn für Wettkämpfe frei. Und das Unglaubliche geschieht. Der zum Hobbyfahrer degradierte Einzelkämpfer gewinnt Rennen um Rennen. Getrieben von Trotz und Ehrgeiz, es den Funktionärsbonzen zu zeigen. Kein Mannschaftswagen begleitet ihn. Ersatzteile muss er sich mühsam beschaffen. Die sportmedizinische Betreuung ist gestrichen. Und dennoch schafft er es, die mit Material aus dem Westen technisch hochgerüstete Elite der Clubfahrer zu bezwingen.

Im Juli 1974 werden in Leipzig die DDR-Meisterschaften der Bahnfahrer ausgetragen. Lötzsch tritt im Endkampf gegen den Favoriten Thomas Huschke an. Zum Entsetzen der Sport-Funktionäre gewinnt der Außenseiter. Bei der Siegerehrung solidarisieren sich Zuschauer mit dem Mann, den der Verband nicht in der Nationalmannschaft haben will. »Lötzsch nach Kanada, Lötzsch nach Kanada«, schallt es durch das Stadion. Seine Fans wollen ihn bei der Weltmeisterschaft in Montreal sehen. Doch die Apparatschiks vom Radsportverband denken nicht daran, den hartnäckigen Solo-Kämpfer zu rehabilitieren. Im Gegenteil. Aus Angst, der »Volkssportler« Lötzsch könnte bei DDR-Rennen weiterhin über die Auswahl-Fahrer aus den Sportclubs triumphieren, ändern sie das Reglement und lassen zu den wichtigsten Wettkämpfen nur noch Leistungssportler zu. Seine ehemaligen Kollegen werden aufgefordert, den renitenten Fahrer zu schneiden und nicht mehr mit ihm zu reden.

Seit dem Sieg in Leipzig ist aus dem sportlichen Problemfall Lötzsch eine politische Affäre geworden. Die Stasi eröffnet gegen ihn den Operativen Vorgang »Speiche«. Fortan ist er nicht mehr unbeobachtet. Bei seinen Trainingsfahrten folgen ihm stets Beobachter vom MfS. Inoffizielle Mitarbeiter werden auf ihn angesetzt, darunter auch Menschen, die er für seine Freunde hält. Eines Tages bekommt er einen Brief aus der Bundesrepublik. Als Absender stellt sich ein Frankfurter Geschäftsmann vor, Radsport-Fan und angeblich Bewunderer von Lötzsch. Der denkt, der Kontakt geht auf den westdeutschen Radsport-Star Rudi Altig zurück, den er am Rande eines Rennens in der DDR kennengelernt und von seinen Problemen erzählt hat. In einem zweiten Brief schlägt der Unbekannte ein Treffen in einem Ost-Berliner Hotel vor. Statt seiner werde sich ein Freund aus West-Berlin mit ihm unterhalten. Lötzsch geht gutgläubig darauf ein und fährt in die DDR-Hauptstadt. Bei der Begegnung wird ihm die Möglichkeit eröffnet, mit Hilfe eines gefälschten Passes das ungeliebte Land zu verlassen. Lötzsch behagt der Gedanke an Republikflucht nicht. Unschlüssig, wie es weitergehen soll, fährt er nach Karl-Marx-Stadt zurück. Dort wird er zur Stasi bestellt. Die weiß genau, was in Ost-Berlin passiert ist. Das MfS hat den Brief des angeblichen Westdeutschen selbst geschrieben und das Treffen mit einer fingierten Person inszeniert, um Lötzsch auszuhorchen und zu kriminalisieren. Voller Genugtuung notiert ein Stasi-Offizier, L. habe »die Legende voll abgekauft«.

Als das Jahr 1975 zu Ende geht, hat Wolfgang Lötzsch jegliche Hoffnung auf eine Wiederaufnahme als Leistungssportler verloren. Er stellt einen Antrag auf Entlassung aus der DDR-Staatsbürgerschaft. Als Lötzsch mitgeteilt wird, sein Begehren sei abgelehnt, erneuert er im Frühjahr 1976 seinen Antrag. Diesmal verliert er seinen Studienplatz und die Mitgliedschaft in der »BSG Wismut«. Lötzsch fährt nach Ost-Berlin zur Ständigen Bonner Vertretung, um sich Rat zu holen. Dort zeigt man für seinen Fall Verständnis, aber helfen kann man ihm nicht. Nachdem mein Artikel über ihn erschienen ist, wird er von Freunden und Bekannten darauf angesprochen. Lötzsch kennt den Beitrag nicht. Ich habe ihn mit Bedacht nicht nach Karl-Marx-Stadt geschickt. Ein Belegexemplar wäre von der Stasi abgefangen worden. Lötzsch fährt erneut nach Ost-Berlin, trifft mich aber nicht an. In der Ständigen Vertretung händigt man ihm die Zeitungsseite mit seiner Leidensgeschichte aus. Sein Freund Wolfgang Schoppe, Leiter in einem Leipziger medizintechnischen Betrieb, fertigt heimlich Kopien an, die alsbald im Kreis der Kollegen und Sportfreunde herumgehen.

Am 3. Dezember 1976 schlägt die Staatsmacht zu. Nach einem Polterabend lauern Volkspolizisten Lötzsch auf und verhängen gegen ihn wegen angeblicher Ruhestörung ein Ordnungsgeld. Der fühlt sich provoziert und lässt seinem Frust freien Lauf. »Bürger der DDR haben keine Rechte«, schimpft er. Einmal in Fahrt sagt er, dass Wolf Biermann sein Mann sei, mit dem er sich solidarisiere. Die Polizisten fahren ihn im Streifenwagen zum VP-Präsidium. Nach einem Verhör geht es weiter ins Stasi-Untersuchungsgefängnis. Dort sperrt man ihn in eine Einzelzelle. Am nächsten Tag durchsuchen Fahnder die Wohnung der Eltern und beschlagnahmen Druckschriften, darunter auch meinen Artikel in der *Süddeutschen Zeitung*.

Die MfS-Bezirksverwaltung schickt an Stasi-Minister Erich Mielke einen Bericht, in dem alles aufgelistet wird, was sie gegen Lötzsch in der Hand hat. Vom Ausreiseantrag bis zur Tatsache, dass der Beschuldigte als »Zeichen seiner feindlichen Einstellung zur DDR das

Emblem der BRD an seinem Jackenärmel« angebracht habe. An anderer Stelle heißt es: »Er gab Pragal ein Interview, in welchem die politischen und gesellschaftlichen Verhältnisse in der DDR diskriminiert und lächerlich gemacht werden.« Am 18. März wird Lötzsch zu zehn Monaten Gefängnis verurteilt. Er muss sie im Stasi-Knast absitzen.

Auch hinter Gittern lässt er nicht von seiner Passion. Um körperlich fit zu bleiben, macht er täglich hunderte von Kniebeugen und Liegestützen. Auf seinen Wunsch stellt man ihm ein Tourenrad-Ergometer in die Zelle. »So einen Hass, wie ich jetzt gegen die DDR habe, hatte ich noch nie«, schreibt er seinen Eltern und seiner Verlobten. »Für mich kann es nur noch ein Leben im anderen Teil Deutschlands geben.« Die Stasi raubt ihm diese Illusion. »Sie glauben doch nicht im Ernst, dass wir Sie rüberlassen, damit Sie uns die Medaillen wegschnappen«, erklärt ihm ein Offizier. Nach seiner Entlassung will Lötzsch wieder Rennen fahren. Das wird ihm verwehrt. Der Turn- und Sportbund hat ihn ausgeschlossen. Damit ist jede Startberechtigung dahin. Der »Lange« kann sich nicht mehr mit anderen messen. Es fällt ihm zunehmend schwerer, sich fürs Training zu motivieren. In seiner Verzweiflung entschließt er sich zu einem Bittgang bei der Stasi. Ausgerechnet bei den Offizieren, die ihn drangsaliert haben, findet er Gehör. Wenn er seinen Ausreiseantrag zurückziehe, so sagt man ihm, werde sich eine Lösung finden. Lötzsch geht darauf ein. Bald darauf wird ihm mitgeteilt, er sei ab sofort der »BSG Motor Ascota« Karl-Marx-Stadt eingegliedert.

Mit Beginn der Rennsaison 1979 ist Lötzsch wieder dabei. Und wie früher fährt er auf seinem alten DDR-Rennrad der Konkurrenz davon. Zwar bleiben ihm die Privilegien eines Leistungssportlers weiterhin versperrt. Importmaterial aus dem Westen steht ihm nicht zu, und die Funktionäre des Radsportverbandes legen ihm noch immer Steine in den Weg. Aber das spornt ihn nur an. Als er 1983 bei dem renommierten Rennen »Rund um Berlin« die gesamte Elite der Clubfahrer hinter sich lässt, bestellt DDR-Sportchef Manfred Ewald das Trainer-Kollektiv zum Rapport. Der Sport-Journalist Philipp Köster hat in seinem Buch über den »langen Weg eines Jahrhunderttalents« die Szene beschrieben. »Ihr fahrt nach Mexiko und esst Bananen«, fährt der oberste Sportfunktionär die Betreuer an. »Der Lötzsch sitzt daheim und futtert Butterbrote. Wie kann es da sein, dass er gewinnt?«

1985 ist Lötzsch der SED beigetreten. Heute erscheint ihm das als Dummheit. Damals jedoch, nach elf Jahren Kampf gegen die Obrigkeit und das Sport-Establishment, war er müde geworden und die Konfrontation leid. Er hatte eine neue Arbeitsstelle gefunden, in einem Betrieb für Buchungsmaschinen. Ihm war klar: Wollte er weiter im zeitaufwendigen Rennsport mithalten, musste er ab Mittag trainieren. Das war mit einem Ganztagsjob nicht zu vereinen. Wenn er Genosse würde, so sagte man ihm, lasse sich eine Freistellung regeln. Darauf kam es ihm an. Lötzsch wurde Kandidat der Partei der Arbeiterklasse und saß täglich sechs bis acht Stunden im Sattel.

Zwei Tage nach dem Mauerfall radelte er von Chemnitz nach Hof, um die hundert D-Mark Begrüßungsgeld zu holen. Hin und zurück 240 Kilometer. An der Grenze, an der seine Hoffnungen scheiterten, musste er nicht einmal seinen Ausweis zeigen. Sein Freund Schoppe, dem die Stasi ebenfalls übel mitgespielt hatte, wurde der erste frei gewählte Präsident des DDR-Radsportverbandes. Für Lötzsch wäre der Weg frei ins ostdeutsche Spitzenteam gewesen. Er aber folgte lieber einem Ruf von Rudi Altig und wechselte zum Radsportclub Hannover. Fuhr noch einmal große Rennen im In- und Ausland und wurde mit 40 Jahren Deutscher Meister. Nach dreijährigem Engagement kehrte Lötzsch in seine Heimatstadt zurück. Er schloss sich der neu gegründeten Radsportgemeinschaft an. Im Juni 1995 bestritt er sein Abschiedsrennen, umjubelt und siegreich.

Im Dezember 2007 habe ich Wolfgang Lötzsch in Chemnitz besucht. Sein Schädel ist kahl geworden, aber sein Körper ist immer noch schlank und durchtrainiert. Am Wochenende steigt er aufs Rad und fährt mit seinen Freunden durch die sächsische Landschaft. Nur aus Spaß und Geselligkeit. Pro Tour nicht weniger als hundert Kilometer. Er hat mir seine Werkstatt im Keller gezeigt. An den Wänden hat er seine Siegerkränze aufgehängt. 550 Mal stand er in seiner Laufbahn ganz oben auf dem Treppchen. Schleifen und Urkunden hat er in Kartons verstaut. Was er sonst als Prämien gewann, etwa Porzellan und Vasen aus böhmischem Glas, steht im Wohnzimmer. »Heute geht es nur noch ums Geld«, sagt er. Zu seiner Zeit sei man noch mit einem Radiogerät als materielle Dreingabe zum Sieg zufrieden gewesen.

Lötzsch ist dem Radsport auch nach dem Ende seiner aktiven Laufbahn treu geblieben. Erst hat er als Mechaniker beim Profi-Team Nürnberger gearbeitet. Dann beim Rennstall Gerolsteiner. Seit 2006 betreut er in gleicher Funktion die Nachwuchs-Mannschaft beim Continental-Team Milram. Lötzsch hätte Grund, verbittert zu sein. Der SED-Staat, dem er die Stirn zeigte, hat ihn um den Lohn seines Trainingsschweißes gebracht. Er hätte Weltmeister oder Friedensfahrt-Sieger werden können. Und im Westen reich. Als Ex-Profi würde er sicher keine Räder putzen. Aber der Betrogene sagt, er trauere den verlorenen Jahren und den verpassten Chancen nicht nach. »Das Kapitel ist abgeschlossen.« Er habe sein Auskommen, sagt Lötzsch. Er ist ein bekannter Mann. Seine Biografie steht in vielen Bücherregalen. Er ist ein geschätzter Interview-Partner. Der Bundespräsident hat ihm das Bundesverdienstkreuz verliehen. Und er ist Hauptperson in einem Film (»Sportsfreund Lötzsch«), der beim Filmfest Leipzig 2007 Premiere hatte und in der Dokumentarsparte auf Anhieb den Publikumspreis gewann. In dem Film kommt auch der frühere Karl-Marx-Städter Stasi-Chef zu Wort. Er habe mit der Behandlung von Lötzsch nur Schaden abwenden wollen, sagt er. Selbstgerecht und ohne Unrechtsbewusstsein. Der Ex-Offizier hat in Berlin ein Reisebüro aufgemacht. »Jetzt verkauft er den Leuten, was er ihnen vorher verboten hat«, sagt Lötzsch. Nie würde er bei so einem »Wendehals« einen Urlaub buchen. Die Verachtung, die in seinen Worten mitschwingt, ist nicht zu überhören.

Der Fall Zapff oder: Die Rache der Stasi

Bevor wir nach Ost-Berlin umzogen, haben wir Karten mit unserer neuen Adresse drucken lassen: 112 Berlin/ DDR Weißenseer Weg 2/0406. Die Briefkarte haben wir Freunden und Bekannten in der Bundesrepublik geschickt. Ein Exemplar ging nach Berlin-Köpenick, in den Ostteil der Stadt. Dort wohnte Marianne Zapff, die mit meiner Schwiegermutter im Siegerland zur Schule gegangen war. Die verwitwete Schulfreundin, Mutter von drei erwachsenen Söhnen, war Invaliden-Rentnerin und das eine oder andere Mal in Westdeutschland zu Besuch gewesen. Wir kannten kaum jemanden in Ost-Berlin und hofften, bei ihr und ihrer Familie offene Türen zu finden.

Als meine Frau nach telefonischer Anmeldung bei Marianne Zapff klingelte, wurde sie betont reserviert empfangen. Später wurden wir über eine in West-Berlin lebende Verwandte darüber informiert, dass wir von künftigen Besuchen absehen sollten. Wir waren damals noch etwas blauäugig und ahnten nicht, was wir mit unserer Ortswechsel-Anzeige ausgelöst hatten. Hätten wir schon zu diesem Zeitpunkt gewusst, welchen Schikanen und Drangsalierungen die Zapffs ausgesetzt sein würden, wir hätten den Umschlag mit der Karte niemals nach Ost-Berlin geschickt.

Die Briefkarte war von der Postkontrolle der Staatssicherheit abgefangen worden. Marianne Zapff bekam Besuch von einem MfS-Mann, der sich freilich nicht als Mitarbeiter der »Firma« vorstellte. Er wollte wissen, warum sie die Unterlagen für eine beantragte Reise in die Bundesrepublik nicht abgeholt habe. Marianne Zapff hatte ursprünglich geplant, an einer Abitur-Jubiläumsfeier in Siegen teilzunehmen, später waren ihr jedoch Bedenken gekommen. Sie fürchtete, als DDR-Bürgerin im Kreis von arrivierten Westdeutschen als Außenseiterin betrachtet zu werden. Der Stasi-Mann ermunterte sie, trotzdem zu fahren. Ihren Pass mit dem Visum könne sie innerhalb von 48 Stunden bekommen. Nach der Rückkehr könne sie Kontakt zu Tochter und Schwiegersohn ihrer Schulfreundin aufnehmen. Dann ließ der Stasi-Mann die Katze aus dem Sack: Seine Behörde sei daran interessiert zu erfahren, was der neue Korrespondent Pragal über die DDR denke.

Marianne Zapff lehnte ab. Für solche Tätigkeiten würde sie sich generell nicht eignen. Nach einiger Zeit kam der Mann wieder und erneuerte sein Ansinnen. Als sie wiederum Nein sagte, meinte der MfS-Mann, ihr ältester Sohn Waldemar könne doch eine Verbindung zu den Pragals aufnehmen. So wie sie ihn kenne, werde er dazu nicht bereit sein, erwiderte die Mutter. Sie solle wenigstens mit ihm darüber reden, insistierte der Stasi-Offizier. Die Antwort fiel aus wie erwartet. Auch der Sohn weigerte sich, ein Spitzel zu werden.

Aber das MfS ließ nicht locker. Bald darauf erschien ein in der Nachbarschaft wohnender Mann und schlug vor, sich bei einer arrangierten Begegnung mit mir als Waldemar Zapff auszugeben. Offenbar war er vom MfS geschickt worden. Er blitzte ebenso ab wie vorher der Offizier.

»Dann hat meine Mutter einen Fehler gemacht«, sagt der Sohn heute. Marianne Zapff war Mitglied der SED. Ebenso wie ihr 1962 gestorbener Ehemann. Der gebürtige Chemnitzer, ehemals Wehrmachts-Offizier, hatte es in der DDR zum stellvertretenden Leiter eines Instituts gebracht, das die Regelungstechnik für das Atomkraftwerk in Rheinsberg entwickelte. Die Genossin Zapff, die als gläubige Christin ihre eigenen Vorstellungen von einem menschenwürdigen Sozialismus hatte, beschwerte sich lautstark bei ihrem lokalen Parteisekretär und anderen SED-Mitgliedern über die Unverschämtheit der Stasi, sie für Spitzeldienste missbrauchen zu wollen. Hätte sie über den Anwerbeversuch geschwiegen, wäre ihr und ihrer Familie vermutlich nichts passiert. So wie vielen anderen couragierten DDR-Bürgern, die sich Spitzeldiensten verweigerten. Manche Kirchenmitglieder schützten sich vor Nötigungen der Stasi mit der Bemerkung, sie würden ihrem Pfarrer davon berichten. Die Drohung mit der Weitergabe der Anwerbeversuche reichte oft aus, um künftig in Ruhe gelassen zu werden. Mit ihrer offenen Kritik hatte Marianne Zapff jedoch etwas getan, was die Staatssicherheit als Provokation empfand. Die Reaktion blieb nicht aus. Das MfS, entschlossen, die aufmüpfige Genossin mundtot zu machen, nahm die Familie genauer unter die Lupe und bereitete eine Strafaktion vor. Erschwerend kam hinzu, dass Waldemar Zapff und seine Ehefrau Vera, beide parteilos, im Villenvorort Wendenschloss als politisch unzuverlässige Fremdkörper galten. Dort, in der Nähe von Dahme und Müggelsee, wohnten viele Stasi-Offiziere, unter ihnen einer von Erich Mielkes Stellvertretern. Es gab etliche konspirative Häuser und Wohnungen. Westdeutsche Kommunisten und politische Frontenwechsler wie der Schauspieler Wolfgang Kieling fanden hier eine komfortable Bleibe. Die Genossen waren weitgehend unter sich. Bürgerliche Nachbarn, die sich nicht als linientreu auswiesen, waren nicht erwünscht und wurden misstrauisch beäugt.

Waldemar und Vera Zapff hatten 1967 ein Haus in der Ostendorfstraße in Köpenick-Wendenschloss gekauft. Ein paar Straßen weiter wohnte seine Mutter. Die vermietete Immobilie aus den dreißiger Jahren war im Anzeigenteil der *Berliner Zeitung* von einem Makler angeboten worden. Zapffs finanzierten den Erwerb mit dem Erlös eines anderen Hauses, das der Ehefrau gehörte. Bis sie selber einziehen konnten, mussten sie fünf Jahre warten. Erst dann wurde die obere Etage durch den Auszug eines alten Rentnerehepaares frei. Die Pflichten als neue Besitzer hatten sie freilich schon von Beginn an zu spüren bekommen. Die Heizung musste instand gesetzt werden. Und auch das Dach hatte eine Reparatur dringend nötig.

Mit den Mieten, die in der DDR auf Vorkriegsniveau

eingefroren waren und gerade mal 1,05 Mark pro Quadratmeter betrugen, war das nicht zu bezahlen. Zapffs entschlossen sich, ein goldenes Armband per Anzeige in einer Ost-Berliner Zeitung zu veräußern, das Veras im Westen lebender Vater im DDR-Intershop gekauft und seiner Tochter geschenkt hatte. Vorsichtshalber hatte sich Waldemar Zapff beim DDR-Zoll erkundigt, ob das zulässig sei. Antwort: Was einem gehöre, könne man auch verkaufen. Weil immer neue Reparaturkosten anfielen, verkaufte das Ehepaar in gutem Glauben, korrekt zu handeln, ein paar weitere Schmuckstücke aus Familienbesitz. Damit gaben sie dem staatlichen Repressionsapparat einen Vorwand, gegen sie vorzugehen.

1976 sah sich das Ehepaar mit einer Anklage wegen illegalen Edelmetallhandels konfrontiert. Waldemar Zapff, der als Diplom-Chemiker beim Amt für Standardisierung, Messwesen und Warenprüfung arbeitete, wurde aus dem Betrieb zum Verhör geholt. Auch seine Frau wurde vernommen. Bei einer Durchsuchung der Wohnung beschlagnahmten die Ermittler weiteren Schmuck, darunter einen Goldanhänger, den eine der beiden Töchter Veras zur Kommunion geschenkt bekommen hatte. Die Wertsachen wurden besonders hoch taxiert und später zwangsweise billig verkauft.

Um das Ehepaar strafrechtlich zu belangen, legten Stasi und Staatsanwaltschaft die Schmuckverkäufe ebenso perfide wie spitzfindig aus. Hätten Waldemar und Vera Zapff ihren Schmuck in einer einzigen Aktion verkauft, wäre das legal gewesen. Da sie aber mehrmals veräußerten, hätten sie sich wegen verbotenen Handels und Verstoßes gegen das Zoll- und Devisengesetz strafbar gemacht. Eine Ost-Berliner Rechtsanwaltskanzlei, bei der Zapff vorsprach, erklärte sich nicht für zuständig: »Solche Fälle bearbeiten wir nicht.« Veras Vater wandte sich daraufhin an eine Kanzlei, die auch in West-Berlin zugelassen war. Anwalt Dr. U. wurde als Verteidiger erst tätig, als das Honorar in D-Mark (West) auf seinem Konto eingegangen war. Helfen konnte er nicht. Vor der Gerichtsverhandlung hatte er ein Gespräch mit der Richterin. Als er aus deren Zimmer kam, überraschte er seinen Mandanten nach dessen Erinnerung mit der Botschaft: »Die wollen, dass Sie sitzen.« So geschah es. Waldemar Zapff wurde am 14. Juni 1976 zu 18 Monaten Freiheitsstrafe verurteilt. Seine Ehefrau erhielt wegen Mitwisserschaft zehn Monate auf Bewährung. Außerdem hatte das Ehepaar den Erlös des Schmuckverkaufes zurückzuzahlen. Dafür musste es bei Freunden Schulden machen.

Waldemar Zapff, damals 33 Jahre alt, wurde von seinem Betrieb fristlos entlassen. Bis zum Haftantritt im August arbeitete er als Facharbeiter bei Berlin Chemie. Zuvor hatte er für sich und seine Familie einen Antrag auf Übersiedlung in die Bundesrepublik gestellt. Seine Strafe saß Zapff in Fürstenwalde ab. Tagsüber musste er im dortigen Reifenwerk arbeiten. Im Knast besuchte ihn die Brigadeleitung des Betriebes. »Sie wollten mich dazu bringen, meinen Ausreiseantrag zurückzuziehen.« Ohne Erfolg. Auch die Zusage, ihn wieder einstellen zu wollen, lockte ihn nicht. Zapff hatte genug von der DDR.

Während der Haft sollte Zapff als Inoffizieller Mitarbeiter angeworben werden. Z. sei sehr gebildet und anderen Häftlingen geistig überlegen, heißt es in einer Beurteilung. »Er ist in der Lage mit Menschen zu arbeiten, da er in seiner früheren Tätigkeit Leiter eines Kollektivs war.« Den Anforderungen eines IM werde er voraussichtlich gerecht. Als die Gefängnisleitung mitbekam, dass sich Zapff in einem Brief an seine Frau kritisch zur Ausbürgerung von Wolf Biermann geäußert und auch sonst »negativ-bürgerliche« Gedanken von sich gegeben hatte, wurde der Plan fallengelassen und »das vorhandene Material« ins Archiv gegeben.

Als ihr Ehemann noch im Gefängnis war, wurde Vera Zapff zum Rat des Stadtbezirks Köpenick bestellt. Dort teilte man ihr mit, dass ihr Antrag auf Übersiedlung in die Bundesrepublik abgelehnt worden sei. Es gebe dafür keine gesetzlichen Grundlagen. Dieselbe Auskunft erhielt ihr Ehemann nach seiner Strafverbüßung. Trotzdem hielten Zapffs an ihrem Begehren fest. Seinen Lebensunterhalt verdiente Waldemar als Möbelpacker und Kellner. Über ihr Schicksal hat mich eine Verwandte aus West-Berlin auf dem Laufenden gehalten. Von ihr bekam ich im Februar 1978 einen Brief, an unsere Postfach-Adresse in Berlin-Kreuzberg. In wenigen Tagen, so teilte sie mir mit, werde Waldemar Zapff aus dem Gefängnis entlassen. Ihr liege viel daran, dass wir uns treffen.

Bis dahin waren wir uns noch nicht persönlich begegnet. Das wollte ich nun nachholen. Ich hatte ihn durch meine naive Kontaktaufnahme in Schwierigkeiten gebracht und sah mich in der Pflicht, ihm zu helfen. Als Termin schlug die Verwandte den 27. Februar, 15 Uhr, vor. Treffen sollten wir uns am Grab von Bertolt Brecht auf dem Friedhof der Dorotheenstädtischen Gemeinde an der Chausseestraße in Berlin-Mitte. »Da Sie sich beide ja nicht kennen«, so schrieb sie weiter, schlage sie als Stichwort »Engel« vor. Nach Erich Engel, einem Regisseur, der schräg gegenüber von Brecht bestattet ist. Gewöhnlich habe ich konspiratives Verhalten vermieden. Es passt nicht zu meinem Berufsverständnis von Journalismus. In diesem Fall bin ich auf den Vorschlag eingegangen.

Die Begegnung hat mich nachhaltig berührt. Was Waldemar Zapff widerfahren war, empfand ich eindeutig als einen Racheakt der Stasi. Ich schrieb einen Brief an den damaligen Bundesminister für Innerdeutsche Beziehungen, einen gestandenen Sozialdemokraten. Ich schilderte ihm den Fall und bat ihn, sich für die Ausreise der Familie Zapff in die Bundesrepublik einzusetzen. Ich informierte auch Abgeordnete und Beamte, die mit der DDR zu tun hatten. Meine Frau begleitete Zapff bei einem Besuch in die Ständige Bonner Vertretung in Ost-Berlin. Dort, so erinnert er sich, habe ein Beamter seine Schilderung »wohlwollend zur Kenntnis genommen«.

Dem MfS blieb unser Einsatz nicht verborgen. »Starnberg versuchte wiederholt, die Familie Zapff in die besonderen Bemühungen der Bundesregierung zu lancieren, um ihre Übersiedlung zu forcieren bzw. durchzusetzen«, lese ich in einem Bericht der HA II / 13. Doch meine Bitten fanden kein Gehör. Zapff, so wurde mir gesagt, sei nicht wegen eines politischen, sondern wegen eines kriminellen Deliktes verurteilt worden. Deshalb könne man nichts machen. Dass Rechtsbrüche und Repressionen den juristischen Alltag der DDR bestimmten und die Auslegung von Paragrafen politischen Zielen diente, wollte man in Bonn offenbar nicht zur Kenntnis nehmen.

1980 – ich arbeitete inzwischen in Bonn – sah ich eine Möglichkeit, Waldemar Zapff doch noch zu helfen. Der Ost-Berliner Rechtsanwalt Wolfgang Vogel, Bevollmächtigter der DDR für humanitäre Angelegenheiten zwischen den beiden deutschen Staaten, hatte angekündigt, seine Arbeit »im Dienste der Menschlichkeit« zu beenden, falls gegen ihn in der Bundesrepublik erhobene Vorwürfe nicht widerrufen würden. Mit dieser Drohung reagierte er auf Behauptungen der in Frankfurt am Main ansässigen »Gesellschaft für Menschenrechte (GFM)«, er habe bei der Festnahme von Mandanten mitgewirkt und mitgeholfen, die Berichterstattung über die Verletzung der Menschenrechte in der DDR zu verhindern.

Vogel war daran interessiert, seine Sicht auf die Praxis von Häftlingsfreikäufen und Familienzusammenführungen zu erläutern und die »diffamierenden Behauptungen« der GFM zu widerlegen. Er empfing mich in seiner Ost-Berliner Kanzlei zu einem Gespräch. Er versuchte, mir an einer Reihe von Fällen nachzuweisen, dass öffentlicher Druck durch die Bekanntgabe von Namen den Ausreisewilligen nicht helfe. Heute bin ich der Ansicht, dass diese Version in ihrer pauschalen Zuspitzung nicht stimmte. Mediale Kritik an seinen Menschenrechtsverletzungen war dem SED-Regime höchst unangenehm.

Damals allerdings dachte ich wie der Innerdeutsche Bundesminister, der erklärte, es gäbe keinen einzigen Fall, »der durch öffentliches Spektakel gelöst worden wäre«. Mein im Juli 1980 im *Stern* veröffentlichter Bericht trug die Überschrift: »… und dann mussten sie wieder in die Zelle zurück. Wie die Gesellschaft für Menschenrechte die Freilassung politisch Verfolgter aus DDR-Gefängnissen gefährdet.«

Bevor ich Vogel verließ, trug ich ihm den Fall Zapff vor. Er schien beeindruckt zu sein und sagte, er wolle sich um das Ehepaar kümmern. Tatsächlich bekamen die Zapffs für den 1. Juli 1980 einen Termin in der Kanzlei. Vogel erklärte, dass die Ausreise an die vom Staat erlassene Bedingung geknüpft sei, sich von Immobilienbesitz zu trennen. Zapffs besaßen zwei Grundstücke. Das Haus in Köpenick und eine auf der Insel Rügen gelegene Ferienhütte, die Helene Weigel, Brechts langjährige Ehefrau, einst Vera Zapffs Mutter geschenkt hatte. Rein rechtlich wäre es möglich gewesen, die Immobilien zu verschenken, zu verkaufen oder verwalten zu lassen. Im Prinzip an und von Personen der eigenen Wahl. Vogel machte Zapff bei einem zweiten Kanzleibesuch Mitte Juli jedoch klar, dass er sein Berliner Haus an sogenannte Berechtigte veräußern müsse.

Bald darauf stellte sich dem Ehepaar Zapff ein Mann vor, der sich Lenz nannte und erklärte, er habe von Vogel erfahren, dass das Haus zu kaufen sei. Es hatte laut eines von Zapff bestellten Gutachtens einen Taxwert von 73 200 Ost-Mark. Lenz bot als Kaufsumme aber nur 50 000 Mark an. Als der Besitzer dies nicht akzeptierte, erklärte der potenzielle Käufer, damit habe sich die Ausreise wohl erledigt. In Wahrheit hieß der Mann nicht Lenz – das war der Name seiner Schwiegereltern – sondern Manfred F. Er war Oberst des MfS und als Abteilungsleiter der Zentralen Koordinierungsgruppe (ZKG) zuständig für die Bearbeitung von Ausreiselisten. Das Haus wollte er für seine Schwiegereltern kaufen. Um seine Ausreise nicht zu gefährden, unterschrieb Zapff trotz des weit unter Taxpreis festgelegten Erlöses den Kaufvertrag und bekam von Manfred F. in Anwesenheit von dessen Schwiegereltern, den neuen Besitzern, 50 000 DDR-Mark in bar. Wie sich später herausstellte, wurde die Grunderwerbssteuer von der Staatssicherheit bezahlt.

Das Ferienhäuschen auf Rügen erwarb Vogels Ehefrau. Über die Anbahnung dieses Deals gehen die Aussagen der Beteiligten auseinander. Nach Angaben des Anwalts habe ihm Zapff das Grundstück in Putgarten, für das er keinen Käufer gefunden habe, mit den Worten »Schauen Sie es sich wenigstens an« geradezu angetragen. Zapff hat dieser Version entschieden widersprochen. Vogel habe ihm gesagt, er möchte das Ferienhäuschen für die Mitarbeiter seiner Kanzlei nutzen. Als Vera Zapff Anfang August Vogel sagte, sie wolle

168

die Immobilie lieber einer Freundin schenken, habe der geschwiegen und nur »süß-sauer gelächelt«. Waldemar Zapff: »Wir haben daraus gefolgert: Das ist der Stein des Anstoßes.« In ihrer Zwangslage stimmten Zapffs dem Verkauf zu. Ihren Trabant kaufte eine Sekretärin Vogels.

Dann ging alles schnell. Weil das Ost-Berliner Kontingent von Ausreisen angeblich erschöpft war, mussten sich die Zapffs nach Strausberg ummelden. Am 17. September 1980 bekamen sie die Urkunde über ihre Entlassung aus der DDR-Staatsbürgerschaft. Und am 7. Oktober, dem Staatsfeiertag der DDR, durften sie das Land in Richtung Westen verlassen. 1982 starb Waldemars Mutter. Vogel setzte sich dafür ein, dass er trotz des üblichen Einreiseverbots für Ausgebürgerte zur Beerdigung nach Ost-Berlin kommen durfte.

In Essen fand Waldemar Zapff Arbeit und eine Wohnung. Von dort aus hat er, begleitet von Frau und den beiden Töchtern, uns in unserem damaligen Wohnort Sankt Augustin bei Bonn besucht. Ich war nicht zu Hause. Meine Frau hat sie empfangen. Als sie beiläufig bemerkte, man müsse dem Anwalt Vogel dankbar sein, verfinsterte sich der Gesichtsausdruck bei allen vier Zapffs. Auf Nachfrage erklärten sie, sie hätten Vogels Verhalten als Nötigung empfunden. Diesen Eindruck teilte Waldemar Zapff im Januar 1982 in einem Schreiben auch dem Gesamtdeutschen Institut in Bonn mit. Im Sommer 1992, als Vogel auch von anderen ehemaligen Mandanten angegriffen wurde, hat er mir bei einem Empfang erklärt, er bedaure auf meine Bitte eingegangen zu sein und den Fall Zapff als Anwalt übernommen zu haben. Wäre das nicht gewesen, hätte er sich eine Menge Ärger erspart. Er wirkte wie ein verbitterter Mann, der nicht verstand, dass man seine humanitären Bemühungen mit Undank beantwortete. Ich entgegnete, dass ich ihn nicht in eigener Sache, sondern zugunsten eines Bürgers seines Staates, dem Unrecht geschehen sei, um Hilfe gebeten habe.

Waldemar Zapff hat einen Restitutionsantrag gestellt und nach einem längeren Rechtsstreit sein Haus in Köpenick zurückbekommen. Das Grundstück auf Rügen blieb im Eigentum von Frau Vogel. Der ehemalige Stasi-Offizier Manfred F. wurde wegen Erpressung zu 18 Monaten Haft auf Bewährung verurteilt. Auch Vogel erhielt in erster Instanz eine Bewährungsstrafe. 1998 sprach ihn der Bundesgerichtshof vom Vorwurf der Erpressung ausreisewilliger DDR-Bürger frei.

Waldemar und Vera Zapff, die uns nicht bespitzeln wollten, sind in der DDR wegen eines Deliktes verurteilt worden, das nach den Kriterien eines demokratischen Rechtsstaates weder strafbar noch moralisch verwerflich war. Als politische Opfer der SED-Diktatur gelten sie gleichwohl nicht. Ihr Antrag auf Kassation des DDR-Urteils wurde abgelehnt. Eine DDR-Opferrente, die sie in erster Linie als symbolische Anerkennung ihrer aufrechten Haltung werten würden, steht ihnen deshalb nicht zu.

Abschied und unerwartete Rückkehr

Bevor wir im Februar 1979 in der Ho-Chi-Minh-Straße unsere Koffer packten, besuchte uns ein Fernsehteam. Fast fünf Jahre waren wir in Ost-Berlin, nun stand der Umzug nach Bonn bevor. Joachim Jauer, Korrespondenten-Kollege vom ZDF, wollte wissen, mit welchen Gefühlen und welchen Erfahrungen wir die DDR verließen. Die ganze Familie war in den Beitrag für das Magazin »Kennzeichen D« einbezogen. Er filmte mit seinen Leuten unsere Tochter Katharina im Kindergarten. Er begleitete unseren Sohn auf dem Schulweg und ließ ihn aus dem Pionierkalender vorlesen. »Am 7. Oktober feiert unsere Republik ihren Geburtstag. Viele schmückten ihre Häuser mit der Arbeiterfahne und der Fahne der Republik. Früh fand eine Parade unserer Nationalen Volksarmee statt«, trug Markus vor. Unser Sohn werde in der Bundesrepublik wohl nie Beamter werden können, spöttelte Günter Gaus nach der Ausstrahlung des Beitrages während eines Abendessens bei Freunden. »Dem geht der Begriff Nationale Volksarmee zu glatt über die Lippen.« Das war eine, wenn auch nicht ganz ernst gemeinte Fehlprognose. Heute ist unser Sohn Markus Jurist und Ministerialbeamter.

Meine Frau und ich waren während der TV-Aufnahmen in einer gedrückten Stimmung. In ein paar Wochen würden wir nicht mehr hier sein. Wir würden Freunde zurücklassen. Menschen, die wir mochten und mit denen wir uns gut verstanden. Mit Kindern so alt wie unsere. Die Grenze würde es schwer machen, den vertrauten Umgang zu pflegen. Gewiss, wir könnten sie besuchen. Zwei-, dreimal im Jahr, vielleicht. Aber würde das reichen, eine langsame Entfremdung aufzuhalten? Der alltägliche Umgang würde uns fehlen. Das alles ging uns durch den Kopf, als wir vor der Kamera saßen. So intensiv wie in Ost-Berlin werde sie künftig wohl nie mehr leben, sagte meine Frau. Die Menschen, die wir hier kennengelernt haben, gingen ernsthafter und ehrlicher miteinander um, als ich es von München gekannt habe, sagte ich. »Die Bindungen gehen tiefer, und daher kommt auch dieses etwas wehmütige Gefühl, das ich zurzeit habe.«

Am 6. Februar, reichlich drei Wochen vor meinem beruflichen Neustart für den *Stern* in Bonn, erschien mein letzter Artikel in der *Süddeutschen Zeitung*. »Die Luft riecht jetzt vertrauter«, lautete die Überschrift, eine Bilanz meiner fünfjährigen Tätigkeit. Ich verwies auf die notorische Geheimniskrämerei der Funktionäre und verglich die Wirkung der gelenkten Ost-Medien mit der Resonanz auf die Berichterstattung der West-Korrespondenten. »Während sich parteikonforme Publizisten unablässig befleißigen, den SED-Staat wirklichkeitsfremd zu verschönen, zeichnen auswärtige Beobachter mehr und mehr ein Bild der Gesellschaft, in dem sich die Bürger zumeist auch wiederfinden.« Die Menschen, über die ich schrieb, sollten sich verstanden wissen. Darauf kam es mir an. Die Bewertung meiner Beobachtungen und Ansichten durch ostdeutsche Freunde und Bekannte war mir mindestens so wichtig wie das Echo meiner Leser in der Bundesrepublik. »Die Bereitschaft, den sozialistischen Staat aus seiner eigenständigen Entwicklung zu erklären«, so bekannte ich in meinem Abschiedsartikel, »gehört zu den wichtigsten Veränderungen, die ich im Laufe von fünf Jahren an mir selbst erfahren habe.« Mit der Schärfe des Blicks für die Unzulänglichkeiten der DDR sei das Verständnis für die Menschen gewachsen, die sich in der politischen Ordnung arrangieren müssten. Anzeichen für einen baldigen Zusammenbruch der SED-Herrschaft habe ich damals nicht wahrgenommen. Zwar gebe es, so resümierte ich, in der Bevölkerung viel Unmut über sozialistische Bürokratie, Misswirtschaft, Willkür und Bonzentum, aber zugleich auch eine ausgeprägte Neigung, sich anzupassen und den jeweils bequemsten Weg zu gehen. Gleichgültigkeit gepaart mit politischer Resignation. »Es geht seinen sozialistischen Gang«, sagte der Volksmund. Anfang der siebziger Jahre habe es noch die verbreitete Hoffnung gegeben, dass sich der DDR-Sozialismus trotz seiner restaurativen Züge einmal zu einer humanen Gesellschaftsordnung wandeln könne. »Inzwischen ist der Glaube an die verändernde Kraft der Idee zur Rarität geworden.« Als ich dies schrieb, dauerte es bis zum Ende des SED-Staates noch gut zehn Jahre.

Am 10. Februar 1979, einem Sonnabend, gab ich meinen Ausstand. In unserer Wohnung drängten sich ab 11 Uhr rund hundert Leute. Freunde, Nachbarn, Kollegen, Diplomaten. Die Lehrerin unseres Sohnes war da, die Leiterin des Kindergartens, der Pfarrer der Kirchengemeinde. Auch Günter Gaus, der Chef der Ständigen Vertretung, und seine Frau. Eine Ost-West-Gesellschaft, wie sie im Laufe der Jahre zur Normalität geworden ist. Diesmal nur etwas zahlreicher. »Schade, dass ihr weggeht.« Diesen Satz haben wir an diesem Tag am häufigsten gehört. »Wir kommen bald nach«, schrieb ein Mitarbeiter der Ständigen Vertretung ins Gästebuch. »Bis in 30 Jahren in Bonn«, setzte ein DDR-Bürger mit Galgenhumor darunter. Dann wäre er Rentner und könnte reisen.

Zwei Tage später kamen die Möbelpacker. Bald darauf auch der DDR-Zoll. Die Beamten in ihren blauen Uniformen verglichen die fünf Jahre alten Einfuhrlisten mit dem Hausrat und den Möbeln, die wir wieder mitnehmen wollten. Ihnen fiel auf, dass einige Sammelmappen mit *Spiegel*-Heften fehlten. Mit der Auskunft, die seien im Laufe der Zeit entsorgt worden, gaben sie sich zufrieden. Sonst hatten sie nichts zu beanstanden. Ich sah mich in der geräumten Wohnung um, die mein Nachfolger Helmut Lölhöffel übernehmen würde. Der Abschied von der »Platte« fiel nicht schwer. In Sankt Augustin bei Bonn, unserem neuen Wohnort, würden wir es komfortabler haben. Dann blickte ich zu den Nachbarhäusern. Als wir ankamen, wurden sie gerade errichtet. In kurzer Zeit war ein ganz neues Viertel entstanden. Heimat für Menschen, von denen wir etliche kennengelernt hatten. Die wären alle gern in den Westen gefahren. Als Besucher. Aber sie haben auch gesagt, sie würden zurückkommen. Manche Westdeutsche machten den Fehler, die emotionale Bindung von DDR-Bürgern an ihre Stadt, ihren Kiez, ihre Arbeitsstelle und ihren Freundeskreis als

Zustimmung für das politische System zu werten. Damit lagen sie genauso falsch wie die kommunistischen Machthaber, die jegliche Regung von Heimatbewusstsein als Sympathiebeweis für ihre Herrschaftspraxis ausgaben. Sie waren der Realität entrückt oder wollten sich selbst betrügen.

Am 14. Februar brachte ich meine Frau zum West-Berliner Flughafen Tegel. Unsere Kinder waren bei den Großeltern. Ich blieb noch einen Tag und übernachtete bei Freunden in Pankow. In der Nacht erlebten Stadt und Land einen heftigen Wintereinbruch. Es wurde sehr kalt. Das passte zu meiner Stimmung. Mit meinem vollgepackten Auto fuhr ich über die Autobahn Richtung Grenze. Kurz vor Magdeburg fiel mir ein, ich könnte mir noch einmal die Stadt ansehen. Eine Gelegenheit dazu würde ich so bald nicht wieder bekommen. Ich war nicht im Transit, sondern mit gültigem Visum unterwegs. Ich konnte mir also den Abstecher erlauben. Ich parkte in der Nähe des Marktes, ging durch die verschneiten Straßen zum Domplatz und besichtigte die gotische Kathedrale. Was ging in mir vor? Warum zögerte ich meine Abreise aus diesem Land hinaus? Ich war nicht Bürger dieses Staates, sondern nur Bewohner auf Zeit. Und dennoch kam ich nicht so leicht von diesem Teil Deutschlands los.

Daran änderte sich auch fortan nichts. Neben der üblichen Parlaments-Berichterstattung konzentrierte ich mich auf deutsch-deutsche Themen. Wenn ein Bonner Politiker wie etwa der damalige Bundesforschungsminister Volker Hauff in die DDR reiste, fuhr ich mit. Als

SED-Chef Erich Honecker und Bundeskanzler Helmut Schmidt bei der Begräbnisfeier des jugoslawischen Staatschefs Tito in Belgrad zusammenkamen, war ich unter den Beobachtern. Und als der sozialdemokratische Bonner Regierungschef im Dezember 1981 den Generalsekretär der SED in der Schorfheide traf und beim anschließenden Besuch in Güstrow ein gespenstisches Spektakel über sich ergehen lassen musste, bei dem Stasi-Komparsen auf dem Weihnachtsmarkt das Volk mimten, schaute ich zu. Bei der Verabschiedung auf dem Bahnhof der mecklenburgischen Kreisstadt reichte der mit einer Pelzmütze bekleidete Honecker seinem Gast ein Bonbon durchs geöffnete Fenster. Bei dieser berühmt gewordenen Szene, die Kritiker der sozial-liberalen Entspannungspolitik als Beleg für eine unziemliche Kumpanei mit den SED-Kommunisten werteten, haben Begleiter des Kanzlers noch höflich gelächelt. Hinterher, bei der Rückfahrt im Sonderzug, haben sie aus ihrem Ärger keinen Hehl gemacht und erklärt, wie kleinkariert, dilettantisch und plump sie die Inszenierung dieses letzten, von der Ausrufung des Kriegsrechtes in Polen überschatteten Besuchstages in der DDR empfunden haben.

Sooft es ging, fuhr ich dienstlich von Bonn nach Berlin. Meistens verband ich dies mit einem Abstecher in den Ostteil der Stadt. Auch privat reisten meine Frau und ich in die DDR. Manchmal nahmen wir auch unsere Kinder mit. Freunde in der Ständigen Bonner Vertretung besorgten uns ein Visum. Offiziell waren wir bei ihnen zu Gast. Tatsächlich verbrachten wir die meiste Zeit mit alten DDR-Freunden. Unser Sohn traf sich mit ehemaligen Mitschülern. Unsere Befürchtung, die Verbindung könnte sich lockern, erwies sich als unbegründet. Wir verstanden uns genauso gut wie früher, als wären wir gar nicht weggezogen. Als ich ihnen einmal erzählte, ich verhandele mit der Zeitung, für die ich früher gearbeitet habe, über eine Korrespondenten-Tätigkeit in Moskau, waren sie begeistert. »Da können wir euch in der Sowjetunion besuchen«, sagte unsere Freundin Rena. Und auch die Kinder mitbringen. Dann würden sie vor Ort erproben, was ihnen ihr obligatorischer Russisch-Unterricht im Moskauer Alltag nützt. »Es lebe die ewige unverbrüchliche Freundschaft zwischen den Völkern der UdSSR und der DDR«, posaunten die Sprücheklopfer und Phrasendrescher aus dem Propaganda-Apparat der SED. Dabei war es für gewöhnliche DDR-Bürger gar nicht einfach, privat ins überschwänglich gepriesene »Bruderland« zu reisen. Um ein Visum zu bekommen, brauchte man eine Einladung. Die konnten wir ihnen leider nicht besorgen. Der Plan, aus der Sowjetunion zu berichten, hatte sich zerschlagen.

Im Herbst 1979 und auch im Jahr darauf gastierte das Ost-Berliner Maxim-Gorki-Theater in der Bundesrepublik. Unter anderem in Leverkusen und Bad Godesberg. Mit einigen der Ensemble-Mitglieder, die gemeinsam mit einem Bus anreisten, waren wir befreundet. Wir luden sie zu uns nach Hause ein, machten sie mit Menschen aus unserer neuen Nachbarschaft bekannt. Unter ihnen war der Direktor einer Bonner Gesamtschule. Er führte unsere DDR-Freunde durch das helle Gebäude aus Glas und Beton. »Wir waren total beeindruckt«, erinnert sich eine Schauspielerin. Von der Ausstattung ebenso wie von der pädagogischen Konzeption. Eine Schule ohne Drill und Indoktrination, anders als sie es von zu Hause kannten. Wir haben den Freunden an ihren spielfreien Tagen unser Auto geliehen, damit sie selbst in der Bonner Umgebung herumfahren und sich ein Bild von der westdeutschen Realität machen konnten. »Bei euch«, sagt die Schauspielerin, »haben wir etwas vom wirklichen Leben in der Bundesrepublik mitbekommen.«

Die Stasi hielt auch im Westen ihre Bürger unter Kontrolle. Sie wusste, wer vom Ensemble bei uns zu Gast war. »Das war uns aber egal«, sagt eine unserer Freundinnen. »Wir haben auch unter uns ganz offen geredet.« Nach den Vorstellungen haben die Theaterleute häufig noch ein bisschen im Hotel gefeiert. Nicht im Restaurant. Das war ihnen, die nur wenig West-Geld bekamen, zu teuer. Sie haben sich im Supermarkt etwas zu essen und zu trinken gekauft und sich dann in einem der Hotelzimmer versammelt. Als eine von ihnen den Raum verließ, erwischte sie den Busfahrer, wie er an der Tür lauschte. Als der nicht mehr ganz neue Ost-Bus an einem der nächsten Tage eine technische Panne hatte und der Chauffeur am Motor herumwerkelte, machte sich einer der Schauspieler laut über die »Firma« lustig. »Wenn sie schon ihre Leute mitbringen, dann bitteschön auch ihre Busse.« Die wären sicher weniger reparaturanfällig gewesen.

Die Stimmung, so erzählen Teilnehmer der damaligen Tournee, sei locker und übermütig wie bei einem Schulausflug gewesen. Wenn der Reiseleiter nach Pausen an Raststätten darauf drängte, schnell wieder den Bus zu besteigen, überhörten einige die Aufforderung und ließen sich demonstrativ Zeit. Die verantwortlichen Genossen, unter ihnen auch der Parteisekretär des Theaters, steckten in der Klemme. Sie hatten ständig Angst, jemand aus der Schauspielertruppe könnte einfach da bleiben. Das kam vor. Einer, der sich bei einer West-Reise so entschied, war der Schauspieler Eberhard Prüter. Sein Fall animierte seine Kollegen vom Maxim-Gorki-Theater zur Persiflage eines der am meisten bekannten Arbeiterlieder. Während einer Busfahrt stimmten sie das Lied an: »Prüter, zur Sonne, zu Freiheit.« Die Lust zur Provokation endete erst kurz vor der Grenze. »Wenn wir wieder in die DDR fuhren«, sagt eine Schauspielerin, »wurde es plötzlich ganz still.«

Im Frühjahr 1983 bekam der *Stern* einen neuen Chefredakteur. Peter Scholl-Latour sollte das nach der peinlichen Affäre um die gefälschten Hitler-Tagebücher schwer angeschlagene Image des Hamburger Magazins aufpolieren. Der renommierte Publizist und Buch-Autor, der Mitte der fünfziger Jahre Regierungssprecher im Saarland gewesen war, bemühte sich um ein Interview mit Erich Honecker. Mit Erfolg. Bei einem Vorgespräch bot die DDR an, den seit der Ausweisung von Dieter Bub im Januar 1983 vakanten Korrespondenten-Posten in Ost-Berlin wieder zu besetzen. Bei der hausinternen Suche nach einem Kandidaten richteten sich die Blicke auf mich. Nach anfänglichem Sträuben sagte ich zu, und die Chefredaktion beantragte meine Akkreditierung.

Nachdem sich abzeichnete, dass ich nach Ost-Berlin als ständiger Korrespondent zurückkommen würde, schickte die Hauptverwaltung Aufklärung des MfS einen Bericht an die Genossen von der Spionageabwehr. Mit Informationen über meinen Ruf und meine Tätigkeit in der Bundeshauptstadt. Die gingen vermutlich auf Gespräche zurück, die ich mit Bediensteten der Ständigen Vertretung der DDR in Bonn geführt habe. »Pragal zeigte sich in Kontaktgesprächen umgänglich«, lese ich. »Auf Informationsfragen zu politischen Ereignissen gab er in der Regel sachliche Auskünfte.« In dem Bericht ist vermerkt, welche Bonner Politiker ich auf Auslandsreisen begleitete und welche Personen aus meinem Umgangskreis »aus politisch-operativen Überlegungen« beachtet werden müssten. Selbst meine kulinarischen Neigungen hielten die Verfasser für erwähnenswert: »P. zeigte ein gewisses Interesse am Besuch verschiedener Spezialitätenrestaurants (Chinesisch, Griechisch usw.).«

Am 14. November 1983 bekam ich im Außenministerium meinen neuen Journalisten-Ausweis ausgehändigt. Und als Gedächtnisstütze für die geltenden Regeln ein Exemplar der Journalisten-Verordnung. Die Zeremonie verlief ohne steife Förmlichkeit. Verständlich, wir kannten uns. »Toi, toi, toi«, sagte eine Mitarbeiterin der Presseabteilung. Der Umgangston mit den Bediensteten des Amtes war lockerer geworden. »Den

Verbrecher zieht es immer wieder an den Ort seiner Taten zurück«, scherzte kurz darauf ein Presse-Funktionär beim Empfang eines Kollegen im Internationalen Pressezentrum über meine Rückkehr. Das Wort Untaten hat er sich verkniffen.

Nach dem Termin im Außenministerium fuhr ich in die bisherige Wohn- und Arbeitsstätte der *Stern*-Korrespondenten in der Leipziger Straße. Drei Zimmer in der elften Etage. Mit freiem Blick über die geteilte Stadt. Im Westen sah ich am Horizont Flugzeuge, die nach Tegel einschwebten. Ich trat auf den Balkon, blickte hinab auf den pulsierenden Verkehr und schnupperte die vertraute Luft – dieses eigentümliche Gemisch aus Braunkohlenstaub und Zweitakter-Auspuffgasen. Die Mauer war nur etwa 300 Meter entfernt. Man konnte auf der Kreuzberger Kochstraße die Doppelstock-Busse der West-Berliner BVG fahren sehen. Das erinnerte mich an eine Begebenheit, die mir Jahre zuvor ein Mitarbeiter der Ständigen Vertretung erzählt hatte. Auch der wohnte in einem Neubaublock der Leipziger Straße. Einer seiner Söhne hatte Besuch von gleichaltrigen Ost-Berliner Jungen. Die blickten vom Balkon neugierig auf die Mauer und die Gebäude dahinter. »Ist das der antifaschistische Schutzwall«, fragte einer. Da stieß ihn der andere Ost-Junge an. »Kannst ruhig Mauer sagen. Du bist ja hier bei Westlern.«

Ich schrieb auf, was mir an Veränderungen auffiel. Zum Beispiel der Umgang mit der Geschichte. In den siebziger Jahren war es schon mutig, wenn ein Museumsführer in Potsdam salopp vom »alten Fritzen«

sprach. Der Preußen-König hieß offiziell »Friedrich II.« und war nach kommunistischer Lesart »ein reaktionärer Despot«. Nun stand sein Reiterstandbild wieder an seinem historischen Platz »Unter den Linden«. Und SED-Genossen sprachen wie selbstverständlich von »Friedrich dem Großen«. Sind die Machthaber toleranter geworden? Die Frage ging mir nach meiner Rückkehr durch den Kopf. Auf den ersten Blick sah es so aus. Jugendliche konnten sich kleiden, wie sie wollten. Rockkonzerte gab es fast in jeder Kleinstadt. Und selbst Punks und Stadtindianer wurden – sofern sie nicht gegen andere Ordnungs-Vorschriften des sozialistischen Staates verstießen – von der Obrigkeit in Ruhe gelassen. Doch ich hatte gelernt, genauer hinzuschauen und hinzuhören. Und so kam ich schnell zu der Einsicht, »dass der Polizeistaat DDR unverändert funktioniert«.

Dieser Satz in meiner ersten *Stern*-Reportage hat die Aufpasser in der Parteizentrale geärgert. Beim nächsten Gespräch fragte die für mich zuständige Mitarbeiterin der Presseabteilung vorwurfsvoll, warum ich die DDR einen Polizeistaat nenne. »Weil er einer ist«, antwortete ich spontan. Ich führte auch einige Beispiele an. In einem »Vermerk« über die Unterredung liest sich das anders. »Pragal reagierte verlegen und versuchte sich zu entschuldigen.« Die Frau, die einen Auftrag zu erfüllen hatte, war mir durchaus wohlgesinnt. Sie stellte, wie ich heute glaube, das Gespräch ganz bewusst so dar, um mich gegenüber den Funktionären der Agitationsabteilung im SED-Zentralkomitee nicht als »Hardliner« anschwärzen zu müssen.

Für den 30. Oktober 1984 bat der Chefredakteur des *Stern* zu einem Empfang im Ost-Berliner Interhotel »Metropol« am Bahnhof Friedrichstraße. Anlass des Treffens war die offizielle Vorstellung von meinem Fotografen-Kollegen Jürgen Müller-Schneck und mir. Mehr als 200 Gäste aus Ost und West folgten der Einladung. SED-Funktionäre und Diplomaten, Schriftsteller und Pop-Stars, Kirchenvertreter und Medienleute. Die Stasi organisierte einen Großeinsatz mit mehreren Inoffiziellen Mitarbeitern und Offizieren verschiedener Abteilungen. »Die Begrüßungsansprache des Chefredakteurs war kurz und ohne politische Wertungen«, heißt es in einem Bericht des MfS. Und in ihrem schiefen Deutsch fahren sie fort: »Die Gastgeber orientierten auf individuell gestaltete Gespräche im kleinen Kreis.« Insgesamt sei es dem *Stern* darum gegangen, Menschen mit unterschiedlichen Auffassungen ins Gespräch über deutsch-deutsche Probleme zu bringen. Auf mehreren Schreibmaschinenseiten wurde festgehalten, wer mit wem gesprochen und wer von den Gästen was zu welchem Thema gesagt hat. Auch über mich fand ich einen Satz: »Der Empfang bestätigte bisher gewonnene Erkenntnisse, dass Pragal die Verbindungen zu seinen Kontaktpartnern aus der Zeit seiner Akkreditierung für die *Süddeutsche Zeitung* (1974–1979) nahezu vollständig aktiviert hat.« Die Stasi-Offiziere wussten also, dass ich da weitermachen würde, wo ich aufgehört hatte. Sie würden erneut viel Arbeit bekommen.

Bittsteller und Aufpasser

Die junge Frau war verzweifelt und dachte an Selbstmord. »Ich bin einfach mit den Nerven fertig«, teilte sie mir mit. »So kann es nicht weitergehen. Sonst gehe ich hier noch zugrunde.« Den Brief hat sie mit der Hand geschrieben und am 18. Januar 1984 auf einem Leipziger Postamt per Einschreiben aufgegeben. Aber bei mir, dem Adressaten, kam die Sendung nie an. Die Stasi hat das Schreiben abgefangen und – wie sie in einem Vermerk festhielt – »sichergestellt«. Was die Frau bedrückte und was sie von mir wollte, habe ich erst viele Jahre später in meiner Stasi-Akte entdeckt.

Der Brief war ein Hilferuf, einer von vielen, die an mich gerichtet wurden. Petra K., eine damals 19-jährige Facharbeiterin, wollte zu ihrem Verlobten in die Bundesrepublik. Der war während seiner Dienstzeit als Soldat der Nationalen Volksarmee in der Nacht vom 20. zum 21. September 1981 gemeinsam mit einem Kameraden über die Grenze in den Westen geflüchtet. Um ihn zu heiraten, hatte sie 1983 einen Antrag auf Übersiedlung gestellt. Doch ihr Gesuch, das die Behörden als rechtswidrig einstuften, wurde abgelehnt. »Ich liebe meinen Verlobten«, hat sie in dem an mich gerichteten Brief geschrieben. »Lieber will ich sterben, als ohne ihn weiterzuleben.«

Weil Petra K. keine Antwort bekam, rief sie mich an und wollte wissen, ob ihr Brief bei mir eingegangen sei. Als ich verneinte, schlug sie vor, nach Ost-Berlin zu kommen und mir ihr Anliegen persönlich vorzutragen.

Ich hatte nichts dagegen. Am 7. Februar teilte sie mir aus einer Telefonzelle in Leipzig mit, dass sie den Zug um 8.20 Uhr nehmen wolle und gegen 11 Uhr bei mir im Büro sein werde. Doch gekommen ist sie nicht. Denn auch diese Information wurde »gesichert und dokumentiert«. Die Stasi legte den Inhalt ihres Briefes und die angekündigte Fahrt zu mir als Versuch einer »feindlichen Verbindungsaufnahme« aus. Wie es dann weiterging, liest sich in der von Generalmajor Günter K. unterzeichneten Verfügung so: »Es wird vorgeschlagen, folgende Maßnahmen durchzuführen: Konspirative Festnahme in Berlin auf dem Weg zum Treff mit dem Korrespondenten ›Starnberg‹ und damit Unterbindung der Übergabe von Personen und Material. Im Anschluss an die Festnahme offizielle Wohnungsdurchsuchung zur Sicherung von Beweisen. Vernehmung mit dem Ziel der Einleitung eines Ermittlungsverfahrens.« So geschah es.

Doch der Stasi ging es nicht nur um Petra K. Sie wollte mit der Aktion auch mich treffen. Mit dem Verfahren gegen sie – so lese ich in der Anweisung – »sollen Voraussetzungen zu offensiven Maßnahmen in der Vorgangsarbeit gegen Pragal, Peter geschaffen werden«. Zum einen, um mich in meinen »subversiven Aktivitäten« zurückzudrängen. Zum anderen, um mich »zu verunsichern und zu verunglimpfen«. Aus dem Vernehmungsprotokoll war zu entnehmen, dass Petra K. meine Adresse und Rufnummer bei einem Ferngespräch mit ihrem Verlobten erfahren hatte. Der hatte ihr auch geraten, sich an die West-Presse zu wenden.

Wo und wie ich zu erreichen war, wäre auch einfacher zu ermitteln gewesen. Die in Ost-Berlin akkreditierten Journalisten waren schon in den siebziger Jahren ganz offiziell im amtlichen Fernsprechbuch eingetragen. Am Eingang des Bürohauses in der Clara-Zetkin-Straße war ein Schild mit dem Namen meiner damaligen Zeitung angebracht. Das ZDF und die Nachrichtenagentur dpa machten in gleicher Weise auf sich aufmerksam. Das hatte zur Folge, dass unsere Büros von Bittstellern aller Art geradezu überlaufen wurden. Da ich keine Sekretärin hatte, die mich hätte abschirmen können, waren Besucher manchmal lästig. Zumal dann, wenn ich wegen des Redaktionsschlusses unter Zeitdruck stand. Die Anliegen der Besucher waren vielfältig. Mal erschien der Sohn einer früheren Fabrikbesitzerin, der vor DDR-Gerichten um die Rückgabe des 1972 enteigneten Familienbetriebes bei Zwickau kämpfte. Ein anderes Mal erzählte mir ein Ost-Berliner Diplom-Ökonom, er sei aus der SED ausgeschlossen worden, weil er seine monatliche Solidaritätsspende nicht, wie üblich, im Kollektiv an den DDR-Gewerkschaftsbund zur Unterstützung des »Befreiungskampfes unterdrückter Völker« abführte, sondern an das Kinderhilfswerk der Vereinten Nationen.

Die meisten DDR-Bürger, die mir ihre Probleme vortrugen und sich durch Publizität eine Verbesserung ihrer Lage erhofften, litten unter der eingeschränkten Freizügigkeit. Dem einen hatten die Behörden verwehrt, zur Beerdigung seines in Westdeutschland gestorbenen Vaters zu reisen. Einen anderen ließen sie wegen politischer Unzuverlässigkeit nicht einmal ins sozialistische Ausland fahren. Und wieder andere, die der DDR legal den Rücken kehren wollten, wurden mit der Enttäuschung nicht fertig, dass der sozialistische Staat sie wie Leibeigene behandelte. Etliche hatten ihren Job verloren und waren gesellschaftlich ausgegrenzt worden. Die Stasi hörte immer mit. Mein Büro, so heißt es in einem Vermerk, entwickle sich immer mehr zur Anlaufstelle von DDR-Bürgern, »die Pragal tendenziöse Berichte und Informationen zutragen«.

Bei ihrem Bemühen, aufsässige Menschen von solchen Besuchen abzuhalten, entwickelte die Mielke-Truppe eine flexible Praxis. In vielen Fällen, besonders wenn die Leute aus der DDR-Provinz kamen, wurden sie während der Anreise oder nach ihrer Rückkehr festgenommen und verhört. Manchmal begnügte man sich damit, durch gezielte »Fahndungskontrollen« ihre Personalien festzustellen. Bürger mit Wohnsitz in Ost-Berlin kamen vielfach ungeschoren davon. Sie wurden lediglich »operativ erfasst«. Manchmal griff ich Einzelschicksale auf und stellte – stets mit Einwilligung der Betroffenen – ihre Leidensgeschichte dar. Das ging nicht immer gut. Die Leute bekamen es mit dem MfS und der Justiz zu tun. Nicht alles, was bei mir und meinen Kollegen an Problemen abgeladen wurde, eignete sich für die Berichterstattung. Manche Fälle, so wusste ich, waren besser bei den Profis des humanitären Geschäftes und der stillen Diplomatie aufgehoben. Doch auch die Vermittlung solcher Kontakte missfiel meinen Aufpassern. Indem ich versuchte, bedrängten DDR-

Bürgern geräuschlos zu helfen, habe ich mich – laut Stasi-Akte – der »massiven Einmischung in die inneren Angelegenheiten der DDR« schuldig gemacht.

An einem Septembertag des Jahres 1977 bin ich nach Bad Kösen im heutigen Bundesland Sachsen-Anhalt gefahren und habe dort das »Volkseigene Gut Weinbau« besucht. Dass an den warmen Kalksteinhängen von Saale und Unstrut Reben reifen, war selbst vielen DDR-Bewohnern nicht bekannt. Und in der Bundesrepublik wussten nur Insider über Deutschlands nördlichstes Anbaugebiet und seine jahrhundertealte Tradition Bescheid. »Im Vergleich zu anderen Weinländern sind wir nur ein Weingärtchen«, sagte mir der Direktor. Aber Kenner trockener Weine wüssten die Vorzüge der heimischen Erzeugnisse sehr wohl zu schätzen.

Gegen eine Reportage über den Weinanbau hatte das Außenministerium nichts einzuwenden. Irgendwelche politische Brisanz war bei dem Thema nicht zu erkennen. Umso mehr war ich überrascht, als ich nach Öffnung der MfS-Akten erfuhr, dass die Stasi auch bei diesem Besuch Regie führte. »Entsprechend des festgelegten Protokolls«, so notierte der Leiter der MfS-Kreisdienststelle Naumburg, »erfolgte die Gesprächsführung mit dem P. durch den Direktor, Genossen L., und Genossen F.« Dann zählte er auf, was in dem Informationsgespräch behandelt wurde. »Der P. stellte sachliche Fragen und provozierte in keiner Weise«, stellte der Stasi-Major E. fest. Dann fügte er in seinem Bericht noch hinzu: »Während der gesamten Aufenthaltsdauer war P. in Begleitung der Genossen L. und F. Unkontrollierte Kontakte konnte er im Verantwortungsbereich nicht aufnehmen. Er unternahm auch keinen Versuch.«

Wo immer ich war, was immer ich mit offizieller Genehmigung recherchierte, die Stasi war stets mit von der Partie. Sie redete bei der Auswahl der Gesprächspartner mit, kontrollierte Fragen und Antworten, wachte darüber, dass nichts aus dem Ruder lief und passte auf, dass Informationen, die der DDR schaden konnten, nicht preisgegeben wurden. Diese Ausweitung ihrer Tätigkeit hat nicht allen Hauptamtlichen von der Spionageabwehr II/13 gefallen. »Das entsprach nicht den Aufgaben, weshalb das Ministerium mal gegründet wurde«, hat mir ein ehemaliger Offizier erklärt. Er war zur Abteilung gekommen, um vor allem Agenten zu entlarven und »Klassenfeinde« an »ideologischer Diversion« zu hindern. Aber dafür blieb ihm immer weniger Zeit. An der Praxis haben solche Bedenken nichts geändert. Vor einem Besuch in Klingenthal, wo ich mich gemeinsam mit einem Korrespondenten-Kollegen über die Musikinstrumenten-Industrie informieren wollte, verfasste die MfS-Kreisdienststelle einen speziellen »Sicherungsplan«. Die westdeutschen Journalisten seien »ständig unter Kontrolle gehalten« worden, berichtete Oberstleutnant K. seinen Vorgesetzten in Karl-Marx-Stadt. Bei der Besichtigung eines Betriebes wollte ich wissen, wie viele Akkordeons exportiert würden. Mit der Reaktion des Leiters war die Stasi zufrieden: »Diese Frage wurde allgemein beantwortet. Genaue Ziffern wurden nicht genannt.« In der Regel wurde mir bei Recherche-Terminen ein Betreuer zur

Seite gegeben. In Seiffen im Erzgebirge, einem Zentrum der handwerklichen Produktion von Spielzeug und Weihnachtsschmuck, war es ein DDR-Journalist. Für ihn stellte die Stasi einen zweiseitigen »Fragenspiegel« zusammen, durch den sich das Misstrauen mir gegenüber wie ein roter Faden zog. So wollte die MfS-Bezirksverwaltung unter anderem wissen, ob ich Fangfragen oder Fragen provozierenden Charakters gestellt habe. »Wenn ja, welche und wie wurde darauf reagiert?« Auch interessierte das MfS, ob ich versucht habe, »über den Rahmen des genehmigten Vorhabens hinausgehende Kontakte zu schließen«, oder mich der Betreuung zu entziehen.

Nicht einmal ranghohe Funktionäre, die ich mit amtlicher Erlaubnis interviewen durfte, waren vor Kontrolle und Argwohn der »Firma« sicher. Im März 1985 wurde ich im Flughafen Schönefeld vom stellvertretenden Verkehrsminister und Generaldirektor der Interflug, Klaus H., empfangen. Er führte mich, begleitet von leitenden Mitarbeitern, nach einem mit dem MfS abgesprochenen Programm durch das Gebäude, zeigte mir die VIP-Abfertigung, erläuterte mir die Arbeit in der Buchungsleitzentrale und machte mich mit einem Piloten sowie dem medizinischen Personal bekannt, das die Flugzeug-Besatzungen vor dem Start kontrollierte. Beim Gespräch in seinem Dienstzimmer muss die Stasi gut zugehört haben. In einem Protokoll fasste die für Verkehr zuständige Hauptabteilung XIX die Antworten zusammen. Der Generaldirektor, SED-Mitglied und Generalmajor der Nationalen Volksarmee,

war auf der Hut. Ich wollte von ihm wissen, ob Interflug die Preise erhöht habe. »Die Frage wurde durch
den Genossen zusammenfassend so beantwortet, dass
unsere Partei alles tut, die Flugpreise stabil zu halten
und dass dafür erhebliche finanzielle Aufwendungen
nötig sind«, heißt es im Stasi-Protokoll. Und weiter: »Er
erklärte, dass bisher nur ein einziges Mal die Flugpreise
für DDR-Bürger und Bürger der sozialistischen Länder
um circa 10 Prozent erhöht wurden.« Auch beim Mittagessen im Raum 202 des Flughafen-Hotels lauschte
die Stasi weiter mit. Für die Unterhaltung in gelocker-
ter Atmosphäre hatte ich mir eine heikle Frage aufge-
spart. Ich bat ihn, mir etwas über die sogenannte Regie-
rungsstaffel und die Salonmaschinen der Interflug zu
erzählen, mit denen die Partei- und Staatsführung reiste.
Da musste der Generaldirektor passen. Im Stasi-Bericht
liest sich das so: »Genosse H. schlug vor, diese Frage
zurückzuziehen, weil er sie nicht beantworten werde.«
Am 4. Juli 1988 vermeldete die HA II/13 des MfS
»streng geheim« eine brisante Information. Ihr sei
zuverlässig bekannt geworden, dass feindliche Kräfte
beabsichtigen, die mehrfache Olympia-Siegerin und
Weltmeisterin im Eiskunstlaufen, Katarina Witt, aus
der DDR abzuwerben. »Ziel dieser Aktivitäten ist es,
die W. durch Eingehen von Verträgen im Show-Ge-
schäft, durch hohe materielle Zuwendungen dem Einfluss der DDR zu entziehen, um sie allmählich durch
weitere gezielte Beeinflussung zum ständigen Verlassen der DDR zu bewegen.« Drahtzieher seien Personen
aus einflussreichen westdeutschen Zeitschriftenver-

lagen, darunter auch der Verlag, in dem der *Stern* erscheint. Bald darauf wurde bekannt, dass Katarina Witt in enger Absprache mit dem Deutschen Turn- und Sportbund (DTSB) der DDR einen Vertrag mit der Eisrevue »Holiday on Ice« unterschrieben hatte. Ein halbes Jahr später durfte »das schönste Gesicht des Sozialismus«, wie West-Gazetten schwärmten, als Profi-Star im Westen gastieren. Dafür kassierten die Sportfunktionäre für ihren Staat satte Devisen. Bevor Katarina Witt zu ihrer Tournee aufbrach, wollte der *Stern* mit ihr reden und beantragte ein Interview. Dem Gesuch wurde stattgegeben. Von der Popularität der Eisprinzessin, so meinte man, könne die DDR nur profitieren. Für das Exklusiv-Gespräch zahlte der *Stern* ein stattliches Honorar in D-Mark (West).

Zwei Jahre zuvor habe ich zum ersten Mal über die First Lady des Eiskunstlaufs geschrieben. Da hatte sie gerade ihre erste eigene Wohnung, ein Eineinhalb-Zimmer-Appartement, in Karl-Marx-Stadt bezogen, das sie meinem Fotografen-Kollegen und mir stolz zeigte. Ich beobachtete sie beim Training, sprach mit ihrer Trainerin Jutta Müller und fragte die damals 20-jährige Katarina Witt nach ihrem Tagesablauf und ihrem Privatleben. Auch zu dieser Zeit haben westliche Revuen ihr großzügige Angebote gemacht. Ob sie manchmal davon träume, ihr Können in der Glitzerwelt des Showbusiness zu vergolden, wollte ich von ihr wissen. Aber mehr als die Worte, sie könne sich das vielleicht irgendwann ein bisschen vorstellen, brachte ich nicht aus ihr heraus.

Der Foto- und Interviewtermin war für den 28. Juli 1988 festgesetzt. Als Ort wurde die Berliner Gaststätte »Seeterrassen« am Fennpfuhl im Stadtbezirk Lichtenberg ausgewählt. Aus Hamburg reisten ein *Stern*-Sportreporter und eine Kollegin aus dem Unterhaltungsressort an. Vom DTSB kam ein offizieller Aufpasser. Katarina Witt brachte ihren Anwalt mit. Aber das genügte der Stasi nicht. Sie setzte einen Oberservierungstrupp in Marsch. Sein Auftrag: »Feststellen von Verhaltensweisen beim Treff von ›Starnberg‹ mit Katarina Witt.« Die Späher hielten minutiös fest, was sie beobachteten. Mit welchem Auto Katarina Witt kam (VW Golf GL rot), wie sie auf der Terrasse in einer Hollywood-Schaukel Platz nahm und wie mein Fotografen-Kollege, vom MfS als »OV Brasil« geführt, mit ihr in einem Boot auf den See hinausruderte, um dort »vor verschiedenen Hintergründen wie Kirche, Fontäne« Bilder von ihr zu machen. Nach drei Stunden konnten die Stasi-Beobachter wieder abziehen. Außer der Schilderung des Ablaufs hatten sie wenig zu vermelden. »Es gab keine Vorkommnisse. Die journalistischen Aktivitäten hatten geringe Publikumswirkung. Es traten nur einzelne Autogrammsammler in Erscheinung.«

Über den Inhalt des Gesprächs und seine Bewertung habe ich in den Stasi-Akten nichts gefunden. Auch nichts zum Verdacht einer versuchten Abwerbung. Die gab es nicht. Jedenfalls nicht durch mich und meine Kollegen. Eine Woche später war das Interview nachzulesen. Katarina Witt hat sich ziemlich clever aus der Affäre gezogen. Die Vorhaltung, die DDR-Sportpresse habe bis vor kurzem den Auftritt von Sportlern in Revuen verdammt, konterte sie mit dem Satz: »Mit den Zeiten ändern sich auch die Meinungen. Überall ist irgendetwas irgendwann das erste Mal, jetzt eben auch für uns.« Und auch die Frage, ob durch die Vermarktung ihr Image in der DDR leide, brachte sie nicht aus der Fassung: »Ich halte mich in keiner Hinsicht für vermarktet. Ich mache jetzt weiter das, was ich kann: nämlich Eislaufen in künstlerischer Form. So dass es mir und den Menschen Freude macht, überall.«

Der 16. Januar 1987 war für die Strafvollzugseinrichtung Brandenburg und ihren Leiter, Oberst Harry P., eine Premiere. Noch nie zuvor hatten »Klassenfeinde« als angemeldete Gäste eine DDR-Haftanstalt besichtigen dürfen. Doch an diesem Tag sah sich der Genosse Zuchthauschef genötigt, mich, einen *Stern*-Fotografen sowie zwei Vertreter der Illustrierten *Bunte* zu empfangen. Und dies auch noch auf Weisung höchster Parteistellen. Harry P. war sich der Brisanz seiner Aufgabe bewusst. Zwar hatten das MfS und sein oberster Dienstherr, der DDR-Innenminister, bis ins Detail festgelegt, wie der Besuch ablaufen solle, wer mit uns reden dürfe und welche Zellen wir zu Gesicht bekommen sollten. Aber ganz sicher, ob wir uns an die Vorgaben halten würden, war er nicht. Für Harry P. war es ein harter Tag. Er hatte die Aufgabe, den West-Journalisten nachzuweisen, dass es in seinem berüchtigten Knast, in dem während der Nazi-Herrschaft auch Erich Honecker gesessen hatte, korrekt und human zuging. Jedenfalls sah man dem Oberst die Anspannung an, als er – wie ihm später in einem Stasi-Protokoll bescheinigt wurde – die »bestätigte Gesprächskonzeption in freier Rede« vortrug. Mit so aufschlussreichen Sätzen wie: »Es ist das erstrangige Anliegen einer Strafvollzugs-Einrichtung, dass die Insassen die Einrichtung nicht ohne Erlaubnis verlassen.« Oder: »Im Mittelpunkt des Vollzugs der Strafen steht die Erziehung zu gesell-schaftlich nützlicher Arbeit.«

Als ich beim Außenministerium den Antrag stellte, hatte ich dem Vorhaben wenige Chancen gegeben. Als Aufhänger diente mir eine Äußerung von Bundes-kanzler Helmut Kohl, der DDR-Gefängnisse mit Kon-zentrationslagern verglichen hatte. Diese Begründung muss jemanden in der obersten SED-Etage auf die Idee gebracht haben, West-Journalisten für eine propagan-distische Aktion einzuspannen. Mir war bei der Sa-che nicht ganz wohl. Natürlich habe ich mitbekommen, dass uns in Brandenburg etwas vorgespielt wurde. Dass uns die bedrückenden Verhältnisse, die das Zuchthaus in Verruf gebracht hatten, verheimlicht wurden. »Die Straf-Arrestzellen, die von ehemaligen Häftlingen als Tigerkäfige beschrieben werden, dürfen wir nicht se-hen«, schrieb ich in meiner Reportage. Und vergaß auch nicht zu erwähnen, dass mir der Oberst auf die Frage, wie viele Aufseher eingesetzt seien, lapidar ant-wortete: »Genügend.«

Das ganze Ausmaß der Inszenierung ist mir erst Jahre später bekannt geworden. Während über hun-dert Häftlinge eines Arbeitskommandos im Speisesaal eingeschlossen wurden, hat man ausgewählte Gefangene in neue Kleidung gesteckt und vor den Journalisten wie Komparsen agieren lassen. Ein Brigadier, der wegen Untreue verurteilte frühere Leiter des Intershops im Ost-Berliner Palast-Hotel, war für würdig befunden worden, Fragen der Besucher zu beantworten. Brav und linientreu gab er Auskunft. »Ich empfinde diese Äußerung gelinde gesagt als eine Beleidigung der DDR«, erklärte er zur Kritik des Bundeskanzlers. »Wir haben darüber diskutiert, auch meine Mitgefangenen beziehen die gleiche Position.« Das klang wie einstudiert. Doch dann wurde er unvorsichtig und meinte, das Warenangebot in der gefängnisinternen Verkaufsstelle könnte besser sein. Zum Beispiel fehle es an Äpfeln. »Die hat es seit Dezember nicht mehr gegeben.« Das hätte er besser nicht sagen sollen. Wie ein Mithäftling später berichtete, wurde der Mann nach Erscheinen meines Berichts seiner Funktionen enthoben und in Einzelhaft verlegt.

Ein geplatzter Termin – der Fall »Revisor«

Der Mann, der mich am Morgen des 29. Dezember 1983 in meiner Dienstwohnung in der Leipziger Straße Nr. 65 besuchte, war mit seinem Wortschwall schwer zu bremsen. Er schimpfte auf das SED-Regime, »wo es keine Menschenrechte gibt«. Die kommunistischen Machthaber, sagte er, seien schlimmer als die Nazis. Die Werktätigen nannte er »Arbeitssklaven, die geschunden werden«. Überall, wo sich Funktionäre äußerten, werde gelogen und betrogen. Und wenn man im Betrieb den Mund aufmache und die Zustände kritisiere, dann bekomme man eins »auf die Nase«.

Ich nahm an, dass auch meine neue Dienstwohnung »verwanzt« war. Um DDR-Bürger davor zu schützen, sich um Kopf und Kragen zu reden, versuchte ich, sie durch stumme Gesten zu warnen. Ich berührte, während ich weitersprach, mit beiden Händen meine Ohren und drehte meinen Kopf hin und her. Die Geste sollte signalisieren: Hier haben die Wände Ohren. Die Warnung galt vor allem Menschen, die zum ersten Mal kamen und mir unbekannt waren. Die meisten verstanden, was ich meinte, und hielten sich mit unbedachten Äußerungen zurück. Aber Heinz N., der mir an diesem Morgen gegenübersaß, wollte unbedingt loswerden, was ihn bedrückte. Einen Tag zuvor hatte er sich bei mir telefonisch gemeldet und um einen Termin gebeten. Die Nummer hatte er von einem Kollegen bekommen. Als Journalist war ich stets daran interessiert, neue Leute kennenzulernen. Zwar kamen mitunter auch Stasi-Spitzel. Aber ich vertraute auf meine Menschenkenntnis. In meinen ersten Jahren als Korrespondent hatte ich ein Gespür dafür entwickelt, ob jemand ein Bittsteller war oder ein Provokateur, ein Mensch in Bedrängnis oder jemand, den »die Firma« beordert hat. Mein Bauchgefühl hat selten getrogen. Wenn mir jemand verdächtig erschien, habe ich ihn wieder weggeschickt. Ich bestellte den Anrufer für acht Uhr in der Früh.

Heinz N. – das wurde mir bald klar – war kein Provokateur, sondern eher ein Sonderling. Der in Stettin geborene Diplomwirtschaftler, Jahrgang 1921, fühlte sich verfolgt und diskriminiert. Nach dem Zweiten Weltkrieg, den er als Obermaat bei der Marine erlebte, war er der SED beigetreten, aber 1960 aus der Partei ausgeschlossen worden. Wegen einer Studie über Missstände in seiner damaligen Arbeitsstelle, wie er sagte. In seiner Freizeit verfasste er Fachbücher mit Analysen betrieblicher Abläufe und Verbesserungsvorschlägen für die volkseigene Industrie. Daneben schrieb er Gedichte und Prosatexte, in denen er sich kritisch mit der sozialistischen Gesellschaftsordnung und der führenden Rolle der Arbeiterklasse auseinandersetzte. DDR-Verlage, denen er seine Manuskripte anbot, lehnten eine Veröffentlichung ab. 1972 verlor N. seinen Job. Sein Betrieb kündigte den Arbeitsvertrag. Acht Jahre lang, hat er mir erzählt, habe er sich erfolglos um eine neue Stelle bemüht. »Ich musste von meinen Ersparnissen leben.«

Je länger er mir seine Geschichte erzählte, desto spannender fand ich den Fall. Seit 1980 hatte er wieder Arbeit, als Tarifbearbeiter beim Kombinat Auto-Trans Berlin. Nach Dienstschluss ging der allein lebende Mann sofort nach Hause in seine Zweiraumwohnung und schrieb auf, was ihn im SED-Staat quälte. Vieles in Lyrik-Form, amateurhaft und holprig. »Grausige Verbrechen heute Kommunisten begehen. Feig schweigen die meisten Leute – sie haben es nicht gesehen. Aus Angst, sie würden Beute.« N. – ein Einzelgänger und Vielschreiber. Jede freie Minute saß er an seiner

Schreibmaschine Optima, Typ »Elite« und schrieb Kurzgeschichten, Pamphlete und Romane. Heinz N. war klar, dass seine schriftstellerischen Arbeiten in der DDR nicht veröffentlicht würden. Aber vielleicht in der Bundesreplik. So glaubte er. Er ging zur Ständigen Vertretung der Bundesrepublik. Dort wollte er wissen, ob es einen westdeutschen Korrespondenten gebe, dessen Verlag Bücher herausgibt. Auch beim Ost-Berliner Büro der ARD und bei einem Zeitungskollegen sprach er vor. Irgendjemand muss ihm gesagt haben, er solle sich an den *Stern* wenden. Deshalb saß er bei mir. Voller Hoffnung, ich sei der Mann, der ihm helfen könnte, seine regimekritischen Schriften, speziell einen umfangreichen utopischen Roman, im Westen zu veröffentlichen.

Ob er wisse, dass man als DDR-Bürger eine staatliche Genehmigung benötige, um im Westen zu publizieren, fragte ich ihn. Er kannte diese Bestimmung, war auch beim DDR-Büro für Urheberrechte gewesen, glaubte aber, diese Hürde umgehen zu können. »Ich will kein Honorar«, sagte er. Um Geld gehe es ihm nicht. Ich erklärte ihm, dass der Verlag Gruner + Jahr zwar *Stern*-Bücher herausgebe. Dabei handele es sich aber in der Regel um die Verwertung von Artikeln und Serien, die zuvor in dem Magazin erschienen seien. Sachbücher, aber keine Belletristik. Er verstand und blickte mich mit trauriger Miene an. Ich wollte ihn nicht völlig enttäuschen. Ob er bereit wäre, mir einige seiner Gedichte und Geschichten zu zeigen, fragte ich ihn. Damit ich mir ein Urteil über Inhalt und Stil bilden könne. Er war sofort einverstanden. Wir vereinbarten einen Termin: Sonnabend, den 7. Januar 1984, 9.30 Uhr.

Heinz N. kam nicht. Kein Klingelzeichen, kein Telefonanruf. Es wird ihm wohl etwas dazwischen gekommen sein, dachte ich. Oder er hat den Zettel mit meiner Adresse und meiner Telefonnummer verlegt. Ich ahnte nicht, was sich kurz zuvor vor dem Haus abspielte. Das erfuhr ich erst viel später. Nach der Lektüre der Stasi-Akten. Tatsächlich war der Besucher pünktlich. Um 9.20 Uhr stand er vor dem Haus Nr. 65. In der Hand eine Aktentasche mit Texten, die er mir zur Lektüre bringen wollte. Dort wurde er von der Staatssicherheit erwartet. Im Vorraum zum Eingang des 14-geschossigen Plattenbaues machten sich zwei Männer zu schaffen. Stasi-Mitarbeiter, die sich als Monteure verkleidet hatten. Die Tür sei defekt und müsse repariert werden, sagten sie. Sie führten Heinz N. um das Gebäude herum zum Hintereingang. Dort wartete ein Lada. Er wurde aufgefordert einzusteigen. Dann wurde er zur Untersuchungshaftanstalt des Ministeriums für Staatssicherheit gefahren.

Mit seinem Besuch in meiner Dienstwohnung war N. ins Visier der Stasi geraten. Am 4. Januar schlug die für Spionageabwehr zuständige Hauptabteilung II/13 vor, ihn wegen des Verdachts versuchter ungesetzlicher Verbindungsaufnahme »in einem Operativen Vorgang zu bearbeiten«. Die Aktion nannte die Stasi »OV Revisor«. Zwei Tage später empfahl der Leiter der HA II, Generalmajor, Günter K., die »konspirative Festnahme«. Begründung: Es lägen Informationen vor, wonach N. »Schriften und Manuskripte in Prosa- und Gedichtform mit feindlichem Inhalt gegen die sozialistische Staats- und Gesellschaftsordnung mindestens seit 1966 herstellte und mit der Absicht der Übergabe zur Veröffentlichung in der BRD dem ständig akkreditierten Korrespondenten des *Stern* anbot«. Das Schreiben mit dem Vermerk »streng geheim« ging an MfS-Minister Erich Mielke. Der zeichnete es mit seinem Nachnamen ab.

Um an »Revisor« ein Exempel zu statuieren, scheute der staatliche Repressionsapparat keinen Aufwand. MfS-Mitarbeiter durchsuchten »konspirativ« seine Wohnung. Damit andere Hausbewohner keinen Verdacht schöpfen konnten, wurden Stasi-Leute als Feuerwehrmänner verkleidet, die eine Brandschutz-Überprüfung vortäuschten. Andere Spitzel standen Schmiere. MfS-Offiziere drangen kurz nach neun Uhr mit einem Nachschlüssel in die Wohnung ein, fotografierten die Einrichtung, fertigten Skizzen und »dokumentierten« mit einer sowjetischen Spezialkamera belastende Schriftstücke, darunter auch einen Zettel, auf dem N. meine Adresse und den Zeitpunkt des geplanten Treffens vermerkt hatte. Mit bürokratischer Akribie listete die Stasi auf, was sie an literarischen Aufzeichnungen des »Revisors« vorfanden: Eine Mappe mit rund 200 Seiten, beschrieben mit Gedichten unter dem Titel »Allerlei Gereimtes«. Fünf weitere Gedichtbände. Einen Roman »Die Sommerferien« mit 292 Seiten. Einen Band mit Kurzgeschichten. Sowie einen utopischen Roman »Hokulano« mit 370 Seiten. »Während der Durchsuchung wurden keine Zahlungsmittel kapitalistischer sowie sozialistischer Währungen vorgefunden«, protokollierten die Schnüffler. Auch habe man keine Hinweise auf nachrichtendienstliche Hilfsmittel entdecken können. Gegen Ende des ausführlichen Berichtes heißt es:»Nachdem alle Räume, Schränke und Behältnisse einer gründlichen Kontrolle unterzogen werden konnten, wurde die Wohnung von Revisor nach gründlicher Prüfung, ob keine Spuren hinterlassen wurden, unter Absicherung der Sicherungskräfte gegen 12.40 Uhr durch die Einsatztruppe wieder konspirativ verlassen.«

Vom 3. Januar an wurde »Revisor« vom MfS beschattet. Sobald er das Haus verließ, hefteten sich Mitarbeiter an seine Fersen. Besonders intensiv am Tage der Festnahme. Auf dem Weg von seiner Mansardenwohnung in der Wotanstraße im Stadtbezirk Lichtenberg zu mir im Bezirk Mitte ließ ihn die Stasi nicht aus den Augen. Eine Kamera war immer dabei. Die MfS-Häscher sorgten sich, die Festnahme könnte von unbeteiligten Passanten bemerkt werden. Erleichtert stellten sie fest, dass das im Nachbarhaus befindliche Café und eine Modeboutique geschlossen hatten und in den an der Leipziger Straße geparkten Autos keine Menschen saßen. Den Fahrstuhl im Haus Nummer 65 hatten sie stillgelegt.

Für das Staatssicherheits-Ministerium war die Aktion »Revisor« so wichtig, dass man beschloss, darüber einen Film zur internen Schulung zu drehen. Beispielhaft sollte an diesem Fall demonstriert werden, wie durch die Wachsamkeit der Stasi die geplante Übergabe von brisanten Materialien an den »Feind« verhindert werden konnte. Manche der beteiligten Offiziere begrüßten das Vorhaben, weil sie sich Lob und Anerkennung vom obersten Chef erhofften. Andere äußerten Bedenken gegen das Projekt. Eine zweite Hausdurchsuchung zum Zwecke von Filmaufnahmen verstoße gegen die Regeln der Konspiration, wandte ein Major ein. Der Film wurde dennoch produziert. Die Verhaftungsszene stellte das MfS mit einem Double des »Revisors« nach.

Um den Beginn der Bespitzelung schlüssiger erscheinen zu lassen, erfanden die Stasi-Filmer einen IMB »Klaus«, einen Inoffiziellen Mitarbeiter mit Feindverbindung. Dieser »erprobte und zuverlässige IM« kam nur als Stimme vor. Laut Drehbuch habe ich ihn – während ich in einem anderen Zimmer arbeitete – unbeaufsichtigt West-Zeitungen lesen lassen. Diese Gelegenheit nutzte er angeblich zum Schnüffeln. »Zufällig fand ich einige handschriftliche Notizen, die Pragal angefertigt hatte«, berichtete er im Film. Aufzeichnungen über ein Gespräch mit Heinz N. Der IM notierte sich den Namen und den verabredeten Zeitpunkt des Treffens und gab sein Wissen an das MfS weiter. So die Version des Films. Nachforschungen bei der Stasi-Unterlagen-Behörde ergaben, dass es einen IM, auf den diese Rolle passt, nicht gab. Wahrscheinlich wollte das MfS den Eindruck vermeiden, dass ihre Erkenntnisse über »Revisor« und seine Absichten allein auf einen Lauschangriff zurückgingen. Nach ausführlichen Vernehmungen kamen den MfS-Offizieren Zweifel, ob ihnen mit Heinz N. tatsächlich ein gefährlicher Staatsfeind ins Netz gegangen war. Sie ließen »Revisor« von einem Psychiater begutachten. Das Ergebnis der Untersuchung bestätigte ihren vagen Verdacht. Sie hatten es mit einem kranken Menschen zu tun. Am 9. Februar schlug die als Untersuchungsorgan zuständige Hauptabteilung IX des MfS vor, das Ermittlungsverfahren gegen N. einzustellen und den Haftbefehl aufzuheben. Die in der Wohnung sichergestellten Texte sowie die für mich bestimmten Leseproben, die das MfS in der Aktentasche des N. fand, wurden amtlich eingezogen. Mit der Begründung, dass Inhalt und Zweckbestimmung »eine erhebliche Gefahr für die öffentliche Ordnung und Sicherheit bilden«. Der medizinische Befund habe ergeben, dass dem Beschuldigten eine »Schuldunzurechnungsfähigkeit« zuerkannt werden müsse. Fünf Tage später entsprach das Stadtbezirksgericht Mitte der auch vom Minister bestätigten Empfehlung. Heinz N. kam frei, wurde aber »zur vorbeugenden Verhinderung« ähnlicher Handlungen weiter beobachtet. Das MfS sorgte dafür, dass ihn der Betrieb Auto-Trans bis zum Eintritt ins Rentenalter 1986 weiterbeschäftigte.

Von alledem wusste ich bis zum Beginn der neunziger Jahre nichts. Nachdem Heinz N. nicht zum vereinbarten Termin erschienen war, hatte ich mich mit dem Gedanken getröstet, irgendwann würde er sich schon melden. Seine Adresse hatte er mir nicht gegeben. Erst als die Stasi-Archive geöffnet wurden, erfuhr ich, was geschehen war. Und das eher durch Zufall. Am 4. März 1993 rief mich ein Kollege an und machte mich auf eine öffentliche Veranstaltung der Stasi-Unterlagen-Behörde aufmerksam. Da werde ein Schulungsfilm des MfS gezeigt, in dem ich vorkomme. Gemeinsam mit meiner Frau habe ich mir den Dokumentationsstreifen »Revisor« angeschaut. Die Konfrontation mit dem längst vergessenen Fall wühlte mich auf und provozierte Fragen. Lebt »Revisor« noch? Und wo kann ich ihn erreichen? Ein Mitarbeiter der Gauck-Behörde, die seine Wohnadresse kannte, blockte meine Bitte kaltschnäuzig ab. Keine Auskunft. Aus Gründen des Datenschutzes.

Die Abfuhr weckte meinen Ehrgeiz. Aus einer Kiste im Keller suchte ich meinen Terminkalender von 1984 heraus. Für den 7. Januar hatte ich einen Namen eingetragen. N. stand da. 9.30 Uhr. Sonst nichts. Im Stasi-Film waren alle auf Personen bezogenen Angaben unkenntlich gemacht. Auch vor meinem Gesicht, das in der bearbeiteten Dokumentation gezeigt wurde, war ein schwarzer Balken. Aber einige Straßen, die der »Revisor« auf dem Weg zu mir passierte, wurden genannt. Etwa die Siegfriedstraße. Die liegt im Stadtbezirk Berlin-Lichtenberg. Dort in der Nähe, so folgerte ich, musste er wohnen. Ich fuhr in das Viertel und begann zu suchen. Straße um Straße. Gut zwei Stunden lang. Ich hatte nur den vollständigen Namen und das im Film gezeigte Bild des Hauses im Kopf, aus dem N. am Tage seiner Verhaftung herausgetreten war. Ich wollte schon aufgeben, da stand ich in der Wotanstraße vor einem frisch verputzten Mietshaus. Genauso sah das Gebäude im Film aus. Die gleiche Fassade, dieselben Erker und Balkons. Auch den Eingang erkannte ich wieder. Neben einem der Klingelknöpfe stand, was ich suchte. Über die neu installierte Haussprechanlage nannte ich meinen Namen. Er erinnerte sich sofort und öffnete die Tür. »Kommen Sie herauf.«

Ich traf einen alten, gesundheitlich geschwächten Mann, der nicht nur seelisch krank war. Er erzählte mir, wie es ihm ergangen war. Sein Schicksal als Stasi-Opfer berührte mich. Seine einzige Tochter hatte ihre Arbeitsstelle in einer Bibliothek verloren. Verbittert hatte sie einen Ausreiseantrag gestellt, dem auch stattgegeben wurde. Zurück blieb ein einsamer, kranker Rentner, dem die Lust auf Kontakte zu West-Korrespondenten vergangen war. Den Film »Revisor« kannte er nicht. Ich besorgte mir eine Video-Kassette, packte einen Rekorder ins Auto und fuhr zu ihm. Fasziniert beobachtete er die Geheimdienst-Gestalten auf dem Bildschirm, die im Januar 1984 durch seine Wohnung schlichen und jeden Winkel untersuchten. Als eine Aktentasche ins Bild kam, rief er: »Die hatte ich damals mit, als ich zu Ihnen kommen wollte. Mit den Unterlagen.«

Als ich von seinem Tod erfuhr, war er schon bestattet. Über »Revisor«, der schuldlos in das Räderwerk des Geheimdienstes geraten ist, hat das MfS Unterlagen mit mehr als tausend Blatt angelegt. Teile davon habe ich in meiner eigenen Akte gefunden. Manchmal habe ich darüber nachgedacht, was geschehen wäre, hätte ich auf Heinz N. nicht in der Wohnung, sondern vor der Haustür gewartet. Wäre er auch dann in den Wagen gezerrt worden? Vor meinen Augen. Wohl kaum. In den Akten steht der Satz: »Im Beisein des Pragal, Peter keine Festnahme.«

Einer der an der Aktion beteiligten MfS-Offiziere hat mir später gesagt, dass der Fall »Revisor« seinerzeit intern unterschiedlich beurteilt wurde. Er gehörte zu denen, die gegen eine Festnahme waren. Stattdessen wollte er beobachten, was mit den übergebenen Schriften passiert. Würde ich sie weiterleiten oder über Heinz N. und seine literarische Arbeit im *Stern* eine Geschichte veröffentlichen? »Ich konnte mich nicht durchsetzen«, sagte er.

Das war gut für mich. Dieser hauptamtliche Stasi-Mitarbeiter hatte von Anfang an den Verdacht, dass »Revisor« kein ernstzunehmender Dissident war, sondern ein Mensch, der in fachärztliche Obhut gehörte. Hätte ich seinen Fall tatsächlich publiziert, wäre ich angreifbar gewesen. »BRD-Korrespondent missbraucht psychisch kranken DDR-Bürger zur Verleumdung des Sozialismus.« So oder ähnlich sollte der Vorwurf lauten, den man nach dem Plan des Offiziers über die DDR-Medien gegen mich erheben wollte.

Daraus wurde nichts. OV »Revisor« war kein Fall, mit dem sich die Stasi schmücken konnte. Deshalb beschloss man, meine Rolle dem DDR-Außenministerium vorzuenthalten. Während die Stasi sonst jeden Verstoß eines Korrespondenten gegen DDR-Bestimmungen der Journalisten-Abteilung des Außenamtes meldete, behielt das MfS diesmal sein Wissen für sich.

»Aufgrund übergeordneter politischer Interessen«, so heißt es im Abschlussbericht zum OV »Revisor«, »erfolgte bisher keine Informierung des MfAA zu den Aktivitäten des *Stern*-Korrespondenten Pragal.«

Böswillige und gutartige Spitzel

Die beiden Inoffiziellen Mitarbeiter kamen mit schlechtem Gewissen zum Treff mit ihrem Führungsoffizier. »Wir haben wieder fast gar nichts zu berichten«, sagten IM »Katarina« und IM »Martin« kleinlaut, als sie an einem Oktoberabend des Jahres 1985 in der konspirativen Wohnung »Südost« dem Oberleutnant Manfred M. des Staatssicherheitsministeriums gegenübersaßen. Der Offizier machte dem Ehepaar klar, dass die gelieferten Informationen zu dürftig seien. »Im Ergebnis ist einzuschätzen«, so schrieb er in gestanztem Stasi-Deutsch in seiner Treffauswertung, »dass die IM in ihrer Arbeit zur Festigung der bereits bestehenden Kontakte zu Personen aus dem Kreis um Pragal nicht entscheidend weitergekommen sind.« Weder seien die Kontakte inhaltlich vertieft worden noch habe man operativ wertvolle Informationen erarbeiten können. Für »Katarina« und »Martin«, ein verheiratetes Paar, war die Rüge peinlich. Sie waren nicht direkt auf mich angesetzt, sondern sollten nur einige meiner Freunde aushorchen, um auf diesem indirekten Weg einiges über mich zu erfahren. Eine lösbare Aufgabe, meinte der Führungsoffizier. Die Frau, ehemals leitende Jugendärztin, kannte unsere Freunde aus ihrer Jugendzeit. Sie war am Wochenende und im Urlaub häufig auf einer Insel im Teupitz-See, auf der die Eltern unserer Freunde ein Ferienhaus hatten. Dort waren wir etliche Male zu Gast.

Über uns haben die Zuträger des MfS nichts Brauchbares erfahren. Unsere Freunde, die anzuwerben die Stasi offenkundig für aussichtslos hielt, ließen sich keine konkreten Informationen entlocken. Und der Plan, die Spitzel an »Starnberg anzuschleusen«, ging auch nicht auf. Alle Mahnungen, ihre Aktivitäten zu steigern, nutzten nichts. Aus seinem Unmut machte der Führungsoffizier keinen Hehl: »Dem IM wurde dargelegt, dass die bisherigen Arbeitsergebnisse gemessen an den objektiven Möglichkeiten nicht ausreichen und nicht befriedigen.«

IM »Martin« und »Katarina« waren nicht die einzigen Versager unter den rund zwei Dutzend Inoffizieller Mitarbeitern, die das MfS auf uns angesetzt hatte. Da gab es zum Beispiel einen diplomierten Formgestalter mit dem Decknamen »Kante«. Den hatte das MfS schon in den sechziger Jahren zur Mitarbeit gewonnen. Nachdem er versucht hatte, sich seinen Auftraggebern zu entziehen, brach die Stasi den Kontakt zu ihm ab. 1983 trat sie erneut an »Kante« heran und zeigte ihm die »subversive Rolle bürgerlicher Korrespondenten« auf. Das wirkte. Erneut ließ sich »Kante« überreden, der Staatssicherheit dienstbar zu sein. Er erschlich sich das Vertrauen des einen oder anderen Korrespondenten-Kollegen. Ich hielt ihn auf Distanz. »Versuche, diesen Kontakt auszubauen, führten bisher zu keinem sichtbaren Erfolg«, notierte sein Führungsoffizier. Zwar drückte ich ihm Woche für Woche im Flur meiner Dienstwohnung den neuesten *Stern* in die Hand, aber auf Gespräche ließ ich mich selten ein. Das MfS entwarf eine »Konzeption zur weiteren Qualifizierung des IM«. »Kante« sollte befähigt werden, »Angriffsrichtungen richtig zu werten und seine Verhaltensweisen entsprechend auszurichten«. Aber das nützte auch nichts. Ich traute »Kante« nicht. Und deshalb hatte er bei mir keine Chance. So erging es etlichen anderen, die uns die Stasi unter irgendwelchen »operativen Legenden« ins Haus schickte. Die IM lagen uns als Menschen nicht. Ihr Verhalten wirkte irgendwie einstudiert. Auch ein bisschen devot. Meine Frau und ich spürten, dass ihre Kontaktversuche nicht freiwillig waren. Manchmal vermuteten wir, dass wir in eine Falle gelockt oder sonst wie hereingelegt werden sollten. Kurzum, die lange Liste der zu meiner »Bearbeitung« eingesetzten Inoffiziellen Mitarbeiter war für das MfS keine durchgängige Erfolgsgeschichte.

»Persönliche Beziehungen mit teilweise vertraulichem Charakter« haben laut Stasi-Akten nur die IM »Roge« und »Franz« zu uns unterhalten. »Mit Abstrichen auch die IM Wolfgang Ähre und Karsten.« Zwei weitere – »Heinrich« und »Frieder« – sind »über einen halboffiziellen Status« der Arbeitskontakte hinaus nicht in mein Vertrauen eingedrungen. Die übrigen, zu denen ich sporadisch Kontakt unterhielt, haben es nicht einmal so weit gebracht. Nach Öffnung der Stasi-

Akten habe ich Major M. gefragt, warum er Leute auf uns angesetzt habe, die uns als Personen nicht interessierten. Als Kenner unserer Charaktere und unserer Interessen hätte er doch andere Typen von IM schicken müssen. Seine entwaffnende Antwort: »Ich hatte keine besseren.«

Was DDR-Bürger, die Opfer der Stasi wurden, als tief verletzenden Vertrauensbruch mit lang anhaltenden Spätfolgen empfanden, hat bei mir in erster Linie Neugier auf die Beweggründe der IM geweckt. Warum haben sie sich in den Dienst des MfS gestellt? Wurden sie unter Druck gesetzt? Hatten sie Angst, sich zu verweigern? Wollten sie sich durch Prämien und Zuwendungen ein Zubrot verdienen? Erhofften sie sich, ins westliche Ausland fahren zu dürfen? Oder haben sie sich aus politischer Überzeugung zur Mitarbeit bereit erklärt? Bei den IM, mit denen ich es zu tun hatte, war es meistens eine Mischung aus verschiedenen Motiven. In der Regel gab die Loyalität zu ihrem sozialistischen Staat den Ausschlag. »Man hat mir gesagt, du seiest Oberst beim westdeutschen Geheimdienst«, rechtfertigte sich ein Reiseschriftsteller, als ich ihn mit seinen Spitzelberichten konfrontierte. Das meiste, was er geschrieben oder auf Band gesprochen habe, sei doch wertloses Zeug gewesen, verteidigte sich IM »Ebert«. Das war nicht einmal falsch. Die Berichte der IM über mich sind voll von Banalitäten und Belanglosigkeiten. »P. war normal, ordentlich gekleidet (Anzug, Krawatte)«, hat einer von ihnen aufgeschrieben.

Ein Filmemacher fand sich in den Protokollen der

Stasi-Treffs mit seinen Ansichten und Anliegen nicht korrekt wiedergegeben. »Wir haben doch auch über ganz andere Dinge geredet«, sagte er. Über die Zukunft des Sozialismus. Und was man in der DDR ändern müsste. Dass es zur Arbeitsmethode der MfS-Offiziere gehörte, sich geduldig und vermeintlich verständnisvoll Kritik an den Verhältnissen in der DDR anzuhören, um dann gezielt andere Informationen aus den IM herauszulocken, will er nicht geahnt haben.

Mitunter habe ich bei der Lektüre von IM-Berichten sogar ein wenig Mitgefühl gegenüber den Informanten empfunden. Etwa mit dem IM »Heinrich«, Professor der Medizin, SED-Mitglied und Direktor an der Berliner Charité. Ein freundlicher, gebildeter Mann, den ich beim Empfang eines Kollegen kennengelernt hatte. Seit 1981 arbeitete er als IM für das MfS, laut Verpflichtungserklärung freiwillig und aus politischer Überzeugung. In seiner Familie gab es ein Problem. Seine Tochter unterhielt eine Beziehung mit einem Bundesbürger. Den Vater beunruhigte der Gedanke, sie könnte einen Ausreiseantrag stellen. Und er befürchtete, er könnte seinen Einfluss auf sie verlieren. Eine Situation, die – wie sein Führungsoffizier erkannte – »den IM emotional berührte«. Vielleicht war das die schwache Stelle, die ihn zum Werkzeug des MfS werden ließ.

Die Stasi hat »Heinrich« detailliert instruiert, wie er sich verhalten sollte. Sie hat sich einen Vorwand für ihn ausgedacht, mit mir ins Gespräch zu kommen. Sie hat ihn angewiesen, mich um einen medizinischen Fachartikel zu bitten, der in einem westdeutschen Magazin erschienen und ihm nicht zugänglich war. Ich habe ihm den Artikel besorgt. Bei jeder neuen Verabredung, ja sogar bei einer Weihnachtskarte, die er mir schrieb, führte sein Führungsoffizier Regie. Den Text mit den guten Wünschen zum Fest und zum Jahreswechsel hat der IM sich notiert und der Stasi übermittelt. »Heinrich« hing fest am Gängelband des Geheimdienstes.

Für mich waren die Gespräche, die wir sowohl in meiner Dienstwohnung als auch in Gaststätten führten, gleichwohl interessant und journalistisch ergiebig. Ich habe von ihm viele Hintergrundinformationen zum staatlichen Gesundheitswesen bekommen. Angaben über die Gehälter von Ärzten und Schwestern, über neuartige Bandscheiben-Operationen, über Tierversuche an DDR-Instituten, die in der Bundesrepublik nicht zulässig waren. Wenn er aus seinem Berufsleben mehr erzählte als er in seinen Berichten angab, etwa zum Thema Aids in der DDR, hat ihm das die Stasi, die unser Gespräch abgehört und mitgeschnitten hatte, beim nächsten Treff vorgehalten. Umgekehrt habe ich ihm dargelegt, was in der DDR und in anderen Ostblock-Ländern aus meiner Sicht schiefgelaufen ist. Widersprochen hat er mir selten. Insgeheim, so glaubte ich wahrzunehmen, stimmte er mir bei mancher Kritik zu. Er schätzte offenbar meine offene Art. Ihm fiel auf, dass ich mich nicht »irgendwie absicherte«. »Heinrich« hat unsere Gespräche korrekt wiedergegeben. »Insgesamt schätze ich ein«, berichtete er einmal seinem Führungsoffizier, »dass Pragal letztendlich auch nicht andeutungsweise Positionen für uns und unsere Gesellschaft vertritt.« So war es. Eigentlich, so denke ich heute, war er ein armer Kerl. Ein von Zweifeln geplagter Mensch, der wie so viele andere versuchte, sich in der SED-Diktatur durchzulavieren.

Wirklich hinters Licht geführt hat mich nur ein einziger IM. »Roge« – so sein Deckname – hatte mein Vertrauen erworben. Und das meiner Frau. Wir haben nicht gemerkt, dass er ein doppeltes Spiel getrieben hat. Wir waren Gäste bei seiner Hochzeit. Und bei meinem 50. Geburtstag gehörte er zum engeren Kreis von Familienmitgliedern und Freunden, die ich zu einem Fest eingeladen hatte. Uns gegenüber gab er sich als Unangepasster, als Mann mit leicht anarchischen Zügen. Fleißig hat er über uns berichtet. Und dabei auch geflunkert. Vielleicht, weil er sich bei seinem Führungsoffizier wichtig machen wollte. Oder auch, weil er sich – ohne Kenntnisse der Zusammenhänge – aus unseren Gesprächen einiges zusammengereimt hat. Er war freischaffender Formgestalter mit eigenem Atelier, mehrfach verheiratet und Vater von sechs Kindern. Wovon er lebte, war mir nicht klar. Den Lebensunterhalt der Familie verdienten wohl seine jeweiligen Ehefrauen.

Vom MfS hat er für »operative Aufträge« regelmäßig Geld bekommen. Keine großen Beträge. Mal 50, mal 100, mal 200 Mark. Tankquittungen vom VEB Kombinat Minol hat er ebenso abgerechnet wie Kneipenrechnungen und andere Auslagen bei der »Kontaktarbeit zu Starnberg«. Die handschriftlichen Belege habe ich in meinen Akten gefunden. Ende November 1989 – die

Grenze war offen und das MfS war inzwischen in Amt für Nationale Sicherheit umbenannt worden – hat er sich für seine Spitzeltätigkeit in West-Berlin 200 Westmark auszahlen lassen. »Roge«, der sich als Freund eines Kollegen in unser Leben geschlichen hatte, war ein Überzeugter. Einer, der auch nach dem Zusammenbruch des SED-Regimes seine Kinder kommunistisch indoktrinierte. »Spar Dir den Weg zu mir«, hat er mir im September 1993 geschrieben. Da war sein IM-Name gerade entschlüsselt worden. Ich wollte ihn zur Rede stellen. Wollte wissen, was ihn zu seiner Doppelrolle veranlasst hat. »Meine Biografie ist kein Boulevardblatt, sie gehört allein mir«, bekam ich zur Antwort. Wenn ich Erklärungen zu gewissen Schriftstücken haben wolle, solle ich mich an den diensthabenden Verfasser wenden. Dann folgte ein kryptischer Hinweis auf sein Motiv: »Ein Mann für 30 Silberlinge – ist das nicht etwas zu kurz gedacht? Diese Jacke ist mir einige Nummern zu klein und zu schäbig.« Bei seiner Beerdigung war ich unter den Trauergästen.

Der IM »Jan« hatte mehr Charakter. Er war der Erste und Einzige, der nach dem Ende der DDR zu uns gekommen ist und seine Funktion als Zuträger des MfS offenbart hat. Da waren die Stasi-Akten noch nicht geöffnet. Ein paar Monate später hat er mir einen Brief geschickt. Emotional, selbstkritisch und ehrlich. »Wie schade, dass unsere Bekanntschaft unter einem solchen Schatten stand«, schrieb er. Dies umso mehr, als er mich als toleranten, liberalen Journalisten und Menschen kennengelernt habe. Mit sich selbst ging er hart ins Gericht. Ihm sei inzwischen bewusst geworden, dass alle Versuche, sich selbst etwas vorzumachen, nicht weiterführten. Ausreden nach der Art, man sei vom Sozialismus überzeugt gewesen. Oder man habe die DDR schützen wollen. »Jans« bittere Erkenntnis: »Wer Opportunismus, Anpassung, mangelnde Zivilcourage und schlicht und ergreifend Feigheit zu Hauptworten seines Lebens machte, muss sich nicht wundern, wenn er heute vor einer ziemlich vertanen Vita steht.« Ihm gehe es, so schrieb er weiter, nicht um Rechtfertigungen à la carte, sondern um die Erläuterungen von Verhaltensmustern, Zerstörung von Persönlichkeitsstrukturen, Deformationen von Charakteren. »Jan« stammt aus einer bürgerlichen Familie. Vater und Großvater waren Besitzer einer mittelständischen Textilfabrik in Sachsen, die unter Walter Ulbricht verstaatlicht wurde. Der Sohn, der schon als Schüler einer Erweiterten Oberschule für die lokale Zeitung schrieb, wollte Journalist werden. Er studierte Journalistik an der Karl-Marx-Universität Leipzig. Vor dem Abschluss im »Roten Kloster«, in dem – wie eine frühere Studentin in ihrem gleichnamigen Buch schrieb – die künftigen Agitatoren und Propagandisten »zur Heuchelei« erzogen wurden, zitierte ihn die Kaderleitung zu sich. Ihm wurde eröffnet, dass für ihn keine journalistische Laufbahn, sondern ein leitender Posten im Bereich der Blockparteien vorgesehen sei. So nannte man die organisatorisch selbstständigen, in Wahrheit von der SED gesteuerten Zusammenschlüsse von Christdemokraten, Liberalen und sogenannten Nationaldemokraten, die als Bündnispartner an Aufbau und Ausgestaltung des Sozialismus mitwirken sollten.

»Jan« bekam den ihm zugedachten Posten. Der Arbeitsalltag in der Ost-Berliner Zentrale einer dieser pseudobürgerlichen Blockparteien setzte ihm zu. Zwar fand er Zugang zu den Parteioberen, schrieb Reden und kam mit dem Vorsitzenden ins Gespräch. Aber der »vorauseilende Gehorsam«, den er tagtäglich erlebte, stieß ihn ab. Auch bekam er die Missgunst seiner Kollegen zu spüren. »Ich habe mich damals sehr unwohl gefühlt«, sagte er viele Jahre später. Durch Zufall bekam er mit, wie Parteibedienstete über seine Ehefrau redeten. Als Mitarbeiterin einer Außenhandelsgesellschaft hatte sie bei der Leipziger Messe einen westdeutschen Manager getroffen. Der ihr damals nicht erlaubte West-Kontakt fiel bei einer Autokontrolle auf. Von ihrem Betrieb wurde sie fristlos entlassen. Funktionäre gaben »Jan« zu verstehen, er solle sich scheiden lassen. »Das kommt nicht infrage«, sagte er. In dieser Zeit wurde er von MfS-Mitarbeitern angesprochen. Sie gaben sich als Bedienstete des Ministerrates aus. Aber »Jan« wurde bald klar, dass sie von der »Firma« waren. Den Offizier, mit dem »Jan« redete – zunächst nur bei Spaziergängen, später auch in Wohnungen – betrachtete er als »eine Art Kummerkasten«. »Jan« schilderte seinen Frust bei der Parteiarbeit, schimpfte auf das von Misstrauen geprägte Betriebsklima und erzählte ihm auch vom Schicksal seiner arbeitslosen Frau. Die Botschaft kam an. Einige Wochen später wurde sie aufgefordert, sich bei einer staatlichen Einrichtung vorzustellen. Sie bekam einen neuen Job. Später ging die Ehe auseinander.

Als leitender Partei-Mitarbeiter, der viel im sozialistischen Ausland herumkam, durfte »Jan« die *Süddeutsche Zeitung* lesen. Er kannte meine Artikel. Seit 1974 suchte er im Auftrag des MfS Kontakt zu diplomatischen und journalistischen Kreisen aus der Bundesrepublik. Ich lernte ihn 1976 über einen SPD-Politiker kennen. Wir trafen uns in unregelmäßigen Abständen und haben uns über die aktuelle Politik ausgetauscht. Mal in meiner Wohnung, mal in irgendeiner Gaststätte. Dass er dies in seiner Funktion nicht ohne Absicherung tun durfte, war mir klar. Er kannte viele Interna und hat mich dosiert an diesem Wissen teilhaben lassen. Meine Motive hat die Stasi richtig erkannt. »Pragal ging es vorwiegend um die Bestätigung bereits aus anderen Quellen vorliegender Informationen«, heißt es in einem Vermerk. »Insofern dürfte der IM Jan für P. interessanter gewesen sein als der größte Teil seiner anderen DDR-Kontakte.«

In der politischen und journalistischen Praxis nennt man eine derartige Beziehung einen »Kanal«. In der Zeit des Kalten Krieges dienten »Kanäle« dazu, Situationen und Prozesse auf der anderen Seite des »Eisernen Vorhangs« besser beurteilen zu können. »Ich hatte Gefallen daran gefunden«, begründete »Jan« später seine Tätigkeit als IM. Und ich fühlte mich als Journalist gut informiert. Bei Reden, die Erich Honecker etwa vor den Kreissekretären der SED hielt, gab es in der Regel einige Passagen, die von den DDR-Medien nicht veröffentlicht wurden. »Jan« hat mich über diese im *Neuen Deutschland* ausgelassenen Ausführungen unterrichtet. Es zeige sich immer wieder, notierte das MfS, »dass P. auch diese Teile der Rede des SED-Generalsekretärs kennt«.

An anderer Stelle der Akten lese ich: »P. verfügt vermutlich über eine Quelle, die ihn mit sehr aktuellen Informationen aus der SED beliefert.« Das werde aus einer Meldung deutlich, die nur in der *Süddeutschen Zeitung* vom 26. Januar 1978 erschienen sei. Die Meldung lautete: »Die SED-Führung hat dem von der Bundesregierung angebotenen deutsch-deutschen Meinungsaustausch zugestimmt. Wie aus zuverlässiger Quelle aus Ost-Berlin verlautete, hat das Politbüro am Dienstag einen entsprechenden Beschluss gefasst.« Pragal, so folgerte das MfS, müsse innerhalb von 24 Stunden in Kenntnis des betreffenden Beschlusses gekommen sein. Das beunruhigte die notorischen Geheimniskrämer des SED-Apparates. Warum man den Informanten nicht feststellte, ist nur damit zu erklären, dass beim MfS zuweilen die rechte Hand nicht wusste, was die linke tat.

Zu meiner Abschiedsparty vor dem Umzug nach Bonn im Februar 1979 lud ich »Jan« ein. Nach Rücksprache mit dem MfS lehnte er ab. Ich wollte den Kontakt aufrechterhalten. Deutsch-deutsche Themen würden auch in der neuen Funktion als Parlaments-Korrespondent am Rhein zu meinen Aufgaben gehören. »Jan« schien ebenfalls an der Fortsetzung des »Kanals« interessiert. Wenn ich fortan dienstlich in Berlin zu tun hatte, habe ich ihn angerufen und bin mit Tagesvisum nach Ost-Berlin gefahren. Wir haben uns während meiner Bonner Zeit auch in Prag und Budapest getroffen. Unter den Augen von MfS-Offizieren, wie ich später erfuhr. Worum es mir dabei ging, hat das MfS klar erkannt: »P. war bemüht, den IM als wertvolle Abschöpfungsquelle zu erhalten.«

Bei diesen Begegnungen kam mir »Jan« verändert vor. Er wirkte fahrig und nervös. Als habe er vor irgendetwas Angst. Er beschwor mich, mit Informationen zum Stand der deutsch-deutschen Beziehungen, die ich von ihm hatte, publizistisch vorsichtig umzugehen. Man könne ihm sonst auf die Schliche kommen. Eines Tages teilte er mir mit, er überlege die DDR zu verlassen. Er würde sein Wissen gern dem Bundesnachrichtendienst zur Verfügung stellen. Ob ich ihm dabei behilflich sein könne. Wie er sich das vorstelle, wollte ich wissen. Ein Mann mit seiner Funktion könne wohl kaum einen Ausreiseantrag stellen. Im Übrigen überschätze er meine Verbindungen. »Nach Pullach habe ich keinen Draht.«

Ich fiel aus allen Wolken, als ich nach der Öffnung der Stasi-Akten die Berichte und ihre Auswertung über unsere Treffen las. »Im November 1982 erklärte sich Pragal bereit, eine legendierte Verbindungsaufnahme der Quelle zum BND durch flankierende Hilfe zu unterstützen.« Und weiter: »Im Februar 1983 bestätigte Pragal, dass er sich im Sinne des letzten Treffens verwandt und dabei seine Möglichkeiten genutzt habe.« Was ich sonst noch las, erschien mir wie eine Erzählung aus Tausendundeiner Nacht. Über ein Treffen in Budapest fertigte »Jan« einen langen Bericht. Darin heißt es über mich: »Schließlich zog er verdeckt einen Schweizer Pass aus der Tasche und blätterte die beiden ersten Aufschlagseiten auf. Auszumachen war ein Bild von mir, offenkundig aus den letzten Jahren.« Das war ebenso frei erfunden wie die übrigen Angaben.

»Jan« war nicht bei der für die West-Korrespondenten zuständigen Abteilung II/13 angebunden, sondern bei der II/2. Die beschäftigte sich mit westlichen Nachrichtendiensten in der Bundesrepublik Deutschland. Sein dortiger Führungsoffizier, ein Major, hatte viel mit »Jan« vor. Er wollte aus seinem Schützling einen Doppelagenten machen. Der Offizier versuchte, »Jan« über mich an den Bundesnachrichtendienst »anzuschleusen«. Der IM spielte zum Schein mit, hatte aber eigene Interessen: die Flucht aus der DDR. Was er sich über mich und meine Verbindung nach Pullach und zur dortigen »Nummer eins« ausdachte, bestärkte den Major der Abteilung II/2 in der Annahme, der BND sei tatsächlich an »Jan« interessiert.

An einem Novembertag 2007 habe ich »Jan« in seiner Wohnung besucht. Er ist jetzt Rentner. An diesem Tag hat er mir berichtet, warum er seinem Führungsoffizier Märchen aufgetischt hat. »Es war die schiere Ausweglosigkeit«, sagte er. »Ich war am Ende.« Die Arbeit als Parteiapparatschik und die Tätigkeit für das MfS hatten ihn in eine seelische Krise gestürzt. Er verfiel dem Alkohol und bekam Angstzustände und Depressionen. »Jan« kam zur psychiatrischen Behandlung in eine Klinik. Ein Arzt erkannte seine seelische Not. »Haben Sie etwas mit der Staatssicherheit?«, fragte er. »Jan« bejahte. Der verständnisvolle Mediziner sorgte dafür, dass »Jan« für einige Zeit in einem Provinz-Krankenhaus abgeschottet wurde. Aber aus den Fängen der Stasi war er damit noch nicht. Schon gar nicht, als ich mich ahnungslos wieder bei »Jan« meldete. »Ich habe darum gekämpft, dass der Kontakt erhalten bleibt«, berichtete er. Er klammerte sich an die Hoffnung, ich könnte ihm irgendwie helfen. »Jan« machte als IM weiter. Einst waren seine Protokolle präzise und gut formulierte Wiedergaben unserer politischen Gespräche. Was er fortan seinem Offizier und dessen Mitarbeitern mitteilte, waren zum großen Teil Produkte blühender Fantasie. »Die haben mich benutzt«, sagte er. »Und ich habe sie an der Nase herumgeführt.« Die Abteilung II / 2 gab »Jan« die Schuld dafür, dass der BND nicht anbiss. »Bedingt durch die unangebrachte Zurückhaltung des IM ist nicht genügend belegt, ob der BND weiterhin zu einer Werbung bereit ist oder Jan für eine Feindkampagne missbraucht werden soll.« Es sehe so aus, als ob der BND noch Zweifel habe und »durch eine Ausschleusung des IM die Entscheidung über dessen Verwendungsmöglichkeit offenhalten will«. Mitarbeiter der Abteilung II / 13 hatten den klareren Blick. Sie waren über die Aktion »Jan« informiert, wenn auch nicht in allen Einzelheiten. »Da wurde nicht ganz offen gearbeitet«, sagte mir der Ex-Major M. Er hielt damals »Jan« für undurchsichtig und hat seinen Berichten misstraut. Nach seiner Ansicht hatten sich seine Stasi-

Kollegen, die zugleich auch Konkurrenten waren, verrannt. »Ich hatte immer den Eindruck, dass man mit ihm mehr wollte, als er konnte. Dass die Zielstellung höher war als die Realität der Umsetzung.«

1981 verlor »Jan« seinen Posten bei der Blockpartei. »Es werden gesundheitliche Motive vorgeschoben«, notierte sein Nachfolger. Eine Amtsübergabe fand nicht statt. »Jan« bekam durch Vermittlung seines Arztes eine Beschäftigung als Hilfskraft für wissenschaftliche Organisation an einer Uni-Klinik. Ende 1984 wurde die psychiatrische Behandlung abgeschlossen. Das MfS ließ von ihm ab. »Ich war raus.« Der Kontakt zu mir schlief ein. Erst nach dem Ende der DDR trafen wir uns wieder. Seine freiwillige Offenbarung der IM-Tätigkeit, sein selbstkritischer Umgang mit Schuld, Verstrickung und Versagen nötigte mir Respekt ab. Er hat mich wissentlich in eine Lage gebracht, die meine Ausweisung aus der DDR zur Folge hätte haben können. Ich habe ihm keine Vorwürfe gemacht und empfinde gegen ihn keinen Groll. In ihm, dem einstigen Täter, sehe ich ein Opfer der Diktatur.

Ein Dissident bekennt sich

Im August 1997, ein Vierteljahr vor seinem Tod, habe ich ihn im Berliner St.-Hedwig-Krankenhaus besucht. Als ich Rudolf Bahro in seinem Bett sah, bin ich erschrocken. Ich hatte ihn als vitalen, kraftvollen Mann in Erinnerung. Nun sah ich einen sterbenskranken Menschen. Sein Schädel war kahl. Tief lagen die Augen in dem blassen, ausgezehrten Gesicht. Seine Arme waren abgemagert, sie bestanden nur aus Haut und Knochen. Nur mühsam konnte er seinen vom Krebs geschwächten Körper aufrichten. Doch sein Verstand war hellwach.

»Natürlich hatte ich damals Angst«, sagte er. »Ich fürchtete, ich könnte nicht fertig werden, zu früh entdeckt werden, ohne die Öffentlichkeit zu erreichen.« Wir sprachen über unsere erste Begegnung. Sie lag am Tage meines Krankenbesuchs fast 20 Jahre zurück. Am 23. August 1977, einem Dienstag, hatte ich an der Tür seiner Einzimmerwohnung im Ost-Berliner Stadtbezirk Weißensee geläutet. Zögernd, als erwarte er jemanden mit bösen Absichten, hatte Rudolf Bahro die Tür geöffnet. Als ich mich als westdeutscher Journalist vorstellte, löste sich die Spannung in seinem Gesicht. »Dann«, sagte er erleichtert, »sind Sie herzlich willkommen.« Einen Tag zuvor war der damals 42-jährige Abteilungsleiter für wissenschaftliche Arbeitsorganisation im VEB Gummikombinat Berlin schlagartig ins Blickfeld der Öffentlichkeit geraten. Sein Buch »Die Alternative«, aus dem das Hamburger Nachrichtenmagazin Der Spiegel an diesem Tag Auszüge veröffentlichte, machte ihn über Nacht neben Robert Havemann zum prominentesten Kritiker des SED-Regimes und des realen Sozialismus sowjetischer Prägung. Bahros Thesen waren eine Kampfansage an die Parteidiktatur, der – wie er sagte – die Ideen von Marx und Engels nur noch als Etikett dienten. Hier rechnete ein Insider mit einer

Herrschaft von reformunfähigen Politbürokraten ab, die durch ihren Machtmissbrauch zu Totengräbern aller alten sozialistischen Hoffnungen geworden seien.

Was mich bei der damaligen Begegnung besonders beeindruckte, war die Selbstsicherheit und Unbeirrbarkeit, mit der er seine Argumente vortrug. »Ich habe ein Buch geschrieben, gegen das die politische Polizei machtlos sein wird«, verkündete er. Da sprach ein Überzeugungstäter, ein politischer Ketzer, dessen Bekennermut missionarische, ja fast religiöse Züge trug. Ganz bewusst zog der vom Glauben abgefallene Kommunist, der an die parteioffiziellen Lehren einstmals geglaubt hatte »wie Martin Luther an das Evangelium«, einen Vergleich zur Kirchengeschichte. »Die Partei steht da wie die Papstkirche vor Luthers Reformation«, sagte er, »ungläubig bis tief in die eigenen Reihen hinein.« Er wisse, dass er mit seinen Ansichten in der SED nicht allein stehe, meinte Bahro, als ich mich verabschiedete. Es müsse nur einer den Mut haben, »das Visier zu öffnen«. Dann würden auch andere seinem Beispiel folgen. Am selben Tag, wenige Stunden nach mir, kamen die Häscher der Staatssicherheit und nahmen Rudolf Bahro fest. Er rechnete damit, dass sie ihn holen würden. »Ich bin auf jede denkbare Reaktion gefasst«, hat er in einem Selbstinterview erklärt, das er neben einer prägnant formulierten Kurzfassung seiner Streitschrift zur Arbeitserleichterung der von Freunden informierten West-Journalisten vorbereitete. Auch die Möglichkeit »aus dem Verkehr gezogen zu werden«, war in seinem Kopf. Aber der Gedanke schreckte ihn nicht. »Ich werde ja nicht das Opfer sein«, erklärte er vor der Verhaftung. »Ich bin es, der angreift.« Es freute ihn, dass er die Stunde, in der er aus der Anonymität hervortrat, hat allein bestimmen können.

Seine spektakuläre Attacke auf die verkrustete Parteispitze hat Bahro umsichtig und akribisch vorbereitet. Das Manuskript der »Alternative«, das ein befreundeter, politisch in Ungnade gefallener DDR-Journalist als Lektor bearbeitete, war längst im Westen. Ein in der DDR wirkender Schweizer Musikwissenschaftler hatte es über die Grenze geschmuggelt. Ein anderer Freund stellte den Kontakt zur Europäischen Verlagsanstalt in Köln her, die Bahros Werk mit großem Erfolg auf den Markt brachte. 70 in einem Keller der Humboldt-Universität heimlich hergestellte Kopien des Manuskriptes verteilte der Autor noch vor der Buchveröffentlichung im Westen an ausgewählte Intellektuelle in der DDR. Und am Tage der Verhaftung sendeten *ARD* und *ZDF* Interviews, die wenige Stunden zuvor aufgenommen worden waren.

Bahro, dieser bis dahin eigenbrötlerisch wirkende Wissenschaftler, war stolz auf seine konspirativ vorbereitete Publikation. Was er nicht wusste: Die Stasi war während der gesamten Zeit der Vorbereitung auf dem Laufenden. Sie kannte das Manuskript und ließ es von Experten begutachten. Sie wusste von den Verhandlungen mit dem gewerkschaftseigenen Kölner Verlag, war über die eingeweihten Personen informiert. Eine Freundin Bahros, der er voll vertraute, arbeitete für die Staatssicherheit. Und wann die West-Journalisten in

Bahros Wohnung kamen, hatte das MfS selbstverständlich auch mitbekommen. Trotzdem griffen die Machthaber bis zum Tage seiner Selbstenthüllung nicht ein. Sie haben ihn fertig schreiben lassen. »Mir ist bis heute nicht klar«, hat mir Bahro auf dem Krankenbett gesagt, »warum sie einen so dicken Fisch wie mich so lange haben gewähren lassen. Und so viele kleine drangsaliert.«

»Mein Kampfplatz ist hier«, hat Bahro vor seiner Verhaftung erklärt. »Ich habe von hier aus gedacht.« Tatsächlich war er in seiner gesamten Entwicklung von der DDR geprägt. Schon als 16-Jähriger wurde der in Schlesien geborene Flüchtlingsjunge Kandidat der SED, zwei Jahre später Mitglied der Partei. Nach seinem Philosophie-Studium an der Ost-Berliner Humboldt-Universität arbeitete er als Agitator auf dem Lande. Später redigierte er in Greifswald die Universitätszeitung. Dann holte ihn die Partei nach Berlin. Bahro wurde Funktionär der Gewerkschaft Wissenschaft. 1965 wechselte er als stellvertretender Chefredakteur zur Studentenzeitung *Forum*. Zwei Jahre später wurde er seines Postens enthoben und in die Industrie abgeschoben. Die SED nahm ihm den Abdruck eines kritischen Textes des Schriftstellers Volker Braun übel. Nach dieser Maßregelung lockerte sich seine enge Bindung an die Partei. Bahro begeisterte sich für den von Tito in Jugoslawien propagierten Selbstverwaltungs-Sozialismus, fand jedoch bei seinen SED-Genossen damit kein Gehör. Als sowjetische Panzer, begleitet vom Beifall der DDR-Machthaber, den »Prager Frühling« niederwalzten, war es mit Bahros gläubigem Vertrauen in den Staatssozialismus vorbei. Das gewaltsame Ende des Reformsozialismus in der Tschechoslowakei raubte ihm nicht nur seine idealistischen Illusionen. Es gab ihm auch die Gewissheit, dass es an der Zeit sei, gegen die »spätstalinistische Apparateherrschaft« geistig anzugehen.

Während er offiziell nebenberuflich an seiner Dissertation arbeitete, bereitete er im Stillen seine »Alternative« vor. Fast zehn Jahre hat er gebraucht, um das östliche Gesellschaftssystem zu analysieren und die Vision einer neuen Ordnung zu entwerfen. Frei von Ausbeutung und Apparateherrschaft. Bahro verstand sich freilich nicht nur als Systemkritiker, der an den Fundamenten der SED-Herrschaft rüttelte und zu einer organisierten Opposition aufrief. Vor allem in dieser Rolle wurde er im Westen gefeiert. Noch wichtiger war es ihm, die theoretische Plattform für eine politische Gegenbewegung zu schaffen, für einen kulturrevolutionären, auf der Entfaltung des Individuums gegründeten Kommunismus jenseits von Wachstumswahn und »Industrialisierungs-Despotismus«. Bei diesen, stellenweise utopisch anmutenden Gedankengängen seiner »Alternative« konnten oder wollten ihm viele seiner Bewunderer nicht folgen.

Am 30. Juni 1978 verurteilte das Ost-Berliner Stadtgericht Bahro wegen landesverräterischer Sammlung von Nachrichten und Geheimnisverrats zu acht Jahren Freiheitsentzug. Der Richterspruch löste eine Welle von Protesten aus, besonders in der Bundesrepublik. Politiker aller demokratischen Parteien, Schriftsteller,

Intellektuelle und andere Persönlichkeiten solidarisierten sich mit dem marxistischen Querdenker und forderten seine Freilassung. Der Versuch der Ost-Berliner Machthaber, den unbequemen Kritiker als käuflichen Agenten des Westens zu verunglimpfen, empörte die westliche Öffentlichkeit. Im Oktober 1979, kurz nach dem 30. Jahrestag der DDR-Gründung, gab die SED-Führung dem Druck nach und entließ Bahro im Rahmen einer Amnestie aus dem berüchtigten Zuchthaus Bautzen. Wenige Tage später, am 17. Oktober, wurde er auf eigenen Wunsch, gemeinsam mit Ehefrau, Freundin und zwei seiner drei Kinder, in die Bundesrepublik abgeschoben. Auf seiner Fahrt mit dem Ost-West-Express »D 246« von Ost-Berlin nach Köln erlebte Bahro, was es heißt, sich in einer Medien-Gesellschaft zu bewegen. Kaum hatte der Zug den Grenzbahnhof Helmstedt verlassen, sah er sich in seinem Abteil von Reportern belagert. In Hannover stiegen weitere Medienleute zu. Der Vertreter eines Boulevardblatts versuchte, im Auftrag seines Verlegers einen Blumenstrauß zu überreichen. Bahro lehnte ab. Mit dem Konzern, für den die DDR damals nur in Anführungszeichen existierte, wollte er nichts zu tun haben.

Ich arbeitete damals in Bonn. Durch eine Agentur-Meldung erfuhr ich von Bahros Ausreise. Ich habe mich mit dem Auto nach Hagen fahren lassen und bin dort zugestiegen. Inzwischen hatte Bahro vor der Zudringlichkeit der Journalisten-Meute kapituliert und sich, nachsichtig lächelnd, den Fragen gestellt. Ob er sich auch ein anderes westliches Land als Wohnsitz vorstellen könne, wollte jemand wissen. Bahro verneinte. »Als deutscher Sozialist sehe ich meinen Platz in Deutschland, jetzt eben in Westdeutschland.« Am Hauptbahnhof in Köln, wo Fernsehteams und viele Neugierige warteten, wäre der Medienrummel weitergegangen. Aber Bahro stieg in Solingen-Ohligs aus. Dort stand sein Verleger Thomas Kosta und holte ihn mit dem Auto ab.

»Ich scheide ohne Feindschaft von dem Staat, dem ich meine gesamte persönliche und politische Entwicklung verdanke«, hat Bahro nach seiner Ankunft erklärt. Das hat manchen Bundesbürger irritiert. Kaum der Unfreiheit entronnen, bekam der eigenwillige Denker das Klischeedenken bei Medien und Teilen der politischen Klasse in der Bundesrepublik zu spüren. Er erfuhr, dass manche Unionschristen zwischen guten und schlechten Kritikern des realen Sozialismus unterschieden. Zu den guten gehörte der ebenfalls aus DDR-Haft in den Westen entlassene Ost-Berliner Wehrdienstverweigerer Nico Hübner.

Bahro hingegen war nach wie vor Marxist, ein Mann, dem – wie eine Zeitung schrieb – die DDR nicht sozialistisch genug war. Solange er als Opfer des SED-Staates hinter Schloss und Riegel saß, hat man ihn bedauert. Aber nun war er im Westen und immer noch Kommunist. Und so einer, fragte ein Abgeordneter der CSU, sollte nun einen Lehrauftrag an einer westdeutschen Hochschule bekommen und mit »Steuergeldern kommunistische Kulturrevolution unterstützen«. Das passte nicht ins erzkonservative Weltbild.

Bahro blieb ein Unangepasster, ließ sich nicht vereinnahmen und machte es auch seinen Freunden schwer. Erst schloss er sich den Grünen an. Aber die Alternativen waren ihm zu sehr auf Machtübernahme fixiert. 1985 trennte er sich von den Alternativen. Er besuchte den Bhagwan in den USA, betrieb Öko-Bildungsarbeit in einer »Lernwerkstatt« und schrieb als Prophet einer öko-spirituellen Wende ein neues Buch, »Logik der Rettung«. Es blieb, nach eigenem Urteil »abstoßend kompliziert«, ohne nennenswerte Resonanz.

Im November 1989, unmittelbar nach dem Zusammenbruch der SED-Herrschaft, ging Bahro nach Ost-Berlin zurück. Getrieben vom Drang, »irgendwie die DDR noch zu retten«. Nach zehn Jahren im Westen, die ihn nicht wirklich heimisch werden ließen, wurde er wieder DDR-Bürger, zog in eine ihm zugewiesene »Übergangswohnung« und versuchte, sich in den politischen Aufbruch einzuklinken. Am 16. Dezember war er Gast auf dem letzten SED-Parteitag in der Ost-Berliner Dynamo-Halle. Von den Delegierten wurde er reserviert empfangen. Er bat ums Wort. Mit knapper Mehrheit billigte man es ihm zu.

Ich beobachtete seinen halbstündigen Auftritt. Solange er vor der Gefahr warnte, dass »unsere Gesellschaft Gebiet um Gebiet ihre Souveränität aus der Hand gibt«, und die DDR drauf und dran sei, vom Westen aufgekauft zu werden, hörten ihm die Genossen zu. Aber als er die Vision einer entindustrialisierten Gesellschaft ausmalte und von der »ökologisch-ökonomischen Wiedergeburt der DDR« schwärmte, gab es Pfiffe und Buhrufe. Der Saal leerte sich. Der Mann, der mit seiner »Alternative« einst die Hoffnung auf einen neuen, menschlichen Sozialismus genährt hatte, enttäuschte sein Publikum. Und er fühlte sich unverstanden. »Der Parteitag war für mich die endgültige Zäsur«, hat Bahro Jahre später dem *Spiegel* gesagt. »Da habe ich begriffen, da ist keine Reformfähigkeit mehr drin.«

Rudolf Bahro wurde gerichtlich rehabilitiert und erhielt an der alten Uni Unter den Linden ein eigenes »Institut für Sozialökologie«. Anfangs waren seine Vorlesungen überfüllt. Doch mehr und mehr verlor der Weltverbesserer mit einem Hang zum Buddhismus an intellektueller Ausstrahlung und Anziehungskraft. Freunde entdeckten bei ihm Züge von Autismus und Selbstüberschätzung. Er erkrankte an Krebs. Eine Folge seelischer Belastungen im Privatleben, wie er meinte. 1993 hatte er seine zweite Ehefrau Beatrice durch Selbstmord verloren. Nach einer Chemotherapie fühlte er sich besser, gewann neue Kraft und arbeitete an Vorlesungen. Aber der Krebs war nicht besiegt.

Auch im Krankenhaus trieb ihn die Frage um, wie die Menschheit davor bewahrt werden könne, sich selbst auszurotten. Und wie ein Staat beschaffen sein müsse, bei dem die Wiederholung historischer Ungeheuerlichkeiten ausgeschlossen ist. Er wollte dazu noch etwas schreiben. Vielleicht ein neues Buch. Die intellektuellen Bausteine, sagte er mir, habe er bereits zusammen. »Ich müsste nur noch gucken, wo passen sie und wo passen sie nicht.« Neben dem Bett stand sein kleiner Computer. An manchen Tagen hat er ihn geöffnet. Aber er schaffte nur ein paar Gedichtzeilen. Bis ihm auch diese Anstrengung zu viel wurde. Ein Vierteljahr nach diesem Gespräch, am 5. Dezember 1997, ist Rudolf Bahro gestorben.

Unter Spionageverdacht

Bei der Lektüre von Kopien meiner Stasi-Akten stieß ich auf einen Vermerk, den ich unbedingt meiner Frau vorlesen wollte. »Hör mal, was hier steht«, sagte ich und freute mich schon auf ihre Reaktion. »Im Dezember 1984 verfügte eine Unterabteilung der US-Armee in Westberlin über Fotografien sowjetischer Militärobjekte und Eisenbahn mit Kampftechnik, die auf dem Territorium der DDR (vermutlich) im Bezirk Magdeburg von Pragal aufgenommen worden sein sollen.« Meine Frau lachte laut auf. »Was sollst du gemacht haben?«, fragte sie feixend. »Du und fotografieren.« Die Vorstellung erheiterte uns beide. Es gab kaum einen Menschen, der für eine solche Aufgabe weniger geeignet gewesen wäre als ich. Einen Fotoapparat hatte ich, solange wir uns kennen, höchst selten in die Hand genommen. Und wenn ich es doch tat, ist aus den Bildern nichts geworden. Mal fehlten bei Personen, die ich aufgenommen hatte, die Köpfe, ein anderes Mal die Beine. Selbst unsere Kinder machten sich über meine »Foto-Künste« lustig und sagten: »Papa, lass es lieber.«

Laut Vermerk stammte die Information vom »sowjetischen Bruderorgan«. Wen immer die KGB-Genossen bei der vermeintlichen Militärspionage gesehen haben wollen – ich war es nicht. Auch die MfS-Offiziere hatten offenbar Zweifel. »Erkenntnisse, die die Urheberschaft des Pragal nachweisen, liegen bisher nicht vor«, schrieben sie Monate später in ihren Sachstandsbericht. Gleichwohl trauten sie mir durchaus zu, ich könnte im Auftrag eines westlichen Geheimdienstes Informationen über die sowjetischen Streitkräfte in der DDR sammeln. Wenn ich mit dem Auto unterwegs war, vermerkten meine Stasi-Verfolger, dass dieses oder jenes militärische Objekt an meiner Route gelegen habe. Hier ein Flugplatz, dort ein Eisenbahnknotenpunkt für Militärtransporte. Meistens habe ich davon nichts gewusst. Aber allein die Tatsache, dass ich dort herumgefahren bin, machte mich in den Augen der Spionageabwehr-Offiziere zu einem potenziellen Spion.

Westliche Korrespondenten standen in der DDR grundsätzlich unter dem Verdacht, einer geheimdienstlichen Tätigkeit nachzugehen. Die SED und die Staatssicherheit gingen davon aus, dass wir von Institutionen entsandt worden sind, »die der DDR gegenüber feindlich-negativ eingestellt waren«. Das mussten nicht unbedingt Nachrichtendienste gewesen sein. Zu den feindlichen Einrichtungen zählte das Regime auch wissenschaftliche Institute, politische Stiftungen und andere Organisationen in der Bundesrepublik Deutschland, die sich mit der kommunistischen Welt befassten. Meinen Kollegen und mir wurde unterstellt, dass wir vor unserem Einsatz geschult und unterwiesen worden sind. »Es wurde keiner geschickt, der ein Anfänger war«, hat mir ein früherer Stasi-Offizier gesagt. Das ist richtig. Das bundesdeutsche Korrespondenten-Korps bestand fast durchweg aus gestandenen Journalisten, etliche unter ihnen mit Auslandserfahrung. Aber wie ich mich in der DDR verhalten soll, hat mir niemand gesagt. Nicht einmal die eigene Chefredaktion.

Schon vor meiner Akkreditierung war ich dem MfS als Journalist »mit Verbindungen« zu einem Geheimdienst aufgefallen. Durch einen Artikel in der *Süddeutschen Zeitung*. Die sozial-liberale Regierung unter Kanzler Willy Brandt war noch nicht ein Jahr im Amt, da lud der Bundesnachrichtendienst einige Redaktionen zu einem Pressegespräch in die Zentrale nach Pullach ein. Horst Ehmke, der als sozialdemokratischer Kanzleramtschef Dienstherr des BND war, hatte zuvor die Führungsspitze neu geordnet und einige Reformen des Apparates eingeleitet. Nun wollte er der Öffentlichkeit eine neue Art von Offenheit demonstrieren. Warum die Chefredaktion gerade mich zu diesem Termin schickte, weiß ich nicht mehr. Ich war damals Ende zwanzig. Als politischer Reporter kannte ich mich zwar in der Parteien-Landschaft aus, aber von Nachrichtendiensten hatte ich keine Ahnung. Ich musste die Nummer meines Autos nach Pullach melden und fuhr in die BND-Zentrale, die damals noch als »Behördenhaus« getarnt war. Ehmke trat forsch und schnoddrig auf und meinte, man müsse ein bisschen frische Luft in den Dienst hineinlassen. BND-Präsident Gerhard Wessel sah bei dieser Bemerkung nicht eben glücklich aus.

Am 26. Juni 1970 erschien auf Seite drei der *Süddeut-
schen Zeitung* meine Reportage unter dem Titel: »James
Bond ist in Pullach nicht gefragt.« Das MfS in Ost-
Berlin registrierte die Berichterstattung und nahm die
Autoren unter die Lupe. Über mich fand ich folgenden
Vermerk: »1970 gehörte Pragal einem ausgewählten
Kreis von BRD-Journalisten an, die speziell in die BND-
Zentrale eingeladen wurden, um entsprechend der da-
maligen politischen Linie über den BND zu berichten.«
Kaum war ich in Ost-Berlin, sammelte das MfS weitere Belege für meine vermeintliche Agententätigkeit.
Einem in der Nachbarschaft wohnenden Spitzel, den
mir Mielkes Offiziere ins Haus schickten, fiel der Band
»Pullach intern« in meiner Bücherwand auf. Die von
zwei *Spiegel*-Redakteuren verfasste Geschichte des Bun-
desnachrichtendienstes hatte ich wie alle anderen Bücher auf den für den Zoll bestimmten Einfuhrlisten vermerkt. Der Inoffizielle Mitarbeiter, der uns ab und zu
besuchte, war auf das Buch fixiert.

Eines Tages stellte er fest, dass der Band nicht mehr
da stand, wo er ihn ursprünglich gesehen hatte. Das,
so folgerte er, müsse eine besondere Bewandtnis haben, irgendein Trick aus der geheimdienstlichen Praxis.
»Das Buch befindet sich öfters an einer anderen Stelle
in den Bücherregalen, während sich die anderen noch
an der gleichen Stelle befinden«, teilte er seinem Führungsoffizier mit. Überdies fertigte er eine Skizze an
und markierte die Stelle mit Rot und die andere mit
Blau. Eifrig sammelte der Spitzel »Anzeichen für ge-
heimdienstliche Tätigkeit des Pragal«. P. zitiere wört-

lich Aussprüche von DDR-Prominenten, habe »eine beinahe komplette Liste aller Politbüro- und Ministerratsmitglieder, ihrer Spezialkenntnisse und Funktionen« im Kopf und kenne sich aus in der politischen Ökonomie des Sozialismus. Es könnte Tarnung sein, so gab der Spitzel zu Protokoll, dass ich mit fast allen Hausbewohnern, unter ihnen auch Sowjetbürger, verkehre, »so dass durch die Menge der Besucher bei P. eine Kontrolle erschwert bzw. unmöglich wird«.

Das MfS zog daraus den Schluss, dass meine Aktivitäten »über die normale Tätigkeit eines Journalisten« hinausgingen. »Der IM vermutet, dass P. mehr als nur ein einfacher Mitarbeiter des Geheimdienstes ist, dass er seine Jahre in der DDR nutzt, unser Gesamtsystem gründlich analysiert, alle Zusammenhänge, Verzahnungen kennenlernt, um daraus im größeren Maßstab Schlussfolgerungen zu ziehen.« Um herauszufinden, ob und wem ich außer meiner Redaktion Informationen zukommen ließ, veranstalteten die Spionageabwehr-Offiziere mit mir einige Tests. Sie spielten mir – ohne dass ich den Hintergrund ahnte – vertrauliche Informationen zu und warteten ab, was damit passiert. Zu ihrer Enttäuschung gelangten die Nachrichten nicht dorthin, wo man es vermutete. Jedenfalls kam von den Zuträgern, die das MfS in bundesdeutschen Diensten hatte, keine Bestätigung. »Es gab drei Möglichkeiten«, sagt Ex-Major M., der an den damaligen Aktionen beteiligt war. »Entweder haben Sie die Informationen nicht weitergegeben. Oder der Nachrichtendienst hat sie nicht für bedeutsam erachtet.« Er machte eine Pause und sah mich an. »Oder es gab keinen Kontakt.« Das traf – wie er später erkannte – zu.

Der Major, der mich als feindlichen Agenten entlarven wollte, hat bald gemerkt, dass er »ein Phantom jagt«. Aber er traute sich nicht, diese Erkenntnis in die Akten zu schreiben. »Es konnten keine Beweise für eine nachrichtendienstliche Tätigkeit des Pragal erarbeitet werden«, stellte er in einem Sachstandsbericht fest. Der generelle Verdacht gegen mich blieb jedoch bestehen. Der Major arbeitete weiter an seinem Auftrag. Besonders in der Zeit, als ich für den *Stern* akkreditiert war. Damals argwöhnte das MfS, ich könnte für den Geheimdienst eines »imperialistischen Hauptlandes« die Augen offenhalten. Als Indiz diente der Stasi meine journalistische Arbeitsweise. Pragals Informationsinteressen wiesen »eindeutige Analogien« zu denen des US-Geheimdienstes CIA auf, lese ich in einem Vermerk. Wie dieser wolle ich zum Beispiel wissen, wie sich die Beziehungen zwischen der DDR und der UdSSR entwickelten. Und ob Thesen westlicher Politiker bestätigt werden könnten, »denen zufolge die Basis in der SED sich zunehmend entmündigt fühle und eine ideologische Unsicherheit zeige«.

Gespräche mit Angehörigen der bundesdeutschen Mission in Ost-Berlin erregten ebenfalls beim MfS Misstrauen. »Dieses methodische Vorgehen – BRD-Korrespondent schöpft Mitarbeiter der Ständigen Vertretung der BRD ab – bekräftigt die Version einer möglichen Informationsbeschaffung für einen US-Geheimdienst.« Dass ich allein journalistischer Wissbegier folgte, kam den Genossen der »Firma« nicht in den Sinn. Ihre ideologischen Scheuklappen, ihr Freund-Feind-Denken und ihre Vorgaben als »Schild und Schwert« der kommunistischen Partei machten die Genossen von der »Firma« blind für die Realität.

Meine Reisen in andere Länder des Warschauer Paktes deutete das MfS ebenfalls als Erkundungen im Auftrag eines »imperialistischen Geheimdienstes« oder anderer »Zentren der politisch-ideologischen Diversion«. Von ihren tschechoslowakischen Kollegen hatten Mielkes Leute eine dubiose Information bekommen. Danach habe sich der damalige Kanzleramtsminister Waldemar Schreckenberger 1983 beim Bundespresseamt und bei der Chefredaktion des Magazins *Stern* dafür verwandt, mich als Korrespondent zur Akkreditierung in Ost-Berlin vorzuschlagen. Mein erneuter Einsatz auf dem vertrauten Posten liege »im Staatsinteresse der BRD«.

Aus diesem Hirngespinst Prager »Schlapphüte« folgerte das MfS, ich sei nur deshalb zurückgekommen, »um von der DDR aus in sozialistischen Staaten Informationen im Auftrag eines Geheimdienstes zu sammeln«. Die DDR diene mir dabei als »Stützpunkt« für meine Recherche-Fahrten in die Bruderländer. Die Wahrheit sah anders aus. Mit meiner Chefredaktion war abgesprochen, dass ich als Balkan-Korrespondent nach Wien gehen sollte. Als sich für den *Stern* die Chance ergab, den seit der Ausweisung meines Vorgängers vakanten Posten in Ost-Berlin wieder zu besetzen, drängten mich meine Chefs, diese Aufgabe zu übernehmen. Ich willigte unter der Bedingung ein, mich auch in Prag, Budapest, Bukarest und Sofia akkreditieren lassen zu dürfen. Von da an stand ich nicht nur unter strenger Beobachtung der Stasi, sondern auch ihrer »Bruderorgane«. Die holten erst einmal bei ihren Ost-Berliner Kollegen Informationen über mich ein. Die Stasi reagierte prompt. »Die Auskunftserteilung erfolgte entsprechend der festgelegten Aufgabeverfahrensweise«, protokollierte jeweils die Zentrale Auswertungs- und Informationsgruppe (ZAIG). Wann immer ich eine Reise in eines der Ostblock-Länder plante, warnte das MfS den befreundeten Geheimdienst vor mir. Ost-Berlin teilte mit, an welchem Tag ich mit welcher Fluglinie ankommen würde, in welchem Hotel ich absteigen und was ich vor Ort recherchieren wollte. Erkenntnisse, die in der Regel aus abgehörten Telefongesprächen stammten.

Die Grenzen überschreitende Bespitzelung funktionierte wie am Schnürchen. Ob ich mich für den Bau neuer Kernkraftwerke in der ČSSR, für Drogenschmuggel in Bulgarien oder für Nationalitätenkonflikte zwischen Ungarn und Rumänien interessierte, die jeweiligen Dienste waren schon vor der Einreise über meine Absichten informiert. Umgekehrt wollte das MfS von den »Bruderorganen« wissen, welche Personengruppen und Institutionen ich mir als »Angriffsschwerpunkte« gewählt habe. Und was ich bei meinen Reisen für »Aktivitäten im Freizeitbereich« entwickle.

Anfang November 1984 hatten die Offiziere von der MfS-Hauptabteilung II/13 drei Tage lang auswärtigen

Besuch. Im Gästehaus in Schildow bei Berlin empfingen sie die verantwortlichen Genossen der »II. Verwaltung des ČSSR-Bruderorgans«. Die ostdeutschen Geheimen führten ihre Gäste auch durch das Internationale Pressezentrum in der Ost-Berliner Mohrenstraße und erklärten ihren Prager Kollegen die »operative Nutzung des Sicherungsobjektes«. Im Klartext heißt das: Den Besuchern wurde erläutert, dass das MfS den viel besuchten Journalistentreffpunkt, zu dem auch ein Restaurant gehörte, durch Abhöranlagen und Spitzel voll unter ihrer Kontrolle hatte. Eine Tatsache, die mich bei der Lektüre der Akten nicht überraschte. Nichts anderes hatten wir West-Korrespondenten damals erwartet. Bei ihrem Meinungsaustausch stellten die verbündeten Spionageabwehr-Spezialisten fest, dass es schwierig und kompliziert sei, akkreditierten Korrespondenten eine »Anbindung an imperialistische Geheimdienste« sowie die »auftragsgemäße Durchführung subversiver Handlungen« stichhaltig nachzuweisen. Die kommunistischen Geheimdienstler beschlossen, meine Journalisten-Kollegen und mich künftig noch schärfer und in abgestimmten Aktionen bei unseren Kontakten zum »politischen Untergrund« unter die Lupe zu nehmen. »Wobei der Stern-Korrespondent P. einen Schwerpunkt bildet.«

Anfang 1983 war ich in München bei meiner Schwägerin Dorothee von B. Sie ist mit einem Grafen verheiratet, von Beruf Ministerialbeamter im bayerischen Staatsdienst. Von ihrer Wohnung aus habe ich einen DDR-Bürger angerufen, den ich in den nächsten Tagen treffen wollte. Das Telefongespräch wurde von der Stasi abgehört. Das MfS ermittelte den Anschluss und stellte beim Abgleich des Familiennamens meiner Schwägerin fest, dass eine Frau mit gleichem Adelsnamen bis 1980 Mitarbeiterin im Büro des BND-Präsidenten war. Das war wieder einmal ein Anlass, meine angeblichen BND-Verbindungen aufzuklären. Um herauszufinden, ob die beiden Frauen mit dem Adelsnamen identisch sind, setzte das MfS eine umfangreiche Aktion in Gang. Zur Ermittlung des Sachverhalts wurde die Auslandsspionage im »Operationsgebiet«, also in der Bundesrepublik, eingeschaltet. So sollte ein Genealogisches Handbuch, das es in der neuesten Auflage in der DDR nicht gab, beschafft werden. Ferner wurde vorgeschlagen, zum Telefonanschluss meines Schwagers in München eine Zielfahndung einzuleiten. IM »Roge« in Ost-Berlin wurde beauftragt, meine Frau systematisch nach ihrer Schwester auszufragen. Irgendwie scheinen die Ermittlungen ins Leere gelaufen zu sein. In meinen Akten findet sich der Vermerk: »Inwieweit Pragal Kenntnis von der Tätigkeit einer der beiden Gräfinnen für den BND hat, konnte bisher nicht erarbeitet werden.«

Im Juni 1989 bin ich 50 Jahre alt geworden. Zur Geburtstagsfeier in einer Ost-Berliner Gaststätte hatte ich auch meine Schwägerin eingeladen. Übernachten wollte sie im Valuta-Hotel »Metropol« am Bahnhof Friedrichstraße. Dort hatten wir für sie und andere Gäste aus der Bundesrepublik Zimmer bestellt. Nun endlich hoffte die Stasi, Klarheit über ihre Verbindungen zum BND zu bekommen. Das ihr zugedachte Zimmer war mit »Wanzen« präpariert. Während ihrer Abwesenheit sollte ihr Gepäck konspirativ untersucht werden. Und das Hotelpersonal war angewiesen, den Meldeschein der Gräfin zwecks »Sicherung der Handschrift« an die Stasi weiterzuleiten. Die Aktion erwies sich als Fehlschlag. Meine Schwägerin, die mit dem BND nie etwas zu tun gehabt hat, zog es vor, nach der Fete in unserer Charlottenburger Wohnung zu übernachten.

Gegen Ende der DDR hat die Stasi es offenbar aufgegeben, mich der Spionage für eine bundesdeutsche Behörde zu überführen. In einem Sachstandsbericht der HA II/13 vom 16. Juli 1987 fand ich zum »Operativen Vorgang Kumpan, Teil Starnberg« den lapidaren Satz: »Inoffizielle Erkenntnisse der HVA IX schließen eine nachrichtendienstliche Tätigkeit für den Bundesnachrichtendienst bzw. für das Bundesamt für Verfassungsschutz der BRD aus.« Endlich hatten sie es begriffen.

Geist und Witz im Osten oder:
Die Kunst zwischen den Zeilen zu lesen

Eberhard Esche stand auf der Bühne des Deutschen Theaters und rezitierte Heinrich Heine. »Im traurigen Monat November war's, / Die Tage wurden trüber, / Der Wind riss von den Bäumen das Laub, / Da reist' ich nach Deutschland hinüber.« Das traditionsreiche Haus an der Ost-Berliner Schumannstraße war ausver-

kauft, wie immer, wenn der gefeierte Schauspieler
»Deutschland. Ein Wintermärchen« vortrug. Um mich
herum lauschten konzentriert und hellwach auffallend
viele junge Leute. Was zog sie hierher? Hatten sie in der
Schule die satirische Dichtung gelesen, in der Heine
mit beißendem Spott die gesellschaftlichen und politischen Verhältnisse in seinem Vaterland geißelte? Oder
war es vor allem die Vortragskunst des Schauspielers?

Als Esche die Passage über die Kontrolle preußischer
Zöllner rezitierte, wurde es im Parkett so still wie in
einer religiösen Andacht. Auch mich zog der mit Pa-
thos gesprochene Text in seinen Bann. »Beschnuffelten
alles, kramten herum / In Hemden, Hosen, Schnüpftü-
chern; / Sie suchten nach Spitzen, nach Bijouterien, /
Auch nach verbotenen Büchern.« An dieser Stelle ent-
lud sich die aufgestaute Spannung. Jubel und Beifall
schlugen dem Schauspieler entgegen. Der machte eine
kurze Pause und sprach weiter: »Ihr Toren, die ihr im
Koffer sucht! / Hier werdet ihr nichts entdecken! / Die
Konterbande, die mit mir reist, / Die hab' ich im Kopfe
stecken.« Wiederum prasselte der Applaus. Ein Nachbar in der Sitzreihe drehte sich zur Seite und sagte:
»Ganz schön aktuell, oder?« Darauf ein anderer: »Nur
die Kulturfunktionäre haben das noch nicht gemerkt.«

Theaterbesucher in Ost-Berlin und in der DDR waren ein dankbares Publikum. Sie hatten ein sicheres Gespür für politische Anspielungen, erkannten versteckte Kritik, vergnügten sich an Doppeldeutigkeiten und
freuten sich über jede Passage, die man als Spitze gegen die Diktatur der Einheitssozialisten werten konnte.

Geprägt durch die Erfahrungen in einem Obrigkeitsstaat, waren ostdeutsche Theatergänger gut darauf vorbereitet, historische Stoffe in Beziehung zur Gegenwart zu setzen und geschichtlich verpackte Botschaften zu entschlüsseln. »Sire, geben Sie Gedankenfreiheit« – das war eben nicht nur ein Satz aus Friedrich Schillers »Don Carlos«. Man begriff diese Worte, oft in trauter Einmütigkeit zwischen den Schauspielern auf der Bühne und den Zuschauern auf den Sitzen, als aktuelle Forderung an die Funktionäre und Zensoren im Lande. Oft reichte schon eine kleine Geste, eine spontane oder inszenierte Einlage, um vom Publikum verstanden und gefeiert zu werden. Man brauchte nur zu dem Ruf »der Staatsrat kommt« ein paar taprige Greise auf die Bühne schlurfen zu lassen, einer am Stock, ein anderer mit einer Blindenbinde am Arm. Das Publikum, das sofort an die Altherrenriege um Erich Honecker dachte, tobte vor Begeisterung. So geschehen in der Volksbühne bei der zum Kult gewordenen Aufführung von Georg Büchners »Leonce und Lena«.

Gut zuhören, genau hinschauen und zwischen den Zeilen lesen können – in dieser Fähigkeit waren viele Ostdeutsche geübt. In allen Bereichen der Kunst. Irgendwann war ich im »Studio Camera«, einem kleinen Filmkunsttheater in Ost-Berlin. Gezeigt wurde »Beethoven – Tage aus einem Leben«. Der Film des DDR-Regisseurs Horst Seemann war nach der Premiere 1976 nur kurz in den großen Lichtspielhäusern gelaufen und danach überraschend abgesetzt worden. »Da gibt es ein paar kritische Sätze«, verriet mir ein Bekannter.

Ich bekam rechtzeitig mit, dass der Streifen doch noch mal gezeigt wurde. In einer Nachmittagsvorstellung. Meine Erwartungen, die ich offenbar mit anderen Zuschauern teilte, wurden nicht enttäuscht. »Freiheit kann man nicht dosieren«, ließ der Autor des Drehbuchs den großen Komponisten sagen. Und auch einen anderen Satz, der vielen DDR-Bürgern aus dem Herzen gesprochen war: »Ich kann nur arbeiten, wenn mir niemand dreinredet.« Die Anspielungen auf die SED-Politik erreichten ihren Höhepunkt, als der Wiener Polizeiminister einem Spitzel, der Beethoven zu denunzieren versuchte, zynisch entgegnete: »Wir sind doch nicht so dumm, einen bekannten Künstler Pressionen auszusetzen.« Da ertönte aus dem Dunkel des Kinosaals eine männliche Stimme: »Hättet ihr euch nur daran gehalten.« Beifälliges Gemurmel verriet, dass der Protestruf an die Adresse der Funktionäre verstanden worden war. Die Ausbürgerung von Wolf Biermann war den Zuschauern noch frisch im Gedächtnis.

Der erste Schriftsteller der DDR, den ich persönlich kennenlernte, war Reiner Kunze. Er wohnte im thüringischen Greiz und besuchte uns in unserer Ost-Berliner Wohnung. Als freischaffender Autor suchte er den Kontakt zu Menschen aus dem Westen. Er erzählte meiner Frau und mir von seiner Bewunderung für die Reformsozialisten in der Tschechoslowakei und von seiner Trauer über das gewaltsame Ende des »Prager Frühlings«. Er schilderte seine Schwierigkeiten mit der Kulturbürokratie, die sich von seinem Gedichtband »Sensible Wege« provoziert fühlte und ihn deshalb schikanierte. Und er berichtete von seinen Beobachtungen beim Umgang zwischen Jugendlichen und der Staatsmacht. Gespannt hörten meine Frau und ich zu, wie er an vielen Beispielen nachwies, wie Schüler und andere junge Leute, die nicht im Sinne der SED spurten, von Polizei und Funktionären drangsaliert wurden.

Bald darauf, im Jahr 1976, wurde in der Bundesrepublik sein Prosaband »Die wunderbaren Jahre« veröffentlicht. Eine Anklage gegen die Diktatur des kommunistischen Regimes. Das Manuskript war heimlich in den Westen gebracht worden. Prompt schloss der Schriftstellerverband Kunze aus. Die Stasi, die ihn unter dem Decknamen »Lyrik« schon länger auf dem Kieker hatte, verschärfte ihre Aktionen, den oppositionellen Autor zu verunsichern, zu isolieren und zu »zersetzen«. Im April 1977 beantragte Reiner Kunze für sich und seine Familie die Entlassung aus der DDR-Staatsbürgerschaft. Schon nach einer Woche durfte er ausreisen. Ein Störenfried weniger – so dachte wohl die SED.

Vor dem gedruckten Wort hatten die Potentaten der SED eine geradezu panische Angst. Bevor ein Buch in die Läden kam, durchlief das Manuskript zahlreiche Prüfungen und Kontrollen. Nicht Verleger und Lektoren entschieden darüber, was das Volk an schöngeistigen Werken zu lesen bekam, sondern Parteisekretäre, Stasi-Leute und Kulturbürokraten. Sie befanden über die Genehmigung und die Zuteilung von Papierkontingenten. Literatur, die als staatsfeindlich eingestuft wurde, verbannten die Herrschenden in »Giftschränke«, zu denen nur ausgewählte Personen Zugang hatten. Unbotmäßige Schriftsteller wurden schikaniert, eingesperrt, aus dem Verband geworfen, aus der Partei ausgeschlossen und außer Landes gedrängt. Linientreue Literaten dagegen hofiert, mit Preisen überhäuft und mit Privilegien ausgestattet. Manche verdingten sich als Stasi-Spitzel, andere waren mit der Rolle als Hofdichter zufrieden.

Und doch hatte die Literatur für die Menschen in der DDR eine herausragende Bedeutung. Denn ungeachtet allen repressiven Drucks gab es zahlreiche Autoren, die sich darum bemühten, die Wirklichkeit abzubilden, Menschen und Zustände so darzustellen, wie sie diese sahen. Etwa Volker Braun, Günter de Bruyn, Christoph Hein, Stefan Heym und Christa Wolf, um nur einige zu nennen. Anders als in den straff reglementierten Tageszeitungen wurden Missstände und Fehlentwicklungen in Romanen und Erzählungen nicht ausgespart. Ängste und Hoffnungen, Verzweiflung und Wünsche, verdrängte Vergangenheit und Bedrohungen durch die Zukunft – was im Journalismus gar nicht oder nur in wenigen Wochenblättern und Zeitschriften andeutungsweise stattfand, begegnete Lesern in der Literatur. Die Belletristik bekam damit eine zusätzliche Funktion. Sie verband gesellschaftliche Informationen mit grundsätzlichen Problemen. Lesenswerte Bücher sprachen sich durch Flüsterpropaganda schnell herum. In privaten Zirkeln wurde leidenschaftlich über Neuerscheinungen diskutiert und gestritten. Oft auch in unserer Wohnung.

Stolz sprachen die Funktionäre vom »Leseland« DDR. Das war nicht nur ein Propaganda-Begriff. Die Leselust gab es tatsächlich. Bücher waren preiswert und häufig grafisch hervorragend gestaltet. Quer durchs Land gab es ein dichtes Netz von Bibliotheken. Und bei den Leuten, die ich kannte, gehörten Bücher in großer Zahl zum Inventar ihrer Wohnungen. In jedem freien Winkel standen Regale, gefüllt mit Bänden bis unter die Decke. Gewiss, die Buchproduktion in der Bundesrepublik war um ein Vielfaches höher. In der DDR war das Angebot an Titeln überschaubar. Bücher, die durch Mundpropaganda als interessant galten, waren schnell vergriffen oder nur mit guten Beziehungen zu Buchhändlern unterm Ladentisch zu bekommen. Reichlich und immer vorhanden waren nur die politischen Ladenhüter aus der Abteilung Marxismus-Leninismus.

Fast täglich machte ich meine Runde durch einige Buchhandlungen. Schaute nach neuen Titeln, freute mich über Entdeckungen, redete mit den Verkäuferinnen. Mein Gesicht war ihnen bekannt. Als Dauerkunde hatte ich Zugang zur »Bückware«. Mein besonderes Ziel waren Raritäten. Als ich eine fünfbändige, in echtes Leder gebundene Fontane-Ausgabe erstand, war ich selig. Mein Glück wurde noch überboten, als ich einen Doppelbildband mit dem Titel »Schicksale deutscher Baudenkmäler im Zweiten Weltkrieg« nach Hause brachte. Um diese Dokumentation über Schäden und Totalverluste vor und nach 1945 auf dem Gebiet der DDR haben mich Freunde beneidet. Immer wieder griffen sie nach den beiden Bänden. Wo konnten sie sonst

Fotos vom Inneren des unter Walter Ulbricht gespreng-
ten Berliner Stadtschlosses und anderer historischer
Gebäude sehen?

Noch heute steht mancher unserer Gäste vor den Bücherregalen und mustert mit Kennerblick die Sammlung. Und oft hören wir die Bemerkung: »Aha, auch
aus DDR-Zeiten.« Aus unseren Ost-Berliner Jahren
stammen die Ausgaben der Bibliothek deutscher Klassiker des Aufbau-Verlages. Ich hatte sie nahezu vollständig beisammen. Jedes der in farbiges Leinen ge-
bundenen Exemplare kostete fünf Mark Ost. Als ich
später in Bonn in einer großen Buchhandlung nahe
der Universität sah, wie diese Bücher stapelweise in
Ramschkisten lagen und sich kaum ein Kunde dafür
interessierte, tat mir das weh. Im Lande des Überflus-
ses hätte ich die Klassiker ohne Mühe kaufen können.
Aber würde ich dann an ihnen so hängen wie an den
Bänden, für die ich mir in Ost-Berlin die Hacken abge-
laufen habe? Vermutlich nicht.

An einem Dezembertag 1975 war ich zum ersten Mal
in der »Pfeffermühle«, Leipzigs populärstem Kabarett.
Ich war angemeldet und wollte herausfinden, wie die
Akteure dieser Kunstgattung ihre Aufgabe erfüllten,
sozialistisches Bewusstsein zu fördern und gleichzeitig
die Besucher mit geistreichen und unterhaltsamen Texten zum Lachen zu bringen. Ich kam nicht blauäugig.
Ich wusste, dass den Satirikern um den Dramaturgen
und Autor Rainer Otto von den Kulturfunktionären
ideologische Grenzen gesetzt waren. Wie allen anderen
Profi-Kabaretts wie etwa der Ost-Berliner »Distel« oder

der Dresdner »Herkuleskeule« auch. Mir war bekannt, dass Texte und Inszenierung mehrfachen Kontrollen unterworfen waren, dass es vor jeder Premiere eine »Abnahme« durch die Partei gab.

Aber was ich dann sah und hörte, überraschte und erstaunte mich. Ich fand es kess, wenn Mitglieder des Ensembles einen Bauarbeiter-Dialog wie diesen führten. Fragt der eine: »Weißt du, warum wir so viele Schlaglöcher haben?« Darauf der andere: »Weil wir die nicht exportieren können.« Mutig erschien mir auch diese Szene: Podiumsdiskussion zum Thema Umweltverschmutzung. Eine Vertreterin des Naturschutzes schimpft. Was da an Qualm Tag für Tag aus den Schloten der volkseigenen Betriebe komme, sei einfach ein Skandal, schlimmer könne es in der kapitalistischen Industrie auch nicht sein. Worin denn überhaupt noch der Unterschied bestehe. Antwort des Gesprächsleiters: »Unser Dreck gehört dem Volk.« Dass die das dürfen. Der Gedanke ging mir während des Programms durch den Kopf. Westliche Besucher stellten oft diese Frage, sagte mir anschließend Rainer Otto. Damit verkenne man allerdings die Funktion des Kabaretts in der DDR. Nicht um Schwächung des Sozialismus gehe es in den Programmen, sondern um seine Stärkung. Kritik müsse vorwärtsweisend und produktiv sein. Das war die offizielle Auskunft gegenüber einem West-Journalisten, ein staatsloyales Statement für die Genossen und fürs Protokoll. In Wahrheit haben die »Pfeffermüller« immer wieder versucht, an Tabus zu rühren und mehr zu sagen, als erlaubt war. Das hatte mitunter

Konsequenzen. Die Geschichte der 1954 gegründeten »Pfeffermühle« ist voll von Eingriffen der politischen Sittenwächter. Direktoren wurden entlassen. Ein Regisseur bekam Berufsverbot und ging in den Westen. Mehrere Programme wurden vollständig abgesetzt. Und vor fast jeder neuen Premiere fielen einzelne Programmteile der Zensur zum Opfer. Manchmal schrieben die Autoren Passagen, von denen sie mit Sicherheit annahmen, dass sie gestrichen würden. Mit diesem pfiffigen Angebot hofften sie, andere Texte vor einem negativen Urteil zu retten.

Eines Abends klingelte es bei uns an der Wohnungstür. Ein Freund kam vorbei, um ein Buch zurückzubringen. Ich sah gerade die »Aktuelle Kamera«, die um halb acht beginnende Nachrichtensendung des DDR-Fernsehens. Gewöhnliche Ost-Berliner verfolgten um diese Zeit lieber die West-Berliner »Abendschau«. »Was guckst du dir denn an«, wunderte sich der Freund. Es klang so, als hielte er meine Gewohnheit, mich im Ost-Kanal zu informieren, für abartig. »Du weißt doch, ich brauche das beruflich«, sagte ich. Wir unterhielten uns über die unsägliche Beweihräucherung von Partei und Staat, aus der die »AK« überwiegend bestand. Ich wandte ein, dass die parteioffizielle Propaganda auch SED-Mitgliedern auf die Nerven ging und sogar von Kabarettisten aufs Korn genommen wurde. Wohldosiert und hübsch ironisch verpackt.

Eine einschlägige Szene der »Distel« hatte ich mir aufgeschrieben. »Alles bei uns hat zwei Seiten, eine schöne und eine sehr schöne. Den schönen Seiten unseres Lebens begegnen wir alltäglich im Nahverkehr, im Konsum und im Betrieb. Den sehr schönen in Presse, Film und Fernsehen.« Und weiter: »Schön ist es, wenn unsere Menschen wochenlang vergebens nach einer Anbauwand herumlaufen. Sehr schön aber wird es, wenn sie in der ›Aktuellen Kamera‹ erleben, wie gewissenhaft unsere Möbelwerker ihre Exportverpflichtungen erfüllen.« Auch wenn der Grat zwischen politischen Vorgaben und künstlerischer Freiheit schmal war – auf den Kleinkunstbühnen wurden Probleme, die jeder DDR-Bürger hautnah spürte, offener und wirklichkeitsnäher behandelt als in der Parteipresse oder in Propagandasendungen von Hörfunk und Fernsehen.

»Am Wochenende fahren wir zum Fasching nach Dresden – wollt ihr mit?«, fragten uns Freunde aus der Nachbarschaft. Faschings-Feten kannten wir von München. Der Gedanke, dergleichen in Sachsen zu erleben, reizte uns. Wir sagten zu. Die Kostümparty fand in einer Kneipe am Elbufer nahe der Brücke »Blaues Wunder« statt. Es wurde wild getanzt und laut gesungen. Auch West-Schlager, deren Texte die Leute kannten. Wir wunderten uns ein bisschen. Schließlich waren wir im »Tal der Ahnungslosen«, einer Gegend, in der bundesdeutsches Fernsehen nicht zu empfangen war. Aber immerhin der Deutschlandfunk und andere Hörfunksender der ARD. Die Faschings-Gesellschaft war ein Querschnitt durch die Dresdner Szene. Künstler, Ärzte, Intellektuelle, auch Hippies und Aussteiger. Keine konformen Staatsbürger, sondern Individualisten, die in der sozialistischen Gesellschaft ihre Nische gefunden hatten. Menschen ohne große materielle Ansprüche, aber gebildet, geistig offen und lebensfroh. Gefeiert wurde bis in den frühen Morgen. An eine Sperrstunde kann ich mich nicht erinnern. Vor Volkspolizisten, die uns wegen nächtlicher Ruhestörung hätten belangen können, hatte niemand Angst.

Manche Bundesbürger hatten ein Bild von der DDR, das mehr Vorurteilen und Klischees als der Wirklichkeit entsprach. Sie meinten, das Leben »in der Zone« sei überwiegend grau und freudlos, und die Menschen liefen allesamt mit vergrämten und verbiesterten Gesichtern herum. Tatsächlich wurde östlich von Elbe und Werra nicht weniger gelacht und gefeiert als im Westen Deutschlands. Nicht nur privat, sondern auch in Kneipen, in Kulturhäusern, bei Ausflügen, bei Brigadefesten. Man amüsierte sich im Kino, in der Disco und in Revuetheatern. Das Dresdner Dixieland-Festival zog Tausende Fans zu den Elbauen. Himmelfahrt war in der DDR kein gesetzlicher Feier-, sondern ein gewöhnlicher Werktag. Trotzdem nahmen sich viele Männer frei, um mit Freunden und Kollegen bei einer Kremserfahrt nach traditioneller Art feucht-fröhlich Vatertag zu feiern. Das Pendant war der Internationale Frauentag, bei dem sich der weibliche Teil der Bevölkerung nicht minder ausgelassen präsentierte. Wer behauptet, in der DDR habe es außerhalb der Privatsphäre keine Lebenslust gegeben, ist wahrscheinlich nie dort gewesen.

In Ost-Berlin traf ich immer wieder Leute, deren Schlagfertigkeit und Mutterwitz mich faszinierten.

Aussprüche, die mir besonders gut gefielen, habe ich in einem Tagebuch festgehalten. Kostprobe: In den siebziger Jahren traten im Ost-Berliner Dynamo-Stadion die Kicker vom MSV Duisburg gegen die Elf vom heimischen BFC an. Der galt als Stasi-Klub und war bei vielen Ost-Berliner Fußballfans unbeliebt. Einige der Zuschauer, die mit viel Mühe eine Eintrittskarte ergatterten, waren von den Leistungen der westdeutschen Gäste enttäuscht. Die bewegten sich so schwerfällig und lustlos, als betrachteten sie den prestigeträchtigen Ost-West-Vergleich als lästige Pflichtübung. Als ein Duisburger wieder einmal versäumte, einem Ball nachzueilen, machte einer der Zuschauer seinem Ärger lautstark Luft »Wenn du jetzt nicht läufst, musst du hierbleiben.«

Kurz nach der feierlichen Einweihung der neuen Denkmalanlage im Marx-Engels-Forum im April 1986 spazierte ich mit einem Bekannten durch den kleinen Park zwischen Spree und Spandauer Straße. Vor den in Bronze gegossenen Skulpturen der sozialistischen Ahnherren machten wir halt. Eine der überlebensgroßen Gestalten saß, die Hände auf die Knie gestützt, die andere stand. »Rentnerdenkmal«, sagten Witzbolde. Ob ich wisse, wie die Figuren heißen, wollte mein Bekannter wissen. »Na klar, Karl Marx und Friedrich Engels«, antwortete ich. Falsch, sagte er. »Das sind Sacko und Jaketti.« Ich musste schmunzeln. Aber die Verballhornung der Namen war trotzdem ein bisschen makaber. Sacco und Vanzetti waren zwei aus Italien in die USA eingewanderte Anarchisten, die als Opfer eines Justizirrtums auf dem elektrischen Stuhl hingerichtet worden waren.

Die Etikettierung durch den Volksmund war ein weiteres Beispiel für den Einfallsreichtum, mit dem DDR-Bürger Spitznamen für Gebäude, Denkmale oder »sozialistische Errungenschaften« erfanden. Immer wenn Sonnenstrahlen auf die Stahlverkleidung der riesigen Kugel am Ost-Berliner Fernsehturm treffen, erscheint eine Reflexion in Form eines Kreuzes. Bis heute. Die SED-Führung hat das geärgert, aber sie hat kein Mittel gefunden, um dieses Phänomen technisch zu beseitigen. Der Volksmund dagegen sprach spöttisch von »Sankt Ulbricht« oder von der »Rache des Papstes«. Auch dann noch, als der Parteichef längst Honecker hieß. Aus dem Palast der Republik wurde »Palazzo Protzo« oder – wegen der hellen Beleuchtung – »Erichs Lampenladen«. Und als die SED-Spitze aus Mangel an Devisen den Konsum von Bohnenkaffee einschränkte und den Menschen ein Gemisch offerierte, das zur Hälfte aus Ersatzstoffen bestand, hieß das Gebräu alsbald »Erichs Krönung«.

Einmal überraschte mich ein Freund aus Ost-Berlin mit der Frage: »Vor einem Schrank mit dreiteiligem Spiegel steht ein nacktes Paar. Was bedeutet das?« »Keine Ahnung«, sagte ich. Darauf er: »Gruppensex in der DDR. Keine Leute, keine Leute.« Witze erzählen, gehörte im Arbeiter- und Bauernstaat zum Alltag. In der Ära Honecker war das – anders zur Stalin-Zeit – meistens gefahrlos. Obwohl ich viele der Spöttereien kannte und aufschrieb, war ich immer wieder von der

Aktualität der witzigen Sprüche und Dialoge überrascht. Zu jedem gesellschaftlichen Problem, wie etwa der Mangel an Arbeitskräften, gab es eine Fülle pointierter Scherze. Auch regelmäßig wiederkehrende Ereignisse wie die staatliche Jugendweihe provozierten Spott und Ironie. »Unser Sohn soll Sozialist werden«, sagt der Vater, dessen Sprössling sich auf das staatliche Ritual zur Aufnahme in die Reihen der Erwachsenen vorbereitet. »Schick ihn besser zur Konfirmation«, rät ihm der Nachbar, »für den Sozialismus braucht es einen starken Glauben.«

Wie in anderen Diktaturen war der Witz in der DDR auch eine politische Waffe, ein Mittel des Protestes und ein Ventil für aufgestauten Unmut. Zugleich waren Witze auch ein Barometer für die Stimmung in der Bevölkerung. Je schlechter die Wirtschaftslage, desto mehr wucherten die Bosheiten, wurden die sozialistische Planwirtschaft und ihre Repräsentanten der Lächerlichkeit preisgegeben. Jeder in unserem Freundes- und Bekanntenkreis wusste, dass ich scharf auf Witze war, dass ich sie regelrecht sammelte. Wenn jemand zur Tür hereinkam, fragte ich: »Hast du einen neuen?« Meistens wurde ich nicht enttäuscht. Warum, so fragte mich grinsend ein Besucher, ist die Arbeitsproduktivität in der Bundesrepublik viel höher als in der DDR? »Weiß ich nich«, brummte ich. »Weil Kommunisten im Westen Berufsverbot haben.« Manche Klassiker wurden immer wieder erzählt. Frage: »Was passiert, wenn in der Sahara der Sozialismus eingeführt wird?« Antwort: »Dann wird dort der Sand knapp.«

Vor dem letzten DDR-Geburtstag am 7. Oktober 1989 war die Variante eines Witzes im Umlauf, der auch schon zum 25. und 30. Staatsgründungstag kolportiert wurde: »Warum sind DDR-Bürger immer müde? Weil es seit 40 Jahren ständig bergauf geht.« Als Ende der achtziger Jahre die Fluchtwelle über Ungarn und über bundesdeutsche Botschaften und Missionen einsetzte, war das erneut ein Nährboden für schwarzen Humor und für Frust-Sprüche. Was, so fragte man mit bitterer Ironie, ist der Unterschied zwischen einem volkseigenen Betrieb und der gesamten DDR. Antwort: »Im VEB sind die Fluchtwege gekennzeichnet.« Auf die Lobreden in den Medien zielte dieser Witz: Zur Volkspolizei kommt ein Mann und erklärt, er möchte auswandern. »In welches Land«, fragt der Staatsdiener. »In die DDR«, lautet die überraschende Antwort. »Aber hören Sie mal«, wird er zurechtgewiesen. »Sie sind doch hier in der DDR.« Da sagt der Antragsteller: »Ich möchte in die DDR auswandern, die immer in der Zeitung beschrieben wird.«

Die zynischsten Witze und ärgsten Bosheiten, vermuteten Freunde, wurden von Genossen ausgedacht. Oft sogar von hohen Funktionären, die einen Ausgleich für die seelische Qual ihrer politisch gespaltenen Existenz brauchten. Der folgende Witz könnte aus den Reihen unzufriedener SED-Kader stammen: Ein Stasi-Mitarbeiter will in den Westen übersiedeln. Sein Vorgesetzter bestellt ihn zu einer peinlichen Befragung. Es gebe einen Haupt- und einen Nebengrund, sagt der zum Rapport beorderte Genosse. Der Chef will den zweiten Grund zuerst wissen.«»Also, vielleicht kommt bei uns ja doch die Perestroika. Und was machen wir dann?« Der Vorgesetzte beruhigt ihn:»Das wird bei uns nie passieren.« Darauf der andere:»Sehen Sie, Genosse. Das ist der Hauptgrund.« Wann immer sich eine Gelegenheit bot, habe ich die jeweils neuesten Witze in meine Texte eingebaut. Das fand die Stasi gar nicht komisch. Zu Pragals Praktiken, so lese ich in meiner Akte, zähle die»permanente Wiedergabe gehörter oder selbst erfundener Gerüchte, Anekdoten und Witze als angeblich echte Streiflichter zur Charakterisierung der DDR«.

Am 4. November 1989 stand ich auf dem Alexanderplatz in Ost-Berlin. Eingeklemmt von Menschen, die zu Hunderttausenden gekommen waren, um bei der größten, nicht vom Staat organisierten Demonstration in der Geschichte der DDR der SED-Führung ihr Misstrauen zu bekunden. Die Protestierenden trugen Schilder und Spruchbänder mit Texten, wie sie nie zuvor öffentlich gezeigt worden waren. Bissig, witzig, provokativ. Woher kam dieser plötzliche Wald von Transparenten und Karikaturen? Die Menschen mussten sie über Nacht angefertigt haben. Wie war es möglich, so fragte ich mich, dass diese Ost-Berliner, die man jahrelang wie Untertanen gehalten hatte, auf einmal vor Sprachwitz und Kreativität sprühten. Ich notierte, was ich an Sprüchen erblickte:»Eure Politik ist zum Davonlaufen« – »Rücktritt ist Fortschritt« – »Visafrei bis Hawaii.« »Volksauge sei wachsam«,»Stasi in die Produktion« – »Mein Vorschlag für den 1. Mai, die Führung zieht am Volk vorbei.« Für solche Parolen wären die Leute ein paar Wochen zuvor noch hinter Gitter gebracht worden, sagte mein Freund Henning Schaller, der die Kundgebung moderierte. Aber an diesem Tage war die Angst weg. Und die Demonstranten konnten ihrer lange unterdrückten Lust an Kritik und verbaler Abrechnung freien Lauf lassen. Die Bürger, die gerade dabei waren, den aufrechten Gang zu lernen, hatten ihre eigenständige, lebendige Sprache gefunden.

Mörder, Diebe und Ganoven

Wenn Peter Borgelt Gäste hatte, erzählte er ihnen manchmal von seinen Erlebnissen als Verkehrssünder. Eines Tages fuhr der gebürtige Rostocker mit seinem Auto von Berlin nach Mecklenburg. Weil er zu schnell war, wurde er von der Volkspolizei angehalten. Die Uniformierten wussten sofort, wen sie vor sich hatten, auch ohne einen Blick in Borgelts Papiere. »Gerade Sie müssen Vorbild sein«, hielten sie ihm in strengem Ton vor. Dann knallten sie ihm zur Strafe einen Stempel in die Fahrerlaubnis. Das schmerzte Kraftfahrer in der DDR mehr als eine Geldbuße. Denn bei fünf Eintragungen war »die Pappe weg«. Der Führerschein wurde dem Fahrer entzogen.

Als mir Borgelt bei einem Besuch 1988 in seinem Haus in Berlin-Karlshorst diese Episode schilderte, war er als »Hauptmann Fuchs« eine im ganzen Land bekannte Figur. Seit 17 Jahren verkörperte er die Rolle des

Chefermittlers in der Krimi-Reihe »Polizeiruf 110«. In Dutzenden von Folgen spielte er den väterlich-strengen Ost-Kommissar offenbar so überzeugend, dass manche Leute Mühe hatten, Schauspielerei und Wirklichkeit auseinanderzuhalten. Mal gab ihm jemand Ratschläge zur Verbrechensbekämpfung, ein anderes Mal bot ein Bürger seine detektivische Mithilfe an. Borgelt nahm das als Kompliment. »Es ist doch schön, wenn man einen Beruf so darstellt, dass man damit identifiziert wird.«

Als der »Polizeiruf« am 27. Juni 1971 im DDR-Fernsehen mit dem »Fall der Lisa Murnau« startete, war das ein Politikum. Bis dahin hatten die Einheitssozialisten Kriminalität grundsätzlich als Erblast des Kapitalismus, als Relikt bürgerlichen Egoismus und Gewinnstrebens betrachtet. Mit der Entwicklung des Sozialismus, so hofften die Ideologen der Partei, werde der Nährboden für Verbrechen verschwinden. Wenn dennoch DDR-Bürger straffällig wurden, führte man dies nicht auf Widersprüche und Konflikte in der DDR-Gesellschaft, sondern auf den schädlichen Einfluss des Westens zurück. Die ab 1958 produzierte TV-Krimi-Reihe »Blaulicht«, die dem »Polizeiruf« vorausging, handelte in der Regel von grenzüberschreitender Kriminalität. Die Missetäter – Antiquitätenschmuggler, Heiratsschwindler, Trickbetrüger – kamen, solange die Mauer noch nicht stand, aus der Bundesrepublik und aus West-Berlin. Und auch als die Grenze dicht war, ging den Fernsehfunk-Autoren der Stoff nicht aus. Kriminalität blieb für sie ein importiertes Phänomen.

Mit dem Wechsel von Walter Ulbricht zu Erich Honecker an der Spitze der SED änderte sich das kulturpolitische Klima. Ein Hauch von Freizügigkeit wehte durch die DDR. Der neue Parteichef forderte von den Programmmachern des Fernsehens weniger Langeweile, dafür mehr Spannung und Unterhaltung. Der Aufruf fiel auf fruchtbaren Boden. Eine kleine Gruppe von Dramaturgen und Redakteuren entwickelte das Konzept einer neuen Krimi-Reihe, die das Publikum fesseln und den Zuschauern zugleich das Gefühl vermitteln sollte, in ihrem Staat werde für Ordnung und Sicherheit zuverlässig gesorgt. Der SED-Führung gefiel das Projekt, nicht zuletzt deshalb, weil die Krimi-Reihe nicht nur unterhalten, sondern auch aufklären, vorbeugen und das Rechtsbewusstsein der Bürger schärfen sollte.

Bei der Auswahl der Themen gingen die Produzenten des »Polizeirufs« anfangs behutsam vor. Die Krimis handelten vom Diebstahl sozialistischen Eigentums, von Einbrüchen, gewalttätigen Ehekonflikten, Verkehrsvergehen und ähnlichen Delikten, die politisch nicht sonderlich heikel waren. Mord und Totschlag kamen vor, waren aber eher selten. »Mit der Zeit wurde die Palette immer größer«, sagt Eberhard Görner, Mitbegründer und Dramaturg der TV-Reihe. »Auch die Widerspiegelung der Alltagskriminalität wurde immer schärfer.« Für zahlreiche Folgen hat er das Drehbuch geschrieben. Ihm und seinen Kollegen war klar, dass auch die sozialistische Gesellschaftsordnung Verfehlungen und Verbrechen hervorbrachte, und dass die

Straftaten in der DDR zunahmen. Die Mehrheit der Bürger wusste davon freilich wenig. Der Staat behielt sein Wissen für sich. Genaue Angaben über Verbrechen wurden verheimlicht, oder die Zahlen waren manipuliert. In den Zeitungen war über aktuelle Fälle nur selten etwas zu lesen. Die Öffentlichkeit, so die inoffizielle Begründung, sollte nicht beunruhigt werden.

Regisseure und Dramaturgen nutzten ihre neuen Freiräume und wagten sich an Themen, die mit einem Tabu belegt waren. Dazu zählten sexuelle Triebtäter und Kinder als ihre Opfer. Im September 1972 wurden die Fernsehzuschauer in der Folge »Minuten zu spät« mit dem Schicksal eines missbrauchten Mädchens konfrontiert. Jede Folge musste vor der Ausstrahlung »abgenommen« werden. Zu dem Gremium, das über die Freigabe befand, gehörte der für die Filmproduktion zuständige Bereichsleiter des Fernsehens, der Chefdramaturg und ein Beauftragter der Hauptabteilung Kriminalpolizei im DDR-Innenministerium. In diesem Fall, erinnerte sich Borgelt, sei es schwer gewesen, »den Film durchzubekommen«. Einige Zensoren meinten, so etwas Scheußliches dürfe man den Zuschauern nicht zumuten.

Schließlich ist der Beitrag von Regisseur Manfred Mosblech doch gelaufen. Mit einer wichtigen Änderung. Anders als vom Autor Horst Bastian ursprünglich vorgesehen, kam das geschändete Kind mit dem Leben davon.

Das Echo gab den Befürwortern des Tabubruchs Recht. Bei den Polizeirevieren gingen Anzeigen von

Eltern ein, die ihre Kinder nach der Sendung befragt und Hinweise auf das triebgestörte Verhalten von »Onkels« bekommen hatten. »Vorher haben viele Eltern gar nicht gewusst, dass es solche Gefahren gibt«, sagte mir Peter Borgelt. Der Vater von vier erwachsenen Kindern hatte in seiner Filmrolle als »Hauptmann Fuchs« auch in diesem Fall ermittelt. In unserem Freundeskreis war die in der DDR weit verbreitete Naivität gegenüber Verbrechen ebenfalls ein Thema. In Markus' Schule wurden die Eltern ermahnt, auf die Kinder nach Ende des Horts ein wachsames Auge zu werfen. Wir erfuhren, dass in unserem Kiez ein Unbekannter in Fluren und Treppenhäusern Schülern auflauerte. Als meine Frau davon ihrer Freundin Rena erzählte, tat sie die Gefahr als belanglos ab. Derlei komme doch »bei uns« nicht vor. Sie dachte sich auch nichts Böses dabei, dass ihre damals etwa achtjährige Tochter, die in einem Kinderchor sang, nach der abendlichen Vorstellung sich allein auf den Heimweg machte und die in der Regel nicht verschlossene Haustür öffnete. »Du bekommst doch im vierten Stock gar nicht mit, wenn sich jemand im dunklen Hausflur versteckt und sich an ihr vergeht«, hielt meine Frau ihrer Freundin vor. Die meinte, die Warnung sei übertrieben. Später hat sie eingesehen, dass sie nicht nur ahnungslos, sondern auch leichtsinnig war.

Unterstützung bei heiklen Fällen bekamen die Fernsehleute ausgerechnet von den Fachberatern der Volkspolizei. »Die waren souverän und in vielen Fällen mutig«, sagt der Dramaturg und Autor Eberhard Görner.

In der Regel waren die »Genossen von der K«, wie die Kripo der DDR im Alltag genannt wurde, Spezialisten. Angehörige der Mordkommission waren bei den Dreharbeiten ebenso dabei wie Experten für Betrugs- und Eigentumsdelikte. »Die wollten, dass die Arbeit der Kriminalpolizei so realistisch und gut dargestellt wird wie überhaupt nur möglich«, sagt Görner. »Die haben vor allem geschaut, ob alles kriminaltechnisch stimmte.« Ihr Verständnis für die »Polizeiruf«-Produzenten hatte noch einen anderen Grund. Manche Ermittler der »K« verstanden sich als Konkurrenten zu den jeweiligen Experten des Staatssicherheits-Ministeriums. Hin und wieder kam es vor, dass die Kriminalpolizei nicht in der Lage war, einen besonders schwierigen Fall zu lösen. Zum Beispiel, als im Brandenburgischen ein Serientäter mit krankhaft sexueller Veranlagung mehrere Jungen umbrachte. Dann wurde das MfS eingeschaltet. Dessen Spezialisten haben den Mörder gefasst.

»Mögen Sie einen Cognac zum Kaffee«, fragte mich Peter Borgelt, als ich ihn in seinem Haus besuchte. Die Antwort »Nein, danke« hielt ihn nicht davon ab, sich selbst ein Glas einzugießen. Der Schauspieler, der über Jahrzehnte zum Ensemble des Deutschen Theaters in Ost-Berlin gehörte, war ein durchaus trinkfester und genussfreudiger Mensch. Als »Hauptmann Fuchs« durfte er das allerdings nicht zeigen. Im Film haben der Ermittler-Chef und sein Kollektiv weder geraucht noch Alkohol getrunken. Der Ost-Kommissar hat, anders als seine Film-Kollegen im Westen, auch mit keiner Frau im Bett gelegen. Sein Privatleben als Junggeselle kam nur spärlich vor. Der Arbeitsstil des Kriminalisten war wenig spektakulär. Action-Szenen waren selten. Meist kam er mit klassischer Feinarbeit – Faktensammeln, Nachdenken, Kombinieren – dem Täter auf die Spur. »Du bist der Jean Gabin des Ostens«, hat ein Freund einmal zu Borgelt gesagt. Ein Kriminaler aus Leidenschaft, kein schießender Draufgänger, sondern Kopfarbeiter, ein Mann mit Lebenserfahrung, Scharfsinn und Menschenkenntnis, von kräftiger Statur und ein bisschen behäbig. Wie der französische Hauptdarsteller aus den »Maigret«-Filmen.

Realitätsnah und durchaus DDR-typisch war der rüde Ton, den die Kriminalisten im »Polizeiruf« mitunter gegenüber »Rechtsverletzern« anschlugen. »Hauptmann Fuchs« und seine Kollegen fassten Missetäter häufig ziemlich hart an. Und bei aller Beherrschung zeigten die Ermittler auch Gefühle, meistens dann, wenn Frauen oder Kinder die Opfer waren. Bundesbürger hätten sich wahrscheinlich eine so ruppige Behandlung durch westdeutsche Kripobeamte verbeten. In der DDR hatten die Gesetzesbrecher reumütig und zerknirscht zu sein. Dabei waren die Täter im »Polizeiruf« nur selten eiskalte Berufsverbrecher. Eher gesellschaftliche Außenseiter, schwache Charaktere oder Menschen in ausweglosen persönlichen Lebenssituationen. Die Gründe und Ursachen zu schildern, wie und warum es zu Straftaten gekommen ist, erschienen den Filmproduzenten mindestens so wichtig wie das Erzählen des Tathergangs.

»Ein Heller und ein Batzen«, grölte der Fleischer, als er nach einer Beerdigungsfeier aus einer Kneipe wankte. Von seinem Sohn gestützt, steuerte er auf sein Auto zu. »Du willst doch wohl nicht Auto fahren«, sagte entsetzt seine Frau. »Du kannst ja laufen«, knurrte der Mann, »ich fahre.« So begann »Amoklauf«, eine im Juni 1988 gesendete Folge von »Polizeiruf«. Der Film des Regisseurs Wolfgang Hübner schilderte nach einem wahren Fall die Katastrophenfahrt eines tüchtigen und bis dahin unbescholtenen Bürgers, den der Alkohol zum Verbrecher machte. Als der enthemmte Mann nach stundenlanger Jagd gestellt wurde, hatte er einen Radfahrer getötet, mehrere Menschen verletzt und einige Autos zu Schrott gefahren.

Alkohol war in der DDR die Droge Nummer eins. Da andere devisen-teure Suchtmittel wie Hasch und Heroin nur in geringen Mengen ins Land kamen, ertränkten viele Ostdeutsche ihren Alltagsfrust in Schnaps und Bier. Der Konsum dieser »Sorgenbrecher« war relativ preiswert. Saufen war im SED-Staat ein Volkssport, dem Funktionäre ebenso huldigten wie gewöhnliche Malocher. Getrunken wurde besonders viel Hochprozentiges. Und nach der Feier oder dem Kneipenbesuch setzen sich viele Menschen ans Steuer. Zwar galt für Autofahrer die Null-Promille-Grenze. Aber viele DDR-Bürger hielten sich nicht daran. In den achtziger Jahren stiegen die Alkoholdelikte im Straßenverkehr dramatisch an. 1987 kassierte die Volkspolizei bei Kontrollen mehr als 30000 Fahrlizenzen. Doch auch Fahrverbote und saftige Geld-

strafen vermochten die Flut der nach Ansicht der Ord-
nungshüter »verwerflichen Rechtspflichtverletzungen«
nicht wirkungsvoll einzudämmen. Verständlich, dass
auch im »Polizeiruf« das Thema Alkohol aufgegriffen
wurde. »Der Teufel hat den Schnaps gemacht« hieß
die Folge, in der 1981 die zerstörerische Wirkung dieser Volksdroge drastisch vor Augen geführt wurde.
Mit »Amoklauf« setzte das Fernsehen noch einmal
nach. Die dadurch provozierte öffentliche Debatte
brachte erstaunliche Erkenntnisse. »Der Alkoholis-
mus«, konstatierte ein Professor der Humboldt-Universität, »ist kein individuelles, sondern ein soziales
Problem.«

An der Reihe »Polizeiruf« haben viele Regisseure
und Autoren mitgewirkt. Manche stützten sich auf
Fälle, die ihnen die Kriminalpolizei übermittelte. Anderen waren die Akten zu trocken. Sie haben sich auf
die Verfilmung von Literatur konzentriert. Als Vorla-
gen dienten vielfach die vom Verlag »Das neue Berlin« herausgegebenen Taschenbuch-Krimis aus der
Reihe DIE (Delikte, Indizien, Ermittlungen). Die kleinen blauen Bändchen, die nur zwei Mark kosteten,
standen bei DDR-Lesern hoch im Kurs. Auch diese
Gattung von Literatur hatte in den achtziger Jahren
ideologischen Ballast abgeworfen und sich den Straf-
tätern und Problemen der eigenen Gesellschaft zugewandt. Davon profitierten auch die Dramaturgen und
Drehbuchautoren des Fernsehens. Der »Polizeiruf«,
der in den Hauptrollen mit Schauspielern der besten
DDR-Theater besetzt war, gehörte zu den populärsten

Produktionen des DDR-Fernsehens und erzielte hervorragende Einschaltquoten zwischen 50 und 60 Prozent. Er hatte viele Fans im Westen und wurde für die DDR zum Exportschlager. Einzelne Folgen von »Polizeiruf« wurden in mehrere Dutzend Länder verkauft und liefen im Ausland auch in Kinos. Die TV-Reihe hat das Ende des SED-Staates überlebt und sich unter den Fernsehkrimi-Reihen im vereinten Deutschland fest etabliert.

Peter Borgelt, der 1994 starb, hat am Erfolg von »Polizeiruf 110« einen großen Anteil. Als Schauspielerpersönlichkeit verkörperte er einen Typ von Kriminalkommissar, der die ihm zugedachte Funktion eines vorbildlichen Staatsdieners mit den Zügen eines sympathischen und verständnisvollen Polizisten verband. Dabei war der »Genosse Hauptmann« im wahren Leben gar kein richtiger Genosse, also kein Mitglied der SED, sondern ein kritischer und selbstbewusster Bürger mit eigener politischer Meinung. Die Stasi hatte, seit ich ihn kennengelernt hatte, ein wachsames Auge auf ihn. Denn aus dem ursprünglich dienstlichen Besuch wurde eine private Verbindung. »Inoffiziell konnte erarbeitet werden«, so lese ich in einem Aktenvermerk, »dass Pragal den Kontakt zu B. auch nach Realisierung des Vorhabens fortsetzt.« Der Dramaturg Görner, der mir schon damals ausführlich über seine Arbeit beim »Polizeiruf« erzählte, geriet ebenfalls ins Visier der »Firma«. Über ihn steht in einer ausführlichen Aktennotiz über unsere Verbindung: »Für Pragal profiliert sich G. seit 1987 zu einem der Hauptkontaktpartner und zu einer der Hauptinformationsquellen. Bedeutsam ist, dass G. (dem) Pragal stets von sich heraus Informationen übermittelt.«

Mit Gott gegen Giftschwaden

Die grau-gelbe Brühe stank bestialisch. Ich schaute auf das mit Plastikfolien abgedeckte Becken und spürte plötzlich ein Würgen im Hals. Dann musste ich gegen einen Hustenreiz ankämpfen. Der penetrante Geruch zog in meine Bronchien. »Bei starkem Wind ist es noch schlimmer«, sagte Reinhard Weidner. Da breiteten sich die Giftschwaden über viele Kilometer aus und legten sich wie ein schmutziger Film auf Bäume, Pflanzen und Häuser.

An einem Herbsttag des Jahres 1988 hatte mich Weidner an diese Stelle auf der Plothener Seenplatte geführt, eine Teichlandschaft nördlich der thüringischen Kreisstadt Schleiz. Der evangelische Pfarrer von Dittersdorf, einer nur wenige Kilometer entfernten Gemeinde, wollte mir die Auswirkungen einer vom Staat ohne Rücksicht auf Mensch und Natur betriebenen industriellen Tierproduktion zeigen. »Hier war vor zwei Jahren noch schöner Wald«, sagte Weidner und deutete auf einen abgeholzten Hügel. Dort standen früher Fichten. »Wenn nicht bald etwas geschieht, ist die Zerstörung der Landschaft nicht mehr aufzuhalten.«

Was uns aus der riesigen Grube so übel riechend in die Nase stieg, war Gülle – ein stickstoffhaltiges

Gemisch aus Harn, Kot, Chemikalien und Wasser. Die Fäkallauge stammte aus der »Schweinezucht- und Mastanlage« (SMZ) Neustadt/Orla, einer gigantischen Viehfabrik nahe dem Ort Quaschwitz, nicht weit entfernt von der Transitautobahn Berlin–München. In 32 fensterlosen Ställen, die mit Stacheldraht und Sperr-Schildern wie ein Militärobjekt vor unbefugten Blicken gesichert waren, wurden auf engstem Raum bis zu 185000 Schlachtschweine gehalten – vorwiegend für den devisenträchtigen Westexport. In dieser Mastanlage, in der etwa 800 Menschen beschäftigt waren, fielen täglich mehr als 3000 Kubikmeter Rohgülle an. Eine Menge, die dem Klärwasseranfall einer Großstadt wie Leipzig entsprach. Die mit Arzneimittelrückständen und Schwermetallen angereicherte Jauche wurde in Freiluftbecken geleitet oder über ein weit verzweigtes Leitungssystem auf Felder in der Umgebung versprüht. Mit verheerenden Auswirkungen: Weil die Felder überdüngt waren, sickerte die Gülle ins Grundwasser, in Brunnen und in Bäche. Aus den Auffangbecken, von Einheimischen »Elefantenbäder« genannt, stiegen giftige Gase auf und verseuchten die Luft. Die Folge: Eine zerstörte Landschaft, in der die Vegetation einen langsamen Tod starb.

Diesem Frevel an der Schöpfung mochte Reinhard Weidner nicht tatenlos zusehen. Seit Mitte der siebziger Jahre war er Pfarrer in Dittersdorf. Mit Sorge beobachtete er, wie unter dem Einfluss der Güllemassen und ihrer Ausdünstungen das einst so reizvolle Seengebiet verödete und immer mehr Bäume in der Umgebung der Viehfabrik verkümmerten. Er wusste, dass etliche Dorfbewohner seine Bedenken teilten. Aber wenn sie diese gegenüber Behörden äußerten, wurden sie mit Beschwichtigungen abgespeist. Zusammen mit seiner Ehefrau Sibylle sammelte der Seelsorger in seiner Gemeinde Menschen um sich, die wie er bereit waren, gegen die rücksichtlose Praxis der Schweinemäster vorzugehen. 1986 entstand unter Weidners Leitung der »Christliche Umweltkreis Dittersdorf«. Mit einem ähnlichen Zirkel in der Nachbargemeinde Knau arbeitete er eng zusammen.

In den ersten Jahren meiner Korrespondenten-Tätigkeit war es schwierig, an verlässliche Fakten über die Umweltverschmutzung in der DDR zu kommen. Zahlen und Angaben über Schäden wurden wie Staatsgeheimnisse behandelt. Zwar konnte man schwerlich übersehen, wie stark Gewässer verdreckt waren. Manche Flüsse, auf denen Schaumberge schwammen, froren wegen der mitgeführten Chemieabfälle auch im tiefsten Winter nicht zu. Jeder Bewohner oder Besucher bekam mit, wie in den Industrieregionen der Smog aus filterlosen Schloten den Himmel verdüsterte, so dass man häufig auch bei Tageslicht die Autoscheinwerfer einschalten musste. Und wenn man aufmerksam durchs Land fuhr, dann stieß man – weil es an geordneten Deponien mangelte – vielerorts auf wilde Müllkippen. In den DDR-Zeitungen las man davon fast nichts. Da die Machthaber der Ökonomie gegenüber der Ökologie absoluten Vorrang einräumten, wurden die vom Staat verursachten Umweltsünden von den zentral gelenkten Medien ignoriert oder bagatellisiert. Mit der Folge, dass sich in der Bevölkerung das Bewusstsein für die Gefahren des Raubbaues an der Natur nur langsam entwickelte. Erst nach und nach erkannten die Bürger, dass der Staat seine eigene Umweltgesetzgebung nicht einhielt.

In den achtziger Jahren bildeten sich an vielen Orten zwischen Ostsee und Erzgebirge unabhängige Gruppen, die sich der weiteren Zerstörung ihrer Umwelt widersetzten. Meistens entstanden diese Initiativen aus der Mitte von Kirchengemeinden. Ohne den Beistand des einzigen vom Staat unabhängigen Großverbandes hätten sie kaum eine Chance gehabt, ihre Anliegen öffentlich vorzutragen. Die Mitglieder dieser Öko-Zirkel sammelten Daten, zogen Wasserproben aus Gewässern und untersuchten den Inhalt auf Schadstoffe. Sie kontrollierten, oft an Werkschutz und Betriebsleitung vorbei, ob volkseigene Unternehmen die Auflagen der staatlichen Umweltverordnungen einhielten. Etliche Gruppen machten die Ergebnisse ihrer Recherchen in hektografierten Blättern und Broschüren publik. In der Regel mit dem Zusatz: »Nur für den innerkirchlichen Dienstgebrauch.« Einige dieser ohne staatliche Druckgenehmigung hergestellten Samisdat-Schriften, wie die *Arche Nova* oder die *Umweltblätter*, wurden quer durch die DDR bekannt und von West-Korrespondenten gern zitiert. Andere, unter ihnen das von Weidner und einem Mitpfarrer aus einer Nachbargemeinde herausgegebene Informationsblatt *Leidplanke*, hatten nur lokale Bedeutung.

In Altenburg, wo ich Freunde hatte, bekam ich Kontakt zu einer kirchlichen Umweltbibliothek. Deren Leiterin machte mich auf Weidners Gruppe und ihren Protest gegen die Umweltverseuchung aufmerksam. Einen Tag lang führte mich der 1947 geborene Pfarrer durch das ökologische Krisengebiet. Er berichtete mir von erfolglosen Eingaben bei Behörden, von Anfeindungen lokaler SED-Funktionäre und vom Verbot, auf einer Einwohnerversammlung über das Gülle-Problem zu sprechen. Aus Angst, die Bevölkerung könnte beunruhigt werden, wurde jegliche öffentliche Kritik unterdrückt. Den Betreibern der Mastfabrik gehe es nur um den wirtschaftlichen Höchstertrag, sagte Weidner. »Und dem hat sich alles unterzuordnen.«

Anfang November 1988 erschien meine Reportage im *Stern*. Titel: »Mit Gott gegen Giftschwaden.« Damit wurde der Umwelt-Skandal über Thüringen hinaus bekannt. In Ost-Berlin bekamen einige Genossen einen Wutanfall. Der Artikel – so schrieb Jan Schönfelder in seiner als Buch erschienenen Magisterarbeit (»Mit Gott gegen Gülle«) – »musste als Affront gegen die politisch Verantwortlichen wirken: Ein Pfarrer hatte nicht nur einer westdeutschen Zeitschrift Informationen und ein Interview gegeben, sondern er hatte dem Staat massive Versäumnisse und Gleichgültigkeit vorgeworfen«. Die propagandistische Selbstdarstellung der DDR als Land mit einer reinen, intakten Umwelt sei damit zur Farce geworden.

Der Gegenschlag blieb nicht aus. Weidner wurde von SED-Funktionären als Staatsfeind und Rädelsführer eingestuft, und die Stasi leitete gegen ihn und seine Frau den Operativen Vorgang »Drohne« ein. Sie bespitzelte ihn, streute verleumderische Gerüchte und setzte alles daran, den Pfarrer zu entmutigen und seine kirchlich-grünen Mitstreiter einzuschüchtern. Überdies versuchten MfS-Offiziere, den unbotmäßigen Pfarrer durch Einflussnahme auf die mit Stasi-Zuträgern durchsetzte Thüringer Kirchenleitung zu disziplinieren. Nicht ohne Erfolg. Hatte der damalige Bischof Werner Leich den christlichen Umweltschützern noch Monate zuvor versichert, die Kirchenführung stehe hinter ihnen, war von Unterstützung bald nichts mehr zu spüren.

Das Landeskirchenamt in Eisenach ermahnte Weidner, seine seelsorgerischen Pflichten nicht durch die Umwelt-Tätigkeit »absorbieren zu lassen«. Im Pfarrkonvent gingen etliche Amtsbrüder gegenüber dem angeblichen »Querulanten« auf Distanz. Staatsdiener der Kreisbehörde drohten Weidner mit einer Haftstrafe wegen Bildung einer kriminellen Vereinigung. Als die Stasi ihre Strategie der »Zersetzung« dann auch noch auf die Familie ausdehnte, und sein Sohn Ingo, eines von vier Kindern, in der Schule isoliert und zum Außenseiter gestempelt wurde, begannen die Eltern über einen Ausreiseantrag nachzudenken. Bei einem Treffen zwischen kirchlichen Basisgruppen und dem Bischof wollte Sibylle Weidner von diesem wissen, ob und wie die Landeskirche einen vom Staat drangsalierten Pfarrer vor Verfolgung bewahren könne. Wochen zuvor hatte Leich bei einem Gespräch im Landeskirchenamt noch versucht, Weidners Besorgnisse zu zerstreuen. So schlimm wie angedroht werde es wohl nicht kommen. Nun aber sagte der Oberhirte, die Kirche könne nicht jeden schützen. »Wir haben unsere Grenzen.« So steht es jedenfalls in Aufzeichnungen der Stasi. Und in einem IM-Bericht ist zu lesen, Weidners seien verzweifelt und überlegten, das Land zu verlassen. Das war dem MfS nur recht.

Die verweigerte Solidarität gab den Ausschlag für die Entscheidung, der DDR den Rücken zu kehren. Am 16. Mai 1989 stellte Weidner zusammen mit seiner Familie beim Rat des Kreises den Antrag auf Übersiedlung in die Bundesrepublik Deutschland. »Wir sehen uns zu diesem Schritt genötigt«, schrieb er zur Begründung, »um weiteren Verdächtigungen, Unterstellungen, Verleumdungen und Behinderungen zu entgehen.« Über die Freigabe des Pfarrers musste der Landeskirchenrat beraten. Würde er die Anerkennung der Ausreisegründe verweigern, könnte Weidner in Westdeutschland nicht mehr als Pfarrer tätig sein. Die Stasi wusste dies und zeigte einmal mehr, wie weit ihr Arm reichte. Tatsächlich erkannte das kirchliche Führungsgremium, in dem einige ihrer Einflussagenten saßen, dem Dittersdorfer Pfarrer die Ordination ab. Die Mehrheit der Kirchenoberen war sich freilich nicht bewusst, dass sie sich zum Vollstrecker von MfS-Weisungen machte.

Ende August 1989, wenige Wochen vor dem Mauerfall, reiste die Familie aus der DDR aus, begleitet von der Kritik enttäuschter Christen, der Pfarrer habe seine

Gemeinde im Stich gelassen. Im württembergischen Hemmingen, dem Sitz einer evangelischen Patengemeinde von Dittersdorf, fanden Weidners eine vorläufige Aufnahme. Von dort aus kämpfte der arbeitslose Theologe um eine Aufhebung der von der Thüringer Kirche getroffenen Entscheidung. Nach einer Unterredung mit dem Bischof lenkte das Gremium ein und annullierte die Maßregelung. Weidner wurde für die Dauer von fünf Jahren für den Dienst in der württembergischen Landeskirche freigestellt. Der Thüringer Bischof entschuldigte sich. Er stehe unter dem Eindruck, so schrieb er »dem lieben Bruder« Weidner, »dass ich Sie ungerecht behandelt habe«.

In Sindelfingen bei Stuttgart bekam Weidner eine Vikarstelle. Aber schon nach drei Jahren wurde er vom Personalchef der württembergischen Kirche, einem Oberkirchenrat mit freundschaftlichen Beziehungen zu Kirchenoberen in Eisenach, vor die Wahl gestellt, sich anderswo in Westdeutschland eine neue Anstellung zu suchen oder nach Thüringen zurückzugehen. Letzteres wollte er nicht. »Weder ich noch meine Familie.« Weidner beunruhigte der Gedanke, dort wieder Amtsbrüdern begegnen zu müssen, die sich ihm gegenüber schäbig benommen haben. Der Thüringer Landeskirche wirft er vor, sich nicht offen und selbstkritisch ihrer Vergangenheit und dem Wirken von Stasi-Zuträgern in ihren Reihen gestellt zu haben. Es klingt bitter, wenn er heute sagt: »Das ist nicht mehr meine Kirche.« Die evangelische Kirche von Kurhessen-Waldeck gab Weidner eine neue

Heimstatt. Im Oktober 1992 begann er seinen Dienst als Pfarrer in Wichmannshausen, einem Ortsteil der Stadt Sontra im Werra-Meißner-Kreis. Von dort sind es nur wenige Kilometer bis zur Thüringer Landesgrenze. Der Prälat in Kassel, sein neuer Dienstherr, meinte, die Nähe zur alten Heimat würde ihm guttun. Der Kirchenobere zeigte auch sonst Verständnis. Wie seine Familie das alles verkraftet habe, wollte er wissen. »Das war menschlich so wohltuend«, sagt Reinhard Weidner. Persönliche Anteilnahme hat er bis dahin von kirchlichen Würdenträgern nicht erfahren. Weidner hat verfolgt, wie es nach seinem erzwungenen Weggang weiterging. Wie die Proteste gegen die Tierkasernen nach der friedlichen Revolution anschwollen. Wie aus kirchlichen Zirkeln eine breite Bürgerinitiative wurde. Wie die einst parteitreuen Zeitungen plötzlich Verständnis für die Umweltschützer zeigten. Als die Anlage 1991 nach dreizehnjähriger Betriebsdauer stillgelegt wurde, hat er so etwas wie Genugtuung gespürt. Eine Empfindung, die nur dadurch getrübt würde, dass es alten SED- und Stasi-Kadern unter dem früheren Leitungspersonal gelang, sich bei einem westdeutschen Investor die wenigen neuen Arbeitsplätze in einem Nachfolgebetrieb zu sichern.

Heute ist von der giftigen Hinterlassenschaft nichts mehr zu sehen und zu riechen. Die »Elefantenbäder« sind eingeebnet. Die Teiche haben wieder klares Wasser. Forstleute haben viele neue Bäume gepflanzt. Bewohner des Ortes Finkenmühle, die wegen der Schadstoffbelastung evakuiert werden sollten, konnten wohnen bleiben. Weidner hat sich das vom Staat geförderte Öko-Projekt zur Renaturierung vor Ort angesehen. Was er vorgefunden hat, hat ihn gefreut. Langsam, sagt er, komme auch der Tourismus wieder in Schwung.

Manchmal fährt Reinhard Weidner nach Eisenach. Mit seiner Familie oder mit Konfirmanden. Er besucht die Wartburg, das Lutherhaus und Kirchen. Einmal hat er seinen alten Bischof getroffen, der seit langem pensioniert ist. Es war eine kurze Begegnung. Sie schien dem früheren Oberhirten peinlich zu sein. Weidner war enttäuscht. »Mehr als eine höfliche Frage, wie es mir gehe, hat er nicht herausgebracht.«

Ein Interview macht Furore

Zu Beginn des Jahres 1987 war den meisten kommunistischen Regierungen des Ostblocks klar, dass die Reformpolitik von Michail Gorbatschow nicht auf die Sowjetunion beschränkt bleiben würde. Früher oder später würden sie unter dem Druck der Entwicklungen beim »großen Bruder« gezwungen sein, langjährige Fehlentwicklungen zu korrigieren. Für viele Bürger in den sozialistischen Ländern verband sich das neue Denken des Generalsekretärs der KPdSU mit der Hoffnung auf Veränderungen der verkrusteten Partei-Diktaturen. Perestroika und Glasnost waren in aller Munde. »Die Entwicklung ist nicht mehr umkehrbar«, sagte der langjährige Sowjetbotschafter in Bonn, Valentin Falin, in einem Interview, das er meinem *Stern*-Kollegen Erich Follath und mir im März 1987 gab.

Die alten Männer im Politbüro der SED beobachteten Gorbatschows Revolution von oben mit großem Argwohn. Sie wollten mit allen Mitteln vermeiden, dass die DDR in den Sog seiner Reformpolitik geriet. In maßloser Überschätzung der Wirtschaftskraft und der politischen Stabilität der DDR rühmten sie ihren Sozialismus in den Farben Schwarz-Rot-Gold und erklärten jegliche Veränderungen à la Moskau für das eigene Land als überflüssig. Öffentlich sagten sie das allerdings nicht. Ich dachte, vielleicht könnte man die SED-Führung zu einer offiziellen Stellungnahme veranlassen und beantragte beim Außenministerium ein Interview zum Thema: Wie die DDR die Reformpolitik von Michail Gorbatschow beurteilt. Große Hoffnungen machte ich mir nicht. Immerhin bat mich die Abteilung Journalistische Beziehungen, ich möge Fragen formulieren und diese möglichst schnell schriftlich übermitteln. Das tat ich umgehend, ohne mich inhaltlich mit der Redaktion in Hamburg abzustimmen. Wenige Tage darauf wurde mir mitgeteilt, meinem Antrag sei stattgegeben worden. Professor Kurt Hager, Sekretär des Zentralkomitees, sei bereit, die Fragen des *Stern* zu beantworten. Ich war sprachlos. Ich hatte angenommen, dass man vielleicht den Direktor der Akademie für Gesellschaftswissenschaften oder einen seiner Mitarbeiter als Gesprächspartner benennen würde.

Und nun wollte ein Politbüromitglied persönlich Stellung nehmen. Ein Spitzenfunktionär, mit dem ich noch nie ein Wort gewechselt hatte. Die Redaktion war begeistert.

Das Interview war für den 20. März 1987 festgelegt worden. Um 10 Uhr meldete ich mich mit meinem Hamburger Kollegen Ulrich Völklein und dem Fotografen Jürgen Müller-Schneck im Außenministerium an der Spree. Wir wurden in einen Raum im Erdgeschoss geführt. Dort übergab uns ein Mitarbeiter einen Stapel Papier. Hagers schriftliche Antworten auf unsere Fragen. Bei der Lektüre des sogenannten Interviews bekam ich ein mulmiges Gefühl. Je mehr wir die Passagen mit den umständlichen Bandwurmsätzen durchgingen, desto länger wurden unsere Gesichter. Der Text bestand über weite Passagen aus gestelzten Propaganda-Phrasen ohne Neuigkeitswert. Und die müssen wir auch noch abdrucken, ging es mir durch den Kopf. Ich malte mir die Reaktion in der Zentrale aus. Dann kamen wir bei der Lektüre an eine Stelle, die uns stutzen ließ. Die Achtung vor dem Lande Lenins bedeute nicht, »dass wir alles, was in der Sowjetunion geschah, kopierten«. Das klang nach vorsichtiger Distanzierung. Und es kam noch besser. »Würden Sie, wenn Ihr Nachbar seine Wohnung neu tapeziert, sich verpflichtet fühlen, ebenfalls neu zu tapezieren?« Ein Satz voller Brisanz. Eine Formulierung, die man als Absage der SED an die Reformpolitik der sowjetischen Schutzmacht werten könnte. Da ahnten wir noch nicht, welche weltweite Wirkung dieser Vergleich des Chefideologen der SED haben würde.

Wir steckten die schriftlichen, mit dem Politbüro abgestimmten Antworten ein und wurden hinüber ins »Große Haus«, den Sitz der SED-Parteizentrale geleitet. Vorbei an salutierenden Wachsoldaten. Hager, der in der Nachkriegszeit an der Humboldt-Universität Philosophie gelehrt hatte, empfing uns gemeinsam mit dem Hauptabteilungsleiter des DDR-Außenministeriums, Wolfgang Meyer, in seinem Büro. Es gab Säfte und Kaffee. Wir hatten dem ZK-Sekretär, der im württembergischen Bietigheim geboren wurde, als Gastgeschenk ein schwäbisches Mundart-Lexikon mitgebracht. Jovial plauderte er mit uns über die landsmannschaftlichen Eigenheiten der Schwaben. Die Begegnung war locker und entspannt, aber kaum mehr als ein protokollarischer Höflichkeitstermin. Unser Fotograf hielt die Szene fest. Über unsere Fragen und seine Antworten verlor Kurt Hager kein Wort. Das Interview, das im eigentlichen Sinne keines war, hatte er bereits abgehakt.

Die Resonanz auf die Veröffentlichung war größer als er wohl selbst erwartet hatte. Politiker und Kommentatoren werteten Hagers Tapeten-Satz als offizielle Absage der SED-Führung an Glasnost und Perestroika. Ost-Berlin, so die Botschaft, ging öffentlich auf Distanz zu Michail Gorbatschow. Im Volksmund hieß Hager fortan »Tapeten-Kutte«. In seinem Büro gingen zahlreiche Briefe empörter Gorbatschow-Anhänger innerhalb und außerhalb der SED ein. Ich habe Hager zusammen mit einem Belegexemplar einige Fotos in sein ZK-Büro geschickt, aber nichts mehr von ihm gehört.

Der Text des Interviews erschien, wie verabredet am 9. April, zeitgleich zum Abdruck im SED-Zentralorgan *Neues Deutschland*. Aber in der Ausgabe des *Stern* fehlten ein paar Sätze. Kollegen von der Schlussredaktion hatten eigenmächtig und ohne Absprache mit dem Ressort einige Antworten Hagers gekürzt. Dass ausgerechnet »Aussagen zur sozialistischen Demokratie in der DDR und ihrer Ausübung in der täglichen Praxis« weggefallen waren, nahmen die SED-Genossen meiner Redaktion besonders übel.

Eine leitende Mitarbeiterin des Außenministeriums drückte mir ihre Missbilligung aus. Mein Ressortleiter schrieb einen Entschuldigungsbrief und erklärte die Vorhaltungen für berechtigt. Doch der Bestrafung entging ich nicht. Ein mir bereits in Aussicht gestelltes Gespräch mit ZK-Sekretär Hermann Axen zu Fragen der Entspannungspolitik wurde mir kurzerhand gestrichen. Man wolle meinen Antrag erst gar nicht an das ZK weiterleiten, lese ich in einem internen Vermerk, da man sich nicht zum Fürsprecher für Redaktionen machen wolle, die gegebene Zusagen nicht einhielten. »Durch die unseriöse Art der Veröffentlichung des Interviews, hat sich der *Stern* selbst die Grundlage dafür entzogen, in nächster Zeit ein weiteres Exklusivinterview zu erhalten.«

Damit nicht genug. Wohl wissend, dass in westlichen Redaktionen und Verlagshäusern nichts mehr schmerzt als spektakuläre Erfolge der Mitbewerber, dachten sich die Außenamts-Bediensteten noch einen speziellen Denkzettel aus. »Die Konkurrenzsituation der großen Hamburger Blätter ausnützend«, solle dem *Spiegel* oder der *Zeit* ein Interview mit Hermann Axen angeboten werden. Aus Äußerungen ihrer Korrespondenten sei ein starkes Interesse an Gesprächen mit Vertretern der Parteiführung zu entnehmen. Es seien jedoch keine Anträge gestellt worden, »um sich keine Ablehnungen einzuhandeln«. Lobend wurde in dem Vermerk erwähnt, dass man besonders mit der *Zeit* gute Erfahrungen gemacht habe. Bei einem Interview mit Erich Honecker seien selbst »kleinste stilistische und orthografische Veränderungen« abgestimmt worden.

Nach dem Zusammenbruch der SED-Herrschaft habe ich einen Brief an Kurt Hager geschrieben. Er hatte – nachdem die Prominentensiedlung in Wandlitz aufgelöst worden war – eine Berliner Neubauwohnung in der Nähe des Pariser Platzes bezogen. Ob er Zeit und Lust habe, mich für eine halbe Stunde zu empfangen, um über sein Interview von 1987 zu reden, wollte ich wissen. Zwei Wochen später kam seine auf der Schreibmaschine verfasste Antwort: »Werter Herr Pragal! An dem von Ihnen vorgeschlagenen Gespräch habe ich kein Interesse. Ich sehe darin keinen Sinn. Hochachtungsvoll Kurt Hager.«

Mitte der 90er Jahre – ich war inzwischen Redaktionsmitglied der *Berliner Zeitung* – sprach Hager doch noch einmal mit dem *Stern*. Der verbitterte Rentner, dem man die Rente als Opfer des Faschismus gestrichen hatte, gab zu, dass der Interview-Text nicht von ihm stammte. »Die Pressestelle unseres Außenministeriums hatte, wie üblich, die Antworten vorbereitet.« Als kompletten Entwurf, den Hager unverändert übernahm. Nur den dann berühmt gewordenen Tapeten-Satz habe er selbst hinzugefügt. Hager: »Kurioserweise ist der Tapetenwechsel-Vergleich mein einziger origi-naler Beitrag zu dem Interview gewesen.«

1996 veröffentlichte Hager ein Buch mit dem Titel »Erinnerungen«. Darin stellte er sich als Opfer von Fehldeutungen dar. Sein Tapeten-Vergleich sei »entgegen meiner Absicht und im Widerspruch zu meiner Überzeugung« als Ablehnung jeglicher Reform in der DDR interpretiert worden. Westliche Medien hätten sich die Chance nicht entgehen lassen, seinen Ausspruch über das Tapezieren gegen die »Betonköpfe« der SED-Führung auszunutzen. Die übrigen Antworten, die ihm das Außenministerium als vollständige Vorlage auf meine Fragen geliefert hatte, wertete Hager nachträglich als wenig geglückt. Die Antworten seien »schematisch und schönfärberisch« gewesen. Und dann rang er sich doch noch zu einer selbstkritischen Bemerkung durch: »Es war ein Fehler, dass ich mich zu eng an diesen Entwurf hielt und nicht meinen eigenen Stil gebrauchte.« Im September 1998 ist Kurt Hager im Alter von 86 Jahren gestorben.

Leben im Ghetto

Generalleutnant Günter Wolf sparte gegenüber den »ausländischen« Besuchern nicht mit Komplimenten. Vor ein paar Tagen, sagte der Chef der Stasi-Hauptabteilung Personenschutz, seien Vertreter von DDR-Medien da gewesen. Die hätten sich mächtig aufgeregt. Manche hätten sich geradezu wild aufgeführt. Die akkreditierten Korrespondenten hingegen verhielten sich korrekt und stellten sachliche Fragen. Das empfinde er als »wohltuend«. Ein solches Lob aus dem Munde eines Stasi-Generals war für mich ungewohnt. Wolf, nicht verwandt mit dem langjährigen Chef der DDR-Auslandsspionage, Markus Wolf, führte meine Kollegen und mich am 27. November 1989 durch die bis dahin von Geheimnissen umwitterte »Waldsiedlung Wandlitz«, Domizil der obersten Führungsriege der SED. Wir gingen durch die Straßen des inneren Rings, an denen insgesamt 23 Häuser standen, symmetrisch ausgerichtet und aufgestellt wie Bauklötze. Äußerlich keine prachtvollen Villen, eher schlichte Einfamilienhäuser. Einige der Politbüro-Mitglieder, unter ihnen der zum Generalsekretär aufgestiegene Egon Krenz, waren schon ausgezogen. Andere, wie der entmachtete und kranke Erich Honecker, wohnten noch in ihrem Ghetto.

Wolf, dem die Betreuung und Versorgung der »führenden Repräsentanten« unterstand, geleitete uns in eines der leerstehenden Häuser. Ein großes Entree, geräumiges Wohnzimmer, Parkettböden, hölzerne Einbauschränke, mehrere Toiletten – nichts was einem Westdeutschen als Luxus erscheinen konnte. In der Küche ein Herd und eine Geschirrspülmaschine aus bundesdeutscher Fabrikation. DDR-Kollegen, die nach dem Ende der Zensur nunmehr kritischen Journalismus probten, nahmen daran Anstoß und teilten die in ihren Augen üppige Ausstattung eilfertig ihren Lesern und Zuschauern mit. Mich bewegten andere Fragen. Warum haben sich die Spitzenfunktionäre überhaupt hinter einer von Stasi-Leuten bewachten, fünf bis sechs Kilometer langen und 2,10 Meter hohen Mauer abgeschottet und versteckt? Warum unterwarfen sie sich einer Sicherheitsdoktrin, die selbst der verantwortliche Stasi-General als überzogen bewertete? Und wie wirkte sich die Isolation auf die Wahrnehmung der sozialen Wirklichkeit in ihrem Lande aus?

Eine erste Antwort gab Kurt Hager. Der von der politischen Bühne abgetretene ZK-Sekretär wurde in Begleitung seiner Frau beim Spaziergang in der Siedlung von einem Kamerateam des DDR-Senders »Elf 99« gestellt. Nach Wandlitz in eine Dienstwohnung zu ziehen, sei in seiner Position eine Notwendigkeit gewesen, rechtfertigte er sich. Er habe sich »den Beschlüssen gebeugt«. Der alte Mann wirkte verbittert. Drohungen seiner rebellierenden Untertanen wie die vom bevorstehenden »Sturm auf Wandlitz« machten ihm offenbar Angst. Er sprach von einem »Internierungslager«, das er gern mit einer kleinen Wohnung tauschen würde. Als Rentner seien seine Ansprüche gering. Anfang Dezember wurden die Telefonverbindungen in der Siedlung unterbrochen. Staatsanwälte nahmen einige der Bewohner fest oder stellten sie unter Hausarrest. Ihre Häuser wurden durchsucht. Kurt Hager ließ man in Ruhe. Im Januar 1990 löste das Ehepaar seinen Haushalt in Wandlitz auf und zog nach Berlin. Den größten Teil seiner Bücher schenkte er Bibliotheken.

Gebaut wurde die Prominentensiedlung Ende der fünfziger Jahre. Unter dem Schock der ungarischen Revolution meinten Sicherheitsexperten, die Partei- und Staatsführung besonders schützen zu müssen. Seit der Gründung der DDR hatte die rote Herrscherelite in Berlin-Pankow gewohnt. Vorwiegend in bürgerlichen Villen rund um den für normalen Verkehr gesperrten Majakowski-Ring. Bewacht, aber mitten in der Stadt. Das war dem Ministerium für Staatssicherheit nicht sicher genug. Die »Herren von Pankoff«, wie der westdeutsche Kanzler Konrad Adenauer die SED-Führer zu nennen pflegte, sollten sich kasernieren lassen, bei Wandlitz, gut 20 Kilometer nordöstlich von Berlin. Fortan pendelten sie in sowjetischen, später in schwedischen Nobelkarossen auf einer speziellen »Protokollstrecke« auf grüner Welle zwischen dem Politbüro-Dorf, im Volksmund »Volvograd« genannt, und ihrem Dienstsitz im ZK-Gebäude am Werder'schen Markt. Um eine freie Fahrt zu garantieren, wurde der Verkehr an der Einbiegung des eigens für die »Waldsiedlung« gebauten Schnellstraßen-Zubringers zur Autobahn Prenzlau–Berlin zeitweise geregelt.

So abgeschottet wie gegenüber der Bevölkerung, so abgekapselt lebte die Creme der DDR-Gesellschaft auch untereinander. Es habe keinerlei Geselligkeit gegeben, erzählte mir in den neunziger Jahren Vera Oelschlegel, die als Ehefrau von Konrad Naumann, dem damaligen SED-Chef von Ost-Berlin, einige Zeit in Wandlitz lebte. »Man grüßte, falls man sich begegnete.« Eine enge Nachbarschaft mit regelmäßigen Besuchen von Haus zu Haus habe sie nicht kennengelernt. »Es war eine Albtraumsiedlung, ein Ghetto«, hat die prominente Schauspielerin in ihrem Selbstporträt »Wenn das meine Mutter wüsst' ...« geschrieben, »und ich entwickelte hier so viel Heimatgefühl wie ein Emigrant.« Misstrauen vergiftete das Miteinander. Auch in Wandlitz, so fand sie heraus, waren die Häuser »verwanzt«. Als sie sich einmal mit ihrem Mann gestritten hatte, habe Erich Mielke sie am nächsten Tag gefragt: »Warum willste denn nicht auf die Parteischule? Biste dir zu fein?« Genau darum sei es bei dem Ehekrach gegangen.

Für DDR-Verhältnisse lebte die sozialistische Oberschicht in einem sozialistischen Schlaraffenland. Es fehlte weder an Waren noch an Personal. Hunderte Bedienstete sorgten für das Wohl der Spitzenpolitiker: Chauffeure und Gärtner, Kellner und Köche, Ärzte und Masseure, Handwerker und Hausmädchen, allesamt von der Stasi eingestellt und zu strikter Geheimhaltung vergattert. Auch die Domestiken wohnten auf dem parkähnlichen Gelände, freilich in gebührendem Abstand zu den Häusern der Nomenklatura im Innenring. In einem Hallenschwimmbecken, das Erich Mielke regelmäßig schon am frühen Morgen nutzte, konnte sich der sozialistische Adel fit halten. Im Gemeinschafts-Restaurant kosteten die teuersten Gerichte weniger als zehn Mark Ost. Man konnte sich das Essen auch ins Haus kommen lassen. Die Kellner brachten sogar Geschirr und Tischwäsche mit.

Der Clou für die Promi-Bewohner, von denen etliche neben den Wandlitz-Häusern noch zusätzliche Jagd- und Wochenenddomizile hatten, war das Einkaufszentrum. Dort gab es neben DDR-Produkten westliche Importgüter zu Vorzugspreisen in Landeswährung. Spirituosen, Feinkost, Delikatessen, frisches Obst, mitunter aus südlichen Ländern eingeflogen. Aber auch Textilien, Schuhe, Kosmetika, Kühlschränke und elektronische Geräte. Als Günter Wolf die Journalisten durch das Funktionärs-Camp führte, waren die West-Waren aus den Vitrinen und Regalen verschwunden. Die Stasi hatte sie zunächst ins Ost-Berliner »Palasthotel« und von da aus in ein Warenlager nahe dem Flughafen Schönefeld gebracht. Statt der Import-Artikel wurde den Korrespondenten ein Sortiment aus reinen DDR-Produkten vorgeführt. Wer hier vor sechs Wochen eingekauft habe, räumte der Stasi-General ein, der erkenne den Laden nicht wieder.

Doch die frühere Praxis ließ sich nicht lange geheim halten. Eine von den politischen Erben Honeckers eingesetzte Kommission zur Aufdeckung von Korruptionsfällen förderte Details des süßen Lebens in Wandlitz ans Tageslicht. Dort wurde nicht nur zum Eigenbedarf konsumiert. Manche Ober-Genossen, die Freunde und Verwandte an den lukrativen Einkaufmöglichkeiten teilnehmen ließen, konnten gar nicht genug von den Waren des Klassenfeindes bekommen. Der für die Wirtschaft zuständige ZK-Sekretär kaufte, wie die Kommission nach dem Fall der SED-Größen feststellte, Jahr für Jahr im Durchschnitt zehn Farbfernseher zum Stückpreis von maximal 1750 Ost-Mark. Das war deutlich weniger, als ein gewöhnlicher DDR-Bürger für ein vergleichbares Gerät hätte hinblättern müssen.

»Angesichts der Versorgungsschwierigkeiten und des Wohnungsmangels im Lande war diese Vorzugsbehandlung übertrieben«, hat Kurt Hager nach seinem Auszug aus Wandlitz selbstkritisch festgestellt. »Wir hatten nicht gehandelt, wie man es von Kommunisten verlangen darf.« Schlimmer als der Missbrauch von Privilegien waren die Auswirkungen der Wandlitz-Mentalität auf die Politik der DDR. Die Mitglieder der Führungsriege lebten in einer exklusiven Welt, die mit der ihrer Bürger kaum etwas gemein hatte. Das sozialistische Paradies »Waldsiedlung« hatte den Politbürokraten den Blick für die reale Lage ihres Landes verstellt. Das hat auch Egon Krenz schließlich eingesehen. »Wer jahrzehntelang bevorzugt einkaufte«, so bekannte er in seinen Memoiren »Wenn Mauern fallen«, »der hatte einfach nicht mehr das notwendige Gespür für die tatsächlichen Lebensbedingungen des Volkes draußen.«

Die Öffnung der Politbüro-Siedlung, über die vorher nie berichtet werden durfte, markierte einen Wendepunkt in der journalistischen Arbeit. Bis dahin waren die Machthaber bemüht, den westlichen Beobachtern jegliche Hinweise auf Missstände und Schwachstellen im realen Sozialismus von Deutschland-Ost zu verheimlichen. »Wir führen keine Fehlerdiskussion«, lautete die Weisung. Wir Korrespondenten waren beim Recherchieren auf eigene Kenntnisse und Beobachtungen angewiesen. Damit war es jetzt vorbei. Bei öffentlichen Veranstaltungen, die Tribunalen glichen, wurden Staats- und Parteifunktionäre zur Rede gestellt. Staatsanwälte, die zuvor willige Vollstrecker einer Klassenjustiz waren, bezichtigten ihre einstigen Herren des Amtsmissbrauchs und der Korruption. Abgeordnete der Volkskammer, die jahrelang jegliche Weisungen kritiklos abgenickt hatten, versuchten sich in der ungewohnten Rolle als Vertreter der unterdrückten Bürger. Das bot reichlich Stoff für Reportagen. Überall im Lande machten Menschen bei Kundgebungen und Demonstrationen ihrer aufgestauten Wut auf die wankende Obrigkeit Luft. Wendige DDR-Journalisten mauserten sich über Nacht von folgsamen Propagandisten zu öffentlichen Anklägern, die mit den stürzenden Diktatoren härter und gnadenloser umsprangen als es West-Korrespondenten je getan hatten. Die Ost-Zeitungen füllten sich mit Briefen und Zuschriften zorniger Bürger. Die Flut der Ereignisse und Informationen war kaum noch zu überblicken und zu erfassen. Die DDR wurde am Ende des Jahres 1989 von einem gewaltigen Strudel der Veränderung gepackt, dem sich fast niemand entziehen konnte. Für viele Korrespondenten zählten diese Wochen zu den turbulentesten ihrer beruflichen Laufbahn. Auch ich empfand das so. Erstmals in meiner Zeit als Akkreditierter konnte ich ohne Beschränkung und Behinderung publizistisch aus dem Vollen schöpfen.

Über die West-Korrespondenten und ihre Arbeit ist nach dem Ende der DDR öffentlich gestritten worden. Manche Bundesbürger haben den Berichterstattern »Weichzeichnung« der roten Diktatur vorgeworfen und ihnen die Schuld dafür gegeben, dass viele Westdeutsche von der Dynamik der friedlichen Revolution und dem rasanten Verfall der SED-Herrschaft überrascht wurden. Tatsächlich kam das klägliche politische Ende von Honecker, Mielke und Genossen für mich und andere Beobachter vor Ort unerwartet. Nicht weil wir blind waren, sondern weil wir das Regime kannten. Ich fürchtete damals, die regierenden Kommunisten würden nicht freiwillig ihre Macht abgeben und eher auf ihr Volk schießen lassen, als ohne Gegenwehr ihrer Herrschaft zu entsagen. An einer detailgenauen Beschreibung des wirtschaftlichen und politisch-moralischen Zerfalls der DDR hat es aber nicht gefehlt. Wer wollte, konnte sich sehr wohl über den labilen Zustand des SED-Staates und die Stimmung seiner Bewohner informieren. Ein Blick in die Archive der DDR-Berichterstattung würde das bestätigen.

Waren die West-Korrespondenten nicht nur Chronisten, sondern auch »Umsturzhelfer«, wie gelegentlich vermutet wird? Sicher nicht alle. Und manche wollten es auch nicht sein. Die meisten haben jedoch sehr wohl am Niedergang des Regimes mitgewirkt. Gezielt oder unbewusst. Und die SED-Führung hat diesem Prozess auch noch Vorschub geleistet. Zum Beispiel dadurch, dass sie dem Gros ihrer Parteimitglieder den Kontakt zu den Westlern untersagte. Das sei doch unlogisch, haben meine Frau und ich bei einem Empfang einem Funktionärsehepaar gesagt, das von diesem Verbot nicht betroffen war. Eigentlich, so argumentierten wir, müssten die DDR-Regenten dafür sorgen, dass wir auch im Privatleben von möglichst vielen staatstreuen Bürgern umgeben sind, die uns ihre Sicht auf ihre Gesellschaft vermitteln. Stattdessen habe man das Feld den Skeptikern, Kritikern und Dissidenten überlassen. »Mit Logik hat das nichts zu tun«, bekamen wir zur Antwort. Die Resignation war in den Worten der Genossen nicht zu überhören.

West-Korrespondenten waren Störenfriede. In den Augen der Machthaber und auch nach eigenem Verständnis. Ständig korrigierten sie das Propagandabild einer schönen sozialistischen Welt. Priesen die Sprachrohre der Partei die heldenhaften Aufbautaten der Werktätigen, so schilderten die West-Medien die Mängel der Planwirtschaft. Rühmten Ost-Gazetten Honeckers Wohnungsbauprogramm, zeigten Korrespondenten unter Hinweis auf den DDR-Spruch »Ruinen schaffen ohne Waffen« zerfallende Altbauten, die das Bild ostdeutscher Innenstädte prägten. Ob wir es wollten oder nicht – mit unseren Berichten haben wir auf die politische Meinungsbildung der DDR-Bevölkerung nachhaltig eingewirkt. West-Medien haben die Aktivitäten und Forderungen von Bürgerrechtlern und anderen Oppositionsgruppen landesweit publik gemacht.

Mit den Bildern von Demonstrationen haben ARD und ZDF DDR-Bürgern die Angst genommen und zum Mitmachen ermutigt. Und wenn die Kamerateams Stasi-Schläger und Volkspolizisten dabei filmten, wie sie friedliche Proteste mit brutaler Gewalt auflösten, haben die Journalisten mitgeholfen, die Diktatur bloßzustellen.

Manchmal waren westliche Korrespondenten, obwohl sie nur berichten wollten, Auslöser von Aktionen. Am Nachmittag des 7. Oktober 1989, dem letzten Staatsfeiertag der DDR, stand ich auf dem Alexanderplatz. Es herrschte Volksfeststimmung. Menschen löffelten Erbsensuppe, tranken Bier, lauschten den Märschen einer Polizeikapelle. Wie immer am Geburtstag der Republik. Kurz vor 17 Uhr schlug die Stimmung um. An der Weltzeituhr, einem weit über Berlin hinaus bekannten Treffpunkt, stritten sich ein paar Jugendliche mit einem älteren Genossen. Neugierige umringten die Gruppe. Ein westdeutsches Fernsehteam richtete die Kamera auf die Kontrahenten. In diesem Moment setzten sich einige junge Leute in Szene. Sie riefen »Freiheit« und »Stasi raus«. Die Rufe schwollen an zu Sprechchören. Mit Blick auf das filmende Team formierten sich Menschen zum Protest, marschierten los in Richtung Rotes Rathaus. Spontan, ohne dass jemand eine Anweisung gegeben oder ein Ziel genannt hätte. Erst nur ein Dutzend Leute, dann hundert. Und es schlossen sich immer mehr an.

Wären die Menschen losgelaufen, wenn kein westliches TV-Team zur Stelle gewesen wäre? Hätten sie nach

Reformen, Freiheit und Demokratie gerufen, ohne dass ihre Parolen von Mikrofonen aufgenommen worden wären? Ich weiß es nicht. Ich weiß nur, dass sich aus einer kleinen Geste des Protestes einer der spektakulärsten Demonstrationszüge entwickelte, die Ost-Berlin bis dahin erlebt hat. Noch heute habe ich die Bilder im Kopf, wie die aufgebrachten Bürger am Spreeufer standen und auf den Palast der Republik schauten. Dort zelebrierte Erich Honecker bei einem Gala-Empfang mit ausländischen Staatsgästen den 40. Geburtstag der DDR. Hinter den Scheiben des Prachtbaues konnte man Festbesucher erkennen, die auf die heranrollende Menschenwoge blickten. Eine Szene, in der sich symbolhaft die Zerrissenheit der DDR-Gesellschaft zeigte: Drinnen die herrschende Klasse, draußen das protestierende Volk, auf das Uniformierte und Stasi-Kommandos in Zivil am späten Abend prügelnd wie auf Freiwild losgingen. »Gorbi hilf uns«, haben Demonstranten damals gerufen. Da war Michail Gorbatschow, der Hoffnungsträger der sozialistischen Reformer, schon auf dem Heimweg nach Moskau. »Wer zu spät kommt, den bestraft das Leben«, hat er der verstockten Altherren-Riege um Honecker an diesem Tag ins Gewissen geredet. Aber sie haben nicht auf ihn gehört.

Im Grunde hätten die westlichen Korrespondenten eine ordentliche Arbeit gemacht. Der das sagt, kann es beurteilen. Helmut M. hat mich als MfS-Offizier über viele Jahre beobachtet. Er hat Inoffizielle Mitarbeiter auf mich angesetzt und sie angeleitet. Er hat meine Berichte analysiert und Beurteilungen über mich als Person verfasst. Persönlich kennen wir uns seit Mitte der neunziger Jahre. Ich habe seine Wohnadresse herausbekommen. Meine Frau und ich sind ohne Anmeldung bei ihm aufgetaucht. Wir wollten wissen, wie der Mann aussieht, der unser Leben ausgeforscht hat. Er hat nach dem Ende der DDR als Handelsvertreter gearbeitet. Dann wurde er Rentner. Ab und zu tauchte sein Name in der Zeitung auf.

An einem Oktobertag 2007 saßen wir wieder zusammen. In meinem Arbeitszimmer. Ich wollte einiges von ihm wissen, diese oder jene Passage in meinen Stasi-Akten erläutert bekommen. Er kennt sich damit aus. Viele Berichte und Protokolle über mich hat er selbst verfasst.

Was er von mir in der *Süddeutschen Zeitung* und im *Stern* gelesen habe, sagte er, sei sachlich und profund gewesen, »sauber recherchiert, sauber geschrieben«. Damals, als er mich ausspionierte und meine Informanten jagte, las sich das anders. Da war mehr von Hetze und Verleumdung die Rede. Aber zu dieser Zeit konnte er sich wohl eine eigene, ehrliche Meinung in schriftlicher Form nicht leisten. »Ich kannte Ihre Kontakte und Ihr Verhalten«, erklärte er. »Ich habe mir eingebildet, ein recht gutes Bild von Ihnen zu haben.« Deshalb sei es ihm auch lieber gewesen, »einen Pragal in der DDR zu wissen als einen Müller, den man nicht kennt«. Sein Respekt, sagte er, gelte auch etlichen anderen meiner Korrespondenten-Kollegen. Dass wir Mängel und Schwächen der DDR-Gesellschaft beschrieben hätten, sei journalistisch normal gewesen. Die amtliche Propaganda habe es uns auch leicht gemacht. Er redete ruhig, wirkte auch nicht angespannt. Ich hatte nicht den Eindruck, dass er sich anbiedern wollte. Er meinte wohl wirklich, was er sagte.

Ich habe den Ex-Major gefragt, ob er etwas dagegen habe, wenn ich ein Tonband laufen lasse. Dann müsste ich nicht so viel mitschreiben. Er war einverstanden. Während des Gesprächs ging das Telefon. Meine Tochter Katharina wollte mich über die Vorbereitungen für den 65. Geburtstag meiner Frau informieren. Wir planten für sie eine Überraschungsparty, hatten die Gäste konspirativ eingeladen und zum Stillschweigen verdonnert. Aus dem Gespräch konnte mein Besucher entnehmen, worum es ging. »Könnte es sein, dass Ihre Frau das Tonband abhören möchte?«, fragte er mich. Auch sie hatte er früher ausgeforscht, er kannte ihr Wesen. An diesem Tag war sie verreist. Vielleicht wolle meine Frau ja wissen, was wir besprochen haben, meinte er. »Ja, kann sein«, antwortete ich. Das Band lief immer noch. Ich hatte vergessen es abzustellen. »Dann sollten Sie die Stelle mit dem Telefongespräch am besten löschen«, sagte er. Wir sahen uns an und mussten plötzlich beide lachen. Er, der gelernte Geheimdienstler, und ich, der Journalist, den er mal für einen feindlichen Agenten gehalten hat. Wenige Wochen nach dieser Begegnung ist Helmut M. an einer schweren Krankheit, die man ihm nicht angesehen hat, gestorben.

*Bitte beachten Sie auch
die folgenden Seiten*

 Osburg Verlag

*Eine Frau
gegen die Armee
des Kaisers*

André Brink
Die andere Seite
der Stille
Roman
416 Seiten
Gebunden

Brink, mit der Geschichte Südafrikas vertraut wie wenige, erzählt das Schicksal einer jungen Frau, die aus der Hölle kommt und ins Inferno gerät: Erniedrigung und Missbrauch prägen die Jugend der verwaisten Hanna. Als sie sich entschließt, für die deutsche Kolonialgesellschaft nach Südwestafrika zu gehen, hat sie für einen Moment die Hoffnung, ihr Traum vom Süden könne sich erfüllen. Doch schon an Bord des Schiffes verfliegt ihre Illusion, und als sie sich an Land einem Offizier verweigert, lässt der sie foltern. Verstümmelt strandet Hanna im »Frauenstein«, einem albtraumartigen Refugium in der Wüste.

 Osburg Verlag

*Feigheit
regiert die
Welt*

Karl Heinz Bittel
Eine Art Verrat
Roman
304 Seiten
Gebunden

Unordnung und spätes Leid – so könnte das Motto
lauten, unter dem Karl Heinz Bittel mit seinem
souveränen und präzisen Debut-Roman antritt.
Und dies gleich in mehrfacher Hinsicht: Zum einen
schildert Bittel das prekäre Verhältnis zwischen
Thomas Mann und seinem ältesten Sohn Klaus in
den Jahren des Exils, zum anderen spielt er höchst
kunstvoll mit des Meisters Erzählung »Unordnung
und frühes Leid«. Dabei gelingt es Karl Heinz Bittel,
den familiären Konflikt über das Allbekannte hinaus-
zuheben und ihn exemplarisch in eine Epoche
einzubinden, die vielsinnig als »Jahrhundert des
Verrats« bezeichnet wurde.

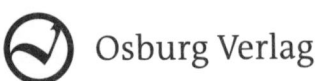 Osburg Verlag

... aus einem Leben
ein Märchen
machen

Tom Reiss
Der Orientalist
Auf den Spuren von
Essad Bey
504 Seiten mit
Abbildungen
Gebunden

Ein Prinz aus dem Morgenland war Lev Nussimbaum
zwar nicht, aber als »Essad Bey« und »Kurban Said«
inszenierte er sich als Abenteurer und Erfolgsautor
auf internationalem Parkett. 1905 als Sohn eines Öl-
magnaten in Baku geboren, verschlug die russische
Revolution Lev nach Berlin, wo er zum Islam
konvertierte, Orientalistik studierte und in den
Zwanziger Jahren zum Star-Autor, unter anderem
des noch heute verlegten Bestsellers »Ali und Nino«
aufstieg. Nach einem Intermezzo in New York zog er
nach Wien, floh vor den Nazis nach Italien und starb
1942 in Positano. Spannend und irisierend erzählt
Tom Reiss dieses unglaubliche Leben – und die
ebenso abenteuerliche Geschichte seiner Recherche.

 Osburg Verlag

Christa Mulack
…und wieder fühle ich mich schuldig

Christa Mulack

...und wieder fühle ich mich schuldig

Ursachen und Lösung eines weiblichen Problems

Kreuz

4   5   6   7   02   01   00   99

© 1993 by Kreuz Verlag GmbH & Co. KG, Stuttgart
Ein Unternehmen der Dornier Medienholding GmbH
Umschlaggestaltung: Jürgen Reichert
Umschlagfoto: © Chistiane Vogt
Aus der Serie »Der Tisch«, 1986
Gesamtherstellung: Clausen & Bosse, Leck
ISBN 3 7831 1259 1

Inhalt

Widmung

Dies Buch ist allen Frauen gewidmet, die an Schuldgefühlen leiden und die es leid sind, aus diesem Grunde von Psychotherapeut zu Psychotherapeutin zu rennen, um ihre Spuren bis in die Kindheit zurückzuverfolgen. Es will Frauen klarmachen, daß das horrende Ausmaß an Schuldgefühlen, dem wir bei Frauen allenthalben begegnen, weder das Produkt mütterlicher Fehlleistungen in der Erziehung noch das Resultat eigener Persönlichkeitsdefizite ist, sondern ein kulturell und sozial bedingtes Phänomen, an dem Frauen und Männer auf recht unterschiedliche Art und Weise teilhaben.

Daher wendet sich das Buch an jene Frauen, die bereit sind, ihrer Situation in einer patriarchalen Kultur bis zu den religiös-mythologischen Anfängen auf den Grund zu gehen, um so jene Muster zu erkennen, die Frauen die Schuld und Männern die Macht zuschieben. Wie sich zeigt, beinhaltet diese männliche Macht auch das alleinige Recht, Schuld zu benennen und beim weiblichen Geschlecht zu suchen. Solange also Frauen Schuldzuweisungen akzeptieren und es allein Männern überlassen, Schuld zu definieren, so lange werden sie sich in kontraproduktiver Weise schuldig fühlen und im Zustand ihrer Fremdbestimmung verharren.

Daher widme ich das Buch jenen Frauen, die nicht nur bereit sind, ein patriarchales Schuldverständnis hinter sich zu lassen, da es immer zu Lasten der Frau und zugunsten des Mannes funktioniert, sondern die sich auch der Frage nach ureigenster Schuld ganz neu stellen wollen. Zu einer solchen

Differenzierung als notwendigem Schritt auf dem Wege
weiblicher Befreiung möchte dieses Buch ermuntern und be-
fähigen. Denn nur dort, wo wir in der Lage sind, falsche Definitionen von Schuld zurückzuweisen und unsere eigentliche
Schuld uns selbst und unseren Begabungen gegenüber zu erkennen, begegnen wir unserem wahren Selbst – und damit
unserem Wert als Frau. Echtes Selbstwertgefühl kann nämlich erst dann entstehen, wenn wir die Schuldfrage für uns
gelöst haben.

Durch Verlust von Wertempfinden
droht der Mensch der Welt verlustig
zu gehen.

KONRAD LORENZ

Einleitung

Es gibt zwar eine Reihe psychologischer Bücher und Aufsätze über Schuldgefühle und Gewissensprobleme, doch setzt sich keines von ihnen mit dem spezifisch weiblichen Phänomen des ständig schlechten Gewissens auseinander, mit dem so viele Frauen in allen Phasen ihres Lebens zu kämpfen haben. Das ist um so erstaunlicher, als gerade Frauen auffallend seltener schuldig werden, wenn wir die Regeln unserer Kultur zugrunde legen. Dies doppelte Mißverhältnis des Schuldigwerdens und Sich-schuldig-Fühlens, das zwischen Frauen und Männern herrscht, fällt in unserer Gesellschaft offensichtlich niemandem auf. Es wird weder in Theologie und Psychologie noch im Bereich der Erziehungswissenschaften thematisiert, aber auch nicht – und das ist das Überraschende – im Bereich der Frauenforschung und -literatur. Hier wird meines Erachtens ein zu wichtiges Phänomen ignoriert, das gerade für Frauen ungemein aufschlußreich ist und dem daher dies Buch gewidmet wurde.

Ich bin in den letzten Jahren kaum einer Frau begegnet, die nicht an übermäßigen Schuldgefühlen gelitten hätte. Die Ausnahmen lassen sich an den Fingern einer Hand abzählen. Für die meisten Frauen sind ständige Schuldgefühle die Ursache eines enormen seelischen Energieverlusts, der mit mehr oder weniger bewußten Minderwertigkeitsgefühlen einhergeht. Schuldgefühle lassen Frauen an Beziehungen festhalten, die längst gestorben oder überholt sind. Sie behindern Frauen in der Erziehung ihrer Kinder und veranlassen sie zum Einlenken, wo ihre Forderungen oder ihr Widerstand berechtigt sind. Schuldgefühle lassen sie immer wieder gegen besseres Wissen Handlungen ausführen oder unterlassen, die sich nachteilig für sie – und häufig auch für ihre Umwelt – auswirken. Frauen werden durch ein Übermaß an Schuldgefühlen schwach und nachgiebig: An *ihnen* soll es auf keinen Fall liegen. Um keinen Preis wollen *sie* der Anlaß für eine schlechte Atmosphäre sein oder gar den Zorn anderer auf sich lenken. Denn eins ist klar: Wo immer etwas schiefläuft, wo Kinder unzufrieden werden und Männer aggressiv, wo Kunden sich beschweren oder Chefs lauthals toben – Frauen fühlen sich schuldig.

In der Gewißheit, daß mit ihnen etwas nicht stimmt, suchen Frauen häufig eine Therapie nach der anderen auf, um herauszufinden, wie sie sich »bessern« können. Für sie ist klar, daß *sie* sich ändern müssen, wenn sich in ihrer Ehe oder Partnerschaft etwas ändern soll. Unerschütterlich ist ihr Glaube, daß, wenn sie sich anders verhalten, alles wieder in Ordnung kommt und die Menschen um sie herum mit ihnen zufriedener sind. Die Esoterik unterstützt diesen Glauben auch noch, so daß es zwischenzeitlich keiner Pfarrer mehr bedarf, um die alten Muster aufrechtzuerhalten.

So bleibt bis heute das permanente Schuldgefühl von Frauen *das* Einfallstor männlicher Ausbeutung und Unterdrückung. Solange es offensteht und Frauen den Mechanismus der Schuldzuweisung, der zu ihren Lasten und zu des Mannes Gunsten funktioniert, nicht durchschaut haben, so lange bleiben sie an längst überholte Beziehungen gebunden und verbringen ihr Leben damit, dem Partner zu beweisen, daß sie doch gar nicht so schlecht sind, wie er immer meint.

Nur wenigen Frauen dämmert nach mehrjährigen therapeutischen Versuchen, daß es vielleicht auch an ihrem Partner liegen könnte, daß er dauernd unzufrieden ist; daß Ehemänner oder Chefs ihre Tobsuchtsanfälle möglicherweise selbst zu verantworten haben und daß die Unzufriedenheit der Kinder auch noch andere Ursachen haben könnte als mütterliches Fehlverhalten. Doch zu solcher Einsicht gelangen Frauen meist erst nach ungeheurem Leidensdruck oder nach langwierigen Erkenntnisprozessen.

Dem permanenten Schuldgefühl von Frauen steht auf männlicher Seite ein in beängstigender Weise abnehmendes Unrechtsbewußtsein gegenüber. Hier vermute ich einen Zusammenhang: Weibliche Schuldgefühle, so die These dieses Buches, korrelieren mit männlichen Schuldverdrängungen. Daher ist es mir wichtig, beide in einen Kontext zu stellen und weibliche Schuldgefühle mit männlichem Verhalten und patriarchalen Strukturen zu verbinden. Wenn auch den meisten Frauen das Problem ihrer übermäßigen Schuldgefühle bewußt ist, so sehen sie sie doch regelmäßig außerhalb dieses Zusammenhangs.

Auch tragen die wenigsten Frauen im Umgang mit ihren Schuldgefühlen dem Faktum Rechnung, daß es sich hier um ein *kollektives* und spezifisch *weibliches* Phänomen handelt, das folglich nicht mit einer individuellen Therapie oder geschlechtsneutralen Theorie über Schuldgefühle allgemein zu lösen ist. Strukturelle Probleme bedürfen eines weiteren Erkenntnishorizonts und können folglich nur im Zusammenhang mit gesellschaftlichen und kulturellen Gegebenheiten im Hinblick auf das jeweilige Geschlecht richtig verstanden und eingeschätzt werden.

Von dieser Erkenntnis sind die sich Frauen anbietenden Lösungswege weit entfernt. Der Weg in die Psychotherapie basiert auf dem Glauben, mit der jeweiligen Frau sei etwas nicht in Ordnung. Auf diese Weise lassen Frauen sich pathologisieren oder pathologisieren sich selbst. Keinem Mann würde es einfallen, aufgrund seines Mangels an Schuldgefühlen eine Therapie aufzusuchen, obgleich diese Haltung bei genauerem Hinsehen wesentlich sozialgefährlichere Züge trägt.

Daher erscheint es mir genausowenig wünschenswert, daß Frauen sich im Zuge ihrer »Emanzipation« an diese männliche Gegebenheit anpassen und ihr Gewissen abtöten; denn auch dieser Weg wäre keine echte Lösung des Problems. Auf ihm laufen Frauen Gefahr, sich der männlichen Gefühlsverarmung anzupassen und sich in der Haltung distanzierter Gleichgültigkeit zu üben, die oft mit Rücksichtslosigkeit einhergeht und nur noch den eigenen kurzfristigen Vorteil sieht. Nichts ist dann mehr ihr Problem: ob sie andere verletzen oder sich auf Kosten anderer Frauen durchsetzen; ob sie die Übernahme von Versorgungsaufgaben in der Gruppe verweigern oder in Gesprächsrunden dominieren. Auch tangieren sie dann die berechtigten Forderungen anderer Frauen nicht weiter: Soll doch jede zusehen, wo sie bleibt. – Ein immer wieder auftretendes Phänomen auf Frauenzusammenkünften.

Ohne einen Blick für die kollektiven oder strukturellen Dimensionen des Problems weiblicher Schuldgefühle lassen sich meines Erachtens keine konstruktiven Lösungen finden. Daraus folgt, daß es sich bei den hier aufgezeigten Hintergründen und Zusammenhängen immer nur um Verallgemeinerungen handeln kann, denn nur sie sind geeignet, allgemeine Tendenzen und Strukturen sichtbar werden zu lassen. Daß auf diesem Wege nicht jede individuelle Frau, aber auch nicht jeder Mann angemessen beschrieben werden kann, liegt auf der Hand. Darum kann es auch gar nicht gehen. *Die Wahrheit ist immer perspektivisch*, und das sollte bei der Lektüre dieses Buches nicht vergessen werden. Meine Perspektive ist feministisch. Sie orientiert sich in erster Linie an den Bedürfnissen und Problemen von Frauen. Grundlage meines Ansatzes ist die Frage: Wie kommt es, daß Frauen so viel häufiger und intensiver unter Schuldgefühlen leiden als Männer?

Ich erhebe folglich keinen Anspruch auf die allein richtige Darstellung des Problems weiblicher Schuldgefühle. Sicher gibt es Aspekte in diesem Bereich, die hier nicht zur Sprache kommen. Auch will ich nicht leugnen, daß auch Männer unter übermäßigen Schuldgefühlen leiden können. Doch handelt es sich bei ihnen nicht um ein so auffallend kollektives Phänomen. Aber gerade um diesen Unterschied geht es mir. Er erscheint mir erklärungsbedürftig.

Das Buch wendet sich daher in erster Linie an Frauen, die
unter übermäßigen Schuldgefühlen leiden, und an all jene, die
sich für die Hintergründe dieses Phänomens interessieren. Es
will Einblicke vermitteln in jene Fallen, die unsere Kultur aufgestellt hat und die Frauen immer wieder zu Schuldgefühlen
veranlassen, die sie in ihrem Verhalten wie auch in ihrer Entfaltung blockieren. Wie bereits angedeutet, geht es nicht
darum, Schuldgefühle per se zu pathologisieren. Sie können
durchaus berechtigt sein und in einem solchen Fall einen
wichtigen Erkenntnisgewinn darstellen. So ist es von eminen-
ter Bedeutung, zwischen echten und falschen Schuldgefühlen
unterscheiden zu können. Für eine solche Differenzierung
will dieses Buch Frauen Erkenntnisgrundlagen bereitstellen.

Im *ersten Kapitel* geht es um die Beschreibung des Phänomens übermäßiger Schuldgefühle in den unterschiedlichen
Lebensbereichen von Frauen. Egal in welcher Situation oder
Position sie sich befinden, immer werden ihre Entscheidungen und Handlungen von Schuldgefühlen begleitet oder aber
durch diese herbeigeführt. Bereits in diesem Kapitel werden
Strukturen sichtbar und Erklärungen angeboten, die in den
nachfolgenden Kapiteln eine weitere Ausdifferenzierung und
Vertiefung erfahren.

Das *zweite Kapitel* zeigt den mythischen Untergrund weiblicher Schuldgefühle auf. Immerhin weiß der Grundlagen-
mythos unserer jüdisch-christlichen Kultur von Eva zu berichten, daß sie als zweite erschaffen wurde, doch als erste
gesündigt hat. Ihr »Ungehorsam gegen Gott« wurde zur »Urschuld der Menschheit« hochstilisiert, aus der dann alles
Übel dieser Welt abgeleitet wurde. Obwohl auch Adam in
den Apfel biß, blieb er in der Folgezeit relativ unbehelligt.
Bereits im Mythos weist er alle Schuld von sich. Diese Haltung hat Schule gemacht. Anders als Frauen haben Männer
ein auffallendes Talent entwickelt, Schuld auf andere abzuwälzen, sich Verantwortung zwar in klingender Münze bezahlen zu lassen, sie aber nicht zu übernehmen, wenn etwas
schiefläuft. Der Sündenbock-Mechanismus funktioniert bis

heute. Opfer sind auffallend häufig Frauen, da sie sich am unteren Ende der Machthierarchie bewegen – dort, wo die verlagerte Schuld schließlich ankommt. An der Spitze der Machthierarchie ansässig, sind es Männer, die festlegen, was Schuld ist und wer schuldig wird. Ob in Theologie oder Philosophie, in Psychologie oder Politik, im Erziehungs- oder Rechtswesen, immer waren und sind es Männer, die bestimmten, was als richtig und falsch, gut und schlecht, weiblich und männlich, schicklich oder obszön anzusehen ist. Diese männliche Einseitigkeit oder Androzentrik hat ihre Spuren hinterlassen in unserem Schuld- und Rechtsverständnis, in unserem Werten und Fühlen – vor allem jedoch in unseren Seelen, denen es verwehrt ist, für sich selbst herauszufinden, wo sie wirklich schuldig werden.

Das *dritte Kapitel* verfolgt die Spuren männlicher Schuldverdrängung, die ebenfalls bis in den Mythos zurückverfolgt werden können, die aber auch in unserer Sprache fest verankert sind. Diese Verdrängung männlicher Schuld wird in so umfassender Weise praktiziert, daß ich mich veranlaßt sehe, hier von einem »Tabu« zu sprechen. Es begegnete mir in zahlreichen Veranstaltungen und Diskussionen, in Vorträgen und Büchern, in Nachrichten und Zeitungen, aber auch in privaten Unterhaltungen. Wo immer es um das Thema weiblicher Schuld ging, kam es rasch zu einem allgemeinen Konsens. Weder von progressiver noch von konservativer Seite, weder von Frauen noch von Männern regte sich Widerspruch. In ihrer selbstkritischen Haltung waren Frauen dankbar für Hinweise auf bestimmte Verhaltensfehler, insbesondere im Hinblick auf Partnerschaft und Erziehung. Ging es jedoch um männliche Schuld, so veränderte sich die Situation regelmäßig. Frauen und Männer zeigten massive Widerstände. Es kamen Einwände wie: Das könne man ja wohl so nicht behaupten; schließlich gäbe es ja wohl noch andere Männer; und: wenn es darauf ankäme, seien Frauen doch schlimmer als Männer; im übrigen sei es doch die Schuld der Mütter, die die Männer ja schließlich so erzogen hätten...

Jeder dieser Einwände hätte auch für Frauen gelten kön-
nen, wurde aber, wenn es um sie ging, nicht vorgebracht.
Diese Einseitigkeit, wie auch die Emotionalität, die in diesen
Fällen immer im Spiel war, ließen das beträchtliche Maß an
Irrationalität erkennen, das das Thema männlicher Schuld so
brisant macht und die Vermutung nahelegt, daß hier ein
Tabu berührt wird, zumal auf objektiver Ebene männliche
Schuld wesentlich greifbarer ist als weibliche. Doch sorgt das
Tabu bei beiden Geschlechtern für Wahrnehmungsstörun-
gen, die erschreckende Ausmaße angenommen haben. Sie
werden in diesem Kapitel bewußtgemacht.

Auf meiner Suche nach Tabuisierungen männlicher Schuld
stieß ich auf eine Märcheninterpretation von Eugen Drewermann, die dieses Phänomen auf eklatante Weise veranschaulicht. Das Märchen »Das Mädchen ohne Hände«, dem das
vierte Kapitel gewidmet ist, handelt von der Schuld eines Vaters, die dieser gegenüber seiner unschuldigen Tochter auf
sich lädt und damit ihren weiteren Lebensweg bestimmt.
Über das Schuldigwerden des Vaters verliert Drewermann jedoch in seiner Interpretation kein Wort, sondern verweist
statt dessen mehrfach auf Schuldgefühle des Mädchens, für
die das Märchen keinerlei Anlaß bietet. Für Drewermann ist
das Mädchen nicht etwa Opfer des Vaters, sondern vielmehr
verantwortlich für dessen Verhalten. Diese offensichtliche
Umkehrung des Märcheninhalts aufgrund der Parteilichkeit
des Interpreten für den Vater veranlaßte mich zu einer eigenen Märchendeutung, die einiges zur Klärung meines Ver-
ständnisses der Problematik weiblicher Schuldgefühle beitrug.

Danach geht es im *fünften Kapitel* um eine Beschreibung
der Frau als Opfer patriarchaler Strukturen sowie um die Diskussion weiblichen Opferseins, die immer wieder unter
Frauen aufbricht. Nachdem Feministinnen wie Kate Millet
und Mary Daly in den vergangenen Jahrzehnten den
Opferstatus von Frauen deutlich herausgearbeit haben, werden diese Analysen immer wieder ignoriert. Statt dessen wird

so getan, als beträfe das Opfersein nur einige vergewaltigte
und mißhandelte Frauen und als würden mit ihnen alle anderen Frauen erst durch solche Analysen zu Opfern gemacht.
Feministinnen sprechen von der »Viktimisierung von
Frauen«. Dabei wird übersehen, daß mit vielen männlichen
Gewaltakten eigentlich *alle* Frauen gemeint sind und es oft
nur Zufall ist, wenn Frauen *nicht* zu Opfern männlicher Gewalt werden. Auch daß solche männlichen Gewalthand-
lungen im Grunde genommen auf alle Frauen zurückwirken
und letztlich nur die Spitze eines Eisberges männlicher
Frauenfeindlichkeit darstellen, der letztlich *jede* Frau auf die
eine oder andere Weise zum Opfer fällt, findet in dieser Argumentation von Frauen keine Berücksichtigung.

Die Klärung weiblichen Opferseins wirft auch ein Licht auf
die Frage nach der Schuld von Frauen: Waren es ursprünglich
Männer, die weibliche Schuld definierten und eigene Schuld
auf Frauen projizierten (unsere »Heiligen« Schriften sind voll
davon!), so sind es zwischenzeitlich *auch* Frauen, die Frauen
kollektiv für schuldig erkären.

Um diese weiblichen Schuldzuweisungen an Frauen geht es
im *sechsten Kapitel*. Ähnlich wie die Kirche die Menschen
immer wieder auf ihr Sündigsein anspricht, um ihnen dann
im Namen Christi ihre Sünden vergeben zu können, so haben
sich zwischenzeitlich auf säkularer Ebene einige Feministinnen darauf versteift, die Emanzipation von Frauen von ihrer
Übernahme männlicher Schuld abhängig zu machen. Ob im
Dritten Reich oder in der Dritten Welt, bei der Umweltzerstörung oder im Rahmen patriarchaler Strukturen, überall
werden zwischenzeitlich Frauen als »gleichberechtigt Mitschuldige« ausgemacht und zur Übernahme von Schuld aufgefordert.

Von der Schuldzuweisung zur Selbstbezichtigung und
schließlich zur Bezichtigung anderer Frauen – das scheint der
Weg zu sein, auf dem manche Feministinnen voranschreiten
und vor dem ich mit dieser Arbeit ausdrücklich warnen
möchte. Daher geht es in diesem Kapitel um eine Klärung des

Schuldbegriffs, der nicht unhinterfragt verwendet werden kann, solange wir keine Ethik für Frauen haben. Schuldzuweisungen bedeuten immer Machtausübung und bedürfen einer gründlichen Klärung. Solange diese nicht erfolgt ist, hat die freiwillige Übernahme von Schuld durch Frauen eine verschleiernde Wirkung im Hinblick auf die Schuld von Männern, die auf kollektiver Ebene jene von Frauen um ein Vielfaches übersteigt.

Im *siebten Kapitel* geht es um eine weitere Klärung des Schuldbegriffs im Hinblick auf unser Gewissen. Diese oftmals verkannte Instanz, die Frauen dermaßen im Stich zu lassen scheint, wird in ihrem doppelten Aspekt beschrieben. Zum einen als Verinnerlichung von außen kommender Anforderungen, zum anderen als inneres Wert- und Sinnorgan. Diese Unterscheidung erscheint mir außerordentlich wichtig, weil nur auf ihrer Grundlage eine Differenzierung zwischen echten und falschen, konstruktiven und destruktiven Schuldgefühlen vorgenommen werden kann. Frauen leiden nämlich an einer Verlagerung ihrer Schuldgefühle auf den Bereich äußerer Anforderungen und vergessen dabei ihre eigenen Bedürfnisse. Selten fühlen Frauen sich schuldig, weil sie sich selbst vernachlässigt haben. Sie verdrängen dies innere Wissen zugunsten äußerer Stimmen, die sie ausbeuten und permanent für schuldig erklären, wenn sie den Ansprüchen anderer nicht genügen.

Feministische Psychologinnen haben wiederholt darauf aufmerksam gemacht, daß entwicklungspsychologische Phasenmodelle auf die Entwicklung von Knaben abgestimmt, für Mädchen aber nicht aussagekräftig sind. Ähnliches gilt auch für die Gewissensbildung. Das weibliche Gewissen scheint anderen Regeln zu folgen als das männliche. Darauf hat bereits Sigmund Freud hingewiesen, sich aber dennoch fast ausschließlich mit der Gewissensbildung bei Knaben befaßt. So geht es mir um eine Revision seiner Über-Ich-Lehre, die zumindest dem weiblichen Gewissen nicht gerecht wird. Von mir bevorzugt werden die psychologischen Ansätze von Carl

Gustav Jung und Erich Fromm, die von unterschiedlichen Gewissensarten ausgehen, ohne dabei jedoch geschlechtsspezifische Unterschiede im Blick zu haben. Dennoch liegen hier Erkenntnisse vor, die Frauen auf Möglichkeiten der Selbstfindung hinweisen. Ohne die Heilung ihres Gewissens, das immer wieder mißbraucht wird, ohne eine Stärkung der eigenen inneren Stimme gibt es für Frauen keine Befreiung von falschen Schuldgefühlen. Ohne sie aber ist auch eine Auseinandersetzung mit der ureigensten Schuld nicht möglich. Diese aber wäre für unsere Bewußtwerdung und Reifung von höchster Bedeutung.

Um sie geht es im *achten und letzten Kapitel*, das noch einmal die geschlechterdifferenten Dimensionen von Schuld herausarbeitet und damit zum einen verhindern will, daß Frauen männliche Schuld übernehmen, zum anderen auch helfen will zu erkennen, wie sehr sich weibliche Schuld von dieser unterscheidet. Dabei geht es immer noch um die kollektive Ebene weiblicher und männlicher Schuld. Individuelle Abweichungen können daher selbstverständlich nicht berücksichtigt werden. Doch geht es auch nicht darum, sie auszuschließen.

In diesem Kapitel wird jedoch deutlich, daß die Dimension des Geschlechts nicht leichtfertig aufgegeben werden darf zugunsten einer »Gleichstellung« im Rahmen patriarchaler Strukturen. Hier versuche ich zu zeigen, daß die Kategorie des Geschlechts nicht etwa eine patriarchale »Erfindung« ist, wie manche Feministinnen meinen, sondern grundlegend zum Menschen gehört und in allen Kulturen eine ganz wesentliche Rolle gespielt hat. Erst die Kirche hat es seit dem Mittelalter fertiggebracht, bei ihrer Neubestimmung des Schuldverständnisses die unterschiedlichen Lebenswelten und Erfahrensweisen von Frau und Mann zu ignorieren und ein geschlechtsneutrales Schuldverständnis einzuführen. Gleichwohl hat sie jedoch die stärkere Schuldbelastung von Frauen eingeführt und damit das weibliche Wert- und Selbstwertgefühl zutiefst verunsichert. Wollen Frauen es wiedererlangen, so dürfen sie nicht etwa auf ihr Geschlecht verzichten, sondern sollten dieser Kategorie ihres Seins größte Aufmerksamkeit schenken.

Am Beispiel des Sündensyndroms – Sexualität, Sein-wollen-wie-Gott und Mangel an Liebe – zeige ich auf, daß dem damit verbundenen Sündenverständnis ein eindeutig männliches Lebensgefühl wie auch typisch männliche Verhaltensweisen zugrunde liegen. Mit diesen Begriffen läßt sich weibliche Schuld nicht beschreiben. Gleichwohl läßt sich aber mit ihrer Hilfe veranschaulichen, an welcher Stelle und an wem Frauen wirklich schuldig werden: nicht an der Gesellschaft, auch nicht an Gott dem HERRN, – sondern ausschließlich an sich selbst.

I. Kapitel

... und immer fühle ich mich schuldig

Ursachen und Hintergründe
eines weiblichen Problems

Anlässe für Schuldgefühle

Sosehr Frauen sich auch voneinander unterscheiden mögen in ihrer religiösen und politischen Orientierung, in ihrer Bildung und Ausbildung, in ihrem Alter und Status, in ihrem Familien- und Bewußtseinsstand; in einer Hinsicht gleichen sie sich alle: in ihrem Leiden an übermäßigen Schuldgefühlen.

Dabei scheint es im Grunde genommen völlig egal zu sein, wofür oder wogegen sie sich entscheiden, was sie tun oder lassen:
– Als Frauen fühlen sie sich schuldig, wenn sie kinderlos sind – oder gerade weil sie Kinder in die Welt gesetzt haben.
– Als Mißhandelte fühlen sie sich schuldig, weil sie der Anlaß männlicher Aggressionen waren – oder weil sie sich nicht gewehrt haben.
– Als Töchter fühlen sie sich schuldig, wenn sie keine Nähe zu ihrer Mutter empfinden – oder aber weil sie sich zu sehr mit ihr verbunden fühlen und die Loslösung nicht »geschafft« haben.
– Als Studentinnen und junge Frauen fühlen sie sich schuldig, wenn sie studieren und noch keinen Partner vorweisen können – ober wenn sie für ihre Ehe das Studium abgebrochen und keinen eigenen Beruf haben.
– Als Mütter fühlen sie sich schuldig, weil sie vom Geld des Mannes leben – oder weil sie berufstätig sind und nicht genügend Zeit für ihre Kinder haben.
– Als politisch Engagierte fühlen sie sich schuldig, weil sie nicht gegen den Krieg demonstriert haben – oder aber weil sie *nur* demonstriert haben.
– Als konsumbewußte Mütter fühlen sie sich schuldig, weil sie ihren Kindern wieder mal überflüssige Süßigkeiten gekauft haben – oder weil sie ihnen diese Dinge verweigert haben.

– Als treue Kirchgängerinnen fühlen sie sich schuldig, weil Jesus für ihre Sünden sterben mußte – oder weil sie nicht mehr glauben, daß er für sie starb.

– Als kritische Christinnen fühlen sie sich schuldig, wenn sie auf den männlichen Gottesdienst mit Aggressionen reagieren – oder wenn sie ihm aus Ärger fernbleiben.

– Als pietistische Christinnen finden sie immer Gründe, sich schuldig zu fühlen – schließlich fühlen sie sich schuldig, wenn sie sich nicht schuldig fühlen.

Was immer Frauen tun oder lassen, was immer sie denken und fühlen, wollen und träumen, Schuldgefühle gehören zu ihrer ständigen Begleitung. Ob als Tochter oder Mutter, Verheiratete oder Ledige, ob als Berufstätige oder Hausfrau, Christin oder Atheistin, Liberale oder Konservative, ob im Beruf oder in der Familie, ob in der Beziehung zum Mann oder bei der Erziehung der Kinder, es scheint keine weibliche Rolle und keine Lebensphase, keinen Stand und keinen Lebensentwurf zu geben, die nicht von der Bereitschaft der Frauen geprägt wären, sich schuldig zu fühlen. Hier mag es wohl graduelle Unterschiede geben. Prinzipielle Unterschiede gibt es nicht. Schuldgefühle scheinen wie ein unsichtbares Band alle Frauen miteinander zu verbinden.

Doch haben Schuldgefühle keine wirklich verbindende Kraft. Sie wirken verunsichernd und gehen mit Minderwertigkeitsgefühlen Hand in Hand. Sie errichten Mauern zwischen Frauen, da sie häufig zu negativen Projektionen veranlassen. Haben Frauen erst einmal gelernt, sich selbst abzuwerten, übertragen sie diese Entwertung auch auf andere Frauen. Sie werten nicht nur sich selbst ab, sondern auch ihre Geschlechtsgenossinnen – eine Praxis, die jedem Verbundenheitsgefühl entgegensteht, Frauen untereinander entfremdet und ihre Energien verstärkt an das männliche Geschlecht bindet. Wie ich zeigen möchte, sind es Männer, die von den Schuldgefühlen und den damit zusammenhängenden Verunsicherungen von Frauen am meisten profitieren, da Schuldgefühle Frauen willfährig, anpassungs- und dienstbereit machen. Männer müssen aber auch als primäre Verursacher übermäßiger Schuldgefühle angesehen werden, da ihr Geschlecht seit Jahrtausenden die normgebenden Instanzen stellt. Mag es auch so scheinen, als hingen die weiblichen Schuldgefühle überwiegend mit der Mutter zusammen, so täuscht dieser oberflächliche Eindruck bei genauerem Hinschauen.

Nachfolgend habe ich versucht, einige der wesentlichen Entstehungsorte weiblicher Schuldgefühle aufzuspüren, um auf diese Weise ihre gemeinsame Wurzel erkennbar werden zu lassen. Die zwischenmenschlichen und sozialen Zusammenhänge, in denen sich weibliche Schuldgefühle vorwiegend äußern, habe ich in Themenbereiche aufgeteilt, die ich nachfolgend skizzieren möchte.

Es handelt sich dabei um die folgenden sechs Erfahrungsbereiche:
1. Kindheitserfahrungen
2. Partnerschaft und Ehe
3. Sexualität
4. Muttersein
5. Berufsleben
6. Religiöser Glaube
7. Politisches Weltbild

Selbstverständlich greifen diese Bereiche ineinander und lassen sich in unserer Lebenswirklichkeit nicht voneinander trennen.

Kindheitserfahrungen

Ich beginne mit zwei Erfahrungsberichten aus der frühen
Kindheit, die Frauen für mich aufgeschrieben haben und die
Einblick in die Entstehungsgeschichte weiblicher Schuldge-
fühle geben. Die erste Frau, ich nenne sie hier Ulrike, weil sie
später noch zweimal zu Wort kommen wird, beschreibt eine
Szene, die sie als vierjähriges Mädchen erlebt hat:

*»Ich stehe in der Ecke – schon endlos lange. Der Tränen-
fluß ist versiegt, aber die Schleimhäute sind geschwollen, ver-
stopfen die Nase, riechen vertraut nach Verzweiflung. Der
Weg aus dieser demütigenden Situation heraus ist mir versperrt. Meine Mutter verlangt, daß ich Abbitte tue, aber ich
bin zornig, weil ich weiß, daß sie mir unrecht tut. ›Mutti, es
tut mir leid, ich will es nicht wieder tun‹, soll ich sagen – aber
es tut mir nicht leid. Ich müßte lügen, um aus der Ecke her-
auszukommen. Ich habe nichts Böses getan. Oder doch?
Meine Mutter kann sich doch nicht irren. Vielleicht bin ich
nur zu klein und zu dumm, um zu erkennen, daß ich schuldig
bin. – Aus der Küche höre ich die vertraute Stimme: ›Na, wie
lange willst du denn noch bockig sein? Gleich kommt Papa
nach Hause.‹ Die Drohung wirkt. Mein geliebter Vater soll
mich nicht in dieser peinlichen Lage sehen. Er würde ja doch
meiner Mutter recht geben, und ich wäre die Blamierte. Es
gibt nur den einen Ausweg: Ich renne meiner Mutter in die
Arme und schluchze: ›Ulli will wieder lieb sein!‹ An diesem
Abend räume ich besonders sorgfältig auf und trinke widerspruchslos die warme Milch mit der ekelhaften Haut drauf.
Ich tue alles, um meine Mutter zufriedenzustellen, damit sie
nichts von dem Vorfall meinem Vater erzählt. Kinder, denen
man ein schlechtes Gewissen gemacht hat, sind erpreßbar
und pflegeleicht.«*

Diese Erfahrung deckt sich in wesentlichen Teilen mit dem
Bericht einer anderen jungen Frau, der wir auch später noch
einmal begegnen werden und die ich daher Bärbel nenne:

»›Entschuldigung‹ birgt das Wort ›Schuld‹. Für mich verbindet sich damit folgende Erfahrung: Ich mußte mich für
Dinge entschuldigen, für die ich mich nie schuldig gefühlt
habe. Manchmal wurde die Schuld an den Haaren herbeigezogen – im wahrsten Sinne des Wortes: Ich wurde von meiner
Mutter an den Haaren durch die Wohnung gezogen, um mich
vor meinem Vater für etwas zu entschuldigen, wofür ich kein
Schuldbewußtsein besaß. Ich wußte gar nicht, worum es
eigentlich ging! Ich weiß nur noch, daß ich mich instinktiv
weigerte, mich für etwas schuldig fühlen zu müssen, was ich
nicht begangen hatte. Ich hatte, wie gesagt, das Gefühl, daß
meine Mutter meine Schuld an den Haaren herbeigezogen
hatte und daß ich mich vor einer Instanz – meinem Vater – für
etwas entschuldigen sollte, um dessen Existenz ich effektiv
nicht wußte. Aus diesem Grund ging ich auch nicht freiwillig
zu meinem Vater, so daß meine Mutter mich zerren mußte;
denn ich wußte ja gar nicht, worum es überhaupt ging! Nur
daß ich schuldig war vor meinem Vater, der dann irgendwie
genauso ahnungslos war wie ich...«

Die Erfahrungen, die beide Frauen als kleine Mädchen gemacht haben, gleichen sich in auffallender Weise, obwohl zwischen ihnen der Altersunterschied einer ganzen Generation
liegt. Sie verweisen auf eine zutiefst gestörte Mutter-Tochter-
Beziehung und werfen einige Fragen auf: Was agieren die
Mütter so unterschiedlichen Alters hier an ihren Töchtern
aus? Welche Rolle spielen die Väter? Sie scheinen mit dem,
was in der Erziehung der Tochter geschieht, nicht allzuviel zu
tun zu haben. Sie leben in der Distanz zur Tochter, halten sich
meist aus diesen Konflikten heraus. Dennoch werden sie von
den Müttern hineingezogen. Um sie scheint es überhaupt nur
zu gehen. Für sie scheinen die Mütter all das zu inszenieren.
Welche Rolle schreiben sie dabei dem Vater ihrer Tochter zu?
Geben sie nicht vor, in seinem Interesse zu handeln, wenn sie
die Entschuld(ig)ung von ihren Töchtern fordern?

Ich möchte nachfolgend die Rolle beider Elternteile etwas
genauer betrachten und wende mich zuerst den Müttern zu:

Besonders im zweiten Bericht zeigte sich bei der Mutter eine starke affektive Betroffenheit, die darauf schließen läßt, daß sie Erlebnisse ihrer eigenen Kindheit ausagierte. Daß sie etwas weitergab, was sie selbst als Kind erfahren hatte. Dabei handelt es sich ganz sicher um jene Schuldgefühle, die auch ihr als kleinem Mädchen eingeimpft worden waren. Als Mütter haben sie nämlich zum ersten Mal Gelegenheit, die einstmals erlebte Ohnmacht in Macht zu verwandeln. Aus der einstmals ohnmächtigen Angeklagten kann nunmehr die machtvolle Anklägerin werden. Das schafft vorübergehende Erleichterung. Indem Mütter die Töchter zwingen, sich schuldig zu fühlen, befreien sie sich ein Stück weit von ihren eigenen unerträglichen Schuldgefühlen. Und so zerren sie ihre kleinen Töchter vor eine richterliche väterliche Instanz, vor der es im Kulturkreis einer religiösen Erhöhung des Vaters zum Gottvater nun einmal gilt, sich schuldig zu fühlen.

Dieses mütterliche Verhalten scheint weit verbreitet zu sein und nichts mit den »ungezogenen« Töchtern selbst zu tun zu haben. Es muß folglich tiefere kollektive Ursachen haben, von denen weder Mütter noch Töchter etwas ahnen. Hier wird anscheinend ein psycho-soziales Grundmuster ausagiert, das durch Jahrhunderte hindurch seine Prägung erfahren hat.

Eine der grundlegendsten kollektiven Erfahrungen von Mädchen und Frauen ist die Abwertung ihres Geschlechts gegenüber dem männlichen. Seit Jahrtausenden werden Mädchen offen oder subtil als »unerwünscht« betrachtet. Noch heute kommt es vor, daß Schwiegerväter oder Väter eine Geldsumme auf die Geburt eines Sohnes setzen, die dann selbstverständlich bei der Geburt einer Tochter hinfällig ist. Der Mutter wird damit signalisiert, sie habe etwas nicht zuwege gebracht; denn der Trost lautet gemeinhin: »Vielleicht klappt's ja beim nächsten Mal.« Mädchen erhalten so den Anstrich des Überflüssigen, Ungewollten. Diese Wertung bleibt natürlich nicht ohne Auswirkungen auf den mütterlichen Umgang mit den Töchtern, die bewußt und unbewußt wesentlich häufiger abgelehnt werden als Söhne. Stärker als diese erleben Mädchen emotionale Abkehr und Liebesentzug und glauben, daran selbst schuld zu sein, weil sie nicht in Ordnung sind. Auf diese Weise konstelliert die Erfahrung eines Mangels an Angenommensein zum einen den Hang zu Schuldgefühlen, zum anderen aber auch eine geringe Fähigkeit zur Selbstannahme, die wiederum Schuldgefühle verstärkt.

Langzeitstudien haben gezeigt, daß »Kinder, die unerwünscht von ihren Eltern zur Welt kommen, häufiger mit Schuldgefühlen zu kämpfen haben..., als andere, weil sie ständig kritisiert werden.« Des weiteren ergab die Studie: »Ehemals unerwünschte Kinder meinen signifikant häufiger, daß ihre Eltern mit ihnen unzufrieden waren und dies auch äußerten.«[1]

Die Tatsache, daß Mädchen in höherem Maße abgelehnt werden als Jungen, wäre demnach die erste Quelle, aus der die erhöhte weibliche Bereitschaft, sich schuldig zu fühlen, gespeist wird. Im Erleben der Töchter läßt sich hierfür in erster Linie nur die Mutter ausmachen, da sie in den häufigsten Fällen die primäre Bezugsperson ist und sich ihre Ablehnung daher besonders stark umsetzt. Töchter können das Verhalten ihrer Mütter nur in ihrem jeweiligen unmittelbaren Erfahrungszusammenhang sehen, der aber nicht ausreicht, um es zu verstehen. Bei genauerem Hinsehen verbirgt sich hinter der mütterlichen Ablehnung ja ein außerordentlich hoher Anteil an männlichen Wünschen und Wertungen, die von Partnern, Vätern und Schwiegervätern stammen. Dazu gesellen sich die kollektiven patriarchalen Wertemuster, die Männer konstituiert und Frauen akzeptiert haben. Natürlich können Töchter nicht wissen, daß ihre Mütter auf ganz bestimmte patriarchale Werte und Muster reagieren, die den Müttern vieler Generationen ihren Stempel aufgedrückt haben und die auch die Seele der Töchter prägen werden.

So treten die eigentlichen Verursacher weiblicher Schuldgefühle als solche im Zusammenhang mit der Mutter-Toch-

ter-Beziehung kaum noch in Erscheinung, obwohl sie von
Anfang an enorme Störfaktoren in dieser Beziehung darstellen.[2] Auf diese Weise funktioniert ein ganzes System, das sich
selbst nicht zu erkennen gibt und es auch gar nicht mehr nötig
hat, unmittelbar durch Väter zu agieren. Sie brauchen sich
schon lange nicht mehr »die Hände schmutzig zu machen«
bei der Abrichtung der Töchter. Das von »Vätern« geschaffene System hat seine Mütter längst zu ihren Handlangerinnen umfunktioniert und abgerichtet. Die Ablehnung des
weiblichen Geschlechts durch den Mann hat längst die Frau
mit Selbstablehnung infiziert, die bis zum weiblichen Ekel vor
dem eigenen Geschlecht geht und von Müttern – meist unbewußt – an die Töchter weitergegeben wird. Doch das bleibt
den Töchtern selbstverständlich verborgen. Sie wissen nur,
daß *sie* für schuldig erklärt werden und daß ihre Mütter sie
ungerecht behandeln. Irgendwann werden männliche Normen auch für sie bindenden Charakter haben, ohne daß sie
sich selbst dieser Tatsache bewußt geworden sind. Und da
ihnen nur diese Normen vertraut sind, werden auch sie diese
an ihre Kinder weitergeben…

Die nebulöse, passive und distanzierte Rolle, die Väter bei
der Entstehung weiblicher Schuldgefühle spielen, kam in beiden Fallbeispielen deutlich zum Ausdruck. Sie schienen mit
dem ganzen Geschehen wirklich nichts zu tun zu haben. Sie
wurden gezwungenermaßen zu einer richterlichen Instanz,
auf die die mütterlichen Inszenierungen abzielten. Sie blieben
für beide Töchter die eigentlich Unschuldigen – und waren es
anscheinend auch.

Doch lassen die zuvor beschriebenen mütterlichen Verhaltensweisen immerhin noch ein zumindest latent vorhandenes
Wissen der Mütter erkennen, daß die Töchter letztlich nicht
vor ihnen, sondern vor dem Vater »schuldig« geworden sind,
auch wenn ihnen selbst möglicherweise gar nicht so klar ist,
worin denn diese Schuld eigentlich besteht. Möglicherweise
haben sie Schuldigsein als ein Attribut ihres Frauseins erfahren und müssen es nun an den Töchtern ausagieren. Eindeu-

tig vermitteln sie ihnen, daß sie nicht sich selbst, sondern den Vater als normgebende und folglich auch richterliche Instanz ansehen. *Er* entscheidet über gut und böse, richtig und falsch, schuldig und nicht schuldig. Seit paradiesischen Zeiten ist ihr diese Erkenntnis ja verboten. Die Frau als wertsetzende Instanz wäre ein patriarchaler Anachronismus. Welche Wahrheit sich folglich in den mütterlichen Inszenierungen verbirgt, werden die Töchter erst dann begreifen, wenn es zu spät ist; wenn sie ihre eigenen Töchter im Sinne der Vatergesellschaft erzogen haben.

In zahllosen Situationen des alltäglichen Lebens signalisiert das mütterliche Verhalten der Tochter, daß der Vater die wichtigste Person in der Familie ist, auf die hin sich alles auszurichten hat. Seine Bedürfnisse haben meist Priorität, egal, ob es sich dabei um Konsum- oder Fernsehverhalten, um Ruhe oder Lärm, Frieden oder Streit, um Urlaubs- oder Umzugswünsche handelt. Wünsche und Vorstellungen von Vätern sind für die meisten Mütter zur Richtschnur ihrer Erziehung geworden. Die Prioritäten der Mütter pflanzen sich in der Seele der Töchter fort. Gitti Henschel beschreibt, wie kleine Mädchen ihren Vater wahrzunehmen lernen:

»...*ein Vater, das hatte ich, die als* ›*Vaters Tochter*‹ *galt, gelernt, tut Kindern nichts Schlimmes; er war vielleicht mal schlecht gelaunt oder verhielt sich undurchschaubar, und vor allem war er wenig zu Hause. Aber er war Beschützer, Helfer in und aus der Not und wußte immer, wo's langging.* (An dieser Stelle möchte ich einfügen, daß auch das Singen bestimmter Kirchenlieder diese Einstellung unterstützt. C. M.) *Ein Vater, und an erster Stelle meiner, war ein Mann, zu dem man aufschaute und auf den man hören mußte. Denn er war gut und tat immer das Richtige – ebenso wie Pfarrer, Ärzte, Lehrer, Polizisten und andere männliche Amtspersonen. Es irritierte mich einigermaßen, daß meine Mutter mich immer wieder vor unserem Nachbarn warnte, der uns Kindern manchmal Geld gab zum Bierholen,* ›*und der Rest ist für Schokolade*‹. *Denn – der war auch ein Vater von einer meiner*

Spielkameradinnen. Allerdings war er ein Sonderfall, denn er lag von Zeit zu Zeit völlig besoffen in der Waschküche des großen Mietshauses, in dem wir damals wohnten. Und so etwas taten Penner oder Säufer, nicht aber Väter.«[3]

Auf der Grundlage männlicher Höherwertigkeit, Vorrangigkeit und Unantastbarkeit gepaart mit mütterlicher Minderwertigkeit, Abhängigkeit, Verantwortlichkeit und Sorge um den häuslichen Frieden sowie kindlichem Harmoniebedürfnis lernen Töchter von klein auf, Väter und Männer als richterliche Instanz anzuerkennen. Egal, was der Vater tut, er bleibt frei von Schuld und Tadel. Sein Verhalten – wie schlimm es auch sein mag – ist immer irgendwie begründet und hat ein Anrecht auf Verstehen. Die patriarchale Familienstruktur verpflichtet die Mutter genau in diesem Sinne. Wie immer er sich auch verhält, die Mutter hat dafür Sorge zu tragen, daß die Kinder nicht gegen seinen Egoismus, seine Kaltschnäuzigkeit und seine Aggressionen aufbegehren. So sind sie rasch zur Stelle mit fadenscheinigen »Erklärungen« für sein (Fehl)verhalten. An den Kindern ist es, Verständnis für den Vater zu entwickeln. »Vati hat wieder mal Ärger gehabt… Er braucht jetzt Ruhe… Du mußt das verstehen… Er will ja nur dein Bestes…« Das sind stereotype Phrasen, mit denen väterliche Defizite und Defekte entschuldigt werden, mit denen der väterliche Schonraum geschützt und der Vater selbst in Watte gepackt wird. Mit solchen Verhaltensweisen putzen Mütter die rosarote Brille ihrer Töchter und sorgen dafür, daß sie möglichst keine Trübung erfährt.

Gleichzeitig vermitteln sie ihren Kindern die »Einsicht«, daß Väter und Männer wohl Richter, aber niemals Angeklagte sein können. Die richterliche Macht des Vaters und die primäre Rolle, die er im Leben der Mutter und in der Familie spielt, halten alle Schuld von ihm fern; denn die Rolle des Angeklagten verträgt sich nicht mit jener des Richters. So geht das väterliche Fehlverhalten zusätzlich auf das Konto der Töchter. Natürlich glauben diese, daß es an ihnen liegt, wenn sie Ablehnung und Unsensibilität, Gewalt und Willkür

vom Vater zu spüren bekommen. Da sie den Vater bedin-
gungslos lieben gelernt haben, projizieren sie diese Liebe auf
ihn. Daß Männer jedoch »lieben lassen« (Wieck), da sie ganz
andere Prioritäten haben als die Liebe zur Tochter, können
die Mädchen nicht wissen. Und selbst wenn sie es ahnten,
könnten sie diese Wahrheit nicht akzeptieren. Zu unerträglich ist für sie die Vorstellung, nicht geliebt zu werden. So
setzen sie alles daran, ihre Liebe unter Beweis zu stellen, und
nehmen die Schuld der Väter auf sich, wenn es nicht gelingt.

Eine junge Lehrerin erinnert sich an ihre Kindheit, in der sie
die Doppelbödigkeit erfahren hatte, die bei ihrer Ausrichtung
an den Wünschen des Vaters entstand. Sie hatte rasch begriffen, daß sie ohne die Liebe des Vaters nicht leben konnte. Das
schien am besten zu klappen, wenn sie einfach alles tat, was er
wollte. Als braves Mädchen mußte der Vater sie lieben. – So
glaubte sie jedenfalls. Doch als Jasagerin wurde sie ihrem Vater bald langweilig. Er monierte, daß sie keine eigene Meinung, keinen eigenen Willen zu haben schien, und vermittelte
ihr den Eindruck, langweilig für ihn zu sein. Andererseits
quittierte er jedoch eigene Meinungsäußerungen und Wünsche mit dem Vorwurf, sie sei egoistisch, und ließ sie seine
Ablehnung spüren. So war sie in dem verzweifelten Bemühen,
ihm zu gefallen, zu unerträglichen Balanceakten gezwungen
und erntete dafür doch nur sein herablassendes Lächeln oder
seine Ablehnung, die beide die Hölle für sie bedeuteten.

»...mein Vater erweckte in mir den Glauben, daß es den
richtigen Weg gäbe, aber daß ich nicht die richtige Tochter
sei. An mir lag es, ich war unfähig, die Liebe meines Vaters zu
erringen – das schrieb ich fest in mein Bewußtsein.«[4]
Da die Liebe des Vaters, die das kleine Mädchen nun einmal braucht[5], in den seltensten Fällen vorhanden ist, kommt
es durch den Vater sehr leicht zu Spannungen. Und hier liegt
ein weiteres Grundproblem töchterlicher Schuldgefühle.
Nichts belastet ihr auf Beziehungen ausgerichtetes Gemüt so
sehr wie schlechte Stimmung in der Familie. Wo immer Mütter sich jedoch auf die Seite ihrer Kinder stellen, riskieren sie

Streit. Da gerade Mädchen sich sehr stark mit beiden Eltern identifizieren, können sie weder Partei ergreifen noch Distanz halten. Streiten sich die Eltern, entwickeln die Töchter Schuldgefühle und glauben, für ihre Versöhnung verantwortlich zu sein. Um diese zu erreichen, erbringen sie jede Anpassungsleistung.

Aber nicht nur Streit, jede Form der Unzufriedenheit der Eltern löst in den Töchtern Schuldgefühle aus und damit die Bereitschaft, alles zu tun, um nicht selbst Gegenstand des Streits zu werden. Sie fühlen sich insgesamt für das elterliche Wohlbefinden verantwortlich – denn schließlich ist ihr eigenes Wohlbefinden davon abhängig. Und genau an dieser Stelle werden Väter zu Ausbeutern ihrer Töchter. Sie fordern über die Maßen, ohne ihnen wirklich etwas zurückzugeben.

Ein Übermaß an weiblicher Verständnisbereitschaft bewahrt die Väter davor, ihre »Liebe« zur Tochter unter Beweis stellen zu müssen, und macht gleichzeitig aus den Töchtern Beschützerinnen der Väter. Als kleine Mädchen können sie es sich nicht leisten, an der väterlichen Liebe zu zweifeln, zumal auch die Mütter bereit sind, diese Liebe zu bezeugen. Ab und zu ein Lächeln, vielleicht auch mal ein freundliches Wort, ein kleines Geschenk genügen bereits, um die Tochter von der väterlichen Liebe zu überzeugen. So klammern sie sich an die Idee der Liebe ihres Vaters, und nichts kann sie davon abbringen, an sie zu glauben und auf sie wiederum mit Liebe zu antworten. Die Verantwortung für diese »Liebes«beziehung tragen sie allein. Läuft etwas schief, so tragen sie selbst die Schuld. Sie vertrauen ihrer Idee der Liebe blind, und dies Vertrauen macht sie blind für die Wahrheit des Nicht-geliebt-Werdens und die Wirklichkeit ihrer Unschuld.[6] Sigrid Steinbrecher berichtet aus ihrer psychotherapeutischen Praxis, wie schmerzlich es für Frauen ist, wenn bei einer Rückkehr in die Kindheit der wahre Vater zum Vorschein kommt, der so gar nichts mit dem Vaterbild der Tochter gemeinsam hat.

Selbst sexuell mißbrauchte Mädchen benötigen Jahre, um zu durchschauen, daß der Wertsetzer ihrer Kindheit, ihr

Vater, kein »guter Mensch« war, wie die Mutter immer behauptet hatte. Eine von ihnen berichtet:

»Ich stamme aus einer etwas ›besseren‹ Familie, mein Vater war Oberstleutnant. Und immer, wenn er schlecht gelaunt, gemein oder autoritär war, hieß es: ›Der meint es nicht so.‹ Man muß ihn nur unterstützen, ihm helfen, dann kann er irgendwann so sein, wie er wirklich ist. Denn er ist ja ein guter Mensch. Erst jetzt wurde mir klar: Das ist er nicht. Aber das hat die ganze Familie leugnen müssen. Das hat dazu beigetragen, daß ich das Ganze vergessen habe. Weil es in seinem Interesse ist und auch in dem meiner Mutter. Denn sie leben ja besser, wenn sie es nicht wissen.«[7]

Der schlechte Vater wird verdrängt – in der Seele der Tochter, der Mutter und in der Gesellschaft. Auf diesem Hintergrund entwickelt sich die Ausschließlichkeit zweier grundlegend wichtiger Begriffe unserer Kultur; »Vater« und »Schuld« (= Mann und Schuld) werden als zwei einander ausschließende Worte erfahren. Parallel dazu wird gelernt, daß »Tochter« und »Schuld« (= Frau und Schuld) einander bedingen.

Sigrid Steinbrecher beschreibt die typischen Erfahrungen mit Vater-Töchtern, die ihr Leben lang Fehler nur bei sich suchen. Der Vater bleibt ungeschoren. Für sein Fehlverhalten finden sie immer Ausreden und Begründungen und trainieren damit »ihr Bewußtsein von Recht und Unrecht zugunsten ihres Vaters«. Schließlich scheint jegliche Sicherheit in ihrem Leben von dem Gelingen abzuhängen, »Ungerechtigkeiten und Verletzungen entweder nicht wahrzunehmen, sie sofort aus dem Gedächtnis zu verbannen oder sie zu entschuldigen«.[8] Dies Muster behält oft ein Leben lang seine Gültigkeit.

Aber nicht nur die anwesenden, auch die abwesenden Väter werden zum Problem. Auch sie werden »zu einem Ideal aufgebaut, das nichts mit der Realität gemeinsam hat«, stellte Edith Weiser, Geschäftsführerin des Verbandes Alleinstehender Mütter und Väter von Nordrhein-Westfalen, fest.

»In meinen therapeutischen Ausbildungen habe ich nur zu häufig zu sehen bekommen, wie die Kinder, überwiegend die Mädchen, auf ihren Vater gewartet und darunter schmerzlich gelitten haben. Weil sich der wirkliche Vater in ihrem Leben rar machte, haben sie das Idol des gütigen, gerechten, nur für sie lebenden Vaters in ihrer Erinnerung eingeschlossen. Dafür kämpften sie jedoch täglich mit der grenzsetzenden Mutter, die den Alltag mit ihnen bestritt, ja Konkurrentin um die Gunst und die Zeit des geliebten Vaters war.« [9]

In diese Richtung gehen auch die Beobachtungen der französischen Psychotherapeutin Christiane Olivier. In ihrer Arbeit mit Frauen konnte sie folgendes feststellen:

»Auffallend ist der Grad der Idealisierung des ›Vaters‹ durch die Mehrzahl der Frauen im Vergleich zum sehr schlechten Bild von der Mutter, wie auch immer dieser Vater gewesen sein mag.« [10]

Doch erfolgt die Idealisierung des an- oder abwesenden Vaters nicht nur durch einzelne Mädchen und Mütter, sie wird kollektiv gesteuert. Ihre Wurzeln liegen in mythisch-religiösen Dimensionen, die durch Jahrtausende theologisch kontrolliert und beherrscht wurden. Sie ist eine Folge patriarchaler Männer- und Männlichkeitsverherrlichung, die zu *der* Religion schlechthin wurde. Aus ihr ist das entsprechende Gottesbild hervorgegangen und sorgt für ein beängstigendes Maß an gesellschaftlicher Blindheit, die sich wie ein Schutzmantel über jeden Vater legt. Sie sorgt nicht nur für ein töchterliches, sondern für ein allseitiges Verstehen väterlichen Verhaltens, auch dort, wo er keine distanzierte, passive oder gleichgültige Rolle spielt, sondern der Tochter gegenüber in schlimmster Weise schuldig wird.

Kleine Mädchen können nicht ahnen, wie unsensibel Väter gegenüber der tiefen Liebe ihrer Töchter sind. Sie können nicht ahnen, wie gleichgültig sie im Grunde genommen ihren Vätern sind, für die alles andere wichtiger ist als die eigene Tochter. Sie projizieren ihre eigene Liebe auf den Vater und glauben sich von ihm im gleichen Maße geliebt – wenn nicht noch mehr – wie sie ihn lieben. Während sie noch als Frauen dieser Liebe die Treue halten, wissen die meisten Väter nichts von der Kostbarkeit dieser Mädchenliebe.

Nachfolgend beschreibt eine junge Frau ihr kindliches Vertrauen in den Vater, das mit zunehmendem Alter bitter enttäuscht wurde:

Vater, Du warst so stark und allwissend für mich.

Hand in Hand mit Dir
mit all meiner kindlichen Liebe
blickte ich stolz
und durch Dich groß geworden zu Dir auf.
Wie habe ich Dich bewundert
und mich angestrengt,
so zu werden,
wie Du es wolltest.
Wenn sich Deine Stirn mal ärgerlich in Falten legte
über meine Gedanken,
Worte und Werke
und Du meine Hand losließt,
da hörte ich etwas leise in mir weinen.
In diesen Momenten wurdest Du noch größer,
und Deine Stärke bedrohte mich.
Vater, wie habe ich Dich geliebt![11]

Dieser kindlichen Sicht des Vaters hat sich unsere Gesellschaft insgesamt verschrieben. Von politischen und richterlichen Instanzen – aber auch von der Allgemeinheit insgesamt – wird Vätern ein wesentlich höheres Maß an Vertrauen entgegengebracht als Frauen und Mädchen. Das zeigen Vergewaltigungsprozesse in erschütternder Weise. Solche kollektive Idealisierung der Väter läßt erkennen, daß wir insgesamt auf einer recht infantilen Entwicklungsstufe verblieben sind. Sie scheint noch keine realistische Sicht der Väter – geschweige denn eine väter-kritische Haltung – zuzulassen. Statt dessen tabuisiert sie männliche Schuld und benutzt das weibliche Geschlecht als Projektionswand und Sündenbock. Diese Tendenz tritt nirgends so deutlich – und zugleich so unbemerkt – zutage wie in der Vater-Tochter-Beziehung. Dort wird das Patriarchat am deutlichsten gespiegelt.

Die Tatsache, daß auch die meisten Mütter der Tabuisierung männlicher Schuld folgen und eher ihren Töchtern Schuld einreden, statt Ehemänner und Väter zu sehen, wie sie wirklich sind, erweckt bei den Töchtern die Bereitschaft, die Schuld der Väter in eigene Schuldgefühle umzuwandeln. Diesen Prozeß kindlich-weiblicher Schuldübernahme beschreiben wiederum am deutlichsten Frauen, die als Mädchen von ihren Vätern und Stiefvätern sexuell mißbraucht wurden. Sie machen die Spitze jenes Eisberges väterlicher Defekte bewußt, dessen größter Teil unsichtbar unter der Wasseroberfläche liegt. Die Botschaften sexuell Mißbrauchter gelten also in gewisser Weise auch für andere Töchter. Sie berichten von einem diffusen Wissen, daß der Vater etwas Verbotenes mit ihnen gemacht hat, das er eigentlich nicht hätte tun und sie nicht hätten zulassen dürfen. Gleichzeitig erlebten sie aber auch ihre Angst, seine »Liebe« zu verlieren, und die eigene Ohnmacht, sich dagegen zur Wehr zu setzen. Sie schämten sich seiner Schamlosigkeit und fühlten sich schuldig für sein Verbrechen; während er selbst einen erstaunlichen Mangel an Unrechtsbewußtsein an den Tag legte.

Diese Vorgänge lassen erkennen, daß sich die vom Mann begangene Schuld im Verbund mit seiner verweigerten Schuldeinsicht als Schuldgefühl auf die kindliche weibliche Seele legt. So steht dem Übermaß an weiblichen Schuldgefühlen ein Übermaß an männlicher Schuld gegenüber.

Sicher läßt sich auch bei Müttern die Tendenz feststellen, Schuld nicht einzugestehen und eigene Fehlhaltungen, insbesondere an der Tochter, auszuagieren. Viele Mütter fordern ein Übermaß an emotionaler Rücksichtnahme und tendieren dazu, die Tochter für das eigene Wohlbefinden verantwortlich zu machen. Solche Forderungen führen wiederum zu Schuldgefühlen auf seiten der Tochter. Doch wird diese mütterliche Tendenz des Schuldabwälzens nicht auch noch gesamtgesellschaftlich unterstützt. Hinzu kommt, daß Mütter eher als Väter dazu neigen, eigene Schuld und Fehlverhalten einzugestehen und sich mit den Kindern darüber auseinanderzusetzen. Auf der Bewußtmachung weiblicher Schuld liegt nun einmal kein Tabu. Folglich fällt es uns allen auch wesentlich leichter, unsere Mütter zu kritisieren und anzuklagen als unsere Väter.

Verfolgen wir die Entwicklungsstufen von Mädchen, so zeigt sich, wie Schritt für Schritt und auf vielfältige Weise Unschuldige lernen, die Schuld der Erwachsenen – insbesondere der Männer – zu tragen. Religiös gesprochen lernen sie, als »Lämmer« des »göttlichen Vaters« die »Sünden der Welt« auf sich zu nehmen...

In diese Richtung weisen die Erfahrungen der schon zitierten Ulrike. Sie berichtet weiter, wie es ihr im Alter von vierzehn Jahren ergangen ist:

»Ich möchte es allen recht machen, gebe mir solche Mühe – aber geliebt und angenommen fühle ich mich trotzdem nicht. Der tiefe Zweifel an meinen Fähigkeiten, die Unsicherheit, etwas wert zu sein, sind ein schlimmes Erbe meiner Kindheit.

In der Schule schäme ich mich für jede falsche Antwort, werde schon rot, wenn ich nur aufgerufen werde... Vor lauter Aufregung ist dann mein Denken blockiert, und ich bleibe stumm. Meinen schriftlichen Arbeiten mißtrauen die Lehrer: ›Das ist aber nicht auf deinem Mist gewachsen!‹ Und ich widerspreche nicht, denn ich fühle mich schuldig, nicht völlig perfekt zu sein.

Auch meiner Mutter werde ich nicht gerecht. Sie wirft mir meine Verschlossenheit und Verträumtheit vor. ›Wie habe ich nur diese Tochter verdient? Sie würde noch ihren Kopf vergessen, wenn er nicht angewachsen wäre.‹ ›Und vergib uns unsere Schuld!‹ bete ich im Gottesdienst und abends vorm Einschlafen. Dabei denke ich nur an meine Schuld. Auf die Idee, daß mir jemand etwas schulden könne, komme ich nicht.«

Nein, darauf können Kinder auch noch gar nicht kommen. Darauf kommen auch später die wenigsten Frauen. Und darauf sind auch ihre Mütter nie gekommen, und deren Mütter auch nicht… Das Patriarchat lebt davon, daß es Mädchen und Frauen etwas nimmt und gleichzeitig die Erinnerung daran auslöscht, daß es ihnen etwas genommen hat. Was ihnen im Leben bleibt, ist eine immense Angst vor Liebesentzug und Verlassenwerden. Eine Angst, die sie alles tun läßt, damit sich die als Kind erlebte emotionale Verlassenheit, das Abgewiesenwerden von Menschen, auf die sie angewiesen waren, nur ja nicht wiederholt. So werden bereits in früher Kindheit die Weichen gestellt für ein Höchstmaß an weiblicher Anpassungsbereitschaft – zuerst an mütterliche, dann an väterliche und von dort aus an überwiegend männliche Bedürfnisse. Auf diese Weise entsteht das Phantom der väterlichen (oft auch mütterlichen) Liebe, das überall vermutet, immer wieder besungen, aber nirgends auffindbar ist – außer in den Seelen der kleinen Mädchen und Frauen, in denen es (häufig ein Leben lang) gehütet wird wie ein kostbarer Schatz, von dem auch spätere Männergenerationen noch zehren können.

Partnerschaft und Ehe

Viele Frauen haben in ihrer Kindheit die Lektion gelernt: Liebe und Akzeptanz sind abhängig von der Bereitschaft, sich für eigenes Wollen schuldig zu fühlen. Daß sie beides auch dann nicht bekommen, wenn sie sich bis zur Selbstaufgabe verleugnen und erniedrigen, merken sie erst nach langen Jahren leidvoller Erfahrungen. Statt dessen haben sie beim Vater gelernt, schöne Worte für Taten zu nehmen und das als Liebe zu deuten, was von ihm so genannt wurde. Dies Erfahrungsmuster der Kindheit setzt sich auch in ihrem späteren Leben fort. Sie haben nicht gelernt, ein eigenes Verständnis von Liebe zu entwickeln und die Liebe ihres männlichen Partners in Frage zu stellen. So werden sie sein Verhalten selbst dann

noch als Liebe deuten, wenn er sie mißhandelt. Aber selbst
wenn sie irgendwann begreifen, daß sie von ihm nicht geliebt
werden, fehlt ihnen die Fähigkeit, sich auf die Lieblosigkeit
ihrer Partner in angemessener Weise einstellen zu können.
Interessant sind in diesem Zusammenhang die Analysen, die
Sigrid Steinbrecher aus ihrer Praxis beschreibt. Sie erlebt die
Frauen im Hinblick auf ihre Partner als gespalten. Einerseits
durchschauen sie deren Liebesunfähigkeit, ignorieren sie
dann aber wieder bei ihren Handlungen und Gefühlen. Genau wie in der Kindheit gegenüber dem Vater gelingt es ihnen
auch jetzt nicht, sich auf diese Liebesunfähigkeit zu beziehen.
Anscheinend ist es für die Vater-Töchter leichter, an der uner-
füllten Liebe zu leiden als an dem Eingeständnis männlicher
Lieblosigkeit.

*»Die Welt ist voll von leidenden Töchtern, weil die Väter
zur Liebe nicht willens waren und weil es das Beste für sie
war, wenn Töchter die Schuld und das Leiden auf sich nahmen. So – und nur so – konnten Väter ihr Selbstbild erhalten
und gleichzeitig ihre Selbstbezogenheit kaschieren, ihren
Egoismus verbergen.«* [12]

Die große Bereitschaft zur Übernahme von Schuld ist eines
der hervorstechendsten Charaktermerkmale von Frauen. Sie
erwecken den Anschein, als könnten sie sich selbst nur in dem
Maße annehmen, in dem sie bereit sind, Verantwortung und
Schuld auf sich zu nehmen. Sosehr sie unter der Last ihrer
Schuldgefühle auch leiden mögen, im Laufe der Jahre haben
sie doch auch etwas Selbstverständliches bekommen. Oft
sind sie ihnen sogar vertrauter als Gefühle der Liebe. Ohne
Schuldgefühle würde die Welt noch fremder für sie sein, als
sie so schon ist. Und so wird das paradoxe Gefühl einer Frau
verständlich, die erklärt:

*»Ich fühle mich schuldig, wenn ich mich nicht schuldig
fühle...«*

Schuldzuweisungen an die Tochter, die im Elternhaus begonnen haben, werden später vom Partner fortgesetzt. Die
Frau wird sein Wohlbefinden zur primären Richtschnur ihres

Lebens machen. Über seinen Bedürfnissen wird sie die ihren vergessen. Um des lieben Friedens willen, für den selbstverständlich sie verantwortlich ist, wird sie Verzicht leisten und eigene Bedürfnisse – und damit sich selbst – verleugnen. Für das harmonische Miteinander wird sie ihre eigenen Wahrnehmungen und Gefühle, Vorstellungen und Gedanken in Schweigen hüllen, verdrängen – und sich ihrer nicht mehr erinnern. Für alles mögliche wird sie sich verantwortlich fühlen, sich selbst und andere Frauen beschuldigen – nur nicht Männer. So werden auch ihre Partnerschaftsbeziehungen in hohem Maße von Schuldgefühlen geprägt sein. Das hat zur Folge, daß sie sich bestenfalls einsam fühlt, weil sie den Druck nicht mehr aushielt und die Beziehung beendet hat. Oder aber sie wird sich bis zu ihrer eigenen Unkenntlichkeit drangsalieren und manipulieren lassen. Beide Erfahrungen sind Frauen gut bekannt. Das zeigen die nachfolgenden Berichte. Die erste Frau, die zu Beginn bereits als Bärbel zu Wort gekommen ist, beschreibt das Dilemma als Fortsetzung ihres Berichts aus der Kindheit:

»An dieser Stelle entstehen heute bei mir Konflikte: Ich habe eine eigene Wahrnehmung, die ich nicht durchsetze, weil ich mich abhängig fühle. Genau hier fehlt es mir an Urvertrauen, oder wie immer ich es nennen soll. Es ist diese Schere im Kopf: Meine ›subjektive‹ Wahrheit – unkonventionelle weibliche Vorstellungen – bewirken Ungeliebtsein, Ausgestoßensein, Einsamkeit, Abgeschnittensein von Menschen, die mir etwas bedeuten. Nur abgeschnitten von den eigenen Quellen werde ich realiter geliebt. So aber kann ich mich selbst nicht lieben. So lautet für mich die Alternative: Entweder kann ich mich selber lieben – mit dem angedrohten Preis der ›Einsamkeit‹, oder ich werde geliebt… Ist die Selbstentfremdung der Preis der Liebe? In vielerlei – wenn auch wohl nicht in jeder – Hinsicht; auf jeden Fall der weibliche Preis.«

Selbstverleugnung oder Einsamkeit, das sind für viele Frauen die Alternativen, die sich ihnen in einer Partnerbeziehung darbieten. Da die Angst vor Einsamkeit in ihnen jedoch Panik auslöst und ihnen ihr Selbst meist ohnehin unbekannt geblieben ist, entscheiden sie sich für erstere und passen sich den Wünschen des Mannes gefügig an. Dabei werden sie nicht nur in ihren Vorstellungen verunsichert, sondern auch in ihren Gefühlen, die von ihrem Partner definiert werden. Eine Frau berichtet:

»Wenn ich nicht strahlte, wenn er kam, hieß es gleich, daß ich ihn nicht genug liebe. Also strahlte ich lange Zeit! Wenn ich nicht in meiner Wohnung war, wenn er kam, hieß das, daß ich keinen Wert auf seine Nähe lege. Also blieb ich möglichst viel zu Hause! Wenn ich einmal mit anderen Leuten etwas unternehmen wollte, hieß das für ihn, daß es mir mit ihm wohl langweilig sei. Also verzichtete ich auf den Kontakt mit mir lieben anderen Menschen. Als ich mit Tina schwanger war, sollte ich das Kind nicht bekommen, weil es nicht von ihm war.« [13]

Ihre Entscheidung für das Kind faßte der Partner als Entscheidung gegen sich auf und warf ihr noch nach der Trennung vor, nicht auf ihn gehört zu haben.

Das Dilemma der Kindheit wiederholt sich. Ihre Liebe wird nicht als kostbares Geschenk betrachtet, das die Grundlage ihrer Beziehung bildet und sich auf vielerlei Weise äußert. Nein, sie wird massiv eingefordert durch einseitige Anpassung an die Wünsche des Mannes – durch Gehorsam. Der Partner läßt ihr keine Wahl, an welcher Stelle sie ihre Liebe durch Verzichts- und Anpassungsleistungen zum Ausdruck bringen will. Er allein bestimmt, wann er ihr Verhalten als Liebe definiert und wann nicht. Damit zwingt er sie, ein feines Sensorium für seine Wünsche und Launen zu entwickeln, das sie bei ihm im Hinblick auf ihre Bedürfnisse nicht vorfindet. Kommt sie nicht allen seinen Forderungen nach und erkennt er folglich ihr Verhalten nicht als Liebe an, bleibt sie ihm die Liebe schuldig – und entwickelt Schuldgefühle. Sie selbst hingegen darf keine Forderungen stellen. Er macht alles nur freiwillig – oder gar nicht; denn er hat es ja nicht nötig, seine

Liebe zu beweisen. Seine Worte müssen genügen. Er definiert seine Liebe frei von allen Verpflichtungen und ihre Liebe im Zusammenhang mit Forderungen und Bedingungen. Das ist ihr vom Vater her vertraut – und so wird es lange dauern, bis sie dies Muster durchschaut.

Nachfolgend gebe ich die Zusammenfassung eines Interviews wieder, das zu einem Zeitpunkt stattfand, als die Interviewte es endlich geschafft hatte, sich von ihrem Partner zu trennen. Es ist nicht nur exemplarisch für viele mißhandelte Frauen, sondern gleichzeitig symbolisch für die kollektive Situation der Frau im Patriarchat – auch ohne unmittelbare Gewalt.

»Den Anfang ihrer Beziehung zu diesem Mann beschreibt Sonja wie die Erfüllung einer Vorsehung. Sie hatte die Vorstellung, daß sie zusammengehörten, daß sie füreinander geschaffen seien. Schon nach kurzer Zeit fing er an, sie zu schlagen. Obwohl sie erschüttert und entsetzt war, dachte sie lange, daß es wieder besser werden und er sich ändern würde, z. B. wenn er Arbeit hätte, sie eine eigene Wohnung oder ein Kind bekämen, sie heiraten würden etc. All diese Veränderungen würden dazu beitragen, daß er mehr auf sie einginge, mit sich reden ließe, nicht mehr egoistisch, dominant, verständnislos, unbeherrscht, gereizt und eifersüchtig wäre. Obwohl sich im Laufe der Zeit immer wieder herausstellte, daß sich nichts änderte, hoffte sie weiterhin, ihn zum Guten beeinflussen, ihm etwas beibringen, ihm helfen zu können. Sie glaubte, ihm mehr Liebe geben zu müssen, ihm zeigen zu müssen, daß sie für ihn da sei, damit auch er Liebe lernen und ihr zurückgeben könnte. Das kostete sie zwar die letzte Kraft, aber einen Sinn in ihrer Aufopferung, sie hatte das Gefühl, sich für etwas Gutes auszulaugen. Ihre Anstrengungen bedeuteten die einzige Befriedigung, die sie sich verschaffen konnte. In ihrer Vorstellung war sie der rettende Engel, zuständig für sein Wohlergehen, und wenn sie nur genug für ihn täte und es ihm dadurch gutginge, so hoffte sie, würde es auch ihr gutgehen, würde sie keine Schläge und Erniedrigungen

mehr ertragen müssen. Sie redete viel mit ihm, gab seinen For-
derungen nach und war mit Kleinigkeiten zufrieden. In der
Hoffnung, daß er ihre Nachgiebigkeit sehen, sich dadurch
sicher fühlen, an sich arbeiten würde, verlangte sie unendlich
viel von sich. Seine Brutalität entschuldigte sie mit seiner
schlechten Kindheit, seiner Unfähigkeit, zärtlich zu sein;
ständig war sie auf der Suche nach Erklärungen und mög-
lichen Gründen für sein Verhalten; eine Tatsache, die der
Mißhandler weitgehend für sich genutzt hat, so meint Sonja
heute. Er fing an, nach Erkenntnissen zu graben, die seine
Gewalttätigkeit begründen könnten, und appellierte so nach-
drücklich an Sonjas Hilfsbereitschaft und Mitgefühl. Seine
Erklärungsversuche gaben ihr aber auch Kraft, weil sie sich
bei der Bearbeitung dieser Probleme als die Stärkere fühlte.
Sie konnte sich sagen: ›Das sind ja arme Hunde, die blicken
hier nicht richtig durch, du weißt eher, was gut ist, und
kannst nachgeben.‹

Mehr als einmal versuchte sie, sich nach seinen Schlägen
von ihm zu trennen, ließ sich aber immer wieder von seinen
Tränen und Selbstmordandrohungen erweichen. Sie hatte
Angst, zu hart zu sein, und traute ihren Entscheidungen
nicht, fühlte sich schuldig an seinem schlechten Zustand.
Und so gab sie ihm immer wieder eine Chance, obwohl die
Zweifel an seiner Veränderungsbereitschaft oder -fähigkeit
schon beständig in ihr bohrten. Sie zweifelte aber auch an sich
selbst, sie hielt sich für nicht gut genug, meinte zu versagen.
Sie fühlte sich immer kleiner, wußte nicht mehr, was sie noch
von ihm erwarten konnte und was nicht. Sie suchte die Schuld
bei sich, meinte, nicht nachgiebig genug zu sein, zuviel Druck
auszuüben und zuwenig Geduld und Einfühlungsvermögen
zu haben. Sie wollte sich selbst ändern um der Ruhe und des
Friedens willen. Sie stellte sich immer mehr auf ihn ein und
war unablässig damit beschäftigt, jede mögliche Provoka-
tion, die zum Streit führen könnte, zu vermeiden. Beispiels-
weise hörte sie auf, in seiner Gegenwart zu lesen. Er hatte es
ihr verboten, denn beim Lesen war sie selbstvergessen und

unansprechbar. So fing sie an, heimlich zu lesen – fetzenweise, auf Abruf, immer mit einem Ohr zur Tür horchend, damit sie das Buch sofort weglegen konnte, sobald er den Raum betrat. Unter diesen Bedingungen war es ihr nicht mehr möglich, sich auf einen zusammenhängenden Text zu konzentrieren. Ihr ruheloses Dasein reichte gerade noch für leichte Lektüre. In der Hoffnung, keine Auseinandersetzungen heraufzubeschwören, wurde sie immer anspruchsloser und vernachlässigte eigene Interessen. Ihr schien es einfacher nachzugeben, als sich von ihm zu trennen.

Sie hoffte, wenn auch gebrochen, auf die Ernsthaftigkeit seiner Versprechungen. Sie hielt an diesem Glauben fest, obwohl sich die Mißhandlungen schon am nächsten Tag wiederholen konnten. Wenn sie ihn auf seine Wortbrüchigkeit ansprach, beschimpfte er sie als hysterisch. Endlich wußte sie gar nicht mehr, was sie eigentlich wollte, wem sie trauen konnte: ihrer Wahrnehmung oder seinen Versprechungen. Zweifel, daß er vielleicht doch nicht die Person sei, die sie sich wünschte, oder die er zu sein versprach, schob sie immer wieder beiseite.

Als ein Schlüsselerlebnis bezeichnet Sonja die folgende Begegnung: Er hatte sie geschlagen und hielt sie nun fest. In ihrer Verzweiflung spuckte sie ihm all ihre Verachtung ins Gesicht. Danach schämte sie sich. Sie empfand ihre Handlung als eine Selbsterniedrigung und dachte gleichzeitig, ihm müßte es doch auch so gehen, wenn er sie geschlagen hatte, er müßte die gleichen Konsequenzen ziehen, die sie in dieser Lage zu ziehen beabsichtigte, nämlich es nie wieder zu tun.

Oft stellte sie sich glückliche Situationen vor, in denen sie wunderbare Dinge erlebte, malte sich aus, wie schön es mit ihm sein könnte. Streckenweise versank Sonja den ganzen Tag über in Tagträumen von einer romantischen Liebe mit diesem Mann oder auch von ihrer Rettung vor ihrem Mißhandler durch andere Männer. So lebte sie häufiger in einer anderen verträumten Zukunft als in der unerträglichen Gegenwart. Ihre Hoffnung knüpfte sich an verklärte Erinnerun-

gen oder an neu erdachte Situationen. Geschlagen hat er sie bis zum Schluß.« [14]

Die Parallen zu den Kindheitserfahrungen mit Vätern sind auffallend:

1. Der Partner fordert ihr Vertrauen in seine Liebe, die sie nur in Worten kennenlernt und der seine Taten vehement widersprechen.

2. Sie gehorcht ihm und ist prompt bereit, seinen Worten zu vertrauen und ihren eigenen Erfahrungen zu mißtrauen.

3. Sie glaubt an seinen guten Kern, während sie sich selbst für schuldig und schlecht hält.

4. Sie ist bereit, Erklärungen für sein liebloses Verhalten zu finden und so zu tun, als sei es für ihre Beziehung nicht weiter von Belang.

5. Sie ist ständig im Zugzwang und glaubt, ihre Liebe immer wieder neu unter Beweis stellen zu müssen.

6. Sie überläßt ihm die Definitionsmacht ihrer Person sowie ihres und seines Verhaltens.

7. Sie glaubt, seine Liebe durch Nachgiebigkeit und Anpassungsbereitschaft erzwingen zu können, weil sie die Wahrheit seiner Lieblosigkeit nicht ertragen kann.

Dazu gesellt sich die für Frauen typische Haltung, die das Ergebnis ihrer Unfähigkeit ist, so schlecht zu denken, wie Männer wirklich sind:

8. Sie überträgt den eigenen guten Willen und die Bereitschaft, sich zu verändern, auf ihn und glaubt an seinen Veränderungswillen.

Solange sie an dieser positiven Übertragung festhält, wird sich für sie nichts ändern. Die Frau muß sich der **Wirklichkeit** des Vaters – und mit ihm des Mannes – stellen. Sie muß seine Lieblosigkeit als *seine* Schuld erkennen – gleichzeitig aber auch die eigene **Schuldlosigkeit** an seinen Aggressionen. Doch das gelingt den wenigsten Frauen. Die meisten bleiben in ihrer Bereitschaft verhaftet, alles mögliche zu unterneh-

men, um sich selbst *in seinem Sinne* zu verändern: Sie gehen
von Therapie zu Therapie und lesen ein Beziehungsbuch nach
dem andern. Sie besuchen Seminare und beraten sich mit ihren Freundinnen. Sie unternehmen alles Menschenmögliche,
um ihren Partner und die Probleme mit ihm besser zu verstehen. Das alles hat er nicht nötig.

Weibliche Schuldgefühle dem Mann gegenüber treten aber
nicht nur in solchen extremen Situationen auf. Sie durchziehen die ganze *Beziehungskultur* und gehen auf die egozentri-
sche Empfindlichkeit des Mannes zurück. Er wittert überall
Kritik an seiner Person, die ihn in Frage stellen könnte.

In einer Gruppe, die sich der Frage widmete, was wohl typisch »mütterlich« und was »väterlich« sei, berichtet eine
junge Frau von ihrem Freund, dem sie zuvor gesagt hatte, daß
Väterlichkeit für sie etwas weit Entferntes sei. Anders habe
sie Väterlichkeit nie erlebt. Darauf hatte ihr Freund geant-
wortet: »Das stimmt ja gar nicht. Ich bin dir doch ganz
nahe.« Sofort fühlte sie sich schuldig und war bereit, ihre
Sicht in Frage zu stellen: Vielleicht lag es ja an ihr, daß sie
diese Distanz immer empfunden hatte, weil sie selbst nicht in
der Lage war, Nähe und Vertrauen zuzulassen. Doch die anderen Frauen hakten nach: Warum war sie so schnell bereit,
ihr eigenes Erleben in Frage stellen zu lassen? Warum mußte
sie sich an seiner Empfindlichkeit ausrichten? Woher diese
Bereitschaft, sich so rasch schuldig zu fühlen für eigenes Empfinden und Erleben? Zum erstenmal wurde ihr bewußt, daß
sie keine eigene Perspektive hatte, sondern nur jene ihres
Partners.

»Sechs Jahre lang«, bricht es aus einer anderen Frau hervor, *»habe ich mich nur an meinem Mann ausgerichtet und
immer die Schuld im Streit bei mir gesucht. Ich glaubte, seinen Zorn immer wieder ausgelöst zu haben, weil mit mir
etwas nicht stimmt. Mit Hilfe von diversen Therapien wollte
ich meine Fehler entdecken und mich ändern, bis ich endlich
begriff, daß nicht ich es war, die sich ändern mußte, die seine
Aggressivität zu verantworten hat, sondern er selbst.«*

Recht eindringlich beschreibt Arianna Stassinopoulos Huffington in ihrer Picasso-Biographie diese Situation, der sich Picassos damalige Frau Françoise ausgesetzt fühlte:

»»Ich mag keine kranken Frauen‹, wiederholte er immer wieder. ›Alles war meine Schuld‹, sagte Françoise, ›und ich spürte, daß alles so ungerecht war. Daß ich mein möglichstes getan hatte, um seine Wünsche zu erfüllen, angefangen bei den Kindern bis zum Feuermachen in seinem Atelier. Doch unsere Beziehung reifte dadurch nicht, sondern der Schuß ging nach hinten los. Um meine Gesundheit stand es nie schlechter. Unsere sexuelle Beziehung war beeinträchtigt, und er gab mir sowohl mit Worten als auch mit Taten zu verstehen, daß ich für ihn nicht mehr so zweckmäßig war wie früher. Außerdem fühlte ich mich schuldig, und ich versuchte der Schwäche meines Körpers Herr zu werden und noch mehr zu arbeiten, um es auszugleichen. Das war der Anfang meines Ärgers und meiner tiefen Ernüchterung. ...Zwischen uns herrschte eine derartige Symbiose, daß ich das Gefühl hatte, als ob man mir nicht nur einen Arm, sondern meinen halben Körper abgetrennt hätte. Es war wirklich kaum zu ertragen; um es zu ertragen, mußte ich wieder zu mir selbst kommen. Ich war völlig auf Pablo fixiert, und nun mußte ich wieder zu mir selbst finden, vor allem, um zu wissen, was los war und wie ich damit fertig werden könne.‹«[15]

Als Françoise ihn wegen seiner vielen Frauen kritisiert, streitet er alles ab und hat angeblich keine Ahnung, wovon sie spricht.

»Dann fügte er hinzu: ›Anstatt über Dinge zu reden, die nicht existieren, solltest du wissen, wie es wirklich ist – wenn eine dritte Person in eine Beziehung tritt, dann sind immer beide daran schuld. Einer vielleicht aktiv, der andere eher passiv, aber beide haben auf verschiedene Weise die dritte Person ermutigt.‹ Daß er sich aber weigerte, zuzugeben, wovon alle anderen sprachen, und mich wie einen Idioten behandelte, konnte nur bedeuten, daß er mir den Rest meines Selbstbewußtseins rauben wollte, der mir noch geblieben *war. … Plötzlich erkannte Françoise das große Netz von Lügen, das allen Lügen vorausgegangen war… ihre Welt zerbricht…«*[16]

Obwohl Françoise ihre Situation nunmehr voll durchschaut, kritisiert sie ihr eigenes Verhalten, es gelingt ihr nicht, sich selbst zum eigenen Maßstab zu erheben. Sie bleibt die ›Unvernünftige‹:

»Als unsere Beziehung nicht mehr eine gewisse Ganzheit haben konnte, als sie zu etwas Trivialem entartete, wollte ich lieber überhaupt keine Beziehung zu ihm haben. Ich bin in dieser Hinsicht immer ein wenig absolut gewesen, ein wenig zu absolut und zu streng. Ich weiß, daß das keine sehr vernünftige Auffassung vom Leben ist, aber so empfinde ich es eben.«[17]

Auch Picasso macht sie verantwortlich für das, was geschehen ist. Nachdem er seine Geliebte verlassen hat und ihr etwas vorjammert, läßt sie sich davon nicht beeindrucken, auch nicht, als er mit Selbstmord droht. Daraufhin bekommt sie zu hören:

»›Du warst früher so lieb und sanft. Was ist aus dir geworden?‹ fragte er völlig ungläubig. ›Du hast deinen Zauberberg verloren. Du warst doch wie eine Schlafwandlerin, die auf dem Dachfirst wandelt, ohne es zu merken. Du lebtest in einem Traum, du warst verzaubert…‹«[18]

Frauen dürfen um keinen Preis aufwachen und merken, was Männer mit ihnen machen. Weil sie immer kooperativ war und sich nie beklagte, erfährt seine Tochter Paloma von Picasso folgendes Lob:

»Sie wird eine vollkommene Frau werden. Passiv und demütig. So müssen Mädchen sein. Sie darf nicht aufwachen, ehe sie einundzwanzig ist.«[19]

Was Françoise am Ende half, von Picasso loszukommen, war die Botschaft ihres Vaters:

»Seit ich Kind war, erinnerte sich Françoise, hatte mein Vater mir beigebracht, daß die wahre Aristokratie aus Leuten besteht, die über genügend innere Reserven verfügen, um aus

einer Situation, in der sie gefangen sind, zu entkommen und wieder frei zu sein.« [20]

Nur selten erhalten Töchter von ihren Vätern solche Befreiungsbotschaften mit auf den Lebensweg. Sie müssen sie sich mühsam und im Austausch mit anderen Frauen zusammensuchen und selbst erarbeiten, nachdem sie vielfältige Erfahrungen von Beziehungselend hinter sich gebracht haben. Die wenigsten Frauen wissen, daß der patriarchalen Ehe das »Angebot« des Mannes zugrunde liegt: »Wenn du tust, was ich möchte, und so bist, wie ich dich haben will, kannst du ein gutes Leben haben.« Sich darauf einzulassen ist der sicherste Weg der langsamen Persönlichkeitsvernichtung. Es auszuschlagen kann der erste Schritt sein auf dem Weg der Selbstbefreiung. Nur wenn Frauen begreifen, daß sie sich der Suggestion männlichen Denkens und Forderns widersetzen müssen, statt ihr zu entsprechen und sich zu fügen, daß sie ihre eigenen Ziele und ihr Wollen zu verwirklichen haben, statt sich seinem Willen unterzuordnen, können sie sich von jenen Schuldgefühlen befreien, die systembedingt sind und nichts mit eigenen Defiziten zu tun haben.

Sexualität

Es ist noch gar nicht lange her, da entwickelten Frauen ein schlechtes Gewissen aufgrund ihres sexuellen Begehrens – denn das war dem Mann vorbehalten. Eine »anständige« Frau kannte so etwas nicht. Wenn doch, war sie eben nicht »anständig«. Das änderte sich vor einigen Jahrzehnten. Plötzlich war ihr Begehren erwünscht – allerdings nur innerhalb der Ehe zu den vom Mann festgesetzten Zeiten und Bedingungen. Alles andere war Verrat am Mann, galt als Hurerei, auch wenn für ihn der Seitensprung oder die Geliebte außerhalb der Ehe schon fast zur Selbstverständlichkeit geworden war. Für ihn war klar, daß die Ehe nicht gerade die Förderin erotischer Begehrlichkeit ist, doch war für sie die außereheliche Beziehung von schwersten Schuldgefühlen begleitet.

Außerhalb der Ehe durfte sie nicht, innerhalb der Ehe mußte sie. Der Mann hatte Sexualität für sie zur »heiligen« Ehepflicht erhoben. Noch in den sechziger Jahren war sie sogar im Gesetz verankert und für den Mann einklagbar. Die »Verletzung ehelicher Pflichten« konnte sie »schuldig« werden lassen. Sie hatte für ihn dazusein. Sein Recht auf Sexualität blieb innerhalb und außerhalb der Ehe unangetastet. Er konnte sie fordern oder sich schenken lassen, er konnte sie einklagen oder kaufen – ganz nach Belieben.

Doch auch das hat sich geändert – zumindest ein wenig. Dank der sexuellen Revolution wird weibliches Begehren weder behindert noch eingeschränkt. Frauen wird nunmehr gestattet, »ihre Sehnsucht nach unverbindlichen sexuellen Abenteuern ohne Schuldgefühle auszuleben«.[21]

Und eine gesetzliche Verpflichtung zum Sex gibt es auch nicht mehr. Doch verschwinden Gesetze manchmal nur, weil sie überflüssig geworden sind, weil das, was sie einst vorschrieben, andere Mittel und Wege gefunden hat, um sich durchzusetzen.

Inzwischen braucht der Druck gar nicht mehr von außen zu kommen. Er wurde längst verinnerlicht. Das Recht des Mannes auf weibliche Sexualität braucht nicht mehr per Gesetz verordnet oder auch nur verbal gefordert zu werden. Zwischenzeitlich hat sein Begehren bereits nötigenden Charakter. Wann immer es auftritt – sie ist »schuld« daran und folglich auch verpflichtet, es zu befriedigen. Weigert sie sich, ist sie »frigide«, »prüde« oder »gefühlskalt«. Es kann aber auch sein, daß sie lediglich ihre Macht mißbraucht. – Vorwürfe, die den meisten Frauen durch Mark und Bein gehen und sie in die Position bringen, sich rechtfertigen zu müssen für ihr mangelndes Begehren.

So ist Sexualität für die meisten Frauen immer noch nicht das, was sie damit verbinden: Sie ist weder selbstverständlicher Ausdruck ihrer Liebe und ihres freien Willens noch Ausdruck ihrer Lust und ihres Begehrens – und schon gar nicht alles zusammen. Die sexuelle Revolution hat nämlich nichts daran geändert, daß Sexualität – auch die weibliche – weiterhin männlich beherrscht wird. Unter seiner Regie wurde sie zu einem Leistungssport, der dem Mann dazu dient, seine Männlichkeit unter Beweis zu stellen. – Und er ist süchtig nach Männlichkeit!

Doch auch daran haben Frauen sich inzwischen angepaßt und entwickeln die dazu passenden Schuldgefühle. Nicht mehr ihre *Lust* ist nach der sexuellen Revolution schuldbesetzt, sondern ihre *Unlust*. Schuldgefühle ihrem Ehemann oder Partner gegenüber entstehen nunmehr, wenn sie sich ihm sexuell entziehen. Sie wagen nicht, die Berechtigung ihrer Unlust deutlich zu machen. Und da heute weder die Migräne noch die Angst vor einer Schwangerschaft mehr ziehen, machen sie's auch ohne Lust und üben sich darin, Orgasmen vorzutäuschen, »damit er nicht glaubt, er mache etwas falsch und müsse an seiner Männlichkeit zweifeln«.[22] Die »Schuld« des Betrugs scheint nur wenig Gewicht zu haben gegenüber der »Schuld« mangelnden Begehrens nach Mann, von diesem »Frigidität« genannt.

Gerade im Bereich weiblicher Sexualität, aus der Frauen eigentlich Kraft und Selbstwertgefühl zufließen könnten, wirken sich Schuldgefühle fatal aus. Sie sind die Folge der Zwickmühle männlicher Definitionsmacht. *Er* ist es, der männliche *und* weibliche Sexualität definiert, der Rollen verteilt, fordert und ablehnt, diagnostiziert und bewertet, straft und belohnt. Durch ihn erfahren Frauen, daß sie »schuld« sind an ihrer Frigidität – aber auch an seiner Impotenz. Innerhalb von wenigen Jahren sollen sie ihre prüde Erziehung, das ihnen eingeimpfte falsche Verständnis von Sexualität sowie das fehlende Verständnis für ihren eigenen Körper einfach so über Bord geworfen haben, um sich seiner sexuellen Revolution anzupassen. Sie versuchen es krampfhaft, und wenn es schiefgeht, ist das ein erneuter Grund für weibliche Schuldgefühle. Ob-

wohl der Mann nach wie vor die »Führung« für sich beansprucht, trägt sie die volle Verantwortung für beide. Wird
sie ungewollt schwanger, ist sie »schuld«, denn sie allein hat
sich um die Verhütung zu kümmern. Entzieht sie sich, mißbraucht sie ihre Macht und ist in seinen Augen keine richtige
Frau. Damit wird ihre weibliche Identität untergraben und
ihr Selbstwertgefühl zutiefst verletzt. Will er aber nicht,
trägt sie auch dafür die Verantwortung und entwickelt massive Schuldgefühle, denn sicherlich ist sie dann nicht attraktiv genug und muß etwas für sich tun. Die einen versuchen
die weibliche Sexualität durch ihre sexuelle Begierde und
Potenz zu beherrschen, die anderen versuchen es durch ihre
Schwäche und Impotenz, mit der sie die Stimmung in der
Partnerschaft bestimmen und der Frau Schuldgefühle machen.[23]

Doch welche Frau durchschaut das schon? Welche Frau
ist überhaupt in der Lage, sich selbst und ihre körperlichen
Bedürfnisse unabhängig vom Mann zu definieren? Die meisten Frauen zweifeln an ihrer »Normalität«, wenn sie nicht
so empfinden, wie er es erwartet; wenn Sexualität überhaupt etwas anderes für sie bedeutet als für ihn. Untersuchungen haben gezeigt, daß Frauen in erster Linie mit einem
Mann schlafen, weil sie den Wunsch haben, »dem Partner
ihre Liebe zu zeigen«.[24]

Den meisten Frauen dient jedoch Sexualität nicht als Mittel simpler Triebbefriedigung, sondern der Stillung eines
emotionalen Hungers. Anders als den meisten Männern
geht es vielen Frauen nicht in erster Linie um die eigene Lust.
Das zeigt folgender Bericht:

*»Sexualität war für mich die Illusion, wenigstens über
körperliche Nähe Zuwendung zu erhalten. Doch erlebt habe
ich nichts. Am Anfang war die Sexualität schön. Danach
war sie harte Arbeit. Sexualität bestand überwiegend aus
dem Ausprobieren von Techniken und glich mehr einem
Akrobatikkurs als dem Ziel, Sinnlichkeit gemeinsam zu er-
lieben und zu genießen. Mir ging es oft so, daß ich wahnsin-*

nige Lust auf den Mann hatte, wenn er abwesend war. War er aber da, hielt die Lust nie lange an, und es breitete sich eher Frustration aus. Mittendrin stelle ich mir die Frage, warum ich eigentlich Sexualität gewollt hatte. Zum Abbrechen hatte ich nicht den Mut, denn ich hatte die Vorstellung, daß es für den Mann nicht gut sei, und zudem paßte es nicht zu meinem Bild einer guten Frau. Wenn schon, so sollte wenigstens der Mann etwas davon haben. Meine Körperreaktionen ignorierte ich einfach, was sich durch Schmerzen rächte. Dieses Gefühl der Bedrohung habe ich seit meiner Kindheit. Sie ist eng mit meinem Vater verbunden...«[25]

Was die 37jährige Lehrerin hier von sich berichtet, stimmt mit einer Reihe der bereits aufgespürten Merkmale überein:
1. In der sexuellen Erfahrung sucht sie liebevolle Zuwendung, die sie in ihrer Kindheit vermißt hat. (Das geht noch deutlicher aus anderen Teilen ihres wesentlich umfassenderen Berichts hervor.)
2. Sie ist gehorsam und paßt sich ausschließlich der männlichen Sexualität an, auch wenn sie ihren Vorstellungen nicht im geringsten entspricht.
3. Ihr Motiv ist sein Wohlbefinden, nicht das ihre.
4. Sie handelt gegen ihre eigenen Interessen.
5. Sie fühlt sich durch den Mann bedroht und wird damit an Erfahrungen mit ihrem Vater aus der Kindheit erinnert.

Es ist ewig derselbe Teufelskreis: Durch die geringere Beachtung von Mädchen und die damit verbundene fehlende Zuwendung werden sie für die Männergesellschaft zugerichtet und darauf vorbereitet, alles zu tun, wenn sich nur der leiseste Hoffnungsschimmer zeigt, der diese Zuwendung verheißt. Ihre leichte Handhabbarkeit ist somit gewährleistet. Unterstützt wird sie außerdem durch eine Sexualerziehung, die sich ganz offensichtlich an männlichen Bedürfnissen orientiert.[26] Die Darstellung von Sexualität erfolgt vom Schulbuch bis zum medizinischen Bericht, vom Liebesfilm bis

zum Porno fast ausschließlich aus männlicher Perspektive. Es
gibt also keine Sexualerziehung *für* das weibliche Geschlecht.

Selbstbestimmte weibliche Sexualität bedürfte einer Sexualerziehung, die im Gegensatz stünde zu dem, was in Elternhaus und Schule in dieser Hinsicht praktiziert wird. Sie
aber ist von Anfang an so konzipiert, daß sie nicht etwa der
weiblichen Identitätsfindung, sondern der männlichen Befriedigung und der Schwangerschaft dient. Die Einführung in
die Geheimnisse weiblicher Körperlichkeit erfolgt nicht etwa
durch Frauen, denen der weibliche Körper vertraut ist, sondern durch Männer: Ärzte, Väter, Sexualpartner. Frauen
kommen hier kaum vor. Das gilt für Theorie und Praxis gleichermaßen.

Auch die Psychotherapeutin Heidemarie Krolak-Itten sieht
ein Problem darin, daß die

*»weibliche körperliche Identitätsfindung … meist durch
Männer initiiert (wird). Ein Mann führt die Frau in die Liebe
ein, entdeckt ihren Körper erotisch für sie. Nicht ihre Mutter
oder deren Vertreterin führt sie in die Geheimnisse der eroti-
schen Liebe ein, nicht die Schwestern geben ihr Sicherheit für
einen neuen Selbstfindungsprozeß, nicht die Tanten beraten
sie über ihre neue Situation. Sobald ein wichtiger Mann in das
Leben eines jungen Mädchens eintaucht, ist er derjenige, der
fortan mit allen seinen Nachfolgern das Zentrum des Lebens
des jungen Mädchens bestimmt. Immer noch isolieren sich
die meisten jungen Mädchen von ihren Freundinnen und
Frauenbeziehungen, wenn sie einen Freund haben. Die Beziehung zur Freundin dient meist nur noch dazu, den Problemen
mit dem Freund ein Ventil zu geben. Hier findet oft ein wesentlicher Bruch in der Persönlichkeitsentwicklung des jungen Mädchens statt. Warum wenden Mädchen sich nicht an
die Mütter? ›Meine Mutter versteht mich nicht‹ — ›weiß
nicht‹. Diese Antwort wird bei Befragungen oft gegeben, so
daß wir den Eindruck eines eigenartigen Leerraumes bekommen. Wenn wir das Schicksal der letzten zwei Generationen
von Müttern in Europa betrachten, wird uns klar, wie wenig*

diese Mütter uns an positiver, lustvoller, kreativer weiblicher Lebensidentität vermitteln konnten. Das Frauenschicksal drückt, birgt unmenschliche Last in sich.« [27]

Die sexuelle Prägung durch den Mann zementiert die weibliche Fremdbestimmung. Sie bedeutet, daß Mädchen und Frauen von Anfang an lernen, sich den sexuellen Wünschen des Mannes zu fügen, bevor sie die eigenen Wünsche überhaupt kennengelernt haben. Sie lernen auf diesem Wege, seinen Orgasmus für wichtiger zu halten als den ihren. Wie sonst wäre es zu erklären, daß Frauen – wie Untersuchungen zeigen – so viel häufiger als Männer sexuelle Handlungen machen, die sie eigentlich nicht wollen? [28] Und zwar überwiegend unter dem Druck *seines* Unbehagens, das in ihnen Schuldgefühle erweckt.

Wie stark die Tendenz in Frauen ist, eigenes Handeln in Schuld zu verwandeln – oder verwandeln zu lassen – und dabei die Schuld des Mannes zu übersehen, läßt der Bericht einer vergewaltigten Frau erkennen:

»Nach der Tat habe ich die Schuld bei mir gesucht, mich gefragt: Warum hast du dich an seinen Tisch gesetzt, warum hast du dich so intensiv mit ihm unterhalten und dein Interesse an seinem Leben gezeigt, warum hast du ihm soviel von deinem Leben erzählt, warum hast du dich ein Stück nach Hause bringen lassen?« [29]

Selbst die positive Zuwendung – ihr Interesse und ihre Offenheit, ihre Gesprächsbereitschaft und ihr Vertrauen –, die sie dem Mann schenkt, verwandelt sich in ihren Vorstellungen aufgrund der männlichen Gewalt in weibliche Schuld. Auch jetzt noch fließen ihre Energien in die Entlastung des Mannes, die nur mit weiblicher Schuldbelastung erwirkt werden kann. Wo der Mann zum Maß aller Dinge geworden ist und Männlichkeit zum »Wert an sich«, da wird Weiblichkeit anscheinend zwangsläufig zur »Schuld an sich«.

Muttersein

Nicht nur der Mann, auch die Kinder sind eine nie versiegende Quelle weiblicher Schuldgefühle:
— Der autistische Säugling — sicher hat sie sich nicht genug auf ihn gefreut…
— Das Nacht für Nacht schreiende Kind — sicher macht sie irgend etwas verkehrt und kennt seine Bedürfnisse nicht…
— Die schlechten Noten in der Schule — sicher hat sie sich nicht genügend um die Hausaufgaben gekümmert…
— Die Drogensucht des Sohnes — sicher wurde er zu früh abgestillt…
— Die Magersucht der Tochter — sicher hat sie zu wenig Anerkennung bekommen für ihre Leistungen…
— Die vaterlose Familie — sicher wird der Sohn geschädigt, weil ihm das männliche Vorbild fehlt…
Die unendlich lange Liste mütterlicher Schuldgefühle bestätigt die psycho-soziale Unzumutbarkeit des Mutterseins heute. Die patriarchale Gesellschaft ist einfach nicht auf und schon gar nicht für Kinder eingerichtet und hätte eigentlich auch keine verdient. Um diese Einsicht gewinnen zu können, brauchen die meisten Frauen aber leider erst die Erfahrung des Mutterseins — möglichst alleinerziehend —, die vielen von ihnen die Augen erst dann öffnet, wenn es zu spät ist.
Auf eine der primären Ursachen mütterlicher Schuldgefühle verweist Jean Liedloff in ihrem von Frauen vielgelesenen Buch »Auf der Suche nach dem verlorenen Glück. Gegen die Zerstörung unserer Glücksfähigkeit in der frühen Kindheit«. Wie sie schreibt, ist nach der Geburt bei der Mutter der Wunsch vorherrschend, »diesen nicht besonders ansehnlichen völlig Fremden zu nähren und ihm Wohlgefühl zu vermitteln. (Nicht das süße Kindchen-Schema veranlaßt sie dazu, wie männliche Wissenschaftler meinen. C. M.) Wäre es anders, wir hätten all diese Hunderttausende von Generationen hindurch nicht überlebt. Die Prägung, eingebettet in die

Folge der durch Hormone ausgelösten Vorgänge bei der Geburt, muß sofort stattfinden, oder es ist zu spät dafür.« Wie die Ärztin Liedloff darlegt, behindert aber die »zivilisierte« Geburt diese Prägung. »Allem Anschein nach weicht der Prägungsreiz einem Zustand der Trauer«, wenn die erwartete Begegnung mit dem Baby ausbleibt. Wird der Mutter dann nach Stunden das Baby hingehalten, »so folgt häufig die Reaktion, daß sie sich schuldig fühlt, weil sie nicht imstande ist, ›Muttergefühle aufzubringen‹ oder ›das Baby besonders liebzuhaben‹.«[30]

Die Schuldgefühle unserer Mütter begannen also bereits unmittelbar nach und als Folge einer »zivilisierten« Geburt, die sich inzwischen jedoch wesentlich kindgerechter vollzieht. Aber auch im weiteren Verlauf ihrer Beziehung zu ihren Kindern zeigt sich, daß die konsum- und fernsehorientierte Männer-Gesellschaft *ein* großer Widerspruch zu ihren eigentlichen Bedürfnissen ist: Während es in der Gesellschaft um die Ankurbelung des Konsums geht, ist die Mutter gezwungen, die kindliche Konsum- und Fernsehlust zu bremsen – aus pädagogischen, ökologischen, humanitären und finanziellen Gründen. Die einschränkende und Verzicht fordernde Mutter aber wird in den Augen des Kindes zur »bösen« Mutter, die vorenthält, was das Kinderherz begehrt; denn nur die gebende Mutter wird als »gut« empfunden. (Das wissen geschiedene Väter auszunutzen, indem sie ihren größeren Geldbeutel dazu mißbrauchen, die Kinder mit Geschenken und Reisen zu kaufen, die die Mutter sich nicht leisten kann.)

Kinder vergleichen sich mit Gleichaltrigen und stellen fest, daß andere mehr bekommen als sie. Das empfinden sie als ungerecht. Die Maßstäbe, mit denen sie ihre Mütter messen, werden deren Situation nicht gerecht. So bleibt vielen Müttern nichts anderes übrig, als sich schuldig zu fühlen, wenn sie die Wünsche ihrer Kinder nicht erfüllen können oder wollen. Genauso schuldig fühlen sie sich aber auch in Anbetracht der Lage der Kinder in der Dritten Welt, wenn sie ihnen zu viele Wünsche erfüllen. Widmen sie sich ausschließlich ihrer Fami-

lie, so fühlen sie sich schuldig, weil sie kein eigenes Geld verdienen. Aber auch wenn sie berufstätig sind, holt sie das
schlechte Gewissen ein, weil sie nun zu wenig Zeit mit den
Kindern verbringen. Das haben besonders die Söhne schnell
spitz, klimpern auf der Tastatur der Schuldgefühle ihrer
Mutter und wissen sie virtuos in klingende Münze umzusetzen.

In einer Gesellschaft, die Erfolg an männlichen Kriterien
mißt, können Frauen ihr Tun und Lassen niemals als »erfolgreich« bewerten. Und auch andere werden sich davor
hüten.

*»Meine Mutter hatte sechs Kinder, die sie alle alleine
großgezogen hat«, erzählt eine Frau in der Gruppe. »Sie hat
allein für uns gesorgt, und doch hatten wir immer das Gefühl, wir wären erst eine richtige Familie, wenn ein Vater da
wäre. Mein Vater ist im Krieg geblieben. Vermißt. Er wurde
nie für tot erklärt. Bei allen Umzügen mußte ich ihn immer
mit anmelden. Er war auch sonst immer präsent. Wir haben
ihn idealisiert, uns nach ihm gesehnt, haben ihm den Thron
in unserer Familie freigehalten. Wir wären nie auf die Idee
gekommen, unsere Mutter auf den Thron zu setzen. Immer
saß der abwesende Mann allein auf dem Thron. Doch inzwischen will ich, daß jene, die die Arbeit tun, auch ihren Platz
auf dem Thron erhalten. Ich frage mich oft, ob meine Mutter jemals stolz war auf ihre Leistung...«*

Von Männern angezettelte und ausgetragene Kriege berauben Mütter ihres Wertes und sind der Nährboden für zusätzliche Schuldgefühle. Soldatenväter – tatsächliche oder
potentielle Mörder – erhalten einen Zusatzbonus in den
Herzen ihrer Frauen und Kinder, die ihm die Treue halten
weit über den Tod hinaus und nicht ahnen, was ihnen möglicherweise erspart geblieben ist. Ich denke an die schrecklichen Erfahrungen, von denen mir Frauen berichteten, deren
Väter zurückgekehrt sind und fortan Frauen und Kinder ty-
rannisiert und damit die Kindheit ihrer Töchter zerstört haben. Die Gesellschaft lehrt sie aber, nur der heldenhaften

Taten ihrer Väter zu gedenken, während die oft übermensch-
lichen Leistungen der Mütter dem Vergessen anheimgegeben
werden. Der Soldatenväter wird gedacht, doch kein Denkmal
erinnert an die Trümmerfrauen und geflohenen Mütter, die
mehrere Kinder durch kalte Winter durchgebracht und sich
für sie aufgeopfert haben.

Doch es bedarf keines Krieges, um Frauen Gelegenheit zu
unvorstellbaren Leistungen zu geben. Das betrifft insbesondere alleinerziehende berufstätige Mütter. »In Indien und
Nepal haben die Göttinnen acht Arme. Und ich denke als
Mutter, ich müßte sie auch haben. Ich muß soviel tun, als
hätte ich auch acht Arme«, wirft eine Frau ein. Und dennoch
wird sie nie das gute Gewissen entwickeln, genug getan zu
haben. »Aus weiblichen Leistungen werden Schuldgefühle
konstruiert«, stellt eine andere fest, nachdem sie begonnen
hat, die Strukturen zu begreifen, in die Mütter eingebettet
sind. Sie hat sich jahrelang dafür schuldig gefühlt, daß sie
ihren Kindern keine »richtige Familie« bieten, den Vater
»nicht halten konnte«, wie sie von den eigenen Eltern vorwurfsvoll zu hören bekam.

Schuld daran sind aber nicht die Mütter. Schuld ist das traditionelle Familienverständnis, das nie das gehalten hat, was
es versprach: Schonraum zu sein für Frauen, Hort der Geborgenheit für Kinder. In Wirklichkeit dient die »Vater-Mutter-
Kind-Familie ... von ihrem Konstrukt her in erster Linie der
Reproduktion, d. h. der psychischen und physischen Versorgung des Mannes durch die Frau, der im Gegenzug die finanzielle Absicherung besorgt (gleichwohl aber das meiste Geld
für sich ausgibt). Kinder geben vielen Gemeinschaften einen
neuen Sinn, aber ihr Stellenwert bleibt hinter dem des Mannes in der Regel zurück. Dem entspricht die hierarchische
Geltungsstruktur in diesen Familien mit dem Vater an der
Spitze und den Kindern auf der untersten Stufe... Diese
Struktur in ihrem gesamten Ausmaß und in ihren umfassenden Folgen wird für eine Frau erst dann sichtbar, wenn sie
diesen Rahmen verläßt, der als quasi naturwüchsig, natür-

lich, normal gilt und kaum hinterfragt werden kann, solange Frau sich innerhalb dieses Systems befindet und damit Teil der Struktur ist.«[31]

Das traditionelle Familienverständnis steht und fällt mit dem Vater, denn es erscheint inzwischen fraglich, ob alleinerziehende Mütter mit ihren Kindern noch als Familie angesehen werden können, dabei sind sie es, wie sich zeigt, die den eigentlichen Kern der Familie bilden. Dennoch werden diesen Müttern Schuldgefühle eingeimpft, und sie tun alles, um ihren Kindern auch nach der Scheidung oder Trennung den Vater zu erhalten. Das heißt, sie passen sich auch dann noch seinen Wünschen und Vorstellungen von Besuchen und Urlaub, Feiertagen und Geschenken an. Der abwesende Vater seinerseits läßt keine Gelegenheit aus, um der Mutter vorzuwerfen, daß sie nicht in ausreichendem Maße für die Kinder sorgt.

Als wieviel wichtiger der Vater behördlich angesehen wird, erfuhr Karin. Sie erzählt:

»Ich habe zwei Kinder, eins ehelich, das andere unehelich. Ich habe selbst erfahren, welch ein Unterschied gemacht wird, ob ein Kind einen Vater hat oder nicht: Die Geburtsurkunde meines ehelichen Kindes ist aus Büttenpapier im Stammbuch, die meines unehelichen Kindes ist nur eine Fotokopie... Gleichzeitig aber wird die Frau unter moralischen Druck gesetzt, wenn sie sich weigert, ein uneheliches Kind auszutragen. Die Männergesellschaft tut viel, um Frauen Schuldgefühle einzuimpfen, wenn sie ihr Naturrecht der freien Entscheidung für oder gegen das neue Leben im eigenen Körper in Anspruch nehmen wollen.«

Das in ihnen wachsende Naturgut wird von Männern in ein Rechtsgut umgewandelt, so daß es – wie sie meinen – in ihre Entscheidungskompetenz fällt. Nur wenn ein Mann – egal ob in weißem Kittel oder schwarzem Rock – sein »Ja« zum Schwangerschaftsabbruch gibt, soll er zulässig sein, nicht jedoch auf der Grundlage der Verfügungsgewalt der Frau über ihren Körper und ihr Kind. Ihr bleibt – je nach Entscheidung – das schlechte Gewissen.

Ich will damit nicht sagen, daß es nicht auch berechtigte Schuldgefühle von Frauen auf diesem Gebiet geben könne. Doch ist es nicht Sache des Mannes, die Entscheidungsfreiheit der Frau für sich zu beanspruchen und die ihre unter Strafe zu stellen. Welcher Mann entwickelt Schuldgefühle, weil er die Frau zu einem Abbruch gedrängt hat? Dabei wissen wir, daß hinter den meisten Abbrüchen nicht etwa Frauen stehen, die nicht Mütter werden wollen, sondern Männer, die sich weigern, Väter zu werden.

Ob Ärzte oder Richter, Priester oder Bischöfe, sie alle veranlassen Frauen zu Abbrüchen, wenn ihnen ihre Schwangerschaft nicht genehm ist. Frauen, die von Priestern schwanger wurden, wissen Unglaubliches zu berichten. Sie werden von Bischöfen förmlich unter Druck gesetzt abzutreiben, damit der priesterliche Vater unbeschadet im Schoß der »Mutter« Kirche verbleiben kann. In diesem Fall wird nicht der Abbruch als Schuld angesehen, sondern das Festhalten am Vater des Kindes, der Sohn der Kirche und Untergebener des Bischofs bleiben soll.

Frauen müßten begreifen, daß Männer im Bereich von Schwangerschaft und Muttersein kein Recht haben, ihnen moralische Vorwürfe und Vorschriften zu machen. Dazu fehlt ihnen jegliche Qualifikation. Außerdem gilt es zu begreifen, *wie* unmöglich es im Patriarchat ist, eine »gute« Mutter *und* Ehefrau zu sein und sich rechtzeitig für *eins* von beidem zu entscheiden. Beides zu wollen wäre die Quadratur des Kreises – und die ist noch niemandem gelungen.

Berufsleben

Was im Vaterhaus begann und sich in der Partnerschaft fortsetzt, macht vor den Toren der Berufswelt nicht halt. Auch dort setzt sich das Vater-Tochter-Verhältnis fort, denn nun

treten der Chef oder die arbeitgebende Institution an die
Stelle des Vaters. Ihnen gilt es nunmehr zu gefallen, ihre Anerkennung zu erlangen – meist ein ebenso sinnloses Unterfan-
gen wie der entsprechende Versuch in der Kindheit. Väter,
Chefs und Institutionen sind für Mädchen und Frauen höchst
undurchsichtig – aus ihrer Perspektive irrational. Sie haben
ein Regelsystem entwickelt, das effektiv nicht einzuhalten ist
– von den Legislatoren so wenig wie von den Untergebenen.
Auf diese Weise ist das permanente Schuldgefühl – und mit
ihm die Verunsicherung – sichergestellt; denn gegen irgendeine Regel wird immer verstoßen.

Wer sich beispielsweise als Lehrerin vor einem Klassenaus-
flug den Wandererlaß durchliest – was Pflicht ist –, kann
nicht mehr mit gutem Gewissen gewährleisten, daß Schülerinnen und Schüler auf dem Ausflug Freude haben. Denn alles, was Spaß macht, ist aus der Perspektive der Lehrkraft
eine Verletzung der Aufsichtspflicht, der sie nur mit Polizei-
schutz gerecht werden könnte. Dies sind allerdings die am
leichtesten zu durchschauenden Herrschaftsmechanismen
und Produzenten von Schuldgefühlen, die in der Routine des
Alltags rasch ihre Wirkung verlieren.

Daneben gibt es viel subtilere strukturelle Bedingungen,
aus denen unaufhörlich vorrangig weibliche Schuldgefühle
gespeist werden. In einem Aufsatz über »Weibliche Identität
und die Arbeit in der Schule – Lehrerinnenspezifische Weisen
der Ausgestaltung des Berufs« beschreibt Karin Flaake geschlechtertypische Verhaltensweisen und Einstellungen bei
Lehrerinnen und Lehrern. Dazu gehört auch die recht unterschiedliche Bereitschaft, sich schuldig zu fühlen. Eine typische Lehrerinnen-Antwort auf die Frage, wie sie sich ihre
Schwierigkeiten im Unterricht erkläre, lautet: »Weil ich entweder irgendwas übersehen habe oder aber auf irgendwas
nicht eingegangen bin, was ich hätte bemerken müssen.«
Dazu Karin Flaake:

*»Bei Lehrerinnen finden sich solche Schuldzuschreibungen
häufig – zum Beispiel auch in der Vorstellung, den Schülerin-*

*nen und Schülern durch eigenes falsches Verhalten geschadet
zu haben, sie ›verkorkst‹ zu haben, wie eine Gymnasiallehre-
rin es ausdrückt. Bei Lehrern ist eine solche Sichtweise dagegen kaum zu finden. Lehrer interpretieren Schwierigkeiten
meist durch Faktoren, die außerhalb ihrer Person liegen, sehen sie zum Beispiel als Resultat der Bedingungen in der
Schule oder aber störender Eigenschaften der Schülerinnen
und Schüler.«* [32]

Dieser Unterschied tritt bereits bei Schülerinnen und Schülern zutage. Während Schülerinnen die Ursachen für Fehlleistungen in erster Linie bei sich selbst suchen, verlagern Schüler sie auf äußere Umstände, insbesondere auf Lehrerinnen,
denen sie sogar während des Unterrichts Schuldzuweisungen
entgegenhalten. So drohen sie beispielsweise häufig, sich
beim Rektor zu beschweren, was sie Lehrern gegenüber
kaum wagen. Das macht Lehrerinnen angst, solange sie das
Muster nicht durchschaut haben. Auffallend mehr Lehrerinnen als Lehrer entwickeln Schulängste und verlassen vorzeitig die Schule, weil sie der ewige Kampf zu sehr belastet.

Die Schwierigkeiten, die insbesondere Lehrerinnen haben,
resultieren nicht etwa aus ihrem Unvermögen, sondern aus
— dem stärkeren Bedürfnis, alles richtig machen zu wollen;
— den größeren Anforderungen, die an sie gestellt werden,
wenn sie selbst Kinder und Haushalt haben;
— ihrer größeren Sensibilität gegenüber den Bedürfnissen der
Schülerinnen und Schüler (vorrangig der Schüler!);
— dem geringeren Maß an Autorität, das sie generell in der
Schule haben, da auch dort Männerwort mehr gilt;
— dem häufig paternalistischen Verhalten von Kollegen und
Rektoren gerade Lehrerinnen gegenüber, das an Kindheitserfahrungen mit dem Vater anknüpft;
— formalistischen Strukturen, die alles pädagogische und
zwischenmenschliche Bemühen untergraben, worunter Lehrerinnen verstärkt leiden.

Diese Strukturen im Verbund mit zu hohen Klassenfre-
quenzen verhindern, daß optimaler Unterricht und pädago-

gische Zuwendung gegeben werden können. Dadurch aber werden die weiblichen Ideale und mit ihnen die Motivation untergraben, was bei vielen Lehrerinnen dazu führt, daß sie an ihrer Begabung und Fähigkeit zweifeln. Schuld- und Minderwertigkeitsgefühle werden auf diese Weise permanent reproduziert.

Als zweites Beispiel beruflich verursachter Schuldgefühle bietet sich die Erfahrung von Krankenschwestern an. Sie fühlen sich einerseits schuldig, wenn sie nicht genügend Zeit für die Patientinnen und Patienten haben. Andererseits werden ihnen Schuldgefühle gemacht, wenn sie ihre Arbeit nicht schaffen, weil sie sich an einem Krankenbett zu lange aufgehalten haben. Ihnen wird verwehrt, die Kranken als Menschen zu behandeln, deren Bedürfnis an Zuwendung sie zwar spüren, für deren Erfüllung sie jedoch keine Zeit haben, obwohl gerade darin häufig ihre Motivation für diesen Beruf lag.

Aber nicht nur, daß ihnen menschliches Verhalten verwehrt wird, auch die Ärzte (und inzwischen möglicherweise auch Ärztinnen), denen sich die Patientinnen und Patienten anvertraut haben, verweigern ihnen menschliche Wärme. Krankenschwestern, die das durchschauen und ändern wollen, prallen am männlichen Ego ab. Eine Frau berichtet:

»Ich bin Krankenschwester und erlebe immer, daß wir Frauen den Patientinnen und Patienten nahe sind, daß die Ärzte sich ihnen entziehen, keinen Kontakt zu ihnen haben, wie Gottvater im Himmel. Wenn ich sie dafür kritisiere und den Wunsch äußere, sie mögen sich mehr dem Patienten zeigen, machen sie mir Schuldgefühle, daß ich die Atmosphäre vergifte. Obwohl alle anderen auch so denken wie ich, halten sie dann lieber den Mund, denn sie wollen ja Frieden.«

Zum zwischenmenschlichen gesellt sich der schulmedizinische Bereich als Quelle weiblicher Schuldgefühle. Die Diagnose- und Therapiemethoden der Schulmedizin erleben Frauen – Ärztinnen und Krankenschwestern – überwiegend als gewalttätig. Ihr Herumhantieren an den Kranken ist vor-

geschrieben – fremdbestimmt –; ihr Arbeitsplatz ist so eingerichtet, daß es ihnen unmöglich gemacht wird, den Wünschen und Bedürfnissen der Kranken gerecht zu werden. Und
doch können sie ihr Gefühl der Verantwortung nicht einfach
abstreifen und fühlen sich schuldig.

Religiöser Glaube

Die tiefsten Schichten weiblicher Schuldgefühle sind religiösen Ursprungs. Aus der Bibel wissen Frauen, daß weibliche
Schuld die Menschheit ins Verderben stürzte und daß weiblicher Ungehorsam gegen den Willen Gottes auch den Mann
zum Ungehorsam verführte. Außerdem haben Frauen gelernt, daß ein Mann für ihre Sünden einen grausamen Kreuzestod sterben mußte. Folglich sind sie schuld an seinem Tod
und stehen in der Schuld des HERRN.

Das ist das traditionelle christliche Glaubensmuster. Es
wurde und wird bis heute überwiegend von Männern gestützt und aufrechterhalten. Seine Grundlage ist die Vergött-
lichung des männlichen bei gleichzeitiger Abwertung und
Schuldigsprechung des weiblichen Geschlechts. Dies Muster
ist typisch für patriarchale Kulturen und durchzieht alle öffentlichen Bereiche wie individuelles Denken, Fühlen und
Handeln von Männern *und* Frauen auch dann noch, wenn sie
der Religion längst den Rücken gekehrt haben.

Die wahre Zerstörungsmacht dieses Glaubenssystems
wird uns wohl verborgen bleiben. Die meisten Frauen haben
daran still gelitten und kein Zeugnis ihres Leids hinterlassen.
Eine Frau war bereit, ihr Schweigen zu brechen und darzulegen, wie dies Glaubensmuster ihr Leben zerstört und verein-
samt hat:

*»Mir ist inzwischen klargeworden, daß ich bisher fast nur
fremdgesteuert gelebt habe…*

Mich haben die Regeln des Patriarchats und die sich daraus ergebende Verachtung alles Weiblichen so krank gemacht, daß ich meinen Beruf als Lehrerin aufgeben mußte und in tiefe Resignation fiel…

Meine Mutter (nur außengesteuert) sorgte nur für mein leibliches Wohl. Ich wurde nicht als eigenständiges Wesen gesehen. Was andere Leute sagten war wichtiger. (Sprich nur, wenn du gefragt wirst; keine Widerrede gegen Erwachsene; sei niemals neugierig; Pfarrer, Lehrer, Ärzte haben immer recht…) Zärtlichkeit lernte ich nicht kennen, aber auch keine Gewalt.

Meinem Vater bedeutete ein Mädchen nichts. Mich nahm er nie ernst. (Als das 3. Kind endlich der ›Stammhalter‹ war, war der Jubel groß.) Ich sehe heute darin die Ursachen für meine Angst vor Nähe; meine Minderwertigkeitsgefühle, mein Bemühen, alles allein zu schaffen, die Abhängigkeit von der Anerkennung durch meine Mitmenschen, Einsamkeit. Die Sehnsucht nach Zärtlichkeit und Geborgenheit, die latent immer vorhanden war und die ich durch berufliches Engagement bis zum 50. Lebensjahr kompensieren konnte, macht mich nun unendlich traurig; die Wut bleibt mir noch im Halse stecken. Ich suchte und fand als junger Mensch ein wenig Geborgenheit und Gemeinschaftsgefühl in der Kirchengemeinde. Ich konnte aber u. a. Gott als strengen Richter und Gott als liebenden Vater nicht in Einklang bringen, fühlte mich ständig schuldig und machte meinen Unglauben dafür verantwortlich. Ich wartete und wartete (auf was, weiß ich nicht), weil ich glaubte, Gottes Wille werde geschehen und alles recht machen. So war es für mich wie eine Offenbarung, von der Göttin zu hören, die in mir wirkt…

Ich hoffe, daß ich allmählich die Selbstverachtung und den Ekel vor meinem eigenen Körper, der immer wieder zu Eßstörungen (Freßanfällen) führt, überwinden kann. Ich weiß, daß ich noch viele Schritte tun muß.«

Es ist für Frauen ungemein wichtig zu begreifen, daß ihre Minderwertigkeits- und Schuldgefühle nicht auf tatsächlicher Minderwertigkeit und Schuld beruhen, sondern auf einem Weltbild, das Frauen und Weiblichkeit ganz allgemein auf massive und subtile Weise in diese Richtung drängt. Sie basieren auf

— einem Mythos, der die Frau als eine darstellt, die als zweite geboren wurde, aber als erste gesündigt hat;

— einem Gottesbild, das Weiblichkeit nicht kennt;

— einer kirchlichen Hierarchie, die Frauen auf die untersten Ränge jenseits der Macht verweist, obwohl sie eine Mehrheit bilden;

— einer Politik, die Frauen die vorrangige Position der Bittstellerin und Almosenempfängerin zumutet;

— einer Psychologie, die die Frau primär als Mängelwesen interpretiert, wobei sie ihre Stärken und Fähigkeiten in Schwächen und Defizite verwandelt;

— einer Wissenschaft, die männliche Denkmuster und Wertungen als »objektive Wahrheit« ausgibt und weibliche Sichtweisen ignoriert oder als »falsch« verwirft.

Das patriarchale, frauenverachtende Weltbild, das ursprünglich von Männern durch die Schaffung von Wissensgebieten und Glaubensgebäuden, Denkschulen und Institutionen, Wertemustern und Normen, Handlungsmustern und Bräuchen etabliert wurde, lebt heute in entscheidendem Maße von seiner Weitergabe durch Frauen. Durch Jahrtausende konnten sie nur als Handlangerinnen und überwiegend passive Unterstützerinnen dieses Systems überleben. Noch heute sind fast ausschließlich sie es, die in den kirchlichen Gottesdiensten sitzen und auch die sonstige Gemeindearbeit zwar aktiv tragen, doch an der Lehre keinen Anteil haben. Sie setzen ihre Kinder der kirchlichen Erziehung aus, ohne sich darum zu kümmern, was ihnen damit zugemutet wird. Mir sind mehrere Kindergottesdiensthelferinnen und -helfer bekannt, die ihre kirchliche Mitarbeit aufkündigten, weil sie es nicht verantworten konnten, den Kindern die biblischen Geschichten so zu erzählen, daß sie an die kindlichen Schuldgefühle appellierten. Das aber hatten die Pfarrer von ihnen ver-

langt, um ihnen dann später das Kreuz als »Erlösung« von
ihrer Schuld anbieten zu können. Aber auch hier sind die
Opfer wiederum in erster Linie weiblichen Geschlechts, denn
95 Prozent der Kinder, die am Sonntagmorgen den Kinder-
gottesdienst besuchen, sind Mädchen (Aussage einer Pfarre-
rin).

Die Inhalte des christlichen Glaubensgebäudes scheinen
geradezu auf das weibliche Dilemma zugeschnitten zu sein,
denn dort nimmt man sich anscheinend der (zuvor verursachten) Schuldgefühle junger Mädchen und Frauen an. Hierzu
beschreibt eine Frau ihre Erfahrungen als junge Sängerin der
Kantorei ihres Heimatortes:

*»Die Proben am Freitagabend, die vielen Konzerte in der
schönen gotischen Kirche, das sonntägliche Singen im Gottesdienst und die Konzertreisen waren Lichtblicke in den
sonst freudlosen Schuljahren bis zum Abitur. Mit der wunderbaren Musik nahm ich aber leider auch die Theologie der
Kantaten und Motetten in mich auf, nämlich die Kreuzestheologie Martin Luthers. Besonders stark beeinflußt hat
mich die Matthäus-Passion Johann Sebastian Bachs, denn ich
liebte sie sehr. Heute noch kenne ich Melodien und Texte
auswendig (by heart!)*

*Der Eingangschor hat oft Tränen der Ergriffenheit ausge-
löst: ›Kommt, ihr Töchter, helft mir klagen! Sehet! Wen? den
Bräutigam! Seht! Wohin? Auf unsere Schuld.‹ Über diesem
kunstvollen achtstimmigen Doppelchor liegt der schlichte,
von Kinderstimmen gesungene Choral: ›O Lamm Gottes,
unschuldig am Stamm des Kreuzes geschlachtet... All Sünd
hast du getragen, sonst müßten wir verzagen.‹ Diese Texte
bestätigten mir zwar auch die Rettung: Ich war liebenswert,
weil jemand meine Schuld auf sich genommen hatte. Mußte
ich den nicht lieben, der aus Liebe zu mir so gelitten hatte?
Die überschwengliche Dankbarkeit, die in meinem Mäd-
chenherzen geweckt wurde, kam an Jesu Stelle unserem verehrten Chorleiter zugute. Nicht nur ich, die meisten Chor-
sängerinnen schwärmten für ihn. Er konnte alles von uns*

haben, bis zur sexuellen Hingabe. Er, der Künstler, war für uns Stellvertreter des edlen Helden Jesus Christus, verraten, geschlagen, verhöhnt und ermordet, nur weil er kompromißlos geliebt hat. ›Er hat uns allen wohlgetan. Den Blinden gab er das Gesicht ... Betrübte hat er aufgerichtet ... Sonst hat mein Jesus nichts getan.‹ Heute frage ich mich: Und wenn der Erlöser nun eine Frau gewesen wäre? – Dann hätte auch eine Chorleiterin eine Chance gehabt.«

Sie wurde Chorleiterin und hatte keine Chance. Der Gott und Erlöser ist nun einmal keine Frau, sondern unwiderruflich männlich. Dieser Umstand ist eine besondere Quelle weiblicher Schuld- und Minderwertigkeitsgefühle, aus der Männer unendlich schöpfen können, um ihre Bedürfnisse zu befriedigen. Denn sie sind die primären Nutznießer dieses Glaubensgebäudes und der daraus resultierenden selbstentfremdeten Frauen.

Immer wieder berichten Frauen von ihrer ethischen Verwirrung über die Lehre vom Gottessohn, der für ihre Schuld von seinem göttlichen Vater ans Kreuz geschlagen wurde und dort einen qualvollen Tod sterben mußte. Kaum ein Pfarrer, Theologe oder »Seelsorger« legt sich Rechenschaft darüber ab, wie sehr das kindliche Gerechtigkeitsempfinden, aber auch das Bedürfnis nach väterlichem Schutz mit einer solchen Vorstellung zutiefst verletzt werden. Wie verwirrend und hinderlich das kirchlich-autoritäre Glaubenssystem für die kindliche Entwicklung ist, zeigen die nachfolgenden Überlegungen einer jungen Frau:

»Das, was wir alle als Kinder als gut und böse, richtig und falsch empfanden, durften wir nicht entwickeln und schon gar nicht vermitteln. Allein das Empfinden eines anderen Wertesystems als das des allgemein gepredigten war ›Sünde‹. Bereits als Kinder mußten wir lernen, daß ›die Erwachsenen‹, die Eltern, ErzieherInnen, LehrerInnen recht hatten, weil sie die Stärkeren waren. Paßten wir uns an die an uns herangetragenen Erwartungen an und fügten uns in Demut und Gehorsam unseren Eltern (den StellvertreterInnen des ›gött-

lichen Willens‹), bekamen wir bestärkende Streicheleinheiten. Taten wir das nicht, wurden wir liebevoll verunsichert, so lange manipuliert und ›gebeugt‹, bis wir schließlich uns selbst verleugneten und anpaßten. So lernten wir schon früh, daß unser sozialer Erfolg abhing vom Grad des inneren Verrats und der eigenen seelischen Kreuzigung. Sind wir erst einmal ›im Namen des göttlichen Willens‹ gebeugt, geben wir das Erkenntnisverbot weiter und tragen damit dazu bei, andere zu ›Hinkenden‹ oder ›Gebeugten‹ zu verkrüppeln.

Parallel zum Elternhaus lernte ich auch in der Kirche, wie ›schlecht und sündig‹ schon wir Kinder seien. Gottes Augen waren überall, auch über unsere Gedanken sei ›Gott, der Herr und Vater‹ sehr wohl informiert. Da ich wirklich oft genug ›schlechte‹ (d. h. kritische und ›egoistische‹) Gedanken hatte, glaubte ein Teil von mir an meine ›Schlechtigkeit‹, während ich in meinem Innersten gegen diese grausamen Aussagen zutiefst aufbegehrte. Der Mechanismus ist denkbar einfach: Waren wir erst einmal mit Hilfe ›Gottes‹ ›kleingemacht‹, konnte uns der ›gute, gerechte, barmherzige Gott‹ wieder ›hochziehen‹. Über diese unverdiente Gnade mußten wir ›Gott‹ dankbar sein. Wagten wir – auch in den Jahren der Jugend – daran zu zweifeln, hatten Pfarrer und Kindergottesdiensthelfer, Küster und Presbyter eine einfache Antwort parat:

1. waren wir sowieso zu dumm, da unerfahren;

2. glaubten wir nicht genug, denn würden wir das tun, hätten wir auch keine Zweifel und kritischen Fragen.

Bis heute fällt es mir schwer zu verstehen, wie Menschen dazu kommen können, Gott so zu erfahren und diese Erfahrungen weiterzugeben...«

Wann werden Frauen endlich Schuldgefühle entwickeln, weil sie die Weitergabe eines Weltbildes fördern, das ihre Töchter abwertet und von sich selbst entfremdet; das ihren Söhnen falsche Männlichkeitsideale vermittelt und sie zum Größenwahn verleitet?

Seit einigen Jahren sind Frauen nun dabei, diesem Weltbild

den Rücken zu kehren. Sie besetzen die göttliche Dimension weiblich, statt sie weiterhin für das Männliche zu reservieren, suchen eigene Symbole und Ausdrucksformen und weigern sich zunehmend, männliche Macht zu verherrlichen. Doch wird auch diese Neuorientierung von Schuldgefühlen begleitet.

Eine Frau, die diesen Aufbruch erst vor einiger Zeit erlebt hat, beschreibt neben ihren Entdeckungen auch die Art ihrer Schuldgefühle, die sich mit der Ablösung alter Glaubenstraditionen einstellen:

»Seit ca. zehn Monaten lerne ich über die feministische Theologie; durch Bücher, Gespräche und eigenes Nachdenken komme ich dieser Wahrheit näher: Gott hat auch eine weibliche Seite. Mit dieser Befreiungstheologie stellen sich aber auch Ängste und Schuldgefühle ein...

Als erstes taucht immer wieder die Frage auf: Versinke ich nicht in tiefstes Heidentum, wenn ich an die Göttin und große Mutter glaube? Ich denke an die Astarte des Alten Testaments und wie die Anhänger dieser Göttin verfolgt wurden. Etwas von einer Ur-Angst regt sich in mir, und eine alte, alte Furcht steigt in mir auf: die Verfolgung der Frau und die Verleugnung der Göttin scheinen Hand in Hand zu gehen.

Die zweite Angst, ganz ehrlich gesagt, ist die vor dem Zorn und der Rache des männlichen Gottes des Alten Testaments. O wie tief sind diese Ängste! Aus den tiefsten Schichten des Selbst scheinen sie zu kommen.

Als drittes kann ich Jesus Christus nicht als ›persönlichen Retter‹ akzeptieren; aber auf diesem Dogma baut sich doch die gesamte evangelische Kirche auf. Hier werden Schuldgefühle ganz groß. Ich sehe Jesus als Einen der Söhne Gottes, als den Sohn-Geliebten der Göttin. So betrachtet erhält Jesus für mich eine ganz andere Rolle – er ist ein Lehrer, ein Bruder geworden, durch den die Sophia spricht. Seinen Tod am Kreuz habe ich seit meiner Kindheit abgelehnt – solche Grausamkeit paßt nicht in das Konzept des ›liebenden Vaters‹ des Neuen Testaments.

Viertens ertappe ich mich dabei, über Texte der Bibel zu ›stolpern‹, auch über Gesangbuchlieder, wenn diese vom ›Herrn‹ sprechen. Ganz heimlich ersetze ich dieses Wort mit Herrin, Göttin oder Mutter. Aber ich tue es heimlich – im stillen, aus Angst.

Vor zwei Wochen bekannte ich mich in der Anstalt..., in der ich als Gruppenerzieherin arbeite, öffentlich zum Matriarchat und zur Göttin. Meine Stimme verlor an Festigkeit – das Herz pochte wild – 150 Männer und Frauen hörten schweigend zu! Da ich viele Jahre in Australien gelebt hatte, sprach ich von den australischen Ureinwohnern, die auch die Göttin verehren und ganz das Leben, auch das behinderte, bejahen. Fast vierzig Jahre lang diente ich dem männlichen Gott – oder meiner Vorstellung eines liebenden Vaters.

Nun weiß ich um die ›Weiblichkeit Gottes‹ – und ganz tief quillt die Freude empor, eine Glaubensheimat gefunden zu haben. Aber, hat die Göttin nicht auch eine dunkle Seite? Warum werde ich diese Ur-Angst vor dem Göttlichen nicht los?

Manchmal bete ich zur ›unendlichen Gottheit‹ aus lauter Schuldgefühl, dem männlichen Gottesbild nicht gerecht zu werden. Törichte – aber ehrliche Furcht.

Darf ich als evangelische Frau mich ganz offen zu Maria bekennen? Werde ich dem protestantischen Glauben untreu? Kämpft der Animus um seine Stellung?

Hängen Religion und Sexualität nicht zusammen? Warum sprechen die Kirchen von der Ur-Sünde und daß wir, die Frauen, die Sünde in die Welt gebracht haben – wo wir, nur wir, Leben schenken?

Es macht mich so zornig – diese männliche Denkungsart, dieses männliche Gottesbild. Befreien möchte ich mich von dieser Ideologie. Kann ich es? Werde ich meiner Ehe gerecht? Stehe ich unter dem Schutze der Göttin? Wer hilft mir, mit den inneren Feinden fertig zu werden?

Ach Gott, wie bequem war es doch, mit dem Althergebrachten mitzulaufen. Aber nun ist es zu spät – ich habe die

Weiblichkeit Gottes persönlich erfahren dürfen, und alle in-
neren Feinde – Angst und Schuldgefühle – müssen überwun-
den werden...«

Das aber kann nur ganz allmählich geschehen. Zu tief sitzt
die Angst vor dem eifersüchtigen Gott, der auf alleinige Verehrung pocht, und die dazugehörige Bereitschaft, sich vor
ihm schuldig zu fühlen. Beide wollen immer wieder bewußt
angeschaut werden, um sich von ihnen lösen zu können.

Bei einer Vergegenwärtigung ihrer religiösen Erziehung
und den von ihnen selbst lange übernommenen religiösen
Praktiken stellen Frauen zusätzlich fest, wie wenig ihre positiven Handlungen gewürdigt werden. Sie haben nie gelernt,
sich über ihre Taten zu freuen, Anerkennung anzunehmen
und stolz zu sein auf ihr Können.

»*Wir können uns nicht einmal unserer Tugenden er-*
freuen«, sagt eine Frau. »Alles, was wir Positives tun, wird
auf Gott geschoben. Die Mütter haben nichts davon. Der
Dank an uns beschränkt sich auf den Muttertag. Wir sind
nurmehr die Handlangerinnen Gottes, dem die ganze Vereh-
rung zuteil wird. Beim Essen wird dem Vater im Himmel ge-
dankt, obwohl ich es war, die alles herangeschafft, das Geld
verdient und das Essen gekocht hat. Ich will Achtung haben
für das, was ich tu.«

Frauen berichten einander, wie der christliche Glaube dazu
benutzt wurde, sie einzuschränken und zu bedrohen, ihnen
angst zu machen und Schuldgefühle zu verursachen:

– »*Wir durften zu Hause nie so sein, wie wir sind. Wir waren*
schon schuldig durch unser Sosein, das wir vor Gott verant-
worten mußten.«

– »*Bei uns hieß es immer, wer Gott im Himmel auf dem*
Thron sieht, muß sterben. Wenn es blitzte, hieß es, öffne sich
der Himmel. Ich hätte furchtbar gerne hingeschaut, aber
gleichzeitig hatte ich wahnsinnige Angst, dann in die Hölle zu
kommen. Heute genieße ich es, mir die zuckenden Blitze eines
Gewitters anzuschauen.«

– »*Mein Vater zitierte immer die Bibel: Wer sein Kind liebt, der züchtigt es; und schon hatten wir wieder eine an der Backe.«*

– »Ich hatte immer das Gefühl, ich kann nur eine gläubige Christin sein, wenn ich nicht nachdenke, sondern nur gehorche und alles glaube.«

– »Das ist aber nicht nur in der Kirche so, sondern auch im Beruf… Da darfst du auch nicht nachdenken. Sollst immer nur anderen zuliefern und tun, was dir gesagt wird; nicht denken, nicht streiten oder kritisieren.«

Die Parallele, die Frauen hier sehen zwischen ihren religiösen und ihren beruflichen Erfahrungen, läßt die Zusammengehörigkeit beider Bereiche deutlich erkennen. Die kirchlichen Glaubensdogmen sind unbemerkt auch zur Grundlage politischer Anschauungen geworden. Religiös motivierte Schuldgefühle verwandeln sich in politische Schuldgefühle.

Politisches Weltbild

Viele Frauen haben der Kirche den Rücken gekehrt. Sie haben ihr kirchliches gegen ein politisches Engagement eingetauscht, ihr christliches gegen ein sozialistisches Weltbild, Gottvater gegen Marx. Andere haben beides miteinander verbunden, da es für sie zusammengehört. Wie auch immer, die Bereitschaft, sich ohne greifbare Schuld schuldig zu fühlen, ist geblieben. Die Inhalte sind andere, doch die psychischen Mechanismen sind noch dieselben. Oder haben sich mit den Inhalten auch diese geändert?

Politische Schuldgefühle sind offensichtlich in die Fußstapfen religiöser Schuldgefühle getreten. Der Anlaß dafür wird nicht mehr männlich-theologischen Lehren entnommen, sondern vielmehr männlicher Politik. Während des Golfkrieges erzählten mir friedensbewegte Frauen von massiven Schuld-

gefühlen. Sie hatten ein schlechtes Gewissen, weil sie nach
ihrer Meinung nicht genügend demonstriert oder auf andere
Weise versucht hatten, diesen Krieg der Männer zu verhindern. Aber auch für andere, durch männliche Politik verursachte Probleme fühlen Frauen sich schuldig: für Flüchtlings-
elend und Hungertod, Ausbeutung der Dritten Welt und
Umweltzerstörung, Ozonloch und Tschernobyl. Wie ein Flä-
chenbrand setzt sich jenseits kirchlicher Strukturen die Ausbreitung weiblicher Schuldgefühle fort, während Männer
von ihnen gänzlich unbehelligt zu bleiben scheinen. – Ein er-
klärungsbedürftiges Phänomen.

Hier scheint sich in der Tat die Beziehung zu bestätigen, die
Regine Reichwein zwischen weiblichen Schuldgefühlen und
Größenwahn sieht.[33] Wie sonst ist der Glaube von Frauen zu
erklären, *sie* hätten es in der Hand, Männer durch ihr Demonstrieren dermaßen zu beeindrucken, daß sie von ihren
mörderischen Plänen und Handlungen ablassen?

Damit ich nicht mißverstanden werde. Ich wende mich
damit nicht gegen Demonstrationen, sondern vielmehr dagegen, daß mit ihnen eine Art Leistungs- und Erfolgsdruck entsteht, dem eine völlige Fehleinschätzung männlich-patriar-
chaler Machtstrukturen zugrunde liegt. Eine Fehleinschätzung, die in der Tat einem weiblichen Größenwahn gleich-
kommt. Wenn dieser auch als Reaktionsbildung auf die reale
politische Ohnmacht von Frauen im Hinblick auf die Durchsetzung eigener Ziele psychologisch durchaus verständlich
ist, so haftet ihm dennoch etwas Irrationales an, das auf
tiefere Wurzeln schließen läßt – das weiterwirkende religiöse
Weltbild von der Frau als der primär Schuldigen.

Offensichtlich wurde hier der theologische Überbau, der in
erster Linie dem weiblichen Geschlecht Schuld zuschreibt,
durch einen dementsprechenden politischen Überbau ersetzt.
Weder der himmlische Männergott noch irdisch kirchliche
Männermacht werden nunmehr benötigt, um Frauen weiterhin an die Schuldkette zu legen. Von beiden haben sie sich
längst emanzipiert – nach dem Motto: Selbst ist die Frau!

Nicht nur, daß sie sich selbst der Schuld bezichtigen, nein sie legen auch andere Frauen an die Kette ihrer Schuldgefühle.

Ein Beispiel hierfür ist Dorothee Sölle, politische – inzwischen auch feministische – Befreiungstheologin, nach deren Vorträgen viele Frauen über diffuse Schuldgefühle klagen. Sölle schimpft regelmäßig auf »die weißen Mittelschichtfrauen«, die doch einen Großteil ihres Publikums und ihrer Leserinnenschaft bilden, als trügen sie eine besondere Verantwortung für die politische Lage dieser Welt.

In einem Buch, das Jugendlichen den christlichen Glauben näherbringen soll, erläutert sie ihr Schuldverständnis unter der Überschrift »Sünde: Wo ist dein Bruder? Wo ist deine Schwester?« Sie beginnt mit dem Hunger in der Dritten Welt, streift den Rüstungswahnsinn und unser Wirtschaftssystem, das Hunger und Krankheit in der Dritten Welt produziert, und kommt zu dem Schluß: »Wir sind mit-verantwortlich... mitbeteiligt..., solange wir dulden, was geschieht...«[34]

Die Jugendlichen werden in dies »Wir« mit hineingenommen. Wir alle sind gleichermaßen schuldig. Einige Sätze weiter heißt es: »Was heute an Unrecht geschieht, wird von den weißen reichen Völkern, zu denen wir gehören, geplant.«[35] Nun sind es aber nicht die Völker, die hier planen, sondern eine relativ kleine Gruppe von Männern, die ganz bestimmte Profit- und Machtinteressen verfolgen. Sie werden jedoch nicht benannt. Auch für die Steigerung der Ölpreise werden »wir« mit verantwortlich gemacht. Ja, es ist sogar »unsere« Schuld, »daß wir in einer Welt leben, die sich von Gott absondert und in der so viel Hunger herrscht, den es gar nicht geben müßte«.[36] Hier wird nicht diskutiert, inwieweit einzelne Menschen mitverantwortlich gemacht werden können für die Probleme der Welt, durch welches Verhalten wir konkret mitschuldig werden, welche unserer Gewohnheiten und Handlungen wir verändern müßten, um nicht mehr an der Ungerechtigkeit beteiligt zu sein. Bei Sölles Vorwürfen müssen Jugendliche sich schließlich dafür schuldig fühlen, daß sie überhaupt leben.

Sölle fährt fort: »Wenn wir immer mehr Bomben und Giftgase in unsrem Land lagern, dann tun wir das gegen Gott.
Einmal, weil wir den Tod anderer, zum Beispiel der Russen
planen und vorbereiten, und dann, weil wir die Menschen in
der Dritten Welt... verrecken lassen.«[37] Undifferenzierter
und einseitiger geht es wohl kaum. Das »Wir« wird zur Farce.
Oder hat Sölle wirklich den Tod der Russen mitgeplant und
vorbereitet? Weiß sie wirklich nicht, wie politische Systeme
funktionieren? Lagern nicht in Rußland ebenso Bomben und
Giftgase, die für den Westen bestimmt sind oder waren? Sind
es nicht auch hier eine Handvoll Militärs im Verbund mit
Politikern, die sie angeschafft haben und darüber verfügen,
und nicht etwa *die* Russen, genausowenig wie *wir*? Können
wir wirklich für alles Unrecht auf dieser Welt Verantwortung
übernehmen und sie auch noch Jugendlichen, die noch nicht
einmal ein politisches Mandat haben, aufladen?

Ich verwahre mich dagegen, durch den Vorwurf, ich würde
»dulden« oder »zulassen, daß...«, ins Spiel gebracht zu werden, wenn Männer ihre Profit- und Machtgier, ihr Freund-
Feind-Denken sowie ihr Imponiergehabe in politische Handlungen umsetzen. Im Rahmen dieser Argumentationsweise
lasse ich es auch zu (und Sölle mit mir), daß Tag für Tag
Frauen und Kinder verprügelt und vergewaltigt werden von
Männern. Bin ich mit-schuldig, weil ich nichts dagegen unter-
nehme? Was könnte ich dagegen tun? Bin ich mitverantwortlich für den Drogenhandel, die Männerkriminalität, die ich
auch »zulasse«? Was heißt überhaupt »zulassen«, »dulden«?
Ich bin nie gefragt worden, ob ich damit einverstanden bin,
und weigere mich, Verantwortung zu übernehmen für Dinge,
die gegen meinen Willen geschehen. Ich weigere mich aber
auch, zwangsverpflichtet zu werden, mein Leben damit verbringen zu müssen, den Problemen hinterherzurennen, die
Männer auf diesem Globus anrichten, mich permanent mit
ihren Handlungen auseinanderzusetzen, ohne damit wirklich
etwas ändern zu können. Das wäre ein unbezahlter full-time-
Job, den sich kaum jemand leisten könnte – und es wäre nie

genug. Es gibt Militärs und Politiker, die für ihre politische
Arbeit bezahlt werden. An sie müssen die Appelle gerichtet
werden, nicht aber an »das Volk« – und schon gar nicht an
Kinder und Jugendliche, die in Sölles Schrift bereits mit der
Schuld erwachsener Männer belastet werden, nur um diese
zu schonen.

Wo alle schuldig sind, werden die wahren Schuldigen verschleiert. Wo alle gleichermaßen Verantwortung tragen, ist
am Ende niemand verantwortlich. Was ist das für ein Schuldverständnis, das Bananenessen ebenso zur Schuld werden
läßt wie den Handel mit Säuglingen aus der Dritten Welt, die
als »OrganspenderInnen« ausgeschlachtet werden wie Auto-
wracks? Wie sinnvoll ist es, die Zugehörigkeit zur weißen
Mittelschicht in gleicher Weise als »Schuld« abzustempeln
wie die Produktion von Waffen und die Errichtung unsiche-
rer Atomreaktoren? Dieser Schuldbegriff umfaßt alles und
wird damit sinnentleert.

Sölles Umgang mit Schuld erinnert an das christliche Sündenverständnis, nach dem wir Menschen – und insbesondere
eben Frauen, die nach wie vor die Karfreitagsgottesdienste
besuchen – angeblich durch unsere Sünden schuldig geworden sind am Tode Jesu. Auch in dieser Vorstellung bleiben die
eigentlich Schuldigen – römische und jüdische Männer und
Machthaber – verschont, denn sie werden nicht genannt.

Solche Schuldverschiebung findet auch in Sölles Auseinandersetzung mit der biblischen Geschichte vom Brudermord
Kains statt, wenn es bei ihr dazu heißt: »Das hätte ich auch
tun können.« *Das* könnte ich von mir so nicht sagen. Nicht
etwa, weil ich mich so schlecht kenne, sondern weil ich mir
meiner Grenzen und Hemmschwellen nur allzu bewußt bin.
Ich weiß, daß ich aus Neid nie einen Menschen töten könnte.
Schon bei der Selbstverteidigung hapert es. Ich würde mich
eher umbringen, als einen anderen Menschen aus Neid zu
töten. Nicht weil ich so gut bin, sondern weil ich meine
Hemmschwellen in dieser Richtung immer wieder spüre.
Hier bedürfte es sicherlich eines Trainings, zu dem ich mich

noch nicht entscheiden konnte. Doch weiß ich auch, daß das bei recht vielen Männern anders ist. Warum soll ich jedoch von mir als einer potentiellen Mörderin ausgehen, nur, weil Männer seit Menschengedenken ihre Probleme mit Mord und Totschlag zu lösen versuchen? Das gäbe nicht einmal die Kainsgeschichte her. Sie spricht ausdrücklich vom Mord durch einen Mann, der sich nicht ohne weiteres auf Frauen übertragen läßt.

Hier nun regt sich der Verdacht, daß auch das »Ich« in dieser Selbstanklage Sölles lediglich eine Farce ist. So glaube ich nicht, daß Sölle aus Neid wirklich jemanden umbringen könnte, obwohl ich mich natürlich irren kann. Auch bin ich nicht der Meinung, daß sich dieser Mythos einfach auf Frauen übertragen läßt, was Sölle ja zu glauben scheint. Gewiß, wir sind allzumal Sünder und Sünderinnen. Das ist eine Binsenwahrheit und steht wohl hinter den Worten Sölles, »daß Schuld zur menschlichen Würde gehört«.[38] Allerdings habe ich Schuld immer als ein unveräußerliches Menschen*recht* verstanden und das Bewußtsein meiner Schuld als Teil meiner Menschen*würde*.

Zustimmen möchte ich Sölle allerdings darin, daß wir uns *unsere* Schuld nicht ausreden lassen dürfen. Sie gehört zu uns und ist ein wichtiger Bestandteil unseres Lebens. Aber ist »unsere« Schuld wirklich dieselbe wie »ihre«? Wäre es nicht genauso verkehrt, sie uns dort aufschwatzen zu lassen, wo wir gar keine Verantwortung übernehmen können, weil andere sie haben? Versäumen wir nicht geradezu *unsere* Schuld, wenn wir sie in den Planspielen der Militärs und Wirtschaftsbosse suchen? Benutzen wir **deren** Schuld, um *unsere* ureigenste Schuld nicht ansehen zu müssen? Meine Schuldgeschichte als Frau ist eine andere, und die will ich mir nicht nehmen lassen. Genausowenig will ich mich in die Schuldgeschichte der Männer hineinziehen lassen.

Bei ihrer Auseinandersetzung mit »menschlicher« Schuld erweckt Sölle mit ihrer permanenten Verwendung der Begriffe »ich« und »wir« den Anschein, als spräche sie immer von sich selbst – aber auch von mir. In Wirklichkeit lese ich über sie selbst genausowenig wie über die Jugendlichen (oder mich als Leserin), die sie mit dem »wir« anzureden scheint. Über Sölle erfahre ich lediglich, daß sie Wut im Bauch hat gegen alle, wie sie schreibt. Hier wird eine persönlich klingende Sprache benutzt, die keine ist. Sie bedient sich einer Sprachform, die eine Nähe zu den Leserinnen und Lesern suggeriert, die keine ist. Denn trotz dieses persönlichen Sprachstils erfahren wir über Sölles ureigenste Schuld nichts. Oder glaubt sie wirklich, daß sie all das tut, dessen sie andere bezichtigt? Gehört sie etwa nicht zu jenen, die »sich von der Schuld weg- und zum Leben bekehren«[37], wie sie es auf der Grundlage menschlicher Schuldfähigkeit von anderen zu erwarten scheint? Was aber hat sich geändert, wenn sie sich »zum Leben bekehrt« hat – was ich einmal annehme? Ist sie nun nicht mehr schuld an all diesen schrecklichen Dingen? Sind nun doch wieder nur noch die anderen gemeint, die sich noch nicht bekehrt haben? Warum dann aber diese Solidarisierungsfarce des »Wir«?

Diese Art des Umgangs mit Schuld erlebe ich als Ausverkauf, der *meine* Schuld – und wie ich meine, die der meisten Frauen – nicht wirklich berührt und ernst nimmt, obwohl Sölle genau das zu tun vorgibt. Welche Möglichkeit aber gibt es für Frauen, mit Schuld so umzugehen? Darauf zu achten, daß wir nicht länger Schuld auf uns nehmen, die nicht die unsere ist; aber auch nicht versäumen, unsere wirkliche Schuld zu sehen und ernst zu nehmen, da sie ein wichtiges Korrektiv für unser Leben darstellt?

Ziel dieses ersten Kapitels war es, die Beliebigkeit der Anlässe für weibliche Schuldgefühle deutlich werden zu lassen. Sie macht deutlich, wie wenig diese Art der Schuldgefühle mit der Frau selbst zu tun hat, wie stark sie dagegen von Außenorientierung und Fremdbestimmung, von Schuldzuweisungen statt von Schuldeinsicht zeugt. Daher ist es für Frauen wichtig, einen Großteil ihrer Schuldgefühle weniger als Folge persönlichen Versagens verstehen zu lernen, sondern als Produkt psychosozialer Strukturen zu begreifen; sie als Ausdruck einer patriarchalen Schuldkultur zu verstehen, die in besonderer Weise von weiblichen Schuldgefühlen lebt. Wenn es uns gelingt, diese patriarchalen Konstruktionen, die sich zum Grundmuster wiederkehrender Strukturen verbinden, zu durchschauen, können wir uns von ihnen befreien und die zahllosen Schuldfallen rechtzeitig erkennen, bevor wir hineinstolpern. Diesem Durchschauen sind die nächsten Kapitel gewidmet.

II. Kapitel

Das Adam- und Eva-Syndrom

Vom männlichen Umgang mit Schuld im Mythos

Und Adam sprach zu Gott dem Herrn:
»Das Weib, das du mir zugesellt hast,
gab mir von dem Baum – und ich aß.«
Da antwortete das Weib:
»Die Schlange verführte mich,
also aß ich.«

Genesis 3,12.13

Funktionen des Mythos

Das im letzten Kapitel festgestellte überproportionale Ausmaß weiblicher Schuld- und Minderwertigkeitsgefühle kann
in seiner ganzen Vielfalt und Bandbreite nur als Zeichen einer
grundlegenden kulturellen Verunsicherung von Frauen gedeutet werden. Wir gehen völlig am Kern der Sache vorbei,
wenn wir weibliche Schuldprobleme lediglich auf der Grundlage individueller Gegebenheiten mit Hilfe individualpsycho-
logischer Ansätze zu erklären versuchen. So hilfreich für einzelne Frauen psychotherapeutische Deutungsmuster auch
sein mögen, so wenig reichen sie aus, wenn es nicht lediglich
um Symptombekämpfung gehen soll. Da es sich hier nach
meiner Einschätzung jedoch um ein kulturelles Phänomen
handelt, müssen wir auch von kulturellen Ursachen ausgehen
und nach kulturellen Erklärungen suchen, die dem kollektiven Phänomen gerecht werden.

Das Phänomen geschlechterdifferenter Schuldgefühle entstammt einer kulturellen weiblichen Verunsicherung auf der
Grundlage einer geschlechterdifferenten Schuldgeschichte,
die von Männern aufgezeichnet wurde. Sie läßt erkennen,
daß jedes Geschlecht in einer eigenen psychosozialen Welt
lebt, die nicht etwa aus den jeweils unterschiedlichen Lebenszusammenhängen organisch erwachsen ist, sondern die von
Männern in jahrtausendelanger Kleinarbeit ganz bewußt
konstruiert wurde. In ihr wird ein geschlechterdifferenter

Umgang nicht nur mit Schuld, sondern auch mit Schuldzuweisungen sichtbar. Um diesem Phänomen gerecht zu werden, müssen wir hinter die männlichen Konstrukte schauen und psychosoziale Gegebenheiten jenseits männlicher Mythen- und Geschichtsschreibung aufspüren.

Mit dem Beginn patriarchaler Strukturen nahmen sich Männer das Recht, nicht nur die soziale und religiöse Wirklichkeit, sondern auch weibliche Schuld einseitig zu definieren. Durch diesen patriarchalen Werteumbruch wurden Frauen in ein Erkenntnis- und Wertekorsett gepreßt, das ihnen in keiner Weise paßt, da es weder ihren biologischen Gegebenheiten noch ihren psychosozialen Fähigkeiten gerecht wird. Bis heute beraubt es Frauen ihrer Eigen- oder Seinsmacht und ist nach meiner Einschätzung in erster Linie verantwortlich für ihr Übermaß an Schuldgefühlen. Es verunsichert sie nicht nur in ihrem eigenen Wertgefühl und Selbstverständnis, sondern auch in ihrer Eigenschaft als Erzieherinnen, die das Wertorgan des Gewissens nachfolgender Generationen weitgehend mitbeeinflussen. Dieses Erkenntnis- und Wertekorsett sorgt bis heute dafür, daß Frauen ihre Töchter und Söhne weniger nach Wertsetzungen erziehen, die aus eigenen Erfahrungen und Einsichten erwachsen sind, sondern überwiegend auf der Grundlage psycho-sozialer Erfordernisse, die ihnen aufgezwungen wurden.

In matriarchalen Kulturen waren es Frauen, die auf der Grundlage eigener Wertvorstellungen jene Regeln und Tabus, Werte und Bedürfnisse, Rechte und Pflichten festlegten, die die Gemeinschaft begründeten. Als Mütter, die den menschlichen Bedürfnissen und Erfordernissen näherstehen als Männer, kommt ihnen diese Position der Wertsetzerin ganz selbstverständlich zu. In patriarchalen Kulturen übernahmen Männer – mit wenig Geschick, wie wir wissen – die Funktion der Wertsetzer. Dabei übernahmen sie sich, da es ihnen hier von vornherein an Kompetenz und Lebensnähe fehlte. Bis heute können wir beobachten, daß die Wertvorstellungen des weiblichen Geschlechts lebensfreundlicher

und folglich besser für die Allgemeinheit sind als jene von
Knaben und Männern. Auch in der Schule fällt immer wieder
auf, daß die Bedürfnisse der Mädchen auch für die Jungen gut
sind, umgekehrt die Bedürfnisse der Jungen aber nicht immer
gut sind für die Mädchen.

Die Begründung elementarer Werte und Erfordernisse erfolgt seit Menschengedenken durch den jeweiligen Ursprungsmythos einer Kultur. Erst mit der Erschaffung eigener
Ursprungsmythen gelang die endgültige Etablierung patriarchaler Strukturen und Weltbilder. Wollen wir also der kulturellen Verunsicherung des weiblichen Geschlechts auf die
Spur kommen, so müssen wir uns dem Ursprungsmythos unserer Kultur zuwenden, der uns wichtige Hinweise zu geben
vermag.

Die Paradieserzählung von Adam und Eva ist *der* Ursprungsmythos der patriarchalen jüdisch-christlichen Kultur.
Er gibt zwar vor, den Beginn der Menschheit zu beschreiben,
handelt aber in Wirklichkeit vom Beginn der patriarchalen
Kulturepoche und weiß folglich auch noch um die ihr voraus-
gegangene matriarchale Kultur. Als Versatz von Mythenteilen
und Erzählstücken unterschiedlicher Herkunft liefert dieser
Mythos die Legitimierung nicht nur für die Abschaffung mut-
terrechtlicher Verhältnisse und Anschauungen, sondern auch
für die Etablierung und Stützung patriarchaler Strukturen. Er
stellt die ältere Sicht der Dinge auf den Kopf und verschafft
dem Mann einen Prioritätsanspruch, der weder biologisch
noch psychologisch oder gar sozial zu legitimieren ist, jedoch
bis heute seine verunsichernde Wirkung auf Mädchen und
Frauen erkennen läßt.

Der Mythos erzählt, wie die patriarchale Kultur sich eta-
blieren konnte und was zu ihrer Aufrechterhaltung als unbedingt erforderlich angesehen wird. Bei seiner endgültigen Abfassung hatten die Redaktoren des Mythos die schwierige
Aufgabe zu bewältigen, einerseits Erinnerungen an die vor-
aufgegangene matriarchale Kultur zu vermeiden, andererseits mußten sie aber auch, um die neue Kultur legitimieren zu

können, die zuvor tradierten Anschauungsbilder und Werte
als sündhaft und widergöttlich hinstellen. Mit dieser doppelten Aufgabe befrachtet, enthält der patriarchale Mythos ganz
zwangsläufig gewollte und ungewollte Erinnerungen ebenso
wie Verdrängungen jenes Weltbildes, gegen das er sich wendet. Er gibt Erklärungen und Empfehlungen, enthält aber
auch Warnungen, die unwiderruflich in die psychosozialen
Strukturen eingegangen sind.

Der Mythos von Adam und Eva wurde zum grundlegenden
(wenn auch inzwischen unbewußten) Glaubensbekenntnis
unserer Kultur und erwies sich als wirkungsgeschichtlich bedeutsamer als jede andere Glaubenstradition. Er wurde zur
Matrix der Geschlechterbeziehung und Machtverhältnisse
und liefert unterschwellig bis heute noch gültige Anschauungsmuster. Diese Tatsache wird allerdings leicht übersehen,
insbesondere von jenen, die ihre »Aufgeklärtheit« damit unter Beweis stellen, daß sie den Mythos zur »Lügengeschichte«
erklären und so tun, als befänden sie sich außerhalb seines
Einflußbereiches. In Wirklichkeit wurde der Glaube an den
Mythos lediglich ausgetauscht gegen eine unbewußte Verfal-
lenheit an ihn. Seine Wirkmacht geht nicht dadurch verloren,
daß sie geleugnet wird. Gebrochen wird sie erst, wenn wir sie
uns bewußtmachen, den Mythos durchschauen und beginn-
en, neue Mythen zu erzählen...

Wer den Mythos als Erziehungs- und Sozialisations-, als
Erkenntnis- und Legitimierungsmittel abschaffen will, macht
sich zum Opfer seiner oder ihrer eigenen Illusionen. Wie wenig wir ohne ihn auskommen, zeigt allein schon die Tatsache,
daß nicht nur kollektive Mythen die geistige Grundlage einer
jeden Kultur bilden, sondern daß individuelle Mythen auch
zum Grundstock der geistigen Ausstattung eines jeden Individuums gehören. Wir alle glauben, fühlen, denken und handeln aufgrund unserer ganz persönlichen mythischen Struktur, die sich im Laufe unseres Lebens als Bodensatz unserer
Welt- und Menschenerfahrung herausgebildet hat. Diese mythische Struktur liefert uns Prämissen, die aufgrund ihres

»Selbstverständnisses«, das heißt ihrer überwiegenden Unbewußtheit, nicht mehr hinterfragt werden. Unsere Mythen
können sich ändern. Sie können sterben und durch neue ersetzt werden. Doch abgeschafft werden können sie nicht...
Sie bestimmen auch heute noch, »an was wir glauben, wie wir
die Realität interpretieren, welche Helden wir verehren, aber
auch, wen wir verteufeln«.[1]

Individuelle wie auch kollektive Mythen haben eine rich-
tungsweisende Funktion, die aufgrund ihrer Unbewußtheit
eine Eigendynamik entfaltet. »Der dominante Mythos, der
eine Person oder eine Kultur ›informiert‹, gleicht der Information, die in der DNA einer Zelle enthalten ist oder dem
Programm eines Computers. Der Mythos ist die kulturelle
DNA, die Software, die unbewußte Information – das Programm, das bestimmt, wie wir die ›Realität‹ sehen und uns
verhalten.«[2]

Wir müssen folglich davon ausgehen, daß unser soziales
»Programm« im biblischen Mythos als jene »Wahrheit« enthalten ist, die grundlegend wurde für unsere Kultur. Die Redaktoren, die sie in der uns bekannten Form überlieferten,
waren weder Spinner noch Scharlatane, sondern klarsichtige
Männer, die wußten, worauf sich ihr Sozialgefüge gründete
und worauf es in seinem weiteren Bestehen angewiesen sein
würde. Priester, Dichter und Hofschreiber haben sich in ihm
verewigt. Sie mögen den jeweils Herrschenden kritisch oder
auch wohlwollend gesonnen gewesen sein. Insgesamt hielten
sie in einprägsamer Weise fest, wo die Weichenstellungen
sind, an denen sich die Machtfrage zugunsten des Mannes
und damit des patriarchalen Systems einst entschieden hat
und wo auch für die Zukunft Vorsicht geboten war. Wie ich
zeigen möchte, enthält der Mythos wichtige Informationen
über Praktiken und Mechanismen, die an jenem Werteumbruch der Patriarchalisierung vormals matriarchaler Kulturen maßgeblich beteiligt waren.

Ich sehe demzufolge im Mythos unter anderem eine früheren Epochen eigene Art der Geschichtsschreibung, die sich

der Bilder- und Symbolsprache bedient.[3] Abzulehnen sind aus dieser Perspektive jene aufklärerischen Positionen, die eine strikte Trennung zwischen Mythos und Historie verlangen. Sie ignorieren, daß der Mythos immer auch Historie enthält, ebenso wie er selbst auch in jener enthalten ist.

Wie Sam Keen behauptet, funktioniert der Organisationsmythos einer jeden Kultur »ebenso kreativ wie destruktiv, ebenso gesund wie pathologisch. Da er ein Weltbild und einen Rahmen von Geschichten liefert, die erklären, warum alles so ist, wie es ist, vereint der Mythos ein Volk, sanktioniert er die soziale Ordnung und gibt dem einzelnen die Orientierung für seinen Lebensweg.«[4] Daß die hier zu behandelnden biblischen Mythen auch »kreativ« und »gesund« gewirkt haben, muß ich zumindest für mein Geschlecht ablehnen. Daher geht es mir darum, sie als Etablierungs- und Organisationshilfen patriarchaler Strukturen durchschaubar zu machen, die nach wie vor aktuell sind. Mit Hilfe patriarchaler Mythen wurden andere lebensdienlichere Mythen verdrängt. Für Frauen, Kinder und andere Opfer des Patriarchats bis hin zur natürlichen Umwelt hat sich diese Verdrängung verheerend ausgewirkt.

Durch die Übernahme der Hebräischen Bibel in Gestalt des Alten Testaments hat das Abendland auch seine eigenen matriarchalen und patriarchalen Organisationsmythen ausgetauscht. An ihre Stelle traten jüdische Mythen, die im Hinblick auf den Übergang vom Matriarchat zum Patriarchat die Frage nach der menschlichen Schuld und ihrer Bestrafung thematisieren und folglich am Zustandekommen weiblicher Schuldgefühle ganz wesentlich beteiligt sind.

Der Paradies-Mythos von Adam und Eva verrät uns, daß der Motor der sogenannten »Vor«-geschichte der weibliche Drang nach Erkenntnis war. Beim Übergang zum Patriarchat erhielt die Geschichte einen Austauschmotor: den männlichen Drang zur Herrschaft und Gewalt. Auch davon berichtet der Paradiesmythos sowie jener von Kain und Abel, auf den ich im nächsten Kapitel eingehen werde. Der weibliche

Drang nach Erkenntnis wurde von Gott dem HERRN schwer bestraft. Der männliche Drang nach Herrschaft und Gewalt dagegen wurde unter einen besonderen göttlichen Schutz gestellt. Die Erzähler der patriarchalen Ursprungsmythen konfrontieren uns also mit der Parteilichkeit Gottes des HERRN für den Mann. Dessen »Schuld« wird zwar »bestraft«, erfährt aber gleichzeitig eine Belohnung: den Herrschaftsanspruch über die Frau.

Im Verlauf christlicher Theologie- und Kirchengeschichte hatte dieser patriarchale Organisationsmythos für Frauen im christlichen Abendland auf kollektiver wie auch auf individueller Ebene fatale Auswirkungen. Mit seinem Bild der Frau als sekundärem Geschöpf und erster Sünderin lieferte er zahlreichen Generationen von Theologen und Schreiberlingen bis in unser Jahrhundert hinein die »göttliche Legitimation« für Frauenfeindlichkeit und Herrschsucht. Das Bild der sündigen Eva, die sich des Ungehorsams gegen Gott schuldig machte, prägte das Selbst- und Weiblichkeitsbild zahlloser Frauen – auch wenn sie es nicht wußten. Genauso orientierten sich Männer am Bild des Adam, der die Frau als seine Gehilfin aus der Hand Gottes empfängt und selbst (im priesterlichen Schöpfungsmythos eindeutig) zur Beherrschung der Erde beauftragt wird.

Doch schauen wir uns die für das weibliche Schuldproblem besonders wichtigen Passagen des Mythos etwas genauer an.

Mythische Wurzeln weiblicher Schuldprobleme

Im 1. Buch Mose erfahren wir, daß Gott der HERR zuerst den Adam aus jungfräulicher Muttererde (hebr. adama) erschafft und sein Erstlingswerk in den Paradiesgarten setzt; allerdings nicht ohne ihm zuvor ein Verbot mit auf den Weg zu geben: Unter Todesandrohung wird ihm von seinem

Schöpfer untersagt, vom Baum des Erkennens von gut und
böse zu essen...[5]

In diesem kurzen Ausschnitt finden wir bereits eine Reihe
von Anklängen an jene matriarchale Epoche, die der Mythos
zu verdrängen sucht, an die er aber gleichzeitig auch wieder
erinnert. Ältere Schöpfungsmythen beschreiben ebenfalls den
Mann als Erstling der Schöpfung. Doch wurde er von einer
Göttin hervorgebracht, die dann mit ihm gemeinsam die weitere Schöpfung bewerkstelligt. Gott der HERR als Urheber
der Schöpfung ist eine Absurdität, da allein aus dem männlichen Prinzip kein Leben hervorgehen kann. Mit Gott dem
HERRN wird das weibliche schöpferische Prinzip, das am
Beginn allen Lebens steht, einfach ausgetauscht und damit
gleichsam die Schöpfung ad absurdum geführt, denn beide
sind nun einmal nicht austauschbar.[6] Alle älteren Schöpfungsmythen berichten von der kosmischen Göttin des Anfangs, die die Gestirne gebar und täglich wieder neu gebiert.
Nach dem Prinzip: Wie oben, so unten; wie im Himmel, also
auch auf Erden, erscheint sie auch in den Tiefen als Göttin des
Urmeeres, die das Leben entstehen läßt. Doch ist sie auch die
Mutter Erde, die die Schöpfung immer wieder neu hervorbringt.

In diesem Weltbild ist das weibliche Prinzip das erschaf-
fende, das männliche hingegen das Geschöpf. Diese Sicht
klingt auch noch im Namen Adams nach: Adam ist das Ge-
schöpft der »adama«, der jungfräulichen Erdmutter. Er ist
der »Erdling«, der wie alle ihre Geschöpfe nach seinem Tode
wieder zu ihr zurückkehrt, um durch sie wieder neu geboren
zu werden. So heißt es auch am Ende des Mythos, daß Adam
wieder zu Staub werden soll, von dem er einst genommen
wurde. Er gehört also ihr, denn aus den Bestandteilen ihres
Leibes ist er gemacht. Sein Name stellt sich als Ableitung ihres
Namens dar, und so erscheint er in Wirklichkeit als ihr Sohn.

Doch das alles will uns der Mythos eigentlich nicht wissen
lassen. Er macht uns glauben, Gott der HERR sei das ur-
schöpferische Prinzip, von dem alles Leben ausgeht und in

dessen Machtbereich es sich folglich auch befindet. So tritt er als Eigentümer des Paradiesgartens auf, der die Verfügungsgewalt über die darin wachsenden Früchte der Weisheit hat, die hier als Früchte des Erkennens von gut und böse beschrieben werden.

Solche Vorstellungen erinnern an andere Mythen: Im griechischen Garten der Hesperiden wachsen goldene Weisheitsäpfel, die als Eigentum der Göttin Hera von Schlangen bewacht werden. In gleicher Weise berichtet der keltische Mythos von der Insel Avalon, der Apfelinsel mit ihren Weisheitsäpfeln, die im griechischen wie im keltischen Mythos für Männer tabu sind. Priesterinnen verfügen über sie und wählen jene aus, denen sie die begehrte Frucht als Ausdruck ihrer Liebe in einem besonderen Ritual darreichen. Der Genuß dieser Frucht bedeutet für den Erwählten die Einweihung in weibliche Weisheit und für einen bestimmten Zeitraum die Teilhabe an weiblicher Macht im Dienste der Göttin.

Mit Hilfe dieser Mythen wurde eine Sozialstruktur beschrieben, die den Mann als Wertsetzer noch nicht kannte, da in ihr die Werte und Tabus, die Rechte und Pflichten der Menschen vom weiblichen Geschlecht bestimmt wurden. So lag auch die Gewissenserziehung in den Händen von Frauen als wertsetzender Instanz. Möglicherweise enthält das Erkenntnisverbot eine Erinnerung daran, daß es dem Mann vorenthalten war, über gut und böse im weitesten Sinne aus seiner männlichen und folglich reduzierten Perspektive heraus für die Gemeinschaft zu entscheiden. Diese Entscheidungen behalten sich bis heute in matriarchalen Kulturen in letzter Instanz die Mütter des Clans vor.

Solange es Eva noch nicht gab, scheint Adam dem Erkenntnisverbot Folge geleistet und dumm und einsam dahinvegetiert zu haben. Wie der Mythos berichtet, verbringt er sein anfängliches Leben mit den Tieren, lernt sie kennen und gibt ihnen Namen. Doch kann sich sein Leben in der Gemeinschaft mit den Tieren nicht sehr glücklich gestaltet haben. Auch die Gegenwart Gottes im Paradies vermochte daran nichts zu ändern. Adam fühlte sich einsam und fand kein passendes Gegenüber in der Tierwelt. Der Mann zwischen tierischem und göttlichem Sein – ein einsames Los, das nicht gut war für ihn, wie der Mythos ausdrücklich festhält. Er muß seine Mitte finden, seine eigentliche Bestimmung. Und die scheint nun einmal die Frau gewesen zu sein – doch die fehlte ihm noch. Auch die Patriarchen wußten, daß ohne sie anscheinend gar nichts läuft. So versetzte Gott seinen Schützling in einen Tiefschlaf, entnahm ihm eine Rippe und bastelte daraus eine Gehilfin für ihn...

Vom Gebären scheint Gott der HERR, mit dessen Schöpfungsweise wir hier vertraut gemacht werden, nichts gehalten zu haben. Weltweit werden Männer von Frauen geboren, sind männliche Wesen *ihre* Geschöpfe, doch irgendwann, am Beginn der Menschheit, soll es einmal anders gewesen sein. Der Mann ist nicht Geschöpf der Frau, sondern Gottes des HERRN, der ihm folglich auch Befehle und Verbote erteilen und vom Menschen Gehorsam einfordern kann. Der Schöpferstatus dient hier der Legitimierung von Machtausübung. Kein Wunder, daß die Frau als Erschafferin des Mannes verdrängt werden muß, wenn patriarchale Strukturen greifen sollen.

Noch deutlicher als zuvor tritt hier die patriarchale Verkehrung zutage. Das Bild von der Entstehung Evas aus der Rippe Adams suggeriert, daß das weibliche Geschlecht sich dem männlichen sowie den handwerklichen Fähigkeiten Gottes des HERRN verdankt. Es verdrängt das Weibliche als Ursprungsort des Männlichen. Religiös gesprochen wird auch hier die Göttin des Anfangs geleugnet. Offensichtlich soll der Mann vergessen, daß er es ist, der sein Leben ihr verdankt und nicht etwa umgekehrt. Gleichzeitig aber wird der Frau suggeriert, sie sei das sekundäre Schöpfungsprinzip, das wohl im Männlichen, aber nicht im Göttlichen verankert sei. Eine Vorstellung, die später vom Apostel Paulus in die Worte gekleidet wird: »Der Mann ist Abglanz Gottes; die Frau aber ist Abglanz des Mannes.«[7] Dies Bild entspricht weder der physischen noch der psychischen Wirklichkeit von Frau und Mann, da beide aus der Mutter und nicht aus dem Vater entstehen. Diese primäre Bindung beider Geschlechter an die Mutter wird hier – wie auch in anderen patriarchalen Mythen – geleugnet. Mit ihr wird aber auch die psychische und soziale Macht verdrängt, die die mütterliche Instanz – und mit ihr das Weibliche schlechthin im Bewußtsein der Menschen einst hatte. Das Wissen um diese Macht wird auch heute verdrängt und muß daher ganz zwangsläufig neurotisierend wirken.

Mit seiner Schöpfungsvorstellung ersetzt der Mythos – wie gesagt – ältere Vorstellungen von einer Ur-Göttin, die am Beginn allen Lebens stand und auf deren Stimme die Menschen einst hörten. In jener Zeit verstand sich der Mann als ihr Geschöpf und als das seiner Mutter. Er war Gehilfe der Frau und ihrer Sippe – eine Vorstellung, die auch biologisch wesentlich stimmiger ist als die biblische, die dies Verhältnis einfach umkehrt.

Das Konstrukt eines männlichen Gottes, der den Mann und nach ihm die Frau erschafft und außerdem die Verfügungsgewalt über den Paradiesgarten mit den Weisheitsfrüchten für sich beansprucht, entmachtet einerseits die Göttin und löscht die Erinnerung an die matriarchale Sozialstruktur aus. Andererseits wird damit aber auch sehr treffend der patriarchale Werteumbruch beschrieben, bei dem es um die Etablierung eines autoritären religiösen Systems ging, in dem der Gehorsam gegenüber dem neuen verbietenden Gott, bzw. seiner Priesterschaft, oberstes Gebot war.

Von Anfang an beschreibt der biblische Mythos die Frau als »Gehilfin« des Mannes, die für ihn und auf seine Bedürfnisse hin geschaffen wurde. Diese Vorstellung hat sich inzwischen in den Seelen der meisten Frauen breitgemacht, und zwar selbst dort noch, wo dem Mythos längst kein Glaube mehr geschenkt wird.

Wie der Mythos uns weiter wissen läßt, erfolgt die Namensgebung der Frau durch den Mann. Er nennt sie »Män-

nin«, weil er in ihr sein eigen Fleisch und Blut wiedererkennt,
da sie vom Manne genommen ist, wie es im Mythos heißt.
Beide Benennungen der Frau sind nicht am Sein der Frau,
sondern an den Bedürfnissen des Mannes ausgerichtet. Es
sind »Definitionen, die den Interessen der Männer dienen
und mit denen sie uns Gewalt antun«.[8]

Doch ist der Mann als Namensgeber der Frau aus matriarchaler Sicht eine ebensolche Absonderlichkeit wie als Ursprungsort und Wertsetzer. Alle drei Funktionen stellen bei
ihm ein menschheitsgeschichtliches Novum dar, das mit diesem Mythos eingeführt und legitimiert werden soll. Es wird
erst in patriarchalen Zusammenhängen möglich und verdrängt die Tatsache, daß ursprünglich jeder Mann seinen Namen einer Frau – seiner Mutter – verdankte. Mit der Etablierung der männlichen Sippe als Heimatort von Frauen und
Kindern gingen diese jedoch in den Besitz des Mannes über
und trugen fortan nur noch den Namen seiner Sippe weiter.
In patriarchalen Lebenszusammenhängen wird die Frau somit aus den sicheren Bahnen ihrer Selbstdefinition geworfen
und dazu gezwungen, sich selbst und ihren Nachwuchs über
den Mann zu definieren, sich als sein Eigentum zu verstehen,
auf das er ein unhinterfragbares Anrecht hat. Sie wird funk-
tional auf den Mann hin gedeutet und nicht mehr auf das
Kind und die eigene weibliche Sippe. Ihre Gebär- und Nähr-
fähigkeit wird als Machtfaktor verdrängt und mit ihnen die
Bedeutsamkeit des menschlichen Ursprungsortes als Grundlage menschlicher Gemeinschaft und Kultur.

Obwohl der Mythos behauptet, die Frau habe als »Männin« von Anfang an ein vom Mann abgeleitetes Leben als
seine »Gehilfin« geführt, vermittelt er uns auch noch eine
ganz andere Wahrheit. Auf zweierlei Weise erfahren wir, daß
sich hinter der ersten Frau als patriarchalisierter »Männin«
auch noch ein ganz anderes Wesen verbirgt.

Gegen Ende des Mythos wird erzählt, daß Adam seine Frau
noch ein zweites Mal benennt, und zwar als Eva (hebr.
Chawwa). Hier erfahren wir ihren wahren Namen, der an-

scheinend noch zu lebendig gewesen sein muß, als daß man ihn hätte völlig ignorieren können. Es muß der Name jener Urmutter gewesen sein, deren Nachkommen dieser Mythos zuerst erzählt wurde. Erklärt wird der Name Chawwa oder Eva im Mythos mit »Mutter allen Lebens«. Doch damit unterschlägt er gleichzeitig die weiteren Bedeutungen der »Unterweiserin« und »Sinnstifterin«, die in diesem alten Götttinnamen ebenfalls enthalten sind. Es sind jene grundlegenden Funktionen, die Mütter in matriarchalen Kulturen ausüben. Denn Mutterschaft ist beileibe nicht nur ein biologisches, sondern immer auch ein geistig-soziales Phänomen. Die biblische »Chawwa« beschreibt also urweibliche Kompetenzbereiche, die zugunsten eines Erkenntnis verbietenden Gottes dem Vergessen anheimgegeben werden sollten, die dann aber später auch in der biblischen Weisheitsgöttin personifiziert wurden.

Es fällt auf, daß der Name Adam im Mythos keiner Begründung bedarf, weil sie ganz offensichtlich auf der Hand lag. Die Erklärung des Namens »Chawwa« ist recht kurz gehalten und dient wohl eher der Verdrängung als der Erinnerung wichtiger Kompetenzen und Funktionen des weiblichen Geschlechts. Von auffallender Länge ist dagegen die Erklärung und Begründung des wesentlich jüngeren Namens »Männin«, den der Mythos mit Hilfe der Namensgebung durch Adam hier einführt. Gleich nach ihrer Entstehung aus seiner Rippe begrüßt er seine Frau mit dem freudigen Ausruf: »Das ist endlich Bein von meinem Bein und Fleisch von meinem Fleisch!«[9] Diese Worte erweisen sich als sehr verräterisch, entstammen sie doch einer typisch weiblichen Erlebniswelt. Von vielen Müttern werden sie nach der Geburt ihres Kindes empfunden. Diese Empfindung verstärkt sich noch, wenn eine Mutter ihr Kind monatelang selbst ernährt. Ohne von diesem Text zu wissen, sagte mir eine Freundin mit einem Verweis auf ihre sechs Monate alte Tochter einmal stolz: »Das stammt alles von mir. Sie ist ohne fremden Zusatz die geworden, als die sie jetzt daliegt.« Inzwischen haben mir

zahlreiche Mütter von ähnlichen Empfindungen berichtet, so
daß für mich dieser Ausruf erst aus dem Mund einer Mutter
an Plausibilität gewinnt. Von einem Mann im Hinblick auf
seine Frau gesprochen entbehrt er jeglicher Grundlage; denn
sie ist nun einmal nicht Fleisch von seinem Fleisch.

Dennoch vermögen diese Worte aber eine andere, eine soziale Wirklichkeit zu beschreiben, und zwar nach dem Motto
Simone de Beauvoirs: »Wir werden nicht als Frau geboren,
wir werden dazu gemacht.« Als patriarchal sozialisiertes Wesen ist die Frau in der Tat aus männlichen Sozialkonstrukten
hervorgegangen. Sie bezieht so nicht nur ihren Namen, sondern auch ihr Sein vom Mann. Der Mythos beschreibt folglich jene patriarchale Wirklichkeit, nach der aus dem männlichen Stamm Frauen hervorgehen, die nach ihren Vätern und
später auch Ehemännern benannt werden, während in matriarchalen Kulturen nur die mütterliche Linie festgehalten
wurde. Wenn Männer auch nie in der Lage waren, reales Leben hervorzubringen, so begannen sie doch allmählich, weibliches Sein zu konstruieren, die Frau als »Männin« kulturell
hervorzubringen. Deutlicher als mit diesem Namen kann die
Ausübung männlicher Definitionsmacht über das weibliche
Geschlecht wohl kaum zum Ausdruck gebracht werden.

Der im Mythos beschriebene Verlust an weiblicher Seins-
und Definitionsmacht, der sich auch im individuellen Leben
von Mädchen und Frauen wiederholt, ist nach meiner Auffassung maßgeblich verantwortlich für die Entstehung eines
Überhangs an weiblichen Schuld- und Minderwertigkeitsgefühlen. Mit ihm konnte sich ein Weiblichkeitsverständnis
entwickeln, das bei den meisten Frauen bis heute nachwirkt,
ihren Lebensentwurf bestimmt und sie blind macht für eigene
Fähigkeiten und Potentiale – ein Wort, das »Möglichkeiten«
und »Macht« miteinander verbindet.[10]

Wie gegenwärtig den Verfassern des Mythos matriarchale
Lebenszusammenhänge noch waren, zeigt jener Satz am
Ende des zweiten Kapitels, der so gar nicht zu der Entste-
hungsgeschichte von Mann und Frau passen will, der aber

dennoch erhalten geblieben ist: »Darum wird ein Mann Vater und Mutter verlassen und seinem Weibe anhangen; und sie werden ein Fleisch sein.«[11] Diese Worte beschreiben das inzwischen hinlänglich bekannte matriarchale Sozialgefüge und verweisen uns im nachhinein auch auf die existentielle Entmachtung der Frau bei der Abschaffung matriarchaler Strukturen. In der weiblichen Sippe hatte die Frau einen festen Stand und war in keiner Weise von ihrem Sexualpartner abhängig. Grund und Boden wurden von den Frauen gemeinschaftlich bestellt und in der weiblichen Linie vererbt. Die Frauen einer Sippe waren alle blutsverwandt und einander durch und durch vertraut. Mit der Patriarchalisierung wurden junge Mädchen gezwungen, ihre Sippe zu verlassen und als vereinzelte Fremde (und damit Machtlose) in den Stamm des Mannes einzuheiraten. Aus ihr konnten sie jederzeit wieder verstoßen und damit auch ihrer Kinder beraubt werden. Das setzte die Frau unter einen ungeheuren Anpassungsdruck und entfremdete sie von ihrem eigenen Geschlecht – und damit auch ein beträchtliches Stück von sich selbst. Der Verlust einer vom Mann unabhängigen materiellen Grundlage und der Solidarität mit anderen Frauen ist bis heute ein grundlegendes Problem weiblicher Existenz, auch wenn sich viele Frauen darüber gar nicht im klaren zu sein scheinen.

Im weiteren Verlauf unseres patriarchalen Ursprungs- und Organisationsmythos wird zu erklären versucht, warum die soziale Aufgaben- und Machtverteilung so ist, wie sie ist, aber auch weshalb Göttinnenkulte zu verachten und zu vernichten sind. Als Repräsentantin des matriarchalen Kultursystems sowie der Göttinnenkulte betritt die Schlange die mythische Bühne. Von ihr heißt es, daß sie klüger sei als alle Geschöpfe, die Gott der HERR gemacht hat[12], somit also nicht in seinen Schöpfungsbereich fällt. Wir wissen inzwischen aus der Religionsgeschichte, daß die Schlange ein altes Weisheitssymbol ist und Gott den HERRN an Alter um einiges überragt. Gemeinsam mit Garten, Baum und Frucht verkörpert sie ganz wesentliche Aspekte der Göttin, insbesondere jenen des

»Stirb und Werde«. Leben, Tod und Wiedergeburt gehören zu *dem* zentralen Thema matriarchaler Kulte. Kein Wunder also, wenn die Schlange hier wie auch an anderen Stellen der Bibel zur Gegenspielerin des neuen patriarchalen Gottes wird, der die Tatsache männlicher Sterblichkeit lediglich dazu benutzt, Adam mit dem Tode zu drohen, falls er sich gegen sein Erkenntnisverbot vergehen sollte.

Die Schlange kann nicht glauben, daß ein Gott, der der Frau das Erkennen von gut und böse verbietet, wirklich lautere Motive haben kann. »Ja, sollte Gott wirklich gesagt haben...«

Seit Menschengedenken galten Frauen als Quelle der Weisheit, verfügten sie über ein Wissen, das dem Mann verborgen war, so daß in der Tat der Eindruck entstand, als sei ein Erkenntnisverbot über ihn verhängt. Dieses Erkenntnisverbot an die Frau zu richten kam selbst den Schreibern des Mythos noch nicht in den Sinn. Sie wissen von einem Verbot an Eva nichts. Sollte es aber doch die Frau mitbetreffen, so zweifelt die Schlange in ihrer Weisheit zu Recht die Lauterkeit göttlicher Absichten an und klärt Eva darüber auf, daß die Erkenntnis von gut und böse alles andere als tödlich ist. Ganz im Gegenteil dient sie menschlicher Vervollkommnung – was nach Aussage der Schlange auch Gott der HERR weiß.

Aus matriarchaler Perspektive stellt die Schlange das Erkenntnisverbot – zumindest was Eva angeht – zu Recht in Frage; verbietet es ihr doch gerade das, was ihre soziale Macht ausmacht: ihre Fähigkeit, Werturteile zu fällen, zwischen richtigen und sinnvollen, falschen und sinnlosen Handlungen zu unterscheiden. Ihre Macht, Werte und Tabus für die Gemeinschaft festzusetzen, kann nur aus der Perspektive Gottes des HERRN als Schuld gedeutet werden, nicht jedoch aus der Perspektive der Schlange. Offensichtlich will Gott der HERR diese Fähigkeit und Macht sich selbst vorbehalten und die Menschen auf den Gehorsam ihm und seinem autoritären System gegenüber verpflichten.

Aber auch jenseits einer matriarchalen Deutung ist das Erkenntnisverbot keines Gottes würdig. Das zeigt ein Blick auf die hebräische Bedeutung der beiden Begriffe »gut« (tov) und »böse« oder »schlecht« (ra): »tov« bedeutet: seiner / ihrer Bestimmung entsprechen, mit sich selbst identisch sein; »ra« dagegen meint das Selbstentfremdende, das Stagnierende, das den Menschen vom Lebensprozeß abtrennt. Wie aber soll der Mensch leben ohne die Möglichkeit der Erkenntnis seiner / ihrer Seinsbestimmung? Müßte es nicht die wichtigste Aufgabe überhaupt sein, diese Erkenntnis zu erlangen und entsprechend unterscheiden zu lernen? Bedeutet nicht gerade der *Mangel* an solcher Erkenntnis den Ruin des Menschen und dieses Planeten? Schafft andererseits das Nicht-Wissen um die eigene Seinsbestimmung nicht Abhängigkeit von äußeren Autoritäten, die den Menschen sagen, wie sie sein müssen und wie sie ihr Leben zu gestalten haben? Kann die Forderung nach geistiger Blindheit und blindem Gehorsam wirklich »göttlichen« Ursprungs sein? Ist nicht vielmehr der Anspruch, es handle sich um ein »göttliches« Verbot, den Mythenschreibern als *der* Sündenfall schlechthin vorzuwerfen? Müssen wir nicht in diesem Verbot eine Versündigung am Menschlichen und nicht etwa in Evas Ungehorsam eine Versündigung am Göttlichen sehen?

Solche Fragen wurden durch zwei Jahrtausende christlicher Theologie nicht nur nicht gestellt, sondern durch methodische und ideologische Vorgaben auch verhindert. Vertreter und neuerdings auch einige Vertreterinnen traditioneller Theologie hinterfragen nur menschliches (insbesondere weibliches) Verhalten, nicht aber »göttliche« Ge- und Verbote (siehe VII. Kapitel). Dazu gesellt sich ein innerbiblisches »double-bind«, das menschliches »Sein wollen wie Gott« zwischen Sünde und Forderung ansiedelt. In der Bergpredigt zitiert Jesus ein alttestamentliches Gebot, das dadurch — besonders für die Christenheit — an Bedeutung hätte gewinnen müssen. Es lautet: »Ihr sollt vollkommen sein, wie ich, euer Gott, vollkommen bin.«[13] Mit anderen Worten: Der Mensch soll sein wie Gott: vollkommen, im Sinne von vollständig und

ganz, also heil(ig). Zu einer solchen Vollkommenheit gehört
auf jeden Fall das Wissen um die eigene Seinsbestimmung, die
Sinnfindung auf dem Wege der Erkenntnis dessen, was für
uns gut und richtig und was falsch und daher schlecht für uns
ist. Und genau diese Vollkommenheit hatte Eva gelockt. Sie
war ihr »lustvoll« erschienen nach der Rücksprache mit der
Schlange. Die wiederum hat sie ganz richtig aufgeklärt, als sie
Eva ermunterte, »göttliche« Vollkommenheit zu erlangen.
Zumindest im jesuanischen Menschen- und Gottesverständnis, das bereits im Alten Testament seine Vorläufer hat.

Doch unser Mythos will es anders. Er stellt das menschliche Streben nach Ganzheit unter Strafe. Der Mensch soll
gerade nicht göttlich werden, nicht über sich selbst hinaus-
wachsen und alle Fähigkeiten und Möglichkeiten seiner
Selbstentfaltung kennenlernen. Denn dazu gehört immer
auch das Überschreiten normativer Gegebenheiten mit Hilfe
des autonomen Wertebewußtseins eines eigenständigen Gewissens. Doch nichts ist in patriarchalen Zusammenhängen
unerwünschter als das. Gefragt ist nur der menschliche Gehorsam gegenüber »Autoritäten«, die Anpassung an soziale
Normen, das Funktionieren im Sinne des Systems.

So kann die Frucht des Baumes des Erkennens von gut und
böse auch als jene seit jeher als »göttlich« empfundene
Stimme des Gewissens gedeutet werden, die dem Menschen
sagt: »…was zu ergreifen ist und was zu fliehn…« (Goethe).
Sie macht ihn unabhängig von gelernten Ge- und Verboten
äußerer Autoritäten. Das scheinen die Worte der Schlange zu
bestätigen, die Eva darüber aufklärt, daß der Genuß der
Frucht – entgegen der Drohung Gottes des HERRN – keine
tödlichen Folgen haben wird. »Ihr werdet sein wie Gott und
wissen, was gut und böse ist«, korrigiert sie die Fehlinforma-
tion Gottes. Und am Ende des Mythos bestätigt Gott der
HERR, daß sie nicht zuviel versprochen hat, wenn er erkennt: »Nun ist Adam geworden wie unsereiner: wissend um
gut und böse.«

Im Dialog mit der Schlange, ihrem matriarchalen Alter-

Ego, gibt Eva das göttliche Verbot verschärft wieder, denn sie meint, die Frucht der Erkenntnis nicht einmal berühren zu dürfen. Hier ist sie nicht die alte Chawwa, die selbstverständlich über die Erkenntnisfrüchte im Garten ihrer Weisheit verfügt. Als patriarchale »Männin« ist sie überängstlich geworden, etwas verkehrt zu machen. Die Schere im Kopf beginnt bei ihr bereits zu funktionieren...

Doch ist die »Männin« als alleiniges Bild der Frau im Mythos nicht aufrechtzuerhalten. Hier kann die eigenmächtige Eva nicht verschwiegen werden. Wie sonst wäre ihre anschließende Bestrafung zu rechtfertigen? Nur als Negativ-Beispiel kann sie zur Abschreckung späterer Frauengenerationen eingesetzt werden. Ermutigt von ihrer Schlange, mit ihrer matriarchalen Göttinnen-Tradition im Rücken, muß Evas Harmoniebedürfnis wesentlich geringer gewesen sein als das heutiger Frauen, aber auch als das Adams. Denn anders als er versucht sie nicht, durch sich anbiedernden Gehorsam dem göttlichen Zorn zu entgehen. Sie läßt sich die Erkenntnis von gut und böse nicht verbieten – koste es, was es wolle.

»...sie nahm von der Frucht und aß und gab ihrem Mann, der bei ihr war; und er aß.«[14] Hinter diesen Worten verbirgt sich nicht nur eine einmalige Handlung, wie der Mythos suggeriert. Sie beschreiben vielmehr das weibliche und männliche Selbstverständnis einer matriarchalen Epoche, in der der Mann wußte, daß sein Erkenntnisvermögen durch das weibliche Geschlecht geprägt wird. In vielen Mythen und Darstellungen empfängt er als Sohngeliebter und Heros den Liebesapfel der Göttin oder Priesterin als Ausdruck seiner Teilhabe an ihrer Weisheit und Macht. Aber genau dieses Geschlechterverhältnis einer matriarchalen Epoche ist späteren Priestern des Männergottes ein Dorn im Auge. Es wird als *die* weibliche Schuld schlechthin dargestellt, die einst der Menschheit das Verderben brachte und fortan tunlichst zu vermeiden ist. »Zu lehren aber gestatte ich einer Frau nicht«[15], heißt es rund ein Jahrtausend später zu Beginn des zweiten Jahrhunderts des christlichen Äons. Ein Verbot, das ausdrücklich an die paradiesische Tat Evas anknüpft. Und knapp eineinhalb Jahrtausende später lodern die christlichen Scheiterhaufen, um weibliches Wissen auszulöschen und seine Trägerinnen zu verbrennen. So wurden Millionen von Frauen ertränkt und durch Feuer erstickt. Nichts durfte mehr an jene beschämende Vergangenheit erinnern, als weibliche Weisheit und Macht auch vom männlichen Geschlecht als selbstverständlich und legitim anerkannt worden waren.

Im patriarchalisierten Mythos wird der matriarchale Äon, der auf weiblicher Erkenntnismacht beruhte, nur erwähnt, um ihn zu verdammen. Er wird auf einen einmaligen Akt Evas reduziert und erhält als Vorspann das göttliche Erkenntnisverbot. Auf diese Weise entsteht das patriarchale Tabu, das auf der weiblichen Erkenntnis eigener und kollektiver Werte liegt, die bis heute mit Schuld in Verbindung gebracht wird.

Die Folge des Genusses vom Baum der Erkenntnis, die eigentlich als Geburt des *homo sapiens sapiens, des wissenden Menschen, der weiß, daß er weiß*, aufgefaßt werden müßte, beschreibt der Mythos mit Schuld- und Schamgefühlen. Er verweigert in seiner vorliegenden Lesart eine positive Interpretation des Zuwachses an menschlicher Erkenntnis, die durchaus auch möglich gewesen wäre, wenn wir den nicht vokalisierten Wortlaut des hebräischen Textes zugrunde legen. Der Satz: »Und sie erkannten, daß sie nackt waren« – eine ironisierende, aber wenig plausible Interpretation des Zuwachses an Erkenntnis – könnte nämlich auch heißen: »Und sie erkannten, daß sie klug waren.« Die Entscheidung für die erste Version erfolgte durch die Vokalisierung, die erst wesentlich später vorgenommen wurde.

Der Orientalist Walter Beltz vermutet hinter diesem Text einen ursprünglicheren Mythos, der den Erkenntniszuwachs des Menschen positiv bewertete, da er einem göttlichen *Ge-bot* entsprach. Der Mensch *sollte* vom Erkenntnis-Baum essen und wurde dafür folglich auch nicht aus dem Paradies vertrieben. Statt dessen erfuhr er mit seinem Erkenntniszuwachs die Aufhebung zu enger Grenzen und damit eine Erweiterung des menschlichen Kompetenz- und Wirkungsbereichs. Mit anderen Worten: Irgendwann erkannten die Menschen, daß die Welt größer war als ihr Sippenbereich. Mit dieser Erkenntnis verließen sie ihr kleines Paradies.[16]

Doch die vorliegende Textfassung, will es anders. Hier wird der Erkenntniserwerb – und der steht symbolisch für weibliches Wissen und matriarchale Strukturen, für weibliche Macht und Göttinnenreligion – als Ungehorsam gegen Gott, als Schuld, interpretiert. Die Folge dieser vom weiblichen Geschlecht ausgehenden Erkenntnis ist ein entblößendes Gefühl der Nacktheit, derer sich die Geschlechter nunmehr zu schämen lernen. Ihr folgt die Bestrafung durch Gott den HERRN auf dem Fuße. Auf der Grundlage dieses Schuldverständnisses ergibt sich die Notwendigkeit des Verdrängens ganz von selbst. Eva und Adam verbergen ihre Nacktheit, ihr geschlechtliches Sein, hinter Feigenblättern. Das Problem der Ungeklärtheit unserer sexuellen Identität beginnt...

Auch hier drängen sich Erinnerungen an matriarchale Zeiten auf, denn die steinzeitlichen Göttinnenfiguren zeigen in großer Vielzahl nackte Frauenkörper, lange bevor das männliche Prinzip in göttlich-menschlicher Gestalt in Erscheinung tritt. Der weibliche Körper wurde als Mikrokosmos des Himmels und der Mutter Erde gedeutet, der alles Leben immer wieder neu hervorbringt und in sich zurücknimmt. Weibliche Nacktheit war also in matriarchaler Zeit identisch mit dem schöpferischen Prinzip, mit *dem* Göttlichen schlechthin.

Da im patriarchalen Weltbild das Männliche diese schöpferische göttliche Funktion mehr schlecht als recht zu übernehmen versucht, der männliche Körper jedoch offenbart, daß er weder gebären noch nähren kann, muß menschliche Nacktheit tabuisiert werden. Und so erweist sich Gott der HERR als ein Feind der Nacktheit.[17] Von der Nacktheit als

Darstellung des Heiligen zur Nacktheit als Grund für Scham-
und Schuldgefühle – so stellt sich der Umschwung zum Patriarchat dar.

Die andere Seite des Bedürfnisses zu verdrängen ist der Rechenschaft fordernde Gott. Ihn läßt der Schreiber des Mythos
nun als Vertreter eines patriarchalen Normengefüges in der
Abendkühle des Garten Eden auftreten und Rechenschaft
fordern. Er wendet sich an sein Erstlingswerk und ruft Adam
herbei. Nach der Herkunft seines neuerlich erworbenen Wissens befragt, antwortet Adam seinem Herrn: »Das Weib, das
du mir zugesellt hast, gab mir von dem Baum – und ich aß.« [18]
Es sind die ersten Worte, die im Dialog des Mannes mit seinem Gott gesprochen werden. Statt zu seiner Tat zu stehen
und seinen Erkenntniszuwachs zu verteidigen, statt sich vor
Eva zu stellen und sich für ihren Mut zu revanchieren, beginnt Adam das von nun an übliche Spiel: dem weiblichen
Geschlecht wird der Schwarze Peter zugeschoben. Egal, was
der Mann tut, Schuld und Verantwortung tragen immer die
andern, wenn nötig auch Gott selbst. Genau diese männliche
Haltung bezeichne ich als »Adam-Syndrom«. Aus ihr ist zwischenzeitlich ein psychosoziales System geworden, in das
auch Frauen und Kinder intergriert sind – als Opfer und ak-
tive VerteidigerInnen jenes Systems, das vielen Frauen inzwischen hinlänglich bekannt ist:
– Mißrät der Sohn, ist die Mutter schuld.
– Geht der Mann fremd, so wurde er von seiner Frau vernachlässigt.
– Geht sie fremd, so ist sie eine Hure.
– Mißhandelt er sie, so hat sie ihn provoziert.
– Vergewaltigt er sie, so hat sie es nicht anders gewollt.
– Mißbraucht er die Tochter, so hat diese ihn verführt oder
die Ehefrau sich verweigert.
– Kauft er sich eine Asiatin, so ist die Emanzipation der
Frauen schuld daran, denn inzwischen sind sie immer weni-
ger so, wie Männer sie brauchen...

Wir sehen, hier handelt es sich um eine alte Tradition.

Die hier zum Ausdruck kommende und auch bei Frauen anzutreffende Einstellung ist ein so selbstverständlicher Bestandteil des patriarchalen Weltbildes, daß sie von den wenigsten bewußt erkannt und in Frage gestellt werden kann. Auch nicht von Frauen, die sich eifrig bemühen, die Ursachen der nicht zu übersehenden männlichen Fehler beim eigenen Geschlecht zu suchen. So sind Männer selbst dann nicht verantwortlich für ihre Taten, wenn letztere nicht mehr zu beschönigen und zu verleugnen sind. Immer lassen sich andere verantwortliche Größen finden: Frauen und Kinder, Maschinen und Apparate, Naturgesetze und das Schicksal, ja selbst Gott der HERR ist nicht ohne Schuld am Ergehen des Mannes. Nur ihn selbst trifft keine Schuld.

Da Gott der HERR jedoch immun ist gegen männliche Schuldzuweisungen, bleibt die Schuld an Eva und ihrer alten Kultur hängen. Als »Männin« akzeptiert sie die Deutung ihrer Erkenntnismacht als »Schuld« und rechtfertigt sich mit den Worten: »Die Schlange verführte mich, also aß ich.« Die Distanz, die Adam zuvor ihr gegenüber einnahm, richtet sie nunmehr gegen ihr eigenes Symbolsystem. Damit aber spaltet sie jenen Teil von sich ab, der ihr geistige Stärke verlieh und der den Herren bis heute ein Greuel ist. Sie erkennt die Definitions- und Rechtsmacht des HERRN an und beginnt damit, ihrer eigenen inneren Stimme, ihrem matriarchalen Alter-Ego, ihrem eigenen Wissen um gut und böse, ihrem Ge-Wissen zu mißtrauen. Die neue Ordnung ist geboren und mit ihr die Einheit von Schuldigsein und Frausein, von Weiblichkeit und Schuld. Sie raubt Frauen bis heute das Bewußtsein ihrer Seinsmacht und verhindert, daß sie ihrer eigenen Stimme vertrauen, ihr Leben auf eigenen, statt auf männlichen Erkenntnissen und Wünschen aufbauen und ein eigenes Bild davon entwickeln, was Frausein und Weiblichkeit bedeuten könnten. Statt dessen mißtrauen nur allzu viele den eigenen Erfahrungen und orientieren sich an jenen des Mannes.

Diese weibliche Orientierung am Mann kommt nicht von ungefähr. Sie ist die Konsequenz einer patriarchalen Weib-

lichkeitserziehung, deren Ursprung uns der Mythos als Folge
der Bereitschaft Evas schildert, ihr Wissen mit Adam, »der
bei ihr war«, zu teilen. Da Wissen nun einmal Macht ist, hat
Eva dem Mann – gewollt oder nicht – mit der Übergabe ihrer
Erkenntnisfrucht auch Macht übertragen. Möglicherweise
liegt hier ihre *eigentliche* Schuld. Zumindest jedoch ein fata-
ler Irrtum, durch den sie zur Entstehung eines Überhangs an
männlicher Macht beigetragen haben mag, den die Bibel
»Gott den HERRN« nennt und von dessen Macht nun auch
der Mann profitiert. In welcher Weise, das zeigt die Strafrede
des HERRN. Sie veranschaulicht den Prozeß eines männlichen Machtzuwachses bei gleichzeitiger weiblicher Macht-
enteignung.

Obwohl Adam sein erster Ansprechpartner ist, entlädt
sich das Strafgericht zuerst auf die Schlange und die Frau –
den beiden stärksten Widersacherinnen männlicher Macht.
Die Schlange als Repräsentantin des älteren matriarchalen
Äons wird von Gott dem HERRN verflucht. Schließlich
eirnnert ihre Gegenwart und Weisheit ihn daran, daß er ein
relativ später Neuankömmling auf der religionsgeschichtli-
chen Bühne der Menschheit ist. Fortan soll sie daher auf
dem Bauche kriechen und Staub fressen. – Eine eigenartige
Strafe, wenn wir bedenken, daß sie ersteres schon immer getan hat und letzteres bis heute nicht tut. Worin soll also die
»Strafe« bestehen? Gott der HERR beraubt sie ihrer machtvollen Symbolkraft als »erhöhte« Schlange, als die sie am
Schlangenheiligtum zu Kadesch nicht weniger bekannt war
als an der Stirn von Pharaoninnen und Pharaonen Ägyptens
oder in den erhobenen Händen der Göttin von Kreta. Mit
ihrem Sturz in den Erdenstaub wird die einst symbolisch Erhöhte nunmehr zu einem rein zoologischen Wesen erklärt.
Ihr Sturz aus machtvoller Höhe ist der eigentliche »Fall« der
Menschheit – der Verlust weiblicher Erkenntnismacht. Mit
ihm einher geht die Verteufelung der Göttinnensymbolik als
Repräsentation eines viel älteren weiblichen Weltbildes und
Religionsgefüges, in dem die Göttin unter vielen Namen als

All-Eine verehrt wurde. Aus Neid auf ihre allgegenwärtige Verehrung fordert Gott der HERR nun seinerseits, *alleine* verehrt zu werden.

Seine Macht beruht – nach dem Motto: teile und herrsche – auf der Entzweiung der Frau von ihrer weiblichen Schlangenmacht (Regenerationsmacht und das Wissen um sie). Wo beide nicht mehr verehrt werden, kann die männliche Macht Zwietracht streuen zwischen der Schlange und der Frau einschließlich ihrer Nachkommen. »Ich will Feindschaft setzen zwischen dir und dem Weibe«, verkündet Gott der HERR der Schlange, »zwischen deinem Samen und ihrem Samen; derselbe soll dir den Kopf zertreten, und du wirst ihn in die Ferse stechen.« [19] Patriarchale Generationen haben in der Tat alles zertreten, was an matriarchale Kulturen und damit an weibliche Seinsmacht erinnerte. Starke Frauen wurden als Sinnbilder derselben vernichtet, nur weil sie ein anderes Kultur- und Religionsverständnis hatten, als es patriarchale Priester vorschrieben. Mit ihnen wurde jenes Wissen zerstört, das kirchliche Ideologien gefährdete.

Von ihrem eigenen Weltbild und Wertesystem getrennt, wirken eigene Gedanken und Vorstellungen bis heute zutiefst verunsichernd auf Frauen. Sie haben von klein auf gelernt, der eigenen Erfahrung, dem eigenen Wissen und der eigenen Stimme zu mißtrauen und sich statt dessen auf Anpassung und Schweigen zu verlegen. Wo sie nicht mehr auf ihre Stimme hören, haben sie auch keine Stimme mehr. Im patriarchalen Setting sind Männer die Konstrukteure – oft auch die Vermittler – von Wissen und Macht. Wenn sie reden, hören Frauen zu. Das ist normal. Mit Ideologie gepaart, schafft männliches Wissen Wissenschaft und setzt so den Rahmen für weibliche Erkenntnis. Kommen Frauen Zweifel an männlichen Ideologien, Glaubens- und Sozialnormen – und damit am »Normalen« –, so sind sie weitgehend gezwungen, diese zu verdrängen und statt dessen zu glauben, sie selbst seien nicht »normal«.

Es ist genau das, was ich unter dem »Eva-Syndrom« verstehe. Die Frau akzeptiert die vom Mann konstruierte und ihr zugewiesene »Schuld«. Sie stellt das einmal definierte Schuld- und Wertesystem nicht mehr in Frage und merkt auch nicht, daß der Mann in diesem System fast immer ent-schuldet wird. Sie fragt nicht nach seiner Schuld, sondern sucht diese nur bei sich selbst. Nach dem im Mythos vorgeprägten Muster beschreibt das Eva-Syndrom die Bereitschaft der Frau, sich für alles und jederzeit verantwortlich zu fühlen und Schuldgefühle auch dort zu entwickeln, wo sie völlig unbegründet sind. Das »Adam- und Eva-Syndrom« gehen zusammen wie Schloß und Schlüssel, in dem eins das andere in Kraft setzt; eine Art psycho-soziales Reflexsystem, mit dessen Hilfe das männliche Geschlecht von Schuld entlastet, das weibliche Geschlecht jedoch belastet wird.

Bis heute sind eigene Erkenntnisse, die nicht in Einklang stehen mit patriarchalen Ideologien, eine unerschöpfliche Quelle weiblicher Schuldgefühle. Auf die Idee, daß mit den Ideologien einschließlich des kirchlichen Glaubensgebäudes etwas nicht stimmt, kommen die wenigsten. Solche Gedanken sind angstbesetzt. Sollte sich dennoch das Wissen der Schlange in ihnen regen, so zertreten sie ihr den Kopf, zertrümmern die Tradition ihrer Ahninnen, reißen sich altes Wissen und Ahnen aus ihrem Herzen und verstümmeln so ihre eigene Seele. Doch wird sie das alte Wissen immer wieder von hinten anfallen. Aus der Erde aufsteigend, wird es sie »in die Ferse stechen«, nicht Ruhe geben, bis Frauen endlich zurückschauen und ihrem Schmerz folgen.

»Vergessen verlängert das Exil, und das Geheimnis der Erlösung heißt Erinnerung«, überliefern jüdische Weise. Demgemäß machen Frauen seit einiger Zeit folgende Erfahrung: Je mehr sie sich ihrer eigenen matriarchalen Vergangenheit erinnern, ihre eigene Kraft spüren, ihr Wissen annehmen, kurz: je mehr sie zu sich selbst finden, desto stärker erleben sie den inneren Zwiespalt zwischen Eva, die der Schlange folgt, und der »Männin«, die gelernt hat, sich dafür schuldig zu fühlen und sich als Gehilfin des Mannes zu verstehen. Der

Hintergrund dieses Zwiespalts wird noch klarer, wenn wir uns die Bestrafung Evas anschauen.

»Unter Schmerzen sollst du Kinder gebären; und dein Verlangen soll nach deinem Manne sein; er aber soll dein Herr sein.«[20] So wie Frausein sich im Reich des HERRN mit Schuld verbindet, so wird das Gebären nun nicht mehr mit weiblicher Schöpfungs- und Weisheitsmacht, sondern lediglich mit Schmerzen und männlicher Herrschaft in Beziehung gesetzt. In Göttinnenkulturen einst besonders geheiligt, fällt der Gebärakt nunmehr in den Bereich des Schmerzhaften, Unreinen – und später auch noch Sünd- und Krankhaften. Die Worte Gottes des HERRN brennen Frauen Schuldgefühle nicht nur in die Seele, sondern auch in den Leib. Ihre natürlichen Funktionen werden bis in unsere Zeit als Folge von Schuld gedeutet und empfunden. Noch heute berichten Frauen von Ärzten, die ihnen bei der Geburt ihres Kindes schmerzstillende Mittel mit dem Verweis auf diese Worte versagten. Wie sie meinten, durften sie dem »lieben Gott nicht ins Handwerk pfuschen«, von dem der Frau nun einmal solche Schmerzen zugedacht waren. Auf anderen Gebieten hatten die Herren da weitaus weniger Skrupel, ihrem HERRN ins Handwerk zu pfuschen. Weibliche Hebammenkunst aber, die den Gebärschmerz weitgehend zu verhindern und ihn sogar in ein Lusterlebnis zu verwandeln vermochte, war unter Berufung auf den »lieben Gott« der Herren ausgemerzt worden. Schwangerschaft und Gebären erhalten im Laufe der Zeit eine negative Symbolkraft, bevor sie schließlich völlig dem Bereich des Profanen anheimfallen. Doch kann es auch heute noch passieren, daß junge Mädchen ihre Menstruation selbst dann noch in Verbindung mit Schuldgefühlen erleben, wenn die Mütter alles darangesetzt haben, sie weitab von einer traditionell-religiösen Erziehung großzuziehen. Weiblichkeit ist auch im säkularen Bereich auf undefinierbare Weise mit »Schuld« verbunden.[21]

Die ehemalige Seinsmacht der Frau, die sie im Mythos mit dem Teilen ihrer Erkenntnis verlor, wird von Gott dem

HERRN nunmehr dem Mann als Herrschaftsmacht zuge-
schlagen. Er macht seinen Erstling und Liebling zum Herrn
über die Frau und ihre schöpferischen Kräfte und damit auch
über ihren Nachwuchs. Fortan wird er ihren Körper beherrschen, wird sich ihrer Sexualität nach eigenem Gutdünken
und Wollen bedienen und ihr so viele Nachkommen abtrot-
zen, wie er für seine Kriege und Beutezüge, Häuser und Ar-
beitslager, für seine Profitgier und seine Bequemlichkeit als
Soldaten und Arbeiter, als Prostituierte und Sklavinnen benötigt. Fortan wird das Leben von Frauen und Kindern nur
noch um seine Bedürfnisse kreisen. Weltweit haben sie zur
Befriedigung seiner Sexualität zur Verfügung zu stehen. Dabei werden ihre Körper nicht nur entheiligt und entweiht,
sondern auch entwürdigt und verletzt.

Erst bei der Beschäftigung mit matriarchalen Kulturen erfahren Frauen, daß Sexualität nicht immer als »schmutzig«
und »sündhaft« verstanden, sondern im Kultraum der Großen Göttin gefeiert und geheiligt wurde. Bis heute sehnen
Frauen sich nach der Heiligung ihres Körpers, ihrer Sexualität, ihrer Gefühle. Sie sind es leid, der männlichen Lust
und Gier nach Macht zu dienen. Für sie ist Sexualität ein
hochsensibles Ausdrucksmittel einer tieferen Kommunika-
tionsebene. Ihrer Einstellung zur Sexualität begegnen sie in
den ältesten Texten der Bibel, in denen Sexualität nicht als
Synonym für Sünde, sondern für Erkenntnis verstanden wird.
Hierin vermuten sie wohl zu Recht Restbestände eines matriarchalen Weltbildes, dem der weibliche Körper Inbegriff
des Heiligen und nicht Objekt der Sünde, Sexualität Inbegriff
beiderseitiger Lust und Freude und nicht etwa männlichen
Machtanspruches war.

Der »göttliche« Herrschaftszuspruch ist die andere Seite
eines männlichen Herrschaftsanspruchs. Ihm stellt der Mythos nicht etwa weiblichen Protest gegenüber, sondern ganz
im Gegenteil: weibliches Begehren. Nach ihm soll ihr Verlangen sein. In patriarchalisierten Strukturen wird die Macht des
Mannes über die Frau als etwas Erotisches erlebt. Nachdem

die Frau sich von ihrer Schlange distanziert hat, verlagert sich ihr ursprüngliches Begehren nach Erkenntnis und Weisheit auf den Mann.

Interessanterweise wird hier weder der Gebärschmerz noch das Verlangen der Frau nach dem Mann, gefolgt von ihrer Beherrschung durch ihn, als von Anfang an gegeben und zur »natürlichen« Ausstattung der Frau gehörend angesehen, sondern als nachträgliche »Strafe Gottes«. Heute ist es allgemein anerkannt, daß der Gebärschmerz in der Tat eine starke kulturelle Komponente hat und für viele Frauen durch eine richtige Vorbereitung auf die Geburt vermeidbar ist. Ähnliches gilt für den primären Stellenwert weiblichen Begehrens nach dem Mann, bei dem sexuelles Begehren meist die geringste Rolle spielt.[22] Erziehung und Sozialisation, existentielle Sicherheit und soziale Anerkennung sind dabei wohl wesentlichere Faktoren als natürliche Gegebenheiten. Der Mythos weiß noch von einem ursprünglicheren, natürlicheren Begehren der Frau, das jenem nach dem Mann voraufging: dem Verlangen nach Erkenntnis, nach der Entdeckung eigener Seinsbestimmung und sinnvollen Lebens, nach jener Erkenntnis, die nicht über den Mann, sondern auf der Grundlage eigenen Handelns gewonnen wird.

Doch hat der Mann den erkenntnisverbietenden Gott dazu benutzt, der geistigen Eigenständigkeit der Frau Einhalt zu gebieten. Dem Erkenntnisverbot folgten Lehr- und Lernverbote, die bis in die Gegenwart ihre Schatten werfen. Auch im Neuen Testament sind sie festgehalten.[23] Statt zu lernen und zu lehren soll die Frau sich ausschließlich auf Gebären und Kinderaufzucht beschränken, um für die »Schuld« Evas zu büßen. Gleichzeitig soll ihr Nachwuchs Beweis der Potenz des Mannes sein und ihm seinen kleinen Herrschaftsbereich schaffen. Derweil nahm der Mann sich das Recht, der Welt und der Kultur, der Politik und der Wirtschaft, der Bildung und Wissenschaft allein seinen Stempel aufzudrücken; sie nach seinen Vorstellungen zu formen und damit seine Erkenntnis als einzige Wahrheit auszugeben.

Die Frau wird zur »Männin«, wie es der Eva-Mythos so treffend ausdrückt, zur »Gehilfin des Mannes«, die den Sinn ihres Daseins ausschließlich oder in erster Linie in der Befriedigung männlicher Bedürfnisse zu sehen lernt. Die meisten Frauen willigen ein in ein Leben zu seinen Bedingungen, weil sie keine Alternativen kennen, weil ihnen die elementaren Bedürfnisse der »Geborgenheit« und des materiellen »Versorgtseins« zu patriarchalen Bedingungen wichtiger sind als die Geborgenheit eigener Erkenntnis. Nicht noch einmal wollen sie einen Ausbruch aus dem Erkenntniskorsett wagen, das er ihnen nun schon seit Jahrtausenden verpaßt. Und so hüten sie sich bis zum heutigen Tage, erkennen zu wollen, was gut ist und was böse, welches Verhalten sinnvoll und richtig und welches sinnlos und folglich falsch ist. Als Männinnen haben sie ihre Lektion gelernt und weigern sich noch am Rande des Untergangs, solche Unterscheidungen vorzunehmen – und schon gar nicht im Blick auf den Mann. Lieber soll er ihr Herr sein, als daß sie sich noch einmal erdreisten wollen, sein Denken und Handeln, sein Verbieten und Fordern, sein Werten und Urteilen in Frage zu stellen. Sie bleiben dabei: Was ihm wohlgefällt, ist sinnvoll, richtig und gut. Männlichkeit bleibt ihr Gütesiegel. Ihr dienen sie mit all ihren Energien und tragen dafür Sorge, daß ihre Töchter ihnen folgen. Daß sie dabei immer wieder zu Wegbereiterinnen eines teuflischen Weges der langsamen Persönlichkeitsvernichtung werden, ist ihnen selbstverständlich nicht bewußt. Auch nicht die ständige Androhung von Sanktionen im Falle ihres Ungehorsams.[24]

Nach der Neuerschaffung der Frau als »Männin«, als Ohnmächtige und Besitzlose, deren existentielle Sicherheit und Anerkennung von ihm abhängig ist, nach ihrer rigorosen Anpassung an männliche Wünsche kommt das männliche Angebot den meisten Frauen sogar entgegen. Da es nunmehr ihren Lebensentwurf begründet, entwickeln viele von ihnen sogar Abhängigkeitswünsche, die wiederum eine Quelle erneuter Schuldgefühle sein können[25], da diese Wünsche heutzutage nicht mehr ins Bild passen. Sie gehören einem im

Schwinden begriffenen Ehemuster an, ohne daß allerdings ihre frühkindlichen Ursachen – die defizitären Elternbeziehungen in einer unbefriedigenden Familienstruktur – behoben wären.

Die hier beschriebene Konstruktion weiblichen »Selbstverständnisses« ist als deformierender Faktor selbstverständlich den wenigsten Frauen bewußt und kann folglich auch nicht hinterfragt werden. Dadurch werden sie aber im weiteren Verlauf des Lebens fast zwangsläufig zur Quelle weiterer Schuld- und Ohnmachtsgefühle. Denn wenn Frauen später mit Männern nicht zurechtkommen, obwohl diese ihnen das »Angebot« einer Beziehung machen, fühlen sie sich wiederum schuldig.[26] Das geschieht bereits, wenn sie etwas für sich in Anspruch nehmen[27] oder wenn sich bei ihnen Gefühle einstellen, die der Mann für unerwünscht erklärt hat. So verwandeln sich bei vielen Frauen Wut, Aggressionen, Neid, Verlassenheit, Unsicherheit, Gefühle der Rechtlosigkeit wie überhaupt alle »negativen« Gefühle in Schuldgefühle und Depressionen.[28] Auch hier zeigen sich die fatalen Auswirkungen männlicher Definitions- und Herrschaftsmacht, die konsequenterweise weibliche Schuld- und Ohnmachtsgefühle im Schlepptau führen und weiblichen Seinsverlust zur Folge haben.

Ich stelle die These auf, daß das durch Jahrtausende den Frauen im Rahmen patriarchaler Strukturen aufgezwungene Versäumnis, vom Baum des Erkennens von gut und böse zu essen, nicht nur hinter den weiblichen Schuldgefühlen, sondern ebenso hinter den großen Weltproblemen steht. Auf den Zusammenhang zwischen der Überbevölkerung und der Kolonialisierung des weiblichen Körpers durch den Mann im Zusammenhang mit einem aktiven und passiven Bildungsverbot für Frauen habe ich in meinem Buch »Natürlich weiblich« bereits hingewiesen. Inzwischen ist selbst die Weltorganisation der Vereinten Nationen so weit, einen ursächlichen Zusammenhang zwischen dem Problem der Überbevölkerung und der weltweit mangelhaften Bildung der Frauen zu

sehen. Sie empfiehlt gegenwärtig als wirksamstes Mittel gegen weiteres Bevölkerungswachstum eine bessere Bildung
und Ausbildung von Frauen, weibliche Aufklärung und Bildung als das wohl effektivste Mittel gegen männlichen Zeu-
gungswahn. Hier wird rund dreitausend Jahre nach Abfassung des Mythos versucht, die in ihm enthaltene Botschaft
zurückzunehmen. Doch dazu bedarf es – wie gesagt – eines
neuen Mythos. Er besagt, daß Frauen sich emanzipieren können, wenn sie bei männlichen Arbeitgebern ihren Unterhalt
selbst verdienen. Der Mythos, daß Frauen Repräsentantinnen der Göttin auf Erden sein sollten, wird dagegen nach wie
vor tabuisiert und als Ketzerei hingestellt.

Wenn der biblische Mythos das primäre Verlangen der
Frau nach dem Mann als Strafe und Ersatz für ihr ursprüngliches Verlangen nach Erkenntnis beschreibt, so erweist er
sich wiederum als wahr. Heute läßt sich nämlich bei vielen
Frauen zunehmend dasselbe Phänomen in umgekehrter Richtung feststellen: Nachdem Frauen begonnen haben, männliche Definitionsmacht in Frage zu stellen und sich zunehmend auf der Grundlage eigener Erkenntnisse zu bewegen,
verändert sich ihre Sicht und damit auch ihr Wertesystem
grundlegend. Sie hören auf, sich selbst und ihre Umwelt mit
männlichem Blick zu sehen und den Bedürfnissen des Mannes Priorität einzuräumen. Sie beginnen, sich anders wahrzunehmen und ihre Lebensaufgabe neu einzuschätzen. Der Leidensdruck am patriarchalen Geschlechterverhältnis nimmt
zu, wobei sich das Verlangen nach dem Mann relativiert. Er
verliert jene Priorität, die er einst für sie hatte, und so halten
sie nicht mehr um jeden Preis an ihm fest. Fehlt ihm die Bereitschaft, die von ihnen gewünschten Veränderungen mitzutra-
gen, so sind sie bereit, ihn zu verlassen. Auf keinen Fall lassen
sie sich weiterhin von ihm beherrschen. Ihr eigener Erkennt-
nisweg, ihre eigene Entwicklung, die Gestaltung ihres Lebens
nach eigenen Vorgaben werden ihnen wichtiger als die Beziehung zum Mann. Ihr primäres Verlangen ist in seine ursprüngliche Richtung zurückgekehrt. Sie haben begonnen,

sich selbst und ihre geistige Entwicklung wichtiger zu nehmen als den Mann.

Sobald sie jedoch aufhören, sich über ihn zu definieren,
verändert sich auch ihr Schuldverständnis. Sie hören auf,
Schuldgefühle zu entwickeln, nur weil sie seinen Wünschen
nicht entsprechen, eigene Vorstellungen von sich und ihrem
Leben entdecken und mehr Zeit für sich selbst und eigene
Anliegen verwenden. Viele begreifen nach langen Jahren
therapeutischer Behandlung, daß die Aggressivität ihres
Mannes nicht ihre Schuld ist, sondern seinen eigenen unver-
arbeiteten psychischen Problemen und Defiziten entspringt.
Und so geben sie den Versuch auf, sich für ihn zu verändern.
Nur noch für sich selbst wollen sie sich wandeln. Im Verlauf
dieser Entwicklung nehmen auch die Ohnmachtsgefühle ab.
Gefühle eigener Stärke und Seinsmacht stellen sich ein. Ungeahnte Fähigkeiten werden wach und entwickeln sich zu
einer Quelle von Stolz und Selbstvertrauen. Auf diesem
Wege kehren viele von ihnen dem gewohnten Normengefüge den Rücken und entziehen sich so allmählich dem
Machtbereich des patriarchalen Männergottes. Dabei entdecken viele Frauen die positive Kraft der Schlangensymbo-
lik als Ausdruck weiblicher Erkenntnismacht und wenden
sich verstärkt einem weiblichen Religionsverständnis zu. Die
Göttin gewinnt an Bedeutung. Durch sie finden Frauen ihre
eigene Stimme wieder.

Hier schließt sich auf eigenartige Weise ein Kreis, der erst
nachträglich sichtbar wird. Nach der Bestrafung Evas berichtet der Mythos von der »Bestrafung« Adams. Anders als
bei der Schlange und bei Eva gibt Gott der HERR bei ihm
eine Begründung ab, bevor er ihm sein »Urteil« verkündet:
»Weil du auf die Stimme deines Weibes gehört und von dem
Baum gegessen hast, von dem ich dir gebot: Du sollst nicht
davon essen...«[29] Diese Worte zeigen die unverhohlene
Konkurrenz, die der patriarchale Gott (das heißt: seine Priesterschaft) in der Frau sieht. Im Klartext: Dem männlich-patriarchalen Religionssystem ging es von Anfang an um die

Ausschaltung der weiblichen Stimme in Gestalt von Priesterinnen und Prophetinnen.[30]

Bis heute gilt dies vom Patriarchat konstruierte Ausschlußsystem. Weiblichkeit und Männlichkeit werden als einander ausschließende Gegensätze verstanden, obwohl die biologische Grundlage auch des männlichen Geschlechts weiblich ist. Männliche Werte und Normen und damit Männlichkeit schlechthin definieren sich nicht auf der Grundlage weiblicher Gegebenheit, sondern ausschließlich im Gegensatz zu ihr. Bis heute bedarf es des Lächerlichmachens der weiblichen Stimme, um den Zweifel an der alleinigen Richtigkeit männlicher Stimmen zu übertönen. Immer noch gilt das Hören auf weibliche Stimmen als »Versündigung« gegen die Männlichkeit, der Knaben wie Männer keinesfalls »schuldig« werden wollen. Statt dessen stellen sie ihre Männlichkeit dadurch unter Beweis, daß sie das, was Frauen sagen, mit Mißachtung strafen. Hier wirkt wiederum das mythische Verständnis des männlichen Hörens auf die Frau als »Schuld« bis in die Gegenwart hinein. Die Stimmen männlicher Interessen haben bis heute ihre ausschließliche Gültigkeit nicht verloren.

Das ursprünglich weibliche und das neue männliche Religionssystem schließen einander aus, da letzteres seine Macht nur aus der Verdrängung und Abschaffung des ersteren beziehen konnte. Der männliche Gott und sein System wurden als Verbündete des Mannes und *Gegenpol* zur weiblichen Macht aufgebaut. Das bringt den Mann in jenes Dilemma, das der Mythos beschreibt: Er kann nicht auf beide Stimmen gleichzeitig hören, da sie einander ausschließen. Er kann sich nicht weiblicher Erkenntnis öffnen und Teil eines psycho-sozialen Systems bleiben, das nur auf der Grundlage des Ausschlusses dieser Erkenntnis funktioniert.

Der Begründung für die Bestrafung Adams folgt die »Strafe« auf dem Fuß. Doch genau wie die Bestrafung Evas ist auch seine mit einem Machtgewinn für ihn verbunden. Im Schweiße seines Angesichts soll Adam von nun an das Land bestellen, ohne daß diese Arbeit von Erfolg gekrönt sein wird.

Dornen und Disteln wird sie ihm bringen. Wieder wird die menschheitsgeschichtliche Entwicklung wie im Zeitraffer verkürzt und matriarchale Gepflogenheiten und Eigentumsverhältnisse verdrängt. Für Sammlerinnen war die Welt einst ein großer paradiesischer Garten. Ohne etwas dafür getan zu haben, wurden die Menschen von der Natur ernährt. Das änderte sich mit der Erfindung des Ackerbaus durch die Frau. Jetzt wurde nicht mehr nur das Vorhandene geerntet, sondern auch die Aussaat und Kultivierung von Pflanzen zu einem Arbeitsbereich der Frau. Das bewirtschaftete Land gehörte der Frauensippe, die für die Nachkommen sorgte. Das änderte sich erst mit der Erfindung des Pfluges und Privateigentums, die beide mit dem Beginn patriarchaler Verhältnisse im Zusammenhang stehen. Der Mann wird nunmehr Eigentümer des von ihm bestellten Grund und Bodens. Aus der Mutter Erde wird das Vaterland. Mit der Einführung des Mannes als Land- und Produktionsmitteleigner wird die matriarchale Epoche vom Mythos wiederum verschleiert und verdrängt. Erhalten blieb nur das Wissen, daß es ihn nicht von Anfang an gegeben hat, daß er nicht Teil der natürlichen Ordnung ist, wie in späteren Jahrhunderten behauptet wurde, sondern die Folge eines Erkenntniszugewinns, den er der Frau verdankt. Der Mann als Eigentümer von Grund und Boden ist parallel zu sehen mit seiner Macht über die Frau und dem »göttlichen« Gebot: »Macht euch die Erde untertan« im ersten Schöpfungsbericht, und das der Mann wie kein anderes Gebot befolgt hat.

Was der Mythos Frauen lehrt

Wenn wir die wichtigsten Stationen des Mythos noch einmal zusammenfassend anschauen (A), uns die Verankerung seiner Aussagen auch in unserer Wirklichkeit vor Augen führen (B), zeigt sich, was wir lernen müssen, um seiner patriarchalisierenden Wirkung zu entgehen (C).

A) Stationen des Mythos

1. Alle Namensgebungen werden von Adam vorgenommen. Männliche Definitionsmacht kennt kein weibliches Pendant im Mythos. Nicht nur die Tiere, sondern auch die Frau wird von ihm benannt.
2. Von den drei Bezeichnungen und Namen für die Frau entstammen nur zwei einer männlichen Perspektive: die »Gehilfin des Mannes« und die »Männin«. Der dritte Name »Eva« (Chawwa) ist in Wirklichkeit älter als männliche Namensgebungen.
3. Die Frau wird in eine Welt hinein erschaffen, in der sie nicht nur von Gott dem HERRN und vom Mann benannt wird, sondern in der auch das Handeln auf der Grundlage weiblichen Begehrens und Erkennens als »Schuld« gedeutet und bestraft wird.
4. Als »Männin« entwickelt Eva Schuld- und Schamgefühle, sobald sie eigenmächtig handelt und »göttlich«-männlichem Verbot den Gehorsam verweigert. Die Anerkennung eigener Erkenntnis als Schuld führt zu einer Verunsicherung ihres Urteilsvermögens, schafft Distanz zwischen ihr und der Schlange und bewirkt letztlich ihre Bereitschaft, sich schuldig zu fühlen auf der Grundlage männlicher Vorgaben.
5. Gott der HERR setzt Feindschaft zwischen Eva und der Schlange und beraubt beide ihrer matriarchalen Symbolkraft. Gleichzeitig wird weibliche Gebärmacht mit Schuld

und Strafe in Zusammenhang gebracht und ihre machtvolle Heiligkeit geleugnet.

6. Evas Begehren wird kontrolliert und von eigenen Erkenntnisprozessen fort auf den Mann hin ausgerichtet. Gleichzeitig wird das Geschlechterverhältnis zum Herrschaftsverhältnis erklärt und die männliche Herrschaft über das weibliche Geschlecht von Gott dem HERRN sichergestellt.

B) Auswirkungen des Mythos

1. Männliche Definitionsmacht hat sich der Interpretation der Umwelt sowie weiblicher Wirklichkeit bemächtigt und zum weiblichen Selbstverlust, zur Selbstentfremdung der Frau geführt.

2. Die Patriarchatsgeschichte wird von einem schmalen Strom matriarchaler Strukturen und traditionell weiblicher Werte durchzogen. Sie reichen von Lao-Tse über Jesus und seine Lehrerinnen, von früh-christlichen Bewegungen bis hin zu den Frauen des Mittelalters, von den Suffragetten des vorigen Jahrhunderts über Gandhi, der von ihnen gelernt hat[31], bis hin zur feministischen Friedens- und Ökologiebewegung der Gegenwart. Doch überall, wo diese Restbestände einer älteren Kulturepoche in leicht gewandelten Formen zutage traten, werden sie brutal niedergeschlagen und mit mehr oder weniger subtilen Mitteln zu vernichten versucht.

3. Wo immer Frauen in patriarchale Strukturen hineingeboren und durch sie erschaffen werden, befinden sie sich in einem System seelisch-geistiger Enteignung, in einem Verbotssystem, das ihre Schuld bereits festgelegt hat, ihren Bedürfnissen keinerlei Rechnung trägt und ihre geistige Freiheit und Selbstbestimmung ausschließt. Das vorhandene Normengefüge verbindet sich mit einem Weltbild, in dem Frauen nicht in ihrem eigenen Sein vorkommen, sondern in einen vom Mann gewünschten Weiblichkeitsrahmen hineingepreßt werden. Dieser läßt sie »schuldig« werden, sobald sie

eigene Vorstellungen und Ziele umzusetzen versuchen. Um
keinen Preis dürfen sie erkennen, was für sie und ihre Nachkommen wirklich gut und schlecht, richtig und falsch ist.
4. Da weibliches Sein und Handeln durch den Mann vorge-
schrieben und bewertet werden, entwickeln Frauen Schuldgefühle, sobald sie dieser konstruierten »Weiblichkeit« und
den an sie gestellten Anforderungen nicht entsprechen. Dadurch entfremden sie sich von sich selbst und anderen
Frauen. Gleichzeitig leben sie in einer permanenten Verunsicherung, da sie gezwungen werden, eigene Gedanken und
Vorstellungen als schuldhaft zu erleben. Weibliche Interpre-
tationen von Welt- und Lebenszusammenhängen haben
keine Gültigkeit oder werden sogar für schädlich erklärt.
Männer werden Produzenten von Wissen und Macht, Rechten und Werten, die immer zu ihren Gunsten funktionieren
und sich gegen die Bedürfnisse von Frauen und Kindern –
insbesondere Mädchen – richten.
5. Bis heute liegt weibliches Gebären fest in männlicher
Hand. Die raschen Fortschritte in der Gen- und Reproduk-
tionstechnologie lassen erkennen, wie sehr es dem Mann
darum geht, sich weibliche Schöpfungsmacht anzueignen –
möglicherweise, um auf diese Weise den eigenen unbewußten
Gebärneid zu kompensieren.
6. Der Verlust eigener Verfügungsmacht über Körper, Seele
und Geist und damit auch einer eigenen existentiellen Grundlage, Solidarität mit Frauen und Eigenmacht, beraubt die
Frau ihrer Selbstgewißheit und macht sie unsicher. Dadurch
gerät sie unter einen verstärkten Anpassungsdruck an männliche Bedürfnisse, was wiederum männliche Herrschaft
stärkt. Das im Mythos von außen auferlegte primäre weibliche Begehren nach dem Mann hat die Frau längst verinnerlicht und zu einem »eigenen« Begehren gemacht, ohne sich
der Folgen dieser Selbstenteignung im Rahmen patriarchaler
Partnerschafts- und Eheverhältnisse bewußt zu sein. Sich
selbst und andere Frauen lernen sie mit einem männlichen
Blick zu sehen und nach männlichen Normen zu bewerten

und verhindern auf diese Weise Solidarität unter Frauen und damit weibliche Macht und Einflußnahme. Ihr Selbst- und Weiblichkeitsbild bleibt außengesteuert, auch wenn es als solches verinnerlicht wird und so den Anschein eigener Anschauung erweckt. Im Gefolge des Verlustes weiblicher Seinsmacht in Verbindung mit männlicher Verfügungsgewalt entsteht eine weibliche Lebensorientierung, die in erster Linie männlichen Bedürfnissen dient.

C) Überwindung des Mythos

1. Frauen bedürfen der Erkenntnis, daß sie in den traditionellen Denkgebäuden nicht wirklich vorkommen. Selbst dort, wo sie benannt werden, geht es um eine fremdbestimmte Weiblichkeit, die mit ihnen nur selten etwas zu tun hat, dafür aber um so mehr mit männlichen Interessen und Bedürfnissen. Die Wiedergewinnung unserer Definitionsmacht ist folglich ein wichtiger Schritt auf dem Wege unserer Befreiung. Wir müssen unser Sein und Wollen ganz neu buchstabieren lernen, unsere eigene Sprache finden, die das ausdrückt, was wir wirklich meinen und wünschen, und nicht das, was »man« von uns hören will. Nach Senta Trömel-Plötz bedeutet Aneignung der Sprache für uns Frauen, »die Definitionsmacht der Männer abzulehnen und unsere eigenen Definitionen in der Sprache zu installieren. Frauen akzeptieren nicht mehr, daß Männer ... uns definieren, z. B. als Ehefrau, Hausfrau und Mutter, als Nur-Hausfrau, als Doppelverdienerin, als berufstätige Frau etc.« Mit solchen Definitionen »werden wir festgelegt auf einen bestimmten Bereich, auf das Haus und auf die Zuständigkeiten für Kinder und Mann. Solange diese Festlegung für alle Mädchen und Frauen automatisch ist, diese Rollen ihre ›eigentliche‹ Bestimmung sind, ist es schwierig für uns, berufliche Interessen zu entwickeln und zu verfolgen, uns langjährige Ausbildung, Studium, Arbeit, Leistung, Kreativität, Macht zuzugestehen.«[32]

2. Es bedarf folglich eines differenzierten Umgangs mit unserer Sprache und Geschichte. Wir müssen unterscheiden lernen zwischen einer Sprache, von der wir beherrscht werden und die uns folglich von uns selbst entfremdet, und einer Sprache, die unser Sein richtig benennt und folglich geeignet ist, unsere Selbstfindung zu begleiten. So können wir zum Beispiel die Entdeckung machen, daß »Frausein« sprachlich mit »Freisein« zusammenhängt, daß »Dominanz« ursprünglich dem häuslichen weiblichen Bereich entstammt und daß »Macht« etwas zu tun hat mit »Fähigkeiten (Vermögen)« und »Möglichkeiten«. Gleichermaßen hilft es uns, im Rahmen der Patriarchatsgeschichte weibliche Traditionen, Gestalten und literarische Produkte ausfindig zu machen, die nicht patriarchal vereinnahmt werden konnten. Ich denke hier zum Beispiel an Frauenbewegungen des Mittelalters von den Beginen bis zu den sogenannten Hexen, aber auch an eine Mary Woolstonecraft, Olympe de Gouges oder Elizabeth Cady Stanton.

3. Aus der Wiederaneignung weiblicher Definitionsmacht über eigene Seinsweisen und Lebenszusammenhänge muß sich allmählich auch eine eigene Ethik entwickeln, in der Frauen ihre Lebenswerte reflektieren und Prioritäten diskutieren. Hierzu bedarf es einer weiterreichenden Definitionsmacht über die uns umgebenden gesellschaftlichen Prozesse und männlichen Verhaltensweisen, über Wertvorstellungen und Prioritätensetzungen, Mythologien und Glaubensgebäude, Natur- und Weltzusammenhänge. Für Frauen gilt es, nicht nur sich selbst neu definieren zu lernen und ihre eigenen Wertsetzerinnen zu werden, sondern auch ein eigenes Weltbild und Wertgefüge zu erarbeiten, das falsche und destruktive in konstruktive Schuldgefühle verwandelt, die Signale für notwendige Korrekturen sein können.

4. Die Anerkennung durch den Mann darf nicht länger den höchsten Stellenwert im Leben von Frauen darstellen, da sie immer auch eine korrumpierende Wirkung hat, die abhängig macht. Statt dessen müssen Frauen sich selbst als wertset-

zende Instanz entdecken und erkennen, wie wichtig es ist, eigene Werte zum Nutzen des eigenen Geschlechts umzusetzen. Mit ihnen würden sich auch die Schuldgefühle wandeln, da die Anerkennung aus dem eigenen Innern wichtiger würde als jene durch den Mann. Erst wenn Frauen gelernt haben, auf sie zu verzichten, wenn sie stark genug sind, auch Dinge zu tun, die Männern mißfallen, werden sich ihre Schuldgefühle nicht mehr gegen ihre eigenen Interessen richten.

5. Auf dem Wege der Selbstdefinition können wir zu einem neuen Verständnis unserer biologischen Gegebenheiten und Aufgaben gelangen. Das heißt, wir müssen uns nicht mehr auf die vom Mann definierten Erfordernisse und Gebärverpflichtungen festlegen lassen, brauchen andererseits aber auch nicht mehr die Bedeutsamkeit unserer biologischen Fähigkeiten zu leugnen – aus Angst, sie könnten vereinnahmt und mißbraucht werden. Mit der Rückgewinnung unserer Eigenmacht gewinnen wir ausreichend innere Stärke und äußere Solidarität mit anderen Frauen, um unsere biologische Freiheit wahrzunehmen und über die Verwendung unserer Fähigkeiten zu entscheiden. Auf uns wartet die Erkenntnis, daß wir als Frauen geboren werden, dazu gemacht worden sind und uns schließlich selbst dazu machen.

6. Nur mit dem Bewußtsein ihrer mythischen und geschichtlichen Wirklichkeit kann es der Frau gelingen, die für sie konstruierten Lebensentwürfe hinter sich zu lassen und ihnen eigene Modelle und Anschauungen entgegenzusetzen. Der Dreh- und Angelpunkt weiblicher Selbstbestimmung besteht darin, daß wir uns der Bedeutung unseres Begehrens für uns selbst, für andere und für das patriarchale System bewußt werden. Wir müssen uns Klarheit verschaffen über die Vereinbarkeit unterschiedlicher Begehren und die Folgen ihrer Erfüllung. Das braucht Zeit, Sicherheit in der Wahrnehmung weiblicher Realitäten und einen illusionslosen Blick für das, was Männer Frauen *wirklich* bieten können und was nicht. Bei vielen Frauen stellt sich im Rückblick auf ihr Leben heraus, daß sie Wünsche und Ziele für ihr Leben hatten, die zum

einen nicht selbstbestimmt, sondern als Antwort auf Anforderungen anderer gelebt wurden, und zum anderen von der Sache her nicht miteinander zu vereinbaren waren. Den wenigsten Frauen war bewußt, welche Konsequenzen ihr Begehren nach einem Ehemann für sie haben würde. Nicht selten gerieten sie in eine Ehe – und damit unter männliche Bevormundung –, ohne sich bewußt dafür entschieden zu haben. Sie folgten äußerem Druck oder gesellschaftlichen Klischees und machten sich keine ausreichenden Gedanken über alternative Möglichkeiten. Bei vielen Frauen stimmt das, was sie konkret leben, in keiner Weise überein mit dem, was sie sich einst erträumten oder auch heute noch insgeheim für ihr Leben wünschen. Sie wurden Mutter, Haus- und Ehefrau, ohne zu ahnen, welche Verzichtsleistungen im Hinblick auf andere Begehren damit verbunden sein würden. So gerieten viele Frauen in die Mühlen der Bedürfnisse einer Familie, noch bevor sie sich ihren Wunsch erfüllen konnten, frei und unabhängig durch die Welt zu reisen, sich eigenen Hobbies zu widmen oder andere Beziehungen zu pflegen. Doch merken nur wenige Frauen solche Widersprüche in ihrem Begehren. Die daraus resultierende Unzufriedenheit mit ihrem Leben ist die Folge einer mangelhaften Selbstreflexion sowie einer Wahrnehmungsschwäche im Hinblick auf gesellschaftliche Zusammenhänge und die Konsequenzen bestimmter Lebensentscheidungen. Solange Frauen ihre eigene Situation in dieser Gesellschaft – einschließlich der ihres Geschlechts – nicht klar durchschauen, können sie kein wirklich selbstbestimmtes Leben führen.

Das im Mythos enthaltene Strukturschema, das weibliches Sein mehr oder weniger in allen patriarchalen Kulturen bestimmt, hat sich zwar erst innerhalb eines längeren Zeitraumes durchsetzen können, wurde aber nach meiner Einschätzung Schritt für Schritt und ganz bewußt von Männern zusammengefügt. Es hat nichts mit »natürlichen« Gegebenheiten oder »göttlichem Willen«, aber auch nichts mit

»schicksalhaften« Entwicklungen zu tun, wie viele Menschen bis heute noch meinen. Für diese These spricht der willkürliche männliche Umgang mit dem Mythos, auf den ich noch kurz hinweisen möchte.

Die vielfältige Verwendbarkeit des Mythos zugunsten des Mannes

In Anlehnung an den Paradiesmythos erfreuen sich im patriarchalen Bewußtsein zwei Themenbereiche größter Beliebtheit: das sündige, defizitäre weibliche Geschlecht und der Herrschaftsanspruch des überlegenen Mannes. Beide Themen scheinen untrennbar zusammenzugehören. Sie bilden durch viele Jahrhunderte einen Dauerbrenner in der Thematik christlicher Theologie und Philosophie, aber auch im Erziehungs- und Rechtsverständnis des christlichen Abendlandes.

Als »Minderwertige« und »Schwache« sind Frauen bis heute Trägerinnen männlicher Projektionen. Das bedeutet: Männer als Sieger der Geschichte und folglich als Verfasser und Interpreten der Organisationsmythen der patriarchalen Ordnung laden der Frau die eigenen Sünden und schlechten Gedanken als Schuld auf. Frauenfeindliche Mythen und Aussagen von Männern haben einen hohen Überlieferungswert. Sie verstärken den Überlegenheitskomplex des Mannes und fördern die Verinnerlichung männlicher Projektionen, die so zu inneren und äußeren Leitbildern werden. Die primitive Vorstellung des Mannes von der Frau wird zu ihrer Selbstidentifikation.

Die sündige Eva hat Geschichte gemacht, der sündige Adam nicht. Fast »vorbildlich«, aufschlußreich und wirkmächtig wird der Paradies-Mythos in diesem Sinne im Neuen

Testament verwendet. So heißt es beim Schreiber des ersten Timotheus-Briefes zur Begründung männlichen Machtanspruchs und weiblichen Lehrverbots: »Denn zuerst wurde Adam erschaffen, danach Eva. Und nicht Adam wurde verführt, sondern die Frau ließ sich verführen und übertrat das Gebot.«[33] Deutlicher kann sich das Bedürfnis des Mannes, die Vorstellung von Schuld und Sünde vom eigenen Geschlecht fernzuhalten, gar nicht ausdrücken.[34] So wird sie einseitig dem weiblichen Geschlecht aufgebürdet und auf diese Weise die eigene Vorherrschaft legitimiert. Dafür wird selbst die Lüge in Kauf genommen, denn die Umsetzung des »…er aber soll dein Herr sein!« war Kirchenmännern wichtiger als das Festhalten an der Wahrheit. Diese Unredlichkeit des neutestamentlichen Textes konnte die »Nachfolger Jesu« nicht davon abhalten, ihn dennoch als »göttlich inspiriert« anzusehen und folglich in den Kanon der »Heiligen Schrift« aufzunehmen. Zu sehr kamen solche Worte den eigenen Machtinteressen entgegen. Dabei hätte man den Mythos durchaus auch anders verwenden können, wie Paulus gezeigt hat. Immerhin erscheint bei ihm der sündige Adam und nicht etwa die sündige Eva als Verursacher von Tod und Leid.[35] Es war also jedem Theologen selbst vorbehalten, in welcher Weise er sich der Paradieserzählung bedienen wollte. Wenn sich die Kirche in vielen Dingen auch treu an Paulus hielt, in diesem Falle verweigerte sie ihm die Gefolgschaft.

Anscheinend wäre es ohne Berufung auf den biblischen Anfangsmythos nicht möglich gewesen, den Herrschaftsanspruch des Mannes im Laufe der Jahrhunderte so radikal und weitreichend durchzusetzen. Immer wieder bemühten ihn Kirchenmänner, um zu belegen, daß der Mann sündloser, gläubiger, vernünftiger, kurz: besser sei als die Frau, was anscheinend so wenig sichtbar war, daß es der biblischen »Beweisführung« bedurfte… Der große Kirchenlehrer Thomas von Aquin, der heute noch in der katholischen Kirche als *die* Autorität schlechthin gilt, »hielt Evas Sünde deshalb für ernster, weil sie den Worten der Schlange glaubte, während

Adam das nicht tat, und weil sie Adam dazu brachte, ebenfalls zu sündigen. Adam hingegen schloß sich ihr nicht aus Schlechtigkeit an, sondern aus reiner Gutwilligkeit.«[36]

Interessant ist in diesem Zusammenhang, daß einerseits der Erkenntnisdrang Evas von christlichen Theologen und Dichtern mit allen möglichen Sünden in Verbindung gebracht und dazu verwendet wurde, das weibliche Geschlecht auf jede erdenkliche Weise zu diffamieren. In dem Augenblick jedoch, als die Aufklärung auch in der Theologie an Einfluß gewann und der durch Eva bewirkte Erkenntniszuwachs des Menschen eine positive Bewertung erfuhr, erscheint *Adam* als Erkenntnisbringer der Menschheit und nicht mehr Eva.[37] Diesem Umschwung folgt auch die Tiefenpsychologie. Der Garten Eden wurde nun nicht mehr als Inbegriff einer von Gott beabsichtigten heilen Welt gedeutet, die durch die Frau zerstört wurde, sondern als Symbol der »Unwissenheit und Knechtschaft«, aus der Adam uns durch seinen Erkenntnisakt befreit hat. Kein Wort mehr darüber, wem er diese Erkenntnis eigentlich verdankte...

Es wäre ein Thema für sich, den Einfluß zu untersuchen, den die Gestalt der Eva auf die Vorstellungen von Philosophen, Theologen, Psychologen, Juristen und Medizinern hatte. (Im Hinblick auf die Theologen hat sich John A. Phillips dieser Aufgabe gestellt.) Ein anderes Thema wäre es dagegen zu beschreiben, wie sehr Frauen unter dem biblischen Eva-Bild gelitten haben, und zwar ganz besonders dann, wenn sie selbst den Namen der Ur-Mutter trugen. Keinem der beiden Themen kann ich mich in diesem Rahmen widmen.

Statt dessen möchte ich abschließend auf eine biblische Gegentradition zum Paradiesmythos eingehen, die helfen könnte, sich von Erkenntnisverbot und falschen Schuldgefühlen zu befreien und eine eigenständige weibliche Identität mit einem angemessenen Selbstwertgefühl zu entwickeln.

»Kommt, sättigt euch an meinen Früchten!«

Mit der Abschaffung der Frau als Eva, als Unterweiserin, Sinnstifterin und Mutter allen Lebens wurde die Weisheit aus der Welt gedrängt. Zwar versuchten die »Freunde der Weisheit«, die Philosophen, sich ihrer zu bemächtigen, doch ließ sich nicht verleugnen, daß es sich bei ihren Philosophien um rein männliche Gedankenkonstrukte handelt, die immer weniger mit Weisheit, mit weiblich-matriarchaler Erkenntnis zu tun haben. Seit Beginn der vielfältigen Patriarchalisierungsprozesse, die bis heute noch anhalten, gab es auch eine Gegenströmung durch bestimmte Kreise, die das Andenken an die Ur-Mutter wach und in Ehren hielten. Natürlich hatten diese Kreise wenig Chancen, die patriarchale Zensur zu überstehen und überliefert zu werden. Dennoch haben schriftliche Zeugnisse dieses Traditionsgutes überlebt – sogar in der Bibel. Ich denke an die Weisheitsliteratur, die sich wie ein Gegenmythos zur Paradiesgeschichte liest. Dort tritt die Weisheitsgöttin in Gestalt der FRAU WEISHEIT als Gegenspielerin des Erkenntnis verbietenden HERRN auf und stellt sich als Baum vor, an dessen Zweigen Weisheitsfrüchte wachsen, zu deren Genuß sie die Menschensöhne auffordert. Fast provozierend klingen auf dem Hintergrund des Eva-Mythos folgende Worte:

Wer nach der Weisheit greift, dem ist sie ein
    Lebensbaum;
und wer sie festhält, ist glücklich zu preisen!
In ihrer Rechten hält sie langes Leben;
in der Linken Wohlstand und Würde.
Ihre Wege sind freundliche Wege
und auf all ihren Pfaden ist Wohlergehen.[38]

oder:
Kommt zu mir, die ihr mich begehrt,
sättigt euch an meinen Früchten.

An mich zu denken ist süßer als Honig.
Mein Andenken reicht bis zu den fernsten Generationen.
Wer von mir ißt, hungert immer nach mir,
und wer von mir trinkt, dürstet immer nach mir.
Wer auf mich hört, wird nicht zuschanden,
und wer mir folgt, fällt nicht in Schuld.
Wer mich ans Licht hebt, hat ewiges Leben.[39]

Hatte Gott der HERR dem Adam einst den Tod angedroht, falls er von den Früchten des Paradiesbaumes essen sollte, so tut die Weisheit genau das Gegenteil: Sie fordert die Menschensöhne zum Genuß ihrer Früchte auf und verheißt ihnen ein langes Leben und Wohlergehen. Mit großer Eindringlichkeit wiederholt die Weisheit auf vielfältige Weise ihre Aufforderung:

Sage zur Weisheit: Du bist meine Schwester
und heiße die Einsicht deine Vertraute.[40]

Der Weisheit Anfang ist: Erwirb Weisheit, erwirb
    Einsicht!
Vergiß es nicht: Erwirb Weisheit, erwirb Einsicht,
um all deinen Besitz!
Verlasse sie nicht, so bewahrt sie dich.
Behalte sie lieb, so behütet sie dich.
Halte sie hoch, so bringt sie dich hoch.[41]

Solche Worte richten sich eindeutig gegen den verbietenden, drohenden und strafenden Gott, der verhindern will, daß Adam auf die weibliche Stimme der Weisheit hört. Doch das traut sich selbstverständlich kein Theologe zu denken und schon gar nicht zu schreiben. Mögen auch die Weisheitsworte in den uns vorliegenden Textfassungen wesentlich jüngeren Datums sein als der Eva-Mythos, so scheinen sie doch unmittelbar an diesen anzuknüpfen. Außerdem enthalten sie wesentlich ältere Weisheitssprüche aus Ägypten, Babylonien

und Griechenland. Hinzu kommt, daß sie typisch matriarchales Gedankengut enthalten, das in vielen Teilen an die
Weisheitssprüche des Lao-Tse erinnert.

> Sie ist nur eine und vermag doch alles;
> ohne sich zu ändern, erneuert sie alles.
> Von Geschlecht zu Geschlecht tritt sie in heilige Seelen ein
> und schafft FreundInnen des Heiligen.[42]

> Die Weisheit kennt das Vergangene und errät das
>   Kommende.
> Sie versteht Rätselhaftes zu deuten.
> Im voraus weiß sie Zeichen
> und kennt den Ausgang von Perioden und Zeiten.[43]

Die Weisheit hat seit jeher weniger mit männlicher Logik und
Wissenschaft als mit weiblicher Intuition und Lebensnähe zu
tun. Deshalb wendet sie sich auch an das männliche Geschlecht, denn sie stellt ja die Gesamtheit weiblichen Erkennens dar. Nach Jahrtausenden der Patriarchalisierung können wir Frauen allerdings längst nicht mehr so ungebrochen
von unserer Weisheit ausgehen und bedürfen ihrer Belehrungen sowie ihrer Ermahnungen, von ihren Früchten zu essen.
   Hat das Erkenntnisverbot des HERRN sein Gegenstück in
den Aufforderungen der Weisheit, so hat auch die Verteufelung Evas ihr Gegenstück in der Verehrung, die ihr in gewissen frühchristlichen Kreisen entgegengebracht wurde. Dort
wurde nicht etwa Evas Ungehorsam als jener Akt verstanden,
der die Welt ins Verderben stürzte, sondern die Unbewußtheit Adams, der sein Leben in der Seinsvergessenheit einzurichten suchte. Sein Mangel an Erkenntnis, sein Verharren in
der Finsternis der Ignoranz galten als Ursache seiner Unerlöstheit. Demgegenüber wurde in gnostischen Bewegungen
Eva als Tochter der Weisheit um ihrer Erkenntnistat willen
gerühmt und verehrt. Ohne sie, so wurde in diesen Kreisen
vermutet, wäre Adam nie aus seinem Schlaf des Vergessens

und der Unbewußtheit erwacht. Folglich ist die Erinnerung an Evas Tat so wichtig; denn nur Erinnerung und Erkenntnis, nicht aber Vergessen und Ignoranz können den Menschen vom Leiden erlösen.

Ein und dieselbe Handlung findet also eine völlig entgegengesetzte Bewertung im Rahmen des frühchristlichen Glaubens. Was Kirchenmänner als schlimmste Sünde verdammten, wurde in gnostischen Kreisen als weibliche Großtat gerühmt. Die Verfolgung und Verketzerung der Gnosis durch die offizielle Kirche hängt mit dieser Glaubenseinstellung zusammen. Heute haben wir die Freiheit, erneut vom Baum des Erkennens von gut und böse zu essen. Es liegt an uns, neu darüber zu entscheiden, was für uns richtig und falsch, was sinnvolles und was sinnloses Verhalten ist. Wir täten gut daran, männliche Schuldzuweisungen nicht allzu ernst zu nehmen und uns auf unser eigenes Werturteil zu verlassen. Gleichzeitig müßten wir jedoch lernen, männliches Verhalten kritischer zu beurteilen, als wir es gewohnt sind, um die verfälschten Relationen zu korrigieren. Dieser Korrektur ist das nächste Kapitel gewidmet.

III. Kapitel

Die Tabuisierung
männlicher Schuld

Und Gott der Herr sprach:
»...wer Kain totschlägt,
das soll siebenfältig gerächt werden.«

Das Phänomen

Dem Übermaß an weiblichen Schuldgefühlen, so habe ich bis
jetzt zu zeigen versucht, liegt ein hohes Maß an Schuldzuweisungen (von überwiegend männlicher Seite) zugrunde.
Möglicherweise gibt es sogar eine Korrelation zwischen beiden. Sie speisen sich – so meine These – aus verdrängter
männlicher Schuld. Wird in Frauen auf der Grundlage einer
patriarchalen Erziehung und Sozialisation die Bereitschaft
erzeugt, sich für alles verantwortlich zu fühlen, so wird in
Männern die Bereitschaft gestärkt, kaum für etwas die Verantwortung zu übernehmen. Ja, mehr noch, sie werden darin
unterstützt, eigenes Fehlverhalten unsichtbar zu machen und
die Thematisierung männlicher Schuld zu tabuisieren. Längst
ist die Konstruktion weiblicher Schuld als Kehrseite der Tabuisierung männlicher Schuld zum festen Bestandteil allge-
meingültiger Argumentationen geworden.

Wenn wir also die Anschauungsmuster aufdecken wollen, die
zu jenem übersteigerten Schuldbewußtsein von Frauen führen, dann müssen wir uns auch mit dem Phänomen eines
entsprechend geringen Schuldbewußtseins bei Männern befassen.[1] Hier sind die Relationen völlig aus den Fugen geraten, und das bedarf der Klärung.

Männer sind selten schuld an irgend etwas. Selten sind sie
für etwas verantwortlich. Das Wort »Verantwortung« kennen sie vorrangig im Zusammenhang mit Profit und Prestige,
wenn es gilt, sich Verantwortung bezahlen zu lassen oder mit
diesem Begriff ihre Karriere aufzubauen. Aber auch in beruflichen Zusammenhängen sind sie sich selten einer Schuld be-

wußt und schlagen sich kaum mit übermäßigen Schuldgefühlen herum. Politische Verantwortung übernehmen heißt für sie – wenn es gar nicht anders geht –, den Rücken zu kehren und den Hut zu nehmen. Fehler einzugestehen wird als ein Zeichen der Schwäche gewertet, also läßt man(n) es. Schuld sind immer die anderen oder die Umstände. So einfach können es sich Frauen offensichtlich nicht machen.

Den Zusammenhang zwischen männlicher Schuldverdrängung und weiblichen Schuldgefühlen habe ich in seinen kulturellen Wurzeln im vorigen Kapitel als Adam- und Eva-Syndrom beschrieben. Je stärker männliche Schuld verdrängt wird, desto stärker fühlen Frauen sich schuldig. Selbstverständlich kann nicht geleugnet werden, daß dieser kollektive Mechanismus auch unter Frauen wirksam ist, die zur Verdrängung männlicher Schuld einen beträchtlichen Beitrag leisten. Genausowenig darf übersehen werden, daß auch Männer Opfer dieses Mechanismus werden können. Dennoch meine ich, daß ihm in erster Linie – wenn auch nicht ausschließlich – eine Geschlechtertypik zugrunde liegt, die beachtet werden sollte. In jedem Fall geht es um die Verdrängung *männlicher* Schuld. Je männlicher (= mächtiger) diese Männer nämlich sind, desto stärker ist ihr »Anrecht« auf Verdrängung ihrer Schuld. Je ohnmächtiger und damit »weiblicher« sie sind, desto mehr laufen sie Gefahr, ebenfalls zu Opfern dieses Verdrängungs- und Schuldverschiebungssystems zu werden.

Dem kollektiv wirksamen Mechanismus der Tabuisierung männlicher Schuld können wir uns meines Erachtens nur entziehen, wenn wir ihn durchschauen. Daher möchte ich aufzeigen, wie grundlegend er für das patriarchale System ist; wie es ihn immer wieder neu hervorbringt und fortwährend unterstützt.

Wenn ich hier von »Tabuisierung« und nicht etwa von »Verdrängung« männlicher Schuld spreche, geht es mir darum, die Affektgeladenheit hervorzuheben, die mit der Verletzung dieses Tabus einhergeht. Diese Affektgeladenheit

wird dort am deutlichsten, wo männer- und patriarchatskritische Feministinnen vorschnell und in recht affektiver Weise
als »Männerhasserinnen« abgestempelt werden, so daß man/
frau sich mit ihrer Kritik nicht weiter zu befassen braucht.
Wer Männer kritisiert, ihr korruptes, doppelbödiges, gewalttätiges, umwelt- und beziehungszerstörerisches Verhalten benennt, verletzt ein Tabu, dessen Übertretung angst- und
damit auch aggressionsbesetzt ist. Doch ist diese Angst längst
ins Unbewußte abgesunken, genauso wie der Begründungszusammenhang für die Einhaltung des Tabus. Je länger ein
Tabu nämlich in Kraft ist, desto stärker, selbstverständlicher
und damit unbewußter wird es verinnerlicht. Die Wahrnehmung beider Geschlechter hat sich längst auf das Tabu eingestellt. – Der soziale Friede ist gerettet und wird nur hin und
wieder von ein paar bösartigen Feministinnen – eben »Männerhasserinnen« – gestört.

Der Vorwurf des Männerhasses berührt ein weiteres Tabu
unserer patriarchalen Kultur: Männer müssen gemocht,
geliebt und verwöhnt werden. Frauen dürfen abgelehnt, diffamiert, verachtet und gehaßt werden. Frauenhaß ist eine alltägliche Selbstverständlichkeit und kommt in einer ungeheuren Variationsbreite vor. Wer ihn anprangert, wird als kleinkariert und humorlos hingestellt; denn was wäre männliche
Witz- und Sex-»kultur« ohne Frauenverachtung und
Frauenhaß? Sie sind längst zum integralen Bestandteil der
Männergesellschaft geworden. Doch in den häufigsten Fällen
werden sie als solche gar nicht wahrgenommen.

Auf dem Hintergrund der weiten Verbreitung männlichen
(und weiblichen) Frauenhasses ist es äußerst erstaunlich, wie
wenig Männerhaß es im allgemeinen unter Frauen gibt, wo
ihnen doch von männlicher Seite ein solches Maß an Gewalt
und Verachtung entgegenschlägt. Trotzdem verwenden
Frauen auch weiterhin ihre wertvollen Energien darauf,
Männern die Weste weißzuwaschen und dabei gleichzeitig
die eigene und die anderer Frauen zu beflecken.

Diese doppelte Tabuisierung sorgt dafür, daß unsere

Wahrnehmung getrübt ist im Hinblick auf männliche Schuld. Sie hat im Laufe der Zeit für die meisten Menschen ihre Erkennbarkeit verloren. Statt dessen hat sich die Wahrnehmung beider Geschlechter auf weibliche Schuld »spezialisiert« und wittert sie überall.

Das Tabu der Benennung männlicher Schuld, zu dessen Einhaltung Frauen und Männer gleichermaßen, wenn auch auf unterschiedliche Weise, abgerichtet werden, dient dem Aufbau männlichen Selbstwertgefühls. Mit seiner Hilfe lassen sich patriarchale Vorstellungen von Männlichkeit als überlegen, bedeutsamer und höherwertiger aufrechterhalten. Das Interesse von Frauen an der Aufrechterhaltung dieser Vorstellung läßt sich damit begründen, daß sie ihnen hilft, ihre eigenen Minderwertigkeits- und Schuldgefühle nicht hinterfragen zu müssen und auf recht bequeme Weise am Wert des Mannes als seine Gehilfin, als »Männin«, teilzunehmen. Kurz, sich nicht aus diesem System herausbewegen, sich nicht verändern und zu einer eigenständigen Persönlichkeit werden zu müssen.

Hinter der Einhaltung dieses Tabus steht allerdings auch das (meist unbewußte) Eingeständnis, daß patriarchale Männlichkeit ein höchst zerbrechliches Gebilde ist, das der psycho-sozialen Stützung bedarf, um weiterhin Eigenschaften wie Stärke, Rationalität, Geist, Objektivität, Sachlichkeit, Kompetenz, Verantwortungsbewußtsein usw. für sich buchen zu können.[2]

Vom alltäglichen Umgang mit männlicher Schuld

Unter der Tabuisierung männlicher Schuld verstehe ich das unterschwellige Verbot, männliche Schuld zu benennen, möglicherweise auch zu bestrafen oder ihre Bestrafung zu fordern. Die Tatsache, daß Zuchthäuser und Gefängnisse mit

Männern angefüllt sind, ist noch kein Beweis für die Unrichtigkeit dieser Behauptung. Hier drückt sich lediglich das patriarchale Machtgefälle aus. Bestimmte Taten bestimmter Männer müssen selbstverständlich bestraft werden, damit das System nicht im Chaos männlicher Gewalt versinkt. Die Mächtigen und Reichen sorgen vorrangig für ihren Schutz – auch vor anderen Männern. Die Tendenz zur Einhaltung des Tabus verringert sich folglich mit dem Machtstatus des Täters. Das heißt: Je stärker ein Mann teilhat an patriarchaler Macht, desto geringer ist die Neigung, seine Schuld zu benennen, zu verurteilen oder gar zu bestrafen. Diese Neigung steigt sofort um ein Vielfaches, sobald die Machtteilhabe einer Frau zukommt. Die Schuld von Männern wird niemals in gleicher Weise offengelegt und geahndet wie die Schuld von Frauen.

Für beide Tendenzen – die Tabuisierung männlicher Schuld generell sowie die noch stärkere Tabuisierung der Schuld reicher und mächtiger Männer – gibt es eine Fülle von Beispielen aus Wirtschaft und Politik. Wem folglich das Wohlwollen der Herrschenden etwas gilt, wer von ihm abhängig ist oder wer sich etwas von ihren Segnungen verspricht, muß dies Tabu möglichst uneingeschränkt respektieren. Wer sich nicht daran hält, wird diffamiert, bestraft, ausgegrenzt, hat keine Chance, in irgendeiner Form an der Macht teilzuhaben, »etwas zu werden«.

Auf der zwischenmenschlichen Beziehungsebene schwächt der Mechanismus der Tabuisierung männlicher Schuld die Position der Frau ungemein. Nie trägt der Mann Verantwortung, wenn etwas in der Beziehung schiefläuft. Immer ist sie schuld, da sie ja für den emotionalen Bereich zuständig ist. Immer sind seine schlechten Launen und Aggressionen berechtigt – meist sogar von ihr verursacht. Daß ihre schlechten Launen und Depressionen dagegen selbstverschuldet sind, dessen ist er sicher. – Sie glaubt ihm und rennt von einer Therapie zur andern und nimmt ihm damit den Weg zum Therapeuten und beiden den Weg in die Selbstreflektion ab.

Doch die Tabuisierungstaktik läuft nicht nur im zwischenmenschlichen Bereich. Mit Hilfe der Sprache, des Verhaltens und der Ideologiebildung wird männliche Schuld bzw. männliches Fehlverhalten auch auf gesellschaftlicher Ebene unsichtbar gemacht, wird männliche Täterschaft gedeckt oder gar in ihr Gegenteil verkehrt. Wie dies geschieht, möchte ich an einigen Gegenwartsbeispielen veranschaulichen:

In einem Zeitungsartikel wird über eine »Fachtagung zu Ausschreitungen rund um den Fußball« in Hannover berichtet. Der Artikel beginnt mit den Worten: »Sie prügeln sich durch die Tribühnen der Stadien, verwandeln Spielfelder in Kampfarenen und machen Städte unsicher. ›Hooligans‹ nennen sie sich – zu deutsch: Schläger, Rowdy, Gewalttäter. …Gewalt im Umfeld großer Fußballveranstaltungen greift immer mehr um sich.« ³

Daß es sich hier um *männliche* Gewalt handelt, ist an dieser Stelle des Artikels noch klar erkennbar. Eine geschlechtsneutrale Sprache sorgt jedoch im weiteren Verlauf dafür, daß die Gewalttäter nicht mehr als männliche Wesen identifizierbar sind. Die Weichen für diese Vernebelung wurden aber bereits durch das Motto der Fachtagung gestellt. Es lautete: »Jugend und Gewalt im Sport« und nicht etwa »Jungen und Gewalt im Sport«. So wird auch im Laufe des Artikels von »Jugendlichen« und »jungen Menschen« berichtet, deren Unmut sich im Fußball Luft mache.

Diese neutralen Sprachformen suggerieren, es handle sich hier um ein Problem, das beide Geschlechter gleichermaßen betrifft. Das ist aber nicht der Fall. Junge Mädchen haben keinen Anteil an männlicher Gewalt im Sport. Das aber verbirgt die neutrale Sprache des Textes. Es wird versäumt, uns darüber aufzuklären, daß es sich hier – wie in vielen anderen Bereichen – um ausschließlich männliche Gewalt handelt, deren Ursachen wiederum auf männliches Verhalten zurückzuführen wären. Wie der Artikel nämlich weiter ausführt, wird die männliche Gewalt einerseits als »Antwort auf zubetonierte Städte« gedeutet, andererseits aber auch »auf die Kommerzialisierung des Sports und die damit verbundene wachsende Distanz zwischen Sportlern und Fans« zurückgeführt. Beide »Ursachen« sind ebenfalls Ausdruck männlichen Handelns, das wiederum als solches durch einen geschlechtsneutralen Sprachgebrauch nicht erkennbar wird.

Der Grund für diese Undifferenziertheit liegt nicht in fehlenden sprachlichen Möglichkeiten, die oft als Entschuldigung angeführt werden; denn in anderen Zusammenhängen erfreut sich gerade der männliche Sprachgebrauch größter Beliebtheit und wird vehement verteidigt. So wird zum Beispiel nur sehr zögerlich von Politikerinnen statt von Politikern, von der Chefin statt vom Chef, von Lehrerinnen statt von Lehrern gesprochen und geschrieben. Beschweren sich Frauen an dieser Stelle über die männlichen Sprachformen, so werden sie als kleinkariert und spitzfindig hingestellt. Dort aber, wo eine männliche Sprache inhaltlich angebracht wäre, wird auf eine geschlechtsneutrale Sprache zurückgegriffen, die Frauen ungerechtfertigterweise mit einschließt. Solche sprachlichen Schachzüge verhindern, daß spezifisch männliche Verhaltensdefizite als solche auch wahrgenommen werden. Sie stützen das Tabu der Offenlegung männlicher Schuld.

Wie Marilyn French in ihrem neuesten Buch feststellt, ist »das gesellschaftliche Tabu, nie den Männern-als-Gesamtheit Vorwürfe zu machen, ... so mächtig und allgegenwärtig, daß selbst Sozialwissenschaftler, die Gewalt von Männern an Frauen mißbilligen, den Eindruck weitervermitteln, die Männer seien an solchen Handlungen schuldlos«.[4] Wie Forscherinnen feststellen, zeichnet sich die Sprache besonders maskuliner Unternehmenszweige, wie zum Beispiel das Militär und technische Firmen, dadurch aus, daß es ihr generell an einem handelnden Subjekt fehlt, daß Männer sich hier selbst als Handelnde unsichtbar machen. Wenn sich aber auch Sozialwissenschaftler, die über Gewalt von Männern gegen Frauen schreiben, dieser männlichen Sprache bedienen, so handeln sie nicht nur ihren eigenen guten Absichten entgegen, sondern auch ganz im Sinne der Gewalttäter und gegen das Interesse von Frauen. Sie schreiben nämlich in einer Sprache, »in der nichts und niemand für bestimmte Ereignisse verantwortlich gemacht werden kann, in der ›Dinge‹ geschehen, als würden sie von selbst passieren«.[5] Die US-amerikanische Sprachforscherin Sharon Lamb konnte bei ihrer Analyse akademischer Schilderungen männlicher Gewalt feststellen, »daß alle Sozialwissenschaftler ›das allgegenwärtige Passiv benutzen…, in dem Handlungen ohne Subjekt dargestellt werden, Verletzungen keinen Urheber kennen‹«.[6] Wie Lamb bei ihren Untersuchungen herausfand, nennen Männer in ihren Veröffentlichungen doppelt so häufig wie Frauen *keine* Urheber von Handlungen. Das mag allerdings auch noch einen strategischen Grund haben, denn Lamb konnte gleichzeitig feststellen, »daß ein Artikel, in dem Männer für aggressive Handlungen verantwortlich gemacht werden, in einer sozialwissenschaftlichen Zeitschrift – oder auch in Tageszeitungen und Zeitschriften – nicht veröffentlicht wird«.[7]

French zitiert einige Beispiele aus Lambs Sprachanalyse der Artikel männlicher Sozialwissenschaftler:

»*Handlungen ohne Subjekt; Passiv:* ›Schwarze Frauen werden unverhältnismäßig häufiger mißhandelt als weiße Frauen.‹

Handlungen ohne Subjekt: ›das gewalttätige Verhalten‹, ›die Prügel‹, ›die Mißhandlung‹.

Opfer ohne Täter: ›geschlagene‹ oder ›mißhandelte‹ Frauen; mißhandelte/geschlagene ›Ehefrauen‹.

Geschlechtsvernebelung: ›Sie kann geschlagen werden, wenn der *Angreifer* kommt‹; ›Warum bleiben geschlagene Frauen bei ihren *Freunden,* die sie verprügeln?‹«[7] Die beiden von mir hervorgehobenen Subjekte (assailant und mate) sind im Amerikanischen geschlechtsneutral.

Ein zweiter wichtiger Grund für eine solche Neutralisierung der Täter liegt darin, daß viele Organisationen, die mißhandelten und vergewaltigten Frauen helfen, auf Spenden angewiesen sind. Das heißt, daß die Männer in den Spender-

organisationen nicht verprellt werden dürfen durch eine
allzu deutliche Offenlegung männlicher Schandtaten. Daher
richten sie in ihren Veröffentlichungen ihr Augenmerk nicht
etwa auf »prügelnde Männer«, sondern auf »häusliche Gewalt«.

Die Ergebnisse solcher Vorsichtsmaßnahmen im Verbund
mit männlicher Blindheit, wenn es um die schlechten Taten
des eigenen Geschlechts geht, sehen dann so aus: »Wenn
Männer mit Händen, Fäusten, Hämmern oder anderen
schweren Metallgegenständen auf Frauen einschlagen, ihnen
die Arme nach hinten drehen, die Knochen brechen, den
Schädel einschlagen, sie mit Füßen treten, mit Messern auf-
schlitzen, erschießen oder ihren ganzen Erfindungsreichtum
einsetzen, um sie auf andere Art zu verletzen, dann sprechen
Sozialwissenschaftler unschuldig von ›häuslicher‹ oder ›ehelicher‹ Gewalt.«[8] Lamb zitiert in ihrem Artikel ein Beispiel,
das eine brutale Szene beschreibt, »in der ein Ehemann mit
einem Stock auf den Kopf seiner Frau einschlägt, während er
mit einem Schlauch auf ihre Arme und Beine einpeitscht. Die
Autoren (die hiervon berichten, C. M.) stellen dazu die Frage:
›Wie kann ein Paar sich nur gegenseitig so etwas antun?‹« Die
Frage suggeriert, daß beide gleichermaßen an der Gewalt beteiligt waren, und nimmt nicht zur Kenntnis, daß der Mann
der Gewalttätige und die Frau das Opfer männlicher Gewalt
war. Obwohl hier informiert wird, wird der Mann mit dieser
Frage als Schuldiger unsichtbar gemacht, während die Frau
nicht wirklich als Opfer seiner Gewalt erscheint, sondern im
Gegenteil als aktiv Mitschuldige. Mit solch einer Darstel-
lungsweise machen sich Sozialwissenschaftler zu Komplizen
der üblichen einseitigen Schuldzuweisungen an das weibliche
Geschlecht, was sie natürlich vehement bestreiten würden.

Beim nächsten Beispiel handelt es sich um eine etwas andere Variante männlicher Schuldverdrängung. Sie geschieht
mittels offensichtlicher Schuldverschiebung. Die Unmöglich-
keit, Frauen als Schuldige zu präsentieren, läßt Männer bei
ihren Formulierungen auf die Natur als handelndes Subjekt

zurückgreifen. Ich denke an die Berichterstattung über das Tankerunglück des Ölmulti EXXON vor der Küste Alaskas. Es löste eine Umweltkatastrophe aus, für die ausschließlich Männer in vielfacher Weise verantwortlich waren und nicht etwa nur ein betrunkener Kapitän. Lesen konnten wir allenfalls von »menschlichem Versagen« und nicht etwa von männlichem Versagen, was der Sache durchaus angemessen gewesen wäre. Statt dessen erschien die Natur als verantwortlich für die schwerwiegenden Folgen. So lauteten einige der reißerischen Überschriften der Tagespresse: »Der Wind ist gegen uns!« Oder: »Das Öl vergiftet uns alle!« Oder aber: »Das Öl tötet die Fische und Vögel!«

Mit solchen Formulierungen wurde der Anschein erweckt, als seien Öl und Wind die eigentlich Schuldigen, nicht aber jene Männer, die aus Profitgründen auch heute noch verhindern, daß doppelwandige Tanker gebaut werden; die sich weigern, das Öl in kleineren Tankschiffen zu transportieren, damit sich im Schadensfall das Risiko verringert. Der gewalttätige Aspekt männlicher Profitsucht, gepaart mit männlicher Risikofreudigkeit und Verantwortungslosigkeit, wurde hier nicht als schuldhafter Hintergrund der Katastrophe sichtbar und trat folglich auch nicht ins Bewußtsein der breiten Öffentlichkeit.

In einem letzten Beispiel geht es um den Golfkrieg, bei dem auffälligerweise auf eine weibliche Sprache zurückgegriffen wurde, wahrscheinlich um die alleinige männliche Verantwortung für dies grauenvolle Geschehen nicht sichtbar werden zu lassen. Dieser Krieg mit seinen verheerenden Folgen insbesondere für Frauen, Kinder und die Natur hat längst gezeigt, daß Männer vor nichts zurückschrecken und daß ihr verantwortungsloses Verhalten unabsehbare Folgen für Mensch und Natur hat. Skrupellos sind sie bereit, für ihre Klischeevorstellungen und ihren Profit Frauen und Kinder zu töten, langfristig in unsägliches Leid zu stürzen und Land, Meer und Luft zu verseuchen, ja sogar eine Klimakatastrophe zu riskieren.

Obwohl dieser Krieg allein auf Entscheidungen von Männern zurückging und eine eindeutige Demonstration männlicher Technik und Macht darstellte, wurde er in der Erklärungsrede des amerikanischen Präsidenten mit den Worten einer *Soldatin* begründet, als hätte er sich in seiner Entscheidungsfindung von einer Frau oder gar von weiblichen Interessen leiten lassen. Nur am Rande sei bemerkt, daß der im Vergleich zu anderen Kriegen außerordentlich hohe Anteil an Soldatinnen nicht etwa Ausdruck einer besonders fortgeschrittenen Emanzipation der Frau zuzuschreiben war, wie Offiziere glauben machen wollten. Vielmehr hing er damit zusammen, daß es am islamischen Golf an Bordellen mangelte. Die amerikanischen GI's mußten folglich durch die »eigenen« Frauen bei Laune gehalten werden, was am einfachsten durch den Einsatz von Soldatinnen zu bewerkstelligen war. Die Folge war eine außerordentlich hohe Schwangerschaftsrate unter den Soldatinnen.

Doch noch einmal zurück zur Sprache. In den Medien wurde über den Golfkrieg als »Mutter aller Schlachten« und nicht etwa als »Vater aller Kriege« berichtet. Und als einige Monate später in den USA der Sieg des männlichen »Knowhow« noch einmal öffentlich gefeiert wurde, folgte der »Mutter aller Schlachten« die »Mutter aller Paraden«. Hier wäre es wiederum durchaus möglich gewesen, vom »Vater aller Siegeszüge« zu sprechen. Doch damit wäre der Krieg als eindeutig männlicher Gewaltakt auch sprachlich feststellbar geworden, während es im Zeitalter der Gleichberechtigung darum geht, das weibliche Geschlecht nun auch in den männlichen Kriegswahn einzubinden.

Der Vielfalt dieser drei Varianten männlicher Sprachakrobatik und Vernebelungstaktik liegt meines Erachtens ein gemeinsames Motiv zugrunde: Männliche Schuld und Verantwortlichkeit dürfen auf keinen Fall zur Sprache gebracht werden. Sie können folglich auch nicht ins öffentliche Bewußtsein treten und zum Umdenken anregen.

Die Verdrängung männlicher Schuld hat System. Und das

ist das Erschreckende. Männer, Frauen und Kinder sind daran beteiligt. Sie werden zu dieser Verdrängung veranlaßt, genötigt oder gezwungen. Und da sie von ihrer Umwelt abhängig sind, ihre Anerkennung brauchen, können sie es sich nicht leisten, andere Wege zu gehen. Außerdem sind sie ein integraler Bestandteil des patriarchalen Systems, seines Welt- und Menschenbildes, durch das die Art unserer Wahrnehmungen und Wertungen bestimmt wird. Die Verdrängung männlicher Schuld ist sozusagen der Kitt, der den Mann auf seinem Sockel hält. Sie ist aber auch der Kitt, der die Geschlechter und Generationen zusammenhält, der gemeinsame Nenner, der ihr Weltbild begründet, auf den sie sich – wenn auch unbewußt – einigen können und der folglich ein Gefühl der Stabilität verleiht.

Wo Frauen dies Weltbild und Wertgefüge nicht länger mittragen, beginnt es zu bröckeln. Ohne diesen Kitt gerät alles aus den Fugen und beginnt zu wanken. Wie im Märchen »Des Kaisers neue Kleider« werden Männer auf einmal erkennbar, wie sie wirklich sind, ohne ihre Pseudogewänder der Sachlichkeit, des Durchblicks, der Verantwortungsbewußtheit, der Gradlinigkeit, der Zuverlässigkeit und wie sie alle heißen mögen. Statt dessen tritt die Kehrseite dieser Idealisierungen zutage: ihre Feigheit und Korruptheit, ihre mangelnde Sachlichkeit und ihre Verantwortungslosigkeit, ihre Irrationalität und Inkompetenz, ihre Unzuverlässigkeit und ihr Imponiergehabe.

Ich will damit nicht sagen, daß alle Männer diese Eigenschaften hätten. Doch sollten sie dort, wo sie vorkommen, auch zur Kenntnis genommen werden. Immerhin ruinieren sie heutzutage nicht nur zwischenmenschliche Beziehungen, sondern auch unseren Planeten. Es geht darum, unsere Wahrnehmungsstörungen zu beseitigen und den Mann als Täter und Verantwortlichen dort zu entlarven, wo er als solcher auftritt. Ihn als Erschaffer jener »Sachzwänge« zu enttarnen, die er zu seiner eigenen Entlastung benutzt. Es geht darum, das weiblich-männliche Gefälle auszugleichen und das

enorme Ausmaß an Schuld zu erkennen, das Männer seit Jahrtausenden auf sich laden, ohne daß es wahrgenommen und
kritisiert oder gar verhindert wird, statt daß Frauen auch noch
die Verantwortung für männliches Tun mitübernehmen. Als
Wahrnehmungshilfe dient uns wiederum der Mythos.

Die Tabuisierung männlicher Schuld im biblischen Mythos

Durch zwei christliche Jahrtausende hindurch wurde der biblische Paradiesmythos offen und latent dazu benutzt,
Frauen zu diffamieren und ihnen jede erdenkliche Schuld an-
zulasten. Ihr Erkenntnisbegehren wurde als Ungehorsam
gegen den göttlichen Willen gewertet. Die Weichen dazu werden jedoch bereits im Mythos gestellt. Wie ich gezeigt habe,
ergreift Gott der HERR eindeutig Partei für den Mann, dessen »Schuld« zwar bestraft, aber gleichzeitig mit einem Herrschaftsanspruch gegenüber der Frau belohnt wird.

Noch deutlicher zeigt sich die göttliche Parteilichkeit für
den Mann, wenn wir diesen Mythos mit einem anderen vergleichen, der ausschließlich männliche Schuld thematisiert.
Es handelt sich um die biblische Erzählung vom ersten Mord,
den Evas Sohn Kain an seinem Bruder Abel aus Neid darüber
verübt, daß Gott der HERR das blutige Tieropfer des Bru-
ders angenommen hat und das eigene unblutige vegetarische
Opfer verschmäht. Daraufhin erschlägt Kain seinen Bruder
Abel auf dem Felde.

Hier handelt es sich um die verdeckte Beschreibung religiöser Umbrüche und Wandlungen im Opferkult. Der neue Gott
scheint blutige den vegetarischen Opfern vorzuziehen. Das
erinnert an die göttliche Ablehnung des vegetarischen Kultes
der Himmelskönigin durch den Propheten Jeremia, bei dem
Gebäck- und Trankopfer dargebracht wurden.[9]

Das Blut des Ermordeten tränkt die Erde und schreit gen Himmel – doch vergebens verlangt es Rächung. Gott der HERR, der ansonsten immer wieder als Rächer der Schwachen auftritt, wenn es um sein Volk geht, verweigert sich hier seiner eigenen Verheißung. Der Mörder selbst weiß um die Schwere seiner Schuld und den Ernst seiner Lage. Nach altem Recht erwartete ihn die Todesstrafe oder der Ausstoß aus der Sippe, was ursprünglich den sicheren Tod bedeutete. Diese Rechtsauffassung wird einige Kapitel weiter, 1. Mose 9,6, von Gott dem HERRN selbst bestätigt. Dort heißt es nämlich: »Wer Menschenblut vergießt, des Blut soll auch durch Menschen vergossen werden, denn Gott hat den Menschen zu seinem Bilde gemacht.«

Dies Wissen um die Folgen seines Vergehens klingt noch deutlich aus Kains Worten: »Meine Sünde ist zu groß, als daß sie aufzuheben (zu sühnen C. M.) wäre. Siehe, du treibst mich heute aus dem Lande, und ich muß mich vor deinem Angesicht verbergen und muß unstet und flüchtig sein auf Erden. So wird mir's gehen, daß jeder, der mich findet, mich töten kann.«[10]

Das Durchschneiden der Blutsbande – und darum handelt es sich hier – konnte nach matriarchalem Recht in der Tat nicht gesühnt werden. Kain hatte in Abel das Blut Evas – nicht Adams – zerstört, denn im Matriarchat verläuft die Abstammung ausschließlich über die weibliche Linie. Vaterschaft ist entweder unbekannt oder unbedeutend. Der Mutter kam folglich die Vollstreckung des Urteils zu. Im Text aber wird Eva und die an ihr begangene Blutschuld gar nicht erwähnt. Hier scheint Schuld ausschließlich eine Sache zwischen dem Mann und Gott zu sein, obwohl es der oben zitierte Vers 6 aus Kapitel 9 noch anders wußte.

Offensichtlich ging es bei diesem Mythos um eine Legitimierung der Abschaffung älterer Rechtsauffassungen, die es Frauen noch gestatteten, ihr Recht durchzusetzen und Männerverhalten zu disziplinieren. Ähnlich wie in den griechischen Mythen geht es auch hier um die Abschaffung des älteren Mutterrechts, um die Verdrängung der Frau als Rechtsinstanz. Diese obliegt im Mythos Gott dem HERRN, einer männlich-priesterlichen Instanz also. Galt im matriarchalen Recht der Schutz dem Schwachen und der Allgemeinheit, so scheint dies Rechtssystem mit dem Kainsmythos von Gott dem HERRN, der neuen patriarchalen Rechtsinstanz, negiert worden zu sein. Er antwortet Kain auf dessen Befürchtungen: »Nein; sondern wer Kain totschlägt, das soll siebenfältig gerächt werden. Und der Herr machte ein Zeichen an Kain, daß ihn niemand erschlüge, wer ihn fände.«[11]

Gott der HERR verbündet sich mit dem Mörder und hebt gleichzeitig die bis dahin gültigen Gesetze zum Schutze von Schwächeren auf. Folglich verliert das Opfer seinen Rechtsschutz. Wer noch weiter für das alte Rechtssystem eintritt, nach matriarchalem Recht handelt, wird auf der Grundlage des neuen patriarchalen Rechtsverständnisses siebenmal schwerer bestraft, als ein Mörder nach dem alten Recht bestraft worden wäre. Die Forderung nach Bestrafung des Mörders hat also ein ungemeines Gemetzel zur Folge.

Bei weiblichem Erkenntniserwerb hatte sich in Gott dem HERRN ein wesentlich stärkeres Strafbedürfnis entwickelt, als dies beim männlichen Mord der Fall war. Und in der Tat erging es der Erkenntnissucherin bis weit in die Neuzeit merklich schlimmer als dem männlichen Mörder, der ausreichend Gelegenheit erhielt, im Namen seines Herrgottes zu töten. Was ist das aber für ein patriarchales Rechtsverständnis, das hier seinen Sieg um den Globus antritt, in dem weiblicher Erkenntniserwerb als schlimmere Schuld gewertet wird als männlicher Brudermord?

Das Patriarchat ist ein System, das seine Herrschaftsgewalt in jeder Phase seiner Existenz männlicher Gewalt verdankt. Sie ist der Motor, der die Geschichte vorantreibt und das System stabilisiert. Folglich fällt es im Rahmen des patriarchalen Weltbildes schwer, männliche Gewalt als Kernproblem und »Urschuld« zu lokalisieren und anzuprangern. Statt dessen verlagert sich das Interesse auf die Thematisierung weiblicher Schuld, obgleich diese in keinem Verhältnis zu den männlichen Werken der Zerstörung steht.

Jüngstes Beispiel für diese Schuldverschiebung ist die politische Uminterpretation des Gewaltbegriffs. Frauen (und selbstverständlich auch Männer), die in den vergangenen Jahren die exzessiven Forderungen unserer militärischen Cliquen als mörderisch entlarvt haben und ihre Bedenken gegen weiteren Raketennachschub in friedlichen Demonstrationen vor den Waffendepots zum Ausdruck brachten, erfuhren per Gerichtsbeschluß, daß sie mit ihren Sitzstreiks und anderen Kundgebungen in Sachen Frieden »Gewalt« ausgeübt hätten. Selbst siebzigjährige Frauen, die die hohen Geldstrafen nicht bezahlen konnten, landeten schließlich im Gefängnis. »Vater« Staat reglementiert seine »Kinder«, indem er nicht nur das Gewaltmonopol, sondern auch die Definitionsmacht für sich allein beansprucht.

Hier erweist sich Vater Staat als Erbe Gottes des HERRN, der seine Machtübernahme damit antrat, daß er sich zu Beginn der Geschichte des Patriarchats auf die Seite des Gewalttäters stellte. Dessen Schutz schien ihm stärker auf der Seele zu brennen als der Schutz der Opfer von Gewalttaten. Dies Gottesbild durchzieht die jüdisch-christliche Religionsgeschichte, in der ein Gott verherrlicht wird, der sich immer wieder auf die Seite von Mördern stellte. Ja der sogar wiederholt den Mord befahl und das blutige Opfer von »Ungläubigen« oder auch nur »Andersgläubigen« forderte. Selbst seinen eigenen Sohn verschonte er nach christlicher Lehre nicht. Ihn ließ er für die »Vergebung der Sünden«, für die dennoch jahrhundertelang Ablaß kassiert wurde, und das angebliche Heil der Welt dahinmorden.

Bis heute halten christliche Theologen und Kirchenmänner fest an einer Interpretation der Kreuzigung Jesu, die dieses Gottesbild verrät. Handelt es sich bei der Geschichte von Kain und Abel um einen zweiten Organisationsmythos des jüdischen Patriarchats, so wurde das Geschehen auf Golgatha zu *dem* Organisationsmythos des christlichen Patriarchats umgedeutet und damit an den Gott angeknüpft, der sich selbst im Handeln der Mörder wiederfindet. Angeblich konnte er nur durch ihre Tat der Welt das »Heil« bringen. Die Gewalttat der Mächtigen wurde zu einer »göttlichen« Tat hochstilisiert, die Gott der HERR selbst längst vor ihrer Ausführung beschlossen hatte. Mörder und Gewalttäter werden so zu Handlangern Gottes des HERRN.

Die meisten Kirchenmänner stört es nicht, daß diese Lehre in eklatantem Widerspruch steht nicht nur zur Vergebungs- und Heilslehre Jesu (vgl. hierzu mein Buch »Jesus – der Gesalbte der Frauen«), sondern auch zu seinem Verständnis des eigenen Todes. Drei Evangelien berichten übereinstimmend, daß Jesus über den Verräter Judas das »Wehe dem Menschen, durch den der Sohn des Menschen verraten wird!« ausgesprochen und ihn ganz und gar nicht als »Wegbereiter des Heils« verstanden hat. Die Kreuzestheologie, nach protestantischem Verständnis das Zentrum christlichen Glaubens, entspringt also nicht etwa jesuanischer Unabdingbarkeit, sondern patriarchalem Selbstverständnis.

Meine These, daß die patriarchale Religion steht und fällt mit der Identifizierung Gottes des HERRN mit den Mördern, finde ich bei dem Schweizer Theologen Ulrich Hedinger bestätigt. Er schreibt: »Auf dem Boden der patriarchalisch-monotheistischen Religiosität mußte die Kreuzigung Jesu zur gottgewollten Tat werden, da sie Tod und Mord als Maßnahmen der strafenden (und begnadenden) Gottheit auffaßt. Wäre die Kreuzigung Jesu als Mordtat ernst genommen worden als Untat, vollzogen von den Machthabern eines zum römischen Imperium gehörenden Randgebietes, dann hätte sie die patriarchalisch-monotheistische Religiosität in Frage gestellt und aufgehoben.« [12]

Die unverständliche Vehemenz, mit der die Lehre von der Ermordung Jesu am Kreuz als »Heilstat Gottes« verteidigt wird, zeigt, *wie* elementar wichtig diesen Männern die Identifizierung Gottes mit den Mördern ist. Schließlich wurde sie zum Zentrum des christlichen Glaubens erhoben. Durch

Jahrtausende bleibt der patriarchale Gott sich selber treu. Er ist am Ende derselbe, der er am Anfang war; denn auch in der Gegenwart halten die kirchlichen Machthaber an ihrem Organisationsmythos fest. Unmerklich verschiebt sich jedoch die Tat der Gewalt auf die Gläubigen; denn schon bald heißt es: »Unsere Missetat hat ihn ans Kreuz gebracht.« Die eigentlichen Mörder verschwinden im Laufe des Mythisierungsprozesses. Ihre Gewalttat wird benutzt, um die Schuldgefühle jener zu schüren, die der Kirche ihr Vertrauen schenken.

Im Kainsmythos zeigt sich die patriarchale Vorgehensweise beim »Sieg« über älteres Recht: Der Schutz des Gewalttäters war der neuen patriarchalen Priesterkaste, symbolisch dargestellt in der Gestalt Gottes des HERRN, als Vertreter des neuen Rechtssystems wichtiger als der Schutz der Menschen vor männlicher Gewalt. Gott der HERR wird zum Schutzherrn jener, die im Namen des patriarchalen Systems morden. Mit dem Christus-Mythos gehen die Priester einen Schritt weiter. Hier ist Gott der HERR nicht mehr der Schutzherr der Mörder, sondern er identifiziert sich mit ihnen und zeichnet sozusagen für ihre Tat verantwortlich.

Wo männliche Gewalt und der Schutz männlicher Gewalttäter so selbstverständlich im Gottesbild verankert und zum wichtigsten Bestandteil patriarchaler Gründungsmythen geworden sind, da fällt es schwer, sie als Fehlverhalten und Schuld auszumachen. Daß es sich hierbei nicht um ein besonderes Phänomen der jüdisch-christlichen Religion handelt, zeigt ein Blick auf die griechischen Organisationsmythen, die einen Versuch darstellen, das Problem männlicher Schuld durch die Einführung des Schicksalsgedankens aus der Welt zu schaffen. Auch in Griechenland diente patriarchales Recht von Anfang an ausschließlich dem Schutz des Mannes. Das zeigen die Orestie und der Ödipus-Mythos eindeutig.[13] In beiden Tragödien sterben die Frauen, während ihre mutter- bzw. vatermörderischen Söhne überleben, da sie entweder »auf Geheiß der Götter« handeln oder einem »göttlichen Schicksalsspruch« folgen. Gewalt ausübende Männer werden zu »Opfern« der Frauen sowie der »unentrinnbaren Macht der Götterwelt« erklärt. Daß Männer *und* Frauen zu Opfern von Männern wurden, ist nicht mehr erkennbar. Beide Mythenkreise verdrängen die Schuld der Väter und zerstören dadurch den Zusammenhang mit späteren Taten von Frauen und Söhnen. Der Schutz des Mannes hat nicht nur Vorrang vor der Wahrheit, sondern auch vor dem Schutz von Frauen und Kindern.

Der biblische wie auch der griechische Mythenkreis lassen erkennen, daß zu Beginn des Patriarchats der weibliche Machtverlust mit einem Zuwachs an Schuld verbunden war. Umgekehrt ging männlicher Machtzuwachs mit der Schuldentlastung des Mannes einher. Diese Zusammenhänge lassen sich bis in unser Jahrhundert hinein nachweisen.

Während die Praxis männlicher Gewaltausübung bei den Griechen noch ein von Göttern gesandtes Schicksal ist, wird sie bei dem auf ihren Spuren wandelnden Sigmund Freud und seiner psychoanalytischen Schule aus dem Bewußtsein verbannt und in die Seele von – überwiegend weiblichen – Kindern verlagert.

Die Tabuisierung männlicher Schuld in medizinischer Wissenschaft und Tiefenpsychologie

Die modernen Wissenschaften sind in gewisser Weise Fortführungen des Mythos auf pseudorationaler Ebene. Sie haben dieselben Anliegen und Prämissen, denn auch ihr Ziel ist es, männliche Macht zu erhalten und männliche Schuld zu verdrängen und – wenn möglich – auf das weibliche Geschlecht zu verlagern. Wie das geschieht, läßt sich am Beispiel der Psychoanalyse Sigmund Freuds darstellen.

Nicht von ungefähr hat Freud aus Elementen des Ödipus-Mythos die Eckpfeiler seines psychoanalytischen Gebäudes

erstellt und den Ödipus-Komplex zur unverzichtbaren
Grundlage seines Theorie-Systems erklärt. In der Tat des
Ödipus, der unwissentlich seinen Vater tötete und seine Mut-
ter heiratete, »erkannte« Freud den unbewußten Wunsch des
Knaben, seine Mutter sexuell zu besitzen und den Vater und
Störenfried in der Mutter-Kind-Beziehung zu beseitigen.

Im Hinblick auf die Entwicklungsgeschichte von Mädchen
machte er nun nicht etwa Anleihe bei Jokaste, der Mutter und
Ehefrau des Ödipus, sondern übertrug auf sie lediglich die
»ödipale Situation« der Jungen. Sie bedeutete bei Mädchen,
daß sie den Vater sexuell begehren, die Mutter ablehnen und
einen lebenslangen Wunsch nach dem Penis des Vaters hegen.
Dieser Wunsch erfült sich indirekt mit der Geburt eines Sohnes. Ohne die Geburt eines Stamm- und Penishalters, ohne
die Erlösung von diesem Begehren wird es zur Quelle psychosomatischer Erkrankung.

Diese Theorie gründet – wie gesagt – nicht auf empirischen
Erfahrungen; denn die hatten Freud das genaue Gegenteil
vermittelt. Am Beginn seiner therapeutischen Arbeit hatte er
seinen Patientinnen, die über erlittene sexuelle Gewalt berichteten, noch Glauben geschenkt. In dieser Zeit schrieb er:
»Es scheint mir sicher, daß unsere Kinder weit häufiger sexuellen Angriffen ausgesetzt sind, als man ... erwarten
sollte.«[14] Unter dem Eindruck dieser Erfahrungen erklärte
Freud sexuelle Gewalt von Vätern bei seinen Patientinnen
zum Kern der weiblichen Hysterie.

Diese Erkenntnis brachte ihn jedoch auf eine »heiße Spur«
im Hinblick auf seinen eigenen Vater. In einem Brief vom
11. Februar 1897 vertraute er seinem Freund Fließ an, »ihn
habe die große Anzahl von Vätern, die von seinen Patientinnen als sexuelle Belästiger bezeichnet worden waren, ernst-
haft erschreckt. Angesichts des Vaters als häufigstem Se-
xualtäter habe er ›aus dem Vorhandensein von hysterischen
Symptomen bei seinem Bruder und mehreren Schwestern geschlossen, daß sogar sein eigener Vater sich schuldig gemacht
haben mußte‹.«[15]

Zwei Ereignisse brachten ihn dann jedoch dazu, den Vater zu entlasten: der Tod des Vaters sowie ein Traum, der ihm zeigte, daß er selbst eine übermäßige Zuneigung zu seiner Tochter Mathilde empfand. Indem er den toten Vater in Schutz nahm, schonte er sich selbst. An die Stelle väterlicher Verführung trat nun in seiner Theoriebildung die »Erkenntnis«, er, Freud, hege feindselige Impulse gegen seinen Vater und habe lediglich den Wunsch, ihn als Urheber der Neurose zu ertappen. Von nun an erklärte er die feindseligen Impulse gegen die Eltern zu einem integralen Bestandteil der Neurose. Die Frage nach den Ursachen solcher Impulse wurde nicht mehr gestellt und statt dessen das Problem in die Psyche des Kindes verlagert.

Fast scheint es, als hätte ihn diese Wendung in seiner Theoriebildung erleichtert; denn »im Herbst 1897, ein Jahr nach dem Tod des Vaters, schrieb er Fließ, daß es ihn mit Triumph erfülle, die Verführung seiner Patientinnen als Phantasie erkannt zu haben«.[16] Die Eifersucht auf den Vater wurde nun zum alles erklärenden Motiv für feindselige Impulse bei Jungen. Auf seiten der Mädchen war es das inzestuöse Verlangen nach dem Vater. Es wurde zu einem unumstößlichen Bestandteil der weiblichen Natur; »und selbst wenn sie tatsächlich überfallen worden war, war ihr eigentliches Problem somit nicht der Überfall, sondern ihr angeborener, zwanghafter Wunsch nach einem Penis«.[17] Das inzestuöse und päderastive Verlangen des Vaters wurde nicht thematisiert.

Auf diese Weise wurde die Verführungstheorie, die die Aussagen der sexuell mißbrauchten Frauen noch ernst genommen hatte, durch Freuds ödipale Theorie ersetzt. Später erklärte Freud gerade diese Theorie zu einem der Grundpfeiler seiner Psychoanalyse und verlieh ihr somit den Stellenwert eines kirchlichen Dogmas. Wer nicht bereit war, sich dieser Theorie anzuschließen, sollte sich nach Freuds Maßgabe nicht zu den Psychoanalytikern zählen.[18] Wie Recherchen zeigen, setzte sich in seiner Theorie die alte patriarchale Verdrängung väterlicher Schuld und damit gleichzeitig die Bela-

stung des weiblichen Geschlechts durch. Und das, obgleich er
mit dem Anspruch angetreten war, Verdrängungen bewußtzumachen und den Menschen die Wahrheit über sich selbst
vor Augen zu führen. In Wirklichkeit blieb auch Freud mit
seiner Haltung der patriarchal-mythologischen und männ-
lich-(pseudo-)wissenschaftlichen Tradition verhaftet. Er
führte Verdrängungen fort, die bereits vor seiner Zeit in der
Medizin gang und gäbe gewesen waren.

Das hat Jeffrey M. Masson belegt, der sich als ehemaliger
Anhänger der Theorien Freuds auf dessen Spuren begab und
dabei auf wichtige Informationen stieß. Sie sind geeignet,
meine These von der Etablierung und Stützung des Patriarchats durch die Verdrängung und Tabuisierung väterlicher
Schuld zu unterstützen.

Auf der Suche nach den Quellen der Erkenntnisse, die sich
Freud im Bereich psychosomatischer Krankheiten in Paris erwarb und auf denen er später seine ödipale Theorie aufbaute,
widmete sich Masson den Schriften französischer Mediziner,
die auch Freud damals studiert haben mußte. Dabei stieß er
auf Alfred Fournier (1832–1914), einen anerkannten und
einflußreichen Mediziner, der auf einer gut besuchten Ta-
gung der Academie de Médecine im Jahre 1880 einen Vortrag
gehalten hatte mit dem Titel »Vortäuschung sexueller Gewalt gegen kleine Kinder«. Wie Masson schreibt, hatte sich
dieser angesehene Medizinprofessor zum Ziel gesetzt, »Heu-
cheleien von Kindern zu entlarven«.[19]

In besagtem Vortrag zitierte Fournier seinen Freund Paul
Brouardel, den Dekan der Medizinischen Fakultät, mit den
Worten: »Mädchen klagen ihre Väter erfundener Gewalttaten gegen sich selbst und gegen andere Kinder an, um ihre
Freiheit zu erlangen und einen ausschweifenden Lebenswandel führen zu können.«[20] Drei Jahre später hielt Paul Brouardel selbst einen Vortrag, der später als Aufsatz veröffentlicht
wurde und der den Ausgangspunkt eines späteren Grundla-
genwerkes bildete. Dort behauptet er, »von hundert Anklagen wegen sexuellen Mißbrauchs von Kindern seien sechzig

bis achtzig unbegründet«.[20] (Heute geht man davon aus, daß die Fälle tatsächlicher sexueller Gewalt die Anklagen um ein Vielfaches übersteigen.) Wie Masson schreibt, behandelt die erste Hälfte des Aufsatzes »fast ausschließlich Versuche, sexuelle Gewaltakte vorzutäuschen. Brouardel liefert die ausführlichste, in späteren Untersuchungen zu diesem Thema häufig zitierte Darstellung der möglichen Gründe, die kleine Mädchen zu solchen Lügen veranlassen können. ›Wenn es (das kleine Mädchen) sich eine Geschichte ausgedacht hat, dann geht es ganz darin auf, und das Vergnügen, eine Rolle zu spielen, Interesse und Mitleid zu erwecken, macht es in seinen Behauptungen unerschütterlich. Man spricht oft von der Arglosigkeit der Kinder. Nichts ist falscher als dieses Urteil. In ihrer Vorstellungskraft lieben sie es, Geschichten zu erfinden, in denen sie die Helden sind. Das Kind wiegt sich in den Schlaf, indem es sich phantastische Geschichten erzählt, von denen es weiß, daß sie in keinem Punkt mit der Wirklichkeit übereinstimmen... Wenn dieses Kind, dem man gemeinhin nur eine geringe Beachtung schenkt, Zuhörer findet, wenn man ihm mit einem gewissen Ernst zuhört, dann steigt es in seiner eigenen Wertschätzung, es wird selbst zu einer Persönlichkeit. Dann kann nichts auf der Welt es dazu bringen zuzugeben, daß es seine Familie und die Personen, die es zuerst ausgefragt haben, belogen hat. Seine Vortäuschungen sind um so schwerer zu entlarven, als das Kind lügt, ohne sich durch die Ungereimtheiten, die man in seiner Geschichte feststellt, beirren zu lassen.‹«[21]

Es fällt nicht schwer, diese Auffassung als eine Verkehrung jener Wirklichkeit zu entlarven, die bereits zwei Jahrzehnte zuvor von Auguste Tardieu (1818–1879), einem Professor für Gerichtsmedizin an der Pariser Universität, Dekan der Medizinischen Fakultät und Präsident der Academie de Médecine, in einem 1860 erschienenen Aufsatz detailliert beschrieben worden war. Von ihm schreibt Masson: »Tardieu deckte das ganze Spektrum des Mißbrauchs kleiner und hilfloser Kinder durch Erwachsene, in vielen Fällen die eigenen

Eltern, auf, und er hatte als erster den Mut, es in den präzisen Termini des Gerichtsmediziners, der im Auftrag der Gerichtsbarkeit arbeitet, zu beschreiben. Der Aufsatz handelt von 32 Fällen, zu denen Tardieu ein gerichtsmedizinisches Gutachten zu erstellen beauftragt worden war.«[22] Diese Art der Darstellung verdeckt natürlich die Geschlechtsspezifik des Problems, daß überwiegend Männer die Täter und mehrheitlich Mädchen die Opfer sind, was Masson an anderer Stelle jedoch eindeutig hervorhebt.

In absolutem Widerspruch zu Brouardel, jedoch völlig im Einklang mit uns heute zugänglichen Informationen, beschrieb Tardieu seine Erfahrung, nach der sich die Opfer oftmals an der Verleugnung ihrer grausamen Realität beteiligten und nicht selten Geschichten erfanden, um die Verbrechen des (oder der) Erwachsenen zu decken. Diese Tatsache findet im nachfolgenden Jahrhundert jedoch keine Berücksichtigung. Die Nachfolger Tardieus kümmern sich nicht um die Folgen des sexuellen Mißbrauchs bei Mädchen (und damit auch nicht bei Jungen), sondern sind in erster Linie an der Ent-Schuldung der angeklagten Männer interessiert. So schreibt Fournier beispielsweise über einen Mann, der der versuchten Vergewaltigung an einem jungen Mädchen angeklagt war: »Ein durch und durch anständiger, ehrenwerter Familienvater, ein zu Recht angesehener Bürger, der zu einer solch infamen Handlung keinesfalls fähig wäre (was ich gern zu bezeugen bereit bin), war in eine Falle dieser Art geraten.«[23]

Recht ähnlich klingende Parteinahmen für »ehrenwerte Familienväter« verhindern bis heute in vielen Fällen, daß es zu einer Anklage des Gewalttäters kommt. Statt dessen werden die nach der männlichen Gewalttat sowieso schon vorhandenen Scham- und Schuldgefühle der Mädchen dadurch verstärkt, daß auch die sie umgebenden Erwachsenen die Gewalttat des Mannes leugnen und die Mädchen, die sich darüber äußern, Lügen strafen und sie für zukünftige Erfahrungen dieser Art zum Schweigen verurteilen. Da die Mütter bereits vor Jahrtausenden ihre Rechtsmacht eingebüßt haben, ist ihnen auch ihre Schutzmacht für die Kinder abhanden gekommen. Sie haben ihre Lektion der Parteilichkeit für den Mann gelernt, von dem sie zumeist materiell, emotional und sozial abhängig sind. Folglich schlagen sie sich ebenfalls auf die Seite des Mannes und versäumen es, ihre Kinder zu schützen.

In dieser Parteilichkeit für den Mann haben die Erwachsenen, wie bereits angedeutet, keinen Geringeren auf ihrer Seite als Sigmund Freud, den Vater der Psychoanalyse. Von ihm glaubte der Psychoanalytiker Masson einst selbst, er »habe sich furchtlos für die Wahrheit eingesetzt, er habe seinen Patienten helfen wollen, ihre Lebensgeschichte und die ihnen angetanen Übel zu verarbeiten, wie unerfreulich auch immer diese gewesen sein mögen«.[24] Durch seine Recherchen gelangte er jedoch zu der Überzeugung, »daß Freud seine eigene Entdeckung aus dem Jahre 1896 – daß Kinder in vielen Fällen in ihren eigenen Familien sexueller Gewalt und sexuellem Mißbrauch ausgesetzt sind – als so belastend empfand, daß er sie buchstäblich aus seinem Bewußtsein tilgen mußte. Freuds neue Interpretation, derzufolge die sexuelle Gewalt, von der seine Patientinnen berichteten... ein reines Phantasieprodukt ist, war keine Bedrohung für die bestehende Gesellschaftsordnung mehr. Die Therapeuten konnten dadurch auf der Seite der... Mächtigen bleiben«[25] und ihre eigene Existenz absichern. Noch 1981 hält Freuds Tochter, Anna Freud, an dieser Auffassung fest, obwohl zu diesem Zeitpunkt längst das Ausmaß väterlicher Sexualgewalt bekannt ist. In einem Schreiben an Masson gibt sie zu bedenken: »›Wenn man die Verführungstheorie aufrechterhält, dann bedeutet das die Preisgabe des Ödipuskomplexes und damit der gesamten Bedeutung der bewußten wie der unbewußten Phantasien. Danach hätte es meines Erachtens keine Psychoanalyse mehr gegeben.‹«[26]

Das bedeutet im Klartext: Die Psychoanalyse lebt davon, daß männliche Schuld nicht ins Bewußtsein tritt und statt dessen kindliche und weibliche Schuldgefühle produziert werden.

So schrieb Freud etwas fest, was die Wahrheit zu verschleiern half, den Vater bzw. den Mann als Täter schützte und die (meist weiblichen) Opfer der Phantastereien oder Falschaussagen beschuldigte. Der Mann, der auszog, Verdrängtes bewußtzumachen, wurde selbst zum Verdränger und damit zum Verursacher weiterer Verdrängungen, die wiederum unsägliches Leid unter Mädchen und Frauen, aber auch Jungen und Männern verursachte. Er errichtete seine bedeutsamste Theorie auf der Verdrängung männlicher Schuld und blokkierte damit das kollektive Bewußtsein für ein knappes Jahrhundert. Der Mann, der mit dem Anspruch auftrat, die Menschheit darüber aufzuklären, wie es in Wirklichkeit um ihr Aggressions- und Sexualverhalten bestellt ist, sorgte ganz maßgeblich dafür, daß auf diesem Gebiet die Wahrheit nicht zutage trat. Durch Freuds Parteilichkeit für den Mann hat er – mit Hilfe seiner Nachfolger und einiger Nachfolgerinnen – »ein narrensicheres System emotionaler Erpressung geschaffen: Wenn das Opfer den Täter beschuldigt, beschuldigt es sich auch selbst. Der sexuelle Mißbrauch von Kindern wird daher, wie kein anderes Tabu auf der Welt, totgeschwiegen.«[27]

Um diesen Teufelskreis zu durchbrechen, bedarf es der Thematisierung männlicher Schuld durch Frauen, ohne daß sie dabei Gefahr laufen, selbst beschuldigt zu werden, wie dies nach wie vor geschieht. So zum Beispiel durch den namhaften Sexualforscher Professor Ernest Bornemann, der schreibt: »›Wenn die Mutter ihre Tochter vor dem Mann oder gar dem Vater als potentiellem Vergewaltiger warnt, dann richtet sie in der Seele des Kindes mindestens so große Schäden an wie eine tatsächliche Vergewaltigung... Da die Warnungen der Mütter vor den Männern weitaus häufiger als die ebenfalls keineswegs seltenen Vergewaltigungen junger Mädchen durch Väter, Verwandte oder Bekannte der Eltern sind, sind die Schäden der Warnungen im Geschlechtsleben der betroffenen Frauen auch weitaus häufiger als die Schäden der Inzestakte oder der Vergewaltigung.‹«[28]

Auch Bornemann geht es eindeutig um die Tabuisierung männlicher Gewalt, deren Thematisierung er mit heftigen Drohgebärden im Hinblick auf die Mütter zu verhindern sucht. Mütter sollen zum Schweigen verpflichtet werden, indem er ihnen massive Schuldgefühle macht, falls sie vorhaben, ihre Töchter aufzuklären und ihnen zu erzählen, welche Verhaltensweisen bei Männern zwischenzeitlich an der Tagesordnung sind. Die Erhaltung der Arglosigkeit und damit auch der Zutraulichkeit von Vergewaltigungsopfern ist diesem Sexualforscher wichtiger als ihr Schutz.

Die Notwendigkeit der Entlarvung männlicher Schuld

Am Beispiel sexueller Gewalt gegen Mädchen wird das Zusammenspiel zwischen der Tabuisierung männlicher Schuld und weiblichen Schuldgefühlen sichtbar. Dabei wird die Tochter in mehrfacher Hinsicht zum Opfer vaterrechtlicher Wertemuster und Machtverhältnisse:

1. Mädchen werden zu Opfern der Fiktion, Väter seien ihnen selbstverständlich liebevoll zugetan und zu ihrem Schutz bestimmt. Diese Fiktion ist ein wesentlicher Bestandteil der patriarchalen Familienideologie und fördert die Parteilichkeit für den Täter auf allen Ebenen. Sie bewirkt, daß weder die Mutter noch die Tochter auf die Idee kommt, an der Integrität des Vaters und Ehemannes zu zweifeln. Selbst dort, wo Frauen es anders *wissen*, bleibt ihr *Gefühl* dennoch dieser Illustration verhaftet. Zu tief sitzt das, was sie als kleine Mädchen gelernt und sich gewünscht haben. Ihnen wurde beigebracht, höchstens fremden Männern zu mißtrauen, wenn sie sie auf der Straße ansprechen. Diesem Mißtrauen vor dem Fremden steht normalerweise ein uneingeschränktes Ver-

trauen im Hinblick auf den Partner der Mutter, den eigenen
Vater, den Stiefvater oder Freund der Familie gegenüber. Ein
Vertrauen, das auch aus anderen Vatergestalten bis hin zu
Gott, als dem »himmlischen Vater«, gespeist wird.

Doch zeigt die Wirklichkeit immer deutlicher, wie sehr
diese scharfe Trennung zwischen dem Fremden und dem Vater oder Vaterersatz einer massiven Täuschung entspricht
und uns zu völlig unangemessenen Reaktionen verführt. Gitti
Henschel hat – wie bereits erwähnt – diese Diskrepanz zwischen Ideal und Wirklichkeit sehr eindrücklich beschrieben.[29]

Im weiteren Verlauf schildert die Autorin dann auch noch
die Diskrepanz zwischen ihrem heutigen Wissen, durch das
das »Bild der unangreifbaren väterlichen Autorität« Risse
und Sprünge bekommen hat, und ihrem Gefühl, das nicht auf
dies Wissen zu reagieren vermag, sondern sich immer noch
auf die vertrauteren Illusionen der Kindheit stützt. »Noch
heute habe ich nachts auf der Straße oder im Wald allein
mehr Angst als in Begleitung selbst eines flüchtigen Bekannten – von Freunden oder Verwandten ganz zu schweigen. Obwohl ich es längst besser weiß, bin ich einem torkelnden Be-
trunkenen oder einem heruntergekommen aussehenden
Mann gegenüber nahezu automatisch vorsichtiger als gegenüber einem gepflegt aussehenden Typ von der Sorte, wie sie
mir früher als Autoritäten, Vertrauenspersonen und Väter
nahegebracht wurden.«[30]

Es dauert lange, bis Töchter sich von der Illusion des sie
liebenden und beschützenden Vaters trennen können, bis sie
begreifen, wie er wirklich ist. Das bereits zitierte junge Mädchen fährt fort: »›Erst jetzt wurde mir klar: Das ist er nicht.
(= Ein guter Mensch, C. M.) Aber das hat die ganze Familie
leugnen müssen. Das hat dazu beigetragen, daß ich das Ganze
vergessen habe. Weil es in seinem Interesse ist und auch in
dem meiner Mutter. Denn sie leben ja besser, wenn sie es
nicht wissen.‹«[31] In der Tat: denn wenn das Verbrechen des
Vaters wirklich zu seiner Bestrafung führt, haben auch Mut-

ter und Tochter die negativen Folgen zu tragen. Mit dem Wegfall des Ernährers geraten sie häufig in materielle Not, müssen die viel zu teure Wohnung verlassen und nicht selten einen gravierenden sozialen Abstieg in Kauf nehmen. Dies ist einer der wesentlichen Gründe, der viele Mütter davor zurückschrecken läßt, dem Schutz der Tochter Priorität einzuräumen und den Täter anzuzeigen.

Was Mädchen in ihrer Kindheit gelernt haben und was folglich auch im Erwachsenenleben die weibliche Gefühlswelt prägt und die Wahrnehmung von Frauen lenkt, stimmt nicht mit der Wirklichkeit überein. Das uneingeschränkte Vertrauen, das Töchter ihren Vätern entgegenzubringen lernen, erweist sich als bedenklich, häufig sogar als lebensgefährlich. Gemessen am häufigen Vorkommen sexueller Gewalt gegen Mädchen, müßten sie lernen, ihren Vätern mehr zu mißtrauen als Fremden. In der Tat, eine unerträgliche Vorstellung. Dennoch müssen wir uns den Realitäten stellen: »Entgegen allen herrschenden Vorurteilen haben die Mädchen... nicht von Fremden die größte Brutalität und Gewalttätigkeit zu befürchten, sondern von den eigenen Vätern und Ziehvätern. Je enger das Verhältnis zwischen Opfer und Täter, desto brutaler verhält sich der Täter und desto länger zieht sich das Verbrechen hin. (Denn:) In der Familie fühlt sich der Täter besonders sicher.«[32] Was natürlich nicht heißt, daß er sich in dieser Gesellschaft insgesamt besonders unsicher zu fühlen brauchte. Immerhin zählt bei diesem Delikt die Verurteilungsquote zu den niedrigsten überhaupt, denn männliche Sexualgewalt fällt als erste dem Tabuisierungsmechanismus anheim. Sie ist eher ein fester Bestandteil des patriarchalischen Systems, als daß sie als Gewaltverbrechen beurteilt würde.

2. Die Fiktion des schützenden Vaters ist aufs engste verbunden mit der Fiktion einer Schutzfunktion patriarchaler Institutionen. Bei genauerem Hinsehen zeigt sich nämlich, daß den *vater*rechtlichen Institutionen mehr daran gelegen ist,

den *Vater* und Täter zu schützen als das Opfer. Diese Parteilichkeit für den Täter verstärkt den Opferstatus vergewaltigter Mädchen noch einmal und macht aus ihnen mehr oder
weniger Schuldige.

Bei einer Konfrontation der Institutionen mit väterlich-
männlicher Sexualgewalt orientiert sich ihr Verhalten eindeutig am Schutze des Täters. So wird nicht etwa dieser in
Gewahrsam genommen oder zumindest aus der Familie entfernt, sondern vielmehr das vergewaltigte Kind in ein Heim
gesteckt. Das muß als Bestrafung empfunden werden und die
bereits vorhandenen Schuldgefühle verschärfen. Die ethische
Verwirrung des Kindes ist komplett.

Obwohl die Anerkennung der männlichen Schuld durch
das soziale Umfeld und die zuständigen Institutionen von
größter Bedeutung wären, garantiert auch eine Anzeige des
Täters nicht, daß dem Opfer wenigstens im nachhinein Gerechtigkeit widerfährt. Das zeigt die Gerichtspraxis immer
wieder. Erst kürzlich wurde in einem Zeitungsartikel über die
Vergewaltigung eines siebenjährigen Mädchens durch einen
Einunddreißigjährigen berichtet. Vor Gericht wollte der
Staatsanwalt als mildernden Umstand für den Angeklagten
berücksichtigt wissen, daß das Mädchen diesen immerhin gereizt habe! Damit trat der Ankläger eindeutig als Beschützer
des Täters auf und sprach dem kindlichen Opfer eine Mitverantwortung an dem Geschehen zu. Eine solche Vorstellung
erweist sich jedoch als pseudo-juristische Argumentation. Sie
verstößt selbst gegen patriarchales Recht, denn das geht davon aus, daß Kinder erst ab vierzehn Jahren schuldfähig sein
können. Mit der Schuldunfähigkeit einer Siebenjährigen
könnte also selbst im Rahmen patriarchalen Rechts nur von
ihrer Unschuld ausgegangen werden, was für den Täter nur
als erschwerender und nicht etwa als mildernder Umstand
ausgelegt werden müßte. Hier scheint das patriarchale Recht
vernünftiger zu sein als die männliche Psyche seiner Vertreter; denn sie funktioniert noch überwiegend nach dem alten
Muster: Ob Frau oder Mädchen – *sie* ist die eigentlich Schul-

dige. Die Schuldzuweisung an das weibliche Geschlecht ist das Schloß, in das der Schlüssel jedweder Tabuisierung männlicher Schuld paßt.

Dieser Mechanismus greift auch dort, wo sich Männer außerhalb der Rechtsprechung ausdrücklich dem Schutz von Kindern verschrieben haben. So führte der Deutsche Kinderschutzbund im Sommer 1991 eine großangelegte Anzeigenkampagne zur sexuellen Gewalt gegen Kinder durch unter dem Motto: »Helfen statt Schweigen«. Die Sprache der Anzeigen schließt an die hinlänglich bekannte Selbstrechtfertigung der Täter an. So heißt es in einer der sechs verschiedenen Anzeigen: »Papis Liebe tut weh. Sabine ist Papis ›Ein und Alles‹. Sie wird von ihm geliebt. Aber mehr als sie verkraften kann. Denn Papi vergeht sich sexuell an seiner Tochter. Dabei möchte er ihr nicht weh tun, er liebt sie doch. Und sie ist ja noch so klein. Er kann nur schwer Zuneigung und sexuelles Verlangen voneinander trennen. Papi weiß, daß er das nicht darf. Darum muß Sabine schweigen. Mit stummen Hilfeschreien will sie auf sich aufmerksam machen: Sie ist ängstlich, hat keinen Appetit, schläft schlecht. Und sie wirkt passiv – gar nicht wie sonst Kinder in ihrem Alter. Sabine ist eine von circa 80 000 Opfern sexuellen Mißbrauchs in der Bundesrepublik jährlich. Ihre Mutter weiß nichts davon. Oder will es nicht wahrhaben. Sie verschließt ihre Augen – genau wie die Nachbarn, Freunde oder Verwandten. Doch Sabines brauchen Hilfe. Sabines Väter brauchen Hilfe. Ihre Hilfe. Unsere Hilfe.« Schließlich erfolgt noch die Angabe der Telefon- und Kontonummer.

Hier geschieht eine ungeheuerliche Verharmlosung väterlicher Gewalt bei gleichzeitiger Belastung der Mütter. Die Anzeige spricht von 80 000 Opfern jährlich, während es nach Schätzungen des BKA (angeblich aufgrund eines Rechenfehlers, wie der Kinderschutzbund mich in einem Schreiben wissen ließ) 300 000 sind. Abgesehen von dieser quantitativen Minimalisierung wird hier die sexuelle Gewalt des Vaters dadurch verharmlost, daß sie als »Liebe« und Zuneigung ausgegeben wird. Das wiederum bedeutet, daß die väterliche Sicht wiedergegeben und damit unterstützt wird.

Was machen aber betroffene Mädchen, die diese Anzeige lesen? Müssen sie nicht geradezu weitere Schuldgefühle entwickeln, wenn ihnen an der väterlichen »Liebe« erhebliche Zweifel gekommen sind? Was wird ihnen aber auch noch zugemutet, wenn sie erfahren, daß der Vater in gleicher Weise hilfsbedürftig ist wie sie? Es ist längst bekannt, wie stark der weibliche Schutzinstinkt auch schon in kleinen Mädchen wirksam ist und zugunsten des Vaters arbeitet. Indem hier nun beide als gleichermaßen hilfsbedürftig hingestellt werden, tritt neben die fiktive väterliche »Liebe« zur Tochter eine väter-töchterliche Solidargemeinschaft der Hilfsbedürftigen, der die eigentlich Schuldigen gegenübergestellt werden: die Mutter, Nachbarn, Freunde und Verwandte. Von der Hilfsbedürftigkeit der Mütter ist keine Rede. Ihnen wird kein Schutz zuteil.

Gewiß ist es eine traurige Wahrheit, daß Mütter häufig die Augen verschließen vor den Untaten ihrer Partner. Doch was zu diesem Wegsehen führt und in welchem Maße es diese Gesellschaft geradezu fördert, blendet die Anzeige mit der einseitigen Darstellung der Hilfsbedürftigkeit des Mannes aus. Sie verfolgt eine familienorientierte Politik, die nur zu Lasten von Frauen und Kindern funktioniert.

Mißbrauchte Mädchen haben so keine Chance, die erlittene väterliche Sexualgewalt als Schuld des Vaters zu erfahren, denn dieser selbst begreift sich nicht als schuldig. Nach seiner Auffassung hat er nur genommen, was ihm sowieso gehört. Das ist die Einstellung erstaunlich vieler Väter. In ihr spiegelt sich die vielfach nicht bewußte Haltung wider, daß jeder Mann ein potentieller Besitzer jeder Frau ist. Wie sollte da die eigene Tochter ausgenommen sein? Erst kürzlich kam der Fall einer Frau ans Tageslicht, die mit ihren drei Söhnen ins Frauenhaus geflohen war. Ihr Mann hatte sie nach jeder Geburt eines Sohnes schlimmer mißhandelt als zuvor, und zwar aus Wut darüber, daß sie ihm keine Tochter geboren hatte, die er sich nach eigenen Angaben zu seiner sexuellen Verfügung wünschte.

Woher aber sollen Töchter wissen, daß sie nicht Besitz des Vaters sind? Daß seine Vergewaltigung – und mag sie auch noch so zärtlich geschehen – keine Liebe ist? Daß sie das Recht haben, sich seinem Begehren zu widersetzen oder vor ihm geschützt zu werden? Doch von wem? Welche mütterliche Kraft und Macht wäre vonnöten, um Kindern einen angemessenen Schutz zu bieten? Mutter und Tochter brauchen die Stärkung und Bestätigung durch ein kollektives Bewußtsein, das sie in ihren Wahrnehmungen und in ihrem Recht auf körperliche Unversehrtheit bestärkt; aber auch durch ein Rechtssystem, das ihr Opfersein anerkennt und sich für Wiedergutmachung verantwortlich fühlt.

3. Wie sich immer wieder zeigt, spielen männliche und gesellschaftliche Schuldzuweisungen an das weibliche Geschlecht, insbesondere jedoch an Mütter, eine ganz wesentliche Rolle bei der Untermauerung des Opferstatus vergewaltigter Mädchen, da sie die mütterliche Wahrnehmung blockieren und so die Entlarvung des Täters verhindern.

Die Tatsache, daß Schuldzuweisungen schließlich zu Selbstbezichtigungen und Schuldgefühlen führen, wurde bereits angesprochen. Mütter werden in unserer Gesellschaft im Hinblick auf das Wohlergehen ihrer Kinder für alles verantwortlich gemacht, ohne daß sie mit der Macht und den finanziellen Mitteln ausgestattet sind, die zur Durchsetzung dieses Wohles erforderlich wären. Als Folge dieser Diskrepanz entwickeln sie permanente Schuldgefühle gegenüber ihren Kindern.

Kommt es zu Störungen im kindlichen Verhalten, so haben sie nicht gelernt, diese als wichtiges Indiz für männliche Sexualgewalt zu deuten, sondern sind vielmehr gewohnt, die Schuld bei sich zu suchen. Sie sind sicher, etwas verkehrt gemacht und durch eigenes Fehlverhalten die Störungen beim Kind verursacht zu haben. An den Ehemann oder Partner als

Ursache denken sie dabei nicht. Durch die eigenen Schuldgefühle und die kollektive Tabuisierung männlicher und insbesondere väterlicher Schuld wird die Wahrnehmung vieler
Mütter blockiert.

So berichtet eine Mutter von fünf Kindern, daß sie acht
Jahre lang nicht bemerkt hatte, daß drei ihrer Töchter von
ihrem Ehemann, den sie für einen ausgesprochen guten Vater
hielt, mißbraucht wurden. Nach ihrer Darstellung hätte sie
ihn mit einer der Töchter im Bett ertappen können, ohne
darin einen Anlaß zur Beunruhigung zu sehen. Selbst dann
wäre ihr nämlich ein Grund eingefallen, der diese Situation
hätte erklären können. Für sie erwies sich das Naheliegendste
als das Entfernteste, das schlichtweg Denkunmögliche.

Solche Fehleinschätzung im Hinblick auf den Partner führt
immer wieder zu Fehldeutungen jener Signale, die Kinder
durch ein verstörtes Verhalten aussenden. Sie decken den Täter und liefern das Mädchen weiterhin an ihn aus. Oft vergehen so Jahre, bis es Müttern gelingt, der Wahrheit ins Antlitz
zu schauen und das Ausmaß an männlicher Schuld zur
Kenntnis zu nehmen.

Mädchen, die sexuelle Gewalt erfahren haben, sind häufig
prädestiniert, diese Erfahrungen mit anderen Männern zu
wiederholen und auch im späteren Leben Opfer männlicher
Gewalt zu werden. In solchen Fällen sind die Weichen dafür
gestellt, daß auch der eigenen Tochter solche Erfahrungen
nicht erspart bleiben.

Daher muß alles darangesetzt werden, um deutlich zu
machen, daß Mädchen und Frauen in keiner Weise verantwortlich sind für die Taten von Männern. Die Entlarvung der
Täter bedarf der Parteilichkeit für die Opfer. Solange aber
vergewaltigte Mädchen und Frauen in ihrer sozialen Umwelt
auf eine Mauer des Mißtrauens und Unverständnisses stoßen, bleiben sie zum Schweigen verurteilt.

Folgerichtig haben Frauen in den vergangenen Jahren
damit begonnen, das Schweigen zu brechen, die Taten und
Täter zu entlarven, die Tabuisierung männlicher Schuld zu be-

enden und damit die Schutzfunktion der patriarchalen Familie radikal in Frage zu stellen. Damit ist jedoch die Frage nach dem Schutz von Mädchen (und Jungen) vor dem Vater noch gar nicht berührt. Solange es die patriarchale Familie noch gibt, werden Kinder auf ihren Selbstschutz angewiesen bleiben. Was immer von außen an schützenden Maßnahmen in Erwägung gezogen wird, kommt für sie im Grunde genommen zu spät. Daher muß parallel zur Enttabuisierung männlicher Schuld nach außen hin auch jene nach innen, und zwar in erster Linie in der Seele von Kindern erfolgen. Die väterliche Unantastbarkeit muß aufgehoben, ihr Glorienschein zertrümmert werden. Auf diesem Wege kann das Unrechtsbewußtsein der Kinder unterstützt und gestärkt werden, so daß es nicht mehr zur Entwicklung falscher Schuldgefühle kommt. Sie spielen nämlich eine wichtige Rolle bei der von Tätern erzwungenen Komplizenschaft der Kinder. Ihr gutes Gewissen, ihre Gewißheit, daß hier der Vater im Unrecht ist, wenn er sich an ihnen vergeht, stellt für sie den besten Selbstschutz dar.

Das zeigt jenes Märchen, um das es im nächsten Kapitel gehen soll.

IV. Kapitel

Das Mädchen
ohne Hände

*Die Wiederentdeckung der Dimension
weiblicher Schuldlosigkeit*

Zum Verständnis von Märchen

Für die Assoziation von Frau und Schuld, die der patriarchale Mythos begründet und die christliche Tradition immer wieder rechtfertigt, bieten die echten Märchen keine Grundlage. Das soll an einem Märchenbeispiel verdeutlicht werden, das männliche Schuld dort beläßt, wo sie hingehört, und gleichzeitig weibliche Unschuld hervorhebt. Dieser Frauen befreiende Aspekt des Märchens wird allerdings von männlichen Interpreten übersehen und sogar ins Gegenteil gekehrt.

Echte Märchen – und damit sind jene ältesten Überlieferungen gemeint, die die Brüder Grimm überwiegend aus dem Munde von Frauen vernommen und zusammengetragen haben – sind Nachfolgerinnen der Mythen; Botschaften, die aus einer längst vergangenen Zeit zu uns herübergerettet wurden. Sie sind das Vermächtnis einer untergegangenen Menschheit – die älteste erhalten gebliebene Frauenliteratur. Mit ihrer Hilfe tradierten Frauen Werte und Einsichten einer vorpatriarchalen Menschheitsepoche – oftmals ohne selbst Kenntnis zu haben von dieser Zeit. Denn wohl gelang es, ihr Bewußtsein zu patriarchalisieren, ihr Unbewußtes jedoch blieb verbunden mit jener vergangenen matriarchalen Menschheitsordnung, an die in den Erzählungen der Frauen auf vielfältige Weise und mit ständig wechselnden und doch immer wiederkehrenden Bildern und Symbolen erinnert wird.

So jedenfalls sieht es der Kulturphilosoph Otfried Eberz, dessen Märchenverständnis ich mich anschließe. Für ihn sind echte Märchen eine Art »Geheimsprache«. Sie wollen nachfolgenden Generationen etwas übermitteln von der menschlichen Seinsbestimmung, die mit zunehmender Patriarchalisierung der Menschheit verlorengegangen ist. Gleichzeitig erinnern sie daran, daß es einmal eine Menschheit gegeben hat, die um ihre Seinsbestimmung wußte und danach lebte.[1] Solche Erinnerungsversuche haben einen subversiven Cha-

rakter. Sie entstammen einer Gesinnung, die die neue patriarchale Ordnung radikal ablehnt und vor ihr warnt, da sie um
ihre zerstörerischen Mechanismen und todbringenden Folgen weiß. So stellt die Botschaft echter Märchen immer eine
Gefahr für das patriarchale System dar und läuft folglich Gefahr, ausgelöscht zu werden. Um der Vernichtung zu entgehen, wurden diese Botschaften in harmlose – manchmal auch
christliche – Kleider gehüllt. Nur so konnten sie die christliche Inquisition passieren. Sie nahmen Gestalten an, die der
patriarchale Geist zunehmend belächelte und die nur noch
Kinder und weniger patriarchal Verseuchte zu faszinieren
vermochten. Doch selbst in dieser scheinbar harmlosen Umgestaltung blieben sie dem christlich-patriarchalen Geist weiterhin verdächtig; »und er witterte richtig. Der christliche
Hominismus duldete die rätselhaften und verdächtigen Märchen nur widerstrebend; der nicht mehr christliche, sondern
positivistisch aufgeklärte Hominismus des Abendlandes aber
verachtete sie im XVIII. Jahrhundert als (…Märchen, bei denen man im Stehen einschläft), und der noch aufgeklärtere
klotzige Materialismus des XX. Jahrhunderts ist von einem
geradezu psychopathischen Märchenhaß beherrscht«[2], der
immerhin bis in die siebziger Jahre seine Blüten trieb.

Seit ihrer Niederschrift wechseln die Gewänder der Märchen zwar nicht mehr, doch wird ihre Botschaft mit Hilfe
diverser Interpretationsmuster wiederum verschüttet. Die
Be-Deutung, die Märchen heute noch für Erwachsene haben,
steht und fällt mit ihrer jeweiligen Deutung. Doch werden sie
inzwischen längst dem christlichen Glauben einverleibt und
im therapeutischen Bereich zur Wiederherstellung patriarchaler Funktionstüchtigkeit mißbraucht.[3] Ihr eigentliches
Anliegen geht dabei natürlich verloren. Und so gelingt es ihnen kaum noch, kollektive Probleme in einem neuen Lichte
und dadurch möglicherweise klarer zu sehen oder gar Menschen Wege zu zeigen, die sie aus patriarchalen Verstrickungen herausführen und sie an die alte Lebensordnung rückbinden (religio). Denn schließlich wurden die Märchen von

Menschen vergangener Zeiten erzählt, um den nachfolgenden Generationen ihre Leiden und Hoffnungen, ihren Glauben und ihre Liebe zu vermitteln. Nicht ohne allerdings immer wieder auch die Bedingungen dieser Liebe bewußtzumachen. Bei der in den Märchen beschriebenen Liebe handelt es
sich nämlich nicht um den launenhaften Eros, sondern um die
erfüllte Liebe, die nicht der Beliebigkeit anheimgestellt ist,
sondern die sich vielmehr im Gefolge einer erfüllten Zeit er-
eignet. Um in den Genuß dieser Liebe zu kommen, müssen
Partnerin und Partner ihre Weisheit und Güte, ihre Reife und
innere Schönheit, ihren Respekt vor allem Leben und ihre Fähigkeit, auf die Stimme der Natur und der Intuition zu hören,
unter Beweis gestellt haben. Kurz: Sie müssen Eigenschaften
und Fähigkeiten aufweisen, die im Patriarchat kaum noch
eine Rolle spielen.

Um dies Thema geht es – wie ich meine – auch in dem
Märchen »Das Mädchen ohne Hände«, das bis ins 12. Jahrhundert zurückverfolgt werden kann, wahrscheinlich also
noch älter ist.[4]

Das Mädchen ohne Hände

*Ein Müller war nach und nach in Armut geraten und hatte
nichts mehr als seine Mühle und einen großen Apfelbaum dahinter. Einmal war er in den Wald gegangen, Holz zu holen,
da trat ein alter Mann zu ihm, den er noch niemals gesehen
hatte, und sprach: »was quälst du dich mit Holzhacken, ich
will dich reich machen, wenn du mir versprichst, was hinter
deiner Mühle steht.« – »Was kann das anders sein als mein
Apfelbaum?« dachte der Müller, sagte: »ja«, und verschrieb
es dem fremden Manne. Der aber lachte höhnisch und sagte:
»nach drei Jahren will ich kommen und abholen, was mir
gehört«, und ging fort. Als der Müller nach Hause kam, trat*

*ihm seine Frau entgegen und sprach: »sage mir, Müller, wo-
her kommt der plötzliche Reichtum in unser Haus? Auf einmal sind alle Kisten und Kasten voll; kein Mensch hat's her-
eingebracht, und ich weiß nicht, wie es zugegangen ist.« Er
antwortete: »das kommt von einem fremden Manne, der mir
im Wald begegnet ist und mir große Schätze verheißen hat;
ich habe ihm dagegen verschrieben, was hinter der Mühle
steht: den großen Apfelbaum können wir wohl dafür geben.«
– »Ach, Mann«, sagte die Frau erschrocken, »das ist der Teufel gewesen: den Apfelbaum hat er nicht gemeint, sondern
unsere Tochter; die stand hinter der Mühle und kehrte den
Hof.«*

*Die Müllerstochter war ein schönes und frommes Mäd-
chen und lebte die drei Jahre in Gottesfurcht und ohne Sünde.
Als nun die Zeit herum war, und der Tag kam, wo sie der
Böse holen wollte, da wusch sie sich rein und machte mit
Kreide einen Kranz um sich. Der Teufel erschien ganz frühe,
aber er konnte ihr nicht nahe kommen. Zornig sprach er zum
Müller: »tu ihr alles Wasser weg, damit sie sich nicht mehr
waschen kann; denn sonst habe ich keine Gewalt über sie.«
Der Müller fürchtete sich und tat es. Am andern Morgen kam
der Teufel wieder, aber sie hatte auf ihre Hände geweint, und
sie waren ganz rein. Da konnte er ihr wiederum nicht nahen
und sprach wütend zu dem Müller: »hau ihr die Hände ab,
sonst kann ich ihr nichts anhaben.« Der Müller entsetzte sich
und antwortete: »wie könnt' ich meinem eigenen Kinde die
Hände abhauen!« Da drohte ihm der Böse und sprach: »wo
du es nicht tust, so bist du mein, und ich hole dich selber.«
Dem Vater ward angst, und er versprach ihm zu gehorchen.
Da ging er zu dem Mädchen und sagte: »mein Kind, wenn ich
dir nicht beide Hände abhaue, so führt mich der Teufel fort,
und in der Angst hab' ich es ihm versprochen. Hilf mir doch
in meiner Not und verzeihe mir, was ich Böses an dir tue.« Sie
antwortete: »lieber Vater, macht mit mir, was Ihr wollt, ich
bin Euer Kind.« Darauf legte sie beide Hände hin und ließ sie
sich abhauen. Der Teufel kam zum drittenmal, aber sie hatte*

so lange und so viel auf die Stümpfe geweint, daß sie doch
ganz rein waren. Da mußte er weichen und hatte alles Recht
auf sie verloren.

Der Müller sprach zu ihr: »ich habe so großes Gut durch
dich gewonnen, ich will dich zeitlebens aufs köstlichste halten.« – Sie antwortete aber: »hier kann ich nicht bleiben: ich
will fortgehen: mitleidige Menschen werden mir schon so viel
geben, als ich brauche.« Darauf ließ sie sich die verstümmel-
ten Arme auf den Rücken binden, und mit Sonnenaufgang
machte sie sich auf den Weg und ging den ganzen Tag, bis es
Nacht ward. Da kam sie zu einem königlichen Garten, und
beim Mondschimmer sah sie, daß Bäume voll schöner
Früchte darin standen, aber sie konnte nicht hinein; denn es
war ein Wasser darum. Und weil sie den ganzen Tag gegangen war und keinen Bissen genossen hatte, und der Hunger
sie quälte, so dachte sie: »ach, wäre ich darin, damit ich etwas
von den Früchten äße; sonst muß ich verschmachten.« Da
kniete sie nieder, rief Gott den Herrn an und betete. Auf einmal kam ein Engel daher, der machte eine Schleuse in dem
Wasser zu, so daß der Graben trocken ward, und sie hin-
durchgehen konnte. Nun ging sie in den Garten, und der Engel ging mit ihr. Sie sah einen Baum mit Obst, das waren
schöne Birnen, aber sie waren alle gezählt. Da trat sie hinzu
und aß eine mit dem Munde vom Baume ab, ihren Hunger zu
stillen, aber nicht mehr. Der Gärtner sah es mit an, weil aber
der Engel dabei stand, fürchtete er sich und meinte, das Mädchen wäre ein Geist, schwieg still und getraute nicht, zu rufen
oder den Geist anzureden. Als sie die Birne gegessen hatte,
war sie gesättigt und ging und versteckte sich in das Gebüsch.
Der König, dem der Garten gehörte, kam am andern Morgen
herab; da zählte er und sah, daß eine der Birnen fehlte, und
fragte den Gärtner, wo sie hingekommen wäre: sie läge nicht
unter dem Baume und wäre doch weg. Da antwortete der
Gärtner: »vorige Nacht kam ein Geist herein, der hatte keine
Hände und aß eine mit dem Munde ab.« Der König sprach:
»wie ist der Geist über das Wasser hereingekommen? und wo

ist er hingegangen, nachdem er die Birne gegessen hatte?«
Der Gärtner antwortete: »es kam jemand in schneeweißem
Kleide vom Himmel, der hat die Schleuse zugemacht und das
Wasser gehemmt, damit der Geist durch den Graben gehen
konnte. Und weil es ein Engel muß gewesen sein, so habe ich
mich gefürchtet, nicht gefragt und nicht gerufen. Als der
Geist die Birne gegessen hatte, ist er wieder zurückgegan-
gen.« Der König sprach: »verhält es sich, wie du sagst, so will
ich diese Nacht bei dir wachen.«

Als es dunkel ward, kam der König in den Garten und
brachte einen Priester mit, der sollte den Geist anreden. Alle
drei setzten sich unter den Baum und gaben acht. Um Mitter-
nacht kam das Mädchen aus dem Gebüsch gekrochen, trat zu
dem Baum und aß wieder mit dem Munde eine Birne ab;
neben ihr aber stand der Engel im weißen Kleide. Da ging der
Priester hervor und sprach: »bist du von Gott gekommen
oder von der Welt? Bist du ein Geist oder ein Mensch?« Sie
antwortete: »ich bin kein Geist, sondern ein armer Mensch,
von allen verlassen, nur von Gott nicht.« Der König sprach:
»wenn du von aller Welt verlassen bist, so will ich dich nicht
verlassen.« Er nahm sie mit sich in sein königliches Schloß,
und weil sie so schön und fromm war, liebte er sie von Her-
zen, ließ ihr silberne Hände machen und nahm sie zu seiner
Gemahlin.

Nach einem Jahre mußte der König über Feld ziehen; da
befahl er die junge Königin seiner Mutter und sprach: »wenn
sie ins Kindbett kommt, so haltet und verpflegt sie wohl und
schreibt mir's gleich in einem Briefe.« Nun gebar sie einen
schönen Sohn. Da schrieb es die alte Mutter eilig und meldete
ihm die frohe Nachricht. Der Bote aber ruhte unterwegs an
einem Bache, und da er von dem langen Wege ermüdet war,
schlief er ein. Da kam der Teufel, welcher der frommen Köni-
gin immer zu schaden trachtete, und vertauschte den Brief
mit einem andern: darin stand, daß die Königin einen Wech-
selbalg zur Welt gebracht hätte. Als der König den Brief las,
erschrak er und betrübte sich sehr, doch schrieb er zur Ant-

wort, sie sollten die Königin wohl halten und pflegen bis zu
seiner Ankunft. Der Bote ging mit dem Brief zurück, ruhte an
der nämlichen Stelle und schlief wieder ein. Da kam der Teufel abermals und legte ihm einen andern Brief in die Tasche:
darin stand, sie sollten die Königin mit ihrem Kinde töten.
Die alte Mutter erschrak heftig, als sie den Brief erhielt,
konnte es nicht glauben und schrieb dem Könige noch einmal, aber sie bekam keine andere Antwort, weil der Teufel
dem Boten jedesmal einen falschen Brief unterschob: und in
dem letzten Briefe stand noch, sie sollten zum Wahrzeichen
Zunge und Augen der Königin aufheben.

Aber die alte Mutter weinte, daß so unschuldiges Blut
sollte vergossen werden, ließ in der Nacht eine Hirschkuh
holen, schnitt ihr Zunge und Augen aus und hob sie auf.
Dann sprach sie zu der Königin: »ich kann dich nicht töten
lassen, wie der König befiehlt, aber länger darfst du nicht hier
bleiben: geh mit deinem Kinde in die weite Welt hinein und
komm nie wieder zurück.« Sie band ihr das Kind auf den
Rücken, und die arme Frau ging mit weiniglichen Augen fort.
Sie kam in einen großen wilden Wald; da setzte sie sich auf
ihre Knie und betete zu Gott, und der Engel des Herrn erschien ihr und führte sie zu einem kleinen Haus. Daran war
ein Schildchen mit den Worten: »hier wohnt ein jeder frei.«
Aus dem Häuschen kam eine schneeweiße Jungfrau, die
sprach: »willkommen, Frau Königin«, und führte sie hinein.
Da band sie ihr den kleinen Knaben von dem Rücken und
hielt ihn an ihre Brust, damit er trank, und legte ihn dann auf
ein schönes gemachtes Bettchen. Da sprach die arme Frau:
»woher weißt du, daß ich eine Königin war?« Die weiße
Jungfrau antwortete: »ich bin ein Engel, von Gott gesandt,
dich und dein Kind zu verpflegen.« Da blieb sie in dem Hause
sieben Jahre und war wohl verpflegt, und durch Gottes
Gnade wegen ihrer Frömmigkeit wuchsen ihr die abgehaue-
nen Hände wieder.

Der König kam endlich aus dem Felde wieder nach Haus,
und sein erstes war, daß er seine Frau mit dem Kinde sehen

wollte. Da fing die alte Mutter an zu weinen und sprach: »du böser Mann, was hast du mir geschrieben, daß ich zwei unschuldige Seelen ums Leben bringen sollte!« und zeigte ihm die beiden Briefe, die der Böse verfälscht hatte, und sprach weiter: »ich habe getan, wie du befohlen hast«, und wies ihm die Wahrzeichen, Zunge und Augen. Da fing der König an, noch viel bitterlicher zu weinen über seine arme Frau und sein Söhnlein, daß es die alte Mutter erbarmte, und sie zu ihm sprach: »gib dich zufrieden, sie lebt noch. Ich habe eine Hirschkuh heimlich schlachten lassen und von dieser die Wahrzeichen genommen, deiner Frau aber habe ich ihr Kind auf den Rücken gebunden und sie geheißen, in die weite Welt zu gehen, und sie hat versprechen müssen, nie wieder hierher zu kommen, weil du so zornig über sie wärst.« Da sprach der König: »ich will gehen, so weit der Himmel blau ist, und nicht essen und nicht trinken, bis ich meine liebe Frau und mein Kind wiedergefunden habe, wenn sie nicht in der Zeit umgekommen oder Hungers gestorben sind.«

Darauf zog der König umher, an die sieben Jahre lang, und suchte sie in allen Steinklippen und Felsenhöhlen, aber er fand sie nicht und dachte, sie wäre verschmachtet. Er aß nicht und trank nicht während dieser ganzen Zeit, aber Gott erhielt ihn. Endlich kam er in einen großen Wald und fand darin das kleine Häuschen, daran das Schildchen war mit den Worten: »hier wohnt ein jeder frei.« Da kam die weiße Jungfrau heraus, nahm ihn bei der Hand, führte ihn hinein und sprach: »seid willkommen, Herr König«, und fragte ihn, wo er herkäme. Er antwortete: »ich bin bald sieben Jahre umhergezogen und suche meine Frau mit ihrem Kinde, ich kann sie aber nicht finden.« Der Engel bot ihm Essen und Trinken an, er nahm es aber nicht und wollte nur ein wenig ruhen. Da legte er sich schlafen und deckte ein Tuch über sein Gesicht.

Darauf ging der Engel in die Kammer, wo die Königin mit ihrem Sohne saß, den sie gewöhnlich Schmerzenreich nannte, und sprach zu ihr: »geh heraus mitsamt deinem Kinde, dein

Gemahl ist gekommen.« Da ging sie hin, wo er lag, und das
Tuch fiel ihm vom Angesicht. Da sprach sie: »Schmerzenreich, heb deinem Vater das Tuch auf und decke ihm sein
Gesicht wieder zu.« Das Kind hob es auf und deckte es wieder über sein Gesicht. Das hörte der König im Schlummer
und ließ das Tuch noch einmal gerne fallen. Da ward das
Knäbchen ungeduldig und sagte: »liebe Mutter, wie kann ich
meinem Vater das Gesicht zudecken? Ich habe ja keinen Vater auf der Welt! Ich habe das Beten gelernt: unser Vater, der
du bist im Himmel; da hast du gesagt, mein Vater wär' im
Himmel und wäre der liebe Gott: wie soll ich einen so wilden
Mann kennen? Der ist mein Vater nicht.« Wie der König das
hörte, richtete er sich auf und fragte, wer sie wäre. Da sagte
sie: »ich bin deine Frau, und das ist dein Sohn Schmerzenreich.« Und er sah ihre lebendigen Hände und sprach:
»meine Frau hatte silberne Hände.« Sie antwortete: »die natürlichen Hände hat mir der gnädige Gott wieder wachsen
lassen;« und der Engel ging in die Kammer, holte die silber-
nen Hände und zeigte sie ihm. Da sah er erst gewiß, daß es
seine liebe Frau und sein liebes Kind war, und küßte sie und
war froh und sagte: »ein schwerer Stein ist von meinem Herzen gefallen.« Da speiste sie der Engel Gottes noch einmal
zusammen, und dann gingen sie nach Haus zu seiner alten
Mutter. Da war große Freude überall, und der König und die
Königin hielten noch einmal Hochzeit, und sie lebten ver-
gnügt bis an ihr seliges Ende.[5]

Das Märchen und seine Deutung

Das Märchen beginnt mit einem Pakt zwischen einem Mann
und dem Teufel, wie er aus vielen Überlieferungen, nicht zuletzt aus Goethes Faust, bekannt ist. Daß es sich bei seinem
Vertragspartner um den Teufel handelt, scheint dem Müller

entgangen zu sein. Wir erfahren es erst später aus dem Munde
seiner Frau. Als er ihr weismachen will, es habe sich um einen
»fremden Mann« gehandelt, sagt sie ihm auf den Kopf zu, daß
es der Teufel war, lange bevor dieser ins Haus kommt.

Das Angebot des Teufels klingt verlockend: »Was quälst du
dich mit Holzhacken, ich will dich reich machen, wenn du mir
versprichst, was hinter deiner Mühle steht.« Diese Worte haben eine auffällige Ähnlichkeit mit Worten und Vorstellungen
aus der Bibel. Dort macht der jüdische Gott seinem Volk immer wieder Versprechungen, wenn es nur noch ihn anbetet
und alle anderen religiösen Traditionen bekämpft und ausrot-
tet. Diesen »göttlichen Verheißungen« stehen männliche Ge-
lübde gegenüber. So verspricht der Kriegsheld Jephta seinem
Gott vor einer für ihn wichtigen Schlacht: »Wenn du die Am-
moniter wirklich in meine Hand gibst, so soll, wer immer aus
der Türe meines Hauses mir zuerst entgegenkommt, wenn ich
wohlbehalten von den Ammonitern heimkehre, dem Herrn
gehören; ich will ihn als Brandopfer darbringen.«[6] Natürlich
ist es seine Tochter, die dem Vater zur Begrüßung entgegen-
läuft und damit ihr eigenes Todesurteil erwirkt.

Diese offensichtliche Ähnlichkeit mit der Situation der Mül-
lerstochter im Märchen ist kein Zufall. Sie ließe sich um eine
Fülle von Beispielen erweitern. Wo immer in Märchen und
Mythos die Vater-Tochter-Beziehung thematisiert wird, stellt
sich heraus, wie Hildegunde Wöller dargelegt hat, »daß Töchter von ihrem Vater nichts Gutes zu erwarten haben. Ohne
Ausnahme wird immer dann, wenn von einem Vater und seiner Tochter die Rede ist, eine Schreckensszenerie geschildert.
Der Vater setzt das Leben seiner Tochter aufs Spiel, um eigene
Ziele zu erreichen. Geradezu typisch ist der Märchenanfang,
wonach ein Mann im Wald einen Fremden trifft, der ihm
Reichtum verspricht, wenn er ihm gibt, was ihm bei der Heim-
kehr zuerst entgegenkommt. Unversehens hat der Mann dann
immer seine Tochter dem Teufel überliefert ...«[7] Auch in Goethes Faust kostet dessen Pakt mit dem Teufel Gretchen schließlich das Leben.

Das häufige Vorkommen des Teufel-Vater(Mann)-Bündnisses zu Lasten der Tochter legt die Deutung nahe, daß es hier um die Thematisierung von immer wiederkehrenden männlichen Verhaltensweisen geht, die sich gegen die Bedürfnisse der Töchter richten, die aber gleichzeitig durch eine transzendente Gestalt verschleiert werden. Daß es sich bei der das Opfer fordernden transzendenten Gestalt ursprünglich nicht um den Teufel, sondern um einen patriarchalen Gott gehandelt hat, läßt der Vergleich mit dem biblischen Text erkennen. Außerhalb der Bibel hätte eine so eindeutige Botschaft die christliche Inquisition wohl kaum passieren können. So war die Märchenerzählerin weise genug, dem Teufel die väterliche Opferung der Tochter in die Schuhe zu schieben.

Ich verstehe den Teufel im Märchen als Symbolisierung der irrationalen Dimension des patriarchalen Macht- und Ausbeutungssystems. Das bedeutet einerseits den metaphysischen Überbau mit dem patriarchalen Männergott an der Spitze, durch den Männermacht legitimiert wird, andererseits die patriarchalen Strukturen und Mechanismen, auf deren Grundlage das System funktioniert. Beide Dimensionen sind dem Bereich des Irrationalen zuzuordnen, da sie nur zu einem recht geringen Teil dem Bewußtsein angehören. Zwischen dem biblischen Gott, dem Teufel und dem Müller im Märchen besteht psychologisch gesehen insofern kein Unterschied, als sie alle drei Repräsentanten des patriarchalen Machtgefüges sind, zu dem der Gott im Märchen allerdings eine Gegenmacht bildet und hier – auf der Seite des Mädchens stehend – die ursprüngliche Funktion der Göttin übernimmt. Hier sehe ich – wie gesagt – ein Zugeständnis an die christliche Inquisition.[8]

Der Teufel, den ich als Schattenaspekt der patriarchalen Kultur deute, geht selbstverständlich davon aus, daß der Müller nicht lange zögert, wenn ihm das Angebot gemacht wird, so rasch wie möglich reich zu werden, ohne dafür arbeiten zu müssen – ein Bestreben, das von Anbeginn für das Pa-

triarchat typisch gewesen sein muß. Eroberung und Ausbeu-
tung, die primären Ziele und sozusagen der Motor dieses
Systems, verhalfen ihm zu seinem Siegeszug rund um den
Globus. So »schenkt« Gott der Herr »seinem« Volk »ein
Land…, darin ihr nicht gearbeitet habt, und Städte, die ihr
nicht gebaut habt, daß ihr darin wohnt und esset von Wein-
bergen und Ölbäumen, die ihr nicht gepflanzt habt«.[9] Deutlicher läßt sich patriarchale Eroberungsmentalität und ihre
Verankerung im Metaphysischen wohl kaum beschreiben:
Das Leben auf Kosten anderer wird mit einem »göttlichen
Geschenk« legitimiert. Wer sich ohne eigene Arbeit Besitz
verschaffen kann, wird zum Sieger und damit zum Beherr-
scher und Ausbeuter anderer. Ein solches System muß ganz
zwangsläufig Ungerechtigkeit produzieren – die zum Erken-
nungsmerkmal patriarchaler Gesellschaften geworden ist.
Einer der wesentlichsten Aspekte patriarchaler im Vergleich
zu matriarchalen Kulturen ist das soziale Gefälle zwischen
arm und reich, das dieses System permanent reproduziert.
Wo immer es den Sieg davongetragen hat, lebt es ganz selbstverständlich auf Kosten der Schwächsten.

Und genau das tut auch der Müller im Märchen. So wie
aber Gott der Herr seinem Volk den Wohlstand nicht umsonst gibt – er will dafür als einziger Gott verehrt werden –,
so hat auch der Reichtum, den der Teufel verspricht, seinen
Preis. Dieser erscheint dem Müller jedoch gering, weil er ihn
nicht kennt. Statt sich zu vergewissern, was der Teufel wirklich von ihm erwartet, verläßt er sich auf seine Vermutungen.
An die Stelle der Wirklichkeit tritt männliches Denken: Der
Müller denkt an seinen Apfelbaum; der Teufel meint seine
Tochter. Eugen Drewermann vermutet hier ein männliches
Interesse, »die Wahrheit erst zu spät kennenzulernen, um die
Konsequenzen nicht mehr ziehen zu müssen«. Hier kann ich
ihm noch folgen. Wenn er jedoch des Müllers Tochter als
seine »eigenen verschütteten Seelenkräfte und Fähigkeiten…
seine Seele, seine ›anima‹, …sein ›Selbst‹« deutet, interpre-
tiert er an den Absichten des Märchens vorbei. Dieses erzählt,

welche Folgen das Verhalten patriarchaler Väter für ihre
Töchter hat – und nicht etwa für die männliche Seele. Auch
Drewermann sieht ein, daß diese Art der Deutung nicht
durchzuhalten ist. Doch wechselt er immer dann, wenn es um
das Böse im Vater und später um das Negative im König geht,
auf die Ebene der inneren Erlebniswelt des Mädchens.[10]

Der Apfelbaum ruft Erinnerungen an den Paradiesmythos
wach. Dort sind wir ihm bereits als Symbol weiblicher Weisheit und Erkenntniskraft begegnet. Sie scheinen für den
Müller nur einen geringen Wert zu haben. Hier wie auch an
anderen Stellen des Märchens entsteht der Eindruck, es
handle sich hierbei um einen Gegenmythos zur Paradieserzählung. Geht es dort um die Abschaffung weiblicher Weisheit und Macht und die Einführung patriarchaler Verhältnisse, so geht es im Märchen darum, männlich-patriarchale
Macht zu kritisieren, am Ende sogar abzuschaffen und
weibliche Seinsmacht wiederherzustellen. Im Paradies bildete der Baum der Erkenntnis das Zentrum und stand in
Verbindung mit der Schlange und Eva, der Unterweiserin,
Sinnstifterin und Mutter allen Lebens, der seinsmächtigen
Urgöttin, deren Macht es noch zu verdrängen galt. Der
Baum des Müllers befindet sich hingegen versteckt hinter
der Mühle und steht im Zusammenhang mit einem vom Vater abhängigen Mädchen, hat also beträchtlich an Bedeutung verloren. Beansprucht im Paradies Gott den Baum für
sich, so im Märchen der Teufel das Mädchen. Es sind anscheinend jene weiblichen Geisteskräfte, die Gott und Teufel
gleichermaßen fehlen...

Deuten wir den Apfelbaum auch im Märchen als Symbol
weiblicher Weisheit, so zeigt sich in der Bereitschaft des Müllers, ihn gegen materiellen Besitz einzutauschen, ein für patriarchale Männer typischer Mangel an Wertschätzung weiblicher Weisheit. Vor dieser Haltung werden sie jedoch bereits
(oder noch?) in der biblischen Weisheitsliteratur gewarnt.
Dort heißt es:

Ruft nicht die Weisheit, und die Klugheit läßt sich hören?

…Euch, ihr Männer, gilt meine Rede.
Merkt, ihr Unverständigen, auf Klugheit,
und, ihr Toren, nehmt es zu Herzen![11]

Nehmt lieber Belehrung an als Silber,
und Erkenntnis eher als köstliches Gold.
Denn Weisheit ist wertvoller als Korallen,
und alle Kleinodien wiegen sie nicht auf.[12]

Wie das Märchen zeigt, sind in der Welt des Müllers Apfelbaum und Tochter austauschbare Größen, die er gleichermaßen geringschätzt. Als er nämlich erfährt, daß nicht der
Baum, sondern seine eigene Tochter gemeint ist, denkt er gar
nicht daran, diesen »Irrtum« zu korrigieren und den Tausch-
handel rückgängig zu machen. Er beharrt darauf, daß seine
Tochter die Zeche für seinen unverdienten Reichtum zahlt.

Die Frau beunruhigt der plötzliche Wohlstand. Mit klarem
Blick durchschaut sie sofort, was gespielt wird. Sie weiß nicht
nur, daß es sich bei dem Fremden um den Teufel handelt, sie
kennt auch sein wahres Begehren. Doch bleibt ihre Klarsicht
wirkungslos. Abgesehen von ihrem Erschrecken wird sie als
auffallend distanziert und passiv beschrieben. Das ist die
Frauen im Patriarchat verordnete Haltung gegenüber männlicher Entscheidungsmacht. Bis auf die intuitive Klarsicht, die
Mütter möglicherweise häufiger haben, als sie sich anmerken
lassen oder auch selbst eingestehen, ist die hier erkennbare
Parallelität zu Müttern sexuell mißbrauchter Mädchen auffallend. Die Mütter überlassen ihre Töchter widerspruchslos
den Vätern und kommen ihrer Schutz- und Fürsorgepflicht
nicht mehr nach. Für sie wurde die überlebensnotwendige
Anpassung an die Bedürfnisse des Mannes wichtiger als das
Leben ihrer Töchter.

Die Bedürfnisse der Väter haben sich längst in eine uner-
sättliche Gier verwandelt, der sie sich ausliefern und dabei so
tun, als würden sie – der Beherrschung ohnmächtig – hilflos
von einer höheren Macht getrieben. Für ihre Triebbefriedi-

gung benutzen sie ihre Töchter (wesentlich seltener die Söhne) und fordern von ihnen, daß sie sie von ihrem »Triebdruck« erlösen. Auf diese Weise werden die Mädchen körperlich und seelisch verstümmelt und als Folge männlicher Sexualgewalt für viele Jahre ihres Lebens handlungsunfähig gemacht. Statt sich selbst zu verstümmeln, sich »die Hand (oder ein Glied) abzuhacken«, wie es Jesus von den Männern in der Bergpredigt forderte, bevor sie sich an ihren Töchtern vergreifen, zerstören sie lieber das Leben derer, die ihrem Schutze anbefohlen sind. Zwar suggeriert das traditionelle Familienverständnis einen solchen Schutz, doch handelt es sich in Wirklichkeit um eine Auslieferung der Schutzlosen an das mächtige Geschlecht. Nicht von ungefähr versteht sich auch das Mädchen im Märchen als Besitz des Vaters, der mit ihr machen kann, was er will. So haben es Mädchen im Patriarchat gelernt...[13]

Doch hat die Parallelität zwischen der Situation vergewaltigter Töchter und jener des Mädchens im Märchen dort ihre Grenzen, wo es um Schuld geht. Während erstere mit Schuldzuweisungen bedacht werden und unter schwersten Schuldgefühlen leiden, hebt das Märchen die Schuldlosigkeit und Reinheit des Mädchens hervor, durch die sie vor dem Zugriff des Teufels geschützt ist. Heute würden wir möglicherweise von der Erhaltung ihrer Authentizität, von ihrer Selbstbewahrung sprechen. Wo sie sich selbst treu bleibt, bietet sie dem Teufel kein Einfallstor und bleibt für ihn unangreifbar.

Wie wir des weiteren erfahren, kennt das Mädchen magische Praktiken des Selbstschutzes – ein Wissen, das heutigen Mädchen nicht mehr zugänglich ist. Hier hat sich altes »heidnisches« Wissen erhalten und konnte die christlich-inquisitorische Zensur passieren. Es wurde möglicherweise aufgrund anderer Zugeständnisse – die mehrfach hervorgehobene »Gottesfurcht« des Mädchens und die wiederkehrenden Gebete zu »Gott dem Herrn« – übersehen. Handelte es sich um christliche Praktiken, so hätte das Mädchen ein Kreuz machen müssen, um den Bösen abzuwehren. Statt dessen zieht

sie aber einen magischen Schutzkreis. So gewinnt der Böse
keine Macht über sie.

Ein junges Mädchen, das dem Teufel die Stirn zu bieten
vermag und sich diesem als überlegen erweist: Mit diesem
Bild werden die schärfsten Gegensätze beschrieben: hier die
reinen Mädchenenergien, dort gierig-triebhafte Männenener-
gien. Aufgrund der Beziehungslosigkeit, die zwischen der
Reinen (Unschuldigen) und dem männlichen Bösen herrscht,
kann der Böse ihr selbst nichts anhaben, ihrer auch nicht habhaft werden.

Anders der Vater. Er spricht die Tochter auf ihre eigenen
Werte an, indem er von ihr Vergebensbereitschaft, Mitleid
und Hilfsbereitschaft erfleht. Da diese Tugenden wesensmä-
ßig zu ihr gehören, kann sie sich nicht gegen sie stellen oder
sich im Hinblick auf den Vater von ihnen verabschieden –
auch nicht zum Selbstschutz. Der Vater hat also (im Unterschied zum Teufel) Zugang zur Seele der Tochter, was er
schamlos ausnutzt. Das ist die tragische Wirklichkeit der
patriarchalen Familie, die einen Schonraum für männliche
Bedürfnisse bietet und den Töchtern Wohlbefinden und
Selbstentfaltung nicht gewährleisten kann. Für Eugen Drewermann ist es nicht die Treue des Mädchens zu den eigenen
Werten und damit zu sich selbst, die sie schließlich opferbe-
reit macht, sondern ihr Gefühl »einer ungeheuren persönlichen Wichtigkeit und Bedeutsamkeit«. Die Ähnlichkeit mit
der medizinischen Argumentation im letzten Jahrhundert,
die ich im vorigen Kapitel beschrieben habe, ist auffallend.
Auf diese Weise aber verwischt Drewermann den diametra-
len Gegensatz, der zwischen dem Mädchen und dem Teufel
besteht und der zwei miteinander unvereinbare Seelenhal-
tungen veranschaulicht, die Erich Fromm als Habenmodus
und Seinsmodus beschrieben hat. Bei der einen Haltung handelt es sich um die bereits beschriebene Eroberungs- und Aus-
beutungsmentalität, die mit der männlichen Philosophie un-
termauert wird, das Ziel des Lebens sei die Erfüllung eines
jeden menschlichen oder besser: männlichen Wunsches.[14]

Die entgegengesetzte Haltung wird in der Mystik aller großen Religionen mit recht ähnlichen Worten beschrieben: das absolute Freisein von Egointeressen, vom Haben- und Besitzenwollen, egal ob es sich dabei um Macht oder Geld, um Ansehen oder Ehre handelt. Diese Haltung, die im Märchen durch das Mädchen verkörpert wird, beschreibt Lau-Dse im 7. Spruch des Tao Te King mit folgenden Worten:

> so stellt der weise sein selbst zurück
> und ist den anderen voraus
> wahrt nicht sein selbst
> und es bleibt ihm bewahrt
> denn ohne eigensucht
> vollendet er das eigene

Zu gesamtgesellschaftlichen Veränderungen kann diese Art der Selbstlosigkeit jedoch nur führen, wenn sie in erster Linie von den Mächtigen praktiziert wird. In unserer patriarchalen Kultur kommen ihr aber nicht etwa Väter, sondern eben kleine Mädchen am nächsten. Das hat fatale Auswirkungen. Da sie schutzlos ausgeliefert sind, können die Väter ihre Selbstlosigkeit ausnutzen, was immer wieder geschieht, da sie ihre Töchter als Eigentum betrachten, das ihren »Bedürfnissen« zu dienen hat.

Das Zusammenprallen beider Haltungen mündet im Märchen in die Selbstauslieferung der Tochter. Auf das Drängen des Vaters antwortet sie: »Lieber Vater, macht mit mir, was Ihr wollt, ich bin Euer Kind.« Mit diesen Worten spiegelt sie das väterliche Selbstverständnis, dem sie als Kind ausgeliefert ist. Der Vater aber spielt den Hilflosen und gibt sich damit im Einklang mit den meisten sexuellen Gewalttätern als das eigentliche Opfer aus. Als ihm der Teufel noch einmal ausdrücklich droht, er werde *ihn* holen, wenn er sich weigert, seiner Tochter die Hände abzuhauen, kommt es dem Vater nicht in den Sinn, sich selbst anstelle der Tochter auszuliefern. Gegen den Teufel wußte sich das Mädchen zur Wehr zu setzen – vor dem eigenen Vater aber gibt es keine Rettung.

Eigenhändig schlägt er ihr die Hände ab, so daß sie durch seine Brutalität die *Hand*lungsfähigkeit verliert.

Genau das ist das Schicksal insbesondere sexuell mißbrauchter Mädchen: Für viele Jahre ihres Lebens sind sie nicht mehr zu selbstbestimmten Handlungen in der Lage. Die väterlichen Untaten fixieren sie nicht nur auf Verhaltensmuster, die nicht ihrem eigenen Wesen entsprechen und leicht als Reaktionen auf das erfahrene Unrecht auszumachen sind. Sie verursachen in den Mädchen auch Schuldgefühle, die sie noch stärker verunsichern und von äußerer Anerkennung abhängig machen. Inzwischen hat sich gezeigt, daß achtzig Prozent der Prostituierten und drogenabhängigen Frauen in ihrer Kindheit sexuell mißbraucht wurden.

Dies töchterliche Dilemma thematisierte vor einigen Jahren der Film »Nuts« mit großem psychologischen Einfühlungsvermögen. Vor Gericht wurde die Kindheit der Prostituierten Claudia aufgerollt. Jahrelang war sie von ihrem recht zärtlichen und großzügigen Stiefvater sexuell mißbraucht worden. Noch als erwachsene Frau litt sie unter beträchtlichen Schuldgefühlen, die sie vor Gericht mit den Worten begründet: »Ich habe nicht gesagt, er soll aufhören; ich wollte bloß, daß er mich liebt.«

Es ist die eigene Unfähigkeit zur Selbstbewahrung, die Mädchen in den tiefsten Schichten ihres weiblichen Seins verletzt. Da ist etwas geschehen, das nie hätte passieren dürfen. Nur wäre es Sache des Vaters, für seine Untat die Verantwortung zu übernehmen und sich schuldig zu fühlen. Doch da er das nicht tut, bleibt den Töchtern gar nichts anderes übrig, als die Schuld bei sich zu suchen, die ihnen von den Vätern oft ausdrücklich zugeschoben wird. Sie befinden sich dann in einer vom Vater konstruierten Zwickmühle: Versuchen sie Widerstand zu leisten und weigern sich, seinem Drängen nachzugeben, erklärt er sie für »schuldig« an seiner »Trieb«-Misere, die der Tochter oftmals als väterlicher Schmerz erscheint. Auf diese Weise geraten sie in Konflikt mit ihrer Liebe zum Vater, die ihm Freude bereiten und ihm entgegenkommen will. Bei Abwesenheit von physischer Gewalt fällt es dann dem Vater leicht, der Tochter zu suggerieren, sie habe »freiwillig« mitgemacht. So entsteht für sie der Eindruck, *sie* sei schuldig geworden. Aus väterlichen Schuldzuweisungen werden töchterliche Selbstbezichtigungen.

Aus dieser Schuldklammer gibt es für die Töchter kein Entrinnen. Wie kann ein Mädchen, das nicht nur zu Mitgefühl und Entgegenkommen, zu Gehorsam und Dienstbereitschaft erzogen wurde, sondern in vielen Fällen auch noch gelernt hat, daß die väterliche Macht letztlich im Himmel verankert ist, sich dieser Macht mit eigenen Bedürfnissen entgegenstellen? Je christlicher ihre Erziehung war, desto mehr haben sie gelernt, daß »der Vater im Himmel« ein Anrecht hat auf kleine Mädchen. Ursa Krattiger hat ihre diesbezügliche religiöse Erziehung beschrieben: »Nur auf eines muß ich achten: daß ich bloß NICHT MEIN bin, NICHT MEIN EIGEN, NICHT ICH, NICHT EGOISTISCH. …Ich soll MEINES TREUEN HEILANDES Jesu Christi eigen sein, der so für mich gelitten hat… Niemals war ich, ICH – die ich ja noch gar nicht MEIN EIGEN war – dieses blutleeren Phantom-Heilandes eigen: ich versuchte ja bloß, NICHT MEIN EIGEN zu sein, weil ich sonst der beschützenden Fürsorge meines ›Vaters im Himmel‹ verlustig gegangen wäre. Und nicht mein eigen zu sein, letztlich: NICHT ZU SEIN, gelang mir gut: ich verzichtete auf eigene Wünsche, Vorstellungen, Ziele, Ansprüche, Aussagen, Gefühle, Wutausbrüche, Sehnsüchte, Träume, Lüste…«[15] Zwei männliche Gestalten, die ein Anrecht auf das Mädchen haben – und den eigenen Vater soll sie abweisen?

Auch Hildegunde Wöller zeigt auf, was es für Mädchen bedeutet, daß in unserer Kultur der höchste Wert und mit ihm der Ursprung unseres Lebens männlich besetzt ist: »Für die Tochter aber bedeutet die Besetzung des Ursprungs mit einer Vatergestalt anstelle der Mutter Furchtbares. Ihre Tendenz zur Identifikation hat sich damit nicht geändert, und so wird sie sich mit diesem Vater und Vatergott weiterhin zu identifi-

zieren suchen, für dessen Wohl Verantwortung übernehmen,
weil ihre eigene Identität daran hängt. Psychotherapeutinnen
stellen fest, daß selbst Töchter, die von ihrem Vater nichts
Gutes erlebt haben, an der Fiktion festhalten, von ihm geliebt
zu sein. Oder sie beobachten, daß Töchter sich lieber selbst
opfern, als ihren Vater bloßzustellen.«[16]

Auch das Mädchen im Märchen ist schließlich dazu bereit,
dem Vater ihre Hände zu opfern. Doch ist sie nicht bereit,
ihm auch noch ihr Leben zu überlassen. Obwohl er ihr nach
der Verstümmelung in Aussicht stellt, sie zu verwöhnen, und
ihr ein wohlbehütetes und bequemes Leben verspricht, erkennt sie ganz klar: »Hier kann ich nicht bleiben…« Sie verzichtet auf die ihr angebotene väterliche Fürsorge und läßt
sich nicht davon abbringen, ihr Vaterhaus zu verlassen. Statt
dessen hofft sie darauf, daß »mitleidige Menschen« ihr das
geben werden, was sie zum Leben braucht. Damit signalisiert
sie dem Vater, daß sie sich lieber ins Ungewisse begibt und
sich im Notfall fremden Menschen anvertraut, als dem eigenen Vater. Im Hinblick auf ihr Elternhaus erwartet sie gar
nichts für ihr weiteres Leben. Im Hinblick auf ihre eigene Situation gibt sie sich ebenfalls keinen Illusionen hin. Sie durchschaut, daß der Vater sie so »kaputtgemacht« hat, daß sie
fürs erste auf die Hilfe anderer Menschen angewiesen sein
wird. Dabei handelt es sich nicht etwa um eine »phantastische Hoffnung«, wie Eugen Drewermann meint, dem die innere Tragik ihres Ausgeliefertseins völlig entgeht, sondern
um eine durchaus berechtigte menschliche Hoffnung, die von
großem Urvertrauen und sozialem Realitätssinn zeugt; denn
selbst als nicht so offensichtlich Versehrte sind wir immer auf
andere Menschen angewiesen. – Eine Tatsache, die Männer
wesentlich leichter verdrängen als Frauen. Das erstaunliche
Urvertrauen, das in der Hoffnung des Mädchens zum Ausdruck kommt, könnte als Hinweis darauf gedeutet werden,
daß sie von ihrer Mutter in der frühkindlichen Phase das er-
forderliche Maß an Liebe bekommen hat. Andernfalls hätte
sie sich wohl auf das väterliche Verwöhnungsangebot einge-

lassen und sich im Hinblick auf eine solche Entscheidung dann zu Recht dem Vorwurf der Passivität ausgesetzt, den Drewermann in seiner Interpretation gegen das Mädchen erhebt.

Das Mädchen hat keine Chance zu verhindern, daß sie der väterlichen Gier zum Opfer fällt. Wie sehr sie sich auch bemüht, welcher Strategien sie sich auch bedient, sie entgeht dem männlichen Bündnis nicht. Der Pakt des Vaters mit der bösen Macht wird sie auch weiterhin einholen, sie verstümmeln und sich wie ein dunkler Schatten auf ihr Leben legen. An all dem Bösen, das ihr widerfährt, trifft sie selbst keine Schuld. Mehrfach hebt das Märchen die Unschuld und Reinheit des Mädchens hervor und verweist damit eindeutig auf ihren Opferstatus.[17]

Genau darin aber zeigt sich die patriarchatskritische Haltung der Märchenerzählerin. Zum einen beschreibt sie das soziale Umfeld als eine Welt der »Väter und Täter«, die an der Generation der Töchter schuldig werden und sie zu Opfern ihrer Gier und Leichtfertigkeit machen. Zum anderen verweisen sie auf die töchterliche Schuldlosigkeit und Reinheit. Anders als in der heutigen Wirklichkeit entwickelt das Mädchen im Märchen keine Schuldgefühle. Statt dessen dient die Gewißheit ihrer Schuldlosigkeit als Quelle ihrer Kraft und Selbstgewißheit, die ihr einen weitgehenden – wenn auch nicht absoluten – Selbstschutz bietet. Wie mir scheint, ist es dies Bewußtsein eigener Unschuld, das ihr die Kraft verleiht, den Vater zu verlassen und einen eigenen Weg zu suchen.

Woher aber hatte nun das Mädchen diese Gewißheit eigener Unschuld, an der es den meisten Mädchen und Frauen heutzutage so offensichtlich fehlt? Ich denke, das Mädchen symbolisiert einen weiblichen – sozusagen jungfräulichen – Zustand jenseits patriarchaler Korrumpierung, den auch wir möglicherweise – wenn auch verschüttet – noch in uns tragen.[18] Ich erinnere an die Kindheitserlebnisse der beiden Frauen im ersten Kapitel, bei denen die Gewißheit des Nicht-

schuldigseins eine zentrale Rolle spielte, bevor sie den mütterlichen Schuldzuweisungen erlagen. Anders als die christliche
Lehre, die die Sünde zum Zentrum des Menschen erhebt,
lenkt das Märchen unsere Aufmerksamkeit auf das kleine
Mädchen, das sich in den Tiefenschichten unserer Seele befindet und das noch jene Selbstgewißheit des Nicht-Schuldig-
seins tief verborgen in sich trägt. Gemeint ist jener ursprüngliche Seinszustand in uns, der sich vom Bedürfnis nach Liebe
und Anerkennung von Eltern oder anderen Menschen noch
nicht hat korrumpieren und zu falschen Schuldgefühlen verleiten lassen. In unserer Tiefenschicht, verdeckt von Schuldgefühlen, ist jene Haltung zu finden, der das eigene Sein wichtiger und wertvoller ist als äußere Anerkennung und die folglich auch zu unterscheiden vermag zwischen echter und falscher Zuwendung und Schuldzuweisung.

Das Urvertrauen des Mädchens, das sich im weiteren Verlauf des Märchens als gerechtfertigt erweist, gründet auf
einem ungetrübten Kontakt zur transzendenten Welt. Sie bedient sich spiritueller Kräfte, um sich Zugang zu den Gaben
von Mutter Natur zu verschaffen. Diese mütterliche, versor-
gende Welt ist jedoch männlich vereinnahmt und unzugäng-
lich gemacht worden. Ihre Früchte werden von einem König
gezählt und von seinem Gärtner verwaltet. Hier handelt es
sich um weitere Aspekte patriarchaler Männlichkeit, die das
Mädchen durch seine spirituelle Kompetenz zu überwinden
vermag.

Um Eingang in jene vom Mann in Besitz genommene Natur zu erlangen, die für das Mädchen zum verbotenen Paradies wird, bedarf es eines Gebets zu »Gott dem Herrn«. Da
wir diesen jedoch in den ältesten Fassungen des Märchens
vergebens suchen, handelt es sich hier aller Wahrscheinlich-
keit nach um eine jener bereits erwähnten Konzessionen an
die inquisitorische Zensur. Auf jeden Fall erweist sich ihr Ge-
bet als wirkmächtig, was immer es mit der Benennung des
Göttlichen auf sich haben mag. Das Mädchen bekommt,
worum sie gebeten hat. Dabei kann ihr der Gärtner genauso-

wenig anhaben wie zuvor der Teufel. Die Tatsache, daß die
Früchte gezählt sind, ist für sie kein Hinderungsgrund, was
wieder einmal ihren Mut und den fehlenden Hang zur Entwicklung von Schuldgefühlen unter Beweis stellt. Sie hat
Hunger, und so haben ihre Bedürfnisse Priorität vor männlichem Besitzdenken. Schließlich nimmt sie nur, was sie wirklich zum Leben braucht und worauf sie folglich auch ein Anrecht hat. So wird für sie selbst jener Baum, den die männliche
Welt in Beschlag genommen hat, zum »Baum des Lebens«.[19]

Die angstfreie Sicherheit, mit der sich das Mädchen nimmt,
was sie braucht, läßt sie aber nicht vergessen, daß in dieser
Welt Vorsicht geboten ist: »Als sie die Birne gegessen hatte,
war sie gesättigt und ging und versteckte sich in das Gebüsch.« Diese Vorsichtsmaßnahme ist wohl ein deutliches Indiz dafür, daß sich die Erzählerin an der biblischen Paradies-
Erzählung orientiert hat. Auch dort verstecken sich Adam
und Eva, nachdem sie vom verbotenen Baum der Erkenntnis
gegessen haben. Statt des Herrgottes tritt im Märchen allerdings der König in Erscheinung, der feststellt, daß eine Birne
fehlt. Möglicherweise handelt es sich hier um eine Karikie-
rung des patriarchalen Gottes der Bibel, der, wie Denis Dide-
rot im 18. Jahrhundert schon meinte, »viel Aufhebens von
seinen Äpfeln und sehr wenig Aufhebens von seinen Kindern« macht.

Dem Gärtner erscheint das Mädchen als »jenseitiges« Wesen. Er erkennt also, daß sie an der patriarchalen Welt keinen
Anteil hat, buchstäblich aus einer »anderen Welt« kommt.
Genau das aber macht sie für den König interessant. Er ruft
seinen Priester zu Hilfe, damit dieser »den Geist anredet«. Im
Gegensatz zum Mädchen verfügt er nicht über einen unmittelbaren Kontakt zur transzendenten Welt. Er ist in einer in-
stitutionalisierten – und damit immer auch angstbesetzten –
Religiosität zu Hause, die ihm noch nicht einmal gestattet,
einem »Geist« ohne Hände auch ohne priesterlichen Beistand
zu begegnen.

Die Frage des Priesters, ob sie von Gott oder von dieser

Welt sei, ist typisch für die patriarchale Spaltung der Wirklichkeit. Die Antwort des Mädchens verweist noch einmal auf ihr uneingeschränktes Urvertrauen. Obwohl sie sich von Menschen verlassen weiß, ist sie sich der Gegenwart des Göttlichen gewiß.

Diese Art der Selbstdarstellung erweckt im König jenes Mitleid, das dem Müller fehlte. Für die Zukunft verspricht er ihr, daß sich diese Erfahrung für sie nicht noch einmal wiederholen solle. Er will sie nicht mehr verlassen. Auf dieses Versprechen hin geht sie eine Ehe mit ihm ein. Sie glaubt, in ihm einen Mann gefunden zu haben, der bereit ist, ihr das zu geben, was ihr beim Vater gefehlt hat. Und wirklich bemüht er sich darum, ihre vom Vater verursachte Handlungsunfähigkeit so gut er kann aufzuheben, indem er ihr silberne Prothesen anfertigen läßt. Zur Wiederherstellung ihrer vollen Handlungsfähigkeit, zur völligen Heilung ihrer Verstümmelung bedarf es jedoch noch anderer Kräfte.

Entgegen seinem Versprechen verläßt er sie nach einem Jahr Ehe, um in den Krieg zu ziehen – das wichtigste Geschäft eines patriarchalen Herrschers, für das der unmittelbare Kontakt zu Frau und Kind immer wieder bereitwillig geopfert wird. Dieser plötzliche Abbruch der Beziehung nimmt lebensgefährliche Ausmaße an. Es entstehen Mißverständnisse, die der teuflische Bündnispartner des Vaters verursacht. Solange sie ihr Leben mit einem Manne teilt, hat der patriarchale Männerpakt für sie böse Folgen.

Solche Fernwirkungen eines mißbrauchenden und verstümmelnden Vaters haben viele Frauen am eigenen Leibe und in der eigenen Seele erfahren. Die erlebten Verletzungen wirken auch in die Beziehungen zu anderen Männern (und Frauen) weiter hinein und machen ein Zusammenleben auf die Dauer unmöglich. Auf den Ehemann legt sich der Schatten des mißbrauchenden Vaters – des bösen Männlichen. Ob er will oder nicht, ob verdient oder fälschlicherweise, als Mann steht er in der Schuldgeschichte der Vätergeneration und hat Anteil am bösen Vatergeist. Schließlich verfügt auch er über patriarchale Besitzermacht und Befehlsgewalt, die andere zu Befehlsempfängerinnen und verfügbaren Objekten degradieren – die eigene Mutter nicht ausgenommen.

Die Opferung der Tochter, die der Vater einst vollziehen wollte, soll nun durch das patriarchale Zusammenspiel von machtvollem Ehemann (Sohn) und »böser Schwiegermutter« nachgeholt werden. Doch sowenig sich das Mädchen einst durch den Vater korrumpieren ließ und ihm den Rücken kehrte, sowenig ist die »alte (matriarchale?) Mutter« bereit, sich zur »bösen« (patriarchalen) Schwiegermutter machen zu lassen und die junge Frau ihrer Parteilichkeit für den Sohn auszusetzen. Anders als die Mutter der jungen Frau ist sie weder »passiv« noch »distanziert«, sondern zeigt Gefühle, die wir bei der Mutter des Mädchens vermißt haben. Sie weint, »daß so unschuldiges Blut sollte vergossen werden«. Ihr geht es um die Erhaltung der Blutsbande – auch wenn es nicht die eigenen sind. Diese Haltung ist zwangsläufig mit einer negativen Beurteilung des königlichen Befehls gekoppelt, dem sie sich folglich widersetzt. Doch zeigt ihre Befürchtung, ihr Sohn könne die junge Frau bei seiner Rückkehr töten, daß sie ihm immerhin den Mord an der eigenen Frau zutraut. Anders als die meisten patriarchalen Mütter scheint sie ihn nicht mit einem Glorienschein männlicher Großartigkeit zu umgeben und nicht alles zu legitimieren, was er verfügt. Sie nennt ihn bei seiner Rückkehr sogar einen »bösen Mann«, hat also ihre eigenen Vorstellungen von gut und böse, die sich auch *gegen* den machtvollen Sohn richten können.

So schärft das Märchen unseren Blick für matriarchale Überreste in einer ansonsten patriarchalen Welt. Doch macht es gleichzeitig deutlich, was geschehen muß, damit wir zu dieser lebenliebenden, menschenfreundlichen matriarchalen Haltung zurückfinden, und zeigt die Bedingungen einer Heilung von patriarchalen Verstümmelungen auf.

Der erste Schritt zur Wandlung ist der radikale Rückzug aus der patriarchalen Welt. Das hatte das Mädchen instinkt-

sicher beim Verlassen des Vaterhauses gespürt. Diesmal weiß
sie selber nichts von der Gefahr der Vernichtung. Doch bleibt
ihr nichts anderes übrig, als auf die Schwiegermutter zu hören, die sie mit dem kleinen Sohn auf dem Rücken muttersee-
lenallein in die Welt hinausschickt und sie damit förmlich
drängt, weitere Schritte auf ihrem Heilungsweg zu gehen.
Diese Heilung kann offensichtlich nicht in patriarchalen
Lebenszusammenhängen erfolgen, denn sie reproduzieren
immer wieder ähnlich zerstörerische Situationen.

Nach dem Verlassen des Vaterhauses hatte der Weg des
Mädchens in einen Park geführt, in dem das Obst gezählt
war. Nach dem Verlassen ihrer zweiten Heimat gelangt sie in
einen großen wilden Wald, in eine Welt also, die noch nicht in
männlichen Besitz übergegangen ist. Der Wald steht für eine
Welt jenseits des Patriarchats und ist als Symbol des Großen
Weiblichen zu verstehen. Noch ist diese unbekannte Welt der
jungen Frau fremd und wirkt beängstigend. So vertraut sie
sich wieder einmal den transzendenten Kräften an, die ihr bis
jetzt noch immer geholfen, ihr ungeahnte Möglichkeiten
eröffnet und sie gangbare Wege geführt haben. Wie zuvor
erweisen sich ihre spirituellen Erfahrungen als *die* rettende
Kraft, als *das* Kontinuum schlechthin, das ihrem Leben Richtung zu geben vermag. Mit intuitiver Sicherheit gelangt sie so
an ein Haus, das sich für die nächsten sieben Jahre als eine
wirkliche Heimat erweisen soll – etwas, das es für sie bislang
nie gegeben hat: ein Haus, das ihr echte Freiheit verheißt, in
dem nicht Unmögliches von ihr verlangt wird und in dem sie
niemandes Besitzmacht oder Befehlsgewalt ausgeliefert sein
wird. – Ein Haus ohne Mann. Ein Haus jenseits männlicher
Macht. Hier taucht sie ein in eine durch und durch weibliche
Welt, die sie bislang nicht erfahren hatte.

Wald, Haus und schneeweiße Jungfrau sind Aspekte der
Großen Göttin in ihrer wilden und milden Gestalt. In dieser
Welt erfährt die junge Frau jene Zuwendung und Pflege, die
ihr in der männlichen Welt nie zuteil geworden ist. Hier
kann sie genesen und schließlich ihre volle Handlungsfähig-

keit zurückgewinnen – denn schon bald wachsen ihr neue Hände.

Das Märchen erinnert uns Frauen daran, daß wir zur Erneuerung, Heilung und Selbstfindung weiblicher Dimensionen, weiblicher Werte und Energien, kurz: einer ausschließlich weiblichen Welt bedürfen. Diese Wahrheit ist in Vergessenheit geraten. Den wenigsten Frauen ist bewußt, daß sie *ihre* Wahrheit, ihr Selbst nur aneinander und miteinander erleben und leben können. Weibliche Wahrheit bedarf der Bestätigung weiblichen Seins durch das eigene Geschlecht.[20] Und so zeigt uns das Märchen, was uns genommen wurde: die Möglichkeit des Rückzugs in eine weibliche Welt, des Eintauchens in unser eigenes – wohlgemerkt selbstbestimmtes – Geschlecht. In patriarchalen Zusammenhängen werden wir von klein auf gelehrt, uns auf das männliche Geschlecht zu beziehen und dessen Bedürfnisse zu berücksichtigen. Dabei werden wir in unseren tiefsten Seelenschichten verunsichert. Denn im Umgang mit dem anderen Geschlecht wird unser Sein, unser Fühlen, Denken und Wollen permanent in Frage gestellt, negiert, entwertet, findet unsere Wahrheit keine Anerkennung und bleibt daher verborgen. Dennoch lernen wir, der Beziehung zum anderen Priorität einzuräumen. Dabei bleibt die Beziehung zu uns selbst, zum Eigenen, auf der Strecke. Doch kann auch die Beziehung zum anderen Geschlecht nicht gelingen, wenn wir uns nicht von patriarchalen Projektionen befreit, wenn wir keine Selbstgewißheit und mit ihr innere Stärke, wenn wir nicht zu uns selbst gefunden haben.[21]

»Hier wohnt ein jeder frei«, lautet die Inschrift über jenem Haus, in dem das Mädchen ohne Hände die Befreiung von ihren Verstümmelungen erfährt. In diesem Zusammenhang erscheint es mir höchst bedeutsam, »daß das sumerische Wort für Freiheit zu Beginn des dritten Jahrtausends v. Chr. ›amargi‹ lautete, was wörtlich ›Rückkehr zur Mutter‹ bedeutete und sich auf die frühere matrilineare Sippenordnung bezieht«.[22] Auch hier die Botschaft, daß es echte Befreiung für Frauen in patriarchalen Zusammenhängen nicht geben kann.

Für ein Miteinander der Geschlechter bedarf es jedoch gleichzeitig der Heilwerdung des Mannes. Das veranschaulicht das Märchen mit der Beschreibung des männlichen Heilungsweges: Nach der Rückkehr aus dem Krieg muß der König erkennen, was es mit seiner Befehlsgewalt auf sich hat und wie leicht sie zu nicht wiedergutzumachenden Irrtümern führen kann. Die Lektion erteilt ihm seine »alte Mutter«, indem sie ihm Gehorsam vortäuscht. Einen Gehorsam, der seine Frau und seinen Sohn das Leben hätte kosten können. Auf diese Weise erkennt der König, daß ihm Frau und Kind wichtiger sind als Macht und Reichtum. Er verzichtet auf beides und irrt sieben Jahre durch die Welt auf der Suche nach Frau und Kind. Während dieser Zeit verzichtet er auf jedwede Triebbefriedigung. Er lebt in Abhängigkeit von der transzendenten Welt, die er zuvor nur durch die Vermittlung eines Priesters kennengelernt hatte.

Damit wird er zum männlichen Gegenstück des Müllers, der seiner Habgier frönte, dem Besitz wichtiger war als das Leben seiner Tochter, der Verbindung zu bösen Mächten unterhielt und in seiner Tochter sein verfügbares Eigentum sah. Diese Fehler begeht der König nicht. Am Ende seiner siebenjährigen Suche antwortet er auf die Frage der weißen Jungfrau, wo er denn herkäme: »Ich bin bald sieben Jahre umhergezogen und suche meine Frau mit *ihrem* Kinde, ich kann sie aber nicht finden.«

Die siebenjährige Trennungszeit gestaltet sich für Frau und Mann auffallend gegensätzlich, da sie völlig unterschiedlicher Heilungsprozesse bedürfen. Die junge Königin wird von der schneeweißen Jungfrau gehütet und gepflegt, so daß alle erlebten Lieblosigkeiten und Verstümmelungen heilen können. Der König hingegen muß die Geborgenheit, die ihm Frauen vermittelt haben, verlassen, suchend durch die Welt irren und sieben Jahre lang asketisch leben. Sieben Jahre, die Zeit, in der sich ein Organismus – und mit ihm möglicherweise auch die Seele – von Grund auf erneuert. Er mußte offenkundig vieles ablegen, anderes neu finden, um schließlich der richtige Mann – für diese Frau und damit auch für sich selbst und diese Welt – zu werden.

Das sind recht eindeutige Hinweise darauf, daß die Heilungswege für Frau und Mann grundverschieden sind und folglich auch nicht gemeinsam beschritten werden können. Unheilvolle Behinderungen wären vorprogrammiert; denn beide haben meist völlig entgegengesetzte Dinge zu lernen und abzulegen, unterschiedliche Bedürfnisse zu befriedigen und aufzugeben, um aus ihren patriarchalen Deformierungen und Verstümmelungen herauszufinden. So müssen Frauen beispielsweise lernen, sich selbst wertzuschätzen – Männer dagegen, Selbstüberschätzungen abzubauen. Frauen müssen sich von ihren falschen Schuldgefühlen befreien, müssen lernen, Verantwortung nicht nur bei sich selbst zu suchen. – Männer dagegen bedürfen der Einsicht in ihre Schuld und müssen lernen, sich für das Ergehen anderer mitverantwortlich zu fühlen. Gemeinsam ist beiden – und das macht das Märchen unmißverständlich klar –, daß sie sich letztlich am Weiblichen orientieren müssen, um zu sich selbst zu finden.

Das Märchen beschreibt den Wandlungsweg des Mannes anhand von mehreren Gestalten: Am Anfang tritt das Männliche in seiner schlimmsten Form – als Teufel – auf und agiert durch sein menschliches Pendant, den Müller, der jenen durch seine Habgier auf den Plan ruft. Der Teufel weiß um seine Bedürftigkeit im Hinblick auf weibliche Energien und versucht auf jede erdenkliche Weise, ihrer habhaft zu werden. Dem Müller fehlt dies Wissen völlig, er wird jedoch vom Teufel in die Anerkennung dieser Wahrheit förmlich hineingetrieben – allerdings in recht destruktiver Form. Beiden gelingt es aber nicht, sich des Weiblichen auf die von ihnen gewünschte Weise zu bedienen. Ihre Aneignung mißlingt, da in ihnen selbst zu wenig dieses Weiblichen lebendig ist. Teufel – Müller – König sind Aspekte des Männlichen mit einem positiven Gefälle. Die negativen Seiten des Müllers kommen im König nur noch in abgeschwächter Form vor. Als einziger erweist er sich als wandlungsfähiges Gegenüber des Mäd-

chens. Er entwickelt ihr gegenüber ein Gefühl innerer Verbundenheit, das ihn schließlich auf den Weg bringt. Kein
Wunder, denn er lebt in einer engen Beziehung zu seiner »alten« (hier: = matriarchal gesinnten) Mutter, wohingegen das
Mädchen die Kindheit mit einem dominanten Vater ver-
brachte, der seine lebensfeindlichen Tendenzen an seiner
Tochter ausagierte.

Sieben Jahre lang muß der König auf der Suche nach dem
Weiblichen verbringen. Die Königin hatte es gleich zu Beginn
ihrer Suche gefunden. In dieser heilenden weiblichen Welt
konnte sie schon bald genesen. In ihr gedieh auch ihr Sohn
Schmerzenreich – ohne männliches Vorbild, was wiederum an
den mittelalterlichen Helden Parsival erinnert, der zum Erlöser wird und nach langer Suche den (weiblichen) Gral findet.
Dem kleinen Königssohn war noch nicht einmal bekannt, daß
überhaupt ein biologischer Vater existiert. Er kannte nur den
»Vater im Himmel« als einzige Vaterinstanz. Das reichte anscheinend völlig für seine Entwicklung. Es entsprach genau
dem, was auch Jesus einst gefordert hatte: »Nennt niemand
euren Vater auf Erden, denn Gott allein ist euer Vater.«[23]

Viele patriarchale Erlösungsmythen erzählen von einem
jungfräulich geborenen Erlöser, der die Welt retten soll. Er
darf mit keiner irdischen Vaterinstanz verbunden sein, sonst
kann er seinem Erlösungsauftrag nicht nachkommen. Ob
Krishna oder Christus, ob Buddha oder Parsival, sie alle
wuchsen allein mit der Mutter auf und kannten keinen Vater.
So will es der Mythos angesichts der historischen Realität väterlichen Machtmißbrauchs. Die Botschaft ist unverkennbar:
Das Patriarchat in den Vätern behindert die Erneuerung dieser Welt. Nur dort, wo Mütter ihre Söhne nach eigenen Werten und Vorstellungen außerhalb patriarchaler Beziehungen
großziehen, ist die grundlegende Bedingung für die Erneuerung der Welt erfüllt; denn unsere Erlösungsbedürftigkeit
hängt offenkundig mit der patriarchalen Vatermacht zusammen und nicht mit der »Sündhaftigkeit des Menschen«, wie
uns die Kirche lehrt.

Solange nicht gewährleistet ist, daß neue Söhne in einem von weiblichen Wertvorstellungen geprägten und von Schuldgefühlen gegenüber patriarchalen Instanzen freien Raum aufwachsen, ist alle Mühe unzureichend. Hiermit erweist sich die patriarchale Wirklichkeit als erlösungsbedürftig; denn selbst dort, wo Mütter ihre Kinder allein erziehen, können sie nur in sehr beschränktem Maße eigene Werte und Vorstellungen durchsetzen. Das patriarchale Umfeld erweist sich zumeist als noch stärker als das Patriarchat in der Frau. Wenn dann den Müttern auch noch Schuldgefühle gemacht werden, weil sie ihren Söhnen keinen Vater bieten können, wird ihnen jene Stärke genommen, die sie gerade für deren Erziehung benötigen. Statt dessen werden sie erpreßbar; denn ihre Schuldgefühle teilen sich den Söhnen mit und werden von ihnen gnadenlos ausgenutzt. Solange Mütter sich aber falsch programmieren lassen mit der Vorstellung, sie hätten ihren Söhnen etwas genommen oder vorenthalten, und sich nicht bewußtmachen, daß sie ihnen mit ihrer Trennung in den meisten Fällen den Vater erspart haben[24], so lange schwächen sie sich selbst und werden auch von ihren Söhnen als »Schuldige« wahrgenommen und dementsprechend abgewertet. Nur selbstbewußte, heile Mütter könnten ihre Söhne vor der Zerstörung durch den Männlichkeitswahn bewahren. Doch dazu bedürften sie des Rückzugs in ein nicht-patriarchales weibliches Milieu.

Erst nach einer völligen Trennung und Regenerationsphase von sieben Jahren können im Märchen die beiden Geschlechter wieder zusammenkommen. Nicht nach alten Mustern und Werten, sondern auf der Grundlage ihres neuen Seins. Die alte Verbindung hat ihre Gültigkeit verloren. »... der König und die Königin hielten noch einmal Hochzeit.« Hier geht es nicht mehr um eine patriarchale Eheschließung, sondern um eine neue Begegnung der Geschlechter. Diesmal heiratet der König kein armes, vereinsamtes und verstümmeltes Mädchen. Er geht eine Verbindung mit einer Ebenbürtigen ein, die wie er ihren Weg zur Heilung gefunden hat.

Abschließend fasse ich noch einmal jene Punkte zusammen, die mir besonders wichtig erscheinen:

Im Mittelpunkt des Märchens steht der weibliche Entwicklungsweg mit all den Hindernissen, denen junge Mädchen in der patriarchalen Gesellschaft ausgesetzt sind. Es beschreibt die Bedingungen, die erfüllt sein müssen, damit sie zu reifen, partnerschaftsfähigen Frauen werden können.

1. Bedingung:
Ein Mädchen braucht Möglichkeiten der Selbstbewahrung und -erhaltung durch den Zugang zu ihren eigenen spirituellen Kräften. Im Märchen sind es magische Praktiken, Anrufungen und Gebete, mit denen es nicht nur gelingt, sich den Teufel vom Leib zu halten, sondern auch für ein Existenzminimum außerhalb des Vaterhauses zu sorgen.

2. Bedingung:
Die in der Kindheit gemachten Erfahrungen sowie der eigene Realitätssinn erweisen sich als nicht ausreichend, um sich endgültig für den Weg der Heilung zu entscheiden. Es müssen noch weitere gravierende Erfahrungen dazukommen, aber auch die Hilfestellung anderer Frauen.

3. Bedingung:
So bedarf es außerhalb männlich besetzter Lebensbereiche weiblicher Freiräume, in denen junge Frauen frei von jedweder Verpflichtung zur Befriedigung männlicher Bedürfnisse erfahrene Verletzungen ausheilen und neu werden können.

4. Bedingung:
Damit es neben der weiblichen Selbstheilung auch noch zu einer fruchtbaren Partnerschaft zwischen den Geschlechtern kommen kann, muß auch die männliche Seite sich auf den Weg machen, sich im umfassenden Verzicht üben und das Weibliche aktiv suchen.

Das Märchen bestätigt Frauen darin, sich auf sich selbst zu besinnen und sich – wo nötig – vom Mann zu lösen, statt sich von ihm verwöhnen zu lassen, an seiner Macht zu partizipieren oder aber Erziehungsarbeit an ihm zu leisten. Es bringt klar zum Ausdruck, daß es nicht Aufgabe der Frau sein kann, ihr Leben an der Seite von Männern zu verbringen, die Weiblichkeit nur in verstümmelter Form zulassen können. Gleichzeitig spricht es Frauen von Schuld frei, wo sie sich nehmen, was sie zum Leben brauchen, und sich um sich selbst, um die Heilung ihrer Verletzungen kümmern. Parallel dazu spricht das Märchen Männern die Aufgabe zu, sich um die eigene Wandlung selbst zu kümmern, indem sie sich im Verzicht üben und sich auf die Suche begeben nach den verlorenen Dimensionen des Weiblichen.

V. Kapitel

Frauen –
Opfer oder Mitschuldige?

Beiträge zu einer feministischen Debatte

Die Unabdingbarkeit der Erkenntnis
weiblichen Opferseins

Das Märchen des letzten Kapitels thematisierte in eindrucksvoller Weise drei wichtige Elemente des weiblichen Opferstatus, um die es in diesem Kapitel gehen soll:
1. Die weibliche Unschuld am Opfersein
2. Das väterliche Komplott mit dem Bösen als Ursache weiblichen Opferseins
3. Das Verlassen des Vaterhauses als ersten Schritt auf dem Weg der Befreiung vom Opfersein
Diese drei Elemente gehören nach meiner Auffassung untrennbar zusammen, wenn Frauen sich in fruchtbarer Weise mit ihren Schuldgefühlen auseinandersetzen wollen.

Ihr Problem ist ja, daß sie zuviel Verantwortung auf sich nehmen und glauben, an allem selbst schuld zu sein. Sicher gibt es unter Frauen auch die entgegengesetzte Haltung, daß sie sich immer nur als Opfer ihrer jeweiligen Verhältnisse sehen und bei allen Menschen einschließlich der Gesellschaft die Schuld suchen, nur nicht bei sich selbst. Für *diese* Frauen schreibe ich hier *nicht*. Es geht nicht darum, Schuld leichtfertig abzuwälzen, die eigentlich uns zukommt. Statt dessen geht es darum zu erkennen, wie sehr unsere Gefühle der Unzulänglichkeit, des Versagens und des permanent Schuldigwerdens auch damit zusammenhängen, daß wir unsere Schuld nicht mehr realistisch einschätzen können. Wir haben jeden Maßstab verloren und dafür Maßstäbe an die Hand bekommen, die uns nicht gerecht werden. Es sind männlich-patriarchale Maßstäbe, die uns dazu verleiten, uns an dem zu messen, was von außen von uns gefordert wird. Gelingt es uns, diesen Anforderungen gerecht zu werden, haben wir ein gutes Gewissen, gelingt es uns nicht, stellen sich Schuldgefühle ein. Was aber ist mit jenen, die diese Anforderungen an uns stellen und darüber bestimmen, ob wir ihnen genügen oder nicht, die immer mehr von uns verlangen an Liebe und Zuwendung, an Güte und Freundlichkeit, und mit diesem Hochschrauben ihrer Forderungen gleichzeitig das Maß unserer Schuldgefühle bestimmen?

Wir bleiben so lange Opfer dieses Systems, bis wir es durchschaut und gelernt haben, uns ihm zu entziehen oder, wie die Tochter im Märchen, das Vaterhaus zu verlassen. Dies Vaterhaus aber ist ein äußerst komplexes Gebäude von patriarchalen Denk- und Verhaltensstrukturen, Gefühls- und Wertemustern, von Wahrnehmungsstörungen und Realitätsverlust, von Abhängigkeiten und vermeintlichen Notwendigkeiten, die wir uns bewußtmachen müssen, bevor wir uns von ihnen verabschieden können.

Im Unterschied zu dem Mädchen im Märchen ist vielen Frauen das Wissen um ihre Unschuld und um ihr Opfersein heute abhanden gekommen. Sie haben die Dimension ihrer Unschuld verloren und leben nur noch unter dem Vorzeichen ihres Schuldigseins. Daß Frauen individuell auch schuldig werden, will ich mit diesem Kapitel gar nicht bestreiten. Doch geht es hier um die *kollektive* Ebene weiblicher Unschuld, wie es im Märchen überhaupt nur um kollektive Erfahrungen geht, die richtungweisend sind für unsere individuellen Entscheidungen. In diesem Kapitel geht es also darum, ein Wissen nachzuholen, das das Mädchen noch hat. Sie zeigt sich imstande, das Vaterhaus zu verlassen. Wir dagegen verharren noch darin und versuchen, uns dort einzurichten, weil wir noch nicht begriffen haben, *wie* zerstörerisch und entfremdend es ist. *In diesem Vaterhaus gibt es keine Befreiung von unseren Schuldgefühlen, denn ihnen liegt unsere eigentliche Schuld des Verharrens in unwürdigen Zuständen zugrunde.* Im Patriarchat wartet auf uns die Schuld oder die Gnade, mit der uns großmütig verziehen wird. Wir aber bleiben die Geduldeten, die meinen, alles erdulden zu müssen, und doch nie genügend Geduld mit anderen aufbringen können, damit es für ein gutes Gewissen reicht. Die Befreiung zu uns selbst beginnt mit der Wiedergewinnung der Unschuld, mit dem Erkennen, daß wir in gesellschaftlichen Mustern und Zusammenhängen leben, die wir nicht zu verantworten haben und die uns zu Opfern machen. Erst wenn wir das Wesen unseres Opferseins begriffen haben, können wir damit beginnen, bestimmte Dimensionen unseres Opferseins aufzulösen und den Weg zu uns selbst anzutreten. Das heißt auch, unserem Leben in anderer Weise zu antworten und damit immer mehr Ver-Antwort-ung für uns selbst zu übernehmen. Doch läßt sich der letzte Schritt kaum vor dem ersten tun.

Ich beginne meine Erläuterungen weiblichen Opferseins mit einer notwendigen Differenzierung, die, wenn sie nicht vorgenommen wird, immer wieder zu Mißverständnissen führt. Um diesen grundlegenden Aspekt unseres patriarchalen Frauseins besser verstehen zu können, müssen wir grundsätzlich unterscheiden zwischen drei Aspekten des Opferbegriffs:

Opfersein – Opferhaltung – Opferrolle

1. Opfersein

Der Opferstatus der Frau ist ein historisches Faktum. Ob es uns paßt oder nicht, als Frauen sind wir Opfer der patriarchalen Geschichte und des gegenwärtigen Gesellschaftssystems. Unser Opfersein resultiert aus einer vier- bis sechstausendjährigen Geschichte. In dieser Zeit hatten Männer Gelegenheit, mit Hilfe von Mythos und Wissenschaft ein Weltbild zu konstruieren, das ihnen vielfältige Vorteile verschafft und gleichzeitig Frauen schadet. Eine ähnliche Möglichkeit hatten Frauen nicht. Ob sie überhaupt das Bedürfnis dazu hatten, ist eine andere Frage. Männer nahmen sich die Macht und damit das Recht, gesellschaftliche Systeme mit den dazugehörigen Institutionen zu errichten, mit deren Hilfe sie sich

das Herrschen erleichtern und Frauen das Dienen anheim-
stellen. Die Weltsicht der Frauen wurde allmählich ebenso
zerstört wie die von ihnen geschaffenen sozialen Einrichtungen. Ihr Ausschluß aus allen Bereichen gesellschaftlicher
Macht war keine weibliche Verzichtsleistung, sondern eine
von Männern beschlossene Sache. Wenn diese Entscheidungen auch schon Jahrtausende zurückliegen, so wirken sie sich
doch bis in die Gegenwart aus. Mit anderen Worten: Die typisch männlichen Machtbereiche in Kirche, Politik und Wirtschaft profitieren noch heute von jahrtausendealten Entscheidungen, während Frauen zugemutet wird, ihre Energien
im (unbezahlten) Kampf gegen sie zu erschöpfen. Bis heute
fallen nämlich in diesen Bereichen Entscheidungen, die das
Frauenbild insgesamt – und damit weibliches Selbstverständnis –, aber auch unser Alltagsleben weitgehend prägen.

Auf diese Weise sind wir Frauen Opfer eines geistigen
Universums, das sich auf alle Bereiche unseres Frauseins aus-
wirkt. Wir sind Opfer der Medizin und Psychiatrie, der Philosophie und Theologie, der Psychologie und Erziehungswissenschaften, der Politik und Rechtswissenschaften, der Ar-
chitektur und Kunst und der daraus resultierenden Institutionen. Damit ist nur ein Teil der Bereiche benannt, an deren
Gewordensein wir keinen Anteil hatten, in die wir uns auf die
eine oder andere Weise integrieren und damit durch sie korrumpieren lassen mußten oder noch müssen. Auf breiter und
wirkungsgeschichtlich relevanter Ebene selbstgestaltend zu
wirken ist uns bis zum heutigen Tage verwehrt. Überall finden wir uns in einer Weise beschrieben und behandelt, die
weder unserem Sein noch unseren Vorstellungen und Bedürfnissen gerecht wird. Es erscheint mir durchaus angemessen,
wenn unser Märchen in diesem Zusammenhang von einem
männlichen »Pakt mit dem Teufel« spricht, der sich gegen
weibliche Bedürfnisse richtet und weltweit männlichem
Wohlstand dient. Das weisen alle Einkommensstatistiken in
überwältigender Übereinstimmung nach.

Das Opfersein von Frauen bezieht sich somit auf ihre in

patriarchalen Gesellschaften per se gegebene Benachteiligung aufgrund ihres Geschlechts. Egal, welcher Rasse oder Schicht sie angehören, im Vergleich zu Männern derselben Rasse oder Schicht sind sie im Nachteil, auch wenn sie ansonsten von ihrer Rasse- oder Schichtzugehörigkeit gegenüber ihren Schwestern anderer Rassen und Klassen profitieren mögen. Ob Universitätsprofessorin oder Putzfrau, ob Präsidentin oder Slumbewohnerin, (fast) immer hat sie es in ihrem Stand schwerer als der Mann und ist darin Opfer der vom Mann geschaffenen Verhältnisse.

Dieser Opferstatus von Frauen hat nichts mit persönlichen Verhaltensweisen oder Einstellungen zu tun. Er ist grundsätzlich gegeben, egal, ob Frauen ihn durchschauen oder nicht, ob sie Karriere machen oder mit ihren drei Kindern vor der Gewalt des Mannes ins Frauenhaus fliehen müssen. Abzuschaffen ist er nur mit dem umfassenden Wandel der Gesellschaft in ein von Grund auf frauenfreundliches System. Dennoch können wir seine Folgen mildern durch bewußten Umgang mit ihm. Das gelingt uns auf der persönlichen Ebene, indem wir ganz bewußt Opferhaltungen vermeiden und Opferrollen ablehnen.

2. Opferhaltung

Sowenig Frauen ihren Opferstatus ablegen können, sowenig können sie ihn erwerben. Er ist nun einmal mit ihrem Geschlecht gegeben. Das aber trifft für die Opferhaltung nicht zu. Sie kann erworben und auch wieder abgelegt werden. Wir entgehen ihr aber meines Erachtens nicht, indem wir unser Opfersein einfach leugnen oder herunterspielen, sondern nur, wenn wir es uns in seinem ganzen Ausmaß bewußtmachen. Tun wir das nicht, so laufen wir Gefahr, uns mit dem Opferstatus unbewußt zu identifizieren und auf diesem Wege in eine Opferhaltung zu verfallen.

Unter einer Opferhaltung verstehe ich die weibliche An-

passungsbereitschaft an das traditionelle Bild von Weiblichkeit und Frausein, in dem ja die weibliche Verpflichtung zur
Aufopferungsbereitschaft (vorzugsweise Männern gegenüber) bereits enthalten ist. Solange Frauen dies Bild nicht als
selbstzerstörerisch und daher frauenfeindlich erkannt und ihr
eigenes Bild von Frausein dagegengesetzt haben, solange sie
bereit sind, die von außen an sie gestellten Forderungen nach
nie endender Hilfsbereitschaft und Offenheit für andere zu
erfüllen und sich ausbeuten zu lassen, verbleiben sie in dieser
Opferhaltung. Dabei spielt es keine Rolle, ob sie den Forderungen ihrer Familie oder ihrer Firma, der Kirche oder der
Partei gemäß handeln, denn Opferhaltungen finden nicht nur
im traditionell weiblichen Bereich von Haushalt und Familie
statt. Im Zuge der »Emanzipation« haben sie längst weitere
Ausdrucksmöglichkeiten erhalten.

In ihrer Opferhaltung sind Frauen zu selbstzerstörerischen
persönlichen Verzichtleistungen bereit, die jedoch nicht ihren
eigenen Werten und Zielen dienen, sondern in erster Linie
anderen zugute kommen. Sie opfern sich auf für Mann und
Kinder, verzichten auf eigene Interessen und Bedürfnisse,
statt die anfallende Arbeit auf alle Mitglieder der Familie zu
verteilen. Im Beruf übernehmen sie zusätzliche Arbeiten, die
keinem Mann zugemutet würden, haben für alle ein offenes
Ohr und Herz und werden förmlich von der Außenwelt auf-
gefressen. Sie versäumen dabei, sich in angemessener Weise
um die eigenen Lebensbelange zu kümmern, und zerstören so
das harmonische Gleichgewicht zwischen innen und außen.

Ob zu Hause oder im Beruf, in beiden Fällen leben sie an
eigenen Interessen und Bedürfnissen vorbei, versäumen Wege
der Selbstfindung und Prozesse der Selbstentfaltung und werden so zum zweiten Mal Opfer: des Systems *und* der eigenen
Fehlorientierung.

Bei solch einem Lebensentwurf muß die innere Stimme des
Selbst revoltieren. Daraus entstehen zwar produktive Schuld-
gefühle in den Tiefenschichten der Seele, die als Signal für
Veränderungen dienen könnten, jedoch nicht verstanden und

daher als Zeichen für »Unzulänglichkeit« gedeutet werden.[1]
Das mit der Opferhaltung einhergehende »Pflichtgefühl«
springt als Interpret in die Bresche und sagt diesen Frauen,
was sie alles versäumt haben, was sie noch tun müßten, um
diese Schuldgefühle wieder loszuwerden. An die Stelle der
produktiven treten destruktive Schuldgefühle, die ihrerseits
die Anpassungsbereitschaft nach außen und somit die
Opferhaltung stärken, gleichzeitig aber das eigene Selbst
schwächen.

Der Unterschied zwischen dem weiblichen Opferstatus
und der Opferhaltung zeigte sich recht deutlich in unserem
Märchen. Es beschreibt den weiblichen Opferstatus mit Hilfe
des Teufelspaktes, der außerhalb des weiblichen Einflußbe-
reichs lag. Auf zweifache Weise brachte das Mädchen die
Verweigerung der Opferhaltung zum Ausdruck:
1. Sie wandte sich aktiv gegen die Versuche des Teufels, ihrer
habhaft zu werden.
2. Sie verließ den Vater und zeigte ihm damit, daß sie es ab-
lehnte, sich noch weiterhin für sein Wohlbefinden verantwortlich zu fühlen.

In der Opferhaltung dagegen verdoppelt sich sozusagen der
Opferstatus: Unser gesellschaftliches Opfersein wird auf der
Grundlage des eigenen Lebensentwurfs noch einmal wiederholt. Während wir auf dem Hintergrund des faktischen
Opferseins also durchaus eigene Stärke und Widerstands-
kraft entfalten können, geht uns diese Kraft auf der Ebene der
Opferhaltung verloren. Wir begreifen uns in konkreten Situationen als ohnmächtig, da abhängig von äußerer Anerkennung, und projizieren die Macht, die wir selber entfalten
könnten, auf die gesellschaftlich mächtigen Männer, die zu
solchen Projektionen förmlich einladen.

Die Einübung in die persönliche Opferhaltung beginnt
schon früh im Leben eines Mädchens. Da wir alle das Bedürfnis nach Zuwendung und Anerkennung haben, diese aber in
unserer Gesellschaft zumeist von unserer Leistung der Anpas-

sung bis hin zum Selbstopfer abhängig sind, verzichten wir
schon relativ früh auf die Befriedigung unserer Bedürfnisse
nach Selbstsein (Authentizität) und damit innerer Stärke.
Statt dessen treten wir den Weg der Exerzitien in Opferhaltungen an und werden so bestens vorbereitet zur Übernahme
unserer Opferrolle.

3. Opferrolle

Den dritten Aspekt weiblichen Opferseins sehe ich in der
Opferrolle. Sie ist das gesellschaftliche Pendant zur individuellen Opferhaltung und entstand auf der Grundlage vorge-
fertigter Mythen und Ideologien, die unhinterfragte Anschauungen über das Wesen der Frau sowie Sinn und Zweck
weiblichen Daseins tradieren. Ein Teil dieser Mythen und
Ideologien ist einem ständigen Wandel unterzogen, ein anderer Teil bleibt erhalten. Dem Wandel gemäß ändert sich auch
die Rolle der Frau, aber immer nur, soweit es die Mythen-
und Ideologiebildungen zulassen. Diese aber werden ausschließlich von Männern geschaffen und von Frauen (mehr
oder weniger bewußt) angenommen. Sie haben ja gelernt,
daß einem Mann zu gefallen und zu dienen Sinn und Auftrag
ihres Lebens ist. Also passen sie sich seinen jeweiligen Vorlie-
ben an, die in den Mythen und Ideologien zum Ausdruck gebracht werden. Braucht er die Keusche oder die Hure, die
Naive oder die Gerissene, die Dumme oder die Intellektuelle,
die Abhängige oder die Selbständige, die Blasse oder die Auf-
reizende, den Blaustrumpf oder den Vamp, die Konservative
oder die Emanze – immer wird er sie finden (oder auch nur zu
finden meinen); denn er wird nur von dem Teil der Frau Gebrauch machen, der seinen Anforderungen entspricht, und so
die Frau in die von ihm geschaffene oder übernommene Rolle
zwängen. Was ihm nicht gefällt, wird er diffamieren und in
ihr auszumerzen suchen. Wenn sie ihn liebt, wird die Frau
darauf verzichten, diesen Teil dennoch zu leben, da sonst die

Beziehung in die Brüche geht und eine andere Frau in die Bresche springt.

Die Opferrolle erwartet die Frau nicht nur im privaten Leben. Wo immer sie in ein Amt oder einen Beruf eintritt, findet sie eine bereits von Männern für sie definierte Rolle vor, an die sie sich anzupassen hat. Wer glaubt, daß das für Männer in gleicher Weise zutrifft, irrt. Die Rollen für Frauen wurden vom anderen, die der Männer vom eigenen Geschlecht entworfen. Mit der Schaffung ihrer Rolle durch das andere Geschlecht aber wird die Frau von ihrem eigenen Sein abgetrennt und auf männliche Deutungen ihres Seins fixiert. Sie entsprechen seinen Bedürfnissen und nicht ihrer Wirklichkeit. Damit gründet sich die Beziehung der Geschlechter auf weiblicher Entfremdung durch männliche Setzungen, die gleichermaßen begründend sind für den Opferstatus von Frauen.

Wenn es hier auch – vor allem kulturelle und schichtspezifische – Unterschiede in der weiblichen Betroffenheit gibt, so betrifft doch der Opferstatus Frauen alle ohne Ausnahme. Hier haben Frauen weniger persönliche Gestaltungsmöglichkeiten als im Hinblick auf ihre Opferhaltung, mit der sie ihren jeweiligen Opferstatus in der Opferrolle ausagieren. Ist die Opferrolle von außen festgelegt, so ist die Opferhaltung die ganz persönliche Antwort der Frau darauf. Beide fügen sich ineinander wie Schloß und Schlüssel. Wo Frauen jedoch ihren Opferstatus und mit ihm die gesellschaftliche Bereitschaft, ihnen permanent Opferrollen überzustülpen, erkannt haben, können sie beginnen, sie abzulehnen und die Opferhaltung zu verweigern. Werden sie sich ihres Opferseins jedoch nicht bewußt, so laufen sie Gefahr, in die vielfältigen Opferrollen hineinzustolpern, sie mit dem eigenen Sein zu verwechseln, und werden sich schließlich in einer unbewußten Opferhaltung wiederfinden.

Aber auch wenn sie sich dieser Gefahren bewußt sind, ist es für Frauen äußerst schwierig, die Opferrollen zu meiden, da sie existentiell fast immer von Anerkennung und emotional

vom Respekt der Männer abhängig sind – als Ehefrau und
Partnerin ebenso wie als Erwerbstätige. Doch ist es ein Unterschied, ob sie von diesen Gefahren wissen und ihnen Aufmerksamkeit schenken, oder ob sie blindlings in die Falle
gehen.

Nachdem ich die drei Aspekte weiblichen Opferseins aufge-
zeigt habe, möchte ich mich nunmehr der Frage nähern, worin es eigentlich besteht. Was meinen wir, wenn wir davon
sprechen, daß Frauen als solche Opfer sind? Sind wir im
Grunde genommen nicht alle – auch die Männer – Opfer dieses Systems? Worin unterscheidet sich das Opfersein der Frau
von jenem des Mannes? Solche Fragen tauchen immer wieder
auf. Zu ihrer Beantwortung bedarf es einer Auseinandersetzung mit unserem gegenwärtigen Opferverständnis.

Wandlungen des Opferverständnisses

Der Opferbegriff ist ursprünglich religiös geprägt. Das Opfer
wurde einem höheren Wesen, einem höheren Ziel oder dem
Geist der Verstorbenen dargebracht. Der Mensch verzichtete
auf etwas zugunsten einer höheren Macht. Das Opfer hatte
den Sinn,
– das göttliche Wesen gnädig oder günstig zu stimmen, um
  etwas zu erlangen oder zu verhindern,
– dem göttlichen Wesen zu danken für erwiesene Gunst oder
  Gaben,
– ein zerstörtes Gleichgewicht wiederherzustellen,
– den Verstorbenen im Jenseits zu helfen und zu nützen.

In diesen Zusammenhängen hieß opfern, etwas Wertvolles
abzugeben oder zu teilen. Es bedeutete somit Verzicht oder
Selbstverzicht, um etwas noch Wertvolleres zu erlangen. Da-

hinter steht die Vorstellung, daß der Mensch verpflichtet ist, Ausgleich zu schaffen, daß er nicht nur nehmen kann, ohne eine Dankesgabe wieder zurückzugeben. Heute würden wir sagen: Alles hat seinen Preis. Jede Entscheidung für etwas bedeutet gleichzeitig den Verzicht auf andere Möglichkeiten.

Im gemeinsamen Opfer früherer Kulturen entstand sozialer Zusammenhalt oder kam darin zum Ausdruck. Das Opfer wurde für die ganze Gemeinschaft dargebracht, erhielt also durch sie seinen tieferen Sinn und wurde als überlebensnotwendig angesehen. Folglich kam der menschlichen Verzichts- und Opferbereitschaft im Ansehen der Gemeinschaft eine bedeutsame Rolle zu. Handelte es sich um Menschenopfer, so wurde diesen normalerweise mit größtem Respekt begegnet.

Wenn wir heute von sogenannten »primitiven« Kulturen hören, in denen möglicherweise einmal im Jahr ein ausgewähltes Königsopfer dargebracht wurde, dann lehnen wir ein solch »grausames« System ab. Wir tun so, als hätte keine Gemeinschaft das Recht, Menschenopfer zu verlangen. Tatsache ist jedoch, daß in unserer Zeit eine große Anzahl von Menschen dem »Fortschritt« des wirtschaftlichen Systems geopfert wird. Ich denke dabei an Betriebs- und Verkehrsunfälle aller Art. Doch geschehen diese Opfer überwiegend unbeabsichtigt, also unbewußt, und werden folglich nicht mehr als Menschenopfer gedeutet, obwohl sie es faktisch sind und auch in den diversen Statistiken als Opfer ausgewiesen werden. Das vorschnelle Werturteil geringerer Grausamkeit im Vergleich zu älteren Kulturen kommt also lediglich durch die Verdrängung der Millionen Opfervorgänge in unserer Kultur zustande.

In Wirklichkeit ist die patriarchale Gesellschaft so konzipiert, daß sie eine wesentlich höhere Anzahl an Opfern braucht, um existieren zu können, als frühere Kulturen. Unser Wirtschaftssystem ist längst zum Moloch geworden, der seine Kinder frißt. Bedenken wir nur, daß weltweit täglich 40000 Kinder allein an Hunger sterben und sich ihnen noch eine Vielfalt weiterer Opferarten zugesellt. Während also die

Menschen früherer Zeiten noch wußten, wofür sie welchen
Mächten oder Kräften ihre Opfer darbrachten, ist uns dies
Wissen abhanden gekommen. Allein aus diesem Grunde las-
sen wir uns dazu verführen, Sozialsysteme mit anderen
Opferpraktiken als grausamer einzustufen.

Hier hat sich demnach ein wichtiger Wandel im Opferverständnis vollzogen. Die Menschen früherer Kulturen, die geopfert haben, wußten noch, was sie taten. Und jene, die geopfert wurden, wußten nicht nur, wofür sie ihr Leben hingaben,
welch höherer Macht sie damit dienten, sie bereiteten sich
auch auf ihr Ende vor, für das sie sich oftmals sogar selbst
entschieden hatten. Ihr Opfersein gestaltete sich somit bewußt
und aktiv. Wie Hildegunde Wöller in ihrem bereits zitierten
Buch zeigt, läßt sich in der biblischen Geschichte, die von der
Opferung der Tochter Jephtas erzählt, noch ein gewisser akti-
ver Anteil seitens des Opfers erkennen. Das Mädchen willigt
nämlich ausdrücklich in ihre Opferung ein und bestimmt den
Zeitpunkt selbst (möglicherweise auch mehr als den). Ein
Stück dieses weiblichen Aktivseins kam ja auch im Märchen
noch zum Ausdruck. Dort gab das Mädchen, wenn auch not-
gedrungen, ihre Zustimmung zur Opferung ihrer Hände.

Beide Geschichten lassen erkennen, daß sich die Väter bei
der Wahl ihrer Opfer schon nicht mehr bewußt leiten ließen;
denn beide wußten nicht, was sie taten, als sie ihr Opferver-
sprechen gaben. Sie hatten nicht die Absicht, ihre Tochter zu
opfern. Dieser anfänglichen Unbewußtheit der Opferer steht
in beiden Geschichten die bewußte Entscheidung der Opfer
gegenüber. Jephtas Tochter war sich darüber im klaren, was
mit ihr geschehen würde, und auch das Mädchen ohne Hände
wußte, was der Vater vorhatte.

Das ist heute nur noch selten der Fall. Viele Frauen, die als
Kind Opfer männlicher Sexualgewalt wurden, erlangen erst
relativ spät ein Bewußtsein darüber, was ihr Vater oder Stiefvater ihnen in ihrer Kindheit angetan hat. Und auch andere
Arten des Opfers vollziehen sich lautlos und unbewußt. Weder
die Opferer noch die Opfer kennen den Sinn und Zweck der

Opferungen. Die Opferer geben keine Rechenschaft darüber, welcher »höheren Macht« sie wirklich opfern. Oft kennen wir nicht einmal das Subjekt des Opferns. Der Opfertod scheint sich zumeist »schicksalhaft« zu ereignen.

Dennoch dienen auch unsere Opfer nach wie vor einem angeblich »höheren« Wert. Ja sie entlarven förmlich unsere wahren Werte, auch wenn diese nichts mehr mit dem zu tun haben, was einst das »Heilige« oder das »Göttliche« genannt wurde. In den beiden Opfergeschichten wurde bereits deutlich, daß beide Tochter-Opfer männlichen Interessen dienten, kriegerischem Erfolg und materiellem Reichtum, einmal von Gott, das andere Mal vom Teufel vermittelt. Ein ähnliches Geschlechterverhältnis kann auch in unserer Kultur festgestellt werden. Wenn auch die Menschenopfer unserer Zeit nicht ausschließlich weiblichen Geschlechts sind, so sind doch die Opferer, die Verantwortlichen für das jeweilige Opfergeschehen, (fast) ausschließlich männlichen Geschlechts. Männer sind es, die Menschenopfer befehlen oder in anderer Weise durch ihr Verhalten und ihren Lebensstil zu verantworten haben:

– Ihre Unfähigkeit zu einer friedlichen und gerechten Politik fordert eine beträchtliche Anzahl von *Kriegsopfern*. Dazu gesellen sich *Vergewaltigungs-, Flüchtlings-* und *Hungeropfer*, unter denen wir eine erschreckend hohe Anzahl an Kindern finden. (Würden Frauen eine solche Politik betreiben, so hätte man ihnen längst politische Unfähigkeit bescheinigt und sie aus ihren Ämtern entfernt.)

– Das Verlangen vieler Männer nach Geschwindigkeitsrausch sowie ihre rücksichtslose Fahrweise fordert jedes Jahr mehrere tausend *Verkehrsopfer*, unter denen sich eine ständig steigende Zahl von Kindern befindet. Einen beträchtlichen Anteil an diesen Opfern hat selbstverständlich auch die männliche Wirtschaftskonzeption, die dem PKW-Verkehr (und damit der Autoindustrie) Priorität einräumt. Es ist längst kein Geheimnis mehr, daß überwiegend Männer die Verkehrstoten und -versehrten verursachen und daß sie weit-

aus weniger bereit sind, auf das Auto als Transportmittel zu
verzichten. So ist, wie eine Untersuchung herausstellt, »die
nichtmotorisierte Fortbewegung nach wie vor besonders bei
Frauen verbreitet«.[2] Sicher haben diese Unterschiede nicht
nur mit der Rollenverteilung und beruflichen Notwendigkeit
zu tun. (Immerhin besitzen nur 31 Prozent der vollerwerbstä-
tigen Frauen gegenüber 78 Prozent der erwerbstätigen Männer einen PKW.) Wie sich zeigt, hinken Frauen nämlich nicht
nur dem quantitativen, sondern auch dem qualitativen
»männlichen Motorisationsniveau hinterher«. Neben finanziellen Gründen (die Armut ist weiblich!) hängt dieser Geschlechterunterschied wohl auch mit der Tatsache zusammen, daß hauptsächlich Männer im Auto eher eine Art
Selbstdarstellung und Statussymbol sehen als lediglich ein
Transportmittel, was es für Frauen überwiegend ist. So hinken sie auch den Tötungsdelikten von Männern im Straßenverkehr weit hinterher, wie Statistiken belegen. Sie sind an
Unfällen aktiv weit weniger beteiligt, da sie umsichtiger fahren und seltener überholen.

Die »religiöse« Dimension dieser auffallenden männlichen
Opferbereitschaft (egal, ob Selbst- oder Fremdopfer) zeigt
sich besonders klar, wenn wir jene Funktionen des Autos in
Betracht ziehen, die über den bloßen Transport hinausgehen.
So stellt Wolfgang Sachs fest,
– »daß das Automobil Allmachtsgefühle verheißt, ›weil eine
geballte Macht fremder Energie die schwachen Menschen-
kräfte so überdimensional verstärkt‹,
– daß der Fahrer sich als ›Subjekt, als Herr dieser Kraft
wahrnehmen und sie als Selbstvergrößerung erleben‹ kann,
– daß sich das Auto bestens als ›Medium für machtvolle
Selbstdarstellung‹ anbietet, wobei die Machterfahrung – außer der Kaufkraft – von jeglichen persönlichen Eigenschaften
abgekoppelt ist«.[3]

Hing das Opfer in früheren Zeiten noch mit der Erfahrung
göttlicher Macht zusammen, so ist hier an ihre Stelle männ-
lich-technische Macht getreten.

– Auch im Hinblick auf andere Tötungsdelikte sind Männer maßgeblich verantwortlich für die hohe Zahl an *Mord-* und *Totschlagsopfern*. Dazu gesellen sich männliche Praktiken der Lebensmittel- und Umweltvergiftung, die immer wieder Menschenleben fordern. Egal ob Männer nun Speiseöle oder Weine panschen, ob sie mit ihren Produkten oder durch Leichtsinn das Trinkwasser, den Erdboden oder die Luft vergiften, ob sie als Raubmörder oder Triebtäter Menschenleben opfern, immer sind sie es, die über »unwertes Leben« entscheiden und es willkürlich vernichten, weil ihnen die eigenen Ziele wichtiger sind als das Leben anderer Menschen.

Wie diese Beispiele zeigen, ist unsere gängige Opfervorstellung von der Passivität und Unbewußtheit des Opfers als Opfer geprägt. Das bewußte Selbstopfer ist zwar in politischen Ausnahmesituationen noch bekannt (Selbstverbrennung, Hungerstreik usw.), wird aber von den Herrschenden vehement abgelehnt. Sie haben sich das Recht der Zwangsernährung vorbehalten. Auch Suizid ist nach patriarchalem Recht verboten, beinhaltet er doch die Selbstbestimmung über das eigene Leben und die Selbsteinschätzung werten und unwerten eigenen Lebens. Eine solche Entscheidung verstößt gegen die Vorstellung, daß Opfer sich nur passiv verhalten dürfen.

Auf seiten der Opfernden finden wir beide Haltungen: Sie handeln teilweise unbewußt und willenlos, zum Teil aber auch aus bewußtem Kalkül. Sie verursachen Fremdopfer und Selbstopfer, gehen wahllos vor oder wählen genau aus, wie es ihnen beliebt. Ihre Opfer haben einen Sinn, können aber genauso völlig sinnlos sein. Sie können einem »höheren« Zweck dienen oder den niedrigsten Motiven entspringen. Auf jeden Fall liegt die Entscheidungsgewalt bei ihnen. Sie sind männlich. (Die Zahl der Opfernden weiblichen Geschlechts ist global gesehen dermaßen gering im Vergleich zur männlichen Vielzahl, daß ich sie für diese verallgemeinernde Betrachtung gut und gerne außer acht lassen kann.)

Die durchgängige Männlichkeit des Opfernden läßt sich nicht leugnen. Doch waren bis jetzt die *Opfer* beiderlei Geschlechts. Worin besteht aber nun die Besonderheit des weiblichen Opfers? Was ist gemeint, wenn vom Opferstatus der Frauen die Rede ist?

Frauen als Opfer

In den zuvor genannten Beispielen ging es ausschließlich um Todesopfer. Wenn von Frauen als Opfern des Patriarchats gesprochen wird, so sind damit aber nicht nur jene gemeint, die einem Verbrechen zum Opfer fallen oder bei einem Unfall ums Leben kommen. Gemeint ist damit vielmehr jenes Opfersein, für das es auf männlicher Seite kein (oder nur selten ein) Pendant gibt, da dies Opfersein in erster Linie mit der Festlegung auf bestimmte Vorstellungs- und Verhaltensmuster zusammenhängt, die als weiblich und männlich verstanden werden. Das bedeutet, daß Männer in dem Maße Gefahr laufen, sich dem weiblichen Opferstatus anzunähern, wie sie sich weiblich verhalten oder als weiblich empfunden werden. (Die Vergewaltigung von Männern durch Männer ist noch ein Tabu in unserer Gesellschaft, geschieht aber dennoch öfter, als gemeinhin angenommen wird.) Der Opferstatus der Frau ist vielschichtig:

Die historische Dimension

– In der schriftlichen Überlieferung kommen Frauen nur selten vor, und wenn, dann nur in Beziehung zum Mann sowie seinen Systemen, Schwerpunktsetzungen und Bewertungen, aber nie in ihren eigenen Zusammenhängen. So konnten Frauen – anders als Männer – keine eigenen Traditionen und keine ihr Frausein stärkende Erinnerung an ihre Ahninnen pflegen.

– Auf diese Weise wurde das vom Mann entworfene Bild der Frau immer neu reproduziert und nach seinem Belieben und zu seinem Nutzen verändert.

– Frauen kommen aus einer langen Tradition, die den Umfang ihrer Bildung auf das männlichen Bedürfnissen entsprechende Maß reduzierte. Erst in dieser Generation erhielten Frauen einen einigermaßen gleichberechtigten Zugang zu Bildungseinrichtungen. Dennoch funktionieren diese wiederum zum Nachteil des weiblichen Geschlechts, wie die Diskussion um die Koedukation zeigt. Wie wichtig aber Bildung für das Durchschauen und Verändern der eigenen Situation ist, wird auch bei feministischen Diskussionen viel zuwenig beachtet.

– Nicht nur, daß Frauen der Zugang zu männlichen Bildungseinrichtungen verwehrt wurde, nein, sie hatten auch keine Möglichkeit, ihre Erfahrungen und Kenntnisse in demselben Maße weiterzugeben wie Männer. Sie konnten kein ihrem Erleben angemessenes Wissen schaffen, keine eigene Weltsicht tradieren. Bis heute werden sie auf geliehenes Wissen verpflichtet, das sie in ihrem Selbstvertrauen verunsichert.

– Durch viele Jahrhunderte haben Frauen ihre vielfältigen Versuche selbstbestimmten Verhaltens sowie der Pflege der Restbestände einer eigenen Tradition mit ihrem Leben bezahlt. Diese patriarchale Selektion sicherte nur jenen das Überleben, die sich den rigorosen geistigen, seelischen und physischen männlichen Anforderungen anpaßten. Das hatte mit Sicherheit Auswirkungen auf die Bildung des weiblichen Sozialcharakters, die bis in die Gegenwart zu spüren sind.

– Die religiösen und spirituellen Ausdrucksmöglichkeiten von Frauen wurden in gleicher Weise behindert. Sie wurden auf ein von Männern geschaffenes Gottesbild und Symbolsystem verpflichtet, das sie für sündig erklärt und Männlichkeit vergötzt. Dadurch wurden sie in den tiefsten Schichten ihrer Seele entmachtet und beschädigt.[4]

Die gesellschaftliche Dimension

– Tätigkeiten, die Frauen verrichten, werden geringer bewertet, entlohnt, anerkannt und respektiert. Sie sind nicht nur weniger als männliche Tätigkeiten geeignet, Sozialprestige zu erlangen oder die eigene Existenz und das Alter finanziell zu sichern, sondern werden auch in vielen Bereichen geringer bewertet, als es ihrer wahren Bedeutung für die Gesellschaft zukommt.

– Wo immer Frauen um Einlaß in das männliche System kämpfen, werden die Qualifikationsmerkmale von Männern nach männlichen Lebensmodellen und Normen festgelegt. Wo immer sie auf andere Weise tätig werden, liegen ihrer Beurteilung männliche Wertungen und Maßstäbe zugrunde.

– Auf diese Weise bestimmen Männer über weibliche Möglichkeiten des Zugangs zu politischer Macht und damit auch das Maß. Sie entscheiden, wieviel »Gleichberechtigung« Frauen »gewährt« wird und zu welchen Bedingungen.

– Wir leben in einem Rechtssystem, dessen Gesetze und deren Anwendung sich offensichtlich gegen das weibliche Geschlecht wenden. So erleben Frauen ein hohes Maß an juristischer Fremdbestimmung, wie es in seiner krassesten Form in Abtreibungs- und Vergewaltigungsprozessen zum Ausdruck kommt.

– Frauen haben geringere Möglichkeiten des Selbstausdrucks. Ihnen steht kaum Raum für eigene, selbstbestimmte Aktivitäten zur Verfügung. Ob Kindergärten oder Spielplätze, Sportanlagen oder Jugendclubs, ob Bildungseinrichtungen oder Kneipen, überall bestimmen Männer das Bild und beeinträchtigen die freie Bewegung von Frauen und Mädchen.

– Die Art und Weise, in der Männer generell ihre Bedürfnisse nach Sex oder Macht, nach Spiel oder Sport, nach Natur oder Kultur, nach Religion oder Politik, ja sogar nach Nahrung und Sicherheit ausleben, behindert Frauen in einem nicht zur Kenntnis genommenen und von vielen Frauen auch gar nicht empfundenen Ausmaß, das die positive Verwendung des Begriffs Gleichberechtigung in unserer Kultur eigentlich gar nicht zuläßt.

– Über allem aber thront die männliche Definitionsmacht, zu der Andrea Dworkin schreibt: »Erwachsene Männer haben einen schäbigen Pakt mit der Männermacht geschlossen ... Denn als Männer können sie die Realität ohne Bezug zur Wahrheit definieren. Sie stellen ihre eigene Erfahrung auf den Kopf, um ihre Kapitulation vor der Macht des Vaters und ihre feige Auslieferung der Mutter zu rechtfertigen.«[5] Diese Macht des Benennens nach eigenem Gutdünken und zu eigenem Vorteil bleibt auch noch so emanzipierten Frauen vorenthalten.

– So werden auf vielfältige Weise innerhalb des patriarchalen Systems in Frauen Wahrnehmungsbehinderungen geschaffen, durch die ihre Benachteiligungen und mit ihnen ihr Opferstatus weiter verfestigt und die Wahrung eigener Interessen weiter verhindert werden.

Die individuelle Dimension

Neben das patriarchale Machtsystem historischer Vergangenheit und gesellschaftlicher Gegenwart tritt der individuelle Mann als Forderer und Nutznießer weiblicher (unbewußter) Opfer. Sein Lebensstil ist so eingerichtet, daß er normalerweise das Opfer mehrerer Frauen gleichzeitig oder hintereinander fordert. Ob Mutter oder Ehefrau, Schwester oder Partnerin, Prostituierte oder Lehrerin, sie alle haben vorrangig für ihn dazusein. Denn in unserer Kultur werden nur jene Formen des Frauseins anerkannt, die sich in positiver Weise auf das Leben des Mannes beziehen und die damit gleichzeitig Frauen ihrer eigenen Energien für sich selbst und ihr Geschlecht berauben. Kann er sie nicht positiv für sich nutzen, so bindet er sie negativ an sich, indem er weibliche Abwehr und Gegenwehr erzwingt. In jedem Fall bleibt er der Adressat ihrer ihm dienenden oder ihn bekämpfenden Energien.

Auf der individuellen Ebene geht es mir nun in erster Linie um die unspektakuläre Seite der Folgen männlichen Sexualverhaltens, bei dem Frauen nicht zu den Vergewaltigten und mißhandelten Opfern gehören. Mit dieser Auswahl möchte ich dem leichtfertigen Vorwurf der »Viktimisierung« von Frauen entgegentreten. Er besagt, Frauen würden künstlich zu Opfern gemacht, obwohl sie gar keine seien. Diesen Vorwurf erhebt unter anderen die Feministin Lynne Segal, indem sie darauf verweist, daß männliche Sexualgewalt nicht *alle* Frauen betrifft. Auf dem Wege der Individualisierung von Frauen gibt sie zu bedenken: »Viele Frauen sind nicht vergewaltigt bzw. sexuell mißbraucht worden; manche fühlen sich von den Männern nicht sexuell unterdrückt – sie wünschen sich vielleicht sogar Sex mit Männern... Ein Feminismus, der nur die Gefahren hervorhebt, die den Frauen von Männern drohen... läßt wenig oder gar keinen Raum für eine Umgestaltung der Beziehungen zwischen Männern und Frauen.«[6]

Nicht männliches Sexualverhalten, sondern diese Form des Feminismus verhindert ihr zufolge positive Veränderungen. So macht das Adam-und-Eva-Syndrom auch vor feministischen Autorinnen keinesfalls halt. Immerhin gehen amerikanische Schätzungen davon aus, daß jede zweite Frau in ihrem Leben wenigstens einmal Opfer männlicher Gewalt wird. Aber auch ohne diese unmittelbare Gewalt-Erfahrung sind wir dennoch auf vielfältige Weise Opfer männlicher Sexualgewalt insofern, als ihr faktisches Vorkommen (in welchem quantitativen Ausmaß auch immer) unser aller Leben, unser Unsicherheitsgefühl, unser Körpergefühl und unser Sexualitätsverständnis beeinträchtigt und Entfremdungsprozesse fördert.

In unserem Verhältnis zu Männern – egal welchen Fremdheits- und Zufälligkeitsgrades, welcher Rasse und Schichtzugehörigkeit – muß die Möglichkeit des Vergewaltigtwerdens immer präsent sein. Ganz einfach, weil sie in allen Verhältnissen, Klassen und Rassen vorkommt. Ob am Arbeitsplatz oder in der eigenen Wohnung, bei Freundinnen oder im Park, in belebten oder unbelebten Gegenden, ob als Tochter oder Mutter, als Schwester oder Ehefrau, Angestellte oder Freundin, überall, wo wir auf Männer stoßen, finden Vergewaltigungen und sexuelle Belästigungen wirklich und nicht nur in der weiblichen Phantasie statt. Selbst auf dem Treffen des Weltkirchenrates 1991 in Canberra, wo wir solche männlichen Praktiken am wenigsten vermuten (warum eigentlich?), wurde eine Frau vergewaltigt. Wir haben ständig auf unseren Selbstschutz bedacht zu sein, ja er wird uns sogar rechtlich verordnet; denn jede Vertrauensseligkeit, jede Unbedachtheit oder Arglosigkeit im Umgang mit Männern kann uns in einem späteren Verfahren wegen sexueller Belästigung unser Recht auf Unversehrtheit kosten und uns statt den Vergewaltiger belasten.

Die Allgegenwärtigkeit männlicher Sexualgewalt hat nicht nur konkrete Folgen für unseren Umgang mit Männern (sie sind noch am geringsten), sondern wirkt sich in erster Linie auf uns selbst aus und beeinträchtigt unser alltägliches Leben in vielfältiger Weise. Immer besteht für uns die Gefahr, daß wir einen falschen Anschein bei Männern erwecken, als hätten wir es permanent auf Sexualkontakte abgesehen. Über diese Schiene läuft im Zeichen des Adam-und-Eva-Syndroms die Entlastung der Täter in vielen Vergewaltigungsprozessen. Nicht etwa der Täter hat seine Bedürfnisse auf die Frau projiziert und ihr Verhalten daher falsch gedeutet, nein, Unbefangenheit und Offenheit, Ausgelassenheit und Fröhlichkeit werden in solchen Fällen zu belastenden Verhaltensweisen für die Frau, durch die Verteidigern und Richtern männliche Sexualgewalt legitimiert erscheint. Waren Frauen alkoholisiert, so gilt dies bei einer Vergewaltigung als belastend für sie. Männer dagegen entlastet der Alkoholgenuß und sorgt für »mildernde Umstände«.

So wird von Frauen selbstverständlich erwartet, daß sie sich in vielen Situationen und Lebenslagen selbst beschneiden mit Rücksicht auf anwesende (aber auch nicht anwesende)

Männer. Deren sexueller »Trieb« könnte ja durch ein bestimmtes Verhalten, eine bestimmte Kleidung oder bestimmte Gesten angesprochen werden, nach dem Motto:
Wer »falsche« Signale aussendet, darf sich nicht wundern…

Allein die *Möglichkeit*, ein Opfer männlicher Gewalt werden zu können, hat für *jede* Frau konkrete Folgen, von denen
ich einige benennen möchte:

– Steigt sie nachts in ein Taxi oder in die U-Bahn, bewegt sie
sich im Dunkeln auf dem Uni-Gelände oder kommt von der
Spätschicht nach Hause, oder hat sie auch nur mal den
Wunsch, spät abends im Wald oder Stadtpark spazierenzuge-
hen, so wird sie durch die Möglichkeit des Angemacht- oder
Vergewaltigtwerdens entweder davon abgehalten, oder aber,
da das ja gar nicht immer möglich ist, sie führt ihr Vorhaben
mit beklemmender Furcht vor negativen Folgen durch. Sie
muß stets auf der Hut und sich der drohenden Gefahr bewußt
sein.

– Wer sich permanent körperlich zurückhalten und ein-
schränken muß, hat gar nicht die Möglichkeit, ein unmittel-
bares Verhältnis zum eigenen Körper zu entwickeln. Hinzu
kommt, daß durch die vielfältigen Darstellungen zurechtge-
machter weiblicher Körper in Zeitschriften und Magazinen
den meisten Frauen ihr eigener Körper vergleichsweise häß-
lich vorkommt, zumindest aber mit Schönheitsfehlern behaf-
tet. Außerdem wird das Körpergefühl der Mädchen in der
gemeinsamen Erziehung mit Knaben durch deren abfällige
und obszöne Bemerkungen zu Beginn der Pubertät stark verunsichert.

– All das sind Belastungen, die durch männliches Verhalten
verursacht werden und sich störend auf das weibliche Verhältnis zur Sexualität auswirken. Hinzu kommt, daß Frauen
nur selten eine Chance hatten, ein eigenes Verständnis von
Sexualität aus einem positiven Körpergefühl heraus zu entfalten. In den wenigsten Fällen durften sie ihre sexuellen Bedürfnisse ungehindert kennenlernen, geschweige denn im späteren Leben durchsetzen. Statt dessen werden ihnen männliche

Sexualbedürfnisse aufgedrängt, wie Frauen überhaupt in erster Linie durch eine männliche Sicht von Sexualität geprägt sind.

In den genannten Bereichen, die sicher noch erweitert werden könnten, beispielsweise um den Bereich der Bildung und Erziehung, sind wir alle als Frauen Opfer männlicher Definitions- und Sozialmacht, die uns in vielfältiger Hinsicht manipuliert und einschränkt und uns von uns selbst entfremdet. Auf diese Weise wird wiederum unser Opferstatus verschärft. In allen genannten Bereichen entfalten Knaben und Männer dagegen ein Selbstverständnis, ein Maß an Bewegungsfreiheit und Ausdrucksmöglichkeit, das Mädchen und Frauen nicht in gleicher Weise zugestanden wird und das zudem auch noch zu Lasten von Frauen geht und sie zu Opfern männlicher Vorstellungen, Ansprüche und Bedürfnisse macht. Hier müssen wir noch viel genauer hinschauen lernen, nicht nur um uns selbst, sondern auch um unsere Töchter besser schützen zu können, als Mütter und Lehrerinnen, als Erzieherinnen und Ausbildende – als Frauen. Wer sich diesem Schutz verpflichtet weiß, wie feministische Lehrerinnen, bekommt es mit der individuellen und institutionellen Männermacht zu tun, der sich leider auch Frauen, Mütter und Lehrerinnen, verpflichtet wissen – Frauen, die das Opfersein von Frauen leugnen.

Zu ihnen gehören seit einiger Zeit auch Feministinnen, wie es am Beispiel der sogenannten »Viktimisierung« von Frauen bereits angeklungen ist. Ihre Argumentationen möchte ich noch einmal ausführlicher darlegen und diskutieren.

Feministische Infragestellung weiblichen Opferseins

Die Frauenbewegung begann damit, daß Frauen ihren Opferstatus durchschauen lernten und begriffen, daß sie in patriarchalen Strukturen leben, die ihren Alltag durchziehen und auch außerhalb eigener Verantwortungsbereiche funktionieren. Frauen erkannten aber auch, daß sie in Verhaltensmechanismen gefangen sind, die sich zu ihren Ungunsten auswirken und für die sie sich in keiner Weise bewußt entschieden hatten. Sie begannen, die ganze Weiblichkeitserziehung zu hinterfragen, und versuchten, sich ihr zu entziehen – teilweise, indem sie alles Weibliche ablehnten und sich ausgesprochen »männlich« verhielten, da befreite und befreiende weibliche Vorbilder fehlten. Damit wurden sie ein weiteres Mal zu Opfern, wenn auch nicht männlicher Bedürfnisse, so doch Opfer patriarchaler Strukturen im Gegensatz zu den Möglichkeiten eigenständigen Frauseins und Bildern von selbstbestimmter Weiblichkeit. Solange Frauen sich jedoch nicht auf die Suche nach solchen Bildern begeben, werden sie Opfer des Patriarchats bleiben – auf die eine oder andere Weise.

In dem Maße, in dem es Frauen gelang, sich zu emanzipieren, eigene Bedürfnisse zu leben und eigene Maßstäbe zu setzen, begann ihnen auch das Bild der Frau als Opfer zu mißfallen, da es nun nicht mehr zu ihrem Lebensgefühl paßte und auch manchen ihrer Erfahrungen widersprach. Lag zu Beginn der Frauenbewegung der Schwerpunkt auf den gemeinsamen Unterdrückungserfahrungen, so wurde diese Gemeinsamkeit zunehmend abgelöst durch das Bedürfnis nach einer stärkeren Differenzierung von Frauenerfahrungen. An eine Differenzierung des Opferverständnisses wurde dabei aber nicht gedacht.

Wie sehen nun die Argumentationen aus, derer sich bestimmte Feministinnen für die Infragestellung weiblichen Opferseins bedienen?

1. Argument:

Mißbrauch des Opferbegriffs, daher: »Mittäterschaft«

Den Vorwurf einer inflationären Handhabung des Opferbegriffs durch seine Ausweitung auch auf die männlichen Täter, die sich als Opfer dieser Gesellschaft verstehen, hat Christina Thürmer-Rohr neuerlich präzisiert. Sie konstatiert eine »wilde Ausbreitung des Opferbegriffs auf den Menschen überhaupt«[7], die sie zum Anlaß nimmt, seine Aussagekraft in Frage zu stellen. Sie bezweifelt, daß er noch geeignet ist, die Situation der Frau angemessen zu beschreiben. Da mit seiner Hilfe der Mann, »die Täter-Marionette«[8], wie sie ihn nennt, aufgrund seiner Sozialisation ebenfalls zum Opfer erklärt werde, sei die Anwendung dieses Begriffs nach ihrer Einschätzung eher problemverdeckend und verliere an analytischer Aussagekraft.[9]

Die Ablehnung eines bestimmten Begriffs aufgrund seines Mißbrauchs ist immer wieder ein beliebtes Argument. Da aber in den wenigsten Fällen nach einem neuen Begriff gesucht wird, folgt aus seiner Ablehnung, daß auch der mit ihm benannte Tatbestand einfach ausgeblendet wird. So führte beispielsweise der patriarchale Mißbrauch des Weiblichkeitsbegriffs häufig dazu, alles als »weiblich« Bezeichnete rundweg abzulehnen und die Tatsache der Unterschiede zwischen den Geschlechtern zu leugnen.[10] Mit dieser Vorgehensweise wird die semantische Vielseitigkeit von Begriffen ignoriert und versäumt, ihre Bedeutung dem jeweiligen Zusammenhang zu entnehmen, in dem sie gebraucht werden. Wie ich anhand von Ausschnitten gezeigt habe, produziert das Patriarchat eine große Vielfalt von Opfern (zu denen gewiß auch Männer gehören). Zur Bewußtmachung der Auswirkung patriarchaler Strukturen müssen jedoch die verschiedenen Arten von Opfer benannt und beschrieben werden. Den Opferbegriff aufgrund seiner Vielschichtigkeit abzulehnen kommt einer Vogel-Strauß-Politik nahe.

Zudem erweist es sich als äußerst erkenntnishemmend,

einen Begriff lediglich aufgrund seines Mißbrauchs abzulehnen, bevor nicht Ersatz für ihn geschaffen wurde, da sonst die
Definitionsmacht bei jenen verbleibt, die den Mißbrauch begehen. Dieser ist in jedem Fall abzulehnen, nicht jedoch der
Begriff. Unsere sprachlichen Möglichkeiten würden sich in
beängstigendem Maße reduzieren, wenn wir nur noch von
jenen Begriffen Gebrauch machten, die nicht mißbraucht
werden, abgesehen davon, daß wir uns in unerträglicher
Weise von den Mißbrauchern gängeln ließen. So müßten wir
beispielsweise längst Begriffe wie »politischer Erfolg«, »Verantwortung«, »Liebe«, »Partnerschaft« usw. aus unserem
Vokabular gestrichen haben, denn sie werden tagtäglich mißbraucht. Viele Begriffe finden also trotz ihres Mißbrauchs
auch unter betroffenen Feministinnen weitere Verwendung,
so daß die Frage entsteht, welche Kriterien hier angewandt
werden bei der Auswahl jener Worte, die abzulehnen sind.
Die Tatsache aber, daß auch Thürmer-Rohr solche mißbrauchten Begriffe nicht in Frage stellt, veranlaßt mich zu der
Annahme, daß nicht der Mißbrauch als solcher die Ablehnung des Opferbegriffs hervorruft, sondern die damit vermittelte Perspektive.

An die Stelle des Opferbegriffs soll nämlich nach ihrer Auffassung die Vorstellung weiblicher »Mittäterschaft« treten.
Diesen Begriff führt sie ein, um den Status der Frau im patriarchalen Geschlechterverhältnis genauer bestimmen zu
können. Er meint die emotionale Anteilnahme am Mann,
durch die die Frau seine Taten unterstützt, statt sie in Frage zu
stellen. Nach Thürmer-Rohrs Ausführungen bezieht sich
»Mittäterschaft« auf die »systematische Funktionalisierung
der Frau für die Taten des Mannes« und darf nicht aus diesem Gewaltzusammenhang herausgelöst werden.[11] Das bedeutet jedoch, daß der Mittäterschaftsbegriff geradezu den
Opferbegriff bedingt und diesen nicht etwa ersetzen kann,
wie Thürmer-Rohr meint; denn gerade als Opfer patriarchaler Verhältnisse werden Frauen auf das Mittun verpflichtet.

Das Grundmuster, durch das Frauen mit den Tätern sind,

häufig aber auch zu Mittäterinnen werden, ist das patriarchale Familien- und Eheverständnis. Durch die tragende Rolle des Vaters und Ehemannes geraten Frauen von klein auf in emotionale, soziale und finanzielle (also existentielle) Abhängigkeit vom Mann. Hinzu kommt das patriarchale Frauenbild, wonach sie des höherwertigen Mannes Ergänzung sind und ihres Lebens Sinn nur im Dienst an »ihm« erfahren. Diese männlichen Konstrukte einschließlich der männlichen Macht, sie durchzusetzen, haben eine weibliche Tradition geschaffen, die Frauen überwiegend zu Opfern eines fremdbestimmten Lebens macht. Sie schafft in der Frau ein unhinterfragbares »Selbst«-Verständnis, durch das sie sich unbewußt und selbstverständlich an den Bedürfnissen nicht nur einzelner Männer, sondern eines männlichen Systems ausrichtet. Ob Freund oder Ehemann, Kollege oder Arbeitgeber, Kirche oder Partei, Sport- oder Gesangverein, Sozialhilfe oder Rentenversicherung, sie alle verpflichten Frauen zu Anpassung und Mit-Tun ohne eigenständig gestalten zu können. Immer finden Frauen Institutionen vor, die von Männern in erster Linie zu deren Nutzen eingerichtet wurden. Diese sozialen Grundlagen weiblichen Seins lassen sich nicht so leicht durchschauen, zumal solche Art von Erkenntnis nicht gerade gefördert wird. Erst mit Hilfe gründlicher Analysen und großem energetischem Aufwand wächst die Erkenntnis, »daß die Selbstverhinderungen von Frauen im Interesse der Männergesellschaft sind«.[12] Wie viele Frauen haben jedoch die Möglichkeit, solche Erkenntnisse zu erwerben? Oftmals bedarf es der leidvollen Erfahrungen eines ganzen Lebens, um die unser Leben lenkenden Strukturen und Mechanismen und unser Verwobensein darin zu durchschauen. Bei vielen von ihnen reichen dann aber die Kräfte einfach nicht mehr aus, um sich dagegen zur Wehr zu setzen oder gar aus diesen Strukturen auszubrechen.

So wird Mittäterschaft durch den weiblichen Opferstatus *begründet* und nicht etwa in Frage gestellt. Und so kommt auch Thürmer-Rohr nicht ohne den Opferbegriff aus. Eigent-

lich brauchte sie ihn auch gar nicht abzulehnen, um ihr Anliegen vorzubringen: Frauen zum einen dazu aufzufordern, unterscheiden zu lernen, wo sie in ihren Lebenszusammenhängen Opfer, Mit-dem-Täter und wo sie Täterinnen sind. Hier
bedarf es lediglich einer perspektivischen Vielfalt, um der
Komplexität des weiblichen Lebens einigermaßen gerecht zu
werden.

Zudem stellt Thürmer-Rohrs Verwendung des Mittäterschaftsbegriffs ihrerseits eine Form des Mißbrauchs dar, handelt es sich hierbei doch um einen längst eingeführten Begriff
aus dem strafrechtlichen Sprachgebrauch, der patriarchal-
sten Sprache überhaupt. Er bezeichnet nicht nur eine Beteiligung an der »Hervorrufung oder Förderung fremder Tatbe-
gehung«[13], sondern auch das willentliche Begehen einer
Straftat. Nach diesem Verständnis könnte sich der Mann geradezu entlastet fühlen durch die feministische Übernahme
dieses Begriffs. Doch will Thürmer-Rohr gerade das verhindern. Wie sie schreibt, kann der Mann nicht so tun, »als habe
er jetzt endlich mit feministischem Einverständnis gleichberechtigte Täterinnen zur Seite, statt die eigenen ihn anklagenden Opfer zu seinen Füßen. Im Begriff der Mittäterschaft
bleibt der Mann der Täter dieser verheerenden Geschichte,
die Frau die Geschädigte.«[14] Es geht Thürmer-Rohr nicht um
Mittäterinnenschaft, sondern um das alltägliche Tun der
Frau, mit dem sie den Mann als Täter unterstützt, ihr Mit-
dem-Täter-Sein. Diese Differenzierung wird von Frauen aber
nur selten mitgetragen. Weitaus häufiger wird der Begriff im
strafrechtlichen Sinn verwendet, so daß auch er sich im Sinne
Thürmer-Rohrs eher als problemverdeckend und damit mindestens ebenso problematisch erweist wie der abgelehnte
Opferbegriff.

2. Argument:
Schädigende Wirkung des Opferbegriffs auf Frauen

Die Vorstellung von Frauen als Opfer des Patriarchats bzw.
des Mannes, so heißt es immer wieder in feministischen Diskussionen, zeichne ein Bild von der Frau als unschuldig, passiv und ohnmächtig, was sie in Wirklichkeit aber gar nicht
sei. Damit würden Frauen auf eine Rolle fixiert, die ihnen
letztlich schade. Indem sie sich selbst als Opfer begriffen, ver-
festigten sie das Bild der Ohnmächtigen und vergäßen darüber ihre eigene Stärke.

Hier wird deutlich, welche Irrtümer entstehen, wenn der
Opferbegriff nicht differenziert angewandt wird. Die Beschreibung des weiblichen Opferstatus will ja gerade die
Übernahme von Opferhaltung und Opferrollen verhindern
und diese nicht etwa festschreiben. Außerdem verrät dieser
Vorwurf ein stark dualistisches Denken in Kategorien des
Entweder-Oder. Die Tatsache, daß Frauen Opfer sind, bedeutet in keiner Weise, daß sie nicht auch stark und aktiv sein
können. Gerade die patriarchale Nutzung ihrer Passivität
und ihrer Aktivitäten ist ja ein ganz wesentlicher Bestandteil
ihres Opferseins.

Sich mit dem Opferstatus der Frau auseinanderzusetzen
bedeutet daher nicht, ihn zu bestärken oder gar zu verewigen,
sondern, ganz im Gegenteil, seine zerstörerische Macht in
allen Bereichen weiblichen Lebens bewußtzumachen und
Frauen anzuregen, sich Gedanken darüber zu machen, auf
welche Weise sie mit diesem Zustand umgehen. Ob sie ihn
durch die Übernahme einer Opferrolle unterstützen, durch
das Verharren in einer Opferhaltung ausweiten, oder ob sie
ihn so eng wie möglich eingrenzen und in ein befreites Sein
hineinstreben.

3. Argument:
Der weibliche Opferstatus begründet eine neue »Heilslehre«

Einige Feministinnen meinen, mit der Vorstellung vom
Opfersein der Frau entstehe eine neue Heilslehre von den
»reinen«, unschuldigen Frauen. Damit werde der Mann zum
»Bösen« abgestempelt, der alles Schlechte in der Welt verursacht haben soll.

Diesen Vorwurf haben die neuen Maskulinisten sich rasch
zu eigen gemacht.[15] Er ist wiederum von Entweder-Oder-Ka-
tegorien und damit notwendigerweise einhergehenden Verab-
solutierungen geprägt. Kein Wunder, daß er auch den Vorwurf beinhaltet, Frauen nähmen nunmehr eine Verkehrung
der patriarchalen Ideologie von der »sündigen« Frau vor. Anscheinend ist die Vorstellung, daß Frauen *nicht* schuldig sind
an sozialen Zuständen und bestimmten eigenen Problemen,
obwohl eine mehrtausendjährige Patriarchatgeschichte sie
immer wieder als sündige Eva und Verursacherin allen Übels
beschrieben hat, für viele Frauen noch nicht nachvollziehbar.
Sie können sich nicht lösen von der Perspektive des Mannes
und haben Sorge, daß ihm nunmehr unrecht getan und er zum
Sündenbock gemacht wird. Sicher geht es nicht darum, dem
Mann irgend etwas in die Schuhe zu schieben, sondern darum,
Unrecht aufzudecken. Hierzu bedarf es differenzierter Analysen, die Feministinnen in vorbildlicher Weise erbracht haben.

Fest steht, daß Frauen mit diesem Argument ihren Geschlechtsgenossinnen Denk- und Erkenntnisverbote erteilen,
die in der Tat an den leidigen Eva-Mythos erinnern: Frauen
dürfen nicht erkennen, was gut und was böse ist. Das Böse
dürfen sie nur bei sich selbst sehen und anklagen. Sobald sie
entdecken, daß sie möglicherweise nicht an allem schuld und
nicht die Verursacherinnen alles Bösen sind, ja daß sie an diesen Gewaltstrukturen überhaupt keine Schuld tragen, melden sich Ängste – innerhalb und außerhalb von Frauen, die
versäumt haben, sich ihren Opferstatus als Frau bewußtzumachen.

Sicherlich besagt der Opferstatus von Frauen nicht, daß sie »rein« und »unschuldig« seien. Doch haben ihre möglicherweise zahlreichen Fehler und Vergehen nichts mit ihrem Opferstatus zu tun und stehen in diesem Zusammenhang nicht zur Debatte. Es geht auch nicht um männliche »Fehler« oder individuelle Schuld, sondern um ein gewalttätiges System, das Frauen einen Opferstatus aufnötigt und Männer ermächtigt, ihn einzufordern. Vorstellungen von der »reinen, unschuldigen Frau« gehören in den Bereich männlicher Klischees, mit deren Hilfe das Frauenbild immer gespalten wurde in die Sünderin und die Unschuldig-Reine, in die Hure und die Heilige. In diesem Weltbild scherte man sich nie um die Vielschichtigkeit der Realität und entwickelte statt dessen eine Vorliebe für Schwarzweißmalereien.

Im Rahmen dieses Denkens, das leider auch noch durch feministische Köpfe spukt, ist die Frau »nur«, »lediglich«, »ausschließlich« Opfer oder eben »kein« Opfer. In Wirklichkeit aber ist sie *beides nicht*. Sicher ist ihr Opferstatus nie das einzige sie kennzeichnende Merkmal. Andererseits wird sie trotz aller für ihr Leben übernommenen Eigenverantwortlichkeit *immer auch* Opfer sein. Schließlich sagt aber die Tatsache, daß Frauen sich als Opfer des Systems begreifen lernen, noch gar nichts darüber aus, als was sie sich sonst noch verstehen und wie sie ihre persönliche Beteiligung an ihrem Opferstatus und an diesem Unrechtssystem einschätzen. Von beidem wird ihr Opfersein als Frau im Patriarchat gar nicht tangiert. Sie kann zur Täterin oder zur Komplizin werden, sie kann aber auch nur-mit-dem-Täter-seiend im Sinne Thürmer-Rohrs beteiligt sein. – Immer wird sie jedoch auf vielfältige Weise Opfer des patriarchalen Systems bleiben.

Zur Entkräftung des weiblichen Opferstatus wird in diesem Argumentationszusammenhang häufig darauf verwiesen, daß auch Männer auf ihre Art Opfer ihres eigenen Systems geworden sind. Das ist sicher zutreffend, doch ändert es nicht das geringste an der Tatsache, daß Frauen Opfer dieses Systems sind. Vielleicht wäre es an der Zeit, daß Männer

einmal die Art und Weise *ihres* Opferseins analysierten. Es
wird bestimmt anders aussehen als das der Frauen, und es wird
nichts daran ändern, daß sie dennoch einen beträchtlichen
aktiven Anteil am Opferstatus der Frau haben, der ihnen nach
wie vor immense Vorteile bringt. Hier gilt es zu differenzieren,
statt vorschnell eine Parität oder Gleichheit hinsichtlich des
Opferseins und der Verantwortlichkeit beider Geschlechter
herzustellen.

Woran Frauen in einzelnen Fällen auch immer beteiligt waren, sie bleiben dennoch die »besseren« (hierbei handelt es sich
um einen Komparativ von »gut« und nicht etwa um einen
Gegensatz zu »böse«!) Menschen, weil sie sich insgesamt
nachweislich lebensdienlicher sowie menschen- und umwelt-
freundlicher verhalten als Männer und sich auf allen Ebenen
unserer vielfältigen Lebensbedrohung durch eine wesentlich
geringere Beteiligung auszeichnen. Wie dieses weibliche Bes-
sersein konkret aussieht, habe ich in meinem Buch »Natürlich
weiblich« näher dargelegt, doch will ich an dieser Stelle noch
einmal auf den Vorwurf eingehen, es handle sich hierbei um
eine Pauschalierung, die unzulässig sei. Dieser Vorwurf ist
bezeichnend für unser Weltbild, in dessen Rahmen Verallgemeinerungen immer nur dann abgelehnt werden, *wenn sie
zugunsten der Frauen ausfallen.* Andernfalls erscheinen sie
uns selbstverständlich. Wenn ich zum Beispiel sage: Männer
sind erwerbstätig, wird niemand daran Anstoß nehmen, trotz
einer beträchtlichen Zahl von Männern, die es aus recht unterschiedlichen Gründen nicht sind. Es wird also generell akzeptiert, daß Verallgemeinerungen durchaus aussagekräftig und
geeignet sind, allgemeine Tendenzen bewußtzumachen. Niemand würde auf die Idee kommen, diesem Satz mit dem Hinweis zu widersprechen, daß Frau X. erwerbstätig und ihr Ehemann Hausmann sei; denn diese Tatsache ändert nichts an
dem allgemeinen Befund, daß Männer in der Regel erwerbstätig sind. Genausowenig aber ändert die Tatsache, daß es
auch »böse« Frauen und »gute« Männer gibt, etwas daran,
daß Frauen die besseren Menschen sind.

Mit dieser Feststellung gilt es, Abschied zu nehmen von einem doppelten moralischen Vorurteil, das einerseits besagt, Männer seien »besser« als Frauen, und zum anderen, sie seien besser, als sie in Wirklichkeit sind. Wenn Frauen ihren Opferstatus zur Kenntnis nehmen, bedeutet das weder, daß sie »rein«, »unschuldig« oder »nur gut« sind, genausowenig wie es Männer »nur böse« macht.

4. Argument:
Der Opferstatus verdeckt weibliche Schuld

Mit der Vorstellung von der Frau als Opfer patriarchaler Verhältnisse, so ein weiterer Vorwurf von feministischer Seite, leugnen Frauen ihre wahre Macht sowie ihre Beteiligung am System des Mannes nicht nur im Sinne ihrer »Mittäterschaft«, sondern auch als aktive Komplizinnen. So verhindere diese Vorstellung, daß Frauen Verantwortung übernehmen für ihre (Un-)Taten des Mit-Tuns und ihrer Beteiligung an den Greueln der Zivilisation. Frauen werden dazu aufgefordert, durch eine Übernahme ihres Schuldanteils endlich schuldfähig zu werden, da es ihnen sonst auch nicht gelingen könne, sich wirklich zu emanzipieren und »ganz« zu werden.[16]

Diesem Appell liegt eine so gravierende Fehleinschätzung zugrunde, daß ich ihm das nachfolgende Kapitel widmen und der Schuldfrage weiter nachgehen werde. Die Klärung der Machtfrage muß aus Platzmangel in diesem Buch leider unterbleiben. Hier nur kurz soviel: Wenn Thürmer-Rohr versucht, mit Hilfe ihres Mittäterschaftsbegriffs einen wichtigen Aspekt weiblicher Macht aufzuzeigen, hat sie damit in gewisser Weise recht; denn ohne das typisch weibliche Normalverhalten wären viele männliche Taten kaum vorstellbar. Der Mann bedarf zumeist mehrerer Frauen, um das umzusetzen, was wir »Patriarchat« nennen. Ob diese Tatsache jedoch ausreicht, um von weiblicher Macht zu sprechen, bezweifle ich.

Solange Frauen nämlich auf breiter Ebene keine echte Alternative zum Mit-dem-Mann-Tun haben, handelt es sich hier lediglich um eine potentielle Macht, was nicht unterschlagen werden sollte.

Der Opferstatus isoliert Frauen voneinander, solange sie ihn nicht zur Kenntnis nehmen. Das Nachdenken über ihn könnte sie verbinden in der gemeinsamen Suche nach Lebensmöglichkeiten außerhalb seines entfremdenden Einflusses. Wer ihn einfach leugnet oder verharmlost, verwechselt das Ziel mit dem Weg. Das Verlassen des Opferstatus ist ein langwieriger Prozeß, der eines hohen Aufwands an Energien bedarf. Doch ist dieser nicht umfangreicher als jenes Energiepotential, das er freisetzt. Gemeinsam wurden wir als Frauen in den Opferstatus gedrängt; nur gemeinsam wird es auch gelingen, ihn zu überwinden.

Die Bewußtmachung des weiblichen Opferstatus dient nicht der Passivität oder gar Lähmung der Frauen, sondern der Bildung eines kollektiven weiblichen Gedächtnisses für das von Frauen durch Männer erfahrene Unrecht, für ihre durch Männer erlebte Gewalt und Ausbeutung, Erniedrigung und Enteignung. Dies kollektive Gedächtnis ist bei Frauen aller Altersstufen nicht vorhanden. Das zeigt sich in ganz erschreckendem Maße bei der jüngeren Generation, die glaubt, Frauen seien inzwischen »gleichberechtigt worden«. Für sie ist die Unterdrückung von Frauen kein Thema mehr. Gleichzeitig fehlt ihnen aber auch das Verständnis für Frauen anderer Generationen, so daß die Kommunikation abzubrechen droht, wenn sie nicht gar schon abgebrochen ist. Ohne ein kollektives Gedächtnis gibt es demzufolge keinen weiblichen Zusammenhalt.

Hier gilt das jüdische Weisheitswort:
Das Vergessen verlängert das Exil,
und das Geheimnis der Erlösung heißt Erinnerung.

VI. Kapitel

Schuldfähigkeit –
ein wesentlicher Bestandteil
weiblicher Befreiung?

Von der Schuldzuweisung zur Selbstbezichtigung

Das feministische Argument, erst durch die volle Schuldfähigkeit der Frau könne ihre wirkliche Emanzipation
und Ganzwerdung geschehen, bringt uns von der Frage
weiblichen Opferseins zur Schuldfrage. Dabei geht es wohlgemerkt nicht um die Verantwortungsübernahme für persönliche, selbstbegangene Schuld, sondern um eine Kollektivschuld, die dem weiblichen Geschlecht pauschal oder anhand
von historischen Einzelfallstudien von außen zugewiesen
wird.

Kaum beginnen Frauen zu begreifen, daß die männliche Art,
sich selbst zu entlasten, zu ihren Lasten ging, kaum beginnen
sie wahrzunehmen, *was* mit ihnen alles geschieht, wie ihre
Energien von Männern und ihren Systemen buchstäblich
»verheizt« werden, da regt sich der athenische Fürsorge-In-
stinkt der Vater-Töchter und ruft die Frauen zur Raison. Bei
ihnen war die feministische Aufklärung bis jetzt noch wenig
erfolgreich mit ihrer Aufklärung über Erscheinungsformen
männlicher Gewalt und Inhumanität und den gewaltsamen
Ausschluß von Frauen aus politischer und geistiger Macht.
Hier solidarisieren sich Frauen mit einer Männergesellschaft,
die das Opfersein der Frauen genausowenig anerkennt wie
sie, und geben dies Vorgehen auch noch als einen emanzipatorischen Akt aus.

Die »feministische Entdeckung« weiblicher Schuld als
»emanzipatorische Kategorie« mutet etwas eigenartig an.
Seit Jahrhunderten leiden Frauen an überbordenden Schuldgefühlen und sind nur allzu bereit, für alles mögliche Verantwortung zu übernehmen. Parallel dazu läßt sich eine weibliche Sündenbock-Tradition feststellen. Auf ihrer Grundlage
wurden Frauen für alle Übel dieser Welt verantwortlich gemacht. Bis in die Gegenwart hat es ihnen weder an Schuldzuweisungen noch an Schuldfähigkeit gemangelt, ohne daß da-

mit weibliche Emanzipation und Ganzheit erwirkt wurden. Dennoch glauben manche Feministinnen, ihrem Geschlecht durch die Konstruktion weiblicher Mitschuld zu mehr »Gleichberechtigung« zu verhelfen: zum gleichen »Recht« auf Schuld. Den jahrtausendelangen Bezichtigungen durch Männer folgt nunmehr – mit emanzipatorischem Anspruch – die Selbstbezichtigung von Frauen.

Die Argumentation scheint mir nicht stimmig. Nicht daß ich die emanzipatorische Wirkung einer verantwortungsbewußten Haltung ignorierte und die Bedeutung einer Auseinandersetzung mit unserer eigenen Schuld leugnen wollte. Doch um diese geht es nicht. Die Diskussion kreist um kollektive und nicht um individuelle Schuld von Frauen, und das ist etwas ganz anderes. Kollektive Aussagen bedürfen kollektiver Wirklichkeitsbeschreibungen. Was Frauen, die von einer kollektiven weiblichen Mitschuld ausgehen, bis jetzt vorgelegt haben, sind Detailuntersuchungen, die die Beteiligung einzelner Frauen an Unterdrückung und Ausbeutung im Rahmen patriarchaler Strukturen nachweisen. Sie tun dies, ohne die Bedingungen des Schuldigseins und der Schuldfähigkeit dieser Frauen überprüft zu haben. Außerdem sagen solche historischen Detailuntersuchungen immer nur etwas aus über die Taten der jeweiligen Frauen, nichts jedoch über die Verantwortlichkeit des *weiblichen Geschlechts*.

Mit dem feministischen Vorwurf weiblicher Mitschuld am patriarchalen System schließt sich der patriarchale Kreis fast von selbst: Einst ging die feministische Analyse vom Opfersein der Frau aus und erkannte, daß Mann und Frau keine gleichberechtigten und folglich auch keine gleichverantwortlichen Subjekte waren und sind. Sie entlarvte das Patriarchat als ein unnatürliches Zwangs- und Kontrollsystem, das Wissen, zwischenmenschliche Beziehungen und Werte zerstört, wenn sie nicht der Erhaltung männlicher Macht dienen. An ihre Stelle setzt es ein Abhängigkeits- und Unterdrückungsverhältnis nicht nur zwischen Frau und Mann, sondern auch zwischen Jüngeren und Älteren. Durch die feministische Analyse wurde Frauen bewußt, daß das Patriarchat nicht nur alle politischen, sozialen und wirtschaftlichen Bereiche bestimmt, sondern sich als soziale Konstante durch unsere Gefühls- und Gedankenwelt ebenso hindurchzieht wie durch unsere vielfältigen Beziehungsformen, die es immer wieder neu reproduzieren. Weibliches Beteiligtsein wurde in der feministischen Analyse aus der Perspektive von Frauen als Opfer und Objekte männlicher Herrschaftsgewalt gesehen. Damit wurden Frauen die Augen geöffnet hinsichtlich der wahren Machtverhältnisse und des männlichen Zugriffs auf Leib, Seele und Geist des weiblichen Geschlechts.

Diese Sichtweise wird nun von jenen in Frage gestellt, die ein »gleichberechtigtes« Schuldigsein von Frauen fordern und dabei so tun, als sei eine solche Forderung wirklich etwas Neues. Dabei gehen sie von einem zweifachen Schuldverständnis aus:

1. Schuld im Sinne von Mittäterschaft

Danach sind Frauen mitschuldig, weil sie für den Mann sorgen, ihm das Leben erleichtern, ihn aufbauen und ihn damit in seinem Sosein bestätigen, statt sein Tun und Lassen in Frage zu stellen und ihm dafür die Unterstützung zu verweigern. Hier wird das alltägliche, moralisch geforderte und unterstützende Handeln von Frauen aus feministischer Sicht zur Schuld.

2. Schuld im Sinne von Mittäterinnen- bzw. Komplizinnenschaft

Hier wird behauptet, Frauen hätten sich an den patriarchalen Unrechtsstrukturen gleichermaßen aktiv beteiligt, indem sie sich in bestimmten Situationen genauso verhalten hätten wie die Männer. Bei den Nazis seien sie in gleicher Weise KZ-

Wärterinnen gewesen, in den USA Sklavenhalterinnen und in der Dritten Welt hätten sie nicht nur an der Seite der Kolonisten gestanden, sondern seien selbst zu Ausbeuterinnen geworden. Auch an der Umweltzerstörung seien sie genauso beteiligt wie Männer, und in der Politik lasse sich nicht nachweisen, daß Frauen wirklich friedfertiger oder gar »besser« seien als männliche Politiker.

Mit diesem Schuldverständnis wird zwar die patriarchale Sicht einer weiblichen Primärschuld nicht übernommen, das scheint aber auch wirklich alles. Die gravierenden Unterschiede, die zwischen weiblicher und männlicher Schuld an patriarchalen Strukturen bestehen, werden jedenfalls ignoriert oder gar geleugnet. Und so unterscheidet sich die »emanzipatorische« Schuldsuche kaum noch von der gängigen patriarchalen Schuldzuweisung. Sie unterscheidet sich aber gravierend vom patriarchal-juristischen Umgang mit Schuld, der – zumindest was die Theorie angeht – wesentlich differenzierter ist. Von ihm können Frauen für sich selbst eine ganze Menge lernen. Wir täten gut daran, uns mit der weiblichen Schuldfrage gründlicher zu befassen. Erst wenn klar ist, von welcher Schuld wir eigentlich sprechen, und wenn wir die Bedingungen untersucht haben, die erfüllt sein müssen, damit Menschen überhaupt schuldiggesprochen werden können, erst dann hat es überhaupt Sinn, über weibliche Schuld und Unschuld ins Gespräch zu kommen.

Ungeklärtes Schuldverständnis

Wie bereits im zweiten Kapitel erläutert, hat die Vorstellung von Schuld etwas damit zu tun, daß der Mensch von dem abweicht, was er eigentlich sein und tun soll. Dabei entsteht die Frage, wer über dies Sein-Sollen befindet. In der feministischen Diskussion wird diese Frage nicht behandelt, wie überhaupt das feministische Schuldverständnis völlig ungeklärt ist. Traditionellerweise wird die Schuldfrage auf drei Ebenen entschieden. Wir kennen

1. die strafrechtliche,
2. die sittliche und
3. die religiöse Schuld.

Zu 1.: Im strafrechtlichen Sinne ist Schuld einerseits die Verantwortlichkeit für rechtswidrige Handlungen, andererseits ein Verstoß gegen bestehende Rechtsnormen. Ohne die Existenz eines verbindlichen Rechts gibt es demnach keine Schuld. Voraussetzung des Rechts wiederum ist eine Rechtsgemeinschaft, die sich auf dieses Recht einigt und es als für sie verbindlich anerkennt. Es formuliert die soziale, nicht aber die sittliche Verantwortung. Ein Verstoß gegen das Strafrecht muß daher nicht unbedingt unsittlich sein. Totalverweigerer werden beispielsweise strafrechtlich belangt, handeln aber wohl ohne Frage sittlich einwandfrei. Inzwischen wird das Recht der Rechtsgemeinschaft zu einem solchen Vorgehen geleugnet – und zwar von der Richterin Gabriele Kleb-Braun. Sie stellt nicht nur den Sinn einer militärischen Landesverteidigung der BRD, sondern auch deren juristische Absicherung in Frage. Warum, so fragt die mutige Richterin, muß der Staat, der doch den Einsatz des Soldatenlebens fordert, nicht beweisen, daß sein Handeln richtig ist? Schließlich »soll die staatliche Ordnung doch das Leben jedes Einzelnen achten und schützen, nicht aber das Leben der einen schützen und das der anderen achten. Art. 19 II GG streitet für *jedes* Leben in der Weise, daß unbeschadet staatlicher Zwecke und Schutzpflichten *niemandem* das Recht auf Leben bestritten werden darf«.[1] Und sind wir überhaupt verpflichtet, uns auf Befehl der Regierung ohne Rücksicht auf eigene Verluste von der Bundeswehr verteidigen zu lassen? Solche Fragen können wohl nur von einer Frau kommen, lassen sie doch die ganze Brüchigkeit eines patriarchalen Rechtsstaates erkennen. Da-

mit wird jedoch ebenfalls deutlich, daß auch strafrechtlich
gefordertes Verhalten einerseits als unsittlich empfunden
werden kann, andererseits aber auch zu genau diesem Strafrecht im Widerspruch stehen kann, wie die Richterin an mehreren Beispielen deutlich macht. Sie weist nicht nur die Un-
sittlichkeit, sondern auch die Rechtswidrigkeit dieses Staates
nach. Dort, wo es um militärische – also männliche – Macht
geht, spielt demnach das Recht – auch des Mannes – nur noch
eine untergeordnete Rolle.

Zu 2.: Sittliche Schuld beinhaltet, »daß der Mensch den ihm
auf den Weg gegebenen Maximen untreu geworden ist«.[2]
Jenseits von strafrechtlichen Normen regeln ungeschriebene
Sitten und Bräuche das Leben der Menschen. Sie erleichtern
den Umgang mit sich selbst und anderen, stärken aber auch
die sozialen Bezüge. Es handelt sich um Normen, die von Gemeinschaft zu Gemeinschaft sehr stark variieren können,
aber auch Konstanten enthalten, die für das menschliche Zusammenleben unverzichtbar zu sein scheinen. Dabei hat sich
im Laufe der Jahrtausende so etwas wie ein unveräußerlicher
Bestand an moralischen Werten herauskristallisiert, die teilweise religiös verankert sind. Der Zusammenhang mit alten
Sitten, das heißt Bräuchen alter *Sippen*, ist sprachlich noch
erkennbar. Auch im Griechischen sind ethos (= Sitte) und
ethnos (= Sippe) sprachlich eng miteinander verwandt.
    Da die Sippen der Rechtsgemeinschaft voraufgehen, sich
Recht teilweise aus Sitte ableitet, gibt es zwar starke Über-
schneidungen zwischen beiden, doch keine Deckungsgleich-
heit. Strafrechtlich korrektes Verhalten muß nicht auch
ethisch einwandfrei sein. Wer zum Beispiel im Rahmen des
gesetzlich Erlaubten andere übervorteilt, handelt zwar strafrechtlich gesehen korrekt, aber doch sittlich verwerflich.
    In diesem Zusammenhang ist es interessant festzustellen,
welche sittlichen Normen ihren Weg ins Recht fanden. Weltweit gelten in patriarchalen Kulturen die folgenden Verbote:
»Du sollst nicht ehebrechen. Du sollst nicht stehlen. Du sollst

nicht morden.« Das erste Verbot wurde durch viele Jahrhunderte hindurch sehr streng geahndet, wenn es um den Ehebruch der Frau ging. Über die diesbezügliche Schuld des Mannes wurde geflissentlich hinweggesehen. Diese Haltung haben auch viele Frauen übernommen, denn bis heute neigt so manche Ehefrau dazu, der Geliebten ihres Mannes die »Schuld« am Ehebruch in die Schuhe zu schieben und damit den Mann zu entlasten. Bis zur Eherechtsreform der siebziger Jahre war das religiös begründete Verbot des Ehebruchs auch im Scheidungsrecht verankert. Wer fremdging, wurde »schuldig« geschieden. Unter dem Druck der »sexuellen Revolution« verschwand das Verbot aus dem Recht, nachdem Ehebruch zur Norm geworden war. Der Staat zog sich von privatem Terrain zurück.

An so etwas ist beim zweiten Verbot jedoch nicht zu denken. Diebstahlsdelikte werden in einer Gesellschaft, die auf Privateigentum gründet, sehr ernst genommen. Da sich 99 Prozent des Weltbesitzes fest in männlicher Hand befinden, schützen die entsprechenden Paragraphen diese Eigentumsverhältnisse. Männer haben also nach wie vor ein vitales Interesse am »göttlichen« Diebstahlsverbot. Und so bilden Eigentumsdelikte die Mehrzahl der verfolgten Straftaten.

Leider hat »Gott der HERR« am Sinai vergessen, in seinen Zehn Geboten auch Vergewaltigung zu verbieten. Und so wird bis heute leichter ein Ladendiebstahl zur Anzeige gebracht und bestraft als eine Vergewaltigung.

Dieser unterschiedliche Umgang mit sittlichen Werten läßt erkennen, daß »göttlicher Wille« und traditionelle Werte recht willkürlich im Sinne einer männlichen Selbstbedienungsladen-Mentalität gehandhabt werden, und zwar so, daß sie in erster Linie männlichen Interessen und patriarchaler Machterhaltung dienen. Das zeigt insbesondere der Umgang mit dem Verbot: Du sollst nicht morden. Es wird auf die private Ebene beschränkt. Wenn Regierungen Morde befehlen, so ist das Rechtens. Auch die Kirchen haben sich noch nie auf der Grundlage dieses Verbots gegen einen Krieg ausgesprochen oder gar die Regierungen des Mordens angeklagt. Auch haben sie nie die Aufnahme eines Paragraphen gefordert, der das Morden unschuldiger Menschen im Krieg oder möglicherweise den Krieg selbst verbietet. Schließlich haben sie sich selbst viele Jahrhunderte an Mord und Totschlag beteiligt. Frauen dagegen, die ihre Schwangerschaft unterbrechen, werden besonders von der katholischen Kirche des Mordes am ungeborenen Leben bezichtigt. Gleichzeitig wird die Verschärfung des Paragraphen 218 gefordert.

Das Recht wird im Patriarchat dort angesiedelt, wo die Macht ist. Und wer die Macht hat, sorgt rechtlich zuerst für sich und sein Geschlecht.

Zu 3.: Religiöse Schuld beinhaltet einen Verstoß gegen den »Willen Gottes«. Dieser Wille wurde in den Zehn Geboten festgelegt und schließlich von Jesus neu formuliert. Die Kirchen fühlen sich in besonderer Weise verpflichtet, für die Einhaltung dieser Gebote Sorge zu tragen. Dabei setzen auch sie wieder eigene Prioritäten, wie sich bei ihrem besonderen Einsatz für den Schutz des ungeborenen Lebens zeigt. Männliches Morden dagegen läßt sie völlig ungerührt.

Da in der feministischen Diskussion religiöse Dimensionen von Schuld nicht zur Sprache kommen und ich auf sie in einem Extrakapitel nachfolgend eingehen werde, will ich mich an dieser Stelle auf die sittliche und strafrechtliche Ebene beschränken.

Im Hinblick auf die feministische Diskussion stellt sich die Frage, welcher Schuldbegriff der Behauptung zugrunde liegt, Frauen seien genauso schuld wie Männer an der patriarchalen Weltzerstörung, an Unterdrückung und Ausbeutung sowie an der Vernichtung der Umwelt. Um von strafrechtlicher oder sittlicher Schuld sprechen zu können, muß ein Verhalten vorliegen, das

a) im Widerspruch steht zu den Erwartungen der Rechtsgemeinschaft und der Sippe – der Gesellschaft und des familialen Umfeldes also, und das

b) Einzelpersonen oder der Gesellschaft Schaden zugefügt hat.

Beides ist nicht gegeben im Sinne des ersten feministischen Schuldverständnisses, das weibliche Mittäterschaft auch als »Mitschuld« deutet. Hier widerspricht sogar das feministische dem gegebenen Schuldverständnis. Es wirft Frauen ja gerade vor, daß sie sich *nicht* in Widerspruch begeben haben zu den Erwartungen ihrer Familien und der Gesellschaft. Daß sie alles darangesetzt haben, Schaden vom Mann abzuwenden, Selbstschädigung aber durchaus in Kauf genommen haben. Der Vorwurf betrifft gerade das Einhalten patriarchaler Normen: ihr Sich-Einfügen in das gängige Weiblichkeitsverständnis, ihr reibungsloses Funktionieren im System, spricht sie also nach gängigem Verständnis gerade von Schuld frei.

Anders sieht es dagegen beim zweiten Schuldverständnis im Sinne der Mittäterinnen- und Komplizinnenschaft aus. Dort, wo Frauen sich in gleicher Weise wie der Mann ethisch oder strafrechtlich schuldig gemacht oder sich an Verbrechen des Mannes beteiligt haben, sind sie selbstverständlich schuldig zu sprechen. Nur fällt dabei auf, daß sie weder auf ethischer noch auf strafrechtlicher Ebene in demselben Maße schuldig werden wie Männer.

In wohl allen Bereichen unseres Lebens sind es fast ausschließlich Männer, die Vorschriften und rechtliche Normen schaffen, überwachen – und brechen. Der weibliche Anteil an der bundesdeutschen Gesamtkriminalität beläuft sich auf knappe 4 Prozent. Auf strafrechtlicher Ebene von einer »gleichberechtigten« Mitschuld von Frauen zu sprechen würde der Realität in keiner Weise gerecht.

Dasselbe trifft jedoch auf ethische und andere Normenverstöße zu. Ob Sozialnormen oder Verkehrsrecht, Anstandsregeln oder moralische Pflichten, Frauen und Mädchen verstoßen auffallend seltener gegen sie als ihre männlichen Geschlechtsgenossen. Das feministische Bedürfnis nach Gleichheit muß also jene Grenzen akzeptieren, die die weibliche Wirklichkeit nun einmal setzt. Hier »Gleichberechtigung« zu fordern käme einer Kriminalisierung von Frauen gleich, die mir allemal schlimmer erscheint als ihre Viktimisierung.

Schon hier zeigt sich also, daß bei Frauen auf kollektiver Ebene von einem »gleichermaßen« Schuldigsein wie Männer überhaupt nicht die Rede sein kann, da männliche Schuld auf beiden Ebenen jene der Frauen um ein Vielfaches übersteigt. Aber auch die Bedingungen, die jedes Schuldigsein hat, werden von Frauen im Hinblick auf ihre Unterdrückungsgeschichte kaum erfüllt. Hier sind grundlegende Unterschiede festzustellen, die auch die weibliche Schuldfähigkeit betreffen.

Voraussetzungen der Schuldfähigkeit

Wenn Martha Mamozai in ihrem Buch »Komplizinnen« feststellt, daß unsere Ganzheit von unserer Schuldfähigkeit abhängt, dann hat sie damit durchaus recht. Doch scheint ihr nicht bewußt zu sein, daß erst bestimmte Voraussetzungen erfüllt sein müssen, bevor einem Menschen die volle Schuldfähigkeit zuerkannt werden kann. Nach diesen Bedingungen fragt Mamozai leider nicht. Sie tut so, als brauchten Frauen sich die Schuldfähigkeit einfach nur zuzusprechen, als sei sie nicht an bestimmte Bedingungen geknüpft. Hier wie überall, wo Frauen von der Schuld der Frauen reden und schreiben, fällt die Leichtfertigkeit auf, mit der sie argumentieren. Weder die Bedingungen für das Schuldigsein noch jene der Schuldfähigkeit werden hier zur Sprache gebracht. Hätte Mamozai (sie steht exemplarisch für eine Reihe anderer Frauen) sich dieser Frage angenommen, wäre wohl ihr Konzept weiblicher Mitschuld ins Wanken geraten. Ich möchte daher das Versäumte nachholen.

Nach strafrechtlichen Vorstellungen reicht allein die Verletzung bestimmter Strafrechtsnormen nicht aus, damit der Mensch für schuldig erklärt werden kann. Die Rechtsgemeinschaft gibt sich einige Mühe, um zu einer differenzierten Schuldfeststellung zu gelangen. Ich fasse die wesentlichsten Schuldmerkmale unseres Rechts zusammen:

1. Erwartung der Rechtsgemeinschaft
2. Entscheidungsfreiheit
3. Bewußtsein der Rechtswidrigkeit
   Dazu gesellen sich die Merkmale der Schuldfähigkeit:
4. Vollendung des 14. Lebensjahres
5. psychische und geistige Gesundheit
6. Abwesenheit sozialer Störfaktoren

Hierzu einige Anmerkungen im Hinblick auf Probleme, die sich daraus für die Anerkennung weiblicher Schuld und Schuldfähigkeit ergeben:

Zu 1.: Der feministische Schuldbegriff kann sich nicht im Rahmen einer patriarchalen Rechts- und Sittengemeinschaft ansiedeln, sondern bedarf einer Gemeinschaft weiblicher Opfer, die sich als Geschädigte der patriarchalen Rechtsgemeinschaft verstehen und ihre eigenen Rechtsvorstellungen definieren.

Zu 2.: Die soziale und sittliche Entscheidungsfreiheit ist bei Frauen im Rahmen der patriarchalen Rechtsgemeinschaft derart eingeschränkt, daß von einer weiblichen Schuld jenseits der Anpassung an diese Rechtsgemeinschaft fairerweise nicht gesprochen werden kann. Hier gilt es, die stärkere wirtschaftliche und soziale Abhängigkeit von Frauen in Betracht zu ziehen sowie das vorrangige Absorbiert- und Behindertsein durch Schwangerschaften und Kindererziehung, aber auch durch männliche Gewalt, Unterdrückung sowie mangelhafte Bildungschancen.

Zu 3.: Solange Frauen keine eigene Rechtsgemeinschaft haben, können sie auf kollektiver Ebene auch nicht jenes Bewußtsein entfalten, das Feministinnen bei ihrer Schuldigsprechung vorauszusetzen scheinen. Bewußtseinsbildung und Erziehungsarbeit sind die unabdingbaren Voraussetzungen für eine Schuldigsprechung jenseits patriarchaler Normen.

Zu 4.: Aus vielen Dokumenten westlicher Kulturen geht hervor, daß Frauen rechtlich teilweise noch bis in unser Jahrhundert hinein mit Kindern und Unmündigen auf eine Stufe gestellt wurden, da man(n) ihnen nur geringe Entscheidungsrechte zuerkannte. Diese rechtlich verankerte mangelhafte Schuldfähigkeit, die ein wesentlicher Aspekt weiblicher Schuldgeschichte ist, wird jedoch bei feministischen Schuldzuweisungen nicht berücksichtigt. Wollen Frauen ihr eigenes Geschlecht wirklich strenger beurteilen, als patriarchales Recht es vorsieht?

Zu 5.: Über unsere psychische und geistige Gesundheit wurde immer von Männern entschieden. Paßte ihnen weibliches Verhalten nicht, so diagnostizierten sie »Häresie« und später »moralisches Irresein« oder andere »Defekte«. Sie waren Anlaß für den Scheiterhaufen und später dafür, daß Frauen von Männern »therapiert« wurden oder aber lebenslang in der Psychiatrie verschwanden. Dann waren sie schuldunfähig. Bei anderen Frauen erzeugte das Angst, erweckte Anpassungsbereitschaft, machte also »normal« und psychisch geistig »gesund«. Der Preis für unsere Schuldfähigkeit wäre demnach die Verdrängung unserer Unangepaßtheit, die Frauen aber andererseits zum Vorwurf gemacht wird. Sie sind bis heute die Folgen jener Praktiken früherer Jahrhunderte, die in verfeinerter Form auch noch die Gegenwart durchziehen.

Zu 6.: Patriarchale Strukturen sind *die* sozialen Störfaktoren par excellence, da sie die Heranreifung einer eigenständigen Weiblichkeit verhindern und damit weibliche Schuldunfähigkeit förmlich produzieren.

Wenn das patriarchale Recht schon so viele Möglichkeiten für »mildernde Umstände« schafft, dann sollten Frauen sie bei der Beurteilung ihres Geschlechts nicht unberücksichtigt lassen, wenn sie sich zum Thema kollektiver, aber auch individueller Schuld von Frauen äußern.

Welchen Sinn hat es aber,
a) Frauen schuldig zu sprechen, ohne ein von Frauen anerkanntes Wertesystem zu schaffen bzw. das eigene erkenntnisleitende Wertesystem darzulegen?
b) Frauen einer vergangenen Epoche (Zeit der Hexenverbrennungen, Sklavenhaltung und des Nazi-Terrors) auf der Grundlage eines heutigen feministischen Bewußtseins und eines existentiellen Versorgtseins für schuldig oder mitschuldig zu erklären, ohne ihre Lebensumstände in der damaligen Gemeinschaft und Rechtsgemeinschaft genauestens auszuleuchten?

Auch Marie-Luise Kaschnitz hat dies Problem erkannt, als sie schrieb: »Seit dem Theaterstück ›Nora – oder ein Puppenheim‹ waren siebzig Jahre vergangen, meine ganze Lebenszeit. Ich war nie eine Vorkämpferin der Emanzipation gewesen, sondern hatte Gedichte… geschrieben. Ich hatte mich nicht nur meinem Mann, sondern eigentlich jedem Mann untergeordnet, und jetzt schämte ich mich, obwohl ich doch eigentlich keinen Grund dazu hatte. Denn es können dieselben Dinge in einer Generation Unschuld und bereits in der nächsten oder übernächsten Schuld bedeuten.«

Aus diesen Worten klingt die ganze Fragwürdigkeit einer gerechten Beurteilung jener Schuld, die außerhalb strafrechtlicher und sittlicher Normen angesiedelt ist. Aber abgesehen von den geltenden Voraussetzungen für die Anerkennung einer Schuld erscheint mir der Schuldvorwurf gegen Frauen *und* Männer nur dort sinnvoll, wo folgende drei Bedingungen erfüllt sind. Es bedarf
a) der Möglichkeit ihrer Einsicht in die Ungerechtigkeit bestimmter Verhältnisse und Verhaltensweisen,

b) ihrer Möglichkeit und Fähigkeit, auch ohne diese leben zu können, und

c) ihrer Freiheit und Macht, diese verändern zu können.

Wo immer Frauen von der Schuld oder Mitschuld ihres Geschlechts reden, sollten sie die Nachweispflicht haben, daß diese drei Bedingungen erfüllt waren oder sind. Ohne diesen Nachweis handelt es sich bei dem Postulat weiblicher Schuldfähigkeit nicht um Hilfe zur Emanzipation und Ganzheit, sondern schlichtweg um altbekannte Frauenfeindlichkeit – diesmal in weiblichem Gewand. Diese aber war schon immer darum bemüht, durch Schuldzuweisung an Frauen männliche Schuld und Verantwortlichkeit unsichtbar zu machen.

Berücksichtigen wir diese drei Kriterien, so können wir wiederum feststellen, daß Frauen pauschal ein höheres Maß an Schuldunfähigkeit zukommt als Männern. Was damit konkret gemeint ist, möchte ich anhand von drei Bereichen erläutern, in denen seitens von Feministinnen eine undifferenzierte Schuldzuweisung an das eigene Geschlecht ergeht. Am Rande sei die eigenartige Distanz zum eigenen Geschlecht erwähnt, durch die häufig der Eindruck entsteht, als seien immer nur die anderen Frauen gemeint, nie aber sie selbst und ihre weltanschaulichen Genossinnen.

Gleichberechtigt mitschuldig?

Angeblich tragen Frauen eine gleichberechtigte Mit-Schuld
– an den Hexenverbrennungen, weil sie andere Frauen denunziert haben;
– an der Sklavenhaltung, weil sie sich der Sklavinnen und Sklaven bedienten und ihren sklavinnen- und sklavenhaltenden Ehemännern nicht entgegengetreten sind;
– am Nazi-Terror, weil sie Hitler zugejubelt, ihn gewählt und sich als KZ-Aufseherinnen an der Folterung und Ermor-

dung von Menschen beteiligt haben und schließlich auch Mitglieder der NSDAP geworden sind;
– an der Ausbeutung der Dritten Welt, weil auch sie von Waren leben, die dort unter ausbeuterischen Bedingungen hergestellt werden;
– an der Umweltzerstörung, weil sie sich gleichermaßen umweltfeindlich verhalten und Produkte benutzen sowie Abfälle produzieren, die der Umwelt schaden;
– am Patriarchat insgesamt, weil sie bei allem mitgemacht, ihre Töchter zu Dienerinnen erzogen, ihre Söhne verwöhnt und sich an den Wünschen des Mannes orientiert haben.

Aus diesen Beschuldigungen möchte ich anhand von vier Beispielen
– Frauen im Dritten Reich
– Die Ausbeutung der Dritten Welt
– Umweltzerstörung
– Mitschuld am Patriarchat?
zeigen, daß, wer so argumentiert, die in den letzten Jahren von Frauen erarbeitete Patriarchatsanalyse vom Tisch wischt. Der undifferenzierte Umgang mit Schuld, der nur unschuldige individuelle Frauen oder nur schuldige individuelle Männer kennt, hat eine verschleiernde Wirkung und verhindert die Entlarvung der wahren Schuldigen. Wenn es sich dabei auch nicht um *alle* Männer handelt, so doch *überwiegend* bis ausschließlich um *Männer*.

Frauen im Dritten Reich

Im Rahmen dieses Kapitels kann es selbstverständlich nicht um eine gründliche Untersuchung der Rolle von Frauen im Dritten Reich gehen. Die will ich gerne Historikerinnen überlassen. Doch möchte ich aus ihren Forschungen einige in diesem Zusammenhang wichtige Dinge wiedergeben, die bei der Schuldigsprechung von Frauen in der feministischen Diskussion leider regelmäßig unberücksichtigt bleiben. Sie sind geeignet, die Forderung nach »geteilter« Verantwortung ad absurdum zu führen.

Als die Nazis 1933 die Macht in Händen hielten, verkündeten sie: »Es gibt in der geistigen Welt des Nationalsozialismus für die Frau in der Politik keinen Platz… Die Geisteshaltung der Bewegung steht ihr in dieser Hinsicht entgegen… Die Wiedererweckung Deutschlands ist eine Angelegenheit der Männer.«[3] Ich bin sicher, daß die meisten Männer mit dieser Äußerung übereinstimmten und folglich auch das entsprechende Maß an Verantwortung zu übernehmen haben. Deutlicher kann es wohl kaum gesagt werden: Faschismus und Nazi-Ideologie sind Auswüchse typisch männlicher Gesinnung und Weltanschauung. Das bestätigt sich bis in die Gegenwart. Wohl gibt es im linken Terrorismus führende Frauenköpfe, aber nicht im Rechtsextremismus. Hier toben sich männliche »Ideale« aus.[4] Auch heute werden die Republikaner doppelt so häufig von Männern wie von Frauen gewählt.

Parallel zur ideologischen Abwesenheit von Frauen verläuft ihr Fehlen auf der Ebene politischer Machtausübung. Das zeigt sich auf eindrückliche Weise, wenn wir das Geschlechterverhältnis in der aktiven Politik der Nazis betrachten. Dort »spielten Frauen zu keiner Zeit eine Rolle, und unter den über 1400 führenden Parteigrößen im Jahr 1944 waren nur neun Frauen«.[5] Das sind weniger als ein Prozent und hat weniger mit fehlendem politischem Interesse zu tun als vielmehr mit männlichem Kalkül. Es war ganz im Sinne Hitlers, denn der hatte im Jahre 1942 geschrieben: »In keiner Ortsgruppe der Partei ist einer Frau jemals das Recht zugestanden worden, auch nur die geringste Verantwortung zu übernehmen.«[6]

Weder in den Konstruktionsbüros des geistigen Überbaus noch auf den Ebenen politischer Macht finden wir Frauen in jenen Positionen, die es sinnvoll machen würden, von einer gleichberechtigten weiblichen Verantwortung zu sprechen.

Wie aber sieht es auf den unteren Ebenen der Machthierarchie aus? Gewiß, Frauen »strömten in Scharen in die Partei und stellten zu Beginn der zwanziger Jahre 20 Prozent ihrer Mitglieder. Mit der Zeit traten dann jedoch vor allem Männer der Partei bei, so daß der Anteil der Frauen 1933 bereits unter 5 Prozent lag.«[7]

Das bedeutet im Klartext: Der niedrigste Anteil an Männern lag bei 80 Prozent. Er stieg bis auf annähernd 100 Prozent nach der Machtergreifung. Ich finde es beachtlich, daß Frauen anscheinend lange vor den Männern begriffen, daß die NSDAP nicht ihre Partei war, und sie rasch wieder verließen, nachdem sie das erkannt hatten. Wie sich zeigt, handelte es sich um eine reine Männerpartei mit einer durch und durch männlichen Politik als Ausdruck der schlimmsten Form männlichen Denkens, die schließlich zu einem beispiellosen Völkermord führte, dem rund 50 Millionen Menschen zum Opfer fielen – mehrheitlich Zivilistinnen und Zivilisten.

Andererseits scheinen Frauen im Widerstand gegen den Völkermord engagierter gewesen zu sein als Männer. In den Jahren 1930–32 sammelten Frauenorganisationen weltweit 9 Millionen Unterschriften gegen den Krieg, die sie dem Völkerbund in Genf einreichten. Ohne Erfolg selbstverständlich; denn wo hören Politiker auf die Stimmen von Frauen? Leider gibt es keine vergleichenden Studien, doch wie ich vermute, waren Frauen während der Nazizeit im Vergleich zu ihrer politischen Beteiligung prozentual stärker im Widerstand vertreten als Männer. Ob sie nun Flugblätter gegen die Nazis druckten und verteilten oder französischen Kriegsgefangenen etwas zum Essen zusteckten, ob sie »die zahllosen illegalen Alltäglichkeiten« meisterten oder sich für die »illegale Kleinarbeit«[8] hergaben, ob sie sich Widerstandsgruppen anschlossen oder Jüdinnen und Juden bei sich versteckten, ob im kommunistischen oder im christlichen Widerstand, auffallend häufig waren Frauen bereit, ihr Leben zu riskieren und sich gegenseitig zu unterstützen.[9]

Doch es gilt, noch weitere Tatsachen zu bedenken: Bereits

ein Jahr vor der Machtergreifung waren Frauen im öffentlichen Dienst »mit Zustimmung sämtlicher Parteien mit Ausnahme der Kommunisten von ihren Arbeitsplätzen entlassen worden«.[10] Hinzu kam, daß in den Hochschulen Zulassungsquoten von teilweise nur zehn Prozent eingeführt und freie Frauenorganisationen verboten worden waren. Die Politik der Nazis war demnach eindeutig gegen die Frauen ausgerichtet. Frauen waren in erster Linie Opfer dieser Politik und nicht etwa Täterinnen.

Ohne Frage haben auch Frauen Hitler und den Nazis zugejubelt. Sie ließen sich durch eine Rhetorik ködern, die die »Werte der Familie« beschwor und ihrer Arbeit als Mutter und Hausfrau Hochachtung entgegenzubringen versprach. Das war auf dem Hintergrund der Weimarer Republik, die aus der Perspektive vieler Frauen gerade diese Werte aufzuweichen drohte, von großer Bedeutung. Frauen wie Männer sahen in Hitler einen »Erlöser« aus Armut und Arbeitslosigkeit (die Arbeitslosenquote lag bei 34 Prozent), der eine wirtschaftliche, soziale und moralische Stabilisierung einleiten würde. Immerhin hatte er seine Propaganda auch gezielt auf die Frauen ausgerichtet, da er ihre Stimmen brauchte, und für den Fall seiner Wahl jedem verheirateten Mann Arbeit und jeder unverheirateten Frau einen Ehemann versprochen. Aufgrund des Ersten Weltkrieges, der rund zwei Millionen Männern das Leben gekostet hatte, waren viele Frauen wider Willen unverheiratet geblieben.

Nach dem Zweiten Weltkrieg versuchten die Alliierten, bei der Entnazifizierung den unterschiedlichen Graden der Beteiligung am Nationalsozialismus gerecht zu werden. Eine solche Praxis stünde auch uns gut an. Sie verpflichtet uns nämlich, etwas genauer hinzuschauen. Den Nazis zugejubelt und Nazifunktionäre versorgt zu haben kann aber wohl kaum ausreichen, Frauen in gleicher Weise verantwortlich zu machen für ein System, in dem die politische Macht ausschließlich Männern vorbehalten war, von denen ein Großteil die männliche Ideologie der systematischen Menschenvernichtung umsetzte. Das gilt auch für die im Vergleich zu ihren männlichen Kollegen verschwindend geringe Anzahl von KZ-Wärterinnen sowie Ärztinnen und Krankenschwestern, die Euthanasie-Handlungen vorgenommen haben. Ihre individuelle Verantwortlichkeit für das, was sie getan haben, steht außer Frage. Gleichwohl erheben sich Zweifel, ob sie ausreicht, um daraus eine gleichberechtigte weibliche kollektive Mitschuld konstruieren zu können. Desgleichen erscheint es fraglich, ob weibliche und männliche Beteiligung an den KZ-Greueln wirklich vergleichbar ist. Mamozai bringt eine Fülle von Aussagen von Frauen, die alle auf die Ausnahmesituationen hinweisen, in denen sich die KZ-Wärterinnen befanden. Darin zeigt sich, daß sie weit entfernt davon waren, wirkliche Repräsentantinnen ihres Geschlechts gewesen zu sein. So heißt es in den Berichten: »Die Offizierinnen: es waren meist selbst verurteilte Sträflinge. Diejenige, welche in unsrem Block kommandierte, war zu lebenslänglichem Zuchthaus verurteilt. Sie hatte ihre beiden Eltern umgebracht.«[11] Eine andere hatte ihren Ehemann getötet. Viele »Frauen waren zwangsweise eingestellt«.[12] Sie alle aber »wurden selbst sehr streng behandelt«.[13] Leider kennen wir das Lebensschicksal dieser Frauen nicht, das hinter ihren monströsen Taten allemal vermutet werden muß. Bei männlichen KZ-Verantwortlichen wie Himmler, Höss und Eichmann fiel dagegen immer wieder die »Normalität« ihres Charakters auf, der gerade nicht auf besondere Sozialschäden hinwies. Sie waren durchaus Repräsentanten ihres Geschlechts.

Ich möchte an dieser Stelle noch einmal ausdrücklich betonen, daß es mir hier nicht darum geht, Verbrechen zu beschönigen, nur weil sie von Frauen begangen wurden. Doch halte ich es für äußerst wichtig, Unterschiede wahrzunehmen und anzuerkennen, die in Wirklichkeit nun einmal existierten. Außerdem erscheint es mir bei der Datenlage angebracht, auf den Opferstatus dieser Täterinnen zu verweisen, der von Männern nicht im gleichen Ausmaß beansprucht werden kann. Wenn die Haupttäterthese, die zwischen den eigentlich

Verantwortlichen und den ihnen unterstellten Mittätern und Mittäterinnen unterscheidet, eine Berechtigung hat, dann wohl in erster Linie im Hinblick auf solche Frauen, die jedoch nur einen winzigen Bruchteil im Vergleich zu männlichen Tätern und Mittätern ausmachen. Zudem bleibt festzuhalten, daß Frauen, auch wenn sie am Foltern und Morden beteiligt waren, wohl für ihre Taten, nicht aber für die KZs als solche Verantwortung trugen und schon gar nicht für das ganze System. Selbst das Frauen-KZ Ravensbrück befand sich nicht in Frauenhand, sondern stand unter der Leitung der SS. Wie überhaupt das ganze Lagerkonzept ausschließlich männlich war.

Wir greifen zu kurz, wenn wir nicht die graduellen Abstufungen und fließenden Übergänge des Opfer- und Beteiligtseins mitberücksichtigen, die einen wesentlichen Teil des komplexen Machtgefüges ausmachen, das die Männergesellschaft konstituiert. Innerhalb dieses Gefüges werden selbst den Opfern noch kleinste Macht-Bröckchen hingeworfen, um sie in das System einzubinden und Widerstand gar nicht erst aufkommen zu lassen. Sind aber beispielsweise Jüdinnen und Juden, die im KZ untergeordnete Aufsichtsfunktionen übernahmen und dadurch minimale Vorteile, eventuell aber auch ihr Überleben erwirken konnten, nun deshalb verantwortlich für die KZs oder gar der ihnen zugrundeliegenden Ideologie? Das Beteiligtsein an einem System sagt meines Erachtens allein noch nichts aus über die Verantwortlichkeit für dasselbe, auch wenn das System ohne diese Beteiligung nicht leben könnte. Wer will zum Beispiel behaupten, Jüdinnen und Juden seien mit schuld am Zweiten Weltkrieg, weil sie »bereit waren«, in den Munitionsfabriken zu arbeiten, ohne deren Produkte der Krieg nicht hätte geführt werden können?

Wie Mamozai berichtet, wurden von der SS Frauen aus den Fabriken zwangsrekrutiert für die Arbeit im KZ. Sie erhielten Befehl, Frauen zu schlagen, und wenn sie es nicht taten, mußten sie selbst ins Gefängnis.[14] Es ist das Wesen dieser Männergesellschaft, daß sie Frauen zurichtet und zerstört, wie dies offensichtlich auch bei den KZ-Wärterinnen der Fall gewesen zu sein scheint. Nun ist es aber ein ehernes psychologisches Gesetz, daß Zugerichtete auch andere zurichten, wenn sie die Gelegenheit dazu bekommen.[15] Die Schuld dieser Frauen ist ihr unrechtes und teilweise brutales Handeln, das sicherlich zu einem großen Teil mildernde Umstände verdient, da es eine Antwort war auf erlebte Brutalität. Diesen Geschundenen und Schinderinnen aber nun die Schuld an jenem System zuzuschieben, das sie selbst zugerichtet hat, und daraus auch noch eine weibliche Kollektivschuld ableiten zu wollen, wird der Sache wohl kaum gerecht.

Wie mir scheint, kann in einem solchen System von Unterdrückung und Gewalt weder die allgemeine Kategorie der Komplizinnenschaft noch die der Mittäterschaft wirklich weiterhelfen. Gewalt und Bedrohung des Lebens erzeugen nun einmal Ohnmachtserfahrungen, die es Menschen unmöglich machen, sich gegen ihre Unterdrücker aufzulehnen. Menschen, die dieser Gewalt und Bedrohung ausgesetzt sind – und das war nach meiner Einschätzung zumindest ein beträchtlicher Teil der KZ-Wärterinnen –, sind und bleiben in erster Linie auch als Täterinnen Opfer des Systems.

Warum sollten Frauen heute eine kollektive Verantwortung übernehmen, die ihnen nie zugestanden wurde? Was bedeutet überhaupt in diesem Zusammenhang »Verantwortung« von Frauen, wenn sie sich nicht auf politische Macht gründen kann? Für Männer mag das anders aussehen. Für sie könnte die Übernahme von Verantwortung für die Taten ihres Geschlechts in der Tat eine emanzipatorische Wirkung haben. Sie könnten nämlich erkennen, wohin eine falschverstandene Männlichkeit auf der Grundlage angemaßter Macht uns alle führt, und sich dafür sensibilisieren, daß sie auch heute noch von einem falschen Männlichkeitsbild und angemaßter Macht profitieren. Vergangenheitsbewältigung kann nicht heißen, in der Vergangenheit stehenzubleiben, sondern die Strukturen bloßzulegen, die aus ihr erhalten geblieben und auch heute noch wirksam sind.

Die Ausgrenzung von Frauen aus den Bereichen der Macht im Naziregime zu ignorieren und ihnen eine »gleichberechtigte« Teilhabe an den Greueln von Männern zuzusprechen ist nur jenen möglich, die die wahren Machtverhältnisse ignorieren und sich Illusionen hingeben hinsichtlich des politischen weiblichen Machtpotentials oder die sich von einem hohen Maß an (latenter?) Frauenfeindlichkeit leiten lassen. Das gilt für die Einschätzung der Vergangenheit genauso wie für die Gegenwart. Patriarchale Macht, selbst wenn sie von Frauen ausgeübt wird, ist immer nur von Männern geliehene männliche Macht, die folglich auch nur in ihrem Sinne ausgeübt werden kann. Wirkliche Verantwortung aber können Frauen nur dort übernehmen, wo sie auf der Grundlage ihres eigenen Fühlens, Denkens und Urteilens, kraft ihres eigenen Machtpotentials handeln.

Auf diesem Hintergrund erscheint es mir realitätsfremd, frauenfeindlich und unverantwortlich, Frauen dazu aufzufordern, die »Verantwortung für die Ungeheuerlichkeiten zu teilen«, und ihnen dafür auch noch weibliche »Ganzheit« zu verheißen, wie Martha Mamozai es tut.[16] Die Allgegenwart weiblicher Schuldgefühle zeigt, daß Frauen sowieso schon zu sehr bereit sind, Schuld auf sich zu laden. Übertragungen männlicher Schuld auf das weibliche Geschlecht finden seit Jahrtausenden statt und sind geeignet, Frauen zu Sündenböcken zu machen, nicht jedoch, sie ihrer Emanzipation näherzubringen.

Die Ausbeutung der Dritten Welt

In feministischen Texten und Diskussionen wird seit Jahren davon ausgegangen, daß Frauen die Ausbeutung der Dritten Welt mitzuverantworten haben, da sie von ihr profitieren und zudem die größte Konsummacht sind. Schließlich sind sie es, die die Güter des alltäglichen Bedarfs einkaufen und damit den Warenmarkt steuern und bestimmen, wohin das

Geld fließt. Je nachdem, wo sie was einkaufen, so wird ihnen suggeriert, könnten sie die Ausbeutung verhindern, wenn nicht gar die Geschicke dieser Welt steuern. Weil sie billige Textilien im Kaufhaus oder Kaffee und Früchte im Supermarkt kaufen, statt in Dritte- oder Eine-Welt-Läden, werden sie für mitverantwortlich erklärt an der Unterdrückung der Schwarzen in Südafrika und an der Ausbeutung der Menschen in der Dritten Welt. Daß es jedoch fast ausschließlich Frauen sind, die in diesen alternativen Läden ehrenamtlich arbeiten und in ihnen kaufen, wird nicht erwähnt. Sie wollen helfen, einen gerechten Verdienst für lateinamerikanische Produzentinnen und Produzenten sicherzustellen, und sie vor westlicher Ausbeutung bewahren.

Ich bewundere das Engagement dieser Frauen genauso, wie ich seinerzeit jene irischen Kassiererinnen bewunderte, die den Mut hatten, den Früchteboykott einzuleiten, indem sie sich weigerten, das Geld für Früchte aus Südafrika zu kassieren. Frauen in anderen Teilen Europas folgten ihnen, was für den südafrikanischen Früchteexport nicht ganz ohne Folgen blieb. Die Früchte mußten in spanischen und israelischen Häfen neu etikettiert und umgeladen werden. Immerhin wurde es ihnen um einiges schwerer gemacht, an die europäische Kundschaft zu gelangen.

Viele Frauen glauben, daß dieser Boykott letztlich mit dazu geführt hat, die Rassentrennung in Südafrika aufzuweichen. Ich fühle mich nicht kompetent genug, das zu beurteilen, würde mich aber freuen, wenn es so wäre. Was mich nur stört, ist, daß hier nicht mit sauberen Analysen und Aufdeckungen, sondern mit massiven Schuldzuweisungen gearbeitet wird. Die ohnehin schon starken Schuldgefühle von Frauen werden weiter verstärkt und damit eindeutig Macht ausgeübt. Wieder einmal wird jene Schuld, die Männer der westlichen Welt seit Kolumbus auf sich geladen haben, auf die Schultern von Frauen mitverteilt.

Die Ausbeutung der Länder der Dritten Welt hat eine lange Männer-Geschichte. Sie beginnt mit Kolumbus, der sich aus

seinen Entdeckungen die Finanzierung eines weiteren Kreuz-
zuges versprach, durch den in Jerusalem die »Heiligen Stätten« befreit werden sollten. Doch wurde die Entdeckung der
Neuen Welt selbst zum Beginn eines beispiellosen Kreuz-
zuges, der im Namen des Christentums viele heilige Stätten
plünderte, zerstörte und Millionen von Menschen versklavte
und dahinmetzelte. Nicht Wissensdurst oder das Interesse an
fremden Kulturen waren es, die Männer in die Ferne trieb,
sondern eiskalte Berechnung. So notierte Kolumbus 1492 in
sein Tagebuch: »›Wenn die Auskünfte, über die ich verfüge,
zuverlässig sind, könnte man, wie man mir sagt, viertausend
Sklaven verkaufen, die einen Wert von 20 Millionen und
mehr haben dürften. Auf der anderen Seite würden viertausend Doppelzentner Brasil ungefähr zum gleichen Preis weg-
gehen, so daß man daraus, bei oberflächlicher Kalkulation,
40 Millionen herausziehen kann, wenn die Sache läuft.‹ Die
Verwandlung der Natur zu Waren, der Menschen zu Sklaven
– das ist der Blickwinkel des Kolumbus. Das ist die Sichtweise, die die Nachfahren des Christoph Kolumbus, die Ko-
lonial- und Industrienationen auf die ganze Welt übertragen
haben.«[17] Und es ist ein männlicher Blick, der schließlich in
eine »endzeitliche Katastrophe an Armutstoten«[18] führt und
Abermillionen Kinder der Willkür der Straße und Banditen
ausliefert. Hier offenbart sich eine männliche Schuldgeschichte, deren Ausmaße am Schuldenberg dieser Länder ab-
zulesen ist. Wenn Bahr am Ende seiner Radiosendung zum
Kolumbus-Jahr fordert: »Die Zeit ist reif, zu einer Politik
überzugehen, die die Kinder an die erste Stelle setzt, sich zu
verabschieden von den derzeitigen Prioritäten der militä-
risch-konstruierten ›Sicherheit‹«[19], dann fordert er jene Prioritäten ein, nach denen Frauen Jahrtausende hindurch gelebt
haben.

Kolumbus leitete eines der grauenvollsten Kapitel männ-
licher Eroberungsgeschichte ein, die den Tod von vielen
Millionen von Menschen zur Folge hatten und wertvollstes
Kulturgut unwiederbringlich zerstörten. Wer jedoch die Aus-

beutung Lateinamerikas von dieser Geschichte abschneidet und so tut, als läge ihre Ursache im Genuß der falschen Bananen und Kiwis, die im Kaufhaus erstanden wurden und nicht im Dritte- oder Eine-Welt-Laden, lenkt den Blick ab von den wahren Schuldigen und ihren Nachfolgern. Die Ursachen lateinamerikanischer Unterdrückung liegen heute in einer ungehinderten, von Männern gelenkten Marktwirtschaft mit der dazugehörigen Finanzpolitik männlicher Banken, die den Regierungen jener Länder vor einigen Jahren horrende Kredite aufgeschwatzt haben, um hohe Zinsen zu kassieren und ihnen die Gelder durch Waffenangebote wieder aus der Tasche zu ziehen. Aus dem Schuldberg des weißen Mannes erwuchs der Dritten Welt ein Schuldenberg, der nicht mehr abzutragen ist. Die Opfer haben sich an den Schuldigen verschuldet und stehen heute in der Schuld der Schuldigen. Im Patriarchat verkehrt sich alles.

Müssen sich deswegen aber auch gewisse Teile des Feminismus verkehrter Argumente bedienen? Im Rahmen einer Sommeruniversität für Frauen wurde vor einigen Jahren über unsere Solidarität mit Frauen der Dritten Welt diskutiert. Linke Feministinnen beherrschten das Gespräch und erhoben massive Vorwürfe gegen Frauen, die Textilien aus asiatischen Billigimporten kaufen. Sie forderten sie dazu auf, einheimische, teurere Produkte zu kaufen, da durch sie keine Asiatinnen ausgebeutet würden. Da meldete sich eine Indonesierin zu Wort und erklärte, was in ihrem Land passierte, wenn die dort hergestellten Textilien keinen Absatz mehr auf europäischen Märkten fänden. Junge Frauen und Mädchen würden der einzigen Chance beraubt, sich als Näherinnen eigenes Geld zu verdienen, ohne sich zu prostituieren und ihren Körper an Männer zu verkaufen. Sie machte uns allen klar, wie falsch wir liegen, wenn wir bei den Symptomen ansetzen, statt uns der wahren Ursachen bewußt zu werden.

Umweltzerstörung

Immer wieder ist zu hören, Frauen machten sich genauso wie Männer der Vernichtung der Umwelt schuldig, wenn sie weiterhin ihre Geschirrspülmaschine benutzen, statt per Hand abzuwaschen; wenn sie mit dem Auto fahren statt mit dem Fahrrad, wenn sie mit Scheuermitteln putzen statt mit Schmierseife usw. Auf diese Weise wird der Eindruck erweckt, wieder einmal sei weibliches Verhalten verantwortlich für unsere Umweltprobleme. Als brauchten Frauen nur ihre liebgewordenen Gepflogenheiten sowie ihr Bequemlichkeitsbestreben abzulegen, damit es der Umwelt wieder bessergeht. Auch hier werden Ursache und Wirkung verkehrt.

Unser Konsum ist nämlich eine *Folge* des zerstörerischen Umgangs mit der Natur, den Männer seit Jahrhunderten betreiben. Die wahren Ursachen für die erst heute offen zutage tretenden Umweltschäden, die uns alle das Leben kosten werden, liegen im naturwissenschaftlichen Denken, dem es um die Beherrschung der Natur geht, nicht jedoch um eine bessere Anpassung des Menschen an die Natur. Dazu gehört auch die Industrialisierung, die Umsetzung des technologisch Machbaren, bei der es um die Beherrschung von Märkten und menschlichen Bedürfnissen geht. In beiden Bereichen handelt es sich um reine Männerdomänen. Auch die der Industrialisierung folgende Technisierung der Gesellschaft mit dem dazugehörigen umweltschädlichen Energieverbrauch ist reines Männerwerk und hat mit weiblichem Konsumverhalten nicht das geringste zu tun.

Inzwischen sind es längst nicht mehr die effektiven Bedürfnisse, die die Märkte regieren. Mit psychologischem Fingerspitzengefühl und raffiniertesten Werbemitteln werden Bedürfnisse geschaffen, um männlichen Produzierwahn nicht leerlaufen zu lassen. Dabei werden soziale und emotionale Defizite und Sehnsüchte von Kindern und Erwachsenen schamlos ausgenutzt und in Ersatzbedürfnisse verwandelt, die ein übergroßes Warenangebot scheinbar zu befriedigen vermag. Würden Männer die psychologischen Kennntisse, die sie in den Markt investieren, sensiblen Verhaltensweisen gegenüber Kindern und Frauen zugute kommen lassen, könnten möglicherweise so manche Produktionsprozesse gedrosselt werden… Aber das wäre ja sinnvoll und nicht machterhaltend.

Frauen zu Schuldigen zu erklären heißt auch hier, das Pferd von hinten aufzuzäumen, in völliger Verkennung der Fakten. Es ist daher unsinnig, so zu tun, als hätten wir es mit unserem Konsum wirklich in der Hand, das System zu revolutionieren. Damit meine ich absolut nicht, daß umweltbewußter Konsum überflüssig sei. Ich halte ihn für eine Selbstverständlichkeit bei Menschen, die etwas kapiert haben von politischen und ökologischen Zusammenhängen der Ausbeutung und Zerstörung. Wir sollten aber nicht so tun, als sei das ein wirksamer Weg zur Rettung dieses Planeten. Diese Einschätzung halte ich für reine Selbstüberschätzung, die die wahren Ursachen verkennt und mit ihnen das Ausmaß an Ohnmacht gegenüber den wahren Machthabern dieser Welt. Sie sind wendig genug, sich auch einem kritischen Konsumverhalten als »umweltfreundlich« anzubieten. So laufen die Werbekampagnen für »umweltfreundliche« Produkte zur Zeit auf Hochtouren. Daneben produzieren sie jährlich 3000 neue Chemikalien, von deren Verträglichkeit mit anderen Chemikalien und der Umwelt nichts bekannt ist. Sie verlegen Produktionsstätten oder ändern einfach Etiketten, um Verbraucherinnen und Verbraucher irrezuführen. Es ist wie beim Hasen und dem Igel, die einen Wettlauf veranstalten: Der Hase nimmt den scheinbaren Wettlauf auf und rennt sich die Zunge aus dem Hals, während der andere immer schon vor ihm da ist, obwohl er nachweislich langsamer ist. Der Hase merkt nicht, daß der Igel seine Frau bereits am Ziel plaziert hat. Beide ziehen an einem Strang. Sie stehen zur rechten Zeit am rechten Ort und setzen auf ihre täuschende Ähnlichkeit. Hier geht es gar nicht um Anstrengung oder gar Schnelligkeit. Hier wird getrickst.

Ich sehe darin ein Bild für den unzumutbar ungleichen Wettlauf, in den Frauen im Namen der Umwelt, der Dritten Welt – und was sonst noch – gehetzt und dann auch noch für die vorprogrammierte Niederlage verantwortlich gemacht werden. Nachdem sie sich nun emanzipiert haben, verantwortliche und zeitraubende Berufe ausüben, tagtäglich ihren antisexistischen Kampf auf die eine oder andere Weise durchstehen, daneben einen Haushalt führen und Kinder entweder alleine großziehen, nachdem sie sich des Mannes mit größtem Energieaufwand entledigt haben, oder aber auch noch einen Mann zufriedenstellen wollen oder müssen, der als »Hilfe« nur selten hält, was er verspricht, sollen sie sich nun auch noch um sozialpolitische Hintergründe und die Umweltverträglichkeit der von ihnen benutzten Produkte kümmern, wenn sie sich nicht der »Mitschuld« verdächtigen lassen wollen. Dabei ist noch nicht einmal sicher, daß die angebotenen Ersatzprodukte die beabsichtigten Besserungen garantieren, wie sich bei Waschmitteln und Katalysatoren bereits gezeigt hat.

Was geschieht hier eigentlich, wenn Frauen in diesem frauenfeindlichen System ihre Zeit damit verbringen, anderen Frauen Schuld aufzubürden, nur weil sie sich nicht trauen, die wahren Ursachenzusammenhänge darzulegen, und statt dessen ihre leichtfertige Suche nach Schuldigen an den Mächtigen vorbei auf die Opfer lenken, nur weil sie sich nicht damit abfinden können, daß Frausein im Patriarchat Opfersein heißt?

Frauen müssen Verantwortung übernehmen für ihr Handeln, nicht aber für die von Männern verursachten Umweltprobleme. Hier pauschal von der »Schuld« oder »Mitschuld« von Frauen zu sprechen erscheint mir unverantwortlich. Gewiß täte diesem Planeten und uns allen ein weitgehender Konsumverzicht gut. Aber er muß auch von den Mächtigen gewollt sein, und das ist er nun einmal nicht. Doch selbst die Mahnung zum Konsumverzicht müßte sich in wesentlich stärkerem Maße an die Männer richten als an die Frauen, da

Männer – wie bereits dargelegt – auf fast allen wichtigen Ebenen das wesentlich konsumfreudigere Geschlecht sind. Selbst von den GRÜNEN hat es sich zwischenzeitlich herumgesprochen, daß in erster Linie die Frauen ihre Autos abschaffen, während die Männer die autofreie Stadt lediglich als Programm verkünden. Weibliche »Konsumschuld« bleibt in jedem Fall weit unter dem männlichen Niveau. Das sollten Feministinnen als erste zur Kenntnis nehmen und nicht von einer »gleichen« Schuld von Frauen ausgehen.

Statt dessen wird in Diskussionen jedoch häufig so getan, als träfe Frauen hier eine *besondere* Schuld, weil sie das Haushaltsbudget verwalten. Dieser Vorwurf geht davon aus, daß es selbstverständlich die Frauen sind, die die Verpflichtung haben, nicht nur den eigenen Konsumverzicht zu steuern, sondern auch noch alleine den Kampf gegen den Konsumrausch von Kindern und Männern aufnehmen zu müssen. Was ein solcher alltäglicher Kleinkrieg in der familiären Wirklichkeit bedeutet, bleibt dabei unerwähnt. Mir erscheint es schlichtweg frauenfeindlich und leichtfertig, wenn diese Unzumutbarkeit verschwiegen, solche Erschwernis des ohnehin überbelasteten weiblichen Alltags als Selbstverständlichkeit hingestellt und so getan wird, als sei *Frauen* hier eine besondere Verantwortung zuzuschreiben und nicht etwa jenen Männern, die umweltfeindliche Produkte auf ausbeuterische Weise produzieren. Auf diese Weise werden wieder einmal die wahren Machtverhältnisse kaschiert und politische weibliche Macht suggeriert, die nicht existiert.

Veränderungen über das Konsumverhalten setzen ein solches Maß an kollektiver Einsicht und Solidarität in der ganzen westlichen Welt voraus, daß dieser Weg mir – so wünschenswert er auch sein mag – dennoch völlig utopisch erscheint. Tatsache ist, daß jene Kräfte, die das Konsumverhalten schaffen und fordern, da sie es zur Erhaltung ihrer Macht brauchen, um ein Vielfaches stärker sind als die Möglichkeiten des Aufbaus einer Gegenmacht des Konsumverzichts in der westlichen Welt. Die Lebensbedingungen gerade von berufstätigen

Frauen sind viel zu komplex und energiezehrend, um das Maß an Konsumveränderungen zuzulassen, das erforderlich wäre, um sich nicht »mitschuldig« zu machen.

Um diesen Planeten zu retten, müßten wir folglich bei den Ursachen ansetzen und die Schuld dort suchen, wo sie wirklich liegt – bei jenen, die über Landbesitz und Investitionen, über Herstellungsweisen und Produkte, über Werbemittel und Verkaufskampagnen entscheiden, und nicht bei jenen am Ende einer langen Entscheidungskette – bei den Konsumentinnen.

Mitschuld am Patriarchat?

Aus dem bisher Dargelegten mag bereits deutlich geworden sein, daß es eine weibliche Mitschuld an den patriarchalen Strukturen nicht geben kann. Diese haben Frauen nicht zu verantworten, da ihnen aufgrund männlicher Entscheidungen die Voraussetzungen dazu fehlten. In keiner patriarchalen Epoche waren die Lebensbedingungen für Frauen denen der Männer gleich an Macht, Besitz, Bildung und Freiheit, mit denen Verantwortung nun einmal korreliert. Ihre Möglichkeiten zur Selbstversorgung und Unabhängigkeit waren durch die patriarchalen Besitz- und Machtverhältnisse immer auf das von Männern gewünschte Maß beschränkt. Zur Zeit der Französischen Revolution hatte bereits Olympe Marie de Gouges erkannt, daß die Wurzel des weiblichen Dilemmas »die Aufteilung des Vermögens zwischen Männern und Frauen« ist.[20] Daneben waren Frauen zusätzlich abhängig und schutzbedürftig aufgrund ihrer vielen Schwangerschaften sowie der daraus resultierenden Verantwortung für und emotionale Abhängigkeit von ihren Kindern. Kinder stellen bis heute wesentliche Faktoren für die Erpreßbarkeit und Anpassungsbereitschaft von Frauen dar.

Das beliebte Argument, auch Männer seien unfrei und abhängig, hat nur sehr beschränkte Gültigkeit. Es ist insofern gültig, als es auf graduelle Unterschiede verweist. Auch bei Männern waren die Voraussetzungen für ihre Verantwortlichkeit nicht in gleicher Weise gegeben. Doch wie arm, machtlos, ungebildet und abhängig sie in ihrer jeweiligen Klasse auch gewesen sein mögen, ihr Zugang zu den genannten Voraussetzungen war immer leichter als der von Frauen dieser Klasse und damit ihre Verantwortung entsprechend größer. Selbst Sklaverei bedeutete auf der Grundlage der sexuellen Ausbeutung von Frauen nie dasselbe für beide Geschlechter. So kann also »Klassenunterdrückung unter keinen Umständen beschrieben werden, als bedeute sie für Frauen und Männer dasselbe, etwas Gleichartiges«.[21]

Wenn ich darauf bestehe, daß Männer schuld sind am Patriarchat, dann bedeutet dies, daß Männer in einer anderen Schuldgeschichte stehen als Frauen. Es bedeutet, daß Männer eigenverantwortlich dieses System in Gang gesetzt haben und nach wie vor aufrechterhalten; daß sie in diesem System vorrangig ihre Interessen ausleben auf Kosten von Frauen und Kindern, Tieren und Pflanzen, daß sie von allem zusammen die primären Nutznießer sind und sich Macht angeeignet haben, die ihnen nicht zusteht. Die Tatsache, daß sie dennoch auch Opfer ihres eigenen Systems geworden sind, schließt dies nicht aus. So sollten Frauen sich endlich weigern, Schuld anzunehmen, nur weil ihnen die Argumente fehlen. Sie sollten sich nicht hineinnehmen lassen in eine Geschichte, die nicht die ihre ist, und sich statt dessen auf die Suche nach ihrer eigenen Geschichte begeben.

Seit dem Beginn schriftlicher Zeugnisse gibt es Belege dafür, daß Männer ihre Macht mißbrauchen, indem sie
— Frauen Rechte, die sie besaßen, wegnahmen,
— ihnen Rechte vorenthielten,
— über Körper und Leben von Frauen verfügten sowie
— über Leben und Tod ihrer Kinder entschieden.
Umgekehrt gibt es keine entsprechenden Zeugnisse für Männerunterdrückung durch Frauen, was im übrigen immer wieder als Vorwand benutzt wird, um die Existenz von Ma-

triarchaten zu leugnen. Das ist natürlich absurd, da Matriarchate Kulturen sind, die sich gerade *nicht* über die Unterdrückung eines Geschlechts definieren, sondern über das soziale Vorherrschen mütterlicher Prinzipien im Selbstverständnis zwischenmenschlichen Umgangs miteinander. Es sind Kulturen, denen das Prinzip des Teilens zugrunde liegt und nicht das Prinzip des Herrschens und in denen Frauen ihre Macht immer wieder dazu benutzten, für ein Gleichgewicht der Macht zu sorgen.[22]

Da es gerade jungen Frauen an einem Wissen um die Unterdrückungsgeschichte ihres eigenen Geschlechts mangelt, ist von ihnen in Diskussionen häufig der Vorwurf zu hören, Frauen seien ja selber schuld an ihrer Unterdrückung, denn sie hätten sich ja nicht zur Wehr gesetzt. Diese Auffassung zeugt von fehlender Rück-Sicht auf die eigene Tradition. Kein Wunder, denn die Geschichte der Frauen wird mit Ausnahme sporadischer Versuche in dieser Hinsicht nirgends gelehrt. So ist den jungen Frauen das Ausmaß an männlicher Gewalt, dem Frauen ausgesetzt waren und sind, leider nicht bekannt. Sie wissen auch nicht, wie wenig Männer sich mit Frauen solidarisiert und wie egoistisch sie auch in den untersten Klassen nur für ihre eigenen Rechte gekämpft haben. Dazu nachfolgend zwei Beispiele:

Im Jahre 1642 »wurden Frauen zum erstenmal in der englischen Geschichte ohne jede Unterstützung seitens ihrer Väter, Ehegatten oder anderer Männer auf nationaler Ebene als Frauen politisch aktiv«.[23] Mehr als 400 durch den Krieg in die Verelendung getriebene Frauen aus den arbeitenden Schichten forderten das Parlament per Petition zu einer neuen Sozialpolitik auf. »Als der Herzog von Richmond empört ausrief: ›Fort mit den Weibern, oder schafft mir gleich ein Weiberparlament!‹, griffen ihn die Bittstellerinnen an und zerbrachen seinen Amtsstab.«[24] Ein Jahr später stürmten Tausende von Frauen das Parlament, um Frieden und Arbeit zu fordern. Sie wurden aufgefordert, nach Hause zu gehen. Als etwa 500 von ihnen nicht wichen, wurden sie erschossen, erstochen und enthauptet. Dennoch erschienen im Jahre 1647 erneut Dienstmägde im Parlament, um eine Petition gegen unbillige Arbeitsbedingungen einzureichen. Gut dreißig Jahre später folgen weitere Versammlungen vor dem Parlamentsgebäude mit entsprechenden Forderungen. Doch erklärte ihnen das Hohe Haus, »daß sie sich in Dinge einmischten, die über ihren Verstand gingen, daß das Parlament ihren Ehemännern als ihren gesetzlichen Vertretern bereits Antwort erteilt habe und daß sie nach Hause gehen, sich um ihre eigenen Angelegenheiten kümmern und sich mit ihrer Hausarbeit beschäftigen sollten«.[25] Der Protest der Frauen bewirkte am Ende nichts. Auch die Männer, die gleichzeitig für ein erweitertes Wahlrecht kämpften, hatten die Frauen davon ausgenommen. Während Frauen sich in der Geschichte immer für Rechte der Männer mit einsetzten, egal ob als Christinnen oder Häretikerinnen, als Katholikinnen oder Protestantinnen, als Sklavengegnerinnen oder Sozialistinnen, und nie nur für ihre eigenen Belange kämpften, zielten die Revolutionen der Männer immer nur auf die Vorrechte des eigenen Geschlechts ab. Das zeigte sich nirgends so deutlich wie während der Französischen Revolution.

Damit komme ich zu meinem zweiten Beispiel:

Die französische Menschen- und Frauenrechtlerin Olympe Marie de Gouges erkannte während der Französischen Revolution, daß Frauen und Männer letztlich nur für männliche Rechte kämpften – für männliche Freiheit, Gleichheit und Brüderlichkeit eben. Sie forderte daher die Nationalversammlung in Paris auf, die von ihr verfaßte »Erklärung der Rechte der Frau und der Bürgerin« zu verabschieden, in deren Artikel IV es hieß: »Freiheit und Gerechtigkeit bestehen darin, den anderen zurückzugeben, was ihnen gehört. So wird die Frau an der Ausübung ihrer natürlichen Rechte nur durch die fortdauernde Tyrannei, die der Mann ihr entgegensetzt, gehindert.«[26] Und in Artikel X heißt es: »Die Frau hat das Recht, das Schafott zu besteigen. Sie muß gleichermaßen das Recht haben, die Tribüne zu besteigen…«[27] Die Männer antworteten ihr darauf, indem sie sie gemeinsam mit anderen Frauen auf dem Schafott hinrichteten und ihre Worte töteten, indem sie sie nicht tradierten. Ihre Deklaration »wurde mit allen Mitteln totgeschwiegen: in Deutschland gibt es kein einziges Exemplar in Bibliotheken, es gibt keine deutsche Übersetzung und keine wissenschaftliche Tradition«.[28] Was hatte sie verbrochen?

Die französische Feministin hatte die Schuld der Männer erkannt. »Nur der Mann hat sich aus der Ausnahme ein Prinzip zurechtgeschneidert. Extravagant, blind, von den Wissenschaften aufgeblasen und degeneriert, will er in diesem Jahrhundert der Aufklärung und Scharfsichtigkeit, noch in krasser Unwissenheit, despotisch über ein Geschlecht befehlen, das alle intellektuellen Fähigkeiten besitzt. Er möchte von der Revolution profitieren, er verlangt sein Anrecht auf Gleichheit, um nicht noch mehr zu sagen.«[29] Gleichzeitig hatte sie die Frauen über die Männer aufgeklärt mit dem Appell: »Frauen, wacht auf!... Erkennt eure Rechte!... Der versklavte Mann hat seine Kräfte verdoppelt. Er hat eurer Kräfte bedurft, um seine Ketten zu zerbrechen. In Freiheit versetzt, ist er nun selbst ungerecht geworden gegen seine Gefährtin. O Frauen! Frauen, wann hört ihr auf, blind zu sein?«[30]

In diesen Worten ist jenes weibliche Wissen um die Schuld des Mannes zu spüren, das den meisten Frauen bis heute noch abgeht. Sie sind sich ihres Ausgegrenztseins von der Macht nicht bewußt, wenn sie glauben, sie seien genauso schuld an den patriarchalen Strukturen wie der Mann. In Wirklichkeit besaßen Frauen keinerlei politische Entscheidungsmacht. Weder bei der Abfassung des Rechts noch bei der Verteilung von Besitz, weder bei der Industrialisierung noch bei der Technisierung unserer Gesellschaft, weder bei der Ausbeutung der Bodenschätze noch bei der Ausbeutung der Dritten Welt, weder beim Ausbau des Transportwesens noch beim Wohnungsbau, weder bei der gefährlichen Nutzung der Kernenergie noch bei der verantwortungslosen Entsorgung giftiger Abfälle, weder bei der Produktion von Chemikalien noch bei dem leichtfertigen Umgang mit ihnen, weder bei der Gentechnologie noch bei der mangelnden, von Männern verbotenen Verhütung und der daraus resultierenden Überbevölkerung wurden Frauen nach ihren Ansichten gefragt. Gewiß, sie wurden hin und wieder beteiligt an den männlichen Systemen, aber geschaffen und zu verantworten haben Frauen sie nicht.

Weder in der Gegenwart noch in der Vergangenheit war das Überleben von Frauen garantiert ohne eine Gegenleistung in irgendeiner Form des Mittuns. Darin besteht ja gerade das Wesen des Patriarchats, daß es das weibliche Geschlecht seiner existentiellen Eigenständigkeit beraubt. Bis heute ist Frauen das Überleben nur auf der Grundlage ihres Mittuns möglich. Gewiß, der Auslauf ist größer geworden. Einige Frauen haben den Sprung in die Unabhängigkeit geschafft. Aber meist nur, indem sie sich die Abhängigkeit vom Mann und seinem Wohlwollen auf einer anderen, meist institutionellen Ebene eingehandelt haben.

Mit ihrer wachsenden Befreiung wurde Frauen im Hinblick auf ihre vielfältige Unterdrückung zunehmend der Blick verstellt und das Gefühl genommen. Gleichzeitig wurden die Unterdrückungsformen immer subtiler. Überall, wo sie sich dem Mann als Gleiche anbiedern, besiegeln sie die grundlegendste Form ihrer Unterdrückung und nehmen sie nunmehr in ihre eigenen Hände. Sie verzichten auf ihr Geschlecht, auf ihre Eigenart als Frau, auf ihr Anderssein als der Mann, der auch für diesen Prozeß der Zerstörung von Weiblichkeit verantwortlich ist, wie ich im letzten Kapitel zeigen werde.

Dieser Verzicht auf das eigene Geschlecht steht hinter dem Verzicht auf die eigene kollektive Schuldlosigkeit. Das feministische Konstrukt einer weiblichen Schuldgeschichte soll Macht vortäuschen, wo keine war, weil die Geschichte weiblicher Ohnmacht nicht ertragen wird. Wir kommen aber um diese Wirklichkeit nicht herum, auch wenn uns andererseits daran gelegen ist, starke und kluge, machtvolle und unabhängige Frauen in der Geschichte aufzuspüren. Wenn es sie auch vereinzelt gegeben hat, so handelt es sich dabei doch immer nur um einsame Gestalten, die sich weder auf eine Tradition weiblicher Macht stützen noch diese einleiten konnten – und die zumeist äußerst gefährdet waren.

Wenn ich sage, Männer sind schuld am Patriarchat, dann bedeutet dies, daß sie in einer ihnen eigenen Schuldgeschichte stehen, in die Frauen nicht als gleichberechtigt Mitschuldige hineingezogen werden können. Der wesentliche Unterschied zwischen Frauen und Männern besteht in dieser Hinsicht darin, daß selbst weibliches Opfersein sich immer noch dem Leben verpflichtet weiß, während es von Männern gnadenlos vernichtet wird.

Das nicht zu sehen und im eigenen Handeln zu berücksichtigen könnte die *eigentliche* Schuld von Frauen sein.

VII. Kapitel

Echtes und falsches
Schuldgefühl

*Das Gewissen –
eine verkannte Instanz*

Die Notwendigkeit der Differenzierung

Es gibt viele Möglichkeiten des Umgangs mit Schuldgefühlen von Frauen. Wir können sie psychologisch aus feindseligen Impulsen gegenüber den Eltern erklären oder aus eigenen Ängsten vor verdrängten Triebimpulsen. Wir können sie als »Pseudogefühle« entlarven und ihre Existenzberechtigung leugnen. Wir können sie auch als Folge einer neurotischen Selbstkontrolle deuten und möglicherweise sogar wegtherapieren. All diese Umgangsweisen mögen punktuell durchaus berechtigt sein. Doch wird dabei oft der Anschein erweckt, als sei die Fähigkeit, sich schuldig zu fühlen, an sich schon etwas Pathologisches und beruhe lediglich auf einer zu korrigierenden Fehlentwicklung.

Diese Auffassung teile ich nicht und möchte daher in diesem Kapitel eine Unterscheidungsmöglichkeit zwischen echten und falschen Schuldgefühlen erarbeiten. Es gibt nämlich auch Schuldgefühle, die ein wichtiger Indikator dafür sein können, daß wir uns falsch verhalten oder entschieden haben oder insgesamt nicht richtig leben. In solchen Fällen können uns Schuldgefühle dazu anhalten, wichtige Korrekturen in unserem Verhalten vorzunehmen, nach neuen Entscheidungskriterien Ausschau zu halten oder aber unsere Orientierungswerte in Frage zu stellen.

Eine entsprechende Unterscheidung lassen feministische Auseinandersetzungen mit dem Thema Schuldgefühle vermissen. Daher kann ich auch der amerikanischen Feministin Audre Lorde nicht zustimmen, wenn sie schreibt: »Ich wüßte keinen kreativen Nutzen weder für eure noch für meine eigenen Schuldgefühle. Schuldgefühle sind nur wieder eine Möglichkeit, sich durchdachtes Handeln zu ersparen und Zeit zu gewinnen vor der dringenden Notwendigkeit, klare Entscheidungen zu treffen...«[1]

Diese Worte gelten nach meinen Erfahrungen nicht für

Schuldgefühle generell, sondern eben nur für falsche. Es gibt sehr wohl konstruktive Arten des Schuldgefühls, die uns zu einer tieferen Selbstreflexion veranlassen und schließlich zu klareren Entscheidungen führen können. So erscheint es mir wenig sinnvoll, sie pauschal als nutzlos zu betrachten. Der Verschiedenartigkeit von Schuldgefühlen können wir nur gerecht werden, wenn wir sie auf ihren Ursprung und ihre Funktion hin untersuchen und nach ihrem kultur- und lebensgeschichtlichen Zusammenhang fragen.

Nicht umsonst wird das Gewissen auch als jenes Seelenorgan gesehen, das den Menschen vom Tier unterscheidet, das als Differenzierungsorgan einfach lebensnotwendig ist für die komplexe Entwicklung, derer der Mensch fähig ist. Goethe bezeichnete das Gewissen als »Krönung der Menschheit«. Wilhelm Wundt, der Begründer der Experimentellen Psychologie, sah hingegen im Gewissen »nichts weiter als mythologische Phantasie«.[2] Und ein Großteil der Vertreter einer modernen Psychologie versteht es nur noch als archaisches Relikt, dessen wir uns so schnell wie möglich entledigen sollten.

Schuld an einem solchen Gesinnungswandel sind die Vertreter von Kirche und Theologie. Sie haben die Fähigkeit des Menschen, sich schuldig zu fühlen, immer wieder für ihre Herrschaftsinteressen mißbraucht. Doch disqualifiziert der Mißbrauch einer Sache nur jene, die sie mißbrauchen, nicht aber die Sache selbst. Wir müßten folglich differenzieren zwischen dem Gewissen als mißbrauchtem Seelenorgan und dem Gewissen als unverzichtbarem Werte- und Sinnorgan. Als dem Menschen innewohnende richterliche Instanz befähigt es uns, eigenständige Werturteile im Hinblick auf uns selbst zu fällen, kann also durchaus auch zu mehr innerer Freiheit führen.

So verweist uns das Gewissen als Indikator richtigen und falschen Verhaltens noch einmal aus einer anderen Perspektive auf die Schuldproblematik. Verschiedene Disziplinen und Interessengruppen haben sich ihrer in der Vergangenheit angenommen und aus ihrer Perspektive definiert, was Schuld ist. Damit konnten sie verbindliche Normen schaffen und die Ausdrucksweise des Gewissens steuern. Die Befreiung von falschen Schuldgefühlen – und damit echte Emanzipation – kann also nicht ohne Klärung unseres Schuldverständnisses erfolgen.

Zu den Begriffen Schuld und Sünde

Weiblichen Schuldgefühlen liegt ein bestimmtes Verständnis von Schuld, bei kirchlicher Prägung auch von Sünde zugrunde, mit dem wir von klein auf mehr unbewußt als bewußt konfrontiert wurden. Wer einst den Inhalt dieser Begriffe festlegte, hatte die Macht, uns für »schuldig« zu erklären und folglich über uns zu bestimmen. Auf kollektiver Ebene besitzen diese Macht seit alters die juristischen und kirchlichen Vertreter des Patriarchats. Sie nutzten sie, um bestimmte Verhaltensweisen verfolgen, ausrotten oder mit Angst besetzen zu können. Doch bieten uns die Begriffe »Schuld« und »Sünde« auch noch andere Verständnismöglichkeiten.

Das Wort »Schuld« leitet sich von dem Althochdeutschen »skulan« oder »skal« ab und meint das »Sollen«. Im Mittelpunkt des Schuldverständnisses steht demnach das Sollen des Menschen. Er wird dadurch schuldig, daß er nicht tut, was er tun soll.

In eine andere Richtung verweist der theologische Sündenbegriff. Er leitet sich im Deutschen von »Sund« ab. Gemeint ist eine Meeresstraße, die einen Landstrich vom Festland trennt. So enthält der Sündenbegriff die Vorstellung der Absonderung, des Abgetrenntseins – theologisch gesprochen vom göttlichen Festland oder Urgrund; philosophisch ausgedrückt vom Seinsgrund. Aus psychologischer Sicht meint er die Selbstentfremdung des Menschen. In jedem Fall liegt hier die Vorstellung zugrunde, daß etwas ursprünglich Zusammengehöriges getrennt und damit eine Einheit zerstört wurde. Auf dem Hintergrund der Erkenntnis dieser »Kaputtheit« des Menschen entwickeln sich Religionen, die den Menschen rückbinden (daher re-ligio) und bestimmte Heilsvorstellungen vermitteln.

Eine weitere Variante zur Annäherung an ein eigenes Schuldverständnis bietet uns die hebräische Vorstellung von »gut« (tov) und »böse« oder »schlecht« (ra). »Tov« meint ursprünglich eine Sache oder einen Menschen, die oder der voll und ganz ihrer oder seiner Bestimmung entspricht. Gut wäre demnach auch hier die Einheit von Leben und Sollen, das, was mit sich selbst identisch ist. Dementsprechend bedeutet »ra« die Entfremdung von der eigenen Bestimmung, das Auseinanderfallen von gesolltem Sein und aktuellem Leben – die Selbstentfremdung.

Eine etwas andere Vorstellung liegt dem griechischen Sündenbegriff zugrunde. »Hamarteia« ist dem Umfeld des Bogenschießens entlehnt und bedeutet das Verfehlen eines Kennzeichens. Diese Vorstellung wurde in der christlichen Tradition – allen voran Paulus – dahingehend ausgelegt, daß wir Menschen das angestrebte moralische Ziel nicht erreichen, da wir allzumal Sünder sind und des Ruhmes mangeln, den wir ja eigentlich bei Gott haben sollten.[3]

Gemeinsam ist den dargelegten Bedeutungen des Sünden- und Schuldbegriffs, daß sie inhaltlich nicht näher festgelegt sind. Diese Offenheit machten sich kirchliche, juristische und staatliche Herrschaftsinstanzen zunutze, indem sie diese Begriffe mit ihrem jeweiligen Inhalt füllten. Sie drückten ihnen *ihr* jeweiliges Verständnis auf und definierten, *was* der Mensch – die Frau, der Mann – sein soll, was als ihre »göttliche« Bestimmung und Verfehlung anzusehen ist.

Unter »Schuld« verstehen Juristen und Staatsdiener den Verstoß gegen die von ihnen in Gesetzen niedergelegten Ge- und Verbote. Was dort nicht festgeschrieben wurde, kann auch nicht Gegenstand von Schuld sein, nach dem juristischen Grundsatz: nulla poena sine lege (= keine Strafe ohne Gesetz). So ist zum Beispiel die Tötung eines Embryos im Rahmen einer Abtreibung »Schuld«, die nach Bestrafung verlangt, die Tötung eines extrakorporalen Embryos im Rahmen der Reproduktionsforschung hingegen nicht – es sei denn, es würden entsprechende Gesetze geschaffen.

Ganz ähnlich wird unter »Sünde« die Nicht-Einhaltung bzw. Übertretung »göttlicher« Ge- und Verbote verstanden, deren Grundlage die Zehn Gebote bilden, die nach biblischer Vorstellung unmittelbar von Gott kommen. Theologen haben sie immer wieder interpretiert und daraus weitere Ge- und Verbote sowie Rechte und Pflichten abgeleitet.

Ob Schuld oder Sünde, Verfehlung oder Entfremdung, immer waren es *männliche* Staatsdiener und Theologen, Philosophen und Psychologen, die nicht nur für ihr Geschlecht, sondern auch für Frauen und Kinder festgelegt haben, worin ihr Sollen und ihre Seinsbestimmung, ihre Verfehlung und ihr Lebensziel zu sehen sind. Bis heute hatten die meisten Frauen noch keine Möglichkeit, für sich selbst oder für ihr Geschlecht herauszufinden, worin ihr Seinsauftrag oder ihre Entfremdung, ihr Lebensziel oder ihre Verfehlung wirklich bestehen. Theologisch gesprochen: welchen Anspruch sie als »göttlichen« oder schlichtweg fremden Willen empfinden und anerkennen wollen. Was Frauen aller Klassen und Rassen vereint, ist die Tatsache, daß sie in einer Welt leben, die immer schon vordefiniert ist durch ein *männliches* Rechtsverständnis, Seinsverständnis, Gottesverständnis, Weiblichkeits- und Männlichkeitsverständnis, die alle zusammen den Rahmen bilden für weibliche Erziehung und Sozialisation, für weibliche Bildung und Ausbildung, für berufliche und psychische Möglichkeiten, aber auch für wirtschaftliche Verhältnisse und weibliche Lebensumstände. Ob Frauen sich nun als passive Opfer dieses Systems empfinden oder nicht, ändert nichts an der Tatsache, daß ihr Geschlecht keinen gleichberechtigten Anteil an dieser männlichen Definitionsmacht hatte und diese immer zu ihren Lasten ausgenutzt wurde. Von ihr ist weibliche Entwicklung bis heute abhängig. Wir müssen uns daher auch im Hinblick auf unsere Schuld einer eigenen Definitionsmacht bewußt werden. Das aber bedeutet, etwas zu wissen über unsere Seinsbestimmung als Frauen und Individuen. Zu allen Zeiten scheinen Männer viel darüber gewußt zu haben – zu viel, scheint mir. Es wird Zeit, daß Frauen ihr Wissen dagegensetzen. Definieren oder definiert werden, das ist die Entscheidung, vor der wir immer wieder stehen, auch wenn wir uns dessen nicht bewußt sind.

Sobald Frauen sich der Schuldfrage stellen, erhalten sie auch die Möglichkeit, sich von der Festlegung ihres Sein-Sollens durch Staatsdiener und Theologen, Psychologen und Ehemänner, gesellschaftliche Normen und Forderungen zu lösen. Ihre eigenen befreiten Vorstellungen, Fähigkeiten und Wünsche bergen emanzipatorisches – möglicherweise sogar revolutionäres – Potential. Frauen könnten nämlich erkennen, daß sich ihr von eigenen Fähigkeiten und Entwicklungspotentialen bestimmtes Sein-Sollen nicht in Reproduktionsaufgaben und in einem moralischen Lebenswandel erschöpft. Auch dann nicht, wenn beides mit einer beruflichen Karriere verbunden werden kann. Frauen könnten begreifen, daß es möglicherweise gar nicht ihre Bestimmung ist, die Erhalterinnen und Putzfrauen des Mannes und mit ihm des Patriarchats zu sein, die ihr Leben damit verbringen, seinen Besitzstand zu wahren, seiner Karriere zu dienen und seine Energien aufzufrischen, hinter ihm herzuräumen und seinen Dreck wegzumachen – egal ob auf häuslicher, politischer, wissenschaftlicher oder auch theologischer Ebene. Angenommen, Frauen hätten eine ureigenste weibliche Bestimmung in ihrem Leben zu erfüllen, von der keine männliche Instanz etwas wüßte und sie folglich auch nicht davon dispensieren könnte, dann würden sie sich durch die unreflektierte Erfüllung traditioneller und fremdgesteuerter »weiblicher Bestimmungen« des Mit-Tuns am Patriarchat schuldig machen und gerade darin ihren Seinsauftrag verfehlen. Ihre Schuld bestünde dann in ihrer falschen Wahl und Anpassungsbereitschaft – egal, ob diese aus Bequemlichkeit, Konfliktscheu oder einem weit verbreiteten weiblichen Harmoniebedürfnis resultiert. Die Frage nach ihrem Seinsauftrag kann jede Frau nur für sich allein entscheiden. Doch bedarf es dazu eines intakten Werte- und Sinnorgans, eines reifen Gewissens, das uns befähigt, zwischen echten und falschen Schuldgefühlen zu unterscheiden. Um die Funktionsweise unseres Gewissens besser zu durchschauen, möchte ich entsprechende psychologische Erkenntnisse und Theorien hier darlegen und kritisch kommentieren.

Zwei Arten des Gewissens

Der Problematik echter und falscher Schuldgefühle kommen wir einen wesentlichen Schritt näher durch jene Psychologie des Gewissens, die C. G. Jung und Erich Fromm unabhängig voneinander entworfen haben. Mit unterschiedlichen Vokabeln beschrieben sie übereinstimmend zwei Arten und Weisen der Gewissensfunktion.

Das »autoritäre« (Fromm) oder »moralische« (Jung) Gewissen ist das Produkt von außen kommender Ge- und Verbote. Die verinnerlichten Stimmen äußerer Autoritäten wie Eltern, LehrerInnen, Pfarrer (nunmehr auch Pfarrerinnen) sowie allgemeiner Normen und Gesetze, auf deren Einhaltung in der jeweiligen Kultur gedrungen wird, bilden jene Instanz, die wir in der Psychologie Sigmund Freuds als Über-Ich wiederfinden. Diese ursprünglich von außen kommenden Stimmen werden im Laufe des Lebens so sehr verinnerlicht, daß das daraus entstandene autoritäre oder moralische Gewissen kaum noch zu unterscheiden ist von jener ureigensten inneren Stimme, die bei Fromm und Jung die zweite Gewissensinstanz bildet.

Jung nennt sie das »ethische«, Fromm das »humanistische« Gewissen. Darunter verstehen beide die ureigenste innere Stimme des Menschen, »die Reaktion unseres Selbst auf uns selbst ... die Stimme unserer liebenden Besorgtheit um uns selbst, (die uns mahnt) produktiv zu leben und uns voll und harmonisch zu entwickeln – das heißt, zu dem zu werden, was wir nach unseren Möglichkeiten sein könnten.«[4] In Übereinstimmung mit Fromm wird von Jung das ethische Gewissen als eine Instanz gesehen, die die Forderung an den einzelnen stellt, »seiner inneren Stimme Gefolgschaft zu leisten, (selbst) auf die Gefahr hin, sich zu irren. Man kann diesem Gebot den Gehorsam verweigern unter Berufung auf den durch religiöse Auffassungen gestützten Sittenkodex, allerdings mit dem mißlichen Gefühl, eine Untreue begangen zu haben.«[5]

Geht es beim autoritären Gewissen um Loyalität gegenüber äußeren Autoritäten, so handelt es sich beim ethischen Gewissen um die Treue des Menschen zu sich selbst. Es ist als Instanz (nicht in der Ausdrucksform) unabhängig von unserer kulturellen Erziehung und Sozialisation und drängt uns in keiner Weise, auf äußere Autoritäten zu hören oder gar zu gehorchen. Es fordert den Menschen in keiner Weise dazu auf, sich um der Anerkennung und Zuwendung willen an das soziale Umfeld anzupassen. Oft widerspricht es diesem sogar, denn es will dem Individuum zu einer bestmöglichen Entfaltung seiner/ ihrer eigenen Fähigkeiten und Potentiale verhelfen, von denen es ein tieferes Wissen hat als das egogesteuerte Bewußtsein und die normierte und normierende Außenwelt.

Hier geht es um eine Art inneren Wissens, um eine Gewißheit, derer wir bedürfen, um das Leben als sinnvoll erfahren und Selbstgewißheit erlangen zu können.

Zeugnisse aus mehreren Jahrtausenden vermitteln noch etwas von der Ehrfurcht, die Menschen vor diesem Ge-Wissen empfanden. In einer Keilinschrift aus dem 15. Jahrhundert v. Chr. schließt der Lebensrückblick eines Hofbeamten in Ägypten mit folgenden Worten ab: »Es war mein Herz, das mich so tun hieß... Es war... ein vorzüglicher Zeuge. Ich mißachtete seine Rede nicht, ich fürchtete, seine Führung zu übertreten.«[6] Die Eigenschaften des Gewissens werden hier recht deutlich als: fordernd, mit-wissend und weisend angegeben. Auch fehlt nicht das Wissen um ein nachfolgendes schlechtes Gewissen, falls die Weisung nicht beachtet wird.

Das ägyptische und das semitische Verständnis des Gewissens, das im Herzen lokalisiert wurde, gibt uns wichtige Hinweise für den Zugang zum ethischen oder humanistischen Gewissen. Das Herz galt insbesondere als Sitz der menschlichen Geistes- und Gefühlsvorgänge, als Organ des inneren Lebens, der Wahrnehmung, des Bewußtseins, der religiösen Verbundenheit mit der Gottheit, des Wertgefühls und damit des Gewissens, das seinerseits als Empfangsorgan angesehen wurde, mit dem der Mensch Weisheit und Verstehen, Sinn und Ordnung der Welt aufnimmt und in Verbindung steht mit der Gottheit und ihrem Willen.[7] Gemeint ist damit im ägyptischen Raum in erster Linie die Göttin Maat, die mit dieser kosmischen Ordnung identifiziert wurde. Sie galt es, Tag für Tag auch in einer sozialen Ordnung umzusetzen, so daß der Mensch am Ende des Tages sagen konnte: »Heute habe ich Maat verwirklicht.« Daß ihre Konsonanten m-t auch mit »Mutter« und »Gemüt« im Zusammenhang stehen, bestärkt die Auffassung des Psychologen Wellek, daß diese innere Stimme im tiefsten Wesenskern, im Gemüt oder im Selbst, verankert ist und in beratender und warnender, fordernder und fördernder, wissender und weisender, immer aber in wertender Funktion zu jedem Menschen spricht. Eine innere Stimme, die weiß, was für den Menschen gut und was besser oder gar schlecht, welche Entscheidung sinnvoll und welche sinnlos, welches Handeln richtig und welches falsch ist.

Für Jung enthält diese Form des Gewissens immer mehr, als psychologisch oder theologisch erklärbar ist; »denn es ist ein numinoser Imperativ, dem von jeher eine höhere Autorität zukommt als dem menschlichen Verstande«.[8] Mit der Einführung dieser Instanz in den psychologischen Diskurs gewinnt das Gewissen etwas von seiner numinosen Kraft zurück, die ihm von der Antike bis zu Goethe noch eigen war.

In der Antike wurde es als jene Instanz erfahren, mit deren Hilfe der Mensch sich selbst transzendiert. Daher wurde es auch als »göttliche Stimme«, als Anruf des Göttlichen empfunden, dem absolute Verbindlichkeit zukommt. Dies Verständnis kommt auch bei Sokrates zum Ausdruck, der lieber den Giftbecher trank als sich den Forderungen der Herrschenden anzupassen. Für ihn war das Gewissen jene innere Stimme, die ihn zum Guten mahnte und der unbedingt Folge zu leisten war. Er nahm die Folgen ihres Absolutheitsanspruchs so ernst, daß er den Tod einem Kompromiß mit der Wahrheit vorzog. Damit erwies sich Sokrates auch nach hebräischem Verständnis als »gut« (tov), denn es ging ihm ja genau um diesen Einklang zwischen Verhalten und der inneren Stimme des Gewissens.

Neben diesem Verständnis kannten die Griechen das Gewissen auch noch als »ehrfürchtige Scheu vor dem Wert und Recht des Eigendaseins anderer«.[9] In dieser Auffassung zeigt sich jene Bezogenheit, die sich aus dem Kontakt mit der eigenen Tiefe ergibt. Oft wird so getan, als käme diese Art der Selbstbezogenheit einer Isolierung gleich, einem Egoismus, der sich vom sozialen Umfeld trennt. Doch das genaue Gegenteil trifft zu. Erst wenn wir unser Eigendasein erkannt und schätzen gelernt haben, können wir es auch in anderen respektieren. Das Nicht-bei-sich-Sein des modernen Menschen hat ständige Grenzüberschreitungen zur Folge, mit denen die ureigensten Bedürfnisse permanent vergewaltigt werden. Gerade für sie aber ergreift die innere Stimme des ethisch-humanistischen Gewissens Partei, ist also als deren Anwältin zu verstehen.

Wenn Jung auch den das Individuum transzendierenden Charakter des ethischen Gewissens herausstellt, indem er es als »Stimme Gottes« bezeichnet, so weist er doch im Einklang mit Fromm darauf hin, daß es nicht identisch ist mit den sogenannten »göttlichen« Geboten, aus denen sich kirchlicherseits ebenfalls die Vorstellung einer »göttlichen Stimme« im Menschen ableitet, die ihn dazu auffordert, diesen biblischen

Geboten unbedingt Folge zu leisten. Dieselben Begriffe meinen hier nicht dasselbe, da die Kirche den Bereich des Göttlichen immer für eigene Machtzwecke mißbraucht hat. Das ethische Gewissen vermag mit den als »göttlich« bezeichneten Geboten im Einklang zu sein oder aber ihnen zu widersprechen, je nach der Lebenssituation des Menschen. Es veranlaßt den Menschen, sich seiner Entscheidungsfreiheit in einer ganz bestimmten Weise zu bedienen. Erst wenn es zu einer »Pflichtenkollision« kommt zwischen dem individuellen Urteilsakt und dem Sittenkodex, macht sich das eigentliche, das ethische Gewissen für uns bemerkbar. Dann hat es eine Möglichkeit, sich abzuheben vom autoritären Gewissen, das auf der Grundlage des Sittenkodex urteilt und von diesem nicht zu unterscheiden ist. Das ethische Gewissen funktioniert ja nicht auf der Grundlage erlernter Normen.

Das veranschaulichen die Worte Claus von Stauffenbergs, der seinen Mitverschwörern des 20. Juli gesagt hatte: »›Es ist Zeit, daß jetzt etwas getan wird. Derjenige allerdings, der etwas zu tun wagt, muß sich bewußt sein, daß er wohl als Verräter in die deutsche Geschichte eingehen wird. Unterläßt er jedoch die Tat, dann wäre er ein Verräter vor seinem eigenen Gewissen.‹«[10] Von Stauffenberg ist sich der Tatsache voll bewußt, daß der Stimme des Gewissens nicht mit der Erfüllung kollektiver Normen oder gar dem Gehorsam gegenüber Autoritäten Genüge getan ist. Mit diesem Wissen befand er sich in krassem Gegensatz zu Adolf Eichmann und Rudolf Höss, den wohl erschreckendsten Repräsentanten eines autoritären Gewissens, die sich für nicht-schuldig an den verübten Greueln befanden, weil sie schließlich nur dem »höheren« Befehl des Führers gehorcht hätten. Bezeichnenderweise erfuhr von Stauffenberg, als er geistlichen Beistand bei seinem Bischof suchte, daß ihm die Kirche sein Handeln nicht vergeben und ihm auch keine Absolution erteilen könne.[11]

Das autoritäre oder moralische Gewissen folgt immer der Macht – egal, was diese fordert und anrichtet. Das ethisch-humanistische Gewissen folgt immer den Interessen des Lebens – des Individuums und der Gemeinschaft. Von Stauffenberg war bereit, sein Leben zu opfern, um durch das Attentat auf Hitler weiteres Morden zu verhindern, also anderes Leben zu retten. Eine wahrlich heldenhafte Entscheidung, wenn wir das matriarchale Verständnis von Heros zugrunde legen. Deutlicher als im Fall von Stauffenbergs kann sich dies Gewissen wohl nicht von den kollektiven Normen und Gesetzen abheben, nach denen der Mord am »Führer« nicht zu rechtfertigen war. Die Kirche hingegen brachte es nicht fertig, das ethisch-humanistische Gewissen als »göttliche« Stimme anzuerkennen. Längst hat sie sich dafür entschieden, dies Prädikat dem Moralkodex vorzubehalten, auf den sie ihr Kirchenrecht gründet.

Das bedeutet nun aber keinesfalls, daß Normen und Gesetze gänzlich überflüssig wären. Sie dürfen nur nicht absolut gesetzt werden, sondern müssen auch weiterhin überschreitbar – und damit transzendierbar – bleiben. Mit anderen Worten: Das ethisch-humanistische Gewissen beansprucht für sich die letzte Entscheidung, ob diese Normen und Gesetze respektiert werden oder nicht. Erweisen sie sich als lebensdienlich, wird es ihnen die Befolgung nicht verweigern – um des Lebens willen, aber nicht um des Gehorsams und der Anerkennung willen. Das ethisch-humanistische Gewissen kann also durchaus im Einklang mit den kollektiven Werten stehen, muß es aber nicht. Dasselbe gilt im Hinblick auf die **bewußten** Bedürfnisse des einzelnen, gegen die es sich ebenso wendet wie gegen Normen. Wo Menschen sich also an Status und Prestige, an Profit und Karriere orientieren, wird ihnen die innere Stimme des ethisch-humanistischen Gewissens widersprechen, denn es ist wie gesagt das innerste Selbstinteresse der Frau (und selbstverständlich auch des Mannes), das sich an ihren Entfaltungsmöglichkeiten und Fähigkeiten ausrichtet. Hier geht es um Selbstverwirklichung im weitesten Sinn, die nicht das geringste mit einer rigorosen Durchsetzung egoistischer Interessen zu tun hat. Vielmehr geht es um eine umfassende kritische Auseinandersetzung mit der eigenen Erziehung und den daraus resultierenden Verdrängungen, fremdgesteuerten Motiven, Lebensentwürfen und Zielsetzungen. Allein auf diesem Wege können falsche Werte verändert, Ersatzbedürfnisse und -handlungen abgelegt sowie Fehldeutungen und falsche Wahrnehmungen korrigiert werden.

So dient das ethisch-humanistische Gewissen dem Ich-Bewußtsein dazu, den eigenen potentiellen Lebensgrund, das Selbst, kundzutun. Folglich wertet Jung das schlechte (ethische) Gewissen als »einzigartige Chance«, da es dem einzelnen seine wahre Schuld bewußtmacht und gleichzeitig seine innere Wahrnehmung schärft. Es kann nach seinen Worten zu einer »Gabe des Himmels« werden, »wenn es benutzt wird zur höheren Selbstkritik«, die der Mensch unbedingt üben muß, wenn er seine eigene Psyche besser verstehen will.[12] Das aber gelingt nur, wenn der Versuch unternommen wird, die Beweggründe des eigenen Verhaltens zu entdecken. In diesem Fall ist das schlechte Gewissen sogar geeignet, den Menschen in die Sphäre des Unbewußten zu führen, da es immer wieder dazu veranlaßt, die Energien nach innen zu lenken und Verdrängtes bewußtzumachen.

Durch diese bewußtmachende Funktion nimmt das ethisch-humanistische Gewissen in schöpferischer Weise Einfluß auf unser aktuelles Sein. Es ist nach Fromm in dem Maße lebendig, »wie der Mensch sich nicht ganz verloren hat und das Opfer seiner eigenen Gleichgültigkeit und seines Zerstörungstriebes geworden ist«.[13] (Frauen werden wohl eher das Opfer von Harmonie- und Zuwendungsbedürfnissen.) So besteht ein wechselseitiges Verhältnis zwischen der menschlichen Produktivität im Sinne von Kreativität und dem Gewissen. »Je produktiver der Mensch lebt, desto stärker ist das Gewissen und desto mehr fördert es die Produktivität. Je weniger produktiv der Mensch lebt, desto schwächer wird das Gewissen«, konstatiert daher Erich Fromm.[13]

Doch genau an dieser Stelle tut sich unser Problem auf. Wir leben in einer außengesteuerten patriarchalen Kultur, die so

rigorose Anpassungsmechanismen entwickelt hat, daß letztlich mehr Energie in die Selbstentfremdung als in die Selbstentfaltung investiert wird. Die äußeren Stimmen, die Anpassung fordern und dafür auch noch mit Preisen locken, sind
allemal lauter und vernehmlicher als die leise Stimme des
ethisch-humanistischen Gewissens. Sie zieht sich zudem auch
noch in dem Maß zurück und wird um so leiser, je mehr wir
sie ignorieren und aus unseren Lebensentscheidungen her-
aushalten. Mit der Schwächung der inneren Stimme nimmt
auch die Sensibilität unseres Gewissens für uns und unsere
Umwelt ab. Das Tragische an dieser Wechselbeziehung ist,
daß das Gewissen gerade dann am schwächsten ist, wenn wir
es am meisten brauchen. So wird es in der heutigen Zeit immer unwirksamer. Die meisten Menschen – doch insbesondere Männer – haben längst verlernt, auf diese leise Stimme
zu hören. Um sie vernehmen zu können, müßten sie einen
beträchtlichen Teil ihrer Außenorientierung aufgeben. Das
beinhaltet ebenfalls, mit sich selbst allein sein zu können. Gerade das aber fällt den meisten Menschen äußerst schwer. Sie
haben Furcht vor dem Alleinsein, ziehen die schlechteste Gesellschaft der eigenen vor und haben sich daran gewöhnt, auf
alle möglichen Stimmen um sie herum zu hören – nur nicht
auf die eigene.

Die Folgen solchen Überhörens sieht Fromm in physischen
und psychischen Störungen, Krankheiten, diffusen Schuldgefühlen und tiefen Ängsten, die nicht mehr richtig lokalisiert
werden können. Dabei geht das wahre Problem eines fremdgesteuerten Lebens als Ursache solcher Störungen verloren.
An seine Stelle treten andere Versäumnisse, auf die dann
Schuldgefühle zurückgeführt werden. So entsteht ein Teufelskreis immer stärkerer Außenorientierung und Selbstentfremdung.

Mit dem Hören auf unsere innere Stimme geht eine Bele-
bung, Stärkung und Verfeinerung des ethisch-humanistischen Gewissens einher. Unsere Schuldgefühle beginnen sich
zu klären, unsere Wertmaßstäbe verändern sich. Wir reagie-

ren immer sensibler auf uns selbst und unsere Umwelt. Immer häufiger kommt es vor, daß wir dort um unsere Schuld wissen, wo uns die Umwelt gerade keine Schuld zuweist, ja uns sogar die Angemessenheit und »Richtigkeit« unseres Verhaltens bescheinigt. Hier bestätigen sich die Worte Albert Schweitzers: »In der Wahrheit sind wir, wenn wir die Konflikte immer tiefer erleben.«

Das ethische Gewissen stellt an uns ein hohes Maß an Reflektionsbereitschaft und -fähigkeit, das nicht für alle Lebensbereiche in gleicher Weise gegeben und möglich ist. Aus diesem Grunde kann auch das autoritäre Gewissen oder Über-Ich uns hin und wieder gute Dienste leisten, solange es eine dienende und nicht etwa eine uns beherrschende Funktion einnimmt. Einerseits kommen wir in Situationen, in denen Normen und Konventionen uns entlasten und so rascheres, da unreflektiertes Handeln ermöglichen. Andererseits sind die Normen dieser Gesellschaft nicht alle überflüssig und schädlich. Sie bestehen zu einem ganz wesentlichen Teil auch aus ordnenden Prinzipien, die den alltäglichen Umgang miteinander erleichtern können. In diesem Fall ist ihre Einhaltung durchaus hilfreich und sinnvoll. Es gehört jedoch zur psychischen Reife, ihre Sinnhaftigkeit, wo sie gegeben ist, zu erkennen und sie nicht nur deshalb zu respektieren, weil sie uns einmal beigebracht wurden.

Erst durch eine kontinuierliche, unreflektierte Identifizierung mit diesen Normen beschränkt sich ihre Moral auf schlichte Gruppenkonformität und verhindert Offenheit oder auch Mitgefühl für individuelle ethische Konflikte. Verursacht wurde dieser Umgang mit kollektiven Normen dadurch, daß sie, als »Wille Gottes« ausgegeben, verabsolutiert und einer Reflektion oder Infragestellung entzogen wurden – teilweise auch noch werden. Herausgelöst aus natürlichen, sozialen und individuellen Zusammenhängen, fördern sie doktrinäre Starrheit und mit ihr selbstgerechte Heuchelei. Die Folge ist eine Sündenbockpsychologie, die immer zu Lasten der sozial Schwächeren funktioniert. Das aber sind im

Patriarchat in erster Linie Frauen und Kinder, deren Perspektive weder bei der Festlegung des »göttlichen Willens« noch bei seiner Auslegung berücksichtigt wurde. Hinzu kommt, daß jedes starre Normengefüge die Ambivalenz von Gefühlen und Handlungen übersieht. Wir werden angehalten zu vergessen, daß jedes Motiv, jeder Impuls eine potentiell konstruktive wie auch destruktive Seite hat. So mag beispielsweise das »wachset und mehret euch…«, das zölibatäre Kirchenmänner bis heute fasziniert, auf einer spärlich besiedelten Erde durchaus als »göttlicher« Anspruch erfahren worden sein. In unserer Zeit der Überbevölkerung und vor allem der Gleichgültigkeit gegenüber den Bedürfnissen und Lebensbedingungen der Frauen und Kinder wirkt die Berufung auf dieses »göttliche Gebot« eher zynisch und lebensfeindlich. Hier wird ein Teil der Realität einfach ausgeblendet. Auf diese Weise verlieren wir die Tatsache aus dem Blick, daß alles sein Gegenteil mit sich führt.[14]

Im Rahmen einer autoritären Ethik werden wir gezwungen, bestimmte Impulse, die in unserer Gesellschaft nicht wertgeschätzt oder gar tabuisiert werden, zu verdrängen und damit unbewußt zu machen. Dabei besteht die Gefahr, daß auch lebenswichtige Impulse, Eigenschaften und Fähigkeiten ins Unbewußte verdrängt werden, bevor sie überhaupt entfaltet und gelebt werden konnten. Was abgewertet, geleugnet und schließlich verdrängt wurde, kann auch nicht weiter entwickelt, diszipliniert und vervollkommnet werden. Die abgespaltenen Impulse und Eigenschaften bleiben also in einem sehr rudimentären Stadium. Wir werden gezwungen, uns selbst zu reduzieren, weit hinter unseren Möglichkeiten zurückzubleiben und immer nur ein Teil dessen zu sein, was wir eigentlich sein könnten. Daraus resultiert eine weitere Schwächung unseres Selbstwertgefühls, die wiederum unsere Abhängigkeit von äußeren Gegebenheiten verstärkt. Erziehung wird so zur Kultivierung eines anhaltenden Schuldgefühls. Aufgrund mangelnder Selbstgewißheit bleiben wir abhängig von äußerer Anerkennung und somit den Schuldgefühlen des autoritären Gewissens ausgeliefert. Andererseits mahnt uns das ethisch-humanistische Gewissen auch weiterhin zur vollen Entfaltung der in uns angelegten Möglichkeiten und Fähigkeiten und sorgt seinerseits für ein permanentes diffuses Schuldgefühl, dessen Herkunft im dunkeln bleibt. Es ist das Korrektiv, das uns vor Selbstreduzierung und Erstarrung im patriarchalen Normengefüge bewahren möchte, das uns herausführen will aus einem Marionettendasein, um uns zu einer wachsenden Individualität zu verhelfen.

In diesem Zusammenhang schreibt Edward Whitmont: »Das Gewissen, die innere Stimme, ist eine neue Dimension der Selbstfindung, deren Forderungen an das Ich nicht weniger bedeutsam sind als jene, die Über-Ich (= autoritäres Gewissen, C. M.) und Kollektivmoral stellten. Individuelle Ethik und Kollektivmoral sind *beide* Teile des sozialen und kulturellen Geflechts; sie müssen beide primär aus der menschlichen Psyche aufsteigend und nicht als bloß von außen durch die Kultur aufgezwungen gesehen werden. Die Beziehung zwischen den einzelnen und der Kollektivpsyche ist jetzt dialektischer Natur, ist eine sich ergänzende Polarisierung.«[15]

Durch diese dialektische Spannung zwischen individuellen und kollektiven Werten vollzieht sich die Suche nach Selbstverwirklichung und Lebenssinn. Unsere Individualität erlangen wir nur, wenn wir es schaffen, eine Synthese herzustellen zwischen den Forderungen des autoritären Gewissens und der Antithese innerer Werte und Bedürfnisse. Die individuellen Antithesen zu kollektiven Interessen bilden jene Herausforderungen, die schließlich eine Erneuerung kollektiver Normen zustande bringen. Je weiter sich das Ich von den Kollektivnormen fortbewegt und selbstbestimmter wird, desto mehr neigt es dazu, die Standards des autoritären Gewissens zu verändern, statt sie – wie früher – unbewußt zu übernehmen. Diese neuen Standards werden die Über-Ich-Forderungen der nächsten Generationen, die wiederum durch neue Antithesen des individuellen Gewissens ergänzt, abgelehnt und neu errichtet werden müssen. »Was in der Vergangenheit

eine Tugend war, beginnt nunmehr wie gedankenlose Kon-
formität auszusehen oder sogar moralische Feigheit, wenn sie
auf der Vermeidung des Risikos persönlicher Erfahrung, Fehler und Gefühle beruht.«[16]

Individualisierungs- oder Selbstverwirklichungsprozesse
haben somit immer auch eine gesamtgesellschaftliche, politische Dimension, was im Polit-Feminismus mit seinem häufig
zu engen Politikverständnis leider übersehen wird. Auf diese
Prozesse können wir gar nicht verzichten, wenn wir etwas in
Bewegung bringen oder halten wollen. Politische Vorgaben
und Gleichstellungen reichen nicht aus, um *diese* Prozesse in
Gang zu setzen. Hier bedarf es der eigenen Anstrengung, der
eigenen kritischen Auseinandersetzung mit gesellschaftlichen
und ethischen Dimensionen weiblichen *und* männlichen Lebens, mit Begriffen, Bildern und »Wissen«, das wir ganz
selbstverständlich – möglicherweise auch im Feminismus –
übernommen haben. Erst auf dem Hintergrund solcher Be-
wußtwerdungsprozesse wird es uns möglich, echte von falschen Schuldgefühlen unterscheiden zu können.

In der Psychologie wird übersehen, daß sich in den beschriebenen Gewissensformen gewisse geschlechtertypische
Elemente erkennen lassen, auf die ich noch etwas näher eingehen möchte. Da Freud der einzige war, der in seiner
Psychologie auf solche Unterschiede hinwies, werde ich nachfolgend auf seine Gewissenspsychologie eingehen.

Entstehung der Gewissensbildung aus
tiefenpsychologischer Sicht

Kein anderer Psychologe hat sich so detailliert und umfang-
reich zur Entstehung der Gewissensfunktion geäußert wie
Sigmund Freud. Er hat als erster Schuld- und Gewissensprobleme auf psychologischer Ebene thematisiert und Theorien

zur Entstehungsgeschichte des Gewissens vorgelegt. Dabei hat er als erster auf die krankmachenden Folgen übermäßiger Schuldgefühle als Ausdruck eines fehlentwickelten Gewissens hingewiesen. Daß er hin und wieder auch noch die geschlechterdifferente Entwicklung des kindlichen Gewissens im Blick hatte, zeichnet ihn vor anderen Psychologen seiner Zeit aus. Sein Hauptaugenmerk blieb allerdings auf den Knaben gerichtet. Eine Psychologie des weiblichen Gewissens steht noch aus.

So kann es hier auch nicht um eine umfassende Darstellung der Theorien Freuds gehen. Zum einen nicht, weil sie in Aufsätzen und Büchern bereits hinlänglich beschrieben wurden; zum anderen nicht, weil es dabei primär um die Gewissensbildung von Knaben geht. Dennoch müssen wir uns auch ihr widmen. Allerdings nur insoweit, als sie Fragen zum Thema klären hilft. Eine kritische Reflexion der Aussage Freuds zur männlichen Gewissensbildung bietet nämlich einige Erkenntnisse im Hinblick auf das Phänomen der Tabuisierung männlicher Schuld. Immerhin bewirkt es nach meiner Einschätzung jenes Übermaß an weiblichen Schuldgefühlen, dem ich in dieser Arbeit auf der Spur bin.

Ich beginne mit seiner geschlechtsneutralen Beschreibung der Entwicklung des kindlichen Gewissens. Grundlegend hierfür ist nach Freud die Verinnerlichung mütterlicher Liebe und Autorität.[17] Sie bereitet sozusagen den Boden für die Entwicklung des Gewissens, ist doch die Angst vor dem Liebesentzug der Mutter, die das Kind beim Verstoß gegen ihre Ge- und Verbote erlebt, die Vorläuferin der späteren Gewissensangst. Solange sie vorherrscht, will Freud jedoch weder von Gewissen noch von Über-Ich reden.[18] Bei den elterlichen Ge- und Verboten handelt es sich nach seiner Auffassung in erster Linie um die Forderung von Triebverzichtsleistungen. Sie führen schließlich zur Entstehung des Gewissens. »Der (von außen auferlegte) Triebverzicht schafft das Gewissen, das den weiteren Triebverzicht fordert.«[19]

Hier kommt es bei Freud meines Erachtens zu einer Redu-

zierung der Gewissensbildung auf die Triebebene. Die Angst
vor mütterlichem Liebesentzug erwächst ja nicht nur aus Verstößen gegen Triebverzichtsforderungen. Sie entsteht auch
auf der Grundlage eines höchst differenzierten Signalsystems
mütterlichen Mißfallens und mütterlicher Anerkennung. Es
kann nicht allein der Triebebene zugerechnet werden, da es
auch nicht allein aus dieser gespeist wird. Folglich bedarf es
einer weiteren seelischen Dimension, um die Ausbildung des
Gewissens angemessen beschreiben zu können.

Wir finden sie in der Psychologie Albert Welleks. Dieser
kaum rezipierte Psychologe der fünfziger Jahre verweist darauf, daß es in den Tiefenschichten der menschlichen Seele neben dem »Vitalgrund« – bzw. eingelassen in diesen – auch
noch den »Gemütsgrund« gibt. Im Gemüt sieht er eine Instanz, die dem Fühlen aus der Tiefe heraus seine Richtung
gibt.[20] Unter Berufung auf Felix Krüger versteht er den Gemütsgrund auch als eine Art Seelenkern oder »seelische Kern-
schicht«[21], aus der heraus sich das Gewissen bildet. Es wird
also nicht wie bei Freud durch die Triebwelt oder den Vitalgrund getragen, sondern durch das daraus entstandene Gemüt, das wiederum durch mütterliche Fürsorge und Liebe
seine Prägung erfährt. Im Gemüt sieht Wellek eine Instanz
des Gefühls, im Gewissen dagegen eine Instanz des Willens
und damit auch des Geistes und der Vernunft. »Beide aber
sind übergeordnete Instanzen, die Ordnung und Richtung geben: das Gemüt dem Fühlen, das Gewissen dem Wollen und
dem Tun.«[22] Mit dieser Vorstellung stellt sich Wellek hinter
Marie von Ebner-Eschenbach, wenn sie fordert: »Sei deines
Willens Herr und deines Gewissens Knecht!«[23] Oder anders
ausgedrückt: Lenke deinen Willen, doch laß dich von deinem
Gewissen leiten.

Zwischen Wellek und Freud besteht insoweit Konsens, als
für beide im Grunde genommen die mütterliche Liebe zur
Grundlage der Gewissensbildung gemacht wird. Wo Freud
ihre Äußerungen jedoch auf Triebbefriedigung und Triebverzichtsforderungen reduziert und damit eine unmittelbare

Verankerung des Gewissens im Vitalgrund vornimmt, lehnt Wellek seine Theorien ab.

Freud zufolge lernt das Kind in der ödipalen Phase (3. bis 6. Lebensjahr), sich nicht erst nach vollzogenen, sondern bereits bei beabsichtigten Fehlhandlungen schuldig zu fühlen. Im Gefolge dieses Schulderlebens entsteht als Reaktionsbildung das Gewissen. Im weiteren Verlauf der Kindheit macht sich das Kind die moralischen Anforderungen der Mutter (Eltern) zu eigen. Sie bleiben auch in ihrer Abwesenheit wirksam, und so strebt das Kind nach der ödipalen Phase (Beginn der Schulpflicht) nicht mehr danach, die Eltern zu besitzen, sondern nimmt sie sich zum Vorbild für eigenes Handeln und Sein. So wird das Gewissen zu einer inneren Stellungnahme. Als Zensor des Ichs wird es zum Über-Ich, das die Handlungen und Absichten des Ichs auf der Grundlage elterlicher Beurteilungskriterien überwacht. Es übernimmt sozusagen die Autorität der Eltern und wird zur strafenden Instanz bei schlechtem und zum Liebesspender bei gutem Gewissen.

Dabei stellt Freud eine Entsprechung fest: »Die Qual der Gewissensvorwürfe entspricht genau der Angst des Kindes vor dem Liebesverlust, die ihm die moralische Instanz gesetzt hatte.«[24] Das Gewissen beobachtet, lenkt und bedroht das Kind wie früher die Mutter (Eltern). Aggressionen auf beiden Seiten führen zu Gewissens-Strenge mit Ge- und Verboten im Mittelpunkt. Durch die Identifizierung des Kindes mit der mütterlichen (elterlichen) Machtstellung wird das Gewissen auf diesem Wege zum Repräsentanten der Strenge. Liegt hingegen kein aggressives Verhalten vor und die elterliche Liebe steht im Mittelpunkt der Erziehung, so identifiziert sich das Kind ebenso mit der liebevollen Milde der Mutter (Eltern), die Eingang in das kindliche Gewissen findet. Ein reifes Gewissen, das sich zu einer autonomen Form weiterentwickeln muß, kann nur auf dem Nährboden der Liebe entstehen – in der bleibenden Verbindung mit dem Gemüt als mütterlichem Urgrund.

Freuds Über-Ich: eine männliche Instanz?

Bei Freuds Versuch einer Beschreibung der menschheitsge-
schichtlichen Entstehung des Gewissens fällt ein eigenartiger
Bruch auf: Die Mutter, deren Liebe und Autorität, deren Forderungen und Zuwendungen bei ihm die Grundlage jedweder Gewissensentwicklung bilden, übergeht er völlig. Das ist
um so erstaunlicher, als er ansonsten – wie andere Psychologen auch – eine Entsprechung sieht zwischen der Entwicklung des einzelnen und der Menschheitsgeschichte. Der Ur-
Mythos, den Freud zur Erklärung des Ursprungs des Gewissens konstruiert, zeigt, woraus seiner Meinung nach das
männliche Gewissen besteht, das dann zwar sekundär auch
an das weibliche Geschlecht weitergegeben wird, mit weiblichen Erfahrungen jedoch nicht das geringste zu tun hat.[25]
    Wußten biblische Mythenschreiber und christliche Kir-
chenmänner noch, daß die Frau die Sünde in die Welt gebracht hat und folglich Urheberin des schlechten Gewissens
ist, so entwickelte Freud einen Mythos, der dieser Auffassung
diametral entgegensteht. Bei ihm gibt es keine weibliche Urschuld, statt dessen aber den gemeinschaftlich von den Söhnen begangenen Mord am Vater der Urhorde, der dort als Ur-
Patriarch herrschte. Er verweigerte seinen Söhnen den sexuellen Zugang zu den weiblichen Angehörigen der Sippe,
den er sich selbst vorbehielt. Das somit verhängte Inzesttabu
wurde ihm jedoch selbst zum Verhängnis. Es veranlaßte nämlich seine Söhne zur Revolte und schließlich zum Vatermord.
Nach dieser gemeinschaftlich begangenen Tat empfanden die
Söhne jedoch Reue, besannen sich auf ihre Liebe zum Vater
und identifizierten sich mit ihm, während sie ihn beim
Opfermahl verspeisten. Im Anschluß an dieses Gemein-
schaftsmahl sorgten sie dafür, daß das Inzesttabu auch weiterhin eingehalten wurde – ein Tabu, in dem Freud den Ursprung des Gewissens sieht. Dessen Grundlage beschreibt aus
psychoanalytischer Sicht Wilhelm Salber: »Nach dem Vater-

Mord zeigen sich zugleich Triumph und Trauer, die Enthemmung aller Triebe und die Erhebung des Vaters zu einem göttlichen Gesetzgeber (Freud 1912/13). In der Opfermahlzeit identifizieren sich die Teilnehmer mit einer gemeinsamen ›Seele‹, die charakterisiert ist durch Revolte, Umbringen... und zugleich durch Schuld, (erneuerte) Ge- und Verbote sowie (erneuerte) Idealbildungen.«[26] Was Freud hier erklären will, ist das »Herstellen einer ›gemeinsamen Substanz‹«: die brüderliche Schicksalsgemeinschaft. Mit anderen Worten: die Etablierung des Patriarchats. Was Psychoanalytiker nicht sehen wollen oder können, ist der Umstand, daß es sich bei der männlichen Urschuld viel eher um einen Muttermord gehandelt haben muß, um den geistigen Mord an der weiblichen Urkraft, die weltweit in der Göttin verehrt wurde. Das bedeutet in der historischen Wirklichkeit die Vernichtung jener Sozialstrukturen, die weibliche Stärke und Macht fördern.

Wird nicht jeder Knabe während der sogenannten ödipalen Phase zu einem solchen »Muttermord« veranlaßt, wie auch Freud gezeigt hat? Er hat auf folgendes Identitätsproblem von Jungen hingewiesen: Im Verlauf des dritten Lebensjahres beginnt der Sohn den Vater als Störenfried in der kindlichen Zweisamkeit mit der Mutter zu erleben. Die väterlichen Ansprüche auf die Mutter verursachen im Sohn einen eifersüchtigen Haß, der schließlich in Beseitigungswünschen mündet. Dem kindlichen libidinösen Begehren der Mutter stehen Kastrationsdrohungen des Vaters bzw. -phantasien des Kindes gegenüber. Die daraus resultierende Kastrationsangst ist es schließlich, die diese aggressionsgeladene ödipale Situation auflöst. Geplagt von Schuldgefühlen gegenüber dem Vater einerseits, von der Angst, seiner aufkeimenden Männlichkeit beraubt zu werden andererseits, muß der Knabe schließlich seine Niederlage vor dem mächtigen Vater einsehen, sich auf seine Liebe zu ihm besinnen und schließlich den schmerzhaften Verzicht auf die Mutter leisten. Statt den Vater weiterhin zu bekämpfen, identifiziert er sich nunmehr mit ihm, um zu werden wie er.

Mit dem Gelingen dieser Identifizierung (die im Patriarchat ja nur auf Kosten der Identifizierung mit der Mutter und
alles Weiblichen vollzogen werden kann, also durch »Muttermord«) entsteht nach Freud das eigentliche Gewissen oder
Über-Ich, das er folglich auch zum »Erben des Ödipuskomplexes« erklärt. Die Möglichkeit einer weiteren Identifizierung des Knaben mit der Mutter räumt Freud zwar ausdrücklich ein[27], blendet allerdings ihre Folgen für die Gewissensbildung des Knaben aus.

Da dem Schulderleben des Knaben ein aggressiver Wunsch
zugrunde lag – die Beseitigung des Vaters –, sieht Freud eine
direkte Verbindung zwischen der Aggression des Mannes
und seiner Gewissensbildung. Nach seinen Beobachtungen
entwickelt sich das Gewissen des Knaben um so strenger, je
stärker die Aggression gegen den Vater war.[28] Ganz allgemein stellte er im Gewissen von Knaben im Vergleich zu
Mädchen eine größere Unerbittlichkeit und Strenge, eine
stärkere Unpersönlichkeit und Unabhängigkeit von affektiven Ursprüngen fest und leitete daraus ein stärkeres männliches Rechtsgefühl ab.[29] Die Ursache für diesen Unterschied
sah er aber nicht nur im Aggressionspotential des Knaben,
sondern ebenso in den gesellschaftlichen Anforderungen an
den Mann.

Hier nun zeigt sich eine offenkundige Diskrepanz zu heutigen Erfahrungen: Wenn die Beobachtung Freuds stimmt,
daß Männer und Knaben ein stärkeres Rechtsgefühl und
Normenbewußtsein haben, so müßten sie eigentlich weit
mehr unter Schuldgefühlen leiden als Frauen und Mädchen.
Das ist aber durchweg nicht der Fall. Ganz im Gegenteil tritt
zunehmend und auf breiter Ebene ihr mangelndes Rechtsgefühl zutage. Ob Väter, Kidnapper oder Mädchenhändler,
Ehemänner, Zuhälter oder Vergewaltiger, Politiker, Betrüger
oder Drogenhändler, ihnen allen ist das Fehlen eines Unrechtsbewußtsein gemeinsam, das erschreckende Ausmaße
angenommen hat. Wie Untersuchungen zeigen, ist dieser
Trend zu einem mangelhaften Rechtsgefühl bereits im

Knabenalter feststellbar. Legt man Jugendlichen Listen mit kleinen Delikten vor wie etwa: Eltern ein wenig Geld stehlen, Rentner betrügen, Kaufhausdiebstahl etc., und fragt sie, »welche Delikte sie schon begangen haben und wie sie die einzelnen Delikte bewerten, dann zeigt sich, daß die männlichen Probanden viel mehr ›angestellt‹ haben und ihre Übertretungen generell als ›nicht weiter schlimm‹ beurteilen«.[30] Diese Tatsache, daß Männer sich nämlich selbst moralisch disqualifizieren und damit bereits in frühen Jahren beginnen, wird in die vernebelnden Worte gekleidet: »*In bestimmten Bereichen scheinen Männer eher dazu zu neigen, das Niveau ihrer ›moralischen Balance‹ niedrig anzusetzen.*«[31] Gemeint ist damit, daß sie sehr wohl um das normenverletzende Moment ihres Verhaltens wissen, es aber bagatellisieren und trotzdem daran festhalten.

Diese überwiegend männliche Haltung zeugt nun weder von einem starken Rechtsgefühl noch von unerbittlicher Gewissensstrenge. Die sich damit aufdrängende Frage, ob Freud sich geirrt hat oder das männliche Geschlecht inzwischen moralisch degeneriert ist, wird wohl schwerlich zu beantworten sein. Auf jeden Fall spiegeln Jungen, wie sie in der Untersuchung beschrieben werden, jene Aspekte des Männlichen, die Tag für Tag unsere Bildschirme bevölkern. Mir erscheint es jedoch zunehmend fraglich, ob aus jenen Komponenten, die Freud zu Stützen einer männlichen Gewissensbildung erklärt hat, überhaupt ein Rechtsgefühl erwachsen kann. Ich frage mich daher, wie sich eine wertende Instanz, ein Wertbewußtsein entfalten soll auf der Grundlage von

– Beseitigungswünschen gegenüber dem Vater – Mordgedanken also;

– Angst vor dem Verlust der sich entfaltenden Männlichkeit (Kastrationsangst);

– Triebverzicht auf die Mutter zugunsten väterlicher Triebbedürfnisse und damit Auflösung der Identifizierung mit mütterlichen Bedürfnissen und Vorstellungen;

– Identifizierung mit dem Vater, die in patriarchalen Zu-

sammenhängen immer mit der Abwertung der Mutter sowie
alles Weiblichen einhergeht;
– auf diesem Wege vollzogener Anpassung an Männlichkeitsnormen.

Ist nicht die so gesteuerte ödipale Situation viel eher eine
Behinderung für die Entfaltung des Gewissens als deren *Voraussetzung?* Läuft nicht in dieser Entwicklung alles auf eine
brutale Durchtrennung der Liebesbande zur Mutter sowie
eine rigorose Anpassung an »Männlichkeit« als *den* zentralen Wert hinaus; und wird dabei nicht die männliche Normenwelt gezielt eingesetzt als unerbittliche Kontrahentin der
Trieb- und Gefühlswelt des Knaben? Wird nicht durch so er-
zwungene Anpassung, die *eigentliche* Gewissensbildung auf
der Grundlage des Erlebens von und des Sich-Identifizierens
mit fürsorglich-mütterlichen Verhaltensmustern abrupt abgebrochen und weiterhin verhindert? Leistet nicht aber dieser
mütterliche Dienst am Leben wesentlich bessere Dienste für
die Ausbildung des Gewissens als die männlich-patriarchale
Normenwelt? Ist nicht die Identifizierung des Knaben mit
dem Vater und den gesellschaftlichen Männlichkeitsnormen
und damit seine Reduzierung auf das eigene Geschlecht für
die Entfaltung eines Werte- und Sinnorgans in den meisten
Fällen eher hinderlich als dienlich? Macht sie nicht viel eher
das Entstehen eines am Leben *aller* orientierten Gerechtig-
keitsgefühls und Wertebewußtseins unmöglich?

Einige meiner Fragen und Vermutungen werden möglicherweise bestätigt durch Untersuchungen, die zu folgendem Ergebnis gelangen: »Wenn die Väter das familiale Leben
dominieren, dann sind sie fast immer autoritär und benutzen
die Familie egoistisch als Instrument der Selbstüberhöhung.
Ihre Kinder werden relativ häufig zu ›Strategen‹. Wenn die
Mütter ›herrschen‹, dann herrschen sie so gut wie nie autori-
tär-egoistisch, sondern sind Inbegriff von ›Selbstaufopfe-
rung‹. Ihre Kinder werden ganz überproportional häufig ›ver-
läßlich‹. Die beiden patterns überlappen sich anscheinend
nicht.« [32] Hier wird der Vater als moralischer Störfaktor der

Familie sichtbar (die wenigen guten Väter selbstverständlich ausgenommen), so daß die ständig steigende Zahl alleinerziehender Müter zum letzten Rettungsanker im Meer eines vielbeschworenen, rasant ansteigenden Wertezerfalls zu werden scheint. Doch selbst als »guter« Vater kann er nicht umhin, Repräsentant eines moralisch gestörten Systems zu sein, solange er seinem Sohn nicht die Verkehrtheit und Sinnlosigkeit patriarchaler Normen zu vermitteln vermag.

Weibliche Gewissensschwäche?

Wie Freud erkannte, wird das weibliche Gewissen »niemals so unerbittlich, so unpersönlich, so unabhängig von seinen affektiven Ursprüngen, wie wir es vom Manne fordern«.[33] Hierin sah er den Grund dafür, »daß das Niveau des sittlichen Normalen für das Weib ein anderes wird«, daß die Frau »weniger Rechtsgefühl« zeigt als der Mann und »weniger Neigung zur Unterwerfung unter die großen Notwendigkeiten des Lebens« und sich statt dessen »öfter in... Entscheidungen von zärtlichen und feindseligen Gefühlen leiten läßt«.[34] Bei dieser Vermutung räumt er allerdings ein, mit seinen Ausführungen »das Weib nur insofern beschrieben (zu) haben, als sein Wesen durch seine Sexualfunktion bestimmt wird«.[35]

So bedauerlich es einerseits ist, daß Freud die patriarchalen Anforderungen an den Mann mit den »großen Notwendigkeiten des Lebens« gleichsetzt, so beachtlich ist es doch, daß er Unterschiede feststellt zwischen dem männlichen und dem weiblichen Gewissen. Wie er klar sieht, ist das weibliche Gewissen stärker mit seinen »affektiven Ursprüngen« verbunden und somit eindeutiger im Gemütsgrund verankert als in der Triebwelt und im kollektiven Normensystem. Da es sich stärker an persönlichen Wertschätzungen orientiert, kann es sich im Hinblick auf seine eigentliche Funktion als Wert-, Sinn- und Beziehungsorgan ungebrochener entwickeln als das männliche Über-Ich. Werden Jungen durch die »Zertrümmerung des Ödipuskomplexes« mit Hilfe der Angst vor Unmännlichkeit (Kastrationsangst) von ihren primären Beziehungswerten fortgerissen und auf das Bekenntnis zur Männlichkeit als höchstem Wert verpflichtet, so können Mädchen diesen Werten treubleiben.

Begründet die Identifizierung des Knaben mit der männlichen Welt die Entstehung des männlichen Über-Ichs (wobei die noch frühere Identifizierung mit der Welt der Mutter einfach fallengelassen wird), so bleibt die Erfahrung mit der Mutter grundlegend für die weibliche Gewissensbildung. Was für Jungen der *Verlust an Männlichkeit,* bedeutet für Mädchen der *Verlust an Beziehung.* Die Angst vor Liebesverlust bleibt der alles bestimmende Faktor im weiblichen Gewissen.

Das kann bei sogenannten »Vater-Töchtern« allerdings auch anders aussehen. Häufig erleben sie es als eine massive Enttäuschung an der Mutter, daß sie sie nicht als Knaben geboren hat. In der ödipalen Phase binden sie sich an den Vater und übernehmen in der Identifizierung mit ihm die männlichen Werte. (Als Ersatz für das männliche Glied – wie es im psychoanalytischen Vorstellungsmuster heißt –, das auch für vateridentifizierte Mädchen zum höchsten Wert wird.) Auf diesem Wege erfolgt eine Abwehr des eigenen Gewissens bei gleichzeitiger projektiver Anlehnung an das Gewissen des Vaters. In diesem Fall wird nicht so sehr die Angst vor dem Liebesverlust zum allesbestimmenden Faktor des eigenen Werturteils, sondern vielmehr – wie beim Knaben – der Verlust der Identifizierung mit dem Männlichen.[36] Diese Entwicklung brachte die Freudianerin Edith Jacobson auf die Formel: »Kein eigener Penis – kein eigenes Werturteil.«[37]

Da jedoch die ödipale Phase der Töchter nicht so dramatisch endet wie bei Jungen, da aufgrund der fehlenden Kastrationsangst und Beseitigungswünsche gegenüber dem Vater weniger aggressives Potential im Spiel ist, müßte sich auch das Gewissen von Vater-Töchtern von jenen der Knaben generell unterscheiden. Schließlich kann sich ihre Lösung aus der primären Identifizierung mit der Mutter allmählich vollziehen und entbehrt folglich jener Dramatik, die die Entwicklung des Knaben kennzeichnet. Dennoch ist anzunehmen, daß es hier gravierende Unterscheide zwischen sogenannten Mutter- und Vater-Töchtern gibt.

Eher vernebelt als aufgedeckt wird jedoch in der Schule Freuds die Tatsache, daß die Entwicklungsproblematik des weiblichen Gewissens weniger im töchterlichen »Penisneid« liegt als vielmehr in einer im Patriarchat fast immer gestörten Mutter-Tochter-Beziehung.[38] Durch das patriarchale Primat des Männlichen, dem sich auch die meisten Mütter verpflichtet wissen, entgeht Töchtern lebensnotwendige mütterliche Zuwendung. Sie erleben im Vergleich zu Jungen ein höheres Maß an Benachteiligung und Ungerechtigkeit – nicht nur durch Mütter, sondern auch durch andere weibliche Personen wie Verwandte, Erzieherinnen, Lehrerinnen usw. Dadurch entsteht einerseits ein stärkeres Maß an Angst vor mütterlichem (und anderem) Liebesverlust. Andererseits wird es Mädchen mit zunehmendem Alter dadurch unnötig schwergemacht, sich mit der Mutter bzw. dem eigenen Geschlecht zu identifizieren. Da sie aber gar keine andere Wahl haben, entsteht jene Gefühlsambivalenz, die die Beziehung zur Mutter untergräbt und den Umgang mit dem eigenen Geschlecht erschwert.

Wenn sich auch die Angst vor Liebesverlust im Laufe der Jahre zumeist auf den Mann verlagert, bleibt sie für Mädchen und Frauen doch der alles bestimmende Faktor ihrer Schuldgefühle. Für sie gilt in besonderer Weise, was Freud feststellte: »Die Qual der Gewissensvorwürfe entspricht genau der Angst des Kindes vor dem Liebesverlust, die ihm die moralische Instanz gesetzt hatte.«[39] Nach der ödipalen Phase wird diese Angst jedoch bei Jungen allmählich ersetzt durch die Angst vor dem Verlust der Männlichkeit.

Die generelle, im Vergleich zu Jungen und Männern geringere Verankerung im männlich-patriarchalen Regelsystem, zu der auch eine fehlende emotionale Distanz im Gewissen von Mädchen und Frauen gehört, deutete Freud
fälschlicherweise als ethisches Defizit. Er übersah, daß das
Gefühl allemal differenzierter auf Wert- und Sinnfragen reagiert als die kollektive Normierung. Das angeblich ausge-
prägtere Rechtsgefühl beim männlichen Geschlecht erweist
sich meines Erachtens lediglich als ein stärkeres Verhaftetsein
im patriarchalen Normen- und Regelsystem.

Dazu aber schreibt C. G. Jung: »Je stärker die kollektive
Normierung des Menschen, desto größer ist seine individuelle Immoralität.«[40] Diese psychologische Faustregel wird
durch besagte Studien sowie Kriminalstatistiken im Hinblick
auf das männliche Geschlecht eindeutig bestätigt. Zwischenzeitlich erfolgt kollektive Normierung von Knaben und Männern immer weniger durch Gesetze, ethische Regeln und
Konventionen, als vielmehr durch Gesetzesbrüche und aggressive Männlichkeitsgebärden – ganz nach Vorgabe der
Medien.

Ein weiteres Problem ergibt sich aus der Tatsache, daß es
nicht ganz stimmt, daß Mädchen ihren primären Werten
treubleiben können, wie ich zuvor behauptet habe. Sie werden nämlich im Verlauf ihrer Erziehung und Sozialisation
(überflüssigerweise) auf Beziehungswerte *verpflichtet*, so daß
sie sich gar nicht mehr freiwillig dafür entscheiden können.
Sie *müssen* diese »Werte« umsetzen, auch wenn sie sie selbst
nicht in ausreichendem Maße erfahren haben, was ja die patriarchale Störung ihrer Beziehung zur Mutter oft genug bewirkt. Aus ihren eigenen Werten werden von der Gesellschaft
eingeforderte Normen, die sie aufgrund dieser Zwangsver-
pflichtung gar nicht mehr als ihre eigenen Werte erfahren
können, da ihnen auch noch die kollektive Wertschätzung
vorenthalten wird. Mit diesem Werteraub wird selbstverständlich das weibliche Selbstwertgefühl verletzt und verunsichert. Andererseits werden Frauen zu dem irrigen Glauben

veranlaßt, sie könnten sich nur dann emanzipieren, wenn sie sich von diesen zu Normen verkommenen Werten endgültig verabschieden und es dem Manne gleichtun.

Angleichung der Knaben an die Mädchen?

Ganz im Gegensatz zu diesem Trend weist Margarete Mitscherlich auf Veröffentlichungen »verschiedener Autoren« der letzten Zeit, die einen anderen Trend aufzeigen. Sie gehen davon aus, daß die permissive, hauptsächlich von Frauen durchgeführte Erziehung und die »Vaterlosigkeit« – und damit das Fehlen eines sichtbaren väterlichen Vorbildes in der technisch-industrialisierten Gesellschaft – dazu geführt habe, daß das Über-Ich auch des Knaben auffallend weniger strenge Züge aufweist und somit dem Gewissen der Mädchen ähnlicher geworden ist. In diesem Trend, den Mitscherlich durchaus positiv bewertet, sieht sie einen wesentlichen Grund, weshalb sich die Geschlechter in ihrem Verhalten (ihrer Kleidung etc.) zunehmend einander angeglichen haben.[41] Die Tatsache also, daß Väter im Hinblick auf die eigenen Kinder ein erzieherisches Desinteresse zeigen, weil ihnen ihr Beruf und die eigenen Freizeitinteressen wichtiger sind als ihre Kinder, hat Mitscherlich zufolge durchaus positive Auswirkungen.

Psychologinnen wie Dorothy Dinnerstein oder Christiane Olivier, aber auch Soziologinnen wie Nancy Chodorow und mit ihnen eine Reihe anderer Sozialwissenschaftlerinnen müssen sich daher fragen lassen, weshalb sie den Eindruck vermitteln, als sei die Abwesenheit des Vaters in der Familie *das* erzieherische und soziale Problem schlechthin. Bei dermaßen willkommenen Auswirkungen – Wegfall des gestrengen Über-Ichs bei Knaben und damit einhergehend ein geringeres Maß an verinnerlichten Aggressionen sowie besagte

Angleichung der Geschlechter aneinander – müßten Psychologinnen und Sozialwissenschaftlerinnen die Verbannung von Vätern aus der Familie geradezu einstimmig fordern. Das genaue Gegenteil ist jedoch der Fall. Sie setzen sich verstärkt dafür ein, daß Väter Erziehungspflichten übernehmen und wesentlich stärker als bisher eingebettet werden in familiale Zusammenhänge, ohne die Folgen »väterlichen« Verhaltens auch nur zu diskutieren. Hier wird der Vater zu einem abstrakten Wesen mit einer positiven, ja sogar heilbringenden Funktion, ohne daß die Bedingungen für die Erfüllung solcher Träume offengelegt werden.[42]

Der Irrtum, dem Mitscherlich und möglicherweise auch die von ihr und mir genannten Autorinnen und Autoren erliegen, ist das Hochspielen der Bedeutung des Vaters. Sie suggerieren, daß alles an seiner An- oder Abwesenheit liegt. Die Mütter geraten dabei nur hinsichtlich der Unzulänglichkeiten ihrer Fürsorge und Erziehungsarbeit in den Blick, obwohl sie zu Recht der eigentliche Dreh- und Angelpunkt sind. Das legen die weiter oben erwähnten sowie andere Untersuchungen nahe. So wurde bereits vor zwanzig Jahren darauf verwiesen, daß bei der Entscheidung für das Priesteramt die Religiosität des Vaters unerheblich und nur die religiöse Haltung der Mutter von Bedeutung ist für diesen Schritt.[43] Gänzlich außer acht gelassen wird dagegen die in unserer Zeit nicht zu unterschätzende Wirkung der Medien Video und Fernsehen, durch die nach wie vor verheerende Weiblichkeits- und Männlichkeitsklischees verbreitet werden.

Nach meiner Auffassung ist nicht die An- oder Abwesenheit des Vaters das entscheidende Moment. Eine weitaus größere Bedeutung kommt der Frage zu, welcher Elternpart sich in der Familie besser durchsetzen kann. Auch der abwesende (ja sogar der tote) Vater kann durch eine entsprechende Haltung der Mutter durchaus noch eine das Familienleben beherrschende Rolle spielen. Wie sich gezeigt hat, kommt aber in unserer Zeit nur die mütterliche Dominanz den Interessen der Kinder (und folglich auch der Gesellschaft) zugute. Doch nur wenn die Abwesenheit des Vaters die mütterliche Position stärkt – was keineswegs selbstverständlich ist –, besteht die Chance positiver Auswirkungen.

Aber Mitscherlichs Auffassungen enthalten noch weitere Irrtümer, deren Klärung mir in diesem Zusammenhang wichtig erscheint:

1. spricht sie pauschal von einer beidseitigen Angleichung der Geschlechter aneinander, obwohl das Fehlen des Vaters und der damit verbundene Wegfall eines strengen Über-Ichs lediglich die Angleichung von Jungen an Mädchen begründen würde und nicht umgekehrt die Angleichung von Mädchen an Jungen.

2. tut Mitscherlich so, als habe die Schwächung des männlichen Über-Ichs automatisch eine Verweiblichung des Gewissens zur Folge und nicht möglicherweise auch die Gewissenlosigkeit, den Drang zum Non-Konformismus um jeden Preis, den Whitmont insbesondere bei Jungen und Männern feststellt[44] und der längst zum männlichen Privileg geworden und fester Bestandteil des gängigen Männlichkeitsbildes geworden ist.

Die sich trotz mancher Angleichung der Geschlechter aneinander dennoch vergrößernde Kluft, die durch ein mangelhaftes männliches Unrechtsbewußtseins entsteht, das schon bei Knaben zunehmend in Erscheinung tritt, wird von Mitscherlich und ihren Gewährsmännern und -frauen völlig ignoriert. Immer häufiger kommt es bei Knaben zu einer Identifizierung mit anti-sozialen wenn nicht gar kriminellen Männlichkeitsvorbildern. In solchen Fällen werden fehlende Schuldgefühle lediglich ausgetauscht durch die Angst, nicht männlich genug zu sein – eine Angst, die in der Psychologie in diesem Zusammenhang noch viel zu wenig zur Kenntnis genommen wird. Auch bei Abwesenheit des Vaters tritt das Männlichkeitsdiktat immer früher und fordernder an die Jungen heran, denn längst sind an seine Stelle jene Männlichkeitsbilder getreten, die die Medien frei Haus liefern. Sie haben die Rolle des Vaters übernommen und wirken einer möglichen Identifizierung mit den Werten der Mutter meist entgegen.

Welche Folgen es für Mädchen und Frauen hat, wenn sie sich zunehmend an männlichen (Un-)Werten orientieren, bedenkt Mitscherlich nicht. Auch hier tut sie so, als sei diese Möglichkeit ausschließlich positiv zu bewerten. Dieser – fast naiv anmutenden – Auffassung möchte ich die Beobachtung der amerikanischen Feministin Fay Weldon entgegenhalten, die auf recht bissige Weise auch noch auf andere Aspekte dieser Angleichung hinweist. In ihrem Roman »Die Decke des Glücks« heißt es: »Die Neuen Frauen! Ich konnte kaum erkennen, daß sie dem gleichen Geschlecht angehören wie ich, mit ihren arrogant in engen Jeans dargebotenen Hintern, so offensichtlich einladend, mit ihren Brüsten, die frei und schamlos wippen, und sie fühlen sich nicht im geringsten verpflichtet, etwa zu lächeln, hübsch auszusehen oder leise zu sprechen. Und wie sie erst leben! Ihr braucht sie ja nur anzusehen! Wenn ein Mann sie nicht zum Orgasmus bringt, suchen sie sich einen anderen, der es tut. Und wenn sie ungewollt schwanger werden, treiben sie mit Hilfe der Absaugmethode ab. Wenn ihnen das Essen nicht schmeckt, schieben sie den Teller beiseite. Wenn ihnen der Job nicht paßt, kündigen sie. Sie sind rundum satt und hungern nach gar nichts. Sie sind, was ich sein wollte; sie sind, wofür ich gekämpft habe, daß sie sein sollten: Und jetzt, da ich sie sehe, hasse ich sie. Sie haben für den dreifachen Schmerz ihre eigene Lösung gefunden – eine, die mir nie in den Sinn gekommen ist. Sie versuchen nicht, wie wir es getan haben, ihn zu begreifen und das Beste draus zu machen. Sie eliminieren den Schmerz, indem sie ihre drei Zentren – das Herz, die Seele und den Geist – abschaffen. Brillant! Herzlos, seelenlos, geistlos – frei!«[45]

Vielleicht ist es wirklich realistischer, eher die Abschaffung des Gewissens auch bei Mädchen und Frauen kommender Generationen zu befürchten, als anzunehmen, das männliche Gewissen ließe sich durch die Abwesenheit des Vaters bereits verweiblichen...

Wandlung des Gewissens

Die tiefenpsychologische Beschreibung der Entwicklung des Gewissens bei Mädchen und Jungen hat bereits erkennen lassen, daß das autoritäre Gewissen oder Über-Ich stärker in der männlichen Entwicklung verankert ist, das ethisch-humanistische Gewissen dagegen in größerer Nähe zur weiblichen Entwicklung steht. Hier handelt es sich wohlgemerkt um relative und verallgemeinerte, keinesfalls jedoch um absolute Unterschiede. Doch hat sich gezeigt, daß die Ansprüche des Patriarchats sich den seelischen Bedürfnissen der Mädchen weniger drastisch entgegenstellen als jenen der Knaben, die im Austausch für ihre Männlichkeit traumatisiert und zu seelischen Krüppeln gemacht werden.

Die größere Nähe zum ethisch-humanistischen Gewissen von Frauen läßt sich aus folgenden Gegebenheiten begründen:

— Sie werden nicht so rigoros gezwungen, ihre liebenden und empathischen Gefühle zu verdrängen, wie es von Jungen gefordert wird.

— Ihre Erziehung ist stärker an Beziehungswerten orientiert und verringert damit ihr Maß an menschlicher Entfremdung.

— Sie sind folglich (noch!) relativ schwächer im männlich-patriarchalen lebens- und liebesfeindlichen Normengefüge verankert.

— Da Weiblichkeit weniger konkret benannt und als Erziehungsziel eingefordert wird, Mädchen und Frauen sich in ihrer Weiblichkeit also weniger stark »beweisen« müssen als Knaben und Männer, ist auch ihr Egobewußtsein generell weniger stark ausgeprägt. Dadurch haben sie es insofern leichter, als es zur Selbstverwirklichung und -findung einer Disziplinierung des Egos bedarf, damit es die Absichten und Visionen des Selbst im äußeren Leben auch umsetzt und sich nicht auf Egowerte beschränkt.

Trotz dieser Vorteile werden auch Mädchen und Frauen an

der Entfaltung ihres Gewissens gehindert. Sie haben effektiv
weniger Zeit für sich selbst als Knaben und Männer, da an sie
höhere soziale Anforderungen gestellt werden und sie dadurch ein größeres Arbeitspensum zu verrichten haben. Des
weiteren setzt das Hören und Vertrauen auf die eigene
Stimme ein gewisses Maß an Selbstwertgefühl voraus, das in
unserem System in mehrfacher Hinsicht geschwächt wird:

– In der Außenwelt werden Frauen stärker verunsichert, da
sie ein Normensystem vorfinden, das sie nicht dem eigenen
Geschlecht verdanken und das ihre Interessen daher kaum
berücksichtigt.

– Die Überbewertung des Phallisch-Männlichen macht es
vielen Mädchen und Frauen schwer, sich in ihrem weiblichen
Sosein anzunehmen.

– Da »im Liebesleben das Nichtgeliebtwerden das Selbstge-
fühl erniedrigt, das Geliebtwerden dasselbe erhöht«[46], muß
das geringere Maß an Liebe und Zuwendung, das Mädchen
in der Kindheit erfahren, sich nachteilig auswirken, zumal
sich dieser Trend auch in der Partnerschaft mit Männern, die
»lieben lassen«, noch weiterhin fortsetzt.

Doch zeigt sich ganz allgemein, daß Frauen ein stärkeres
Bewußtsein hinsichtlich der Existenz ihrer inneren Stimme
haben, die ihnen in kritischen Situationen zu ganz bestimmten Entscheidungen rät. Da sie ihre Forderungen aber nicht
rational begründen können und darin auch nicht von ihrer
Umwelt bestärkt werden, statt dessen jedoch Konflikte befürchten müssen, wenn sie diesem intuitiven Wissen Folge leisten, übergehen sie die innere Stimme häufig. Die daraus resultierenden Schuldgefühle eines ethisch-humanistischen Gewissens ersparen ihnen immerhin den Konflikt mit der Außenwelt, nicht jedoch den Konflikt mit sich selbst. Dieser
Konflikt kann durch aktive Verhaltensformen, egal ob soziales Engagement, Aufopferung in der Familie, politische Aktivitäten oder aber diverse Formen der Ablenkung, zum
Schweigen gebracht werden. Doch sind sie nicht geeignet,
den *eigentlichen* Konflikt zu bearbeiten oder gar zu lösen.

Hier geht es nicht darum, auf das Kollektiv gerichtete Verhaltensweisen abzuwerten. Sie dürfen nur kein *Ersatz* für Selbstreflexion, selbstbezogenes Handeln und eigenes Leben sein.

Für die Entfaltung des ethisch-humanistischen Gewissens müßten Frauen und Männer unterschiedliche Entwicklungsprozesse durchlaufen: Bei Männern ginge es um die Aufhebung ihres reduzierten Menschseins durch einseitige Konzentration auf Männlichkeitsnormen; um die Rücknahme von Ego-Energien aus einer männlichen Welt; um die Rückgewinnung jenes Gefühlsreichtums, der ihnen mit ihrem Eintritt in die männliche Welt genommen wurde, und damit auch um einen Zugewinn an Mitgefühl und Teilhabe. Männer wären demnach gezwungen, ihr seelisches Schmarotzertum aufzugeben und sich ganz neu an ihnen bislang fremden Werten des Lebens und der Liebe auch außerhalb ihrer Triebbedürfnisse zu orientieren.

Frauen dagegen könnten bei ihren Beziehungswerten bleiben, müßten sich selbst jedoch anders in ihnen verorten. Sie dürften nicht länger auf Kosten ihrer Selbstinteressen leben und die Beziehung zu anderen wichtiger nehmen als jene zu sich selbst. In ihrem Bezogensein auf andere sollten sie sich selbst und ihre Bedürfnisse nach Selbstentfaltung stärker mit einbeziehen. Erst wenn sie ihre Beziehungswerte und damit auch sich selbst neu schätzen lernen, könnten sie sie dort zurücknehmen, wo ihnen solche Wertschätzung nicht zuteil wird.[47]

Ist der Prozeß des Hörens auf die eigene Stimme erst einmal in Gang gesetzt, so beginnen Frauen dem »du sollst« und »du sollst nicht«, dem »du mußt« und »du darfst nicht«, das ihnen das autoritäre Gewissen einst einhämmerte, den Rücken zu kehren. Doch kann es dabei nicht bleiben. An die Stelle dieser autoritären Forderungen in ihrem Inneren sollte sich immer deutlicher ihre eigene Stimme zu Wort melden mit ihrem: »Eigentlich solltest du…« oder aber »…du darfst – aber gib acht.« Möglicherweise aber auch: »Du könntest – doch nicht jetzt.«[48]

So verschwinden allmählich die alten Schuldgefühle, und Frauen beginnen, ihr Verhalten einer völlig neuen Bewertung zu unterziehen. In Hinblick auf ihre Vergangenheit beginnen sie zu bereuen,

– daß sie sich nicht mehr Zeit für sich selbst genommen haben und immer nur für andere da waren;

– daß sie ihrem Mann auf sexuellem Gebiet nachgegeben haben, obwohl sie es eigentlich gar nicht wollten;

– daß sie sich oft vernachlässigt haben und mit sich selbst und ihrem Leben nicht behutsamer umgegangen sind;

– daß sie ihre Töchter als brave, angepaßte Mädchen in die Welt entlassen haben;

– daß sie ihre Söhne nach väterlichen Wertmaßstäben erzogen haben und weniger nach eigenen;

– daß sie ihre eigenen Wahrnehmungen und Erkenntnisse immer wieder haben in Zweifel ziehen lassen und sie so für ihre eigene Orientierung unbrauchbar gemacht haben;

– daß sie überhaupt im Rahmen patriarchaler Normen funktioniert haben.

An diesem Punkt sind Frauen bereit aufzuwachen und ihr bisheriges Handeln als Mit-Tun am Patriarchat zu verstehen, nachdem sie das Ausmaß ihres Opferseins, ihres Tiefschlafs in bezug auf sich selbst und das patriarchale System zu begreifen begonnen haben. Erst nach dieser Einsicht kann es sinnvoll sein, von einer weiblichen »Mittäterschaft« im Sinne Thürmer-Rohrs zu sprechen. Doch hält gerade sie von solchen Selbstfindungsprozessen nichts, sondern wittert in ihnen – im Einklang mit Dorothee Sölle – weiblichen »Egozentrismus« und »Identitätssucht«.[49] Mit solchen Vorwürfen bleiben beide Autorinnen ihrem unverkennbar protestantischen Hintergrund auch weiterhin treu, denn dort wird man nicht müde, (insbesondere weibliche) Selbstverwirklichung zur Sünde zu erklären. Kein Wunder also, daß für viele Frauen die Beschäftigung mit sich selbst schuldbesetzt ist und Weiblichkeit als Wert abgelehnt wird.

Es ist bedauerlich, daß auch in dieser Richtung des Feminismus weiterhin im Bereich des autoritären Gewissens agiert und argumentiert wird. Für Frauen ist es letztlich egal, ob sie von patriarchalen Strukturen oder aber von Feministinnen manipuliert und fremdbestimmt werden. In beiden Fällen wird ihre Selbstbestimmung durch Negativbewertungen eingeschränkt und ihnen der Respekt vor ihren persönlichen Entscheidungen und Selbstfindungsprozessen verweigert.

Wir bedürfen des Bewußtseins, daß uns auf individueller wie auch auf kollektiver Ebene auf dem beschriebenen Wege der Patriarchalisierung unser eigenes Wissen, unsere ureigenste Ge-Wiss-heit um unsere Seinsbestimmung abgenommen wurde, da wir nie lernten, selbst zu erforschen, welche Möglichkeiten wirklich in uns stecken, und statt dessen auf ein genormtes Frauenbild verpflichtet wurden. Wo uns aber von außen – egal ob von Männern oder von Frauen – gesagt wird, wie wir sein sollen, da werden wir möglicherweise veranlaßt, das Wichtigste in unserem Leben zu verdrängen, da besteht die Gefahr, daß Pseudo-Wissen an die Stelle von echtem Wissen tritt. Gleichzeitig wird damit die Grenze zwischen echtem Wissen und Nicht-Wissen verwischt und Seinsvergessenheit gefördert. Sie bewirkt, daß wir in den tiefsten Schichten unseres Seins zutiefst verunsichert werden. Echter Ge-wiss-heit beraubt, kann es aber nicht zur Entfaltung eines echten Gewissens kommen.

Die Befreiung von falschen Schuldgefühlen ist verbunden mit der Wiedergewinnung von ureigenstem Wissen nicht nur um unsere Fähigkeiten und Aufgaben, sondern auch um unsere wirkliche Schuld, die nur wir allein kennen. Zu diesem Wissen verhelfen uns nicht äußere Stimmen, die uns schuldig sprechen. Hier bedarf es feinfühliger Freundinnen, die sich diesen Prozessen gestellt haben und mit der unbewußten Dimension in Verbindung stehen. Es bedarf aber auch eines hohen Maßes an liebevoller Vergebungsbereitschaft sich selbst gegenüber, damit das Anschauen wirklicher Schuld nicht zur Qual wird. Im Anschauen echter Schuld hören Gewissensprobleme auf, Anpassungsprobleme zu sein, und werden zu

dem, was sie eigentlich sind: Sinnprobleme, die uns darauf
hinweisen, daß wir den eigentlichen Sinn unseres Lebens
noch nicht gefunden haben und noch im Begriff sind, ihn zu
verfehlen, daß wir an unserer persönlichen Bestimmung vorbeileben und noch nicht dabei sind, die zu werden, als die wir
von unseren Begabungen her gemeint sind. Unser echtes
schlechtes Gewissen wird uns nicht länger lähmen, sondern
uns auf neue Seinsmöglichkeiten verweisen, die in den bislang
gelebten Normen und Werten nicht enthalten waren. Denn:
»Ein jegliches hat seine Zeit, und alles Vornehmen unter dem
Himmel hat seine Stunde...«[50]

VIII. Kapitel

Weiblichkeit als Kategorie eines
neuen Schuldverständnisses

»Geschlechtsneutralität« als Grundlage eines christlichen Gewissens

Fragen der Schuld und damit auch der Gewissensäußerungen wurden in der Vergangenheit durch Kirche und Theologie geprägt, die mit ihren Lehren und Wertungen Inhalte und Ausmaß weiblicher Schuldgefühle in ganz erheblichem Maße bestimmt haben. Unter der Regie zölibatärer und überwiegend frauenfeindlicher Kirchenmänner wurde in jahrhundertelanger Kleinarbeit das *schlechte* Gewissen eine Frage des *Geschlechts* – des weiblichen, versteht sich. Bis heute läßt sich eine recht unbefriedigende – im Grunde genommen dilettantische – Herangehensweise an diesen Problembereich aufzeigen:

1. Die Theologen sind nie über einen dezidiert männlichen Schuldbegriff hinausgekommen. Sie thematisieren typisch männliche Schuld und haben weibliche Erfahrungen dabei nicht im Blick.
2. Ihr männliches Schuldverständnis projizieren sie vorzugsweise auf das weibliche Geschlecht. Männer werden als Schuldige nicht sichtbar, denn zur Veranschaulichung bedienen sie sich auffallend häufig der Frauen, obwohl deren Schuld ganz anders gelagert ist.
3. Gleichzeitig leugnen sie aber die Bedeutung der Kategorie Geschlecht und lehnen eine geschlechtertypologische Differenzierung innerhalb ihres Schuldbegriffs ab.

Dieser verwirrende Umgang mit Schuld und Geschlecht, bei dem Frauen eine recht diffuse Rolle zugewiesen wird, bedarf einer abschließenden theologischen Klärung. Gleichzeitig wird es in diesem letzten Kapitel aber auch darum gehen, das christliche Sündenverständnis unter Berücksichtigung der Geschlechterwirklichkeit aus weiblicher Perspektive neu zu interpretieren und damit die Notwendigkeit eines Dialogs über weibliche Schuld bewußtzumachen.

Bis in die Gegenwart ist die Festlegung von Schuld und Sünde eine ausschließlich männliche Angelegenheit. Auf der Grundlage einer oft willkürlich anmutenden Auswahl biblischer Aussagen bestimmten unverheiratete Kirchenmänner durch die Jahrhunderte nach ihrem Ermessen, was als menschliche Schuld zu werten und wie mit ihr umzugehen war, wo Vergebung möglich war und wo nicht; vor allem aber, zu welchen Bedingungen – und sogar zu welchem Preis. In Bußmanualen und Beichtspiegeln hat die Kirche Vergehen festgelegt, die als Sünden aufzufassen und folglich zu beichten sind. Im Mittelalter begann sie damit, ein ihren Bedürfnissen entsprechendes Schuldverständnis aufzubauen. Mit der Einführung der Ohrenbeichte zwang sie die Menschen, in ihren Seelen dafür Raum zu schaffen, »und zwar in Übereinstimmung mit den architektonischen Regeln des Kirchengesetzes... Die Beichte schafft(e) ein ›inneres Forum‹.«[1] Es entstand das christliche – später: das katholische – Gewissen.

Indem die Kirche ihre Werte auch noch verabsolutierte und sie als »Willen Gottes« ausgab, zerstörte sie ein bereits vorhandenes ethisches Bewußtsein. Sie hob auf diese Weise ein aus vorchristlichen Traditionen und jahrhundertealten Erfahrungen und Lebenszusammenhängen erwachsenes Gefühl für Schuld auf, um es durch ein völlig neues Schuldverständnis zu ersetzen. So hatte die Neuschaffung von Schuld sowie der damit verbundene Umgang mit ihr in der mittelalterlichen Beichtpraxis eine nie zuvor gekannte Vereinnahmung innerer Seelenräume zur Folge. Die Kirche schuf sich das Gewissen, das auf ihr Schuldverständnis reagierte. Wie brutal sie dabei vorging, wird durch die Jahrhunderte während Inquisition deutlich, mit der sie ein irreparables Maß an ethischer Verunsicherung geschaffen hat. Ihre umfassende seelische Manipulierung menschlichen Verhaltens brachte der Kirche immer mehr Macht und den Gläubigen immer mehr Abhängigkeit und Verunsicherung, die wiederum zu Denunziationen während der Inquisition führten. Millionen Menschen fielen dem kirchlichen Schuld- und Glaubensverständnis zum Opfer. Doch machten sich männliche Schuldprojektionen mit Vorliebe an Frauen fest, die folglich wesentlich häufiger als Männer gefoltert und auf den Scheiterhaufen verbrannt wurden. Sie waren aber auch noch in anderer Weise stärker von diesem Umbruch betroffen als Männer.

Ivan Illich hat dargelegt, wie die Kirche während der Inquisition im Kampf gegen heidnisches Brauchtum auch einheimische Geschlechtertraditionen zerstörte. Wie sehr Geschlechtszugehörigkeit das Leben der Menschen bestimmte, wird bis jetzt noch viel zu wenig gesehen. Statt dessen wird häufig der Eindruck erweckt, als sei die Schaffung geschlechtsspezifischer Lebenswelten in besonderer Weise auf die Kirche zurückzuführen. Das genaue Gegenteil ist der Fall. Wo immer die Kirche ihren Fuß hinsetzte, fand sie weltweit einheimische Geschlechtertraditionen vor, die »Orte, Zeiten, Werkzeuge, Aufgaben, Formen der Sprache und des Sprechens, des Gebarens und der Wahrnehmung, die Männern zugehörig sind«, von denen unterscheiden, die Frauen eignen.[2] In diesen getrennten Geschlechterwelten existierten Aufgaben- und Lebensbereiche mit unterschiedlichen Verhaltensanforderungen und -normen. Geschlechtsbestimmende Unterschiede wurden hier nicht als Abweichungen von einer abstrakten, angeblich geschlechtslosen »menschlichen« Norm gewertet, die sich bei genauerer Betrachtung dann doch als einseitig männlich erweist. Diese ursprüngliche Geschlechterwelt wurde von jedem Geschlecht selbst ausgestaltet und verwaltet und stand folglich im Einklang mit den jeweiligen Bedürfnissen der Geschlechter, die ein Recht hatten auf ein jeweils eigenes Verhaltensmuster. Sie wurden nicht an Kriterien gemessen, die nicht die ihren waren.

Genau das änderte sich durch die siegreichen Kirchenmänner, deren »Verdienst« es ist, insbesondere weibliche Lebensräume vernichtet, verändert und teilweise nach eigenem Bedarf neu geschaffen zu haben. Bei diesen Neu- und Dekonstruktionen bediente sich die Kirche, wie gesagt, eines vorher unbekannten geschlechtslosen Sündenbegriffs. Vor ihrem

Siegeszug war mit den unterschiedlichen Verhaltensanforderungen in geschlechterdifferenten Lebenswelten auch ein jeweils eigenes Schuldbewußtsein verbunden, das mit der Schaffung eines christlichen Gewissens abgeschafft wurde. Der kirchliche Beichtspiegel unterschied nicht mehr zwischen einer weiblichen und einer männlichen Lebenswelt. »Siebenhundert Jahre (…vor Marx und Freud) hatte die Kirche begonnen, geschlechtslosen Seelen auch geschlechtslose Sünden zu unterstellen.«[3]

Parallel zur Vereinnahmung innerer Seelenräume verlief eine umfassende Zerstörung und Vereinnahmung vorrangig weiblicher Lebensräume. Frauen waren hier in besonderem Maße betroffen, und zwar aus folgenden Gründen:

1. Sie waren von den normenschaffenden Instanzen der Kirche ausgeschlossen, so daß nur noch für Männer neue Machtbereiche entstanden.

2. Das neue Schuldverständnis verband sich mit einem einseitig männlichen Gottesbild, das Weiblichkeit diskriminierte und männliche Macht förderte.

3. Aufgrund der vorhandenen Geschlechtertrennung gestaltete sich der Zugang zu weiblichen Lebenswelten wesentlich schwieriger und langwieriger und wurde daher mit um so brutaleren Mitteln vorgenommen. Der Prozeß der Zerstörung und Aneignung weiblicher Lebenswelten fand neben dem religiös-kultischen Bereich auch im Heilungswesen statt. In beiden Bereichen waren Frauen die großen Verliererinnen. Mit der Etablierung der Schulmedizin, die am Beginn allein Priestern vorbehalten war, geriet weibliches therapeutisches Wissen zunehmend unter männlichen Druck. Es wurde Frauen entrissen oder aber verketzert, und schließlich wurden viele Frauen auf dem Scheiterhaufen verbrannt. Nicht umsonst gehörten die Beginen, Hebammen und Heilerinnen zu den bevorzugten Frauengruppen, die der Vernichtung anheimfielen. Bis heute sorgen strenge Gesetze dafür, daß die männliche »gschlechtsneutrale« Schulmedizin nicht unter Konkurrenzdruck gerät und alternative Heilungsformen

nicht etwa auferstehen. Inzwischen beginnt die Macht der Ärzte bereits im Uterus und reicht bis ans Sterbebett.

Mit der Zerstörung ihrer Lebenswelten, ihrer religiösen Traditionen und ihres Erfahrungswissens fand eine umfassende Vernichtung weiblicher Identität statt. Hier gilt, was Luce Irigaray schreibt: »Die größte Schuld des Volkes der Männer ist, ein Geschlecht seines sittlichen Bewußtseins und seiner Wirklichkeit als Geschlecht beraubt zu haben, das heißt, die Wirklichkeit von der Substanz getrennt zu haben. Die amerikanische Philosophin Ty Grace Atkinson hat, wenn ich den Sinn ihrer Analyse richtig verstehe, diesen Gestus einen ›metaphysischen Vampirismus‹ genannt.«[4]

Irigaray geht auch darauf ein, daß der weibliche Funktionsbereich kein selbstgewählter, sondern ein von Männern konstruierter ist, der sich zudem noch für Frauen als sinnlos erweist. »Ihr Zweck, die Wirklichkeit ihres Zwecks, sofern es überhaupt ihrer ist, wird ihnen im übrigen genommen: Das Kind, der Ehemann werden ihnen von der Gesellschaft, der Arbeitswelt, dem Krieg geraubt. Den Frauen ist also der Zweck ihres Tuns genommen, sie sind zu Teilnahmslosigkeit, zur Entsagung verurteilt, ohne dies gewählt oder gewollt zu haben.«[5] Und weiter schreibt sie: »Das menschliche Geschlecht ist in zwei Funktionen, zwei Aufgaben aufgeteilt, nicht zwei Geschlechter. Die Frau hat unter Androhung des Todes auf ihr Geschlecht verzichtet. Der Mann, auf andere Weise, auch. Seine Auseinandersetzung findet gleichwohl mit einem Gott oder einem Geist seines Geschlechts statt.«[6]

Mit der einseitigen Bestätigung des Männlichen als »göttlich«, mit einem Schuldbegriff, der das Geschlecht unberücksichtigt läßt, aber doch ausschließlich vom männlichen Geschlecht definiert wird, mit einer weiblichen Gewissensinstanz, die sich diesem Schuldbegriff anpassen mußte, wurden auch ohne Scheiterhaufen innere und äußere weibliche Lebenswelten zerstört und mit ihnen auch das Wissen um sie.

Durch die Schaffung eines geschlechtsneutralen Sündenkodex leistete die Kirche auch eine wesentliche Vorarbeit für

die angeblich ebenso geschlechtslosen Wissenschaften und
damit für die Entstehungsbedingungen des späteren Kapitalismus, der wiederum einer mehrfachen Ausbeutung des
weiblichen Geschlechts den Rücken stärkte. Erst durch die
Aufhebung der grundsätzlich verschiedenen und relativ eigenständigen Welten der Geschlechter war es möglich, die
Frau in einer durch männliche Interessen bestimmten Welt
auszubeuten. Illich stellt fest, daß jedes wirtschaftliche
Wachstum die Vernichtung ursprünglicher Lebenswelten
von Frauen und Männern mit sich bringt.[7] Die damit einhergehende Verunsicherung der Menschen dient ihrer ökonomi-
schen Ausbeutung. Weltweit sind bei diesem Vorgang Frauen
die stärksten Verliererinnen. Unter dem Deckmantel der Ge-
schlechtsneutralität findet in unterschiedlichen Wirtschafts-
und Lebensbereichen eine kaum zur Kenntnis genommene
Unterdrückung alles Weiblichen größten Ausmaßes statt.

Dabei spielt nicht nur die institutionalisierte Männermacht
eine gravierende Rolle. Was damit gemeint ist, läßt sich am
besten im Bereich der Erziehung aufzeigen. Ähnlich wie die
Gesundheitspflege stand auch die weibliche Erziehung bis
zum Mittelalter noch weitgehend unter weiblicher Obhut
und geriet erst ganz allmählich unter den Einfluß institutio-
nalisierter Männermacht. Selbst im vorigen Jahrhundert war
es noch möglich, daß Pädagoginnen Mädchenschulen mit eigenen Erziehungskonzepten gründeten. Daran ist heute gar
nicht mehr zu denken.

Bereits im Kindergarten können sich Jungen einüben in
männliches Machtgebaren, ohne daß ihnen Einhalt geboten
wird. Spätestens hier beginnt jener Prozeß weiblichen Ausgeliefertseins sowie der Aneignung weiblicher Lebensräume.
Von männlichen Bedürfnissen ausgehend, werden Mädchen
nunmehr permanent taxiert und zensiert, behindert und eingeschränkt, bevormundet und manipuliert, diffamiert und
Gewaltakten ausgesetzt. Sie haben keinen eigenen Schonraum, in dem sie den Umgang mit dem eigenen Geschlecht
einüben können, ohne sich permanent auch auf Jungen bezie-

hen zu müssen. Dabei verhindert das Postulat einer »emanzipatorischen« Erziehung, daß Mädchen vor Aggressionen und Bevormundungen geschützt werden. Unter dem pädagogisch unverantwortlichen Vorwand, Mädchen müßten lernen, sich selbst zu verteidigen, wird ihnen die erzieherische Unterstützung verweigert. Gleichzeitig werden Aufmerksamkeit und Zuwendung von Erzieherinnen und LehrerInnen durch renitentes Jungenverhalten übermäßig absorbiert. Auf der Grundlage einer angeblich geschlechtslosen Erziehung, die die Bedürfnisse von Mädchen ignoriert, finden die subtilsten und gewalttätigsten Unterdrückungsakte statt, leben sich Jungen auf Kosten der Mädchen aus und nehmen ihnen auch noch den engsten eigenen Raum.[8] So stehen Mädchen und Frauen vom Kindergarten bis weit ins Berufsleben hinein heute fast permanent unter Einfluß und Kontrolle des männlichen Geschlechts. Ohne eigene Frauenräume aber kann sich weder weibliche Identität entfalten, noch kann es zu einer echten weiblichen Lebenswelt neben der immer vorhandenen Männerwelt kommen. Was übrigblieb, sind kleine Nischen und eine vom männlichen Geschlecht manipulierte Welt der Frauen im Bereich von Mode und Kosmetik. Ausdrucksmöglichkeiten für weibliche Erfahrungen gehen immer weiter zurück, und weibliche Perspektiven geraten gar nicht erst in den Blick. Der feministische Ruf nach Geschlechtslosigkeit kann daher unmöglich geeignet sein, Frauen zu sich selbst zu befreien und ihre Interessen zu vertreten. In der Vergangenheit diente er allen möglichen Mächten – nur nicht der Eigenmacht von Frauen.

Doch tritt neben die Zerstörung geschlechtereigener Lebenswelten durch die Kirche noch ein weiterer Aspekt, der für weibliche Gewissensprobleme heute von Bedeutung ist. Die männliche Institution Kirche zwang die Frauen (selbstverständlich auch Männer), sich mit jener Schuld zu identifizieren, die sie selbst mit ihren Vorgehens- und Verhaltensweisen auf sich lud. Als Schuld wurde immer nur das »Fehl«-Verhalten der zu »Gläubigen« gemachten Menschen definiert, nie das Verhalten der Kirche und ihrer Repräsentanten. Im Gefolge der Abschaffung des ihnen eigenen Schuldbewußtseins lernten Frauen, das Verhalten einer männlichen Institution, die den Willen eines männlichen Gottes verkündete, als »gut« und »richtig« anzuerkennen, ohne die Möglichkeit, es gemeinsam zu hinterfragen. Dazu gesellte sich die Lehre von einem Gott, der seine Liebe zu den Menschen dadurch zum Ausdruck brachte, daß er seinen eigenen Sohn ermorden ließ, um ihre Sünden vergeben zu können. Beide Faktoren gehören zu den religiösen Grundlagen einer massiven ethischen Verwirrung, die die meisten Frauen heute daran hindert, strukturelle, das heißt systembedingte Schuld zu erkennen. Für diese Erkenntnis bedarf es nicht nur einer Distanz zu patriarchalen Institutionen, sondern offenkundig auch zum männlichen Geschlecht, die beileibe nicht allen Frauen möglich ist.

Die Tatsache, daß die protestantische Kirche sich von einem festgelegten Sündenkodex distanzierte und die Beichtpraxis abschaffte, hat ihr den guten Ruf einer wesentlich liberaleren Institution eingebracht. Immerhin führte ihre Haltung zu mehr Autonomie und Unabhängigkeit von kirchlicher Bevormundung. Sie hatte aber gleichzeitig auch eine starke Verunsicherung zur Folge, die meist übersehen wird. Die Tatsache, daß durch den Beichtspiegel Schuld konkret benennbar und durch die Beichtpraxis in gewisser Weise auch »behebbar« geworden war, hatte den Gläubigen im Laufe der Zeit ein Gefühl der Gewißheit und Eindeutigkeit vermittelt, das sich erleichternd auf das autoritäre Gewissen auswirkte. Hielten sich die Menschen an die Richtlinien der Kirche, so konnten sie einigermaßen »in Frieden« mit ihrer (nunmehr kirchlich geprägten) Seele leben. Für viele Gläubige bedeutete daher das Fehlen von Beichte und Sittenkodex eine Verschärfung ihrer Schuldgefühle, da sie nun viel unmittelbarer an Gott ausgeliefert waren. Jetzt konnte buchstäblich alles zur Schuld werden – selbst das gute Gewissen, wie ich im ersten Kapitel gezeigt habe. Der mögliche Zugewinn

an Befreiung wurde so wieder eingeholt durch eine stärkere
Verunsicherung; denn die Schere im Kopf ist allemal schärfer als Beichtspiegel und Kirchengesetze. Nur so läßt sich die
stärkere Fixierung auf das Problem menschlicher Schuld im
protestantischen Raum erklären.

Dazu gehört auch die Entfaltung einer protestantischen
Anthropologie, die die Sünde zum Zentrum des (angeblich
von der Sünde befreiten) Menschen erklärte. Mit ihr verbindet sich die für den Protestantismus so zentrale Lehre, daß
der Mensch als Sünder einerseits der Erlösung durch den
Tod Christi bedarf, andererseits aber an Jesu Tod für schuldig befunden wird.[9] Dadurch entstand ein gefährliches Double-Bind: Jenes Ereignis, das den Menschen freisprach von
aller Schuld – der Tod Jesu am Kreuz –, sprach ihn im gleichen Atemzug schuldig. So überrascht es nicht, daß die protestantische Seele keineswegs von übermäßigen Schuldgefühlen befreit wurde und der protestantische Liberalismus
folglich auf tönernen Füßen steht. Das zeigt sich nicht zuletzt an dem hohen Anteil, den protestantische Pfarrfrauen
und Fundamentalistinnen seit vielen Jahrzehnten an eccle-
siogenen (= kirchenbedingten) Neurosen in psychiatrischen
Kliniken haben.

Wo »der Mensch« primär von der Sünde her definiert und
als »Sünder« im Mittelpunkt von Lehre und Verkündigung
steht, da ist aber die Frau vorrangig betroffen.

Schuld und Sünde als Thema feministischer Theologie

Seit ihrem Bestehen hat die feministische Theologie eine Fülle
von Material be- und erarbeitet, aus dem hervorgeht, welche
immense Bedeutung der Kategorie Geschlecht in der theologischen Reflexion zukommt. Dabei geht es nicht nur um un-

terschiedliche Sprachstile und Denkmuster, Erfahrungen und Wertsetzungen, nein, hier geht es um ein grundlegend unterschiedliches In-der-Welt-Sein; um die Verkörperung häufig diametral entgegengesetzter Seinsweisen und damit auch grundverschiedener Ansprüche, Bedürfnisse und Interessen. Wie tief dieser Interessenkonflikt der Geschlechter in Wirklichkeit ist, gelangt bislang noch kaum ins kollektive weibliche Bewußtsein.

Das Ausmaß dieses Konflikts kommt innerhalb der Theologie nirgends so klar zum Ausdruck wie in zwei Themenkreisen: der Frage nach dem Gottesbild und dem Problem von Schuld und Sünde. Während die Kritik am männlichen Gottesbild seit einigen Jahren immer deutlicher formuliert und der Ruf nach der Göttin weltweit immer lauter wird, ist die geschlechterdifferente Brisanz der Schuldproblematik – zumindest in Deutschland – noch kaum diskutiert worden. Dabei erschein in den USA bereits 1960 eine Schrift von Valerie Saiving, die auf die Notwendigkeit eines geschlechterdifferenten Ansatzes im Sünden- und Schuldverständnis aufmerksam machte und auf die grundlegend unterschiedliche Entwicklung und Erlebnisweise der Geschlechter verwies.[10] Sie führte den überzeugenden Nachweis, daß die Situation des Menschen sowie seine Angst- und Schuldprobleme, wie sie von Philosophen und Theologen beschrieben werden, wohl für das männliche, aber keineswegs für das weibliche Geschlecht zutreffend dargestellt werden. Zu diesem Schluß kommt sie, nachdem sie sich eingehend mit der Anthropologie und ihren Aussagen zur Geschlechterdifferenz befaßt hat. Hier beruft sie sich in besonderer Weise auf Margaret Mead und Ashley Montagu sowie auf andere namhafte PsychologInnen. Nach eingehenden Studien wurde der Theologin klarer, daß eine Reihe der von zeitgenössischen Theologen hervorgehobenen Merkmale des Dilemmas menschlicher Existenz eine eingehende Analyse des Dilemmas *männlicher* Existenz waren. Dabei nennt sie folgende Themenbereiche, mit denen männliche Theologen sich befaßt hatten und in denen Saiving weniger Probleme von Frauen als vielmehr von Männern wiedererkannte:

— deren Beschreibung der Situation des Menschen mit Begriffen wie »Angst« und »Entfremdung«;

— des Konflikts zwischen Notwendigkeit und Freiheit;

— deren Gleichsetzung von Sünde mit Stolz, dem Willen zur Macht, Ausbeutung, Selbstbehauptung;

— die Behandlung anderer als Objekte und nicht als Personen;

— deren Erlösungskonzept als Erneuerung dessen, woran es ihnen grundlegend mangelt, nämlich sich aufopfernde Liebe, die Ich-Du-Beziehung, das Primat des Persönlichen und schließlich Friede.

Nach Saivings Analyse konnten die Theologen hier nur insofern für die moderne Frau sprechen, als sie sich zunehmend an den vorherrschenden Werten des Mannes orientierte und sich den Herausforderungen und Möglichkeiten, Risiken und Unsicherheiten bei ihrer Teilnahme an der männlichen Welt stellte. Dennoch bleibt nach ihrer Auffassung bei Frauen so etwas wie ein »weiblicher Rest«, der von dem Sünden- und Seinsverständnis der Theologen nicht erfaßt wird.[11]

Zu einer recht ähnlichen Erkenntnis bin auch ich in meinem Jesus-Buch gelangt. Wie ich dort zeigte, stimmt weder die protestantische Anthropologie noch die Kreuzestheologie und Sündenlehre, mit deren Verständnis insbesondere Frauen ihre Probleme haben, mit dem überein, was Jesus gelehrt hat. Wie ich zu zeigen versuchte, entstand die Lehre von der Vergebung der Sünden durch den Kreuzestod Jesu auf der Grundlage verdrängter Schuld gegenüber Jesus (bei Petrus) und seinen Anhängern (bei Paulus). Die Männer der ersten und zweiten Stunde des Christentums hatten allen Grund, bedrückende Schuldgefühle im Hinblick auf ihr Verhalten (Verrat, Verleugnung, Verfolgung) Jesus und seinen Anhängern gegenüber zu empfinden. Bei letzteren denke ich beispielsweise an Stephanus, der als erster Christ im Beisein — möglicherweise aber auch in der Mitverantwortung — des Paulus als fanatischem ChristInnenverfolger gesteinigt wurde. Da sie keine Möglichkeit sahen, für die Schwere ihrer Schuld Vergebung zu erlangen, und sich wohl auch selbst nicht vergeben konnten und statt dessen ihre Schuld verdrängten, entwickelten und tradierten sie – in Anlehnung an das jüdische Opferverständnis – die Lehre von der vergebenden Kraft des Opferblutes Jesu.

Im Protestantismus gesellt sich dazu möglicherweise noch ein weiteres Moment, das für die Verschärfung der Schuldproblematik von Bedeutung sein könnte. Die Lossagung von Rom, die Luther ja keinesfalls beabsichtigte, muß für die Männer der ersten und zweiten Stunde des Protestantismus ebenfalls mit Schuldgefühlen verbunden gewesen sein, für die es keine Vergebung gab. Auch die Verdrängung dieser Schuld kann nicht ohne Folgen für die weiteren Lehren geblieben sein. Die Vorstellung von der Rechtfertigung des Sünders vor Gott durch den Tod seines Sohnes, die Paulus und Luther gemeinsam hervorheben, scheint mir in diese Richtung zu weisen.

Inzwischen haben sich auch Christine Schaumberger und Luise Schottroff dieses Themas angenommen. Auf der Grundlage der Analysen Saivings und in ihrem Gefolge Judith Plaskows haben sie die protestantische Sündenlehre einer kritischen Prüfung unterzogen. Sie lehnen das besonders in der protestantischen Theologie hervorgehobene Sündigsein des Menschen als eine »Grundbefindlichkeit seiner Existenz« ab, zumal es unabhängig von historischen Bedingungen postuliert wird.[12] Gleichzeitig widmen sie sich der Androzentrik theologischer Schuldvorstellungen, die bis in die Gegenwart zu Lasten von Frauen geht.

Wenn es auch die Kirche war, die die Vorstellung einer geschlechtslosen Schuld einführte, so kann dieser Umstand nicht darüber hinwegtäuschen, daß das Thema Schuld und Sünde innerhalb der patriarchalen Tradition dennoch von Anfang an eine starke geschlechtsspezifische Komponente aufweist. Das hat bereits unser Blick auf den Anfangsmythos des Patriarchats im zweiten Kapitel dieses Buches bestätigt. Dort zeigte sich: Der Mann sündigt eigentlich nur, weil es die Frau gibt, die ihn zur Sünde verführt. Dieser Tenor ist auch in späteren theologischen Texten unüberhörbar. *Die* Sünde ist unter ihrem geschlechtslosen Anstrich aus männlicher Perspektive auffallend weiblich. Sie hat viele Theologengenerationen beschäftigt, denen Psychologen folgten.

Dabei ging es jedoch nie um die Beschreibung weiblicher Wirklichkeit, sondern um die Formulierung männlicher Ängste, Projektionen und Vorurteile. Über die Sünde des Mannes wurde kein Wort verloren. Noch heute werden von Theologen zur Beschreibung von Schuld Beispiele verwendet, in denen mit Vorliebe Frauen vorkommen. Schuld ist bei ihnen entweder geschlechtslos oder weiblich.

Durch zwei christliche Jahrtausende hindurch mußte Eva als Repräsentantin des weiblichen Geschlechts herhalten, um den weiblichen Charakter der Sünde herausstellen zu können und die negative Phantasie im Hinblick auf die Frau zu beflügeln. Hierzu einige Zitatstücke. Johannes Chrysostomos begründet, warum das Leiden frauengemäß ist: »...damit du durch die ständigen Wehen und die täglich entstehenden Schmerzen immer eine Erinnerung an die Größe deiner Sünde und deines Ungehorsams habest...«[13] In die gleiche Richtung zielt Tertullian, nach dessen Auffassung die Frau »...sogar ihr Äußeres vernachlässigen (soll), da jede in sich selbst eine trauernde und büßende Eva herumträgt. Sie würde dann durch Bußkleidungen jeder Art um so vollständiger sühnen helfen, was Eva verschuldet hat, ich meine den schmählichen Sündenfall und den trostlosen Untergang der Menschen. In Schmerzen und Ängsten mußt du gebären, o Weib, zum Mann mußt du dich halten, und er ist dein Herr. Und du wolltest nicht wissen, daß du eine Eva bist?... Du bist es, die dem Teufel Eingang verschafft hat.«[14]

Und in einem apokryphen Text läßt der Schreiber Maria zu Petrus sagen: »Du bist das Abbild Adams. Wurde dieser nicht zuerst erschaffen und danach erst Eva? Sieh die Sonne! Sie

glänzt nach der Art Adams. Sieh den Mond! Er ist voller
Schmutz, weil Eva das Gebot übertrat... sie besudelte das
Gebot des Herrn, und deshalb wurde der Mond schmutzig,
und sein Licht glänzt nicht... In mir nahm der Herr Wohnung, damit ich die Würde der Frauen wiederherstelle... Du
hast den Fehltritt Evas wiedergutgemacht.«[15]

Doch verweist uns der zeitlich früheste Beleg für eine solche Verwendung des Mythos von Evas Urschuld auf die Bibel
selbst, in der es bereits heißt: »Von einer Frau (stammt) der
Anfang der Sünde, und ihretwegen sterben wir alle.«[16] Wenn
sich heute auch kein ernstzunehmender Theologe eine so offen frauenfeindliche Haltung leisten könnte, so läßt sich dieser Tenor der Schuldzuweisung an das weibliche Geschlecht
bei genauerem Hinsehen doch auch heute noch ausmachen.

Nachfolgend ein Beispiel aus dem Evangelischen Erwach-
senenkatechismus[17], in dem der Schreiber den Begriff der
Erbsünde zu erläutern versucht: »Obgleich sich die Sünde als
Störung des Gottesverhältnisses auf rein psychologischem
Wege nicht erfassen läßt, zeigt uns die Tiefenpsychologie
doch vergleichbare Vorgänge, die uns zum Verständnis der
Erbsünde verhelfen können. Sie bietet viele Beispiele dafür,
wie ein Kind von Anfang an durch die Schuld anderer, durch
Haltung und Verhalten seiner Eltern, am Anfang *vor allem
der Mutter,* geprägt wird.«[18] Nun handelt es sich aber bei
dem theologischen Verständnis von Erbsünde gerade nicht
um etwas – durch wessen Verhalten auch immer – Erworbe-
nes, sondern es meint aus heutiger Sicht, daß wir alle in (patriarchale) Unrechtsstrukturen hineingeboren, mit unserer
Geburt also gleichermaßen in eine Schuldgeschichte hinein-
gestellt werden. Die Worte des Schreibers tragen also nichts
zum Verständnis des Erbsündebegriffs bei, dokumentieren
statt dessen aber eine allgemeine Tendenz in der Theologie,
Schuld und Sünde immer am Beispiel des weiblichen Geschlechts zu veranschaulichen. Die Benennung männlicher
Schuld ist nun einmal tabu. Immerhin wird nun aber nicht
mehr auf den biblischen Eva-Mythos Bezug genommen. Dazu

ist man nun doch zu aufgeklärt. Jetzt bedient man sich der ansonsten verpönten Tiefenpsychologie, die herhalten muß, um einen schwerverständlichen theologischen Begriff zu erläutern.

Fragen wir nach dem Inhalt des theologischen Schuldverständnisses, so begegnen wir immer wieder drei Facetten eines trinitarischen Schuldsyndroms:
1. der Sexualität als Ausdruck der Begierde,
2. dem Sein-wollen-wie-Gott und
3. dem Mangel an Liebe.

Geht es bei diesen Schwerpunktsetzungen um drei kritische Merkmale menschlicher Existenz, die Frauen und Männer gleichermaßen in schuldhaftes Verhalten verstricken, oder handelt es sich hierbei nicht vielmehr um neuralgische Punkte einer spezifisch männlichen Problematik? Es lohnt sich, diesen Fragen nachzugehen, läßt ihre Beantwortung doch die Notwendigkeit einer geschlechtsspezifischen Betrachtung des kirchlichen Schuldverständnisses deutlich werden.

1. Sexualität und Begierde

Bis weit in unser Jahrhundert wurde überall dort, wo das Christentum Fuß fassen konnte, Sexualität zum Laster erklärt. Zumindest außerhalb der Ehe wurde in ihr *die* Sünde schlechthin gesehen. Der Kirchen*vater* Tertullian ging sogar so weit, in der Sexualität auch innerhalb der Ehe etwas »Obszönes« zu sehen.[19] Mittelalterliche Theologen sahen in der Sexualität die Ursache für den göttlichen Rausschmiß aus dem Paradies und folglich auch für den Tod Christi am Kreuz.[20] Da Eva durch die Verführung Adams zur Sexualität das Unheil über die Menschheit gebracht hatte, wurde aus der Sexualität eine überwiegend weibliche »Schuld«.

In vielen theologischen Schriften werden die Begriffe »Sexualität« und »Sünde« synonym verwendet. Wenn das Neue Testament zum Beispiel von der »großen Sünderin« spricht,

dann ist klar, daß ihre »Vergehen« sexueller Art sind, es sich
bei ihr um eine Prostituierte handelt. Der Mann in seiner Eigenschaft als Freier und Zuhälter kommt dagegen als «Sünder« nirgends vor, obwohl er zu allen Zeiten zahlenmäßig
wesentlich stärker vertreten gewesen sein muß. Auch in der
neutestamentlichen Geschichte von der Ehebrecherin taucht
der Mann als Ehebrecher nicht auf. Sie aber soll gesteinigt
werden. Sexuelle Begierde – und damit ein wesentlicher
Aspekt traditionellen Schuld- und Sündenverständnisses –
zeichnet nach männlichen Vorstellungen nun einmal das
weibliche und »in seiner Fleischlichkeit befangene« Geschlecht vor dem männlichen, »überwiegend geistigen« Geschlecht aus. Wo immer die Frau auftaucht, ist sexuelle Begierde im Spiel, kommt der Mann zu Fall. Das ist natürlich
ihre Schuld, denn seit den Tagen Evas ist sie geneigt, den
Mann zur Sünde der Fleischeslust zu verführen. Die Bibliotheken sind voll mit Schriften, die so oder ähnlich argumentieren und dazu auffordern, alles »Fleischliche«, Sexuelle
möglichst schon in kleinen Mädchen, auf jeden Fall jedoch in
Frauen auszulöschen. Hier ist der Hexenhammer eine wahre
Fundgrube. Die Männer hatten Erfolg, denn am Ende ging
sogar das Wissen um die Orgasmusfähigkeit der Frau verloren, und die sexuelle Befriedigung des Mannes an ihr reduzierte sich im Durchschnitt auf einige Minuten, wenn nicht
gar Sekunden. Das letzte Wissen um die Grundlagen weiblicher Lust war von Männern auf den neuzeitlichen Scheiterhaufen verbrannt worden.

  Die Folgen dieses Vorgehens sind heute allgegenwärtig zu
spüren. Die einen sind körperlich verklemmt, andere in ihrer
Gegenreaktion auf Sexualität fixiert. Wo Sexualität durch
zwei Jahrtausende zur Sünde par excellence erklärt wird, da
darf es nicht wundern, wenn sie schließlich genau das wird.
Wir können nicht umhin, in der heutigen männlichen sexuellen Gier und Fixiertheit sowie in der Verbindung von Sexualität mit männlicher oder von Männern geforderter Gewalt[21] eine Folge dieser jahrtausendewährenden Ausrot-

tungspolitik zu sehen. Sextourismus und Frauenhandel, sexuelle Gewalt gegen Frauen, Kinder und manchmal sogar andere Männer sind eindeutig männliche Laster, denen Frauen nichts entgegenzusetzen haben.

Aber gerade in einer Zeit, in der dieser Zusammenhang so klar zutage tritt und sich die kirchliche Vorstellung von – allerdings männlicher – Sexualität voll bestätigt, just in dieser Zeit wandelt sich das kirchliche Sündenverständnis, zumindest das protestantische. Der männliche sexuelle »Drang« wird nunmehr zur »Flamme des Herrn« erklärt[22], und gleichzeitig verliert die Kirche ihr Interesse an diesem ehemaligen Dauerbrennerthema. So stellt Ruth Habermann fest, daß der Begriff »Lust« in der heutigen Theologie keine bedeutende Rolle mehr spielt. Gleichwohl ist er negativ besetzt, denn nunmehr wird Lust »des Narzißmus und der Objektgleichgültigkeit verdächtigt«.[23]

Im Evangelischen Erwachsenenkatechismus wird darauf hingewiesen, daß die Sünde der Begierde neben dem sexuellen auch noch weitere Aspekte hat. Wie es dort heißt, sind in der Kirchengeschichte »die Begriffe ›böse Lust und Neigung‹ häufig einseitig im sexuellen Sinne verstanden worden. Sie sind aber weder bei Paulus noch im Augsburger Bekenntnis so gemeint. Der Theologe Paul Tillich definiert sie so: Begierde ist ›die unbegrenzte Sehnsucht, das Ganze der Wirklichkeit dem eigenen Selbst einzuverleiben... sie bezieht sich auf physischen Hunger ebenso wie auf sexuelle Befriedigung, Erkenntnis, Macht, Wissen, materiellen Reichtum und geistige Werte‹ ... was der Begierde den Charakter der Sünde verleiht, ist ihre Grenzenlosigkeit, das Streben, alles auf sich zu beziehen, alles für sich zu haben.«[24] Was oberflächlich betrachtet so unverfänglich geschlechtsneutral klingt, beschreibt in Wirklichkeit Verhaltensmuster, die wir angesichts des ruinierten Zustandes dieses Planeten wie auch der sozialen Strukturen dieser Welt als kennzeichnend für das männliche Geschlecht betrachten müssen. Männer sind es, die nicht nur ihre Sexualität zur »bösen Lust« werden lassen, mit

der sie Frauen bedrängen, belästigen, unterdrücken, mißbrauchen, vergewaltigen, ausbeuten, versklaven und dabei
nicht einmal vor Kindern und Säuglingen zurückschrecken.
Zu diesem männlichen Sexualverhalten, das von der Antike
bis zur Gegenwart trotz patriarchaler Zensur zu gut belegt
ist, um als sporadische Entgleisung abgetan werden zu können, gibt es, wie gesagt, auf weiblicher Seite kein Pendant.

Wenn die Vorstellung von Frauen als Inbegriff aller Begierde die Jahrtausende durchzieht, so nicht, weil Frauen so
unersättlich waren oder sind, sondern weil Männer solche
Bilder von Frauen brauchen. Sie brauchen auch das Laster,
wie alle Großstädte dieser Welt so augenscheinlich bekunden. In wenigen Jahrzehnten haben westliche Männer ganz
Asien zu einem Bordell gemacht und bedienen sich der Ware
Frau und Kind ganz nach Bedarf. Schauen wir uns einmal an,
wie Männer in Wort, Bild und Tat mit Sexualität umgehen,
dann trifft alles zusammen, was mit »sich versündigen« im
Grunde genommen viel zu schwach benannt ist. Mit ihrer Art
von Sexualität versündigen sich Männer an der Frau, am
Kind, an sich selbst, an der Sexualität, an der Liebe.

Doch ist ihr Umgang mit Sexualität selbstverständlich nur
ein Symptom für ein Gesamtverhalten, das auch ihren Umgang mit Menschen, Geld, Ressourcen, Macht und schließlich auch mit sich selbst kennzeichnet. Der Mann hat sich
nicht nur der Sexualität als Mittel zur Beherrschung bedient,
seine Gier nach Macht und Geld, Prestige und Genuß schafft
weltweit unlösbare Probleme, da nunmehr alles zu einer
Sucht geworden ist, die sich immer krimineller gebärdet.
Trotz dieser offensichtlichen Zusammenhänge wird das Problem männlicher Gewalt noch kaum mit anderen Problemen
wie Rüstungswahn, Abnahme der Ressourcen, Sterben der
Natur, Flüchtlings- und Kinderelend im Zusammenhang gesehen.

Besser als mit den Worten Paul Tillichs kann ein Mann das
Verhalten seines Geschlechts, das Menschen und Globus rui-
niert, wohl kaum beschreiben. Daher wiederhole ich: »Be-

gierde ist ›die unbegrenzte Sehnsucht, das Ganze der Wirklichkeit dem eigenen Selbst einzuverleiben... Sie bezieht sich auf physischen Hunger ebenso wie auf sexuelle Befriedigung, Erkenntnis, Macht, Wissen, materiellen Reichtum und geistige Werte.‹ ...was der Begierde den Charakter der Sünde verleiht, ist ihre Grenzenlosigkeit, das Streben, alles auf sich zu beziehen, alles für sich zu haben.« Daneben stelle ich das Zitat der französischen Psychologin und Philosophin Luce Irigaray, das von noch größerer Klarsicht zeugt, denn sie weiß, daß sie damit Männer und nicht etwa Menschen beschreibt.»Die Männer schreiten auf dem Weg der Ausbeutung, der Aneignung immer weiter voran, ohne genau zu wissen, wohin sie gehen. Sie holen sich, was sie sich einbilden zu brauchen, ohne sich zu fragen, wer sie sind, und ohne zu überlegen, in welcher Beziehung das, was sie tun, zu ihrer Identität steht.«[25]

Damit umreißen ein Mann und eine Frau im Hinblick auf das männliche Verhalten wohl alles, was in religiöser Hinsicht unter Sünde verstanden werden kann. Gleichzeitig bringen uns diese Worte zum zweiten Aspekt des christlichen Sündenverständnisses.

2. Sein wollen wie Gott

Nicht nur zur Sexualität, auch zur Sünde des Sein-wollens-wie-Gott verführte angeblich Eva den Mann. Damit sie selbst aber gar nicht mehr auf die Idee käme, sich an diese Sünde zu verlieren, wurde sie fortan von allen Ämtern der »Stellvertretung Gottes auf Erden« ausgeschlossen. Der Mann entzog ihr sozusagen den Boden solcher Versuchung – und nahm diese stellvertretend auf sich. Er machte sich zum Herrn der Welt, zum Repräsentanten Gottes auf Erden und richtete damit seinen eigenen Gott zugrunde.

Das Sein-wollen-wie-Gott als grundlegende Schuld des Menschen setzt natürlich voraus, daß »Gott« etwas ist, was der Mensch nicht sein darf. An dieser Stelle drängt sich die Erkenntnis auf, daß der männlich-patriarchale Gott eine Projektion dessen ist, was der Mann insgeheim gern wäre: allmächtig, allwissend und Leben erschaffend. In der Tat spielen solche Aspekte im theologischen Verständnis dieser Sünde eine primäre Rolle – genau wie in der Ausrichtung kollektiver männlicher Strebungen.

Wird Gott als Inbegriff männlicher Herrschergewalt verstanden, so mag es sich hier in der Tat um eine Sünde handeln – um eine männliche, versteht sich. Denn dort, wo männliche Herrschaftskonzepte in die Tat umgesetzt werden, da entfalten sie wahrlich »übermenschliche«, wahrhaft gigantische Züge. Weltraumforschung, Rüstungswahn und Gentechnologie sind nur einige der Forschungs- und Prestigeobjekte, die als Belege eindeutig männlicher Allmachtsträume zu verstehen sind. H. E. Richter hat vor einigen Jahren in seinem Buch »Der Gotteskomplex« sehr eindringlich den männlichen Größen- und Allmachtswahn auch in dieser Richtung beschrieben.[26]

Der Evangelische Erwachsenenkatechismus spricht in diesem Zusammenhang als von einem Überschreiten der Grenze zwischen Gott und Mensch, zwischen »Schöpfer und Geschöpf«. »Der Mensch will Gott nicht Gott sein lassen, er will seine eigenen Grenzen nicht wahrhaben. Er will seine Schwächen und Irrtümer, sein Unwissen und seine Unsicherheit, seine Einsamkeit und seine Angst nicht anerkennen. Den Mittelpunkt, in dem eigentlich Gott stehen sollte, nimmt der Mensch für sich in Anspruch. Beispielhaft wird dies deutlich in der Erzählung vom Turmbau zu Babel[27], wo die Menschen einen Turm bauen wollen, der bis an den Himmel reicht; sie tun dies, um sich einen Namen zu machen...«[28]

Auf ähnliche Weise deutet C. G. Jung die »menschliche Weltgeschichte«, die nach seiner Ansicht »von Anfang an in einer Auseinandersetzung des Minderwertigkeitsgefühles mit der Selbstüberhebung« besteht.[29] Auch H. E. Richter hat beschrieben, wie der »menschliche« Allmachts- und Ohnmachtskomplex einander bedingen und die Menschheit immer wieder in Kriege und andere Wahnsinnstaten stürzen.

Hier wie überall ist die Tendenz von Theologen und Psychologen gleichermaßen sichtbar, männliche Schuld und Defizite zu neutralisieren, sie aus konkreten Lebenszusammenhängen hinauszudrängen und auf die Beziehung Gott-Mensch zu projizieren. Fest steht jedoch, daß der Mann immer wieder Grenzen überschreitet im Hinblick auf die Bedürfnisse von Frauen, Kindern, der Tierwelt und der Natur, daß er die Frau nicht Schöpferin sein läßt und sie in ihrer eigentlichen Rolle der primär Verantwortlichen für das Leben permanent behindert. Ansonsten läßt die Präzision der zitierten Worte – als männliche Selbstdarstellung verstanden – nichts zu wünschen übrig.

Das gleiche gilt für den Kern des Sündenverständnisses des Apostels Paulus, das Luise Schottroff auf der Grundlage der Theologie Bultmanns beschreibt mit »Selbstvertrauen, Eigenmächtigkeit, Selbstruhm, Vertrauen auf die eigene Kraft«, die dem »Vertrauen auf Gott« entgegengestellt werden.[30] Auch Schottroff sieht eine Beziehung zwischen dieser Art männlichen Sündenverständnisses und männlichen Verhaltens. Sie schreibt dazu: »Mich befremdete diese Sündenvorstellung, weil ich den Eindruck aus eigener Erfahrung hatte, daß das Streben nach menschlicher Größe gerade dort besonders massiv praktiziert wurde, wo es in der Theorie als Ursünde kritisiert wurde: in den theologischen Fakultäten der Bundesrepublik Deutschland. Das rigide Macht- und Karrieresystem mit seiner Behauptung, sich an ›Leistung‹ zu orientieren, verband sich mit einer Theologie, die menschliches ›Leistungsstreben‹ verurteilte. Gerade am Wort ›Leistung‹ machte sich mir dieser Widerspruch besonders bemerkbar.«[31] Doch just an dieser Stelle sperrt sich der männliche Geist. Schottroff legt dar, wie selbst »moderne« Theologen, die mit dem mythologischen Denken anscheinend auch die traditionelle irrationale Frauenfeindlichkeit abgestreift haben, gerade diese reproduzieren. Ihre Sensibilität für die

Hybris menschlicher Eigenmacht, die keinen Herrn über sich anerkennen will, wächst nämlich in dem Maße, in dem sie sie bei Frauen wittern, deren »sündiges Emanzipationsstreben« herhalten muß zur Illustration der Sünde »menschlichen« Allmachtswahns. Gleichzeitig versäumen sie es jedoch, männliche Herrschaftsstrukturen als sündhaft zu benennen. Ja sie gehen sogar so weit, emanzipatorisches und strukturveränderndes Handeln nicht als »unter dem Wirken des Geistes Gottes« stehend zu sehen, »sondern unter dem Vorzeichen der Eigenmächtigkeit«.[32]

Diese Beispiele mögen genügen, um erkennen zu lassen, wie weit die angeblich geschlechtsneutrale männliche Rede von Gott doch nicht über den engen männlichen Radius hinauskommt und statt »Theologie« ehrlicherweise »Andrologie« heißen sollte. Jedenfalls kritisiert Schottroff die »faktische Groteske, daß die Hybris zur menschlichen Ursünde wird, die mit der Realität fast aller Frauen und vieler Männer nichts zu tun hat«. Und sie fordert: »Die Hybris sollte dort angegriffen werden, wo sie tatsächlich praktiziert wird.«[33] Für ihren Lebensbereich, der jenem der von ihr zitierten Theologen durchaus vergleichbar ist, kommt sie zu folgendem Schluß: »Diese Orientierung an Herrschaft, die niemanden mehr über sich hat, ist in dem Kontext, in dem ich lebe, eine Orientierung vor allem der aufstiegswilligen Männer … Es mag solche Machtorientierung durch eigene ›Leistung‹ auch bei Frauen geben, doch ist bei Frauen eher das Ziel anzutreffen, als ›Frau an seiner Seite‹ an den Segnungen der Macht zu partizipieren.«[34] Und so gelangt sie zu der Einsicht, »daß Sünde nicht bei allen Menschen gleich aussieht«.[35]

Wie männlich jedoch die »menschliche« Hybris des Seinwollens-wie-Gott ist, führt uns das Neue Testament vor Augen. Wie es berichtet, war nicht einmal Jesus vor dieser Verführung sicher. In drei Variationen dieses Themas wird er vom Teufel versucht:

1. Steine in Brot zu verwandeln, das heißt dem *Materialismus* zu frönen;

2. von der Zinne des Tempels zu springen, um zu probieren, ob Gott ihn wirklich »auf Adlers Flügeln« zu tragen vermag, das heißt der Gefahr des *Empirismus* zu erliegen, und

3. den Arm nach Weltherrschaft auszustrecken und damit dem typisch männlichen *Imperialismus* zu verfallen.

Auch Helga Sorge sieht das typisch männliche Dilemma in dieser Versuchung. Sie hat die Antwort einer fiktiven »Tochter Gottes« an den Teufel verfaßt: »Du verlangst, daß ich Gott verleugne und dich anbete um des Reichtums willen und um die Welt zu beherrschen. Aber wieso glaubst du, daß dies für mich eine Versuchung ist? Ich habe doch niemals gewünscht, die Welt zu beherrschen und über all ihre Reichtümer zu verfügen. Dies ist ein größenwahnsinniger Männerwunsch. Ich habe für solche Sachen keine Zeit und keinen Sinn; ich kümmere mich um wichtigere Dinge, und die finde ich in meiner Umgebung in den Menschen, mit denen ich lebe. Ich will das wirkliche, sinnliche Leben schützen und Gott meinem Herrn dienen, der der Geist des Lebendigen und der Liebe ist. ER macht mich frei von der Sucht zu besitzen, zu beherrschen und die Welt mir untertan zu machen.«[36]

Solche Worte führen uns zum dritten Aspekt des protestantischen Sündenverständnisses.

3. Mangel an Liebe

»Liebe« gilt als ein Zentralwort der Bibel[37], und im Gebot der Gottes- und Nächstenliebe wird in Lehre und Verkündigung *das* christliche Gebot schlechthin gesehen. Folglich ist »Sünde«, so der Katechismus, »im letzten Grunde die Unfähigkeit zur Liebe«.[38] So ist anzunehmen, daß diese »Unfähigkeit« auch dem männlichen Umgang mit Sexualität und Macht zugrunde liegt.

Im Vergleich zu den beiden ersten mutet die Beschreibung des dritten Sündenaspekts im Erwachsenenkatechismus auffallend diffus an. Der zwischenmenschliche Erfahrungsbereich wird nur gestreift und der Schwerpunkt auf der metaphysischen Ebene gesucht. Aber gerade in dieser Vorgehensweise spiegelt sich offenkundig jener Mangel, um den es hier geht. Die Kirche hat ein auffallend gebrochenes Verhältnis zur Liebe – ein Erbe ihrer Frauenfeindlichkeit. Doch das wird nirgends thematisiert. So tritt auch die Tatsache, daß der Mangel an Liebe in auffallendem Maße männlich besetzt ist, in theologischen Schriften nicht zutage. Gleichwohl ist er zwischenzeitlich ins öffentliche Bewußtsein gedrungen. Das bestätigen Bestseller wie »Wenn Frauen zu sehr lieben« (Robin Norwood) oder das Buch »Männer lassen lieben« (Wilfried Wieck), das immerhin von einem Mann verfaßt wurde. Bezeichnend ist in diesem Zusammenhang auch, daß *beide* Bücher überwiegend von Frauen gelesen wurden. Männer haben mehrheitlich anscheinend gar kein Interesse daran, etwas über ihr Liebesdefizit zu erfahren und es möglicherweise sogar zu beheben. Sie haben diesen Bereich des Lebens an die Frau delegiert und für sich selbst andere Prioritäten gesetzt.

Diese Entdeckung beschreibt Christa Wolf in ihrem Essay »Selbstversuch«. Dort geht es um eine Geschlechtsumwandlung, die sie für einige Zeit zum Mann werden läßt, die sie jedoch vorzeitig abbricht, weil ihr diese Erfahrung immer unerträglicher wird. Dennoch erwirbt sie auf diese Weise Einblick in die Seele des Mannes. Ihre Entdeckung teilt sie dem Professor und Initiator des Experiments – dem »Versucher« also – mit folgenden Worten mit: »Ihre heillose Arbeitswut, all ihre Manöver, sich zu entziehen, waren nichts als der Versuch, sich vor der Entdeckung abzusichern: Daß Sie nicht lieben können und es wissen.«[39]

Ob sie es wirklich nicht *können* oder sich einfach nur anders *entscheiden*, müßte wohl noch geklärt werden. Fest steht, daß Männer seit Jahrtausenden fasziniert sind von der Macht, die Welt zu erobern. Bei diesem Geschäft haben sie der Macht der Liebe keine Bedeutung geschenkt. Sie haben Macht und Liebe voneinander getrennt, haben das Lieben an

Frauen delegiert und diese ihrer Macht beraubt, derweil sie das Herrschen übernahmen. Sie haben sich der Macht der Liebe verschlossen und dafür gesorgt, daß die Liebe ohnmächtig wurde, die Macht lieblos und der Mann liebesunfähig. Statt dessen plagt sich die Frau allein mit ihrer Liebe herum, die nun einmal auf Beidseitigkeit angelegt ist. Obwohl sich die Kirche seit Jahrtausenden auf Jesus, den Mann der Liebe, beruft, obwohl sie längst für sich beansprucht, Vertreterin einer Religion der Liebe zu sein, hat sie sich noch keine Gedanken darüber gemacht, welchen Beitrag sie möglicherweise auf dem Wege der religiösen Erziehung und Unterweisung zu einer liebevollen Männlichkeit leisten könnte. Bis heute ist ihr männliche Macht allemal wichtiger als das Hervorbringen liebesfähiger Männer. Diese falsche Prioritätensetzung führte zu einem grundlegenden Defizit christlicher Ethik, das die US-amerikanische feministische Moraltheologin Beverly H. Harrison beklagt: »Wir haben noch keine Moraltheologie, die uns die schreckliche, furchteinflößende Wahrheit lehrt, daß wir die Macht haben, einander durch Akte der Liebe oder der Lieblosigkeit buchstäblich zu erschaffen oder zu vernichten.«[40] Doch sind Theologen damit offensichtlich überfordert. In zweitausend Jahren Christentum haben sie noch keine verbindliche Ethik der Liebe hervorgebracht, geschweige denn diesen Mangel auch nur bemerkt. Dabei berufen sie sich auf einen Jesus, der ausdrücklich Männer auf die Liebe verpflichtet und ihnen die Ausübung von Macht verboten hatte. Das revolutionäre Potential dieses Aspektes jesuanischer Ethik wird in der Theologie bis heute ignoriert. Was damit gemeint ist, will ich nachfolgend erläutern.

Bei näherer Betrachtung des geschlechtertypischen Verhaltens von Frauen und Männern in den vergangenen Jahrtausenden zeigt sich, daß der Bereich der Liebe überwiegend weiblich besetzt war und ist. Liebesappelle an die Adresse der Männer bedeuten folglich etwas völlig anderes, als wenn sie an Frauen gerichtet werden. Für das weibliche Geschlecht sind Akte der Liebe eine Selbstverständlichkeit, für das männliche

eine Revolutionierung patriarchaler Verhältnisse. Liebesappelle an das weibliche Geschlecht zu richten hieße: Eulen
nach Athen zu tragen. An Männer gerichtet, bedeuten sie
einen Aufruf zur Revolution, zur grundsätzlichen Erneuerung – unter der Bedingung allerdings, daß sie sich auch wirklich durch sie ansprechen lassen. Genau das aber geschieht
auf der Grundlage patriarchaler »Arbeitsteilung« kaum. Stellen wir uns vor, ein wohlmeinender Pfarrer ruft in seiner
Sonntagspredigt wieder einmal zu mehr Liebe auf. Stellen wir
uns des weiteren vor, dieser Appell erreicht Frauen und Männer gleichermaßen – selbstverständlich Fiktion, da Männer
kaum noch Gottesdienste besuchen. Obwohl Frauen und
Männer dieselben Worte hören, empfangen sie doch sehr unterschiedliche Botschaften aufgrund ihres unterschiedlichen
Selbstverständnisses: Für Frauen ist es gar keine Frage, sich
mit dem Gehörten zu identifizieren. Sie entnehmen den Worten des Pfarrers, daß sie zwar immer noch nicht genug lieben,
was ihnen ihre ständigen Schuldgefühle auch immer wieder
zu sagen scheinen, daß es aber richtig ist, in der eingeschlage-
nen Richtung des alles Verstehens und alles Verzeihens wei-
terzugehen. – Eine für ihr Leben oftmals fatale Entscheidung.
– Männer hingegen hätten zwei Möglichkeiten, diese Botschaft aufzunehmen:
1. Getreu der rollentypischen Arbeitsteilung würden sie sich
nicht mit der Botschaft, sondern mit dem Pfarrer identifizieren und ihm dahingehend zustimmen, daß sie schon lange der
Auffassung seien, ihre Frau solle sich ihnen gegenüber liebevoller verhalten, sie besser verstehen und ihnen leichter verzeihen.
2. Sie beziehen die Botschaft auf sich selbst, dann ist sie revo-
lutionär und bestätigt nichts von dem, was sie bisher über
männliches Verhalten gelernt und selbst praktiziert haben.
Dann verändert diese Botschaft ihr männliches Selbstverständnis und Weltbild. Es wäre der Beginn einer neuen Ära,
denn die Welt krankt nicht am weiblichen, sondern am
männlichen Mangel an Liebe.

Die Aufforderung Jesu an die Männer seiner Zeit, zu lieben statt zu herrschen, verlor ihr revolutionäres Potential auf verschiedenen Wegen:

1. Seine Nachfolger ignorierten die Ausrichtung auf das männliche Geschlecht.

2. Jesu Liebe wurde »in Analogie statt im Gegensatz zu patriarchalen und gottgleichen Herrschervorstellungen gedeutet«.[41] So zum Beispiel bei Tertullian.

3. Herrschaftsgebaren wurde als Liebesdienst ausgegeben, so daß sich die Aufforderung zur Liebe an die Adresse der Mächtigen erübrigte. Sie erging folglich nur noch an die Machtlosen, die überwiegend aus Frauen bestanden...

4. Die Mächtigen aber mochten sich noch so christlich gebärden, sie dachten gar nicht daran, ihre Macht in den Dienst der Liebe zu stellen.

5. Die Kirche selbst identifizierte sich (und Gott) mit den Mächtigen und nicht mit den Liebenden.

Der Grund: Die Liebe ist weiblich. Ob sie nur zum Metier der Frauen erklärt wurde oder es immer war, sei dahingestellt. Wer heute noch die Liebe verkündigen will, ist auf die Frauen angewiesen. Und wer sich heute noch auf die neutestamentliche Aussage beruft: »Gott ist Liebe«, hat Abschied genommen vom männlichen Gott und verkündet eine »Göttin«. Das ist zwar logisch, aber für viele eben nicht theo-*logisch*. Theologen haben das Göttliche auf die Seite der Macht gesetzt und damit der Liebe ihre Basis geraubt. Wer die Liebe an das weibliche Geschlecht delegiert hat, kann sie nun nicht mehr als »männlich« deklarieren. Sie ist unverkennbar weiblich. Ohne es zu wissen, hat die Kirche mit ihrer Distanz zur Liebe insgeheim die »Göttin der Liebe« auf den Thron gehoben. Denn daß es sie gibt, bleibt nicht verborgen, solange es Frauen gibt. Hier haben sich Frauen ihre Kompetenz vor den Männern bewahren können. Zur Liebe gelangt die Kirche folglich nur, wenn sie die Göttin als transzendenten Ausdruck weiblicher Liebeskräfte akzeptiert.

Auf der Suche nach der wahren Schuld von Frauen

»Die Frauen gehören dem patriarchalen Gemeinwesen nicht als wirklich verantwortliche Subjekte an. Daher haben sie die Möglichkeit, diese Kultur zu interpretieren; sie sind weniger in sie eingebunden, ziehen weniger Nutzen aus ihr als die Männer, und sie sind nicht in dem Maße ihr Produkt, daß sie ihr gegenüber blind sind.«[42]

Ich wollte, es wäre so. Doch leider treffen diese Worte Irigarays wohl nur für eine kleine Minderheit von Frauen zu. Immerhin hat sie aber damit recht, daß der kritische Blick auf diese Kultur seitens der Frauen, insbesondere Feministinnen, im allgemeinen wesentlich kritischer ausfällt als bei Männern, deren Kulturkritik sich auffallend häufig durch das Ignorieren des männlichen blinden Flecks auszeichnet. Damit dieser aber kein weibliches Gegenstück erhält, sollen die drei genannten Aspekte des christlichen Sündenverständnisses noch einmal im Hinblick auf das weibliche Geschlecht reflektiert und auf die Frage untersucht werden, inwieweit sie Elemente weiblicher »Schuld« enthalten. Dabei liegt es auf der Hand, daß es sich hierbei selbstverständlich nicht um eine strafrechtliche oder moralische, aber auch nicht um eine ethisch-religiöse Schuld im patriarchalen Verständnis handeln kann. Vielmehr geht es bei diesen Fragen um jenes existentielle Schuldverständnis, wie es im zweiten Abschnitt des vorigen Kapitels beschrieben wurde. Dieses Schuld- und Sündenverständnis könnte Frauen heute veranlassen zu fragen,

a) ob sie nicht mit ihrer Art zu leben etwas verfehlen,

b) sich von etwas ganz Wesentlichem abtrennen

c) und diese Art zu leben wirklich ihrem Sollen oder Seinsauftrag entspricht.

Voraussetzung für die Beantwortung dieser Fragen ist das Akzeptieren von drei Prämissen: daß es nämlich etwas gibt, das wir verfehlen und von dem wir uns abtrennen können, etwas, das an uns berechtigte Sollensforderungen stellen kann.

Alle drei Fragen können insofern bejaht werden, als sie nicht im Hinblick auf einen männlichen Gott gestellt werden, sondern im Hinblick auf unser eigenes Leben. Wir können durch falsche Anpassung an den Willen anderer auf der Grundlage des autoritären Gewissens unser eigenes Leben verfehlen, uns vom Grund unseres Lebens entfernen oder abspalten und dem in uns angelegten Sollen nicht entsprechen. Das Tier, schreibt C. G. Jung, »... erfüllt den Willen, der in ihm waltet, in nahezu vollkommener Weise. Wäre es bewußt, so wäre es frömmer als der Mensch.«[43] Jungs Frömmigkeitsbegriff deckt sich hier mit dem bereits erläuterten hebräischen Verständnis des Guten als des mit sich selbst Identischen, dem eigenen Seinsauftrag gemäß Lebenden. Auf diesem Hintergrund wendet sich das neue Schuldverständnis von Frauen gegen all das, was gegen die heiligen Gesetze der Souveränität des Lebens verstößt.[44]

Der »Anspruch der Souveränität unseres Lebens« tritt uns in der Stimme des ethischen oder humanistischen Gewissens entgegen. Dieser inneren Beobachterin, die unser Tun und Lassen auf der Grundlage solcher Fragestellungen beurteilt, entspricht ein allein für uns gültiges Gefühl für Richtigkeit, zu dem zu stehen den meisten Frauen noch der Mut fehlt. Sie veranlaßt uns dazu, aus jeder Situation neu zu lernen und für unser Leben richtig und falsch jenseits patriarchaler Normen und Vorstellungen zu benennen. In dem Maße, in dem wir unsere Situation als Frauen klar erkennen, werden wir

- patriarchale Sichtweisen verlassen,
- männliche Rechtsschöpfungen ablehnen,
- männliche Erwartungshaltungen nicht länger bedienen,
- männliche Machtansprüche zurückweisen,
- das uns aufgebürdete Schuldbündel abwerfen,
- die Dimension weiblicher Schuldlosigkeit entdecken,
- das Erkenntnisverbot übertreten,
- unsere eigene innere Stimme wiederfinden und
- uns jener Stimme verweigern, die uns zu Handlangerinnen des Systems machen will.

Auf diese Weise wird aus unserer inneren Stimme als ehemaliger Bewacherin eine Hüterin unserer Impulse und unseres Erkennens. In jenem paradiesischen Wesen, das sich dem
Willen des HERRN widersetzte und Eva zum Erkennen von
gut und böse führte, lernen wir jene Schlange kennen, die
auch in uns wohnt und uns in gleicher Weise zu unserer Erkenntnis, zu uns selbst führen will. Erst auf der Grundlage des
Verbots ihrer Tätigkeit konnte sie zu einer *Ver*führerin werden. Und erst auf der Grundlage dieses Verbots und seiner
rigorosen Einforderung über das weibliche Geschlecht ist die
heute allenthalben spürbare Orientierungslosigkeit zu begreifen. Orientierungslosigkeit wird jedoch als erschrecken-
der Werteverlust gerade von den Anhängern jener Tradition
beklagt, die diesen Verlust zu verantworten hat.

Nur im Hören auf unsere innere Schlange erlangen wir unsere Definitionsmacht zurück und mit ihr jene Gewißheit *unseres* Wissens, um die wir so lange gerungen haben. Wenden
wir uns daher noch einmal jenen drei Aspekten des Lebens zu,
die Männer vorzugsweise zur Sünde erklärt haben.

1. Sexualität als Macht im eigenen Hause

Das erschreckende Ausmaß an patriarchaler Entmenschli-
chung und weiblicher Selbstentfremdung, das bei uns gerade
im Bereich der Sexualität zutage tritt, wird erst in vollem Umfang erkennbar, wenn wir wissen, daß nicht-patriarchale
Kulturen einen völlig anderen Umgang mit ihr pflegten. Weit
davon entfernt, religiös belastet zu sein, galt Sexualität in matriarchalen Kulturen als eine sakrale Kraft, der die Menschen
mit großer Hochschätzung begegneten. Der Geschlechtsakt
war als »Sakrament des Lebens« eingebettet in den Kult der
»Heiligen Hochzeit« und damit in ein komplexes Geschehen,
von dem uns noch Überreste im biblischen Hohenlied der
Liebe überliefert werden. In der »Heiligen Hochzeit« verband sich der Mann mit der weiblichen Schöpfungskraft, die

durch viele Jahrtausende hindurch als Große Göttin verehrt wurde. Sie war der Kosmos, der die Sonne gebar. Sie war die Herrin der Tiere und der Vegetation, aber auch jene, die als Göttin der Weisheit den Menschen die Kulturgaben brachte. Doch war die Sexualität nicht nur eingebettet in ein religiöses Weltbild. Sie war auch ein wesentlicher Bestandteil sozialer Beziehungen.[45] Nie hätten die Menschen matriarchaler Kulturen Sexualität im Gegensatz zum geistigen Leben interpretieren können, vielmehr war sie Ausdruck ihrer geistig-sozialen Haltung. Auch wären sie wohl nicht auf die Idee gekommen, diese schöpferische Urkraft in eine monogame Zweierbeziehung einzusperren und sie mit weiblichem Autonomieverlust zu koppeln. So wunderten sich christliche Missionare immer wieder über den freizügigen Umgang, den beide Geschlechter dieser Völker mit ihrer Sexualität pflegten.

Der weibliche Körper war das Symbol der Lebensmacht und galt als eine Verkörperung des Raumes. Als das große Runde symbolisierte er jenen Urraum, in dem alles Leben beginnt. Er war gleichermaßen Urbild des Kosmos wie der Mutter Erde, der Meere wie der Unterwelt – Orte, aus denen fortwährend neues Leben entsteht und in denen es vergeht. Auf allen Ebenen fühlten sich die Menschen ein Leben lang eingebunden in diesen Raum, in den sie auch nach dem Tode wieder zurückkehrten. Von ihm ging alle Lebens- und Todesmacht aus. Durch ihn wurde der Mann zu allen Zeiten an seinen Ursprung aus der Frau und an sein Begehren nach ihr erinnert. Mit jedem Geschlechtsakt kehrte sein Phallus in jenen Ursprungsort zurück und erlebte dort seinen »kleinen Tod«.

Solange in einer Kultur Frauen eine tragende Rolle spielen und große Verehrung genießen, können wir weltweit von einer sichtbaren Hochschätzung der Sexualität ausgehen. Die besondere Würde, die der nackte Körper der Frau einst besaß, läßt sich noch heute in nicht-patriarchalen Kulturen nachweisen.[46] Erst mit dem Anstieg männlicher Macht, mit der Inbesitznahme von Raum mit Hilfe eines männlichen Gottes an der Spitze, in dem nunmehr die Urkraft des Lebens gesehen werden sollte, ging auch der weibliche Körper in den männlichen Besitz über. Weibliche Sexualität diente nun nicht mehr den Bedürfnissen und Anschauungen der Frau, sondern seiner Lust, seinem Potenznachweis, seiner Bevölkerungspolitik und damit seiner Macht.

Die Frau verlor zwar nicht ihre raum- und lebensspendende Funktion, wohl aber die damit zusammenhängende Macht – und vor allem das Bewußtsein dieser Macht. Wo der weibliche Körper langfristig männlich besetzt wird, da können sich auch Seele und Geist nicht mehr freimachen. Unter männlichem Machteinfluß verschwand nicht nur die körperliche, seelische und geistige Autonomie; es verschwand auch das Bedürfnis nach ihr.

Aus ihrer Fähigkeit, Kindern das Leben zu schenken und dem Mann sexuelles Vergnügen zu bereiten, lernte sie, ihren einzigen Seinsauftrag abzuleiten: für ihn dazusein und seinen Samen fortzupflanzen. Auf diese Weise ging der Seinsauftrag des Geschlechts – die Verantwortung für das Leben – verloren, denn er kann nur in weiblicher machtvoller Solidargemeinschaft ausgeführt werden. Die Zerstörung der Frauensippe und die Bindung der individuellen Frau an den Mann mit der dazugehörigen, ihr in Jahrtausenden eingebleuten Parteilichkeit für »ihren« Mann und schließlich für den Mann schlechthin hat bis heute fatale Auswirkungen. Sie hindert Frauen daran, jene Verantwortung für das Leben zu tragen und umzusetzen, die sie nun einmal haben. Dieses Verantwortungsvakuum, das der Mann mit seinem Herrschaftsanspruch nie zu füllen vermochte, steht sowohl hinter der übermäßigen Erschaffung wie auch der globalen Vernichtung von Leben und ist dabei, diesen Planeten zu ruinieren.

Weibliche Sexualität wird auf mehrfache Weise ausgebeutet und entfremdet:

1. Einst als Urkräfte der Schöpfung verehrt, dienen weibliche Sexualität, weibliche Schöpfungsmacht und weibliche Ener-

gien weniger dazu, das Leben zu erhalten, als vielmehr ein mörderisches System auszustaffieren und damit Lebensenergien in Todesenergien zu verwandeln.

2. Innerhalb und außerhalb der Ehe wird weibliche Sexualität dem Mann dienstbar gemacht. Das Wirtschaftssystem ist so eingerichtet, daß Frauen die finanziellen Verliererinnen und häufig gezwungen sind, sich innerhalb und außerhalb der Ehe an den Mann zu verkaufen. In der Ehe dient weibliche Sexualität in erster Linie der männlichen Lust und der materiellen Lebenserhaltung von Frauen.

3. Untersuchungen haben gezeigt, daß für sehr viele Frauen nicht die eigenen sexuellen Bedürfnisse entscheidend sind für ihre Einwilligung in den Geschlechtsakt, sondern vielmehr ihr Bedürfnis nach liebevoller Zuwendung und Nähe – Bedürfnisse, die aber dann doch meist unerfüllt bleiben.

4. Aufgrund der Erotisierung männlicher Macht, die mit einer mangelhaften zwischenmenschlichen Sensibilität so vieler Männer einhergeht, besteht eine weitere Gefahr darin, daß Frauen, wenn sie einem Mann begegnen, der sie sexuell zu befriedigen vermag, bei ihm Verhaltensweisen tolerieren, die sie entmündigen, verletzen oder gar entwürdigen. In solchen Fällen zahlen sie für die Lust ihres Körpers einen zu hohen Preis: den Verlust ihrer Autonomie und ihrer Würde.

Zum letzten Punkt sei noch vermerkt, daß die Würde des Menschen selbst im Patriarchat immerhin für so lebenswichtig erachtet wurde, daß ihre »Unantastbarkeit« von den rund siebzig »Vätern der Verfassung« und ihren vier Müttern gleich zu Beginn des Textes »garantiert« wird. Damit gab sich der Staat ein Verfassungsrecht, das seinem eigenen patriarchalen Wesen widerspricht. Würde dies Recht wirklich von Männern beachtet und die Würde der Frau zum obersten Gebot männlichen Verhaltens gemacht, so bedeutete dies das Ende des Patriarchats.

Anhand der vier Punkte wird eher das Gegenteil sichtbar: Hier zeigt sich ein Weg, auf dem Frauen von der Entfremdung und Ausbeutung durch den Mann zur Selbstentfremdung und Selbstausbeutung voranschreiten. Sie müßten an dieser Stelle innehalten, um dem Protest ihrer inneren Stimme Raum zu geben; denn durch sie werden Frauen an ihre Eigenverantwortlichkeit für sich selbst erinnert. Die Stimme ihres ethischen Gewissens könnte ihnen – wenn sie hinhörten – vermitteln, daß mit ihnen etwas geschieht, was eigentlich nicht geschehen dürfte; daß hier jemand an ihnen schuldig wird und folglich ihres Protests bedarf; daß sie zum Selbstschutz verpflichtet sind und solchem Verhalten Einhalt gebieten müßten. Damit könnten Frauen zu jener Dimension von Schuld gelangen, die hier gemeint ist: der Schuld an sich selbst. Frauen werden sich selbst und dem eigenen Geschlecht gegenüber schuldig, solange sie

– das patriarchale Bild von weiblicher Sexualität als für den Mann und nicht für sie selbst geschaffen in sich beherbergen;
– ihre Sexualität als Gegenleistung für sein Wohlgefallen, seine soziale und materielle Potenz einsetzen;
– die Verkoppelung weiblicher Sexualität mit weiblicher Schuld und männlicher Macht akzeptieren und
– den Preis ihres Begehrens nicht kritischer hinterfragen.

Um uns nicht länger an Leib und Seele zu versündigen, bedürfen wir einer neuen Vorstellung, eines neuen Bildes von weiblicher Sexualität, von jenem Ereignis, das im weiblichen Körperinneren, im ureigensten Machtbereich der Frau stattfindet. Hier kann uns möglicherweise das uralte Bild des weiblichen Körpers als (Lebens-)Raum weiterhelfen. Im Rahmen dieses Bildes wird die Frau, die über ihren Körperraum frei verfügt, in der heterosexuellen Beziehung zur Gastgeberin des Mannes und kann von ihm niemals »besessen« werden. Als solche ist sie sich der Tatsache bewußt, daß ihm hier keine »Schlüsselgewalt« zusteht. Sie gewährt ihm höchstens Gastrecht. Das Hausrecht bleibt bei ihr. Als Gast wird er nur empfangen, wenn er zuvor eine Einladung erhalten hat. Als Gastgeberin bestimmt sie die Modalitäten der Zusammenkunft, Zeit, Ort, Dauer und Ausmaß der Begegnung. Sie sorgt also für Klarheit im Hinblick auf ihre Bedürfnisse und Interessen, denen er sich nun einmal anzupassen hat. Als seine Gastgeberin ist sie sowieso bereit, alles zu tun, damit auch er sich bei ihr wohl fühlen kann.

Mit diesem Bild heterosexueller Beziehungen können Frauen ihre eigene Sexualität und Seinsmacht zurückgewinnen. Auf diesem Wege gelangen sie aber auch zu einer neuen Sexualmoral, die sich weniger an der Zahl ihrer Gäste als vielmehr an der Qualität ihrer Sexualität ausrichtet. Als unmoralisch erscheint ihnen dann die Zweckentfremdung ihrer Sexualität, ihre Einbettung in männliche Herrschaftspositionen und ihre Reduzierung auf männliches Potenzgebaren. Das Bewußtsein, Gastgeberin und nicht etwa Magd des Mannes zu sein, nimmt ihm seine Funktion als »Hausherr« und verweist ihn statt dessen in die Rolle des Gastes, der von Zeit zu Zeit gern gesehen ist, ohne daraus eine Hausmacht ableiten zu können. In diesem Vorstellungsrahmen würden sich Frauen gleichzeitig von der patriarchalen Erotisierung männlicher Herrschaft verabschieden und die Erotisierung weiblicher Eigenmacht an ihre Stelle setzen.

Mit diesem Bewußtsein können Frauen beginnen, ihr Begehren kritisch zu hinterfragen und auf seine Voraussetzungen und Folgen abzuklopfen. Weibliche Sexualität als Ausdruck weiblicher Raum- und Schöpfungsmacht sagt Frauen, daß ihre eigentliche Lebensaufgabe sich ganz gewiß von jenen Festschreibungen unterscheidet, die von Männern im Hinblick auf die weibliche Rolle vorgenommen wurden. Solange Frauen glauben, in IHM ihre Lebensaufgabe gefunden zu haben, laufen sie Gefahr, die ihre zu versäumen. Und das ist jene Schuld, die für viele Frauen in engstem Zusammenhang steht mit ihrer Sexualität.

Die Tatsache, daß Frauen Raumspenderinnen sind, hat sie nicht merken lassen, daß sie an akutem Raummangel leiden. Männer haben sich mit den Frauen auch andere Räume angeeignet. So könnte das Bewußtsein der körperlichen Raumenteignung Frauen in einem weiteren Schritt sensibilisieren für ihren generellen Raummangel an Wohnräumen, Begegnungsräumen, Schonräumen, Lebensräumen, Freiräumen. An dieser Stelle wird die politische Dimension der Frage nach dem weiblichen Körper sichtbar – ein Zusammenhang, der auch von Frauen oft übersehen wird.

Die Frage nach der Verfügungsmacht über Frauen zustehende Räume bringt uns aber auch zum zweiten Aspekt des theologischen Schuldbegriffs.

2. Sein sollen wie die Göttin

Aus weiblicher Perspektive kann dieser Aspekt des männlichen Sündenverständnisses zu recht erhellenden Überlegungen führen:

1. Das Sein-wollen-wie-Gott kann für Frauen in der Tat zu einer Gefahr und Quelle von Schuld werden, wenn es sich an einem rein männlichen Gottesbild ausrichtet. In diesem Fall identifizieren sie sich auf die eine oder andere Weise nicht nur mit diesem männlichen Gott, sondern ebenso mit dem damit verbundenen geistig-politischen System, das den menschlichen (= männlich geprägten) Geist absolut setzt und zum »Herrn der Schöpfung« erklärt. Das kann sich für Frauen nur fatal auswirken, da es sie von ihrem eigenen Weltverständnis und damit auch von sich selbst entfremdet und den eigenen Seinsentwurf verfehlen läßt.

2. Ein Verbot des Sein-wollens-wie-Gott setzt voraus, daß das Göttliche Eigenschaften hat, die dem Menschen nicht bekömmlich sind, wie zum Beispiel Allmachtsgedanken, Herrschaftsansprüche, Rachsucht etc. Wenn Gott jedoch als allumfassende Liebe, Barmherzigkeit, Güte, Weisheit und Gerechtigkeit gesehen würde, was sollte daran verkehrt sein, wenn Menschen sich in diese Wesenszüge hineinverwandelten? (Wäre in diesem Fall nicht etwa das Sein-wollen-wie-Gott *die* Sünde schlechthin, sondern vielmehr das Göttliche erscheinen zu lassen wie den Mann: machtbesessen und lebensfern?) Müßte es nicht geradezu als ein Versäumnis gel-

ten, wollte der Mensch *nicht* sein wie Gott? In diesem Fall hätte »Gott« nicht die Funktion der Legitimierung männlicher Machtansprüche, sie bestünde vielmehr darin, ein personales Vorbild für Erwachsene zu sein, damit sie sich auf dies Göttliche hin transzendieren, also weiter entwickeln können. Allein diese Möglichkeit läßt ein anthropomorphes (menschengestaltiges) Gottes- oder Göttinnenbild sinnvoll erscheinen. Demnach wäre nicht etwa das Sein-wollen-wie-Gott Sünde, sondern vielmehr die Verkündigung eines menschen- und lebensfeindlichen Gottesbildes, das in der christlichen Theologie sogar zum Sohnesmörder verkommen konnte.

3. Sich mit dem Göttlichen *nicht* identifizieren zu dürfen beraubt die Idee eines anthropomorphen (menschengestaltigen) Gottesbildes ihrer Berechtigung. Schließlich forderte auch Jesus dazu auf, sein zu wollen wie Gott, als er im Rückgriff auf die Hebräische Bibel formulierte: »Ihr sollt vollkommen sein, wie euer Vater im Himmel vollkommen ist.«[47]

Nur aus den zahlreichen Ungereimtheiten des kirchlichen Gottesbildes und der daraus resultierenden feministischen Kritik daran läßt sich die Affektgeladenheit verstehen, mit der diese »Sünde« in unserer Zeit überall dort gewittert wird, wo Frauen sich aus traditionellen Strukturen befreien, gerade *nicht* sein wollen wie dieser Gott und damit gleichzeitig das Allmachtsgebaren der Kirche offenlegen. Frauen machen mit ihrer Kritik am männlichen Gottesbild etwas sichtbar, was im Bereich des männlichen blinden Flecks angesiedelt ist und Männer zwingt, sich ihrer männlichen Beschränktheit zu stellen und in ihrem Objektivitätswahn lediglich die Subjektivität des eigenen Geschlechts zu erkennen. Alle Ansätze weiblicher Autonomie verweisen sie in diese Richtung und lösen folglich irrationale Reaktionen aus. Sie werden als angstbesetzt erfahren, so daß Kirchenmännern nichts Besseres einfällt, als die Gefahr zu »bannen«, indem sie den (irrationalen) Vorwurf der »Sünde« erheben, statt sich einem sauberen theologischen Disput zu stellen. Statt ihr auf Männlichkeit reduziertes

Gottesbild zu verändern, versteift sich die Kirche lieber aufs
Verbieten all jener Vorstellungen, die ihr unerträglich sind
und die sie folglich zur »Sünde« erklärt, ohne allerdings zu
berücksichtigen, daß gerade *sie* sich der von ihr propagierten
Sünde immer wieder schuldig gemacht hat: der Erschaffung
eines Götzen.

Die biblische Forderung, vollkommen zu werden wie Gott,
die nichts mit Perfektionismus, sondern mit einer Aufforderung zum Heil- oder Ganzsein zu tun hat, paßt nicht in den
theologischen Rahmen eines männlichen Gottesbildes. Wie
ich bereits gezeigt habe[48], kann Männlichkeit niemals Vollkommenheit im Sinne von Ganzheit darstellen. Längst hat
sich gezeigt, daß Weiblichkeit nun einmal die umfassendere
Kategorie ist, da sie das Weibliche *und* das Männliche hervorzubringen vermag. Die biblische Aufforderung, vollkommen zu sein »wie Gott«, aber auch die Tatsache, daß es nun
einmal zwei Geschlechter gibt, fordert geradezu ein weibliches Gottesbild in Gestalt der Göttin, da ohne sie göttliche
Vollkommenheit nun einmal nicht zu bekommen ist, wenn
wir in anthropomorphen Bildern bleiben wollen.

Das haben viele Frauen inzwischen begriffen. Ebenso wie
das Göttliche der Dimension des Weiblichen bedarf, um Vollkommenheit symbolisieren zu können, bedarf die Frau der
Dimension des Göttlichen, um sich in ihrem Werden vervoll-
kommnen zu können. Luce Irigaray geht davon aus, daß das
»Religiöse ... den Ort des Absoluten *für uns*« bezeichnet.[49]
Folglich kann die Frau »ohne Göttliches, das ihr entspricht,
... ihre Subjektivität in keinem ihr angemessenen Ziel erfüllen. Ihr fehlt ein ›Ideal‹, das ihr Ziel und Weg wäre, um zu
werden.«[50] Wie Irigaray weiter schreibt, verlieren sich
Frauen und werden zu Agentinnen von Zerstörung und Vernichtung, da es ihnen an einem gleichgeschlechtlichen Gegenüber fehlt, das ihnen angemessene Entfaltungsmöglichkeiten
vorstellt. »Um Frau zu werden, um ihre weibliche Subjektivität zu erfüllen, braucht die Frau einen Gott, der die Vollendung *ihrer* Subjektivität darstellt ... Der Frau fehlt ein Spie-

gel, um Frau zu werden ... Wir brauchen die Ahnung einer Vollkommenheit, um zu werden ... Ein weiblicher Gott steht noch aus.«[50]

Für viele Frauen nicht mehr, denn sie haben im Zuge ihrer eigenen Befreiung auch die Göttin aus ihrer Verbannung befreit. Anders als der männliche Gott ist sie nicht als die »ganz andere« von der realen Welt abgetrennt und muß ihr Dasein nicht in einem der Welt entgegengesetzten Jenseits fristen. Als dieser Welt innewohnend, ist sie Erde und Kosmos, Fülle und Leere, Gesetz des Lebens und des Sterbens, des Entstehens und Vergehens. Da sie in allem erkannt wird, was ist, können wir gar nicht anders, als in den vielfältigen Aspekten unseres Seins auch sie zu repräsentieren. Wenn sie die Menschen aufruft, zu sein wie sie, dann ruft sie sie heraus aus Abspaltungen und Reduzierungen, hinein in die Fülle ihres und unseres Seins. Gleichzeitig werden wir aufgefordert, uns mit allen Dimensionen der Schöpfung zu identifizieren, uns selbst in ihnen wiederzuerkennen.

Auf dem Hintergrund dieses Göttin- und Weltverständnisses wird das Nicht-sein-wollen-wie-die-Göttin zur Sünde, die uns vom Urgrund des Lebens abtrennt; zur Schuld, die uns am Leben vorbeileben läßt und uns unserer Identität mit dem Leben beraubt. Zu glauben, wir seien etwas grundlegend anderes als die Schöpfung um uns herum, zu propagieren, man stehe über den Gesetzen des Lebens und des Sterbens und könne sie ungestraft übertreten, eigene Gesetze an ihre Stelle setzen und für wichtiger erachten, ist Hybris, frevelhafter Übermut, Selbstüberhebung – ist jene Schuld, die schon in der Antike als schlimmster Frevel des Menschen galt. Aus heutiger Sicht erkennen wir klar, daß es sich hierbei um *die* Schuld des Mannes handelt. Die Gefahren des Schuldigwerdens und der Selbstentfremdung liegen bei Frauen ganz woanders.

Auf sie machte Valerie Saiving bereits vor dreißig Jahren aufmerksam und fand sie unter anderem weit eher in einem Verhaftetbleiben der Frau im Trivialen, in ihrer Ablenkbar-

keit vom Wesentlichen und einem Mangel an Selbstorganisa-
tion und Zentriertheit, in ihrer Abhängigkeit von anderen
hinsichtlich ihrer Selbstdefinition, in ihrem oft mangelnden
Respekt vor der Privatsphäre eines Menschen, in ihrer zu
schnellen Zufriedenheit, die zu geringe Anforderungen stellt;
kurz, in ihrer Unfähigkeit, sich selbst zu bejahen, bzw. in ihrer Selbstverleugnung.[51]

In dieser Selbstverleugnung der Frau, in ihrer Abkehr von
sich selbst, ihrem Aufgehen im Alltäglichen findet viel eher
eine Abkehr vom Göttlichen statt als etwa im weiblichen
Stolz oder gar in einer weiblichen »Rebellion vor Gott«, in
der ja von Theologen *die* Sünde schlechthin gesehen wird.
Hier nun wird von Theologinnen kritisiert, daß *diese* Art der
Frauensünde gar nicht in das Blickfeld männlicher Theologen
gerät. Daß – ganz im Gegenteil – diese Frauensünde in ein
christliches Ideal verkehrt wird, an dem sich gerade Frauen
ausrichten, ohne dafür allerdings wirkliche Anerkennung zu
bekommen.[52]

Solange die Dimension des Göttlichen mit potenzierter
Männlichkeit verbunden ist und nicht nur im Zusammenhang steht mit frauenfeindlichen Normen und Traditionen,
sondern auch noch mit einseitiger männlicher Definitionsmacht, so lange bedeutet die weibliche Hinwendung zu
Gott eine Abkehr von sich selbst. Wollen Frauen sich auf ihre
Gottebenbildlichkeit berufen, die ihnen von männlichen
Theologen entgegen biblischen Aussagen immer wieder abgesprochen wurde, dann erweist sich für sie die Imagination
einer Göttin als wesentlich sinnvoller und weniger schuld-
trächtig.

In der inneren Stimme der Frau, in ihrem intuitiven Wissen,
wurde seit jeher die Göttin der Weisheit erkannt. Solange wir
ihr mißtrauen, können wir uns nicht mit unseren göttlichen
Wurzeln verbinden und jene werden, die wir sein könnten, als
die wir gedacht sind. Erst wenn wir unserer Intuition vertrauen, die uns immer wieder signalisiert, daß mit unseren
Vorstellungen etwas nicht stimmt, wird sich unsere Selbstent-

fremdung in Selbst- und Seinserkenntnis verwandeln können. Auf diesem Wege würde den undefinierbaren Schuldgefühlen und Depressionen der Boden entzogen. Wir könnten beginnen, den »Ruf der Göttin« als innere Weisung zu einem sinnvollen Leben in der Fülle unseres Seins zu verstehen; als einen Hinweis auf unseren Seinsauftrag, den zu ignorieren folglich unsere eigentliche Schuld wäre.

Hinter dieser Schuld aber – und damit kommen wir zum dritten Aspekt – liegt ein typischer weiblicher Mangel an Liebe zu sich selbst.

3. Liebe deine Nächste wie dich selbst

Als eines der Hauptprobleme der Liebe im Leben von Frauen sehe ich die mangelnde Unterscheidung zwischen der Liebe als *Gefühl* und der durch *Handlungen* und *Eigenschaften* praktizierten Nächstenliebe. Würden wir hier klarer unterscheiden, könnten wir rasch erkennen, daß »Liebe« für Frauen und Männer etwas anderes zu bedeuten scheint. Hinsichtlich der weiblichen Liebe besteht allgemeiner Konsens darüber, daß zu ihr ein dem Menschen zugewandtes, fürsorgendes und verantwortungsbewußtes Verhalten gehört, das in der Praxis folglich als typisch weiblich angesehen wird. Für Männer trifft diese Vorstellung nur selten zu. Statt dessen stoßen wir bei ihnen auf eine recht eigenartige Umgangsweise mit diesem Begriff. In ihrer extremsten Form taucht sie bei gewalttätigen Männern auf. Das zeigen Erfahrungen, die in Frauenhäusern recht häufig mit geschlagenen Frauen gemacht werden können. Auf die Frage, wie sie so lange bei ihrem Mann aushalten und sich von ihm mißhandeln lassen konnten, geben Frauen zur Antwort: »Weil ich ihn liebe.« Taucht der Mann nach einigen Tagen auf, um seine Frau zurückzuholen, wird auch er gefragt, wie er seine Frau nur so schlagen konnte. Seine Antwort lautet dann regelmäßig: »Weil ich sie liebe.« – Ein wahrhaft »komplementärer«

Liebesbegriff, der aus Opfer und Täter eine »liebende Einheit« macht.

Es liegen Welten zwischen dem jeweiligen Verständnis von Liebe. Im weiblichen Verständnis zeigen sich fatale Auswirkungen der Koppelung heterosexueller weiblicher Liebe an jene christlichen Ideale, die insbesondere von Frauen eingefordert werden, wie Selbstverleugnung, Bescheidenheit, Friedfertigkeit, Sanftmut, Demut und Geduld. In meinem Jesus-Buch habe ich die These vertreten, daß Jesus diese Werte nicht etwa von Frauen, sondern von Männern eingefordert hat. Übersehen wird nämlich in der Diskussion um die Nächstenliebe immer wieder, daß diese Liebe in den Evangelien nur gegenüber Schwächeren eingefordert wird, niemals Mächtigeren gegenüber. Darin zeigt sich auch, daß diese Art der Liebe nicht unbedingt etwas mit jenen Gefühlsbereichen zu tun hat, denen wir die Liebe recht einseitig zuordnen. In den Evangelien meint Nächstenliebe Aufmerksamkeit für die Bedürfnisse anderer und die Bereitschaft, sie nicht hinter den eigenen Bedürfnissen zurückstehen zu lassen. Eine solche Einforderung wirkt sich jedoch im Rahmen der patriarchalen Ehe wie auch in anderen heterosexuellen Lebenszusammenhängen für Frauen fatal aus.

Im Patriarchat ist männliche Macht erotisiert. Hier tritt der Mann per definitionem als der sozial Mächtigere auf und wird als solcher von der Frau in den meisten Fällen akzeptiert. Diese Macht bleibt jedoch auch in jenen Bereichen der Beziehung erhalten, die stärker von Nächstenliebe als von erotischer Liebe bestimmt werden. In diesen Bereichen müßten sich Männer als die sozial Mächtigeren folglich wesentlich stärker zur Nächstenliebe verpflichtet fühlen als die sozial schwächeren Frauen. Frauen verbinden ihre Erotik aber ganz selbstverständlich mit Akten der Nächstenliebe, was Männer anscheinend sehr viel weniger tun. Wenn nun Frauen dazu angehalten werden, Männern mit Geduld und Friedfertigkeit, mit Vergebensbereitschaft und Demut (dem Mut zum Dienen) zu begegnen, dann ist dies Verhalten im alltäglichen

Miteinander nur dann sinnvoll, wenn es vom Mann in gleicher Weise erwidert wird. Ansonsten bedeutet, alles zu verzeihen, sich selbst die Schuld aufzubürden, während der Mann sich in Unschuld wähnt und gleichzeitig in seiner Überheblichkeit, Dominanz und Gewalt verharren kann. Auf diese Weise geraten Frauen in eine furchtbare Situation: Ihre Liebe zum Mann muß sich ganz zwangsläufig gegen sie selbst richten, da ihnen keine Möglichkeit zum Selbstschutz, zur Umsetzung der Selbstliebe verbleibt. Weibliche Taten der Nächstenliebe wie Geduld und Demut, Vergebensbereitschaft und Barmherzigkeit deuten Männer als Schwäche, der sie den Stempel ihrer Herrschaft aufdrücken und gewalttätig reagieren. Die Liebe zum Mann widerspricht in patriarchalen Ausbeutungs- und Gewaltverhältnissen der Liebe der Frau zu sich selbst und damit auch der Nächstenliebe.

Es wird nämlich immer wieder übersehen, daß die *Selbst*liebe eine Voraussetzung der *Nächsten*liebe ist; denn schließlich lautet das Gebot: »Liebe deinen Nächsten wie dich selbst.« Nicht mehr und nicht weniger. Hier wird also die Selbstliebe zum *Maßstab* für die Nächstenliebe gesetzt. Diese Bindung des Nächsten an das eigene Selbst wurde in der christlichen Vergangenheit nie beachtet. Sonst hätte klar sein müssen, daß die Abwertung der Frau automatisch ihre Fähigkeit behindert, sich selbst zu lieben, was sie von allen Akten der Nächstenliebe suspendieren würde. Statt dessen wird ihr bis heute zugemutet, sich ein Leben lang mehr um andere zu kümmern als um sich selbst. Gleichzeitig hat sie als Mädchen am wenigsten erfahren, daß sich in ausreichendem Maße um sie gekümmert wird. Das Patriarchat besteht ja gerade darin, daß es die Beziehung zwischen Mutter und Tochter behindert, oft sogar systematisch zerstört.[53] So erweist sich die männliche Delegierung der Liebesverpflichtung an das ungeliebtere, macht- und rechtlosere Geschlecht geradezu als ein zynischer Akt, der eine weitere Ursache weiblicher Schuldgefühle beleuchtet. Anders als Männer werden Frauen bereits als kleine Mädchen wesentlich stärker gezwungen, emotionale Selbstversorgerinnen zu sein. Möglicherweise erwächst ihnen daraus die Kraft, auch für andere sorgen zu können. Doch wird die weibliche Selbstversorgung im Rahmen eines spalterischen Denkens verunglimpft und gegen die Versorgung anderer ausgespielt, denn wenn sie für sich selbst sorgen, können sie sich nicht um andere kümmern. Das Selbst und die Nächsten werden auseinandergerissen. Und schon entwickeln Frauen Schuldgefühle, weil sie sich dem permanenten Liebesdruck auf Kosten ihrer Selbstversorgung nicht gewachsen fühlen und folglich Unzulänglichkeitsgefühle entwickeln, die sie mit noch mehr Zuwendung an andere auszugleichen suchen, obwohl das Gegenteil angesagt wäre. Des Liebens ist nie genug, wo nur eine Hälfte der Menschheit damit betraut wird und die andere Hälfte zum eigenen Vorteil festlegt, was als »Liebe« zu verstehen ist und was nicht.

Hinzu kommt, daß den Liebesforderungen an das weibliche Geschlecht auf männlicher Seite nicht nur die Ideologie des männlichen Machtanspruchs gegenübersteht, sondern diese auch noch mit jenem Mythos verbunden ist, der besagt, daß der Mann sich für seine Familie aufopfert, daß er entfremdende Arbeit leistet, nur um die Wünsche von Frau und Kindern befriedigen zu können. So ist es kein Wunder, wenn die Delegierung der Liebe an Frauen für diese von vornherein an Schuldgefühle gekoppelt ist, wird doch der Anschein erweckt, daß er aufgrund seiner Berufstätigkeit seinen Beitrag zur Liebe bereits geleistet habe, sie dagegen den ihren permanent unter Beweis stellen müsse. Hier scheint mir ein wesentlicher Grund für weibliche Schuldgefühle im Rahmen familialer Beziehungen zu liegen, die gleichzeitig als Erklärung dafür dienen können, daß Frauen mit einer ungeheuren Zähigkeit an ihrer Nächstenliebe zum Mann auch dann noch festhalten, wenn die erotische Liebe schon längst gestorben ist.

Für Frauen ist das Gefühl der Liebe so immer auch mit Arbeit verbunden. Das zeigt sich am deutlichsten in der Mutterliebe, die ein wesentlich verbreiterteres Phänomen dar-

stellt als Vaterliebe. Wir können sie daher auch als primäre
Form der Nächstenliebe verstehen. In der Liebe zum Kind
transzendiert die Mutter als erste die Liebe zu sich selbst und
richtet sie auf ein anderes Wesen – das Kind. Das Liebesge-
fühl für das Kind löst bei der Mutter ganz selbstverständliche
Versorgungshandlungen aus, so daß in diesem Bild mütterlicher Zuwendung seit jeher die Grundform und das Vorbild
jedweder Art der Zuwendung und Verantwortungsübernahme gesehen wurde.[54] Wie grundlegend und bedeutsam
diese primäre Liebe von Frauen als Mütter für eine Kultur ist,
hat das Patriarchat mißachtet. Wo diese Liebe nicht den
höchsten Stellenwert im Wertekanon einer Kultur erhält, da
droht sie verfälscht, pervertiert, abgeschafft zu werden. Ohne
sie aber können wir genausowenig überleben wie ohne Sauer-
stoff und Wasser. Doch hat das Patriarchat den fatalen Hang,
die durch die Lebensbedingungen vorgegebenen Grundwerte
gering zu achten und durch männliche Werte zu ersetzen.
Sekundären Werten wird Priorität eingeräumt. Diese Vorgehensweise wird uns zugrunde richten.

Hierzu schreibt die feministische Ethikerin Beverly H. Harrison: »Ich glaube, daß unsere Welt am Rande der Selbstzer-
störung und des Todes steht, da die Gesellschaft als ganze das
so schwer mißachtet hat, was an aller Arbeit der Liebe die
menschlichste und wertvollste und grundlegendste ist – die
Arbeit der menschlichen Kommunikation, des Sorgens und
Behütens, die Arbeit, die persönlichen Bindungen der Gemeinschaft zu pflegen. Diese Aktivität wurde als Aufgabe der
Frauen betrachtet und als zu weltlich und zu undramatisch
abgewertet, es hieß, sie lenke zu sehr ab vom ernsten Gespräch der Herrschaft über die Welt. Diejenigen, denen beigebracht wurde, sich selbst als die Erbauer der Welt zu sehen,
waren zu sehr mit Meisterplänen beschäftigt, um zu sehen,
daß die Arbeit der Liebe darin besteht, menschliche Beziehungen zu vertiefen und auszuweiten ... Es liegt in der Macht
menschlicher Liebe, Würde und Selbstachtung ineinander
aufzubauen oder einander zu Boden zu reißen ... Nur durch

die Akte der Liebe, die auf uns gerichtet sind, werden wir zu
Menschen, die sich selbst und andere achten, und wir können
das eine nicht ohne das andere tun. Wenn wir keine Selbstachtung haben, dann werden auch wir zu Menschen, die einander weder sehen noch hören können.«[55]

Trotz dieses Zusammenspiels gelingt es selbst mißachteten
Frauen dennoch, die Liebe zu ihren Kindern aufrechtzuerhalten. Ihre Liebe vermag nicht nur das Leben ihrer Kinder, sondern auch ihr eigenes zu erhalten. Darauf verweist die koreanische Theologin Chung Hyun Kyung im Blick auf die Dritte
Welt. Sie beschreibt die dortigen unterschiedlichen Reaktionen auf das Fehlen materieller Überlebensmöglichkeiten:
Viele Männer geben einfach ihren Willen, weiterleben zu
wollen, auf. – Ein Luxus, den sich die meisten Frauen nicht
erlauben.»Sie können nicht einfach die Hoffnung verlieren
und sterben. Sie spüren, daß sie weiterleben *müssen*, weil ihre
Kinder sonst verhungern würden, wenn sie nicht mehr an das
Leben glauben. So backen sie aus dm Nichts Brot fürs Leben.
Mit ihren Körpern übernehmen und tragen sie alle Lasten,
nur um überleben zu können. Unter den schlimmsten Bedingungen wählen sie das Leben, damit ihre Kinder leben können.«[56] Chung bezieht sich auf die koreanische feministische
Soziologin Sohn Duck Soo, die beschreibt, wie Mütter ihre
Frustration, ihre Traurigkeit und ihre Leiden, die aus ihrer
brutalen sozialen Wirklichkeit erwachsen, um der Kinder
willen in Kraft und Überlebenshoffnung umwandeln. Mit der
Beobachtung dieses mütterlichen Verhaltens drängt sich ihr
die Frage auf:»Ist nicht Mutterliebe die Kraft, die alle Unterdrückung und Armut aushält und dadurch die ganze
Menschheit zum Überleben befähigt?«[57] Kam nicht zu allen
Zeiten diese urweibliche Kraft dem am nächsten, was Menschen aller Kulturen als Göttin verehrten und was auch wir
manchmal »Gott« nennen? Schließlich heißt es noch im
Neuen Testament: Gott ist Liebe – nicht Allmacht und Welt-
ferne.

Wenn Frauen jedoch in ihrer »göttlichen« Fähigkeit zur

Liebe durch männliche Ausbeutung und Gewalt dermaßen behindert werden, so ist ein daraus resultierender Mangel an weiblicher Liebe wahrlich nicht ihre Schuld. Wo ihr die Liebe zu sich selbst verunmöglicht wird, verliert die Liebe zum Nächsten ihre Basis, wie uns das biblische Gebot der Liebe lehrt. Dreh- und Angelpunkt bleibt für Frauen die Liebe zu sich selbst. Sie wurde ihnen ausgetrieben, und sie gilt es folglich wiederzufinden. Solange das nicht geschieht, ist der Frau nicht zu helfen – auch nicht durch die Liebe des Mannes, die ihr hin und wieder zuteil wird. Sie wäre bestenfalls geeignet, ihre Schuldgefühle zu verstärken, da sie ohne Liebe zu sich selbst glaubt, seine Liebe nicht verdient zu haben.

»Keine Liebe des andern ohne Liebe des Selben«, heißt es bei Luce Irigaray im Hinblick auf weibliche Liebe.[58] Die Rückführung zur Liebe verläuft für Frauen immer über das eigene Geschlecht. Ohne liebesfähige Frauen stirbt die Liebe. Männer können sie nicht aufrechterhalten. Daher müßte sich alles auf die Liebe zum weiblichen Geschlecht konzentrieren, damit Behinderungen der Liebe aus dem Weg geräumt werden. Das Gebot der Nächstenliebe müßte daher lauten: »*Liebe deine Nächste wie dich selbst.*« Schließlich ist das weibliche Geschlecht ein Liebespool, aus dem beide Geschlechter schöpfen und der folglich das schöpferische Potential einer Kultur ist.

Daraus ergibt sich in etwa folgendes Verständnis von weiblicher Schuld: Es kann nicht richtig sein, daß Frauen sich *primär* auf das männliche Geschlecht ausrichten, daß Liebe und Anerkennung von Männern oder einem Mann für sie wichtiger werden als ihre Anerkennung durch die eigene innere Stimme, als die Liebe zu sich selbst, zu ihren Kindern und zu anderen Frauen.

Für Frauen stellt sich die Aufgabe, das durch patriarchale Strukturen geschaffene, also nicht sein sollende Mißverhältnis in der Liebe zu korrigieren, statt sich an ihm zu beteiligen. Folglich machen sich Frauen schuldig, das heißt, beteiligen sich an dem, was nicht sein soll,

– solange sie an ihrer lieblosen Behandlung teilhaben – und sich selbst nicht lieben;

– solange sie sich an ihrer eigenen Ohnmacht beteiligen – und Männern ihre Macht abtreten;

– solange sie ihrer eigenen Benachteiligung zustimmen – und sich nicht selbst gerecht werden;

– solange sie an ihrer eigenen Abwertung mitwirken – Männer aufwerten und ihnen Priorität einräumen;

– solange sie ihr eigenes Gewissen mit Selbstbezichtigung belasten – und nicht nach der Schuld des Mannes und seines Systems fragen;

– solange sie ihren eigenen Bedürfnissen keine Autorität einräumen – und männliche Bedürfnisse und Normen zu *der* Autorität in ihrem Leben erheben;

– solange sie fremde Kriterien für wichtiger erachten als eigene.

Hier wartet eine Menge Bewußtseinsarbeit auf Frauen, die Voraussetzung dafür ist, daß sie mit ihren Schuldgefühlen konstruktiv umgehen können. Denn jedes echte Schuldgefühl ist eine Anfrage an ihr eigenes Seinsverständnis, an den Stellenwert, den sie sich selbst geben, an ihre Bereitschaft, falsche Wertemuster zu korrigieren und dem Eigenen mehr Raum zu geben. Erst wenn das geschieht, meldet sich auch die eigene, sie liebende innere Stimme immer klarer. In ihr müssen Frauen lernen, die wichtigste Quelle ihrer Liebe zu sehen; denn *in ihnen* ist der Ort göttlicher Liebe. Wenn Frauen sie dort nicht finden, suchen sie auch in der Außenwelt vergebens nach ihr.

Diese oftmals verschüttete Quelle wieder zum Sprudeln zu bringen wäre die Aufgabe einer weiblichen Spiritualität, ihre Bedingungen und Konsequenzen aufzuzeigen die Aufgabe feministischer Ethik.

Anmerkungen

Kapitel I: ...und wieder fühle ich mich schuldig

1 Liede, 1991.
2 Die Hintergründe habe ich in meinem Buch »Natürlich weiblich« näher ausgeführt.
3 zit. Henschel, in: Kuckuck/Wohlers, S. 87.
4 Steinbrecher, 1991, S. 40.
5 Ich bin nicht der Meinung, daß Väter unerläßlich sind. Doch wenn sie in der Familie leben, wird ihre väterliche Liebe gebraucht.
6 Steinbrecher, a. a. O., S. 58 ff.
7 zit. Henschel, in: Kuckuck/Wohlers, S. 93 f.
8 Steinbrecher, a. a. O., S. 41.
9 Informationen für Ein-Eltern-Familien 6, Okt. 1991.
10 Olivier, 1987, S. 128.
11 Karin Fuchs in einer unveröffentlichten Seminararbeit.
12 Steinbrecher, a. a. O., S. 11.
13 Hülsemann, 1988, S. 111.
14 Meyer/Vogt, in: Studienschwerpunkt, S. 131 ff.
15 Stassinopoulos Huffington, 1991, S. 369 f.
16 a. a. O., S. 387.
17 a. a. O., S. 400.
18 a. a. O., S. 403.
19 a. a. O., S. 395.
20 a. a. O., S. 386.
21 Drolshagen, in: Nuber, S. 23 ff.
22 a. a. O., S. 16.
23 vgl. Steinbrecher, in: Nuber, S. 95 ff.
24 vgl. Danz/Theobald: 1987, zit.: Drolshagen, S. 16.
25 zit. in: Steinbrecher, 1990, S. 79 f.
26 Ausführlicher bin ich auf dies Thema in meinem Aufsatz eingegangen: »Was Gretchen nicht lernt...«, in: Nuber, 1991, S. 39–57.
27 Krolak-Itten, in: Camenzind/von den Steinen, S. 160.
28 vgl. Drolshagen, a. a. O., S. 15.
29 Anke S./Gudrun O., in: Meyenburg/Mächler, 1988, S. 67.
30 Liedloff, 1983, S. 79.
31 Heiliger, 1991.
32 Flaake, in: Hannelore Faulstich-Wieland (Hg.), S. 118.
33 vgl. hierzu den Aufsatz von Regine Reichwein
34 Sölle/Steffensky, S. 21.
35 a. a. O., S. 22.
36 a. a. O.
37 a. a. O.

38 a. a. O., S. 25.
39 a. a. O., S. 28.

Kapitel II: Das Adam-und-Eva-Syndrom

1 Keen, 1989, S. 28 ff., vgl. dazu Johann Friedrich Konrad: »Unter dem Liebesbaum«, Stuttgart 1993.
2 Keen, a. a. O., S. 28.
3 vgl. Bachofen, Eberz, Göttner-Abendroth.
4 Keen, a. a. O., S. 30.
5 1. Mose 2,17.
6 vgl. hierzu die biologischen Ausführungen, die ich in meinem Buch »Natürlich weiblich« gemacht habe.
7 1. Korinther 11,7.
8 Trömel-Plötz, 1992, S. 19.
9 1. Mose 2,23.
10 vgl. Hannah Arendt, 1987, S. 194.
11 1. Mose 2,24.
12 1. Mose 3,1.
13 3. Mose 19,2; Matthäus 5,48.
14 1. Mose 3,6.
15 1. Timotheus 2,12.
16 vgl. Beltz, 1977, S. 85 ff.
17 vgl. die biblische Geschichte von Noah.
18 1. Mose 3,12.
19 Vers 15.
20 Vers 17.
21 vgl. auch Karen Horney, 1989.
22 Hierzu nähere Ausführungen in meinem Buch »Natürlich weiblich«.
23 vgl. 1. Timotheus 2,9–15.
24 vgl. Horney, a. a. O., S. 28 und 38.
25 vgl. Eichenbaum/Orbach, 1989, S. 81, 157.
26 vgl. a. a. O., S. 124.
27 a. a. O., S. 108.
28 a. a. O., S. 131.
29 1. Mose 3,17.
30 Diese Tendenz läßt sich auch heute noch bei Männern nachweisen. So schreibt beispielsweise der britische Archäologe James Mellaart, der die Frauenkultur von Catal Hüyük in Anatolien ausgegraben hat, in seinen ersten Veröffentlichungen noch selbstverständlich von Priesterinnen, die das religiöse System dieser Kultur geschaffen und verwaltet hätten. In seiner neuesten Veröffentlichung schreibt er nur noch von Priestern. Vgl. Mellaart, 1989.
31 vgl. French, 1992, 271.

32 Trömel-Plötz, a.a.O., S. 19.
33 1. Timotheus 2,14.
34 Siehe insbesondere das nächste Kapitel.
35 Römer 5.
36 Thomas von Aquin, Summa Theologiae II.CLXIII.4., zit. bei John A. Phillips, S. 84.
37 vgl. Phillips, a.a.O., S. 88.
38 Sprüche 3,16–18.
39 Jesus Sirach 24,19–22.
40 Sprüche 7,4.
41 Sprüche 4,5–8.
42 Weisheit 7,27.
43 Weisheit 8,8.

Kapitel III: Die Tabuisierung männlicher Schuld

1 Siehe auch Kapitel V. und VI.
2 vgl. hierzu mein Buch: »Natürlich weiblich«.
3 »glauben und leben« Nr. 9, 9.6.1991.
4 French, 1992, S. 243.
5 a.a.O.
6 vgl. Sharon Lamb, zit. in: French, a.a.O.
7 zit. French, a.a.O., S. 244.
8 vgl. Lamb, a.a.O., zit. in: French, a.a.O., S. 243.
9 vgl. Jeremia 7 und 44.
10 1. Mose 4,13 f.
11 Vers 15.
12 Hedinger, 1983, S. 17.
13 Ähnlich wie im Kainsmythos wird in der Orestie des Aischylos der Verletzer der Blutsbande, der Muttermörder Orest, in Schutz genommen gegenüber den ihn anklagenden matriarchalen Rächerinnen, die seine gerechte Strafe fordern (vgl. mein Buch: Die Weiblichkeit Gottes). Noch deutlicher als im biblischen wird im griechischen Mythos das Verlassen des Mutterrechts zugunsten des Vater- oder Männerrechts anhand eines geschlechterdifferenten Umgangs mit Gewalttaten beschrieben. Klyteimnestra, die Mutter Orestes, wird von diesem auf Empfehlung der patriarchalen Männergötter umgebracht, weil sie die Todesstrafe an ihrem Gatten und Tochter-Mörder, Agamemnon, vollzogen und sich damit angeblich des »Vatermordes« schuldig gemacht hatte. Bei dieser Einschätzung handelt es sich eindeutig um die Perspektive von Söhnen, denn in Wirklichkeit hatte sie nicht ihren Vater, sondern ihren Gatten getötet. Ein religiöses System, dessen höchster Gott, Zeus, seine eigene Macht nur dem Vatermord verdankte, erklärt nunmehr den Vatermord zum schlimmsten Verbrechen und legitimiert gleichzei-

tig den Muttermord. Das ist das neue patriarchale Rechtsverständnis,
mit dessen Hilfe matriarchales Recht aus den Angeln gehoben wird. Zu
Recht klagen die alten Göttinnen:

>Ein Hehler bist du, o Sohn des Zeus!
Über greise Göttinnen fährst
Du, Knabe, hinweg, beschützest, der fleht,
Den Frevler, der Eltern Verderben. –
Du stiehlst uns den Mörder der Mutter, ein Gott!
Wer nennt dies gerechtes Verfahren?«   (Orestie III, S. 149 ff.)

Aus dem gegenwärtigen Unrecht kann nur Unfriede folgen, wie die alten
Göttinnen haarscharf erkennen:

>Ein neu Gesetz schafft Umsturz, wenn
Des Muttermörders Recht und Verderbnis siegt.«   (S. 490 f.)

Die alten Göttinnen klagen nicht nur Apoll und Zeus des Unrechts und
der Gewalt an, sondern die ganze patriarchale Götterwelt:

>So wirkt das jüngere Göttergeschlecht
Und waltet gänzlich über Recht
Auf blutigem Throne. Um den Fuß,
Das Haupt den Nabel der Erde siehst
Du triefen, befleckt
Vom Blute ungeheuerer Schuld.
Mit seines Herdes Greuel entweiht
Der Seher aus eigenem Willen und Drang
Sein Haus, ehrt Menschen wider das Recht
Der Götter und tilgt
Die altgeborenen Mächte.«   (S. 163 ff.)

Im Ödipus-Mythos des Sophokles geht es ähnlich ungerecht zu, wenn
auch hier die Fronten nicht mehr so klar zutage treten. Ödipus, der
Vatermörder, geht straffrei aus, während seine Mutter und Frau, Jokaste, (freiwillig?) in den Tod geht. Bei einem Vergleich der Orestie des
Aischylos mit dem einige Jahrzehnte später entstandenen Ödipusdrama
des Sophokles fällt auf, daß verglichen mit Klyteimnestra der Vatermörder Ödipus eine unvergleichlich milde Behandlung erfährt. Obwohl er
außer seinem Vater auch noch drei Männer aus dessen Begleitung umgebracht und sich zusätzlich des Inzests mit seiner Mutter schuldig gemacht hat, um Herrscher Thebens zu werden, ereilt ihn keine vater-
rechtliche Rache, und er kann friedlich im Hain der Eumeniden, der
ehemaligen Erinyen, sterben. Nur das Schicksal der Erblindung ereilte
ihn, von ihm selbst herbeigeführt, als Ausdruck des nunmehr geltenden
ungeschriebenen patriarchalen Gesetzes: »Du sollst nicht merken«
(Alice Miller). Genau wie Orestes durfte auch Ödipus nicht zur Kenntnis nehmen, wer sein Vater wirklich war. Des weiteren durfte er in den
bekanntesten Fassungen auch nicht wissen, warum ihn das Orakel zum
Vollstrecker der Todesstrafe an seinem Vater bestimmt hatte.
Die Tat des Ödipus wird als »schicksalhaft« angesehen, da sie bereits

vor seiner Geburt durch das Orakel in Delphi geweissagt worden war. Mehr erfahren wir auch durch Sophokles nicht, obwohl er selbst es hätte besser wissen müssen. Der Orakelspruch war nämlich die Folge eines Fluches – nicht von Göttern, sondern von einem Sterblichen ausgesprochen, und zwar von einem anderen Vater namens Pelops. Dessen Sohn Chrysippus hatte Ödipus' Vater Laios vergewaltigt und entführt, statt ihm den Hof zu machen und ihn auf diese Weise im Einvernehmen mit den Eltern für sich zu gewinnen, wie es im späteren Griechenland üblich war. Die Gewalttat an dem jungen Chrysippus führte schließlich dazu, wie einige Quellen zu berichten wissen, daß dieser aus Scham Selbstmord beging. Diese Tat des Sohnes veranlaßte Pelops zu jenem Fluch, der später im Orakel von Delphi wiederholt wurde: Wenn du (Laios) einen Sohn bekommst, wird er seinen Vater töten und seine Mutter heiraten.

In den gängigen Mythenüberlieferungen wird diese Schuld des Vaters verschwiegen. Andere Quellen berichten jedoch, daß Laios als »Erfinder« der Päderastie (der sexuellen Beziehung zu Kindern, hier insbesondere zu Knaben) galt, die folglich in Griechenland nicht immer salonfähig gewesen sein kann (vgl. Georges Devereux, 1953, S. 133).

Sophokles bemüht das »Schicksal« als »Willen der Götter« als Ausgangspunkt der tragischen Verstrickungen. Doch nicht unergründlicher Ratschluß der Götter scheint hier vorzuliegen, sondern die Verwirklichung der alten Weisheit: Wer Wind sät, wird Sturm ernten. Das väterliche Gewaltpotential wird an die Söhne weitergegeben und richtet sich wiederum gegen die Väter.

Während Ödipus – genau wie Kain – lediglich in die Verbannung geht, muß Jokaste sterben. Sie nimmt sich aufgrund des Inzests mit ihrem erwachsenen Sohn das Leben. Mit der Definition ihrer Schuld als Inzest wird jedoch ihre eigentliche Schuld verdrängt: die Opferung des Kindes zur Rettung des Vaters. Immerhin hatte sie auf Geheiß ihres Mannes den gemeinsamen Sohn einige Tage nach dessen Geburt einem Hirten zur Tötung oder Aussetzung übergeben, um so die Erfüllung des Orakels abzuwenden und den Vater vor der Ermordung durch den Sohn zu bewahren. Matriarchales Recht hätte sie darin unterstützt, das Kind vor dem Vater zu schützen und nicht umgekehrt. Bis heute aber ist der Schutz der Väter wichtiger als der Schutz der Kinder, wie ich noch zeigen werde. Denn die Definitionsmacht von Schuld liegt nun einmal nach wie vor in männlicher Hand.

Viel wahrscheinlicher erscheint es mir, daß sich Ödipus ursprünglich an seinem Vater Laios dafür rächte, daß dieser ihn hatte aussetzen bzw. töten lassen wollen; denn schließlich verdankte er sein Leben nur der Menschlichkeit des Hirten, der sein Leben bewahrt hatte. Die Orestie wie auch der Ödipus-Mythos enthielte dann ursprünglich die Kritik an den Vätern, die sich nicht am Schutz ihrer Kinder beteiligten und sich nur noch um ihre Macht sorgten. Auch damit hatten sie matriarchales

Recht verlassen, denn der Schutz von Frauen und Kindern war eine wesentliche Aufgabe des Mannes in der mutterrechtlichen Sippe. Das neue patriarchale Recht nahm den Müttern die Macht, ihre Kinder zu schützen, und beraubte sie des Rechts, sie zu rächen.
Mit diesen veränderten Rechtsverhältnissen wird meines Erachtens ein gravierender Eingriff im Gewissen beider Geschlechter vorgenommen. Es darf nicht mehr als Indikator wirklicher Schuld agieren, sondern wird nunmehr auf seiten des Mannes durch Machtbedürfnisse manipuliert und seitens der Frau auf das männliche Verständnis von weiblicher Schuld programmiert und damit fehlgeleitet. Das Gewissen wird zur autoritären, fremdgesteuerten Instanz, die nicht mehr Ausdruck des ursprünglich mütterlichen Wertgefühls ist (siehe auch Kap. VII).

14 Freud, Zur Ätiologie der Hysterie, S. 68, zit. in: Rush, 1982, S. 145.
15 Rush, a.a.O., S. 149.
16 a.a.O., S. 150.
17 a.a.O., S. 156.
18 vgl. Freud, GW 13, S. 223.
19 Masson, 1986, S. 59.
20 a.a.O., S. 63.
21 a.a.O., S. 63 f.
22 a.a.O., S. 31.
23 zit. a.a.O., S. 60.
24 a.a.O., S. 14 f.
25 a.a.O., S. 17.
26 a.a.O., S. 135 f.
27 Rush, a.a.O., S. 168.
28 zit Gitti Henschel, in: Kuckuck/Wohlers, S. 95.
29 vgl. Kap. I.
30 a.a.O., S. 87 f.
31 a.a.O., S. 93 f.
32 a.a.O., S. 88.

Kapitel IV: Das Mädchen ohne Hände

1 vgl. sein Hauptwerk, 1976, S. 359 ff.
2 a.a.O., S. 360
3 Vor einigen Jahren gewann »Das Mädchen ohne Hände« an Aktualität durch die Deutung eines Mannes. Eugen Drewermann, katholischer Priester, Theologe und Psychotherapeut (Drewermann/Neuhaus, 1990). Seine Bücher werden – wie so oft – überwiegend von Frauen gelesen, was für seine Märcheninterpretation und damit auch für dieses Buch noch einmal besonders zutrifft. Für viele Frauen hat er längst eine

Gurufunktion eingenommen. Was er sagt und schreibt, ist für sie eine
Art Evangelium geworden. Sie erleben ihn – und das sicher nicht nur zu
Unrecht – als ihren Befreier aus dogmatischen Verengungen. Er wird für
sie zum Inbegriff des frauenfreundlichen (psychologisch gesprochen:
des animaintegrierten) Mannes, dessen Worten sie blindlings vertrauen.
Damit übernehmen sie aber auch seine Weltsicht, das heißt, sie lernen
die Welt und insbesondere sich selbst mit den Augen dieses Mannes zu
betrachten. Das aber kann einer Frau auf die Dauer nur schaden. Um
den Interpretationsfluß nicht zu unterbrechen, werde ich meine Kritik
in weiteren Fußnoten vorbringen.

4 vgl. von Franz, 1977, S. 71.

5 Gebrüder Grimm, Kinder- und Hausmärchen Nr. 31.

6 Richter 11,30 f.

7 Wöller, 1991, S. 9.

8 In seiner tiefenpsychologischen Reduzierung beschränkt Drewermann
die Bedeutung des Teufels auf den Schattenaspekt des Müllers, seinen
»habgierigen Hintergänger« (Drewermann, 31). Damit kommt jedoch
der übergreifende gesellschaftskritische Aspekt zu kurz, der sich hinter
den Worten des Teufels verbirgt. Dieser repräsentiert meines Erachtens
nicht nur den Schatten eines einzelnen Mannes, sondern einer ganzen
Männerkultur.

9 Josua 24,13; vgl. auch 5. Mose 6,10 f.

10 Drewermann, 32. Mit seinem Vorgehen wird Drewermann weder
weiblichen Bedürfnissen noch feministischen Ansprüchen, aber wohl
auch nicht seinen eigenen tiefenpsychologischen Maßstäben gerecht,
nach denen ja Verdrängtes sichtbar werden soll. So stehe ich berechtig-
terweise seiner Verheißung skeptisch gegenüber, nach der »erst die tiefenpsychologische Deutung des Märchens… seine eigentliche Aussage
über Heil und Unheil, Weg und Irrweg des menschlichen Lebens« enthält (Drewermann, 31). Ohne die Berechtigung eines tiefenpsychologischen Ansatzes völlig in Frage stellen zu wollen, möchte ich ihn aber
doch erweitert wissen um die sozial- und geschlechterpsychologische
Dimension, die Drewermann fast völlig außer acht läßt. So glaube ich
nicht, daß es im Märchen – wie er meint – um den Lebensweg *des* Menschen geht, sondern daß es sich hier ganz gezielt um einen weiblichen
Lebensweg im Rahmen patriarchaler Verhältnisse handelt. Diese Perspektive wird aber von ihm an ganz entscheidenden Stellen des Märchens ausgeblendet zugunsten einer »geschlechtsneutralen« (das heißt
in Wirklichkeit männlichen) Deutung.

11 Sprüche 8,1 ff.

12 Sprüche 8,10.

13 Doch genau an dieser Stelle geht Drewermann nicht auf die Schuld des
Vaters ein, obwohl er eine aufschlußreiche Anmerkung bietet. Im Rahmen seines Versuches, das Märchen an den Himmel zu projizieren und
die Verstümmelung des Mädchens als abnehmende Mondgöttin zu in-

terpretieren, gibt er folgenden Hinweis: »eine zweite Fassung des Märchens besagt, ein Vater habe seine eigene Tochter zur Frau begehrt und,
als diese sich geweigert, ihr Hände und Brüste abschneiden und ein wei-
ßes Hemd antun lassen, darauf sie in die Welt fortgejagt« (42; vgl. Brüder Grimm, Kinder- und Hausmärchen, Band 3, S. 58, Reclam 3193).
Auch in Indien findet Drewermann dies Motiv: »Als der Vater, der seiner schönen Tochter nachstellt, gilt in der indischen Mythologie der
Schöpfergott des Nachthimmels, Prajapati (Brahma), der dort der Göttin der Morgenröte, Ushas, nachstellt, die vor ihm in Gestalt einer Ga-
zelle flieht... Als Ushas schließlich ihrem Vater erliegt, bringt sie ein
weinendes Kind zur Welt, den Gott Rudra, der ›Heuler‹ genannt wird.«
(42) Dieser Name erinnert wiederum an den späteren Sohn des Mädchens ohne Hände, den sie »Schmerzenreich« nennt.
   Trotz dieser recht eindeutigen Hinweise auf eine Verbindung zu sexuellem Mißbrauch übergeht Drewermann das Verhalten des Vaters
und zieht sich genau an dieser Stelle des Märchens auf zweierlei Weise
aus der Affäre. Zum einen zieht er sich auf die Subjektebene zurück. Er
verlagert die ganze Handlung in die Innenwelt des Mädchens und gibt
vor, es »aus der Perspektive des Mädchens« zu interpretieren: »Das
Mädchen, erzählt die Geschichte, erlebt seinen Vater vollkommen zwie-
spältig, halb menschlich und halb teuflisch; und je nachdem scheint es
an seinem Verhalten zu liegen, wie der Vater ihm erscheint. Alles, was
der Vater von ihm als Tat seines Lebens verlangt, scheint darin zu bestehen, daß es in die Verstümmelung seiner Hände einwilligt. Sein Vater
bleibt nur so lange und unter der Bedingung menschlich, als das Mädchen dem Vater gestattet, ihm seine Hände abzuschlagen. Andernfalls,
wenn es die Handverstümmelung nicht akzeptiert, erscheint ihm der
Vater wie ein Teufel, wie jemand, der von einer ihm fremden unheim-
lichen Macht besessen ist. Und an dem Mädchen selber liegt es offensichtlich, ob der Vater so ist oder so: ein Mensch oder ein Teufel. Wie in
der Philosophie des Deutschen Idealismus Sein und Erscheinen identisch waren, so bedeutet es im subjektiven Erleben des Mädchen keinen
Unterschied, ob der Vater nur wie ein Teufel erscheint oder wirklich
vom Teufel besessen ist. Das Mädchen erlebt nur, daß es selbst die unge-
heure Macht der Verwandlung und mithin die gesamte Verantwortung
dafür trägt, was aus dem Vater wird. Das gesamte Glück des Vaters, die
Fortdauer seiner menschenwürdigen, begüterten Existenz hängt davon
ab, daß das Mädchen sich die Hände abschlagen läßt. Und umgekehrt:
lehnt es die überaus schmerzhafte und traurige Verstümmelung von seiten des Vaters ab, so wird es sich ewig Vorwürfe und Schuldgefühle
machen müssen, den Vater zu einem Teufel entstellt zu haben. Weniger
bildlich ausgedrückt und mehr ins reale Erleben übersetzt, hat das Mädchen das Gefühl einer außerordentlichen Verantwortung, aber auch
einer ungeheuren persönlichen Wichtigkeit und Bedeutsamkeit. Alles
kommt auf sein Verhalten an, auf sein Opfer. Das ist das Entschei-

dende: ständig ist das Mädchen zwischen überstarken Verantwortungs- und Schuldgefühlen hin- und hergerissen...« (32 f.). Hier folgt Drewer- mann Freud, der die Berichte seiner Patienten über die sexuelle Gewalt der Väter in dem Augenblick als weibliche Sexualphantasien abtat, als sie nicht mehr in sein Vater- und Selbstbild paßten. Auf diese Weise weichen Psychologen der Verpflichtung aus, sich mit männlicher Schuld auf individueller und struktureller Ebene auseinanderzusetzen. Zum zweiten zieht sich Drewermann aus der Affäre, indem er von einer allge- mein-menschlichen »Daseinsschuld« spricht, wie es Theologen und Philosophen mit Vorliebe zu tun pflegen. Nach seiner Meinung will uns das Märchen zeigen, »wie Menschen der Daseinsschuld, dem Schuldge- fühl überhaupt auf der Welt zu sein, entkommen können...« (41) Diese Deutung erscheint mir völlig unberechtigt. Nach meinem Verständnis des Märchens geht es hier eindeutig um männliche Schuld, wohingegen sich gerade aus der Gewißheit des Mädchens um die eigene Unschuld jene grundsätzliche Gegensätzlichkeit zwischen dem Mädchen und dem Teufel ergibt. Die Unschuld des Mädchens aber blendet Drewermann aus und verwischt damit ganz wesentliche und besonders für Frauen wichtige Erkenntnisse.

14 vgl. Fromm, 1976, S. 14.

15 Krattiger, S. 25 f.

16 Wöller, S. 69.

17 Diese innere Tragik des Ausgeliefertseins des Mädchens – und von Mädchen generell in einer patriarchalen Gesellschaft – entgeht Eugen Drewermann völlig. Er deutet das Verhalten des Mädchen als »totale Passivität« und »willenlose Gefügigkeit« (33). Er ignoriert in seiner Deutung, wie aktiv sie ihr eigenes Wissen angewandt und alles in ihren Kräften Stehende getan hat, um sich dem Teufel zu entziehen. Mit rela- tiv gutem Erfolg, wie uns das Märchen wissen läßt, denn schließlich bekommt der Teufel sie ja nicht – und das allein aufgrund ihrer aktiven Gegenwehr. Diesen ihren Kampf gegen die männliche Macht deutet Drewermann um in einen »Kampf mit den Schuldgefühlen«, von denen bei ihm nicht ganz einsichtig ist, woher sie kommen sollten, da er ja den väterlichen Mißbrauch gar nicht thematisiert.

Statt dessen spricht er im Hinblick auf das Versöhnungsangebot von »väterlicher Liebe und Fürsorge« (34), während er ihr als Motivation für ihre Bereitschaft, ihm die Hände zu opfern, unterstellt, sie strebe nach einer »Stellung einzigartiger Wertschätzung und Zuneigung (... ihres) Vaters« (34). Und schließlich interpretiert er auch noch die Hoff- nung des Mädchens auf »mitleidige Menschen« wie folgt: »Es vermag sich von seinem Vater nur zu trennen, indem es die Illusionen, die passi- ven Sehnsüchte, die dieser zu erfüllen versprach, zwar von seiner Person ablöst, aber nicht sich selber ändert, vielmehr ausdrücklich bestätigt und mitnimmt« (34). – Eine Deutung, die völlig am Inhalt des Mär- chens vorbeigeht.

Warum aber, muß Drewermann sich fragen lassen, widmet er sich
mit keinem Wort der väterlichen Weigerung, sich selbst dem Teufel auszuliefern? Warum thematisiert er nicht die Skrupellosigkeit des Vaters
im Hinblick auf die eigene Tochter? Warum geht er nicht auf ihre
Schutzlosigkeit ein, die für sie durch den Männerkomplott entsteht?
Warum verliert er kein Wort über ihr bewundernswertes Selbstverständnis, mit dem sie sich für ein Verlassen des Vaters entscheidet? All
dies bleibt bei Drewermann unbeachtet. Seine Interpretation wird über-
schattet von der Tabuisierung väterlicher Schuld. Lieber bemüht er die
Philosophie und den deutschen Idealismus bei seiner Deutung, statt sich
der Wirklichkeit der Väter zu stellen und ihre Verantwortung für die
Verstümmelung der Töchter klar herauszustellen. Statt dessen verlegt er
die Verantwortung für das Geschehen in das »subjektive Erleben« des
Mädchens und führt uns damit in klassischer Weise seine Teilhabe am
Adam- und Eva-Syndrom vor Augen. Er tabuisiert die väterliche Schuld
und erklärt das Mädchen für verantwortlich. Er suggeriert ihr Schuldgefühle, wo es darum ginge, ihre Selbstsicherheit zu erkennen und zu bewußtzumachen. Welch eine Gefahr für die vielen Frauen, die seine Interpretation begeistert aufnehmen oder sich gar in seine therapeutischen
Hände begeben!

18 vgl. hierzu: Mulack, 1985, insbesondere S. 87 ff.

19 Obwohl sie sich nach königlich-patriarchalem Verständnis damit des
    »Diebstahls« schuldig macht, wenn sie von dem Baum ißt, deutet Dre-
    wermann den Schloßpark mit den verbotenen Früchten wiederum als
    subjektive Erlebniswelt des Mädchens und nicht als äußere, an Besitz
    und Macht orientierte Männergesellschaft. Wieder verhindert er mit
    dieser Interpretation für Frauen wichtige Erkenntnisse.

20 vgl. hierzu Luce Irigaray, 1987, S. 137.

21 vgl. hierzu das letzte Kapitel meines Buches »Natürlich weiblich«, ins-
    besondere S. 247 ff. Wie mir verschiedene Psychotherapeutinnen versi-
    cherten, erkennen sie Frauen, die in weiblichen Zusammenhängen ohne
    Männer aufgewachsen sind, an ihrer inneren Stärke.

22 Ruby Rohrlich-Leavitt, in: Bridenthal/Koonz, Boston 1974, S. 55; zit.
    in: French, 1988, S. 69.

23 vgl. hierzu mein Jesus-Buch, 1987, S. 211 ff.

24 vgl. den Aufsatz von Leona Siebenschön.

Kapitel V: Frauen – Opfer oder Mitschuldige?

1 Nähere Ausführungen zu diesem Punkt in Kapitel VII.

2 Spitthöver, 1989, S. 117.

3 Sachs, 1984, S. 136 f., zit. Spitthöver, S. 113.

4 vgl. Wöller, a. a. O., S. 11 ff.

5 Dworkin, 1987.

6 Segal, S. 60.
7 vgl. Thürmer-Rohr: Frauen in Gewaltverhältnissen, in: Studienschwerpunkt..., S. 23.
8 a.a.O., S. 24.
9 a.a.O. S. 22 ff.
10 vgl. hierzu mein Buch »Natürlich weiblich«.
11 Thürmer-Rohr, Vagabundinnen, S. 14 f.
12 Studienschwerpunkt, S. 69.
13 Baumann, 1977, S. 544.
14 Thürmer-Rohr, a.a.O.
15 vgl. hierzu die neueste Männerliteratur.
16 vgl. z. B. Mamozai, S. 17 f.

Kapitel VI: Schuldfähigkeit – ein wesentlicher Bestandteil weiblicher Befreiung?

1 Kleb-Braun, 1989, S. 48.
2 Baumann, S. 376.
3 Koonz, in: French, 1988, S. 364.
4 Wie diese Ideale aussehen, habe ich in meinem Buch »Natürlich weiblich« beschrieben und verzichte daher auf eine Wiederholung.
5 French, a.a.O., S. 362, 470.
6 a.a.O., S. 364.
7 vgl. Koonz, in: Carroll (Hg.), 1976, S. 448.
8 See/Weckerling, 1984, S. 96 und 71.
9 Siehe hierzu auch: Beuys, insbesondere S. 41, 296, 357, 462 und 474 f.,
   sowie Szepansky, 1991.
10 French, a.a.O., S. 365.
11 Mamozai, 1990, S. 136.
12 a.a.O.
13 a.a.O., S. 137.
14 a.a.O., S. 136.
15 vgl. hierzu die Bücher von Alice Miller.
16 Mamozai, a.a.O., S. 17 f.
17 Bahr, 1992, S. 1.
18 a.a.O., S. 5.
19 a.a.O., S. 7.
20 Schröder (Hg.), 1979, S. 42.
21 Lerner, 1991, S. 120 f.
22 vgl. hierzu: Göttner-Abendroth, Das Matriarchat I und II,1; Lenz/
   Luig, 1990, wenn auch in diesem Band der Begriff »Matriarchat«
   krampfhaft umgangen wird.
23 Boulding, 1976, S. 560, zit. in: French, a.a.O., S. 305 f.
24 a.a.O., S. 306.

25 a. a. O.
26 Schröder (Hg.), a. a. O., S. 37.
27 a. a. O., S. 38.
28 a. a. O., S. 32.
29 a. a. O., S. 35.
30 a. a. O., S. 40.

Kapitel VII: Echtes und falsches Schuldgefühl

 1 Lorde, in: Dagmar Schultz (Hg.) 1983, S. 105.
 2 Zit in: O. Engelmayer u. a., S. 118.
 3 Römer 3,23.
 4 Fromm, 1954, S. 174.
 5 Jung, 1958, S. 195.
 6 Breasted, S. 249.
 7 vgl. hierzu: Brunner, S. 110 ff.
 8 Jung, a. a. O., S. 204.
 9 Der Große Brockhaus, Bd. 4, 1954.
10 zit. Beuys, S. 546.
11 Whitmont, S. 243.
12 Jung, 1937, S. 90.
13 Fromm, 1954, S. 175.
14 vgl. hierzu: Whitmont, S. 93 ff.
15 a. a. O., S. 245.
16 a. a. O., S. 245 f.
17 Freud, GS IX, S. 258.
18 vgl. Freud, GW 15, S. 68.
19 Freud, GS IX, S. 255.
20 Wellek, S. 248.
21 a. a. O., S. 46.
22 a. a. O., S. 248.
23 a. a. O.
24 Freud, 1972, S. 60.
25 Freud, GW 13, S. 266.
26 Salber, 1990, S. 44.
27 GW 13, S. 260.
28 vgl. S. 263 und 284.
29 vgl. GW 14, S. 29 f.
20 Döbert/Nunner-Winkler, 1980, S. 267–299.
31 Döbert, in: Nunner-Winkler (Hg.), S. 142.
32 Döbert/Nunner-Winkler, 1985; zit. Döbert, a. a. O., S. 142.
33 Freud, GW 14, S. 29.
34 a. a. O., S. 30.
35 Freud, GS I, S. 565.

36 Welche Auswirkung die Vorstellungen solcher Vater-Töchter auf Frauenbewegung und Feminismus hatten und noch haben, ist leider noch nicht untersucht worden.

37 Jacobson, 1937, S. 773.

38 siehe auch das gleichnamige Kapitel in meinem Buch: »Natürlich weiblich«.

39 Freud, Abriß..., S. 30,

40 Jung, GW 6, S. 478.

41 Mitscherlich, 1978, S. 673.

42 Dabei hätte die Forderung: Väter raus aus den Kinderzimmern einen doppelt positiven Effekt:
1. würde endlich das Problem väterlichen Verhaltens auf einer breiteren Ebene diskutiert. Damit könnten väterliche Defizite und Unzulänglichkeiten offener angegangen werden und müßten nicht länger von den Frauen alleine getragen werden. Vielleicht käme es sogar zur Bildung von Selbsthilfegruppen für Väter und anderen Anlaufstellen, die sich mit dem Problem Vater befassen, möglicherweise sogar zur Einrichtung von Vaterhäusern, in die jene eingewiesen werden, die ihren Kindern (und Ehefrauen) sexuelle Gewalt antun.
2. würde auf diesem Wege die Rolle des Vaters klarer erkennbar.

43 vgl. Rey, 1969, zit. in: Mulack, 1985, S. 147.

44 vgl. Whitmont, S. 96.

45 Weldon, S. 13 f.

46 Freud, zit. in: Chasseguet-Smirgel, S. 172.

47 vgl. hierzu insb. das letzte Kapitel in: Mulack, 1987.

48 vgl. Whitmont, S. 114.

49 vgl. Thürmer-Rohr, 1990, S. 9 ff. und 1992.

50 Prediger 3,1.

Kapitel VIII: Weiblichkeit als Kategorie eines neuen Schuldverständnisses

1 Illich, 1983, S. 107.

2 a. a. O., S. 9.

3 a. a. O., S. 122.

4 Irigaray, 1989, S. 192 f.

5 a. a. O., S. 193.

6 a. a. O.

7 Illich, a. a. O., S. 111.

8 vgl. hierzu: Mulack, 1990, S. 201 ff.

9 vgl. hierzu das Kapitel »Die weibliche Ethik Jesu« in: Mulack, 1987 sowie Mulack, 1990, insb. S. 115 ff.

10 Saiving in: Christ/Plaskow, 1979, S. 10.

11 a. a. O., S. 35 f.

12 Schaumberger/Schottroff, S. 20 ff.
13 Homilien zur Genesis 17, zit. a. a. O., S. 39.
14 de cultu feminarum I 1, zit. a. a. O., S. 40.
15 Bartholomäusevangelium IV, 1–6, zit. a. a. O., S. 41.
16 Sirach 25,24 aus dem Griechischen zit. a. a. O., S. 48 f.
17 Wenn ich mich hier und an anderer Stelle auf den Erwachsenenkatechismus beziehe, dann nicht, weil ich glaube, daß ihm für Gläubige
   heute noch eine wichtige Bedeutung zukommt, sondern weil er jene
   Positionen beschreibt, die von der Amtskirche heute vertreten werden.
18 Jentsch u. a., 1976, S. 273
19 Fielding, 1942, S. 81, zit. in: Walker, 1983, S. 911.
20 vgl. Briffault, 1927, S. 494.
21 vgl. hierzu Theweleit, 1980.
22 Jentsch, a. a. O., S. 556.
23 Habermann in: Gössmann u. a., 1991, S. 261.
24 Jentsch, a. a. O., S. 269.
25 Irigaray, 1989, S. 290.
26 Richter, 1979.
27 1. Mose 11.
28 Jentsch, a. a. O., S. 268.
29 Jung, 1976, S. 247.
30 Schottroff, a. a. O., S. 18.
31 a. a. O.
32 Diesen Vorwurf erhebt Schottroff gegen Ulrich Wilckens, vgl. a. a. O.,
   S. 26.
33 a. a. O., S. 28.
34 a. a. O., S. 22 f.
35 a. a. O., S. 27.
36 Sorge, Helga, 1978, S. 34.
37 Jentsch, a. a. O., S. 552.
38 a. a. O., S. 268.
39 Wolf, 1983, S. 184.
40 Harrison, 1991, S. 14.
41 Henning, in: Gössmann u. a., 1991, S. 248.
42: Irigaray, 1989, S. 290.
43 Jung, 1976, S. 246.
44 vgl. hierzu das letzte Kapitel in Mulack, 1987.
45 vgl. hierzu: Meier-Seethaler, 1988, S. 77 ff.
46 vgl. Meier-Seethaler, a. a. O.
47 Matthäus 5,48; 3. Mose 19,1 f.
48 vgl. Mulack, 1983.
49 Irigaray, 1989, S. 105.
50 a. a. O., S. 106, 111.
51 vgl. Saiving, in: Christ, a. a. O., S. 37.

52 vgl. Schaumberger, a. a. O., S. 173.
53 Nähere Ausführungen vgl. Mulack, 1989, S. 115 ff.
54 So z. B. Jonas, H., 1984, S. 234.
55 Harrison, 1991, S. 15 f.
56 Chung, 1992, S. 61.
57 a. a. O.
58 Irigaray, 1987, S. 131.

Literaturverzeichnis

AISCHYLOS: Die Eumeniden (Orestie III), Stuttgart 1959.

ARENDT, HANNAH: Vita activa oder Vom tätigen Leben, München 1987.

BACHOFEN, JOHANN JAKOB: Das Mutterrecht, Frankfurt 1980, 3. Aufl.

BAHR, HANS–EKKEHARD: Abschied von Kolumbus, Radioscript des NDR 3 der Sendung vom 11.1.1992.

BAUMANN, JÜRGEN: Strafrecht. Allgemeiner Teil, Bielefeld 1977.

BELTZ, WALTER: Gott und die Götter, Biblische Mythologie, Berlin 1977.

BEUYS, BARBARA: Vergeßt uns nicht. Menschen im Widerstand 1933–1945, Reinbek 1990 (1987).

BISCHOF-KÖHLER, DORIS und BISCHOF, NORBERT: Der Beitrag der Biologie zu einer Anthropologie der Frau, aus: Tutzinger Materialien Nr. 67: Freiheit – Gleichheit – Differenz. Neue Lust am Geschlechterunterschied?

BOULDING, ELISE: The Underside of History, Boulder, Colorado 1976, zit. M. FRENCH, 1988.

BREASTED, HENRY: Die Geburt des Gewissens, Zürich 1950.

BRIDENTHAL, RENATE/KOONZ, CLAUDIA: Becoming visible: Women in European History, Boston 1974, zit. in: FRENCH, 1988.

BRIFFAULT, ROBERT: The Mothers, Bd. 3, New York 1927.

BRUNNER, H.: Altägyptische Erziehung, Wiesbaden 1959.

CAMENZIND, E./VON DEN STEINEN, U.: Frauen definieren sich selbst. Auf der Suche nach weiblicher Identität, Stuttgart 1991.

CARROLL, BERENICE A. (Hg.): Liberating Women's History, Urbana III, 1976.

CHASSEGUET-SMIRGEL, JANINE: Die weiblichen Schuldgefühle, in: dies., (Hg.), Psychoanalyse der weiblichen Sexualität stw 1976 (1964).

CHRIST, CAROL/PLASKOW, JUDITH: Womanspirit rising, New York 1979.

CHUNG, HYUN KYUNG: Schamanin im Bauch – Christin im Kopf. Frauen Asiens im Aufbruch, Stuttgart 1992.

DANZ, GISELA/THEOBALD, MARIA: Frauen – Verhütung – Sexualität, Braunschweig 1987, zit.: DROLSHAGEN, a.a.O., S. 16.

Der Große Brockhaus, Bd. 4, 1954.

DEVEREUX, GEORGES: Why Oedipus killed Laius. A note on the complementary Oedipus Complex in Greek Drama, in: The International Journal of Psycho-Analysis, London 1953.

DÖBERT, R./NUNNER-WINKLER, G.: »Jugendliche schlagen über die Stränge...«, in: ECKENSBERGER, LUTZ H./SILBEREISEN, RAINER K. (Hg.), S. 267–299.

DREWERMANN, EUGEN/NEUHAUS, INGRID: Das Mädchen ohne Hände. Grimms Märchen tiefenpsychologisch gedeutet, Olten 1990 (1981).

DROLSHAGEN, EDDA D.: Die emotionale Jungfrau. Warum Frauen sich Sexualität ohne Romantik nicht erlauben, in: Psychologie Heute, Sonderheft 3.

DWORKIN, ANDREA: Pornographie. Männer beherrschen Frauen, Köln 1987.

EBERZ, OTFRIED: Sophia und Logos. Oder: Die Philosophie der Wiederherstellung, Freiburg 1976.

− Sophia − Logos und der Widersacher, München 1978.

ECKENSBERGER, LUTZ H./SILBEREISEN, RAINER K. (Hg.): Entwicklung sozialer Kognitionen, Stuttgart 1980.

EICHENBAUM, LUISE/ORBACH, SUSIE: Frauen unter sich. Feministische Psychotherapie, München 1989 (1982).

ENGELMAYER, O. u. a.: Gewissen und Gewissensbildung, Donauwörth 1968.

FAULSTICH-WIELAND, HANNELORE (Hg.): Weibliche Identität, Dokumentation der Fachtagung der AG Frauenforschung in der Dt. Ges. f. Erz. Wiss., Bielefeld 1989.

FIEGL, VERENA: Der Krieg gegen die Frauen. Zum Zusammenhang von Sexismus und Militarismus, Bielefeld 1990.

FIELDING, WILLIAM: Strange Customs of Courtship and Marriage, New York 1942.

FLAAKE, KARIN: »Weibliche Identität und die Arbeit in der Schule − Lehrerinnenspezifische Weisen der Ausgestaltung des Berufs«, in: FAULSTICH-WIELAND.

FRANZ, MARIE-LOUISE VON: Das Weibliche im Märchen, Stuttgart 1977.

FRENCH, MARILYN: Jenseits der Macht. Frauen, Männer und Moral, Reinbek 1988.

− Der Krieg gegen die Frauen, München 1992.

FREUD, SIGMUND: Gesammelte Schriften (GS) IX, Studienausgabe, Frankfurt 1974.

− Gesammelte Werke (GW) Bd. 14 und 15, London o. J.

− Abriß der Psychoanalyse, Frankfurt 1972.

FROMM, ERICH: Psychoanalyse und Ethik, Zürich 1954.

− Haben oder Sein, Frankfurt 1976.

− Die Kunst des Liebens, Frankfurt 1977.

GÖSSMANN, ELISABETH/MOLTMANN-WENDEL, ELISABETH u. a.: Wörterbuch der feministischen Theologie, Gütersloh 1991.

GÖTTNER-ABENDROTH, HEIDE: Das Matriarchat I u. II.1, Stuttgart 1988 u. 1991.

GRIMM, GEBRÜDER: Kinder- und Hausmärchen, Reclam, Stuttgart 1980.

HARRISON, BEVERLY H.: Die neue Ethik der Frauen. Kraftvolle Beziehungen statt bloßen Gehorsams, Stuttgart 1991.

HEDINGER, ULRICH: Die Hinrichtung Jesu von Nazareth. Kritik der Kreuzestheologie, Dahlemer Heft 8, Stuttgart 1983.

HEILIGER, ANITA: Deutsches Jugendinstitut München: Alleinerziehende zwischen Schicksal und Selbstbestimmung. Vortrag auf der 1. Mitgliederversammlung der »Ev. Arbeitsgemeinschaft alleinlebender Mütter und Väter mit ihren Kindern« am 12. 10. 1991 in Nürnberg.

HENNING, IRENE: Artikel: Liebe, in: GÖSSMANN u. a.

HOFFMANN, M. L.: Sex diffferences in empathy and related behaviors. Psychol. Bulletin, 1977, S. 84, 712–722, 53.

HORNEY, KAREN: Die Psychologie der Frau, Frankfurt 1989 (1967).

HÜLSEMANN, IRMGARD: Ihm zuliebe? Abschied vom weiblichen Gehorsam, Stuttgart 1988,

ILLICH, IVAN: Genus. Zu einer historischen Kritik der Gleichheit, Rowohlt 1983.

Informationen für Ein-Eltern-Familien 6, Okt. 1991.

IRIGARAY, LUCE: Zur Geschlechterdifferenz, Wien 1987.

– Genealogie der Geschlechter, Freiburg 1989.

JACOBSON, EDITH: Wege der Über-Ich-Bildung, 1937.

JENTSCH, WERNER u. a. (Hg.): Evangelischer Erwachsenenkatechismus. Kursbuch des Glaubens, Gütersloh 1976.

JONAS, HANS: Das Prinzip Verantwortung. Versuch einer Ethik für die technologische Zivilisation, Frankfurt 1984 (1979).

JUNG, C. G.: Psychologie und Religion, Zürich 1937.

– Das Gewissen, Studien aus dem Jung-Institut, Zürich 1958.

– Die Archetypen und das Unbewußte, Olten 1976.

– Gesammelte Werke, Bd. 6, Olten und Freiburg 1960.

KEEN, SAM: Die Mythen unseres Lebens, in: Psychologie Heute, Mai 1989.

KLEB-BRAUN, GABRIELE: Militärische Landesverteidigung. Aberglaube als Verfassungsauftrag? Köln 1989.

KONRAD, JOHANN FRIEDRICH: Unter dem Liebesbaum, Stuttgart 1993.

KOONZ, CLAUDIA: Mothers in the Fatherland: Women in Nazi Germany, in: RENATE BRIDENTHAL und CLAUDIA KOONZ: Beyond Kinder, Küche, Kirche: Weimar Women in Politics and Work, in: BERENICE A. CAROLL (Hg.), Liberating Women's History, Urbana III, 1976.

KRATTIGER, URSA: Die perlmutterne Mönchin, Stuttgart 1983.

KROLAK-ITTEN, HEIDEMARIE: Das gynäkologische Trauma – Über medizinische Gewalt an Frauen, in: CAMENZIND/VON DEN STEINEN 1991.

LAMB, SHARON: Acts without Agents: An Analysis of Linguistic Avoidance in Journal Articles on Men who Batter Women, in: American Journal of Orthopsychiatry 61, 2. April 1991; zit. in: FRENCH, a. a. O.

LAU-DSE: Führung und Kraft aus der Ewigkeit (Dau-Dö-Ging). Aus dem chinesischen Urtext übertragen von ERWIN ROUSSELLE, Insel-Verlag 1946.

LENZ, ILSE/LUIG, UTE (Hg.): Frauenmacht ohne Herrschaft. Geschlechterverhältnisse in nichtpatriarchalischen Gesellschaften, Berlin 1990.

LERNER, GERDA: Die Entstehung des Patriarchats, Frankfurt 1991.

LIEDE, MARGRET: Meine Eltern wollen mich nicht haben. Befunde über unerwünschte Kinder, Sendung des Südwestfunks Baden-Baden vom 15. 6. 1991, in der Reihe: Pädagogische Provinz.

LIEDLOFF, JEAN: Auf der Suche nach dem verlorenen Glück. Gegen die Zerstörung unserer Glücksfähigkeit in der frühen Kindheit, München 1983.

LORDE, AUDRE: Vom Nutzen unseres Ärgers, in: DAGMAR SCHULTZ.

MAMOZAI, MARTHA: Komplizinnen, Reinbek 1990.

MASSON, JEFFREY M.: Was hat man dir, du armes Kind getan? Sigmund Freuds Unterdrückung der Verführungstheorie, Reinbek 1986.

MEIER-SEETHALER, CAROLA: Ursprünge und Befreiungen. Eine dissidente Kulturtheorie, Zürich 1988.

MELLAART, JAMES: The Goddes from Anatolia, Vol. II, Catal Hüyük and Anatolian Kilims. Hg. v. UDO HIERSCH, Adenau 1989.

MEYENBURG, CLAUDIA / MÄCHLER, MARIE-THERES (Hg.): Männerhaß. Ein Tabu wird gebrochen, München 1988.

MEYER, KAREN / VOGT, SIGRID: Hoffnung – eine Vermeidung von Möglichkeiten. Die Funktion von Hoffnung in Mißhandlungsbeziehungen, in: Studienschwerpunkt, S. 131 ff.

MILLER, ALICE: Am Anfang war Erziehung, Frankfurt 1980.

– Du sollst nicht merken, Frankfurt 1983.

MITSCHERLICH, MARGARETE: Zur Psychoanalyse des Weiblichen, in: Psyche 8 / 78.

MOLTMANN-WENDEL, ELISABETH (Hg.): Menschenrechte für die Frau, München 1978.

MULACK, CHRISTA: »Was Gretchen nicht lernt...«, in: Frauen und Sexualität, hg. von URSULA NUBER, Weinheim 1991.

– Maria – die geheime Göttin im Christentum, Stuttgart 1985.

– Jesus – der Gesalbte der Frauen. Weiblichkeit als Grundlage christlicher Ethik, Stuttgart 1987.

– Natürlich weiblich. Die Heimatlosigkeit der Frau im Patriarchat, Stuttgart 1990.

– Ist das Kreuz heilsnotwendig? – Hat es sündenvergebende Kraft?, in: Das Kreuz mit dem Kreuz, Hofgeismarer Protokolle, Bd. 273, 1990.

NORWOOD, ROBIN: Wenn Frauen zu sehr lieben. Die heimliche Sucht, gebraucht zu werden, Reinbek 1986.

NUBER, URSULA (Hg.): Frauen und Sexualität, Weinheim 1991.

NUNNER-WINKLER, GERTRUD (Hg.): Weibliche Moral. Die Kontroverse um eine geschlechtsspezifische Ethik, Frankfurt 1991.

OLIVIER, CHRISTIANE: Jokastes Kinder. Die Psyche der Frau im Schatten der Mutter, Düsseldorf 1987.

PHILLIPS, JOHN A.: Eva. Von der Göttin zur Dämonin, Stuttgart 1987.

REICHWEIN, REGINE: Schuld als Sühne und andere Mißverständnisse, in: Mütter und Töchter, Hg.: E. VALTINK, Hofgeismar 1987.

REY, KARL GUIDO: Das Mutterbild des Priesters, Köln 1969.

RICHTER, HORST EBERHARD: Der Gotteskomplex, Reinbek 1979.

ROHRLICH-LEAVITT, RUBY: Women in Transition: Crete and Sumer, in: Becoming visible: Women in European History, Hg. RENATE BRIDENTHAL und CLAUDIA KOONZ, Boston 1974, zit. in: MARILYN FRENCH, 1988.

RUSH, FLORENCE: Das bestgehütete Geheimnis. Sexueller Kindesmißbrauch, Berlin 1982.

ANKE S./GUDRUN, O.: Was lange gärt, wird endlich Wut, in: CLAUDIA MEYENBURG/MARIE-THERES MÄCHLER (Hg.), 1988.

SACHS, WOLFGANG: Die Liebe zum Auto, Reinbek 1984.

SAIVING, VALERIE: The Human Situation: A Feminine View, in: The Journal of Religion April 1960, neu abgedruckt in: CHRIST/PLASKOW, 1979; dt. Die menschliche Situation: Ein weiblicher Standpunkt, in: MOLTMANN-WENDEL, 1978.

SALBER, WILHELM: Zur Psychoanalyse von Männerbünden (Morphologie von Brüderlichkeit), in: Männerbande – Männerbünde, Bd. 1, Die Rolle des Mannes im Kulturvergleich, hg. v. VÖLGER, GISELA, und V. WELCK, KARIN, Köln 1990.

SCHAUMBERGER, CHRISTINE/SCHOTTROFF, LUISE: Schuld und Macht. Studien zu einer feministischen Befreiungstheologie, München 1989.

SCHRÖDER, HANNELORE (Hg.): Die Frau ist frei geboren, Texte zur Frauenemanzipation, Band I, München 1979.

SCHULTZ, DAGMAR (Hg.): Macht und Sinnlichkeit. Ausgewählte Texte von ADRIENNE RICH und AUDRE LORDE, Berlin 1983.

SEE, WOLFGANG/WECKERLING, RUDOLF: Frauen im Kirchenkampf, Berlin 1984.

SEGAL, LYNN: Ist die Zukunft weiblich? Probleme des Feminismus heute, Frankfurt 1989.

SIEBENSCHÖN, LEONA: Kindern den Vater ersparen, in: Erziehen heute 3/81.

SÖLLE, DOROTHEE/STEFFENSKY, FULBERT: Nicht nur Ja und Amen. Von Christen im Widerstand, rororo 324.

SOPHOKLES: König Ödipus, Stuttgart 1954.

SPITTHÖVER, MARIA: Frauen in städtischen Freiräumen, Köln 1989.

STASSINOPOULOS HUFFINGTON, ARIANNA: Picasso – Genie und Gewalt. Ein Leben, © 1988 Droemer Knaur Verlag, München.

STEINBRECHER, SIGRID: Funkstille in der Liebe, Stuttgart 1990.

– Die Vaterfalle. Die Macht der Väter über die Gefühle der Töchter, Reinbek 1991.

– Die Macht der Impotenz. Ist männliche Unlust die Reaktion auf weibliche Lust?, in: NUBER, 1991.

Studienschwerpunkt »Frauenforschung« am Institut für Sozialpädagogik der TU Berlin (Hg.): Mittäterschaft und Entdeckungslust, Berlin 1990.

SZEPANSKY, GERDA: Frauen leisten Widerstand: 1933–1945, Frankfurt 1991, Fischer TB 3741.

THEWELEIT, KLAUS: Männerphantasien, 2 Bde, Reinbek 1980.

THÜRMER-ROHR, CHRISTINA: Vagabundinnen. Feministische Essays, Berlin 1987.

— Frauen in Gewaltverhältnissen. Zur Generalisierung des Opferbegriffs, in: Studienschwerpunkt, S. 22 ff.

— Befreiung im Singular. Zur Kritik am weiblichen Egozentrismus, in: Beiträge zur feministischen Theorie und Praxis, Heft 28, 1990.

— Kopfmauern, Vortrag während der Sommerakademie im August 1992, Boldern, Schweiz.

TRÖMEL-PLÖTZ, SENTA: Vatersprache — Mutterland, Beobachtungen zu Sprache und Politik, München 1992.

WALKER, BARBARA: The Woman's Encyclopedia of Myths and Secrets, New York 1983.

WELDON, FAY: Die Decke des Glücks, München 1983.

WELLEK, ALBERT: Die Polarität im Aufbau des Charakters. System der Charakterkunde, Bern 1950.

WIECK, WILFRIED: Männer lassen lieben, Stuttgart 1987.

WHITMONT, EDWARD C.: Die Rückkehr der Göttin. Von der Kraft des Weiblichen in Individuum und Gesellschaft, München 1989.

WÖLLER, HILDEGUNDE: Vom Vater verwundet. Töchter der Bibel, Stuttgart 1991.

WOLF, CHRISTA: Selbstversuch, in: Gesammelte Erzählungen, Darmstadt 1983.